大连海事大学研究生系列教材

绿色航运政策、技术与运营管理

赵宇哲 编著
匡海波 主审

大连海事大学出版社
DALIAN MARITIME UNIVERSITY PRESS

图书在版编目(CIP)数据

绿色航运政策、技术与运营管理 / 赵宇哲编著. 大连 : 大连海事大学出版社, 2024. 10. — ISBN 978-7-5632-4577-2

Ⅰ. F552.0

中国国家版本馆 CIP 数据核字第 2024CZ4212 号

大连海事大学出版社出版

地址:大连市黄浦路523号 邮编:116026 电话:0411-84729665(营销部) 84729480(总编室)

http://press.dlmu.edu.cn E-mail:dmupress@dlmu.edu.cn

大连金华光彩色印刷有限公司印装	大连海事大学出版社发行
2024 年 10 月第 1 版	2024 年 10 月第 1 次印刷
幅面尺寸:184 mm×260 mm	印张:21.75
字数:552 千	印数:1~500 册

出版人:刘明凯

责任编辑:刘若实	责任校对:张　华
封面设计:张爱妮	版式设计:张爱妮

ISBN 978-7-5632-4577-2 定价:65.00 元

前言

航运业是全球贸易的动脉，在推动世界经贸发展和稳定全球供应链方面发挥着重要作用。但与此同时，航运产生的温室气体(Greenhouse Gas, GHG)排放量达到近十亿吨。尽管航运作为相对清洁的运输方式备受推崇，但也不可否认它已被认为是温室气体(GHG)排放的主要生产者，全球气候变暖的始作俑者。自 1992 年《联合国气候变化框架公约》(the United Nations Framework Convention on Climate Change, UNFCCC)签署以来，尤其是 1997 年《京都议定书》(Kyoto Protocol)的签署使得减少温室气体(GHG)排放成为世界关注的焦点。国际海事组织(International Maritime Organization, IMO)一直致力于防止和控制船舶对海洋环境的影响，近年来提出了一系列关于国际航运温室气体(GHG)减排的议题、目标、措施和政策。2023 年 8 月，国际海事组织(IMO)推出了《2023 年 IMO 船舶温室气体减排战略》，对减排要求做出更新。该战略包括两个关键基准：到 2030 年，国际航运的年碳排放量必须比 2008 年的水平减少至少 20%，力争减少 30%；到 2040 年，减少至少 70%，力争减少 80%。

目前国际温室气体(GHG)减排框架给航运业的冲击巨大，不可避免地会对传统航运业的政策监管、技术变革、运营管理等方面产生影响。随着整个行业掀起绿色转型的浪潮，“绿色航运”的理念不断崭露头角。国际航运界、造船界、环保界和金融界等各方利益相关者均围绕着国际航运的绿色化，推动自然、人力、材料、资金等方面的资源利用与协调。那么，究竟什么是“绿色航运”？从国家和地区层面，政府部门、社团组织和环保机构，应当制定什么政策、法规和推行何种监管机制以确保航运业走向低碳、脱碳之路？从航运部门、造船厂、设计者、航运公司和金融机构层面，绿色船舶、动力系统、替代燃料、排放控制技术等多重技术并举的减排路径是什么？当下的绿色转型不一定要采用当前成本最高的技术措施，从运营管理层面该如何寻找有效的策略推进？最后，我国如何在减少国际航运碳排放贡献方面展现大国担当？这些问题，都是值得探讨的。

《绿色航运政策、技术与运营管理》的编写、出版恰逢其时，力图以追求绿色航运的理念为指引，以航运发展规律为基础，从政策、技术与运营三个方面提供权威、全面的专业知识，并引入前沿领域的研究进展、新兴方法，展示绿色航运研究的核心议题。本书内容涉及交通运输、管理学、经济学、环境科学等多个学科交叉领域，是关于航运部门管理、技术创新、环境影响和企业运营管理的学问。下面对各章的内容进行简要介绍。

第一章讲述了绿色航运概论的内容。

首先，该章展示了全球航运业的发展驱动，即全球航运贸易的重要地位及其发展趋势，包括航运贸易中的重要拐点，例如俄乌冲突、新型冠状病毒(Corona Virus Disease 2019, COVID-19)疫情等。其次，该章呈现了完成世界航运贸易的全球船队构成及其大型化、绿色化的发展趋势等。再次，该章介绍了航运污染排放及其对经济、环境和社会的影响，突显了绿色航运的重要性，也为后续章节的展开奠定了现实基础。最后，该章系统梳理了绿色航运的理论方法，探讨了绿色航运的理论基础、研究范畴与研究方法。本章建立了绿色航运政策、技术与运营的关系框架。

第二章讲述了绿色航运政策监管的内容。

在该章中，我们追溯了《联合国气候变化框架公约》(UNFCCC)的提出；深入探讨了国际海事组织(IMO)在温室气体(GHG)排放方面的工作进展，以及各国政府对绿色航运政策的响应；详述了绿色航运政策的制定历程、支持履约的具体举措和相关项目清单；最后，从强制监管、市场激励和经济干预三个角度阐述了绿色航运监管机制，包括排放控制区(Emission Control Area, ECA)、排放控制指标、航运碳税市场、航运排放交易体系(Emissions Trading System, ETS)、航运补贴和奖励制度等方面。本章解读了绿色航运政策监管的目的和要求。

第三章讲述了绿色航运政策研究的内容。

该章主要介绍了两个绿色航运政策研究的典型问题：第一个是对排放控制区(ECA)政策实施效果的评估进行研究，采用基于场景的成本效益模型对氮排放控制区(Nitrogen Emission Control , NECA)的成本效益进行分析；第二个是对潜在排放控制区(ECA)的范围设定进行研究，建立选址模型并应用于中国和非洲的现实案例，对优化现有和设定未来的排放控制区(ECA)范围具有指导意义。

第四章讲述了绿色航运技术应用的内容。

该章主要从绿色航运技术要求和绿色航运技术发展两个方面展开，从船舶能效设计指数(Energy Efficiency Design Indicator, EEDI)、现有船舶能效指数(Energy Efficiency Existing Ship Indicator, EEXI)、船舶能效营运指数(Energy Efficiency Operational Indicator, EEOI)、碳强度指标(Carbon Intensity Indicator, CII)的技术要求到船舶动力系统、船舶替代燃料和船舶减排技术的构型、原理、性能和应用场景。本章研判了绿色航运技术应用的前沿和趋势。

第五章讲述了绿色航运技术研究的内容。

该章主要介绍了两个绿色航运技术研究的典型问题：第一个是研究了干散货船脱碳技术组合路径问题，考虑了燃料价格和碳税价格的不确定性，提供了干散货船关于动力系统、替代燃料和排放控制措施走向2050年的脱碳路径；第二个是集装箱船硫氮减排技术选择研究，计算比较了关于选择性催化还原(Selective Catalytic Reduction, SCR)、废气再循环(Exhaust Gas Recirculation, EGR)、洗涤塔等可能的减排技术，对计划改造的集装箱船提供了合理的决策建议。

第六章讲述了绿色航运运营管理的内容。

传统航运是绿色航运的基础，传统航运向绿色航运转型的过程中，运营层面的措施也必不可少。第一，从航运市场、航运企业、运营模式与绿色管理方面详述了航运企业所在环境及其制定绿色战略的必要性，传统航运运营模式应如何实现绿色化；第二，探讨了如何从传统航运的战略、战术和运营层面的决策管理过渡到绿色航运决策管理，后者对绿色航运涉及的目标权衡、运营措施进行详细探讨，并列举行业案例进行说明。本章提出了绿色航运运营管理的理论和方法。

第七章讲述了绿色航运运营研究的内容。

该章主要介绍了两个绿色航运运营研究的典型问题：第一个是排放控制区(ECA)政策下沿海运输的可持续运营管理问题，制定了最小化碳排放、最大化利润的目标权衡下有关航线规划、航速优化的运营方案；第二个是对船舶能效营运指数(EEOI)政策下的班轮船队运营管理展开研究，探讨了近洋(Short Sea, SS)、远洋(Deep Sea, DS)模式下班轮船队基于技术迭代的船舶买卖、船舶改造以及船队部署、航速优化等运营决策。

本书的各章内容，既是独立的又是连贯的，基本思路是以绿色航运为核心，从政策、技术与运营的三个维度详述了实现绿色航运的概念、原理、规律、关系和行业案例等。着眼于为航运业的绿色转型提供基础的理论、方法和实践参考，为读者提供独特的洞察力、全方位而实用性的支持，推动航运业实现经济、环境和社会的效益相协调，是本书撰写的意义所在。本书的建设及出版得到“大连海事大学研究生教材资助建设项目”的专项资助，是“大连海事大学研究生系列教材”之一。本教材基于《绿色航运经济学》课程进行编写，该课程已列入综合交通运输科学与工程学科专业研究生的培养方案，面向交通运输、工商管理、交通运输规划与管理专业或领域的研究生使用。

本书由赵宇哲编著、匡海波主审，感谢 Stefan Ström、Katarina Yaramenka、Kjetil Fagerholt 等国外专家学者和大连海事大学郑建风教授对第三章内容提供的素材。第五章、第七章的内容为本人团队多年积累的研究成果。总之，本书旨在为初学者打开绿色航运政策、技术与运营管理的大门。通过深入浅出的方式，将读者带入这个富有活力和挑战的领域，揭示“绿色航运”的本质、前沿和未来。

由于时间较为仓促，书中难免存在疏漏之处，还请各位读者不吝赐教。

赵宇哲

谨识于大连海事大学

2024 年 1 月 12 日

目 录

第一章　绿色航运概论

第一节　航运业的发展驱动

一、全球航运贸易

1.全球航运

(1)航运业

航运是一种利用船舶在海洋上运输,将货物从一个港口运往另一个港口的方式。由于其运费低廉、灵活性高等优点,即使海上运输时间较长,航运仍然在交通运输领域占据着绝对的主导地位。据联合国贸易和发展会议(United Nations Conference on Trade and Development,UNCTAD)数据显示,全球贸易的80%~90%依赖于航运。

①国际航运

国际航运市场是在世界经济和国际贸易对航运服务的需求下应运而生的,其发展与全球经济增长和国际贸易的演进密不可分。国际航运作为全球贸易的重要支柱,负责将商品和物资从生产地迅速而有效地送达市场,极大地推动了全球供应链的运转和国际贸易的繁荣。

在20世纪后半叶,随着世界经济一体化的加深和知识经济的快速发展,传统的航运业经历了巨大的变革。从航运业内部的产业结构调整到航运公司的管理模式创新,从船舶吨位的发展到航海技术的不断突破,各国航运政策日益丰富多样,国际航运市场的竞争也日趋激烈。

②我国航运

我国是一个海洋大国、航运大国和造船大国。我国作为全球最大的货物贸易国和第二大经济体,大约有95%的进出口贸易货物量是通过航运来完成的。我国在全球各个主要国家和地区都建立了发达的海运航线和服务网络,其港口规模、船员数量、造船产量和船队规模在国际上均享有盛誉。

到目前为止,拥有最多船舶的前7个国家和地区格局基本保持不变,按商业价值计算,前三名的船东国家分别是希腊、中国和日本,如图1.1所示。截至2022年年底,按总吨(Gross Tonnage,GT)计算,我国船东所持有的船队规模达2.371亿总吨(GT),市场份额占15.4%。这使我国的海运船队规模在全球排名第二[1]。如此庞大的运力规模为我国国际贸易的持续发展提供了重要支撑。

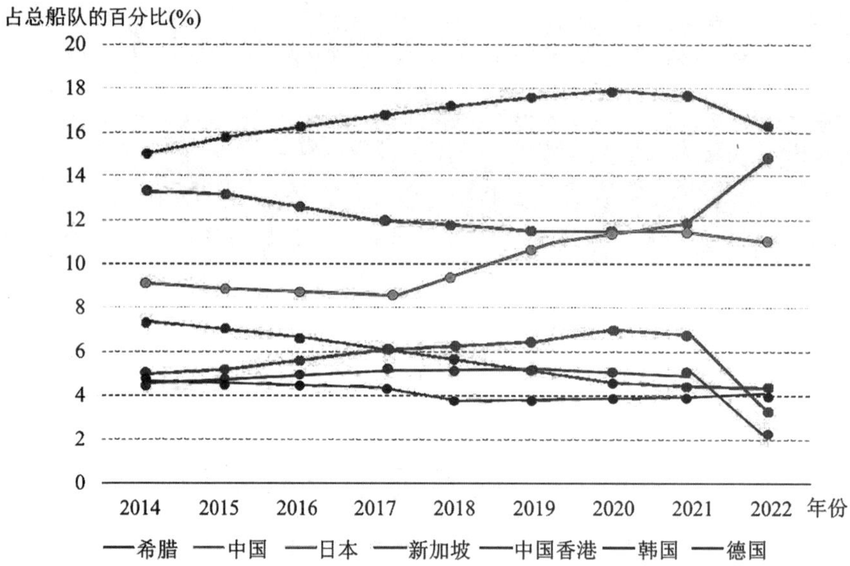

图1.1 拥有船舶最多的前七个国家和地区[载重吨(Deadweight Tonnage, DWT)]

Fig.1.1 The top seven countries and regions with the largest fleet of ships (Deadweight Tonnage, DWT)

注释:基于克拉克森(Clarksons)研究的数据,联合国贸易和发展会议(UNCTAD)计算得到

Note:Based on data from Clarksons research, calculated by UNCTAD of the United Nations Conference on Trade and Development

(2)航运核心业态

航运业作为一个全球性的竞争行业,航运市场需求主要指全球的干散货、油品、集装箱等的贸易量。因此,航运三大核心业态分别是集装箱运输、干散货运输、油品运输,如表1.1所示。

表1.1 航运三大核心业态

Tab.1.1 Three core forms of shipping

类型	集装箱运输	干散货运输	油品运输
全球海运贸易量市场份额(载重量份额2022)	15.4%	44%	29.5%
货物类型	纺织、机电设备等制成、半制成品	煤炭、粮食、铁矿石	原油、液化天然气(Liquefied Natural Gas, LNG)
航线模式	全球航线,轴辐式网络	点对点	点对点
运输方式	班轮	不定期租船	不定期租船

①集装箱运输

截至 2022 年年底，集装箱运输占全球贸易量市场份额（载重量份额）比例在 15.4%。这是因为集装箱运输的货物相对重量小、货值大。集装箱运输物品以纺织品、电子产品、家具、机电设备等工业品为主，除家具外体积整体偏小，单箱能够装下较多货值的商品。在集装箱运输行业日益激烈的竞争格局下，航运公司需要想办法控制运输成本，因此轴辐式网络形式逐渐发展起来。轴辐式网络布局形式主要由干线网络和支线集疏运网络组成，属于星形网络拓扑结构。采用轴辐式网络进行运输可以降低单位运输成本，在网络干线上形成规模效应，提高船舶利用率。集装箱运输方式为班轮运输，指在固定的航线上，以既定的港口顺序，按照事先公布的船期表航行的水上运输方式。

②干散货运输

截至 2022 年年底，干散货运输占全球贸易量市场份额（载重量份额）比例在 44%。干散货运输服务于工业原材料加工，以铁矿石、煤炭、粮食这类大宗商品作为主要运输货种，钢铁行业有关的干散货占比最高。与集装箱运输供应链的全球航线、轴辐式网络不同，干散货运输属于点对点的航线模式。这是由于大宗商品主要产销地较为集中且供需区域分离的特征；而小宗商品虽然货种、航线更分散，但需求量也相对更小。因此，干散货运输的航线较为固定。干散货运输方式为不定期租船，即根据需要雇佣船舶进行货物运输，而不是通过固定的船期或船舶排班来安排运输。干散货运输网络呈点对点状，即从出货港口可直接到达目的港口，中间不会在其他港口挂靠，是所有运输方式中门槛较低、规模效应发挥到极致的一种运输方式。

③油品运输

截至 2022 年年底，油品运输占全球贸易量市场份额（载重量份额）比例在 44%。油品运输的主要货物是原油及成品油两类。原油不会被直接使用，会全部进入石化企业冶炼，冶炼后产出的成品油再经过运输抵达全球。石油进口地主要集中在东亚、美国和欧洲，出口地主要集中在中东地区、美国和俄罗斯。由于俄罗斯出口石油基本不通过海运的方式，基本可以判断主要的石油海上运输线路很少。产销地集中，运输路线偏少。该特点决定油品运输跟干散货运输具备相同运输特征，即点对点运输，主要采取不定期租船的方式。

(3) 主要贸易航线

①亚洲—欧洲航线

该航线连接我国、日本、韩国等亚洲国家和欧洲国家之间的港口，包括欧洲各港口和地中海沿岸国家的港口。连接亚洲和欧洲的航线非常繁忙，主要运输制造业产品、电子产品、机械设备、服装等。

②亚洲—北美航线

该航线是全球最繁忙的海运航线之一，这条航线将亚洲重要的制造业国家如我国、日本、韩国等与北美拥有巨大消费市场的国家如美国、加拿大等紧密相连，运输的主要货物包括消费品、电子产品、纺织品、机械设备等。

③亚洲—南美航线

相对于亚洲—北美航线而言，该航线规模较小，但也扮演着重要角色。该航线连接东亚的制造业中心如我国、日本、韩国等，和南美洲的资源丰富地区如巴西、阿根廷、智利等，因此这条航线上的贸易通常涉及资源和制成品等。

④澳大利亚—亚洲航线

澳大利亚是资源丰富的国家，出口矿石、煤炭、天然气、农产品等。亚洲国家则是这些资源的主要进口国。该航线连接澳大利亚和亚洲国家之间的港口,包括我国、日本、韩国、新加坡、马来西亚等亚洲国家的港口。

⑤欧洲—北美航线

该航线是连接欧洲和北美两个重要经济体之间的海运贸易通道,为跨大西洋贸易提供了关键的物流通道。该航线的贸易相对多样化,涵盖了汽车、电子产品、化工品、农产品等多个领域的商品。

⑥欧洲—非洲航线

该航线连接了经济和发展水平差异较大的地区,欧洲通常是制造业和技术创新的中心,而非洲则拥有丰富的自然资源,因此该航线涉及资源和商品的交换。

总体而言,国际航运的主要航线是根据货物运输需求、区域经济合作和世界贸易中心的地位而形成的。这些主要航线构成了全球贸易的关键骨干,通过连接不同地区,促进货物的跨国流通,推动国际经济合作和发展。

2.航运贸易

航运业与航运贸易之间存在着密切的相互依存和相互促进关系。航运业为航运贸易提供了不可或缺的运输能力和服务支持,通过船舶的运输使得商品和物资得以快速、安全、有效地流通。反过来,航运贸易的发展为航运业提供了持续的需求和市场机会,推动着航运业的不断发展和壮大。在全球化的今天,航运业和航运贸易在推动全球贸易发展、促进全球经济繁荣方面起着关键作用。它们共同构建了全球贸易体系,维护了全球供应链的运转,为各国间的经济交流与合作创造了重要价值。因此,航运业和航运贸易的发展对于全球经济和贸易来说具有重要的战略意义。

(1)全球航运贸易发展

受到宏观经济增长的拉动,全球航运贸易量逐年增长。2020 年受新型冠状病毒(COVID-19)的影响,国际海上贸易收缩了近 4%,但在 2021 年,随着全球经济开始复苏,消费者支出持续增长,以及新型冠状病毒(COVID-19)相关限制放宽,全球贸易出现反弹,海运贸易量增长 3.2%,达到 110 亿吨,仅略低于新型冠状病毒(COVID-19)前的水平,如图 1.2 所示[2]。另外,海上贸易占全球国内生产总值的比例增加。

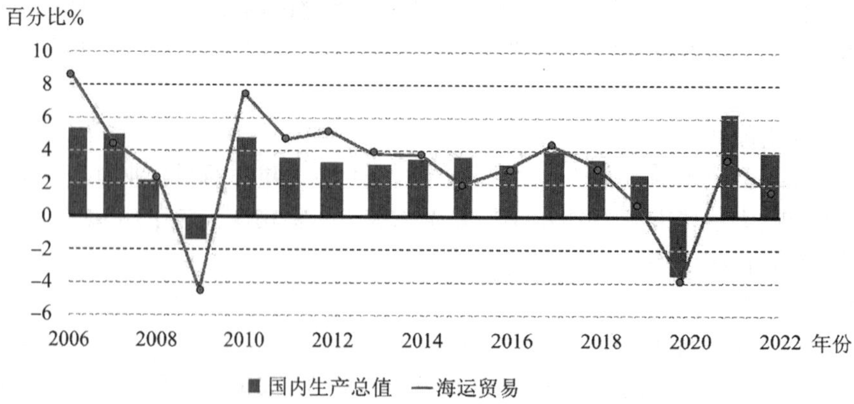

图 1.2 国际航运贸易和全球产出(年度变化百分比)

Fig.1.2 International shipping trade and global output (annual percentage change)

(2)全球航运贸易重要拐点

①俄乌冲突对全球航运贸易的影响

据基尔世界经济研究所数据显示,受到俄乌冲突的影响全球贸易额下降了 2.8%,导致来自这两个国家的货运量大幅减少。特别是对于俄罗斯最繁忙的三个集装箱港口而言,其集装箱运输量下滑了一半之多[3]。

俄罗斯和乌克兰是全球两大主要的大宗商品供应国,因此这场冲突对这两个国家的核心资源以及大宗商品的供应带来了严重损害。这种损害直接导致了能源和食品价格的飙升。而另一方面,美国和欧盟对俄罗斯的金融、大宗商品进出口以及提高关税等制裁措施,不仅会进一步加重全球贸易的压力,更可能导致能源供给收缩、粮食短缺、供应链效率下降、通货膨胀以及经济滞胀等一系列问题。

在这种背景下,全球买家,尤其是欧洲的买家正在寻找替代来源,这也导致部分俄罗斯货物转向其他目的地(如亚洲),这使得部分商品的贸易格局发生了显著改变。俄乌冲突对全球航运贸易产生了广泛而深刻的影响,地缘政治紧张局势的升级、港口和航道运营的受限、供应链中断等因素都在不同程度上干扰了全球航运贸易的正常运转。

②新冠疫情对全球航运贸易的影响

新冠疫情对全球航运贸易的不同核心业态都产生了影响,尤其在物流运输、供应链中断以及需求下降等方面表现得非常明显。

在集装箱运输方面,发达经济体从我国进口的制成品是集装箱运输增长的主要动力,世界上十个最大集装箱港口中有七个位于我国。受新冠疫情影响,大范围的工厂关闭导致制造业和工业生产放缓,工厂、炼油厂、港口码头等领域无法正常开展工作,导致远洋(DS)货流减少。此外,许多集装箱船暂时停航,港口的装卸过程受到延误,导致货物滞留和供应链中断,对于制造业和消费品供应产生了直接影响。

基于我国的进口需求,在干散货运输方面仍然严重依赖我国。我国需要大量进口铁矿石和煤炭用于钢铁生产,同时对农产品的进口需求也极高,是干散货市场的主要驱动力。由于我国的经济增长对全球干散货运费市场有着举足轻重的影响,新冠疫情的爆发导致工业生产大幅放缓,不可避免地加深干散货目前所处的季节性衰退。国内干散货进口需求整体表现疲软,进一步抑制了国际干散货船的市场需求。

我国作为世界第二大原油消费国和第一大原油进口国,新冠疫情大幅削弱了原油进口需求,且由于我国在全球消费中具有一定的拉动作用。这种情况严重影响了全球的石油需求。

(3)航运贸易复苏

随着全球经济的大门重新敞开,航运贸易在 2021 年实现了 5.8%的增长。这是五十多年来最快的经济增长速度,如表 1.2 所示。这一反弹的背后,既有各国政府的大力支持(全球估计为 16 万亿美元),也有被抑制的消费需求得以释放的作用。

然而,进入 2022 年后,俄乌冲突的爆发、新冠疫情的反复,以及韩国、德国和英国物流部门的罢工事件,都进一步恶化了供应链的运输问题,使航运贸易的增速开始放缓。2022 年全球海运贸易量小幅缩减 0.4%,但海运业业仍保持着韧性,预计 2024–2028 年海运贸易量将继续缓步增长[2]。这一数字低于过去 30 年 3.3%的平均水平。同时,许多发展中国家不断增加的债务负担迫使他们面临收紧货币政策的压力,从而导致能源与其他商品的价格持续上涨,可能会引发食品安全问题。此外,必须采取的气候行动也给航运贸易的复苏带来了更多的挑战,可能会导致更多的冲击与危机。

表 1.2　2019—2022 年世界经济增长(年度百分比变化)

Tab.1.2　Global economic growth from 2019 to 2022 (annual percentage change)

地区或经济	2019	2020	2021	2022
全球	2.6	-3.4	5.8	2.6
发达经济体	1.8	-4.5	5.2	1.7
其中:				
美国	2.3	-3.4	5.7	1.9
欧盟(27 个国家)	1.8	-5.9	5.4	2.0
英国	1.7	-9.3	7.4	2.6
日本	-0.2	-4.5	1.7	1.0
发展中经济体	3.7	-1.7	6.8	3.7
其中:				
非洲	2.8	-2.6	5.1	2.7
东亚	4.1	0.4	6.5	3.2
其中:				
中国	6.0	2.3	8.1	3.9
南亚	3.1	-4.5	6.8	4.9
其中:				
印度	4.5	-6.6	8.2	5.7
西亚(不包括塞浦路斯)	1.5	-3.5	6.2	4.1
拉丁美洲和加勒比地区	0.0	-7.2	6.6	2.6
其中:				
巴西	1.2	-3.9	4.6	1.8
加勒比	1.8	-9.6	5.2	4.0
转型期经济体	2.6	-2.6	4.9	-6.1
其中:				
俄罗斯	2.2	-2.7	4.7	-7.4
最不发达国家(Least Developed Country, LDC)	4.2	-0.3	3.0	3.1

面对这些挑战,航运贸易需要进行一些结构性变革,以便快速调整并适应新的航运常态。这种变革可能包括改善供应链的稳定性、增强抗风险能力以及优化资源配置等。

航运贸易正处在被运输和物流领域数字化重塑的过程中。自新冠疫情爆发以来,物联网、区块链、大数据和人工智能等新技术的应用在航运市场得到了广泛的推广。这不仅提高了效率,还增强了其可持续性和可恢复性。据预测,在 2022—2027 年,全球智能港口市场预计将从 19 亿美元增加到 57 亿美元[2]。然而,这种数字化进程也带来了新的挑战,包括数据安全和隐私保护等问题,这需要行业内的各方积极应对。

在快速发展的运营环境中,航运巨头如马士基集团、迪拜环球港务集团等港口运营商正通过横向并购、纵向整合向更广泛的物流与供应链领域进行延伸，拓展了涵盖港口、码头、仓库、货运代理、陆路运输、航空运输、其他物流服务、电子商务和 IT 业务等。这种趋势不仅反映了航运业的高运费和可观的利润空间，也显示出行业对于加强自身竞争力并适应快速变化环境的决心。

二、国际船队发展

1.船队构成

2022 年年初，全球商业船队的总运力为 102 899 艘[吨位为 100 总吨(GT)及以上]，总船舶吨位约为 219 107 万载重吨(DWT)。构成船型主要有散货船、油船、集装箱船、滚装船、化学品船、液化气船和邮轮等。

(1)散货船

散货船一般为单甲板、艉机型、货舱截面呈八角形，如图 1.3 所示。货种单一，对舱室的分隔要求不高，因此，舱容较大，以满足装载轻货的要求。

常见的散货船种类，如表 1.3 所示。

图 1.3　散货船

Fig.1.3　Bulk Carriers

表 1.3　常见的散货船种类

Tab.1.3　Common types of bulk carriers

船型	载重量/t	吃水/m
轻便型(Handy)	10 000~40 000	10
大灵便型(Handymax)	40 000~60 000	11.5
巴拿马型(Panamax)	60 000~100 000	13~15
好望角型(Capesize)	>100 000	>15

(2)油船

现代油船一般采用单层连续甲板,如图 1.4 所示,甲板上设置固定的步桥以沟通船舶前后方的联系,国际主流趋势为液化天然气(LNG)。

图 1.4　油船

Fig.1.4　Oil tankers

对于大型的富余干舷油船也可在主甲板下设封闭的通道。由于油的装卸依靠岸上和船上专设的油泵和油管,所以甲板上一般不设起货设备和大的货舱口,只设置吊放油管接头的小吊杆或其他起吊装置。因此,油船的主要设备是各种舱室和各种管系。

常见的油船种类,如表 1.4 所示。

表 1.4　常见的油船种类

Tab.1.4　Common types of oil tankers

船型		吨位[万载重吨(DWT)]	数量(2022)
原油船	大型油船(VLCC)	≥20	885 艘
	苏伊士型(Suezmax)	12~20	656 艘
	阿芙拉型(Aframax)	8~12	1 095 艘
	巴拿马型(Panamax)	6~8	465 艘
成品油船	远程Ⅱ型(LR2)	10~12	416 艘
	远程Ⅰ型(LR1)	6~10	378 艘
	中程(MR)	3~6	2 159 艘

(3)集装箱船

集装箱船,又称“货柜船”,如图 1.5 所示,广义是指可用于装载国际标准集装箱的船舶;狭义是指全部舱室及甲板专用于装载集装箱的全集装箱船舶。其运货能力通常以装载 20 ft 换算标准箱的箱位表示。第 1 艘集装箱船是美国于 1957 年用一艘货船改装而成的。由于它装卸效率极高,停港时间大为缩短,并减少了运输装卸中的货损,因此而得到迅速发展。目前,国际上采用的衡量集装箱船载货量的单位是 TEU,是以长度为 20 ft 的集装箱为国际计量单位。

常见的集装箱船种类,如表 1.5 所示。

图 1.5　集装箱船

Fig.1.5　Container ships

表 1.5　常见的集装箱船种类

Tab.1.5　Common types of container ships

<table>
<tr><th>船型</th><th>载箱量(TEU 标准集装箱)</th><th>数量(2022)</th></tr>
<tr><td>超巴拿马型(Post-Panamax)</td><td>≥5 000</td><td>3 251 艘</td></tr>
<tr><td>巴拿马型(Panamax)</td><td>3 000~5 000</td><td>876 艘</td></tr>
<tr><td>亚巴拿马型</td><td>2 000~3 000</td><td rowspan="2">3 251 艘</td></tr>
<tr><td>支线型</td><td><2 000</td></tr>
</table>

(4)滚装船

滚装船主要运载轮式货物,汽车、货车、半挂车、挂车、铁路机车,跳板设置在船尾或船中,船首通过跳板(艉门跳板、艏门跳板、舷跳板)实现船、岸的连接;无横舱壁,舱内支柱极少,甲板为纵通甲板,设有多层分舱甲板;通过电梯或斜坡道解决舱内垂直方向的运输,如图 1.6 所示。

图 1.6　滚装船

Fig.1.6　Roll on-roll off/ship

(5)化学品船

随着化学工业的发展,尤其是石油化学工业的兴起,它所需的原料及其产品的运输量日益增加。例如20世纪30年代初,日本人造丝工业的突起,需要消耗大量的氢氧化钠,原来以固体运输方式供应客户、再让客户根据自己的需要将固碱配成不同浓度的溶液使用,但从安全与工作效率方面来说,这种方法已不能适应了。为了大量运输液体烧碱,出现了世界上较早的大宗运输液体烧碱产品的散装液体化学品船,如图1.7所示。

图1.7 化学品船

Fig.1.7 Chemical tankers

(6)液化气船

液化气船分为液化天然气(LNG)船和液化石油气(Liquefied Petroleum Gas, LPG)船,国际主流趋势为液化天然气(LNG)船,如图1.8所示。液化天然气(LNG)船装有特殊的高压液舱,先将天然气液化处理,然后通过高压泵打入液舱,液舱采用能承受低温而不致脆裂的铝合金或镍合金钢,液化气船主要分为储罐式和分膜式两种。其中,储罐式将柱形、筒形、球形等形状的贮罐置于船内,船体构件对贮罐起支持和固定作用,贮罐本身具有一定的强度和刚度;分膜式主要是采用双壳结构,船体内壳是液货舱的承载壳体,液货舱衬有一种由镍合金钢薄板制成的膜。

图1.8 液化气船

Fig.1.8 Liquefied Gas carvier

(7)邮轮

邮轮是指具有定线、定期航行的并具备生活、娱乐、购物等设施，以供游客休闲度假为主要功能的海上船舶，如图1.9所示。邮轮可以根据不同的分类方式进行划分。按航线分类，邮轮可以分为沿海邮轮、内河邮轮、海洋邮轮、南极邮轮等。按规模分类，邮轮可以分为超大型邮轮、大型邮轮、中型邮轮、小型邮轮等。

图1.9　邮轮

Fig.1.9　Cruise ships

超大型邮轮载客量一般在2 000人以上，是豪华邮轮的代表。大型邮轮载客量一般在1 000人至2 000人，中型邮轮载客量一般在1 000人以下。这些邮轮通常提供各种不同的服务和活动，包括餐饮、住宿、娱乐、观光等。此外，根据吨位和尺寸的不同，邮轮也可以分为大中小型。例如，大型邮轮的吨位通常在万吨以上，而小型邮轮的吨位则在千吨级别。

2.船队变化和发展趋势

(1)全球船队变化情况

①造船和新订单

受到新冠疫情的冲击，造船业受到了严重影响。进入2021年，船舶订单的交付量开始逐步恢复，增加了5.2%，总量达到60 779 648总吨(GT)，但这一数字仍未能达到2014—2017年和2019年的水平。

2021年，集装箱船的订单猛增129%，创下历史新高。液化气船的订单量继续保持上升趋势，增加了26%，而油船的订单量则继续保持下降趋势，减少了13.5%。值得关注的是，散货船的订单量在三年内首次出现增长，增长率为4%，如图1.10所示[2]。

在2021年，签约的船舶类型主要为中型船舶(12 000~16 999 TEU)。这与集装箱船以及由于亚洲区域内贸易的预期发展而导致的3 000 TEU以下船舶的订单激增相吻合。

海运船舶供应仍然由中国、韩国和日本三个国家主导。这三个国家在2022年共占据了市场总量的94%。在2022年，我国的造船量达到15.5%的增长率，韩国达到8.3%的增长率，然而日本的造船量却出现了16.4%的下降率。

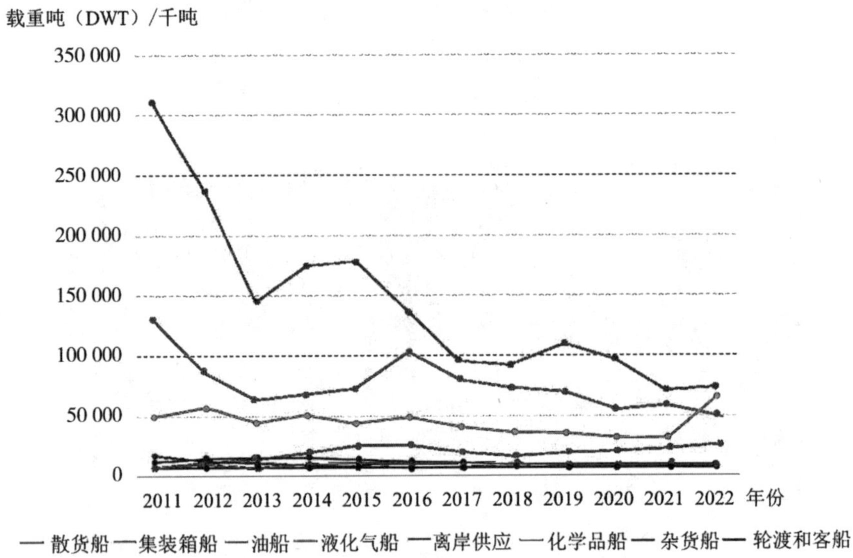

图1.10　2011—2022年部分船型的世界订购吨位

Fig.1.10　World order tonnage for selected types from 2011 to 2022

注释：2011—2022年部分船型的世界订购吨位［载重吨（DWT）］

②船舶回收

按吨位计算，世界上一半以上的船舶回收量在孟加拉国。该国与巴基斯坦、印度和土耳其一起，占全球船舶回收量的96%。化学品船的回收量增加最多，为143%，油船的回收量为331%，占回收量的一半以上。集装箱船的回收量下降了92%，散货船下降了70%。

截至2022年1月的前12个月中，集装箱船回收量下降了11%，从17 207 838载重吨（DWT）降到15 328 713载重吨（DWT）。虽然这种下降主要是由于航运市场回暖，鼓励了船东尽可能保留其拥有的船舶，但也有其他因素，如对船舶进口的限制（孟加拉国和巴基斯坦）、对保护外汇储备的信用证的限制（孟加拉国）和新冠疫情的影响等。

（2）全球船队发展趋势

①全球船队运力

在2020年，全球商业船队总运力增长了3%，其中载重吨（DWT）超过100公吨（MT）的船舶数量达到了99 800艘。但从2021年1月至2022年1月的12个月里，全球商业船队载重吨（DWT）数量仅增长了2.95%，呈现出较为温和的增长率。这种增长率是自2005年以来第二低的记录，如图1.11所示。

在同期，由于全球对天然气的需求持续旺盛，液化气船队的表现尤为强劲，增长了8.15%。这一数据充分表明了液化气在全球能源市场中的重要地位。

2022年年初，全球船队的平均船龄按船舶数量计算为21.9年，按运载能力计算为11.5年。这两个指标的平均船龄在2022年继续增加，这表明了较新的船舶往往拥有更大的载重吨（DWT）。

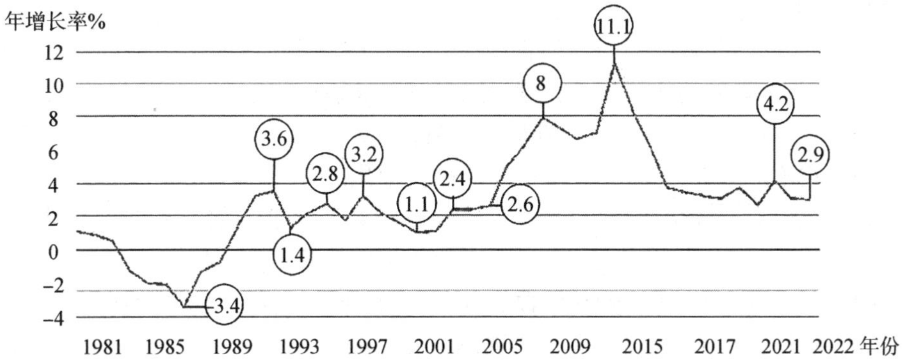

图 1.11　1981—2022 年世界船队的年度增长情况[2]

Fig.1.11　Annual growth of the world fleet from 1981 to 2022

注释:1981—2022 年世界船队年增长率[载重吨(DWT)百分比]

②现役船舶老龄化

截至 2023 年 3 月,市场中油船平均船龄已达到 12.3 年,而在十年前这一数据仅为 8.2 年[3]。随着新造船订单量的持续下滑,32%的油船船龄已超过 15 年。这一比例是 2013 年的两倍多,显示出该船型老龄化程度的相对严重。

如图 1.12 所示,散货船的平均船龄也有所上升,从十年前的 8.4 年增长至目前的 10.7 年。同样,集装箱船的平均船龄也从十年前的 8.1 年增至 11.4 年。在其他船型方面,老龄化问题更为显著。冷藏船的平均船龄已达到 26.9 年;滚装船的平均船龄为 15.9 年;渡船的平均船龄为 22.2 年[2]。

平均船龄持续增加的原因,包括船东对未来技术发展和最具成本效益的燃料的不确定性,以及对不断变化的政策法规和碳税价格的不确定性。尤其在散货部门,为了从当前高昂的运价和租船费率中获益,船公司选择继续运营船龄较高的船舶。

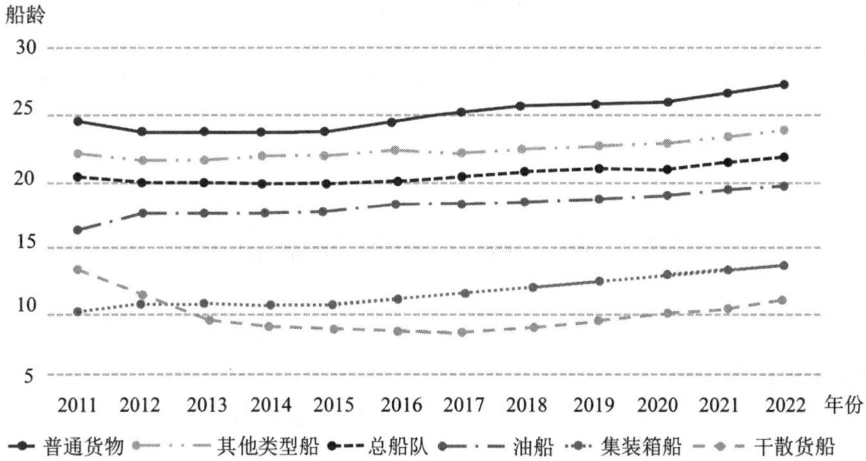

图 1.12　2011—2022 年商业船队平均船龄(按船舶类型分)[2]

Fig.1.12　Average age of commercial fleet by ship type, 2011—2022

③船舶规模大型化

随着船舶的船型不断增大，其航程和承载能力也随之提升，这使得船舶的成本强度得到有效控制并呈现不断下降的趋势。由于大型船舶具有更高的运输效率和更低的单位运输成本，因此未来船舶大型化可能成为一种不可避免的发展趋势[4]。此外，随着全球贸易和物流业的发展，航运市场也在不断扩大，这将进一步推动船舶大型化的发展。

集装箱船规模：在市场快速增长和规模经济的推动下，集装箱船的平均尺寸持续扩大。基于以上的情况，由于码头相关投资巨大，只有少数码头愿意承担这一投资。因此，大幅度增加船舶的可能性并不大。这些船舶只能在少数航线上使用，显示出灵活性相对较低的特点。

散货船规模：过去几十年里，散货船的规模也有了明显的增长。截至 2021 年年底，全球市场的干散货船舶手持订单总计 6 500 万载重吨(DWT)左右。根据交付计划，到 2022 年年底，全球干散货运力规模达到 9.68 亿吨，同比增长 2.5%，增速比 2021 年下降 1%[4]。

液化气船规模：随着液化天然气(LNG)需求的不断增长，大型液化天然气(LNG)船在船队中的份额呈现出快速增长的趋势，而中型运输船的份额则相应有所下降。与此同时，液化石油气(LPG)船正逐渐以大型船舶取代小型船舶。

④船舶转型绿色化

船东们面临着日益严格的环境法规，这使得减少排放成为一项至关重要的任务。最直接的方法之一是减速航行，但因为会影响船舶的运输效率并不总是可行。因此，船东们也在寻求其他方法来减少排放。

其中一种方法是使用节能技术来改造他们的船舶。如使用新的燃料或替代燃料，包括液化天然气(LNG)、甲醇、氨或电力等。这些替代燃料的使用可以减少排放，但它们的成本比传统燃料高 2~5 倍，因此还不具备商业可行性。但是，船东们可以选择双燃料船。这些船舶可以同时使用两种燃料，一种是传统燃料，另一种是替代燃料。这种双燃料船可以在成本和排放之间找到一个平衡点。

截至 2022 年 3 月 1 日，近 40%的船舶订单都包括能够使用一种或多种燃料的船舶。这种趋势表明，虽然替代燃料成本较高，但船东们已经开始为未来的可持续发展做好准备。然而，船东们仍然需要考虑成本、保险覆盖范围和未来获得投资和资本的机会等问题。

第二节　航运排放及其影响

一、航运污染排放

来自海上航运活动的污染对空气、水质、海洋和河口生物多样性产生了深远影响。不同类型的船舶、运营配置、运输货物、消耗燃料、使用材料、布局和控制系统使运输过程成为高度复杂的体系，如图 1.13 所示。

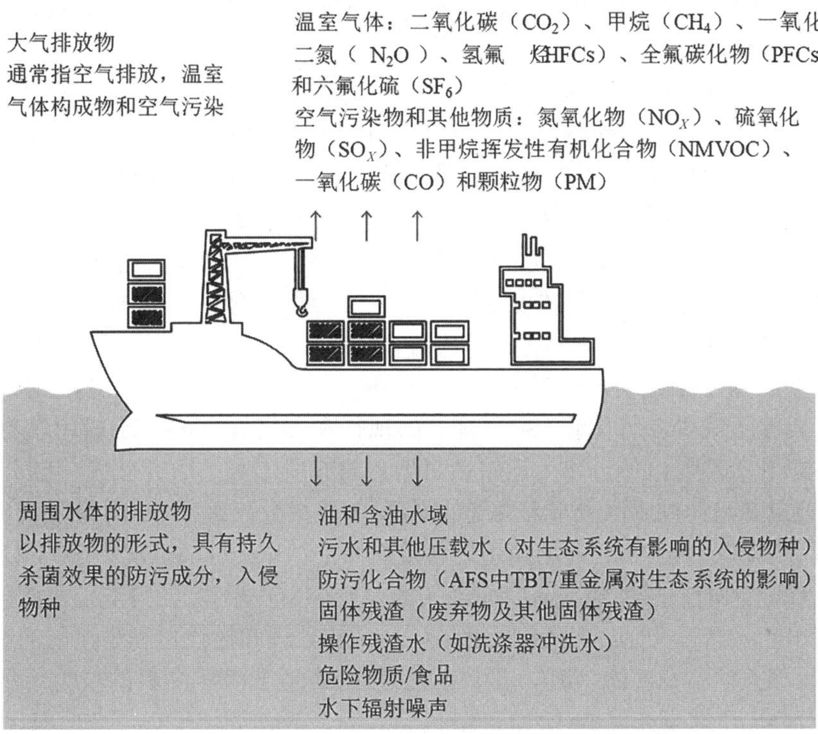

图 1.13　通用船舶可能排放的各种类型的污染物[5]

Fig.1.13　Various types of pollutants that a general ship may emit

注释:欧洲海事安全局/欧洲环境署(2021)

1.航运污染排放类型

(1)温室气体(GHG)

①一氧化碳(CO)

船舶尾气排放的一氧化碳(CO)主要是燃料燃烧过程中的中间产物和未完全燃烧产生的。船舶的燃料燃烧通常由内燃机(Internal Combustion Engine, ICE)、涡轮机等动力系统完成,在燃烧过程中,未完全燃烧的燃料则会产生一氧化碳(CO)。

②二氧化碳(CO_2)

二氧化碳(CO_2)是航运业温室气体(GHG)排放的主要来源,它产生于推进动力和船上能源和热量的供给所需要的燃料燃烧,燃油中的碳在气缸中燃烧做功后会产生一定量的二氧化碳(CO_2)。因此,二氧化碳(CO_2)的排放与船舶的燃料消耗直接相关。世界气象组织(World Meteorological Organization, WMO)发布的温室气体(GHG)公报指出,自 1990 年以来,全球长期存在温室气体(GHG)的总辐射强度增加了 45%,其中二氧化碳(CO_2)占 4/5。航运业的二氧化碳(CO_2)排放量过去十年连续增长。“脱碳”迫在眉睫。

(2)有害气体

①氮氧化物(NO_X)

船舶尾气排放的氮氧化物(NO_X)中一氧化氮(NO)和二氧化氮(NO_2)所占的比例较高,为 90%~95%。氮氧化物(NO_X)是国际海事组织(IMO)重点控制的船舶尾气排放污染物之一。有研究表明,全球每年船舶尾气排放氮氧化物(NO_X)为 5~6.9 Tg,占全球氮氧化物(NO_X)排放总量的 15%，在欧洲海岸，船舶排放的氮氧化物（NO_X）对环境空气的贡献为 7%~24%。

②硫氧化物（SO_X）

硫氧化物（SO_X）的排放主要与化石燃料中相对较高的硫含量有关。硫氧化物（SO_X）的排放量与燃油的含硫量成正比。随着船用燃料的不断劣化，含硫量不断增多，排气中的硫氧化物（SO_X）也不断增多。特别是在距丹麦、瑞典和芬兰沿海 400 km 宽的带状海域，过往船舶所排放的硫氧化物（SO_X）是 3 个国家发电厂和交通工具排放量总和的 2 倍。

船舶尾气排放的二氧化硫（SO_2）其浓度水平和排放量除了与燃料油中硫含量有直接关系之外，船舶发动机供气量也会影响其浓度变化。有研究表明，全球每年远洋（DS）船舶排放的二氧化硫（SO_2）总量为 4.7~6.5 Tg，占到人为排放的 8%。

③其他废气

甲烷（CH_4）：鉴于减少二氧化硫（SO_2）排放的现行和即将颁布的关于船用燃料质量的条例，人们对使用液化天然气（LNG）作为运输燃料的兴趣有所增加。由天然气（化石）生产的液化天然气（LNG）及其具体构成取决于天然气的来源，主要成分（90%~95%）是甲烷（CH_4）。液化天然气（LNG）的低碳含量，与普通的船用燃料重质燃油（Heavy Fuel Oil，HFO）、船用重柴油（Marine Diesel Oil，MDO）、船用轻柴油（Marine Gas Oil，MGO）相比，使得二氧化碳（CO_2）的排放量可以减少 20%~25%。然而，在液化天然气（LNG）的处理和燃烧过程中泄漏的甲烷（CH_4）可能会增加航运相关的温室气体（GHG）排放。此外，生产适合海洋燃料的液化天然气（LNG）所必需的天然气加工工艺复杂且能耗大。

碳氢化合物（HC）：船舶尾气中的碳氢化合物（HC）的生成机理较为复杂，主要包括船用燃料未完全燃烧的烃类、裂解反应和再化合反应的产物等。此外，在碳氢化合物（HC）排放中还含有一定比例的润滑油，因而船用柴油机润滑油的品质也会对碳氢化合物（HC）的排放种类和浓度产生一定的影响。这些碳氢化合物（HC）排放到大气中，会对臭氧层产生破坏作用，导致全球变暖和气候变化。此外，碳氢化合物（HC）与大气中的其他化学物质反应，可能会形成细颗粒物（PM2.5）和光化学烟雾。这些物质对人类健康和环境都有害。

（3）水体污染

水污染由不同来源和类型的船舶运营引起，包括在船体上使用防污生物杀菌剂以及导致急性污染事件的事故。除此之外，通过大气沉降，排放到空气中的污染物同样也可以进入海洋环境，导致海洋环境的污染和富营养化。

由于污染物的复杂动态和其他各种现有污染源（来自陆地的直接排放、径流、大气沉降或海上其他活动，如近海油气勘探和开采、深海采矿等），因此很难估算航运对海洋环境污染状况的直接影响。

①油污污染

油污污染是最令人担忧的海洋污染来源之一。因为清理困难，可以在海洋环境中持续很长时间。它们可以严重污染海洋和沿海栖息地，对自然环境和经济造成损害。这也可能是由于油污事故后不适当的清理操作引起的。油污可以源自故意的运营排放，也可以源自疏忽，如设备维护不善；还可以源自事故或事件的后果，如船舶碰撞、搁浅或管道破裂等。

②废水排放

船舶运营导致的水污染是由船舶上的各种子系统产生的，这些子系统会产生可能含有多种污染物的排放物[如黑水和灰水排放、舱底水和储罐清洗水排放，或排放废气清洁系统（Exhaust Gas Cleaning System，EGCS）的操作]。这些废水中可能含有细菌、病毒、营养物质、有机物和其他有害物质。

2.船舶污染排放情况

国际船运行业的碳排放量超过 10 亿吨，占全球的 2%~3%。船运业采取行动减少碳排放已变得刻不容缓。尽管船舶运输具有单位耗能低的特点，但每年全球航运业仍然排放出相当规模的温室气体（GHG）。该行业二氧化碳（CO_2）排放量占全球总排放量的 2%~3%。这一数据自 2010 年以来一直保持稳定。根据 2020 年国际海事组织（IMO）的第四次温室气体研究（Fourth IMO GHG Study 2020），全球航运业（不含国内航行船舶、渔业船舶和军用船舶）二氧化碳（CO_2）排放量从 2008 年的 7.94 亿吨增长至 2018 年的 10.76 亿吨，十年间年均增长 3.1%。2022 年国际航运的二氧化碳（CO_2）排放占全球能源相关排放的 2%左右，继 2020 年的下降后再次反弹，增长了 5%，回到了 2017—2018 年的水平[6]。

近年来，全球二氧化碳（CO_2）排放量和航运二氧化碳（CO_2）排放总量不断提升，但增速逐步下降。然而，由于受新冠疫情的影响，船舶的气体排放量在 2020 年年初出现了拐点，出现了较大幅度的下降。而在 2020 年和 2021 年之间，世界船队的总排放量增加了 4.7%，大部分增加来自集装箱船、干散货船和油船。此外，滚装船、客船的排放量也有所增加。这一增加的主要原因是海运工作的恢复，2021 年海运吨位贸易量增加了 3.1%，同时以每吨英里的二氧化碳（CO_2）克数计算的排放量——碳强度（Carbon Intensity）也略有增加。

图 1.14 展示了每种船型不同运行阶段的温室气体（GHG）排放明细[4]。根据船型的不同，与操纵、停泊/锚泊阶段相比，在海上通过时产生的排放份额有所不同。在排放清单中最重要的六种船型中，化学品船和油船平均占其总排放量的最大部分（超过 20%），与港口码头或附近的运营阶段有关。

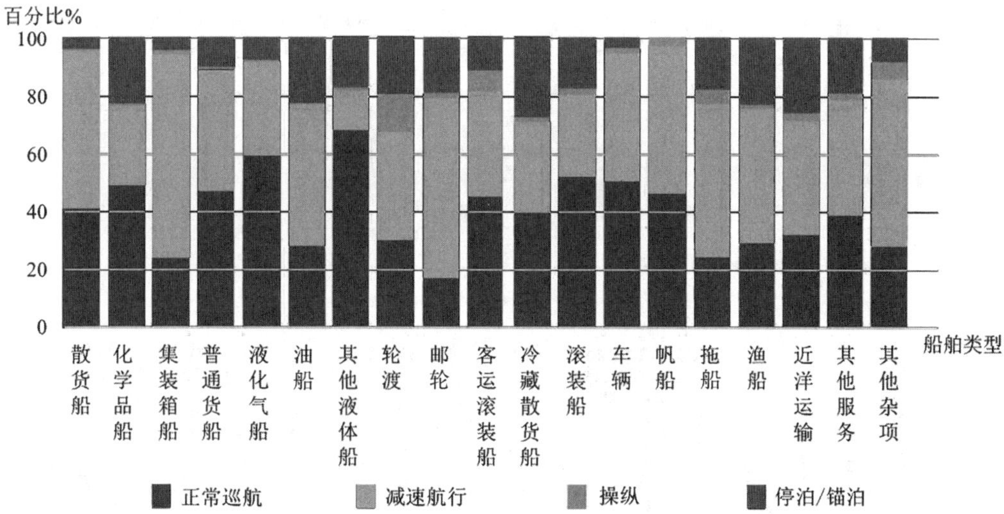

图 1.14 按运营阶段计算的国际温室气体（GHG）排放的比例[7]

Fig.1.14 The proportion of international Greenhouse Gas Emissions (GHG) calculated based on the operational phase

注释：各种类型船舶在四种航行状态下国际温室气体（GHG）排放比例分布，由大学海事咨询服务（University Maritime Advisory Services，UMAS）

集装箱船、邮轮和轮渡在其与巡航相关的总排放量中所占份额最小，这是因为在港口或附近的减速航行阶段占主导地位，液化气船和其他液体船在其与巡航相关的排放量中所占份额最大。

图 1.15 展示了 2012—2018 年所有类型排放物的排放趋势，显示了基于航程和基于船舶的国际航运排放估计。在此期间，国际航运中的液化天然气（LNG）总使用量增加了 28%～30%，但同期甲烷（CH_4）排放量估计增加了 151%～155%。燃料消耗和甲烷（CH_4）排放增长率差异与此期间整个船队使用的机械组合的变化有关。

尽管重质燃油（HFO）、船用重柴油（MDO）使用量总体减少，船用轻柴油（MGO）和液化天然气（LNG）使用量增加［部分原因是与燃料硫含量限制相关的一些排放控制区（ECA）于 2015 年生效］，但硫氧化物（SO_X）和可吸入颗粒物（PM）排放量仍有所增加。在此期间，氮氧化物（NO_X）排放的增长率低于燃料消耗的趋势。这与安装并在适当情况下使用符合氮氧化物（NO_X）二级和三级标准的机械的船舶数量的增加相一致。尽管有这些规定，但在此期间，氮氧化物（NO_X）排放的总体趋势是增加的。

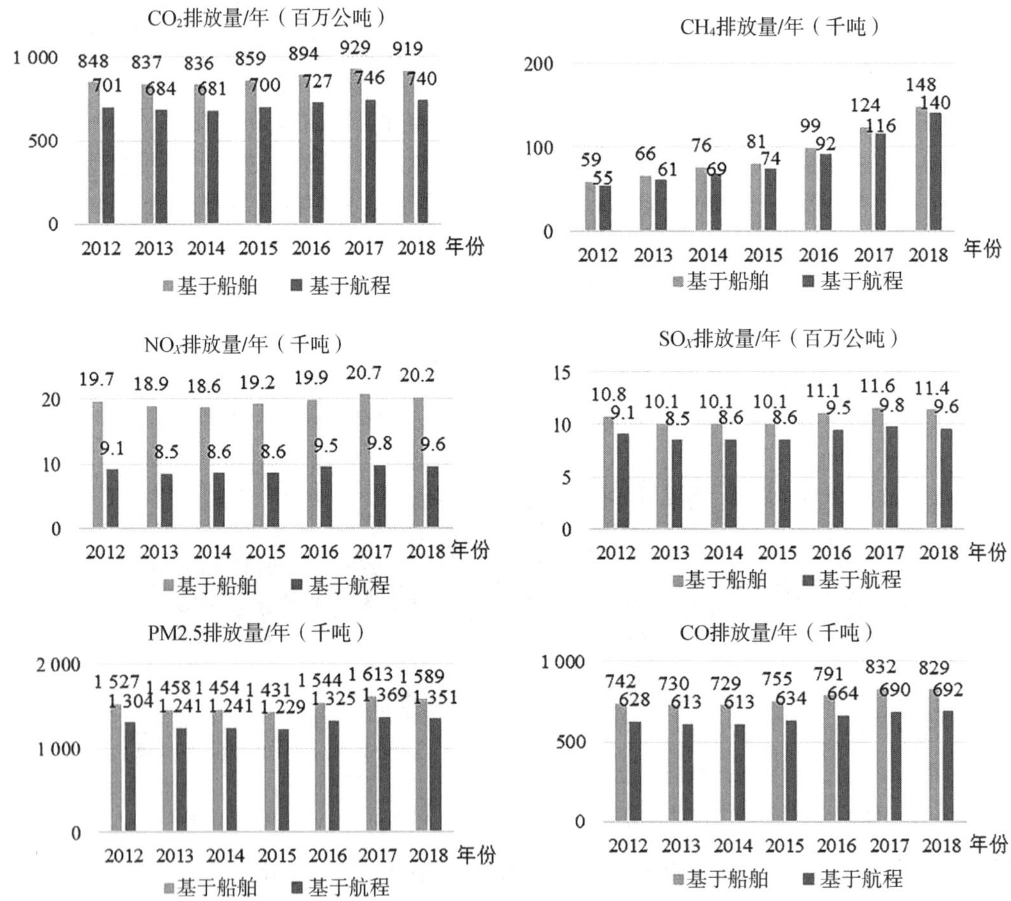

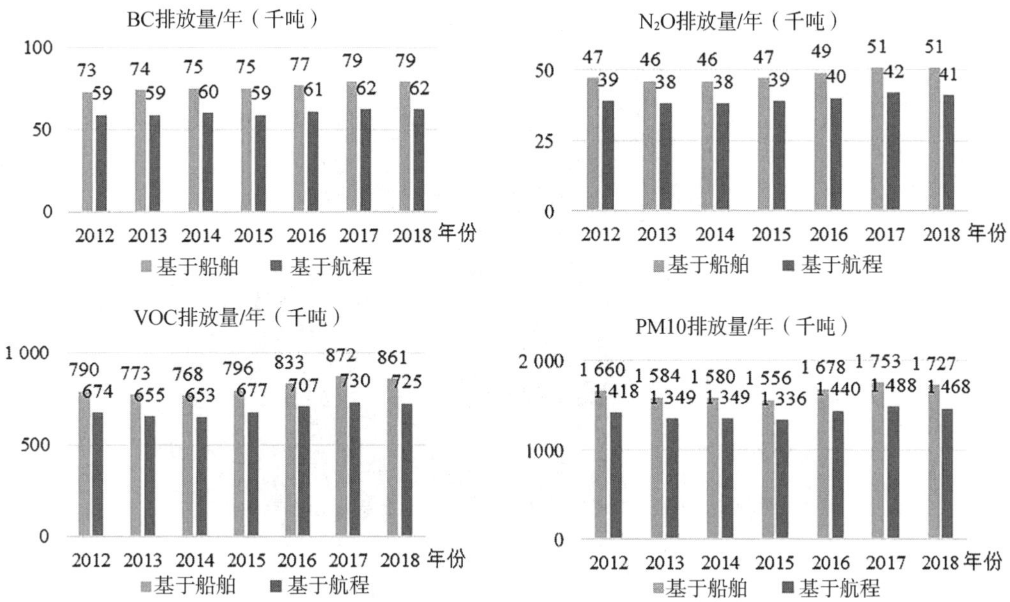

图 1.15　2012—2018 年所有类型排放物的排放趋势[7]

Fig.1.15　Trends in emissions for all types of pollutants from 2012 to 2018

注释：2012—2018 年所有类型排放物的排放趋势，显示了基于航程和基于船舶的国际航运排放估计；基于航程将国际排放定义为发生在连接不同国家的两个港口之间的航程上的排放，而基于船舶则根据船舶类型定义排放

二、航运污染排放影响

促进绿色航运的可持续性需要在经济、社会和环境目标之间取得适当的平衡。其目标是在建立协同作用和互补性的同时创造更多价值，确保资源的最佳利用和促进系统的一致性。

图 1.16 展示了经济、社会和环境方面的交叉点。经济方面包括市场准入、连通性、基础设施能力、贸易竞争力和运输成本等。社会方面，相关的考虑因素包括安全、健康、就业和工作条件。除此之外，共同的环境问题涉及海洋污染、大气污染和生物多样性的影响等。

1.航运污染对环境的影响

（1）海洋污染

随着全球经济一体化进程的加速推进，全球航运贸易获得了前所未有的发展机遇，营运船舶的数量日益增长。据劳氏船级社（Lloyd's Register of Shipping）的统计资料显示，全球范围内拥有 100 总吨（GT）以上的海上机动船舶已超过 12 万艘，仅船舶压载水一项，每年的排放量就高达 200 亿吨[8]。这一数字足以说明船舶污染是海洋环境污染的重要来源之一。相关资料统计表明，海洋环境污染中有 35%的污染物来自船舶。以海洋中的石油类污染物为例，其中工业排放和城市排放占 37%，船舶操作性排放占 33%，油船海损事故排放占 12%[9]。由此可见，船舶污染已逐渐成为当代危害沿海各国居民身体健康、损害财产和资源、危害海洋环境、破坏海洋生态系统的重大威胁。

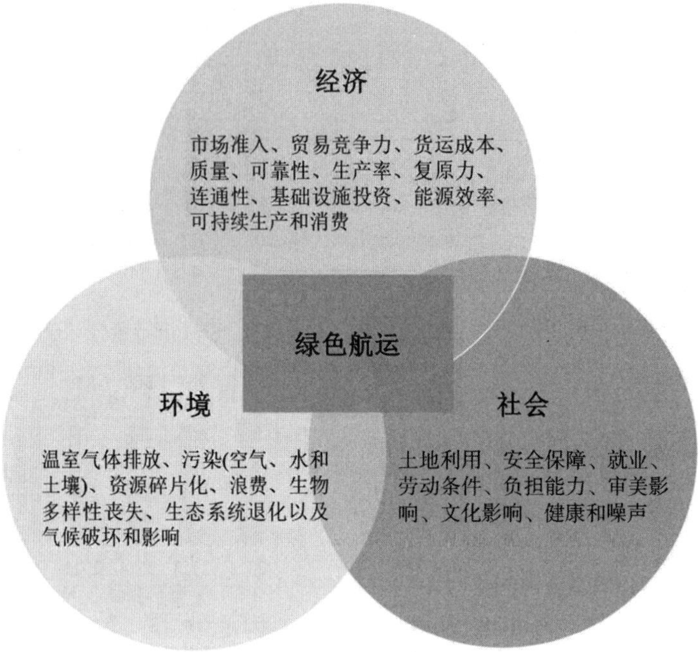

图 1.16　海运的可持续性

Fig.1.16　Sustainability of maritime transport

(2)大气污染

船舶排放的氮氧化物(NO_X)排放量大约是航空运输的 9.2 倍,二氧化硫(SO_2)的排放量约为航空运输的 80 倍,船舶排放的颗粒物大约是航空运输的 1 200 倍,船舶排放颗粒物中的硫酸盐在世界范围总排放占据高达 2.3%~3.6%的比例。船舶运输的动力装置大部分都需要燃料消耗,根据港口船舶的吨位、航线的距离、燃料种类和动力装置的磨损程度等因素,航运过程中产生的大气污染物不断累积,对空气质量的影响越来越不容忽视。

(3)对生物多样性的影响

内河航运和航道疏浚作业所释放的悬浮物、船舶废水以及工作人员产生的生活污水,可能对水生生态环境带来严重的污染影响。这些污染源不仅会改变水体的浊度,直接影响或间接影响水生植物的光合作用,而且可能导致水体中溶解氧的含量显著下降。这对珍稀植物、动物的生存环境会产生极大的破坏。

船舶在航行过程中产生的噪声也会以多种方式影响海洋生物。从 2014 年到 2019 年,欧盟水域累积的水下辐射噪声总能量增加了约一倍,其中以集装箱船、客船和油船的螺旋桨所产生的噪声能量为最高[10]。这些噪声对海洋生物的行为和生理产生不利的影响,对它们的生存和繁衍产生潜在的威胁。

2.航运污染对经济的影响

(1)对贸易航线的影响

目前,全球气候变化已经对国际贸易航线产生了显著影响,进一步影响了国际航运经济的整体发展。在气候变化的背景下,北极地区的开发成了各国争相角逐的焦点。北极地区拥有丰富的煤炭、天然气和金刚石等自然资源。这些资源可以在一定程度上满足人们对资源的需求。由于北极圈大部分区域处于冰冻状态,因此早在 20 世纪就已经发现的“西北航道”一直未能得到开发和利用,导致北极地区整体上仍处于尚未开发的状态。然而,随着气候变暖的趋势日益明显,北极圈的冰层逐渐融化,为“西北航道”的开发和利用带来了新的机遇。越来越多的国家和航运公司开始关注这一航线,希望通过其缩短运输时间和减少成本,提高贸易效率和利润。

在全球经济一体化的发展趋势下,北极航线的巨大经济利益引起了各国之间的争夺。各国纷纷加强在北极地区的存在性和影响力,力图在北极开发中占据有利的地位。这种争夺不仅加剧了国际航运经济的竞争,而且给国际航运带来了新的挑战和机遇。北极航线的开发利用将改变现有的贸易格局,重塑国际航运经济的未来。

(2)对船队运力的影响

全球气候的变化对国际航运的运输能力和航线经济产生了深远影响。一方面,随着全球气候变化问题日益引起人们的关注,发达国家越来越重视航运的环保问题,特别是油船造成的污染问题。例如,美国和欧盟国家已经禁止油船进入其海域,亚太地区的油船数量也在逐渐减少。相反,液化天然气(LNG)作为一种清洁能源,运输的安全性较高,因此其贸易运输量不断增加。另一方面,各国政府越来越重视船舶的环保性能,这也促使新船型的开发和应用。然而,这些新船型的燃料费用正在逐渐增加,从而提高了运营成本。

(3)对航运需求的影响

全球气候变化对国际航运经济的影响主要体现在航运需求的变化上。随着气候变暖,农业生产和粮食安全受到了一定的威胁,这导致世界农业贸易格局发生了变化。相较于北半球高纬度地区,中低纬度地区受到的气候冲击更大,因此发展中国家的农业受到了较大的负面影响。

目前,北美小麦的出口重心已经从美国转移到了加拿大,而稻米出口也开始从东盟地区转移到了我国。这种变化对以农业经济为主的发展中国家产生了负面影响,导致其经济受到了一定的冲击。此外,由于航运贸易重心的变化,不同国家的航运需求也会发生变化。因此,对于发展中国家来说,必须采取有效的措施应对这些变化,以避免遭受更大的损失。

3.航运污染对社会的影响

航运污染对社会的影响主要体现在健康方面。船舶活动区域往往紧邻城镇和村庄居住区,这些区域的居民人口相对集中。因此,航运污染会直接影响这些区域的空气质量,进而影响陆域居民的健康。例如在上海,船舶对城市空气质量的影响主要是由内河船舶引起的,其污染物排放量占据了船舶总排放量的很大一部分。

船舶排放的污染物包括氮氧化物(NO_X)和硫氧化物(SO_X)等。这些物质不仅会引发咳嗽、呼吸道感染和气喘等症状,还可能导致肺功能下降。特别是对于儿童来说,即使短时间接触氮氧化物(NO_X)也可能导致咳嗽、喉痛等问题。据联合国环境规划署(United Nations Environment Programme, UNEP)称,在沿海地区空气污染每年导致近七百万人过早死亡,而航运污染在这一总数中占据了相当大的比例[28]。

航运约占全球氮氧化物(NO_X)排放量的15%,硫氧化物(SO_X)排放量的5%~8%。仅在2000年,航运排放就导致欧洲约50 000人过早死亡。这一数字令人深感震惊,突显了航运污染对人类健康和社会的影响。

为了进一步了解航运污染的影响,法国和德国的环保组织在2015年和2016年在法国马赛港进行了一项实验[29]。实验中,他们测量了远离海洋的地区与港口地区的空气污染状况,并比较分析了二者之间的差异。实验结果显示,在马赛港港口区域,每立方厘米空气中包含的超细颗粒物(PM0.1)数量高达6万个,比马赛市区的平均水平高出20倍。然而,受到最大影响的还是船上的乘客和工作人员。在船上,每立方厘米空气中平均含有超过 38 万个超细颗粒物(PM0.1)。

德国罗斯托克大学和亥姆霍兹慕尼黑研究中心——德国环境健康研究中心(Helmholtz Zentrum München—German Research Center for Environmental Health)也进行了一项研究[12],结果显示重质燃油(HFO)的使用和一般的航运污染每年会导致数万人死亡。这一发现进一步强调了航运污染对人类健康和社会的影响,同时也提醒我们采取积极的措施来减少航运污染,以保护环境和人类的健康。

第三节　绿色航运发展现状

一、绿色航运政策现状

1.绿色航运政策概念

“绿色航运”概念提出始于 2004 年,起源于“绿色航运行动”(Green Shipping Practice),即航运公司在航运实践中通过计算航线碳排放量,运用替代性船舶设施以降低海上货物运输所产生的环境损害[13]。概念从早期的环境管理演变至航运经济与环境的协调发展,最后融合了可持续发展原则以实现代际公平,作为航运发展的战略目标[14]。交通运输部于 2017 年颁布的《关于推进长江经济带绿色航运发展的指导意见》就明确提出“以绿色航道、绿色港口、绿色船舶、绿色运输组织方式为抓手,努力推动形成绿色发展方式,促进航运绿色循环低碳发展”。

毋庸置疑,绿色航运理念的深刻演变极大影响了国内外航运政策与法律制度的调整与规制,调整范围逐步从单纯的船舶燃料、载运油品、危险化学品以及其他有毒有害物质泄漏防治扩展至面向船舶营运与港口经营的整体绿色产业链转型与升级,调控方式也从传统触发式的事后污染防控机制转变为预防式的事前系统防控体系[15]。因此,所指的绿色航运政策与法律制度也相应扩展至航运产业的全过程管理与全生命周期防控。

综上所述,绿色航运政策与法规是为防范与防治海上环境污染,促进与推动绿色航运市场的规模化升级,规范与提升船舶营运与港口经营绿色化治理能力与管理水平而出台的一系列国际公约、国内法律法规以及政策性与规范性文件[16]。

2.绿色航运政策制定与监管

《联合国气候变化框架公约》(UNFCCC)、《京都议定书》以及《巴黎协定》为全球应对气候变化提供了法律基石和行动指南。其中,航运领域应对气候变化的具体行动由国际海事组织(IMO)按照《联合国气候变化框架公约》(UNFCCC)及相关协定的总体目标、基本原则和政策框架开展谈判和制定。

1997 年,国际海事组织(IMO)启动了国际海运温室气体(GHG)减排议题讨论,随后陆续出台了相应的控制措施和技术标准。2016 年,在国际海事组织(IMO)第 70 届海上环境保护委员会(Marine Environment Protection Committee, MEPC)上,国际海事组织(IMO)通过了船舶温室气体(GHG)减排战略路线图,初步确定了温室气体(GHG)减排“三步走”战略实施时间表。国际海事组织(IMO)在2018年的海上环境保护委员会(MEPC)上通过了船舶温室气体(GHG)减排初步战略,目标为:2030年,全球海运每单位运输活动的平均二氧化碳(CO_2)排放量与2008年相比至少降低40%,并努力争取到2050年降低70%。国际海运温室气体(GHG)排放尽快达到峰值,到2050年温室气体(GHG)年度总排放量与2008年相比至少减少50%,并努力通过愿景中提出的与《巴黎协定》温控目标一致的减排路径逐步消除海运温室气体(GHG)排放。为实现这一减排目标,初步战略提出了相应的短期、中期和长期措施。2023年8月的海上环境保护委员会(MEPC)第80届会议中,国际海事组织(IMO)推出了《2023年IMO船舶温室气体减排战略》,对减排要求做出更新。该战略包括两个关键基准:到2030年,国际航运的年碳排放量必须比2008年的水平减少至少20%,力争达到30%;到2040年,至少达到70%,力争达到80%。

当前,联合国、部分国家、非政府组织和区域性组织纷纷呼吁加快国际海运温室气体(GHG)减排步伐。2021年10月,联合国秘书长古特雷斯在第二届联合国全球可持续交通大会开幕视频致辞中,特别呼吁让零排放船舶(Zero Emission Vessels, ZEV)成为默认的选择,并在2030年前投入市场,到2050年前实现航运零排放。美国、英国、挪威、哥斯达黎加、欧盟27个成员国、基里巴斯、马绍尔群岛和所罗门群岛等主管当局向国际海事组织(IMO)提出了2050年国际航运业实现温室气体(GHG)零排放的目标。

非政府组织方面,零碳联盟在2021年9月召开的联合国大会期间发起"航运去碳化行动呼吁(Call to Action for Shipping Decarbonization)",提出2030年前部署商业上可行的零排放船舶(ZEV)、2050年实现航运业净零碳排放等目标。目前共有160多家公司/组织签署该"行动呼吁"。零碳联盟已在第26届联合国气候变化大会(Conference of the Parties, COP)之前将"行动呼吁"发给各国政府,促请各国政府在2023年国际海事组织(IMO)通过温室气体(GHG)减排最终战略时设定净零排放目标。国际航运公会(International Chamber of Shipping, ICS)国际行业组织向国际海事组织(IMO)提交了对全球航运公司征收碳税的提案,提议设立50亿美元的低碳/零碳技术研发基金。同时,国际航运公会(ICS)向国际海事组织(IMO)提议制定2050年航运业净零排放的目标。国际船级社协会(International Association of Classification Societies, IACS)等其他国际组织也在加快对国际航运业去碳化方面的研究,有针对性地制定相应的战略和工作路线图。

特别需要关注的是,区域性立法带来的影响不容小觑。2021年7月14日,欧盟委员会(European Commission, EC)正式发布一揽子立法与政策提案("Fit for 55")。其中,有2个提案与航运业关系最密切,即"欧盟排放交易体系(European Union Emission Trading System, EU ETS)指令"和"欧盟海运燃料(Fuel EU Maritime)条例"。

另外,绿色航运政策与法律制度的落实离不开监管机制的实施。目前绿色航运监管机制可以分为以下三类:强制监管性机制、市场激励性机制和经济干预性机制;其设立的目的也不限于对污染事故做出及时应对与事前防范,还包括促进绿色航运市场发展、统一绿色航运技术规范;其表现形式也呈现多元化样态,包括国际公约、国内法律法规、部门规章、地方性法规、政府规章与政策性文件;绿色航运政策与法律制度的性质也不限于航运类、海事类与海洋类的国际公约与法律法规,还包括环境类与管理类的政策与法规。

二、绿色航运技术现状

1.绿色航运技术概念

绿色航运技术是指为了保护环境和可持续发展而采用的技术和措施。其主要目的是降低或消除船舶对环境造成的负面影响,包括减少温室气体(GHG)排放、废水排放、油液泄漏和废弃物排放等船舶活动所带来的危害。

绿色航运技术引进了绿色船舶的概念,从技术先进性、环境协调性和经济合理性说明了绿色船舶的三个基本要素,并且包括船舶最低能耗设计和绿色生态船舶规范体系。船舶最低能耗设计包括采用清洁能源和可再生能源等新技术。绿色生态船舶规范体系包括《绿色生态船舶规范》和绿色技术指导性文件两部分。

绿色船舶技术要求包括船舶能效设计指数[17](EEDI)、现有船舶能效指数(EEXI)、船舶能效营运指数(EEOI)、碳强度指标(CII)和船舶能效管理计划(Ship Energy Efficiency Management Plan, SEEMP)。

2.绿色航运技术发展

绿色航运技术的发展可以从船舶动力系统、船舶替代燃料和针对不同排放污染物的船舶减排技术三方面进行分析。

(1)船舶动力系统

目前船舶动力系统包括传统船舶动力系统、电力推进系统(燃料电池)、核动力装置、辅助动力系统。传统船舶动力系统分为蒸汽动力装置、燃气动力装置和内燃机(ICE)动力装置;电力推进系统则有燃料电池和蓄电池两种;核动力海洋推进系统主要用于军事舰艇,如潜艇、航空母舰和破冰船;辅助动力系统包括风力和太阳能辅助动力系统。未来船舶动力系统的发展方向是清洁、高效、低噪声、低振动和安全可靠。

(2)船舶替代燃料

目前船舶使用的燃料包括传统化石燃料和清洁替代燃料。传统化石燃料分为极低硫燃料油(Very Low Sulfur Fuel Oil, VLSFO)、船用重柴油(MDO)和船用轻柴油(MGO)、液化天然气(LNG)和液化石油气(LPG)。清洁替代燃料分为电燃料和生物质燃料。电燃料包括燃料电池和醇基燃料。生物质燃料包括生物乙醇、生物二甲醚和生物质柴油。

由于国际海事组织(IMO)引入了严格的法规来减少船舶的温室气体(GHG)排放,全球航运业面临着减少温室气体(GHG)排放的巨大压力。为进一步减少船舶的碳排放,引入了多种新能源技术。例如,太阳能现在可以作为小型船舶的主要动力来源,也可以作为大型船舶的辅助动力来源,为照明、通信设备和导航系统提供动力;风能更多地被用作辅助动力,它通过现代船帆推动船舶前进[18];某些船舶还开始采用氢燃料电池技术,利用氢气产生电能,实现零排放。

(3)针对不同排放污染物的船舶减排技术

针对不同排放污染物的船舶减排技术包括碳排放控制技术、硫排放控制技术和氮排放控制技术。

碳排放控制技术包括技术措施、运营措施和碳捕捉技术。技术措施采用新的设计、改装或新造船技术,降低船舶的二氧化碳(CO_2)排放量。运营措施指通过运营努力来实现减少二氧化碳(CO_2)排放的目标,包括减少能源需求和提高能源效率。碳捕捉技术是指将二氧化碳(CO_2)从工业或相关排放源中分离后或直接加以利用或封存,以实现二氧化碳(CO_2)减排的工业过程[19]。

硫排放控制技术包括湿式洗涤塔、干式洗涤塔和膜式洗涤塔技术。湿式洗涤塔技术指排气气体通过液体介质,通过与洗涤液进行化学反应来去除气体中的硫氧化物(SO_X);干式洗涤塔技术不使用水或任何液体来进行洗涤过程,将经过水化石灰处理的颗粒物(PM)暴露在排气中,以创建化学反应去除硫氧化物(SO_X);膜式洗涤塔技术不直接将液体洗涤溶液与排气混合,而是通过膜进行接触、捕捉和去除硫氧化物(SO_X)。

氮排放控制技术包括废气再循环(EGR)技术和选择性催化还原(SCR)技术。废气再循环(EGR)技术是引导发动机排气总管内一些排气(通常为30%~40%),重新流入进气道与正常扫气交汇;选择性催化还原(SCR)技术指在催化剂的条件下,将排气中氮氧化物(NO_X)与从外界加入排气的氨结合,通过二者的反应,将其转化为无害的物质(N_2、H_2O)。这两种方法可以处理排放物中80%以上的氮氧化物(NO_X)。

三、绿色航运运营管理

1.绿色航运运营管理概念

绿色航运运营管理旨在通过实施一系列环保和可持续的管理概念,使航运业降低对环境的影响,提高效率和可持续性。随着环境问题的凸显和可持续发展理念的兴起,要求运输行业在其业务活动中减少有害气体和温室气体(GHG)的排放。

绿色航运运营管理的总体目标是注重经济效益与保护生态环境相结合,强调航运效益与生态环境之间的协调作用,获得航运业可持续发展能力,并使航运业在现代化的进程中满足可持续发展的要求,实现航运经济效益、社会效益与生态环境效益相互促进、共同提高。

目前绿色航运运营过程中会采取排放监测、报告和核查机制(Monitoring, Reporting and Verification, MRV)以及船舶碳强度指标(CII)管理系统对航行中的排放物进行监测管理。同时引入减排成本曲线(Abatement Cost Curve, ACC)与边际减排成本(Marginal Abatement Cost, MAC)等理论研究方法对采用各种类型船舶产生的二氧化碳(CO_2)排放量进行深入研究,为绿色航运运营与管理措施的实施提供理论支撑。

2.绿色航运运营管理发展

随着全球贸易的国际航运线路的形成,现代内陆港口和海港更多地融入供应链体系,航运业开始意识到环境保护的重要性。国际组织、政府和环保机构开始出台政策和法规,鼓励航运业采取绿色航运措施。各国航运业界成立了绿色航运倡议组织,如国际海事组织(IMO)的海上环境保护委员会(MEPC)、清洁航运联盟(Clean Shipping Coalition, CSC)等,以促进绿色航运技术的研发和推广。

传统的航运决策可分为战略层、战术层和运营层三个级别的决策。在这三个决策层级上航运公司的目标往往在于如何尽可能多地减少运输成本,提高运输收益。但是随着环境问题的日益凸显,需要航运决策者权衡更加多元化的目标,包括降低碳排放、提高运输效率、降低成本、提高安全性和满足客户需求等。这些目标之间存在相互影响和制约的关系,因此需要进行综合考虑和权衡。

因此,绿色航运运营不仅需要考虑实现货物运输的效率和经济性,更需要降低运营过程中对环境产生的危害。目前采用的绿色航运运营措施可以分为六类,供应链和物流优化、减速航行、岸电供电、航行优化、维护优化和人为因素等。这些运营措施通过减少能源需求和提高能源效率来实现减少二氧化碳(CO_2)排放的目标,在解决环境问题、满足监管要求和促进海运业的整体可持续性方面发挥着重要作用。

第四节　绿色航运的理论方法

一、绿色航运理论基础

1.船舶工程理论基础

(1)船舶节能技术

船舶节能技术是指通过改进船舶设计和运行方式来减少能源消耗。在船舶工程中,包括但不限于改善船体形状、减小阻力、采用高效的动力系统、优化船舶的航速和航线等方面。船舶节能技术的研究基础涉及流体力学、机械工程和动力学等领域的相关理论。

(2)清洁燃油技术

清洁燃油技术是指减少船舶排放物污染的技术。其中,一项重要的研究方向是探索替代传统燃油的清洁燃料,如液化天然气(LNG)、氢能等,以减少船舶的碳排放和空气污染物排放。此外,清洁燃油技术还与燃料过滤、废气处理等相关技术密切相关。

(3)船舶材料技术

通过引入新材料技术,可以提高船舶的强度和耐久性,减轻船舶的重量,降低燃油消耗,例如,采用高强度钢材、复合材料等可减轻船舶重量,减少能源消耗。新材料技术也可以应用于船舶维修与保养,延长船舶的使用寿命,减少废弃物产生。

(4)智能控制技术

智能控制技术在船舶工程中的应用可以提高船舶系统的自动化程度,并优化船舶的运营效率和能源利用,包括自动导航系统、智能航行控制系统、动力管理系统等。通过智能控制技术,可以实现船舶系统的智能优化和自动控制,提高船舶的性能和可持续发展水平。

(5)船舶设计和模拟软件

船舶设计和模拟软件是绿色航运中不可或缺的工具。基于计算机辅助设计(Computer-aided Design, CAD)和计算流体力学(Computational Fluid Dynamics, CFD)技术,这些软件可以模拟和分析船舶的性能、燃油消耗、排放等。通过虚拟设计和仿真实验,可以在船舶建造前预测和优化其性能,降低设计和建造成本。

2.经济学理论基础

(1)外部性经济学

外部性是指经济活动产生的效应超出市场参与者之间的交换行为,对社会产生积极或消极影响。航运活动产生的碳排放和污染物排放等都属于负面外部性,会给环境和公众健康带来损害。绿色航运的理论基础之一就是通过引入经济手段(如碳排放交易、碳税等)以修正市场失灵,激励船东和船舶运营者减少对环境的负面影响。

(2)资源经济学

航运业在使用资源(如燃料、水等)和处理废物方面面临一定的经济约束。绿色航运通过提高能源效率、改进废物处理技术等手段,实现资源利用的最优化,并将资源消耗与经济效益相匹配。

(3)创新经济学

绿色航运需要不断推动技术创新和管理创新。创新经济学强调技术进步的重要性和创新对经济增长和可持续发展的作用。绿色航运的理论基础之一就是运用新技术、新材料和新方法,提高船舶的能源效率、减少污染物排放,并促进航运业的可持续发展。

(4)成本效益分析

绿色航运需要对可持续发展措施的成本和效益进行评估和比较。成本效益分析(Cost Benefit Analysis, CBA)是一种评估经济活动中投入和产出之间关系的方法。绿色航运需要综合考虑环境改善所需的投资成本、运营成本的变化以及由此产生的经济效益,从长期和全局的角度来评估绿色航运的经济可行性和潜在利益。

3.管理学理论基础

(1)可持续发展管理

可持续发展管理理论强调在经济、社会和环境三个维度之间取得平衡。在航运业的管理中,绿色航运需要考虑到经济可行性、社会责任和环境保护。这种管理理论提供了绿色航运管理的框架,帮助管理者在实践中综合考虑不同利益相关者的需求。

(2)环境管理系统

环境管理系统(Environmental Management System, EMS)是一种组织管理环境问题和环境性能的体系结构。采用环境管理系统(EMS)理论,航运公司可以建立和实施一系列的管理措施来减少环境影响。这包括制定环境政策、设定目标和指标、实施监测和审核等。环境管理系统(EMS)理论为绿色航运提供了一种系统化和持续改进的管理方式。

(3)绿色供应链管理

绿色供应链管理理论涉及整个航运供应链中关系环境影响的各个环节。通过考虑和优化船舶设计、能源使用、物流管理、货物起运和终点物流等方面,绿色供应链管理理论可以降低航运环境影响,并提高整体效率和可持续性。

(4)创新管理

创新管理理论关注组织中的创新能力和创新管理。在绿色航运中,引入新的技术、新的商业模式和新的管理方法是必不可少的。创新管理理论可以帮助航运企业建立创新文化和创新机制,推动绿色航运实践的发展。

(5)效率与品质管理

效率与品质管理理论注重提高生产过程中的效率和质量。在绿色航运中,提高能源利用效率、减少废物产生和污染物排放可以降低航运的环境影响,并提高运营效益。效率与品质管理理论提供了管理工具和方法,帮助航运企业实现绿色航运目标。

4.运筹学理论基础

(1)线性规划

线性规划是运筹学中最基本的数学模型之一。它通过建立线性目标函数和线性约束条件,寻找变量取值,以使目标函数达到最优。线性规划在绿色航运中可以应用于解决船舶调度、航线规划、货物装载和舱位分配等问题,帮助航运公司提高运输效率、降低成本,并优化资源利用。

(2)整数规划

整数规划是线性规划的扩展,要求变量取值为整数。整数规划适用于需要做出离散决策的问题,如装箱问题、旅行商问题等。整数规划在绿色航运中的应用可以帮助优化解决船舶调度、航线规划、货物装载和舱位分配等问题,以提高运输效率、降低成本,并优化资源利用。通过将决策变量限制为整数,整数规划可以更准确地建模和求解航运业中的离散决策问题。

(3)动态规划

动态规划是一种通过分阶段决策来求解最优化问题的方法。它将问题分解为一系列子问题,并利用最优子结构性质,逐步求解得到最优解。动态规划在绿色航运中可以应用于解决航线规划、船舶调度、货物选线和货物装载等问题,帮助优化决策序列和最优化问题,以提高运输效率、降低成本,并优化资源利用。动态规划考虑了不同决策点之间的关联性和相互影响,能够更准确地建模和求解航运业中的复杂决策问题。

(4)排队论

排队论研究随机到达和服务过程,以及与之相关的性能指标。它可以帮助优化服务系统的设计运营。排队论在绿色航运中的应用可以帮助评估优化解决船舶、货物和旅客的排队等待问题,以提高运输效率、降低成本,并优化资源利用。通过建立排队模型和考虑关键参数,排队论可以提供决策支持和改进建议,以优化航运业中的排队等待过程。

(5)图论

图论研究图的性质和算法,广泛应用于解决网络优化、航线规划、最短路径等问题。图论在绿色航运中可以应用于解决网络设计、船舶调度、航线规划和航速优化等问题。通过建立图模型和使用图论算法,可以帮助分析和优化航运业中的复杂网络和路径问题,以提高运输效率、降低成本,并优化资源利用。图论考虑了节点和边之间的关系和连接性,能够更准确地建模和求解航运业中的复杂问题。

(6)随机优化

随机优化考虑问题中存在的不确定性因素,如随机需求、不确定成本等。它通过建立随机模型和优化方法寻找最优决策策略。随机优化在绿色航运中可以应用于解决船舶调度、货物选线和航线规划等问题。通过考虑不确定性和随机性因素,随机优化算法能够帮助航运业做出更准确、更稳健的决策,以应对实际运营中的不确定性和风险,提高运输效率、降低成本,并优化资源利用。

5.统计学理论基础

(1)统计分析

统计学作为一门学科,关注数据的收集、整理和描述。在绿色航运中,需要收集与环境影响相关的数据,如船舶排放数据、能源消耗数据、废物产生数据等。通过描述统计方法,可以对这些数据进行汇总、总结和展示,提供绿色航运现状的基本认识。

(2)相关性分析

利用统计学方法,可以对不同变量间的相关性进行分析,如船舶排放与航行距离的相关性、燃油消耗与载重量之间的相关性等。这样的分析有助于理解不同因素对航运环境的影响程度,并为制定绿色航运策略和措施提供依据。

(3)时间序列分析

时间序列分析是在时间维度上对数据进行分析和预测。对航运行业中的时间序列数据进行分析,可以揭示航运活动对环境影响的变化趋势,如碳排放量的年度变化、航速的季节性变化等。通过时间序列分析,可以为绿色航运的规划和决策提供预测和参考。

(4)方差分析

方差分析是一种用于比较不同组之间差异性的统计方法。在绿色航运中,可以利用方差分析方法比较不同航线、不同船舶类型或不同运营模式的环境影响差异,以评估不同因素对航运污染的影响程度。

(5)回归分析

回归分析是一种用于检验变量之间关系和预测的统计方法。在绿色航运中,可以利用回归分析方法,建立航运活动与环境影响之间的数学模型,预测航运活动对环境的潜在影响,为绿色航运的规划和决策提供定量分析的依据。

二、绿色航运研究范畴

1.绿色航运政策、技术与运营研究对象

(1)政策研究对象

绿色航运政策研究的对象是各国或地区制定的与环保航运相关的政策法规和标准,包括航运领域的碳排放限制、排放监管、环保补贴政策、清洁能源推广等。政策研究旨在了解不同地区的政策措施,评估其对环保航运的影响和效果,为政策制定者提供科学依据和建议。

(2)技术研究对象

绿色航运技术研究的对象是航运领域中的各类环保技术和创新,包括船舶设计与建造技术、燃油清洁技术、船舶操作与管理技术、智能船舶技术等。该研究致力于提升船舶的节能性能、减少碳和污染物的排放,推动环保技术的应用与发展。

(3)运营研究对象

绿色航运运营研究的对象是船舶的运行管理与维护,以降低运营成本和环境影响。研究内容包括航线规划、船舶调度、航速优化、能源效率管理等。该研究旨在优化航运运营模式,减少能源消耗和碳排放,提高船舶运输效率和可持续发展水平。

2.绿色航运政策、技术与运营关系框

绿色航运政策、技术和运营之间存在着密切的关系,在推动环保航运发展的过程中相互影响和支持。

政策引导技术和运营:政策起到了推动绿色航运技术和运营的重要作用。政府通过制定环保航运政策,如碳排放限制、排放监管和清洁能源补贴等,引导航运业采用更环保的技术和管理运营方式。政策的明确和强制力可以促使企业投入研发绿色航运技术,并采取相关措施推动环保航运运营。

技术支持政策和运营：政策为绿色航运技术提供了支持和激励。政府可以提供资助、奖励和补贴等形式的政策支持，以鼓励企业开发和采用环保航运技术。这些政策措施可以降低技术开发和应用的成本，推动相关技术的研究和应用。同时，政策也可以鼓励航运企业采用绿色航运技术，提高运营效率和降低环境影响。

技术驱动政策和运营：绿色航运技术的发展和应用也可以推动政策和运营的改进。通过绿色航运技术的创新和应用，可以实现更高效的航运运营模式和更低的环境影响，从而为政策制定者和运营者提供实施和改进的动力。例如，采用更清洁的燃料和动力系统、智能船舶技术和高效的航线规划等，可以提高航运效率、减少成本、降低碳排放，从而推动政策制定和运营的变革。

运营反馈与政策调整：绿色航运的实际运营经验和效果可以为政策制定者提供反馈信息，从而调整和改进政策。运营中的数据和指标可以帮助监测和评估绿色航运政策的效果和可行性，为制定和调整政策提供决策依据。同时，运营者也需要根据政策要求和技术发展，不断改进运营模式和技术应用，以遵守政策标准和实现环保目标。

三、绿色航运研究方法

1.技术经济研究方法

(1)基本概念

技术经济研究方法是指在技术和经济领域中应用的一系列研究方法和工具，用于评估技术决策和经济决策的效果、成本和效益。它结合了技术和经济的理论和实践，旨在提供科学、系统的分析框架，以支持决策者在制定技术和经济策略时做出明智的决策。技术经济研究方法的主要目标是衡量技术和经济决策的影响和结果，并提供定量和定性的评估。它涉及多个领域，包括成本效益分析(CBA)、投资评估、效率分析、风险分析、可行性研究和市场分析等。技术经济研究方法的应用范围广泛，可用于评估新技术的可行性、制定投资决策、优化资源配置、制定市场策略等。它可以提供科学的、系统的分析框架，帮助决策者理解技术和经济之间的相互关系。

(2)技术经济在绿色航运中的应用

技术经济研究方法在绿色航运中具有广泛的应用，可以帮助评估和支持各种绿色航运决策。技术经济研究方法在绿色航运中的实际应用可以根据具体情况和需求进行灵活调整。

①船舶能效评估

技术经济研究方法的应用范围广泛，可用于评估新技术的可行性、制定投资决策、优化资源配置、制定市场策略等。它可以提供科学的、系统的分析框架，帮助决策者理解技术和经济之间的相互关系，从而做出更加明智的决策。技术经济研究方法可以用于评估和比较不同船舶设计和技术方案的能效表现。通过成本效益分析(CBA)、效率分析和敏感性分析等方法，可以确定船舶的能源消耗、碳排放和运营成本，并评估采用不同技术改进措施的经济效益。

②替代燃料选择

技术经济研究方法可以帮助评估不同清洁燃料(如氨、甲醇、氢能源等)在绿色航运中的应用潜力。通过投资评估和成本效益分析(CBA)，研究者可以确定清洁燃料的成本、效益和可行性，以及其对航运业的环境和经济影响。

③港口绿色评估

技术经济研究方法可以用于评估和优化港口的绿色化措施。例如，通过效率分析和经济评估，可以确定港口使用岸电设施的成本效益，评估港口引入清洁能源和节能设备的经济效果，帮助决策者选择最佳的绿色化方案。

④港口排放管理

技术经济研究方法可以应用于碳排放管理和减排策略评估。通过测算碳排放的成本和效益，评估不同减排措施的经济可行性，帮助航运公司和港口制定和实施有效的碳排放管理方案。

⑤技术创新投资

技术经济研究方法可以用于评估绿色航运领域的技术创新和研发投资。通过投资评估和风险分析，研究者可以评估不同技术创新项目的经济效益、市场潜力和风险，并帮助决策者做出合理的研发投资决策。

2.计量经济研究方法

(1)基本概念

计量经济研究方法是应用数理统计和经济理论于实证经济研究的一种方法论。它通过收集和分析实际经济数据，以评估经济理论、推断经济关系、预测经济变量和进行政策分析。计量经济方法旨在量化经济现象和经济理论之间的关系，从而提供对经济问题的定量解释和预测。计量经济研究方法在经济学领域广泛应用，它提供了一种科学的、定量的方法，帮助研究者理解经济现象、检验经济理论，并为经济政策制定和预测提供支持。

(2)计量经济在绿色航运中的应用

计量经济研究方法在绿色航运领域的应用可以帮助评估和推进航运行业的可持续发展。

①影响因素识别

计量经济研究可以用于分析影响绿色航运实践的因素。例如，研究者可以通过回归分析来识别影响航运公司采用绿色技术和燃料转型的因素，如政策激励、能源价格、技术成熟度等。

②环保政策评估

计量经济研究可用于评估环保政策对绿色航运的影响。研究者通过差分法或面板数据方法，可以分析实施环保政策前后绿色航运的性能和效果，以确定政策的有效性。

③经济效益评估

计量经济研究可以用于评估绿色航运的环保经济效益。例如，研究者可以通过估计绿色航运对减少污染和改善空气质量的贡献，来计算相关的经济效益。

④技术效率评估

计量经济研究可以用于评估不同绿色技术在航运行业中的效率。研究者通过数据包络分析(Data Evelopment Analysis, DEA)等方法，可以衡量船舶和港口的绿色技术在资源利用方面的效率。

⑤污染排放定价

计量经济研究可以用于研究碳排放定价对航运行业的影响。研究者通过建立模型，可以分析碳排放定价政策对航运公司成本、船舶燃料选择以及行业碳排放水平的影响。

⑥绿色投资测度

计量经济研究可以帮助航运公司做出关于绿色投资的决策。研究者通过估计绿色技术和设施的投资回报率，可以评估绿色投资的可行性和潜在效益。

这些应用可以帮助航运行业更好地理解绿色航运的潜力和挑战，并为制定可持续发展战略和政策提供依据。研究者通过计量经济研究方法，航运决策者和利益相关者可以更有效地推动绿色航运的发展,以减少对环境的不良影响并提高行业的可持续性。

3.实证分析研究方法

(1)基本概念

实证分析研究方法是一种基于观察和实验证据的科学研究方法,旨在通过观察和测量来验证或否定特定假设或理论。它强调客观性、可重复性和数据驱动的研究过程,以便得出科学结论。

实证分析研究方法通常包括以下步骤:

提出研究问题:明确研究的目的和问题,并建立相关的假设。

设计研究:确定适当的研究设计,包括选择参与者、制订实验或观察计划,并选择合适的测量工具和方法。

数据收集:根据研究设计收集必要的数据,可能通过实验、调查问卷、观察等方式进行。

数据分析:对收集到的数据进行统计分析,运用适当的统计方法来验证或否定假设,并得出结论。

结果解释:根据数据分析的结果,解释研究的发现,并对假设的支持或否定进行评估。

结果验证:其他研究者可以复制实证研究的方法,并进行独立的验证,以确认结果的可靠性和重复性。

实证分析研究方法广泛应用于社会科学、心理学、经济学和自然科学等领域,它的目标是通过收集客观的、可量化的数据来验证理论和推断。通过实证研究,研究者可以基于科学证据做出决策、提供政策建议或进一步推动知识的发展。

(2)实证分析在绿色航运中的应用

实证分析研究在绿色航运领域中具有广泛的应用,帮助理解和解决绿色航运所面临的挑战,并推动可持续航运的发展。

①燃料与动力系统研究

实证分析研究可以评估不同燃料类型和动力源在航运中的性能和环境影响。通过实验室实验和实地测试,研究者可以比较传统燃料和可再生能源的效率、排放和经济性,以支持绿色航运技术的发展和采用。

②减排与排放控制研究

实证分析研究可以定量评估船舶排放的水平和来源,包括温室气体(GHG)、氮氧化物(NO_X)、硫氧化物(SO_X)和颗粒物(PM)等。通过测量和模拟,研究者可以分析排放控制技术和策略的有效性,推动船舶减排措施的制定和实施。

③船舶与船体设计研究

实证分析研究可以评估新型船舶设计和船体涂层技术对能效和减排的影响。通过模拟和实验,研究者可以比较不同设计参数和涂层材料对阻力和摩擦的影响,为设计更节能环保的船舶提供科学依据。

④港口与物流优化研究

实证分析研究可以分析港口和物流系统的能效和碳排放,探索减少货物运输中的能源消耗和环境影响的方法。研究者可以通过实地调查、数据分析和模型建立,优化航线规划、港口操作和货物集运策略,以提高整体运输效率和可持续性。

⑤政策与经济措施研究

实证分析研究可以评估绿色航运政策和经济措施的影响和效果。通过数据收集、统计分析和模型模拟，研究者可以评估不同政策工具（如排放标准、能源税收、财政激励等）对航运行业转型和可持续发展的影响，为政策制定提供科学依据。

实证研究的应用有助于深入了解绿色航运领域的挑战和机遇，并为航运业的可持续发展提供科学支持和决策依据。

4.运筹优化研究方法

（1）基本概念

运筹优化研究方法是一种应用数学和计算机科学技术来解决实际问题的方法。它旨在通过数学模型、算法和优化技术来寻求最佳的决策方案，以优化资源利用、提高效率和降低成本。

运筹优化研究方法的基本概念涉及以下几个关键要素：

优化问题：是指在给定约束条件下，寻找最优解或最佳决策方案的问题。最优解可以是最大化或最小化某个目标函数的取值，同时满足一系列约束条件。

数学建模：是将实际问题转化为数学模型的过程。通过定义决策变量、约束条件和目标函数，将实际问题抽象化为数学形式，使其可以用数学方法进行求解。

决策变量：是在优化问题中需要决策的参数或变量。这些变量的取值会影响问题的最优解。决策变量可以是连续的（如生产数量、价格等），也可以是离散的（如选择与否、整数值等）。

目标函数：是优化问题中需要最大化或最小化的指标。它描述了问题的目标或期望结果。通过调整决策变量的取值，目标函数的值可以被优化。

约束条件：是在优化问题中需要满足的限制条件。它们描述了问题的限制或可行域。决策变量的取值必须满足这些约束条件才能符合问题的要求。

优化算法：是为了求解优化问题而设计的数学算法或计算方法。优化算法可以根据问题的特点选择合适的技术，如线性规划、整数规划、动态规划、遗传算法、模拟退火等。

最优解：是指在给定约束条件下，目标函数取得最大或最小值的决策变量的取值。最优解是优化问题的最佳解决方案。

通过运筹优化研究方法，可以对复杂的实际问题进行数学建模，利用优化算法寻找最优解或最佳决策方案。这些方法在许多领域中都具有广泛的应用，帮助优化资源分配、提高效率和降低成本。

（2）运筹优化在绿色航运中的应用

运筹优化在绿色航运中具有广泛的应用，可以帮助航运公司和利益相关者优化资源利用、提高效率和降低环境影响。

①航线规划

航线规划是一个重要的问题，涉及选择最佳的航线组合以满足货物运输需求。通过运筹优化方法进行航线规划，以降低燃料消耗和减少碳排放。优化算法可以考虑航线、航速、船舶负载和装卸计划等因素，以最小化能源消耗和排放量。

②航速优化

航速优化是指在特定的船舶和环境中，通过制定航段上的航速和调整船舶操作，实现整个航线的油耗优化。通过运筹优化方法，可以确定最佳船舶速度和航速控制策略，以平衡航行时间、燃料消耗和排放量。优化算法可以考虑航行条件、货物需求、船舶性能等因素，以实现绿色和经济效益的权衡。

③船舶调度

船舶调度问题涉及决策哪些船舶在何时从哪个港口出发,以及它们应该在何时到达目的港口。通过运筹优化方法,可以优化船舶的航行路线,以避开敏感生态区域、减少海洋生态影响。优化算法可以考虑航行安全、海洋生态保护和经济效益等因素,以找到最佳的航行路线。

④货物装载与集装箱布局

货物装载问题涉及将不同种类的货物合理地装载到船舶的舱位中,以最大化装载量或最小化装载成本。通过运筹优化方法,可以优化货物装载和集装箱布局,以最大程度地利用船舶空间并减少空载率。优化算法可以考虑货物需求、重量平衡、装卸顺序和船舶稳定性等因素,以实现最佳的货物装载方案。

5.概率统计研究方法

(1)基本概念

概率统计研究方法是一种基于概率理论和统计学原理的方法,用于分析数据、进行模型推断和做出决策。它结合了概率统计的理论方法,以研究随机现象、不确定性和变异性,并从数据中提取信息、推断总体特征和做出可靠的决策。

它的基本概念包括以下几个要素:

概率:描述事件发生可能性的数值。在概率统计中,概率用于描述随机变量的取值分布、事件发生的可能性以及推断结果的不确定性。概率可以通过频率概率和主观概率两种方式进行描述。

随机变量:随机变量是在随机试验中可能取不同值的变量。它可以是离散的(取有限或可数个值)也可以是连续的(取无限多个值)。概率统计研究方法通过对随机变量的概率分布进行建模和分析,揭示其统计特性。

统计样本:统计样本是从总体中获取的一组观测值。在概率统计研究中,样本用于从有限观测数据中进行推断总体特征、进行参数估计和做出决策。

参数估计:参数估计是利用样本数据推断总体参数的过程。通过使用统计方法,根据样本数据推断总体均值、方差、比例等参数,并给出其估计值和可信区间。

假设检验:假设检验是根据样本数据对总体假设进行验证的过程。它用于判断总体参数是否满足某种假设,从而进行决策。研究者通过设定显著性水平和选择适当的检验统计量,可以得出接受或拒绝假设的结论。

统计模型:统计模型是对数据背后的概率分布进行建模的数学表达式。研究者通过对数据进行模型化,可以进行参数估计、假设检验、预测和推断等统计分析。

抽样方法:抽样方法是从总体中选择样本的方法。合理的抽样方法可以保证样本的代表性和可靠性,并确保统计结果的有效性。

概率统计研究方法在数据分析、推断和决策制定中起着重要的作用。研究者通过对随机变量、概率分布、样本数据和统计模型的分析,可以揭示数据的规律性、提供决策支持,并在不确定性环境下进行可靠的推断。

(2)概率统计在绿色航运中的应用

概率统计研究方法在绿色航运中有多个应用领域,可以帮助优化航运系统、降低环境影响并提高资源利用效率。

①风险分析与安全评估

概率统计研究方法可以用于评估航运活动中的风险和安全性。通过分析历史数据、建立风险模型和进行概率分析，可以识别潜在的风险因素、评估事故发生概率，并制定相应的安全措施。

②航线设计与船舶调度

概率统计研究方法可以应用于解决航线规划和船舶调度问题。通过建立概率模型，考虑海况、气象、船舶燃油效率等因素的随机性，可以优化航线规划、降低燃油消耗和减少排放。

③燃油消耗与排放分析

概率统计研究方法可以用于分析船舶燃油消耗和碳排放的概率分布和变异性。通过收集和分析实际燃油消耗数据，并建立相应的统计模型，可以评估燃油效率改进措施的效果，并制定减排策略。

④替代燃料与能源应用

概率统计研究方法可以用于评估和优化可持续能源在航运中的应用。通过分析可再生能源（如风力辅助、太阳能辅助）的概率分布和可靠性，可以确定最佳的能源组合、制定能源调度策略，并评估可持续能源的可行性和经济性。

⑤船舶性能监测与维护

概率统计研究方法可以用于船舶性能监测和维护。通过建立性能监测系统，收集和分析船舶运行数据，可以预测和检测设备故障、优化维护计划，并提高船舶性能和可靠性。

概率统计研究方法在绿色航运中具有重要性和实用性。其可帮助航运业更好地理解和应对不确定性，从而推动绿色航运的可持续发展。

思考题

1.全球航运贸易的未来，可能成为重要拐点的事件有哪些？它们可能对航运业产生怎样的影响？

2.试述全球船队大型化和绿色化的发展趋势将对全球供应链和环境可持续性产生何种影响。

3.简述航运业主要污染排放物及其对经济、环境、社会、技术和行业发展的影响。

4.简述航运业的变化趋势和发展绿色航运、低碳航运的必要性。

5.试述绿色航运政策、技术与运营三个层面之间的关系。

6.如何将绿色航运研究方法有效地应用于航运实践？

参考文献

[1] 新华社.我国港口吞吐量和海船运力规模十年大幅增长[EB/OL].(2023-07-11). https://www.gov.cn/lianbo/bumen/202307/content_6891231.htm.

[2] UNCTAD. Review of Maritime Transport[R].Switzerland:UNCTAD,2022.

[3] RAUCK M K Trade Indicator 03/22:World Trade in Downturn[N].Institute for the World Economy,2022.

[4] 邱聪.2022 年全球干散货航运市场现状及发展趋势分析[EB/OL].(2022-04-25). https://www.qianzhan.com/analyst/detail/220/220425-270a8536.html.

[5] EMSA. European Maritime Transport Environmental Report[R].Denmark:EMSA,2021.

[6] IEA. Tracking Shipping[R].Paris:IEA,2023.

[7] IMO. Fourth IMO GHG Study 2020[R].London:IMO,2021.

[8] 国际船舶网."新规"之下,压载水系统全面升级[EB/OL].(2020-10-28). http://www.eworldship.com/html/2020/ship_inside_and_outside_1028/164702.html.

[9] 高宁.船舶污染防治海事监管法律法规存在问题及建议[J].世界海运,2019,42(11):4.

[10] 驻欧盟使团经济商务处.欧盟发布 2021 年海运环境报告[EB/OL].(2021-09-02). http://eu.mofcom.gov.cn/article/jmxw/202109/20210903194640.shtml.

[11] 联合国环境规划署.空气污染每年造成 700 万人死亡,全世界必须团结一致抗击空气污染[EB/OL].(2023-9-6). https://www.unep.org/zh-hans/xinwenyuziyuan/gushi-14.

[12] 国际船舶网.法国智库建议:重视海运污染所造成的影响[EB/OL].(2018-03-01). http://www.eworldship.com/html/2018/ship_inside_and_outside_0301/136802.html.

[13] LUN Y H V,LAI K-H,WONG C W Y,et al.Green Shipping Management[M].Cham:Springer International Publishing Switzerland,2016.

[14] 吴小芳,张珞平.绿色航运和绿色航运规划的研究进展[J].大连海事大学学报:社会科学版,2016,15(4):1-10.

[15] 王思佳.绿色航运的理念之变[J].中国船检,2019,(11):23-26.

[16] 徐峰,陈光硕.绿色航运政策与法律制度存在问题与对策研究[J].浙江海洋大学学报:人文科学版,2021,38(1):8-16.

[17] 中国船级社. 国内航行海船能效设计指数(EEDI)计算与验证指南[R].北京:中国船级社,2022.

[18] PAN P, SUN Y, YUAN C, et al.Research progress on ship power systems integrated with new energy sources:A review[J]. Renewable and Sustainable Energy Reviews,2021,144:111048.

[19] 中国船级社. 航运低碳发展展望 2021[R].北京:中国船级社,2021.

第二章　绿色航运政策监管

第一节　绿色航运政策制定

一、联合国气候变化框架公约

1.《联合国气候变化框架公约》的制定

1988 年,联合国环境规划署(UNEP)和世界气象组织(WMO)共同发起,建立了联合国政府间气候变化专门委员会,以应对全球气候变化的问题。同年,联合国大会通过了一项决议,呼吁制定一项国际协定来应对气候变化。

1990 年 12 月第 45 届联合国大会决定设立一个单一的政府间谈判委员会,制定一项有效的气候变化框架公约,国际气候谈判和全球气候治理的序幕自此正式拉开。

1992 年 6 月,联合国环境和发展会议(United Nations Conference on Environment and Development, UNCED)在巴西里约热内卢召开。会议通过了《联合国气候变化框架公约》(UNFCCC),并得到了大多数国家的签署和批准。《联合国气候变化框架公约》(UNFCCC)于 1994 年 3 月 21 日正式生效,成为全球范围内应对气候变化的法律框架。

1997 年 12 月,第 3 次缔约方大会在日本京都召开。会议通过了《京都议定书》,在公约的基础上进一步明确了减排目标和承诺。议定书要求工业化国家在 2008 年至 2012 年期间减少温室气体(GHG)排放,其中包括二氧化碳(CO_2)、甲烷(CH_4)和氧化亚氮(N_2O)等六种温室气体(GHG)。《京都议定书》于 2005 年 2 月 16 日生效,正式成为国际法律。

2005 年 12 月,第 11 届联合国气候变化大会(COP)在加拿大蒙特利尔召开。会议通过了

《蒙特利尔行动计划》,旨在加强对京都议定书的实施,推动可持续发展。

2015 年 11 月,巴黎气候变化大会(COP 21)在法国巴黎召开。会议通过了《巴黎协定》(Paris Agreement),旨在促进全球应对气候变化的行动。《巴黎协定》于 2016 年 11 月 4 日生效,正式成为国际法律。

自此以后,《联合国气候变化框架公约》一直在推动国际合作及全球应对气候变化的行动。各国通过谈判和协商不断努力加强公约的执行和落实。

2.《京都议定书》的通过

《京都议定书》于 1997 年 12 月在日本京都召开的第 3 次缔约方大会获得通过。由于批准过程复杂,《京都议定书》于 2005 年 2 月 16 日生效。目前《京都议定书》有 192 个缔约方。

《京都议定书》是《联合国气候变化框架公约》(UNFCCC)的补充条款。1992 年 6 月,联合国通过了旨在缓解全球变暖趋势的《联合国气候变化框架公约》(UNFCCC)。其中不仅包括了公平、责任、能力、成本有效和可持续发展等重要的指导原则,也建立了发达国家和发展中国家有差别承诺的概念。《联合国气候变化框架公约》(UNFCCC)自缔约之日起,已经有全球的 185 个国家和地区参与并成功地举行了 8 次由各缔约方参加的大会。然而《联合国气候变化框架公约》(UNFCCC)中并没有就解决全球变暖问题提出具体可行的措施,只是 1995 年 3 月在柏林举行的第一次缔约方会议中,若干发达国家承诺将在 2000 年将二氧化碳(CO_2)排放量控制在 1990 年的水平。然而,经过缔约方各国审评,认为这一承诺不足以实现《联合国气候变化框架公约》(UNFCCC)中缓解全球变暖趋势的预期目标。为了使全球温室气体(GHG)排放量控制在预期水平,还需要缔约方各国做出更加细化并具有强制力和可操作性的承诺。于是,关于加强发达国家义务及承诺的谈判便开始了。直到 1997 年 12 月在日本京都召开的第 3 次缔约方大会才初步形成关于限制温室气体(GHG),包括二氧化碳(CO_2)、甲烷(CH_4)、氧化亚氮(N_2O)、氢氟碳化物(HFCS)、全氟化碳(PFCS)、六氟化硫(SF_6)等排放的法案,即《京都议定书》[1]。

简而言之,《京都议定书》通过使工业化国家和转型经济体承诺根据商定的具体目标限制和减少温室气体(GHG)排放,落实《联合国气候变化框架公约》(UNFCCC)。本公约只要求这些国家采取减缓政策和措施并定期报告。

《京都议定书》以《联合国气候变化框架公约》(UNFCCC)的原则和规定为基础,并遵循其基于附件的构架。它只对发达国家有约束力,并根据“共同但有区别的责任和各自能力”原则,要求发达国家承担更多责任,因为《京都议定书》认定发达国家对目前大气中温室气体(GHG)排放量负有主要责任。

《京都议定书》在其附件 B 中为 37 个工业化国家和转型经济体以及欧洲联盟设定了具有约束力的减排目标。总体而言,在 2008—2012 年(第一承诺期)的五年时间里,这些目标将在 1990 年排放水平上平均减排 5%[2]。

3.巴黎协定的通过

2015 年 12 月,《巴黎协定》于第 21 届联合国气候变化大会(COP)上通过,于 2016 年 4 月在美国纽约联合国大厦签署,于 2016 年 11 月 4 日起正式实施。《巴黎协定》是已经到期的《京都议定书》的后续[3]。

2016 年 4 月 22 日,《巴黎协定》高级别签署仪式在纽约联合国总部举行。时任联合国秘书长潘基文宣布,在《巴黎协定》开放签署首日,共有175个国家签署了这一协定,创下国际协定开放首日签署国家数量最多纪录[4]。时任中国国务院副总理张高丽作为习近平主席特使在《巴黎协定》上签字。同年9月,全国人大常委会批准中国加入《巴黎协定》,成为完成了批准协定的缔约方之一。2016年10月,时任联合国秘书长潘基文宣布,《巴黎协定》于当月5日达到生效所需的两个门槛,并将于2016年11月4日正式生效。2016年11月4日,欧洲议会全会以压倒性多数票通过了欧盟批准《巴黎协定》的决议,欧洲理事会当天晚些时候通过书面程序通过了这一决议。这意味着《巴黎协定》已经具备正式生效的必要条件。联合国气候大会组委会在摩洛哥城市马拉喀什发布新闻公报,庆祝《巴黎协定》生效,强调这是人类历史上一个值得庆祝的日子,也是一个正视现实和面向未来的时刻,需要全世界坚定信念,完成使命。2021年11月13日,第26届联合国气候变化大会(COP)在英国格拉斯哥闭幕。经过两周的谈判,各缔约方最终完成了《巴黎协定》实施细则。

《巴黎协定》,是由全世界178个缔约方共同签署的气候变化协定,是对2020年后全球应对气候变化的行动做出的统一安排。《巴黎协定》的长期目标是将全球平均气温较前工业化时期上升幅度控制在2 ℃以内,并努力限制在1.5 ℃以内。《巴黎协定》共29条,当中包括目标、减缓、适应、损失损害、资金、技术、能力建设、透明度、全球盘点等内容[5]。

二、国际海事组织(IMO)航运污染排放政策

1.减排的立法进程

早在20世纪70年代,国际海事组织(IMO)就讨论过控制船舶大气污染,特别是船舶废气中有毒气体的问题。1988年,海上环境保护委员会(MEPC)同意将大气污染问题纳入其工作计划,大气污染也因此受到更多的关注。1991年,国际海事组织(IMO)通过了关于《国际防止船舶造成污染公约》(International Convention for the Prevention of Pollution from Ships, MARPOL)的A.719(17)号决议。该决议要求海上环境保护委员会(MEPC)起草一份有关减少船舶大气污染的《国际防止船舶造成污染公约》(MARPOL公约)附则新草案。

1997年12月通过的《京都议定书》是应对气候变化的重要一步。该议定书致力于让工业化国家和处于转型期的经济体,按照各国商定的目标限制和减少温室气体(GHG)排放,从而推动《联合国气候变化框架公约》(UNFCCC)的实施。

对此,在1997年举办的《国际防止船舶造成污染公约》(MARPOL公约)外交大会上,国际海事组织(IMO)通过了《国际防止船舶造成污染公约》(MARPOL公约)附则Ⅵ《防止船舶造成大气污染规则》。该决议提请海上环境保护委员会(MEPC)根据二氧化碳(CO_2)与其他大气污染物和海洋污染物之间的关系,考虑可行的二氧化碳(CO_2)减排战略,并提议国际海事组织(IMO)与《联合国气候变化框架公约》(UNFCCC)开展合作,研究船舶二氧化碳(CO_2)排放问题,以确定船舶二氧化碳(CO_2)排放量和相对百分比,以此作为全球二氧化碳(CO_2)排放清单的一部分。海上环境保护委员会(MEPC)制定了相应的营运措施和技术措施,国际海事组织(IMO)同意在《国际防止船舶造成污染公约》(MARPOL公约)附则Ⅵ中增设“能效”这一新的章节。

2011年7月,《国际防止船舶造成污染公约》(MARPOL公约)附则Ⅵ的缔约国通过了强制性船舶能效法规,包括新造船的船舶能效设计指数(EEDI)和船舶能效管理计划(SEEMP)。这是第一套适用于所有运输部门的强制性能效措施。此后,通过对该法规的进一步修订提高了对

船舶(特别是部分船型)的船舶能效设计指数(EEDI)要求。

2016 年,国际海事组织(IMO)通过了燃油消耗数据收集机制(Data Collection System, DCS),用于收集和报告总吨(GT)5 000 以上船舶的油耗数据。第一次历年数据的收集工作于 2019 年完成。

2018 年 4 月,国际海事组织(IMO)通过了船舶温室气体(GHG)减排初步战略。该政策框架设定了关键目标,包括到 2050 年,从事国际航行的船舶年温室气体(GHG)排放量与 2008 年水平相比减少至少一半。除此之外,在 21 世纪要尽快逐步实现船舶温室气体(GHG)零排放,到 2030 年将从事国际航行船舶的碳排放强度平均降低至少 40%,并力求 2050 年的碳排放强度比 2008 年的水平降低 70%。该战略将在 2023 年进行修订,并承诺会评估拟议通过的所有措施对各国,特别是最不发达国家(LDC)和小岛屿发展中国家(Small Island Developing States, SIDS)的影响。

2021 年 6 月,国际海事组织(IMO)通过了关键性短期措施,旨在到 2030 年将所有船舶的碳强度降低至少 40%,这与国际海事组织(IMO)初步战略目标相契合。这些措施将技术方法与营运方法相结合,以提高船舶能效。所有船舶必须计算其现有船舶能效指数(EEXI),5 000 总吨(GT)以上的船舶将建立其年度碳强度指标(CII)和碳强度评级机制。这是国际海事组织(IMO)首次为船舶建立正式的评级机制,也向市场发出了一个强烈信号,即鼓励政府部门、港口当局和其他利益攸关方为等级为 A 级或 B 级的船舶提供奖励。连续三年被评为 D 级或 E 级的船舶则需提交改善计划,阐明应如何达到所需的等级(C 级或以上)。同年 10 月,第 26 届联合国气候变化大会(COP)在英国格拉斯哥举行。在此次会议上,各国领导人签署了格拉斯哥气候公约。这份公约的目的在于将全球气温升高控制在 1.5 ℃之内,避免世界遭遇气候灾难。

2023 年 7 月,国际海事组织(IMO)通过了对船舶温室气体(GHG)减排战略的重新修订,如图 2.1 所示,温室气体(GHG)减排的新目标为:国际海运温室气体(GHG)排放尽快达到峰值,并考虑不同国情,在接近 2050 年前后达到净零排放;零/近零温室气体(GHG)排放技术、燃料和/或能源占比目标为:2030 年,零/近零温室气体(GHG)排放技术、燃料和/或能源使用占比至少达到 5%,并力争达到 10%;国际航运的碳强度目标是:到 2030 年,与 2008 年相比,国际航运

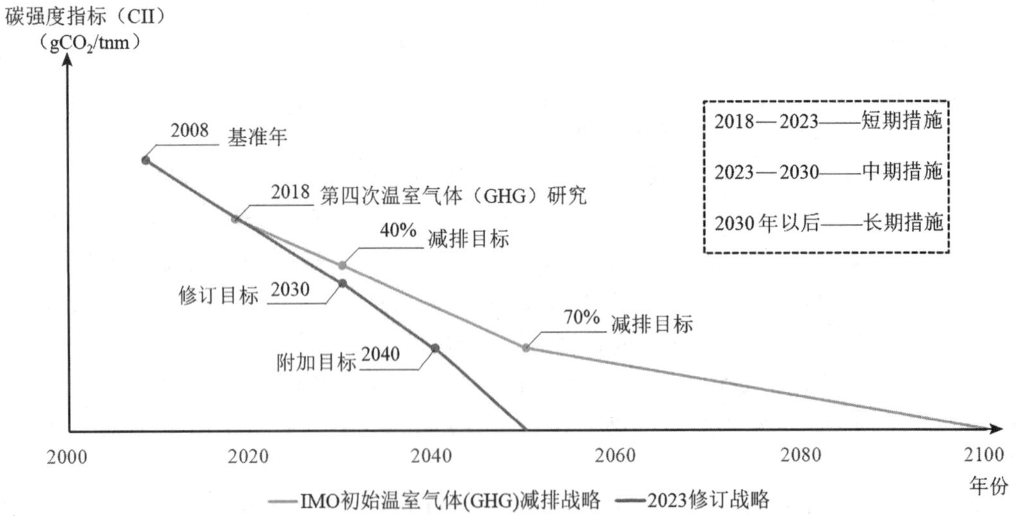

图 2.1 国际海事组织(IMO)的温室气体(GHG)减排战略

Fig.2.1 Greenhouse Gas (GHG) reduction strategy by the International Maritime Organization (IMO)

每次运输工作的平均二氧化碳(CO_2)排放量至少减少 40%;还有两个“指示性校核点”:到 2030 年,国际海运温室气体(GHG)年度排放总量比 2008 年至少降低 20%,并力争降低 30%;到 2040 年,国际海运温室气体(GHG)年度排放总量比 2008 年至少降低 70%,并力争降低 80%。近年来国际海事组织(IMO)航运温室气体(GHG)减排的相关政策措施,如图 2.2 所示。

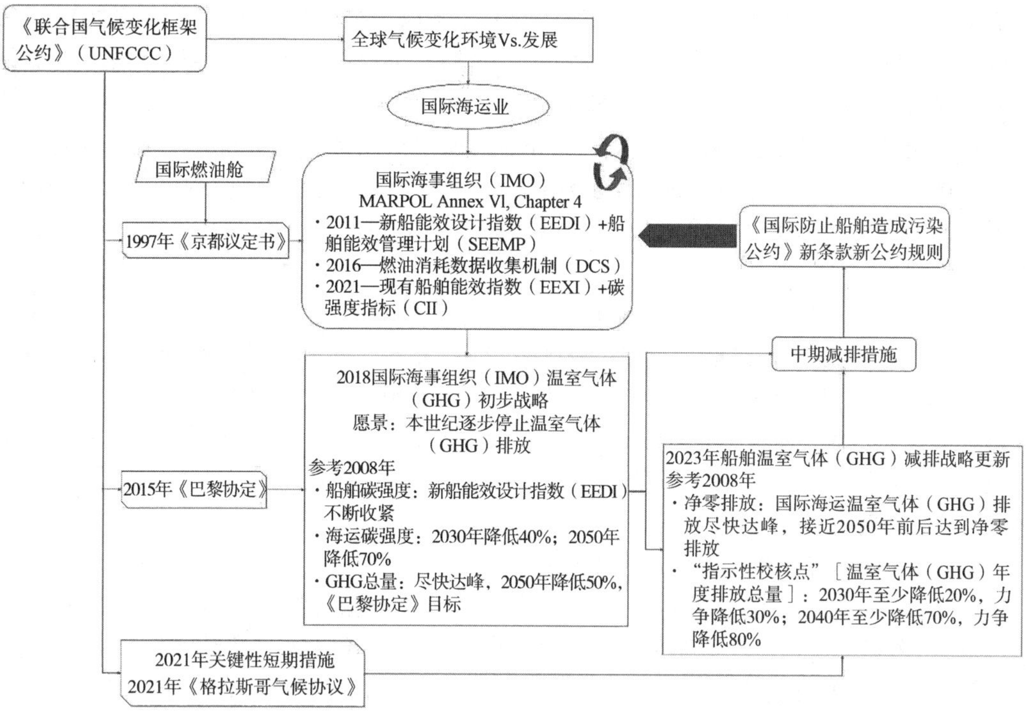

图 2.2　国际海事组织(IMO)航运温室气体(GHG)减排的相关政策措施

Fig.2.2　Policy measures for Greenhouse Gas (GHG) emission reduction by the International Maritime Organization (IMO)

2.支持履约的举措

国际海事组织(IMO)开展了一系列项目,重点是支持发展中国家实施《国际防止船舶造成污染公约》(MARPOL 公约)附则Ⅵ的能效措施,并推进试验和培训。

(1)全球海上能效合作项目(GloMEEP)

全球环境基金(Global Environment Fund, GEF)、联合国开发计划署(United Nations Development Programme, UNDP)和国际海事组织(IMO)共同开展的全球海上能效合作项目(Global Maritime Energy Efficiency Partnerships Project, GloMEEP),协助若干牵头试点国推行法律、政策和体制改革,加强在国家层面实施《国际防止船舶造成污染公约》(MARPOL 公约)附则Ⅵ的能力建设。全球海上能效合作项目(GloMEEP)通过法律、政策和体制改革,提高认识和能力建设活动,建立公私合作伙伴关系以支持低碳航运的方式支持该项目的十个牵头试点国家(中国、阿根廷、格鲁吉亚、印度、牙买加、马来西亚、摩洛哥、巴拿马、菲律宾和南非)实施这些措施[6]。

(2)欧盟资助的全球海事技术合作中心网络(Global MTTC Network, GMN)项目

该项目已经建立了五个区域技术合作中心,另有几个试点项目正在进行中。该项目旨在帮助发展中国家和地区实现航运业的“脱碳”并提高其能源效率,并有助于执行减少海事组织船舶温室气体(GHG)排放的初步战略。为了促进“脱碳”试点项目的顺利实施和该战略项目的培

训并确保长期稳定的资金供应,该项目推迟到 2022 年 3 月。自 2017 年成立以来,非洲、亚洲、加勒比和太平洋的四个海事技术合作中心已建立了强大的区域网络,成为在航运能效和船舶温室气体(GHG)排放方面具有技术专长的关键区域参与者[7]。

(3)即时到港指南(Just In Time Arrival Guide)

低碳航运全球产业联盟(Global Industry Alliance, GIA)是在 IMO-Green Voyage 2050 项目框架下建立的公私合作伙伴关系,旨在汇集海运业领导者,支持节能低碳的海运系统。低碳航运全球产业联盟(GIA)制定了一份即时到港指南(Just In Time Arrival Guide)。该指南可以使船舶保持最佳的船舶运营速度,在确保泊位、航道和航海服务可用的情况下抵达引航员登船点。通过引用该指南,一方面,船舶可以进行航速优化而提高发动机效率,降低燃料消耗;另一方面,船舶在进港或锚泊区域的操纵时间减少。因此,引用该指南有利于减少温室气体(GHG)和空气污染物排放[8]。

(4)低碳航运全球产业联盟(GIA)推出免费在线学习课程

针对海员和相关方,低碳航运全球产业联盟(GIA)推出了一套免费在线学习课程。自学课程"船舶节能操作简介"旨在让人们初步了解如何解决船舶温室气体(GHG)排放问题。该在线课程由在线学习专家 Ocean Technologies Group 设计,提供视频、文本、测验等,以获得互动体验。课程分为两个模块:一个是"航运业的温室气体和能源效率"模块,另一个是"减少海上能源消耗的实际方法"模块。

(5)海上运输的替代燃料和能源载体研讨会

IMO Green Voyage 2050 项目推出了一系列关于"海上运输的替代燃料和能源载体"的研讨会,鼓励船用燃料利益相关者参加免费研讨会。该研讨会涉及与替代燃料有关的关键概念,并提供有关商用燃料如液化天然气(LNG)和液化石油气(LPG),仍处于示范阶段的燃料如甲醇、生物燃料、电池动力以及一些正在开发的燃料如氨和氢等的详细信息[10]。其中,在"发展中国家探索海上替代燃料机会"研讨会中,汇集了来自相关政府机构、燃料供应商、航运公司/船东/运营商、港务局和学术界的与会者,讨论海事部门的各种替代燃料选择,以及这些选择如何支持实现海事组织初始温室气体(GHG)减排目标[11]。

(6)对国际航运的所有温室气体(GHG)排放征收强制性高目标税

该举措是一个通用的基于市场的措施(Market Based Management, MBM),将平衡当前化石燃料和脱碳替代品之间的价格差异。目前导致该行业转向脱碳燃料的最终价格估计在每吨二氧化碳当量(CO_2 equivalent, CO_2e)250~300 美元。根据该提案,建议引入每吨二氧化碳(CO_2)100 美元的入门级费率,每五年进行一次修订。征税既可以适用于监测的排放,也可以适用于加油点。

普遍征税的实施将产生可观的收入。该收入将分为两方面:一方面根据《联合国气候变化框架公约》(UNFCCC)或现有的绿色气候基金(Green Climate Fund, GCF)的规定,支持可持续国家减缓和适应气候变化的努力;另一方面,一个支持替代燃料技术和燃料的研发的基金,该基金受国际海事组织(IMO)监管。

(7)国际海事可持续燃料与基金(IMSF&F)

国际海事可持续燃料与基金(International Maritime Sustainable Fuels and Fund, IMSF&F)机制是在最初的国际海事可持续资金和奖励(International Maritime Sustainability Funding and Reward, IMSF&R)机制(ISWG-GHG 12/3/9)的基础上发展起来的,并纳入了全球温室气体燃料标准(GHG Fuel Standard, GFS)、对先行者的激励以及收入增加/支出问题等各种提案中的其他兼

容技术和经济要素。在更新版本中,碳强度指标(CII)已被燃料/能源的温室气体(GHG)强度取代。这也是弥补不同提案之间分歧的一种折中方案。

此外,还引入了一个可持续性框架,以酌情为可持续海洋燃料/能源的生命周期温室气体排放和其他可持续性方面设定定量或定性阈值。国际海事可持续燃料与基金(IMSF&F)机制将每年实施一次。国际海事可持续燃料与基金(IMSF&F)的基本思想是首先对船上使用的燃料/能源的温室气体(GHG)强度指标设定一个限制。船舶温室气体(GHG)排放水平的基准可以通过该限制乘以其实际年度燃料/能源消耗量来计算。船舶的实际温室气体(GHG)排放量可以通过该限制乘以实际年度燃料/能源消耗量来计算。在实际温室气体(GHG)排放量高于基准的情况下,船舶将获得赤字单位(Deficit Units, DU)。该赤字单位(DU)需要通过从可持续航运基金获得补救单位(Remedials Units, RU)或从实际温室气体(GHG)排放低于基准的船舶获得盈余奖励单位(Surplus Reward Units, SRU)来抵消。

(8)零排放航运激励计划(ZESIS)

该提案旨在通过使用碳税带来的收入作为零排放燃料的回扣,为零排放船舶(ZEV)提供明确的激励措施。零排放航运激励计划(Zero-emission Shipping Incentive Scheme, ZESIS)基于普遍燃料税的提议,但在计算该税金额的方式上有所不同。

一方面,普遍征收燃料税必须填补零排放燃料和碳燃料之间的差距,而碳燃料最初会很高。另一方面,最初零排放船舶(ZEV)的份额将受到限制,因此零排放燃料的退税水平将设定在较低水平(因为零排放燃料将受到限制),这也将导致较低的税率。因此,税率将根据退税机制所需的收入金额来确定,以向零排放船舶(ZEV)提供足够的激励。对税率的初步分析估计,最初每吨二氧化碳(CO_2)的价格在56~73美元就足以激励先行者。收入将在该部门内分配,较大的百分比将用于支持零排放船舶(ZEV)和替代燃料的投资,剩余金额将分配给国际海事组织(IMO)的综合技术合作计划,以协助脆弱国家、最不发达国家(LDC)和小岛屿发展中国家(SIDS)的海洋温室气体(GHG)减排工作。

(9)海上可持续发展资金和奖励(F&R)

该提案是一个基于市场的措施(MBM)结合了国际海事可持续资金和奖励(IMSF&R)的特点、零排放航运激励计划(ZESIS)的节能补助机制和对所有温室气体(GHG)排放的全球征税。关键是建立国际海事可持续资金和奖励(IMSF&R)机制,所有适用的船舶将根据最终生命周期分析(LCA)指南中提供的因素,在储罐到尾流(Tank-to-Wake, TtW)或油井到尾流(Well-to-Wake, WtW)的基础上计算每吨二氧化碳(CO_2)对国际海事可持续资金(IMS) F 的年度贡献。考虑到替代燃料的可用性、与传统化石燃料的价格差距以及对各州的影响,捐款金额将每五年修订一次。

(10)温室气体燃料标准(GFS)提案

温室气体燃料标准(GFS)提案是一种旨在减少船舶温室气体(GHG)排放的提案,旨在制定船舶燃料的碳强度标准,以便更好地控制和减少船舶运输对环境的影响,它很可能会与基于市场的措施(MBM)一起实施。温室气体燃料标准(GFS)提案的目的是随着时间的推移,减少船上所用能源的温室气体(GHG)强度,而不利于特定燃料的选择。可以通过将化石燃料与生物燃料混合或采用替代低碳燃料来满足该标准。此外,为所有燃料设置一个公平的领域,温室气体(GHG)强度的计算范围将包括油井到尾流(WtW),同时考虑二氧化碳(CO_2)、其他温室气体(GHG)排放,如甲烷(CH_4)和一氧化二氮(N_2O)。随着时间的推移温室气体燃料标准(GFS)提案将不断加强,符合修订后的国际海事组织(IMO)温室气体(GHG)策略。

3.开展的项目清单

(1)IMO-Green Voyage 2050 项目

该项目的总体目标是支持有效执行海事组织温室气体(GHG)初步战略[MEPC.304(72)号决议],特别是支持发展中国家努力减少船舶温室气体(GHG)排放。国际海事组织(IMO)初步战略提出了明确的愿景和雄心,其中之一是与2008年相比,到2050年将年度温室气体(GHG)排放总量至少减少50%。该项目还支持执行海事组织关于港口的决议[MEPC.323(74)号决议],该决议鼓励航运和港口部门进行合作,以减少船舶的温室气体(GHG)排放。该项目包含四个组成部分:开发全球工具以支持实施海事组织温室气体(GHG)初步战略;能力建设、政策和国家行动计划的制定;战略伙伴关系发展;技术合作、创新和试点示范。中国、阿塞拜疆、伯利兹、库克群岛、厄瓜多尔、格鲁吉亚、印度、肯尼亚、马来西亚、所罗门群岛、南非和斯里兰卡,作为新试点国家或先行试点国家参与该项目[12]。

(2)低碳航运全球产业联盟(GIA)低碳航运项目

由IMO-Green Voyage 2050项目和低碳航运全球产业联盟(GIA)成员共同制定的《船舶—港口指南—减少温室气体(GHG)排放的实际措施》(简称《指南》)已于2021年5月启动。《指南》中提出了八项可以用有限资本实施的实际措施。《指南》对这些措施中的每一项做了解释,并指出了这些措施的实施如何能够减少温室气体(GHG)排放量,并为海事部门带来进一步的好处(如航运安全和安保)。查明了在全球实施每项措施的障碍,并提出了初步的潜在解决办法和下一步措施,可以采取这些步骤来进一步推进实施[13]。

(3)全球污底伙伴关系项目(GloFouling)

全球污底伙伴关系项目(GloFouling)由全球环境基金(GEF)、联合国开发计划署(UNDP)和国际海事组织(IMO)共同合作实施,该项目旨在解决船体污损导致的温室气体(GHG)排放问题。该项目将推动采取行动,实施国际海事组织(IMO)船舶生物污垢控制和管理指南。该指南为如何控制和管理生物污垢提供了全球一致的方法,通过船体的转移以最大限度地减少入侵水生物种(Invasion Alien Species, IAS)。该项目还将促进其他海洋行业改进生物淤积管理的最佳实践和标准的制定。巴西、厄瓜多尔和斐济等12个国家代表发展中国家和小岛屿发展中国家(SIDS)作为主要伙伴国带头开展项目工作[14]。

(4)低碳航运全球产业联盟(GIA)"海洋生物安全"项目

低碳航运全球产业联盟是国际海事组织(IMO)全球污染伙伴关系项目的一项倡议。该项目汇集了来自航运、海上石油和液化天然气(LNG)、技术研究和污染控制系统制造商等广泛海洋行业的私营部门公司,包括防污涂料、水内清洁系统、BioPass、过滤系统和超声波。他们愿意带领各自的行业采取可持续和实用的解决方案,以促进生物污垢管理法规的实施。该项目的目标是确定改善生物淤积管理的解决方案,并解决两个相关的环境问题,即入侵水生物种(IAS)和船舶温室气体(GHG)排放[15]。

(5)可持续海运培训项目(GHG-SMART)

2020年10月,国际海事组织(IMO)秘书长林基泽与韩国海洋水产部部长文成赫(Seong Hyeok Moon)签署了一项协议,以建立培训计划,帮助发展中国家减少航运产生的温室气体(GHG)排放。国际海事组织(IMO)与韩国政府之间的现有谅解备忘录(Memorandum of Understanding, MoU)将为可持续海运培训项目(GHG-SMART)提供250万美元的资金。该项目旨在帮助最不发达国家(LDC)和小岛屿发展中国家(SIDS)实现"海事组织初步船舶温室气体

(GHG)减排战略”中设定的目标:到2050年,与2008年相比,船舶温室气体(GHG)排放量至少减少50%。该项目推出了为期四年的培训课程,以协助最不发达国家(LDC)和小岛屿发展中国家(SIDS)开展能力建设工作[16]。

(6)FIN—SMART圆桌会议

该会议由国际海事组织(IMO)、欧洲复兴开发银行和世界银行集团联合牵头。2021年7月,第二次圆桌会议召开,该会议的主题是“融资”,为主要海事利益攸关方提供了一个定期对话平台,以解决相关财务问题并促进航运的可持续发展。来自伙伴国家、国际金融机构、工业协会和其他主要利益攸关方或联合国机构的54名代表参加了会议。会议强调了发展中国家、最不发达国家(LDC)和小岛屿发展中国家(SIDS)在航运脱碳方面面临的发展机遇和财政问题,并强调迫切需要解决全球主要决策者在制定国家二氧化碳(CO_2)排放战略时缺乏信息和意识的问题。会议还强调了支持试点项目的重要性,通过技术援助解决最不发达国家(LDC)和小岛屿发展中国家(SIDS)的投资风险,并利用多边气候融资或绿色共同融资工具来抵消在发展中国家启动项目的成本和风险[17]。

(7)国际海事组织(IMO)—联合国环境规划署(UNEP)海洋零排放和低排放创新论坛

该论坛于2021年9月举行,是一个全球平台,旨在倡导创新,以加速海洋部门向零排放和低排放未来的过渡。其重点将放在满足发展中国家,特别是最不发达国家(LDC)和小岛屿发展中国家(SIDS)的具体需要上。论坛的重点领域包括四个方面:全球知识共享关于减少航运温室气体(GHG)排放的最佳做法;为已确定的创新需求和挑战寻找解决方案;满足发展中国家的技术需求,以及开发创新温室气体(GHG)技术的研究需求和试点、分销/进入市场的资金需求;加强和协调海事部门创新的全球和区域网络/节点[18]。

(8)国际海事组织(IMO)—德国的亚洲海上运输排放项目

该项目旨在减少亚洲海上运输造成的污染排放。国际海事组织(IMO)将与东亚海环境管理伙伴关系PEMSEA合作,开展筹备项目并制定完整的项目提案。该项目是我国参与的一个重要多边海洋合作项目[19]。

(9)国际海事组织(IMO)—新加坡NextGEN倡议[20]

2020年9月,国际海事组织(IMO)和新加坡在国际脱碳网络研讨会上提出了一个有关全球海洋运输脱碳合作生态系统倡议的新概念——NextGEN(“GEN”代表“绿色高效航行”)。该倡议旨在将行业利益相关者,学术界和全球研究中心聚集在一起,为特定航线的试验提供海上脱碳的包容性解决方案。NextGEN Connect挑战赛由国际海事组织(IMO)和新加坡海事和港务局(Maritime and Port Authority, MPA)联合推出,是NextGEN倡议的下一阶段[21]。这项挑战赛旨在为航运脱碳提供包容性的解决方案,邀请众多利益相关者为试点实验和可行性研究提出相关建议,以实现路线上特定点之间的温室气体(GHG)减排。2023年4月,第二届加速脱碳会议宣布劳氏船级社海上脱碳中心(Lloyd's Register Maritime Decarbonisation Hub, LR MDH)为该挑战赛的获胜者[22]。

三、各国政府航运污染排放政策

1.欧盟航运污染排放政策

1993年欧盟以“决定”的形式确立了一项温室气体(GHG)监测、报告机制,并在1999年和2004年进行了两次修订,使其能够更好地配合《京都议定书》的实施。欧盟在签署《京都议定书》之前的9个月,其内部通过政府间会议磋商、谈判达成了一个比1990年水平减少15%温室气体(GHG)排放的责任分担协议。在东京会议上欧盟成功地将减排责任目标降低到8%,而后完成这个新目标的分担协议于1998年在环境理事会上获得通过。对于"后京都阶段"(2012年后)的任务,欧盟提出了基于1990年水平总体减排20%的目标,成员国之间的责任分担协议也已达成[23]。

2005年,欧盟实行了碳排放权交易体系(ETS),这是一个典型的市场工具,可以调动规制对象的积极性,是更有效率和更经济的规制方式之一。欧盟碳排放权交易体系(EU ETS),是世界上参与国最多、规模最大、最成熟的排放交易市场。2007年,欧盟提出2020年"20—20—20"目标,即与1990年相比,2020年能源使用效率上升20%、二氧化碳(CO_2)排放降低20%、新能源占比达20%;2011年欧盟就制定了《2050年能源路线图》和《2050年迈向具有竞争力的低碳经济路线图》,提出欧盟2050年实现在1990年基础上减少温室气体(GHG)排放量80%~95%的长远目标[24];2014年10月,欧洲理事会通过《2030年气候与能源政策框架》,初步确定欧盟2030年气候和能源发展目标,即将温室气体(GHG)排放量在1990年基础上降低40%,将可再生能源在终端能源消费中的比重增至27%,将能源效率提高27%;2018年6月,欧盟就上调2030年可再生能源和能效目标达成协议,即到2030年可再生能源在终端能源消费中的比重增至32%;将能源效率提高32.5%。2019年6月,欧盟正式上调了可再生能源和能效目标;2019年12月出台"欧洲绿色协议",宣布在2050年前实现欧洲地区碳中和。

欧盟议会及理事会于2015年4月通过了第2015/757号关于对航运二氧化碳(CO_2)排放监测、报告和核查(MRV)法规,要求法规适用的船舶应编制和实施船舶二氧化碳(CO_2)排放《监测计划》,并在每一个报告年度结束后向欧盟和船旗国提交年度二氧化碳(CO_2)《排放报告》[25]。监测(Monitoring)是指采取一系列技术和管理措施,测量、获取、分析、记录能源、物料等数据,是准确计算企业碳排放的基础;报告(Reporting)是指企业将碳排放相关监测数据进行处理、整合、分析,并按照统一的报告格式向主管部门提交碳排放结果;核查(Verification)是指第三方独立机构通过文件审核和现场走访等方式对企业的碳排放信息报告进行核实,出具核查报告,确保数据相对真实可靠。

2020年12月欧盟向《联合国气候变化框架公约》(UNFCCC)通报一揽子立法与政策提案(Fit for 55)这一目标,作为欧盟对实现《巴黎协定》的有力支撑。欧盟现行的气候和能源立法,推动欧盟的温室气体(GHG)排放量已经比1990年下降了24%,且同期欧盟经济增长了约60%,当前经过检验和实践的立法框架构成了一揽子立法与政策提案(Fit for 55)一揽子计划的基础。2021年7月欧盟委员会(EC)公布了名为一揽子立法与政策提案(Fit for 55)的一揽子气候计划,提出了包括能源、工业、交通、建筑等在内的12项更为积极的系列举措,承诺在2030年底温室气体(GHG)排放量较1990年减少55%的目标。这也成为欧盟目前最新、最关键的低碳发展政策。

一揽子立法与政策提案(Fit for 55)的一揽子气候计划与航运相关的内容包括:

①排放交易体系(ETS)

欧盟对排放交易体系(ETS)做出了修订,包括逐年降低新排放交易体系(ETS)中的碳排放上限,免费配额的大幅减少将显著提升碳价及各行业企业在欧盟排放交易体系(EU ETS)的成本和首度将海运碳排放纳入排放交易体系(ETS)等内容。

②责任分担决议(ESD)

欧盟为实现其减排目标,于2009年颁布了欧盟温室气体(GHG)《责任分担决议》,作为欧盟内部自上而下且具有一定法律约束力的统一减排框架安排。在一揽子立法与政策提案（Fit for 55）计划中修订的《责任分担条例》（Effort Sharing Regulation，ESR）与欧盟排放交易体系（EU ETS）更好融合，将创建一个真正的年度排放分配（Annual Emission Allocation，AEA）市场。在《责任分担条例》（ESR）框架下，与2005年水平相比，至2030年总排放量减少至少40%（原减排目标为29%），各成员国的减排目标将从10%提升至50%，同样将覆盖建筑和交通行业。为每个成员国设定年度排放量配额，并在2030年之前逐步减少配额。

③碳边境调节机制（CBAM）

2019年12月，欧委会在《欧洲绿色协议》中正式提出碳边境调节机制（Carbon Border Adjustment Mechanism，CBAM），通过对在生产过程中碳排放量不符合欧盟标准的进口商品征收关税（即"碳边境税"）的方式，避免自身气候政策的完整性及有效性因"碳泄漏"而被破坏，同时还可以保护欧盟企业的竞争力。

在此次一揽子立法与政策提案（Fit for 55）计划中，欧盟公布了碳边境关税政策立法提案，正式启动立法进程，是全球首个碳边境税政策。碳边境调节机制（CBAM）分阶段实施，2023—2025年作为试点阶段。自2026年1月起，欧盟将正式开始征收碳边境税，碳边境调节机制（CBAM）计划全面实施。

④《可再生能源指令》（RED）

《可再生能源指令》（Renewable Energy Directive，RED）设定了更高的目标，即2030年可再生能源占比需达40%。该项计划专门推广可再生燃料以实现温室气体（GHG）最高减排，为降低包括国际航空和海运燃料在内的交通领域碳排放强度设定了13%的目标。将先进生物燃料的目标水平提高到交通领域能源消耗的2.2%，并为该行业的氢和氢基合成燃料设定了2.6%的目标。

⑤欧盟能源效率指令（EU EED）

2012年，为达到欧盟制定的2020年节约一次能源20%的非强制性目标，欧盟27个成员国正式颁布《欧盟能源效率指令》（European Union Energy efficiency directive，EU EED）。2018年欧盟对能源效率指令再次进行修正，设定了欧盟2030年能源效率提升32.5%的不具约束力的指标性目标，成员国每年实现能源效率节约需达到0.8%。

在此次一揽子立法与政策提案（Fit for 55）计划中，为了实现到2030年欧盟的净排放量从1990年的水平减少55%的整体目标，新的能源效率指令要求2024年至2030年，所有成员国每年的节能义务达到1.5%（目前为0.8%），将能效第一原则纳入欧盟法律，使其在应用层面成为整个欧盟必须履行的法律义务。

⑥《欧盟能源税指令》（EU ETD）

欧盟在2003年正式颁布了《欧盟能源税指令》（European Union Energy Taxation Directive，EU ETD），此次一揽子立法与政策提案（Fit for 55）计划是欧盟继2003年后首次对能源税收指令进行改革，在课税范围、税率结构、减免税政策等多个方面进行了修正。在能源税征收范围方面，逐步取消欧盟在航空业、航运业对化石燃料的免税政策。

⑦欧盟海运燃料（FuelEU Maritime）海事倡议

在一揽子立法与政策提案（Fit for 55）计划中，欧盟海运燃料（FuelEU Maritime）海事倡议将通过对船舶使用的燃料的温室气体（GHG）含量设定最大限制，以刺激停靠欧洲港口的船舶采用可持续海运燃料和零排放技术。从2025年开始，欧盟将对海运燃料使用的温室气体（GHG）强度进行越来越严格的限制，并设定了温室气体（GHG）减排具体目标，即到2025年为2%，到

2030 年为 6%,到 2035 年为 13%,到 2040 年为 26%,到 2045 年为 59%,到 2050 年为 75%[26]。

⑧替代燃料基础设施监管(AFIR)

虽然不是针对海事部门,替代燃料基础设施监管(Alternative Fuel Infrastructure Regulation, AFIR)已经修改支持欧盟海运燃料(FuelEU Maritime)法规的目标,要求欧盟成员国加快在主要港口提供液化天然气(LNG)加油站和岸电供应(Onshore Power Supply, OPS),具体如下:集装箱船和客船码头将在 2030 年 1 月 1 日前为岸电供应(OPS)提供服务,以满足这些港口对 5 000 总吨(GT)以上集装箱船和客运船的 90%的预期需求,这些船舶有一定数量的港口停靠;设定了从 2025 年 1 月 1 日起通过海港适当数量的加油点(由成员国确定)提供液态甲烷(CH_4)的目标。这些目标与欧盟海运燃料(FuelEU Maritime)法规保持一致。

2.美国航运污染排放政策

美国拥有 25 000 英里(1 英里≈1.6 km)的内河、沿海和运河水运航道,通过科学规划建设,已形成了五大湖区域互联、五大湖与内河海洋连通、东西海岸美湾沿线连通的水上运输网络,其中约有 12 000 英里构成活跃的商业运输系统。水路运输的高效节能已成为人们的共识,国际海事组织(IMO)发布的《第三次国际海事组织温室气体(GHG)研究报告》显示,2012 年全球海运碳排放占比仅 2.2%。尽管如此,在港口区域或船舶密集航行水域,船舶排放的废气[含有硫氧化物(SO_X)、氮氧化物(NO_X)、二氧化碳(CO_2)和固体颗粒物等对人类有害物质]却是主要空气污染源之一,并对周边环境产生影响。美国通过设立船舶排放控制区(ECA)、制定具有区域特点的船舶排放激励政策和岸电使用等综合政策措施,对船舶的排放进行控制,取得了良好的区域空气治理效果[27]。

1970 年,美国国会通过了《清洁空气法案》(Clean Air Act),通过该法案建立国家环境空气质量标准(National Ambient Air Quality Standards),制定污染源排放标准,对船舶排放进行限制,并要求船舶使用更清洁的燃料。1990 年,国会对《清洁空气法案》进行了大幅修订并扩大了其适用范围,进而赋予环保局更广泛的权力,以便其实施和执行旨在减少空气污染物排放的法规,设立了二氧化硫(SO_2)排放交易制度[28],修正案进一步加强了对船舶排放的控制,并要求船舶使用更低硫燃料。2010 年环保署(Environmental Protection Agency, EPA)颁布了《美国环保署船舶空气污染规则》(United States Environmental Protection Agency's Vessel Air Pollution Rule)。这项规定旨在减少船舶在美国领海和内河水域的空气污染,要求船舶使用更低硫燃料,同时限制氮氧化物(NO_X)和颗粒物的排放。北美排放控制区(ECA)由国际海事组织(IMO)于 2010 年规定在 2012 年起生效。该控制区要求船舶在北美地区使用更低硫燃料,严格控制氮氧化物(NO_X)和颗粒物的排放。

2021 年 11 月初在英国召开的格拉斯哥气候大会第 26 次缔约方会议 COP26,美国利用其外交影响力接连促成了几项航运业脱碳发展的重要议程。美国与丹麦发起"在 2050 年之前实现航运零排放"的声明并与多个国家共同签署。拜登宣布推出"先行者联盟"(First Movers Coalition)计划,推进私营部门的脱碳行动,初期启动的四个行业中航运占据重要地位。该联盟在航运方面,要求成员承诺到 2030 年需要在新造和改造的零排放船舶(ZEV)中使用零排放燃料。对承运人方面设定了一个目标:到 2030 年,至少 5%的远洋(DS)航运服务将由可使用零排放燃料的船舶提供,并以零排放燃料提供动力。对货主方面也设定了一个目标,到 2030 年,至少 10%的国际货物运输量将使用零排放燃料的船舶,到 2040 年需要达到 100%[29]。

此外,美国政府发言人办公室在 2022 年 4 月发布的一份关于绿色航运走廊的文件,围绕绿色航运走廊继续开展了一系列的举措,表达了美国推进国内外绿色航运走廊建设的决心,以支持到 2050 年实现温室气体(GHG)净零排放。截至 2023 年 6 月,已宣布的绿色航运走廊倡议如表 2.1 所示。

表 2.1　绿色航运走廊(截至 2023 年 6 月)

Tab.2.1　Green Shipping Corridor (as of June 2023)

序号	名称	序号	名称
1	上海(Shanghai)—洛杉矶(Los Angeles)	16	多佛(Dover)—加莱(Calais)和多佛(Dover)—敦刻尔克(Dunkirk)
2	洛杉矶(Los Angeles)—长滩(Long Beach)—新加坡(Singapore)	17	氢动力北海穿越(H_2 powered North Sea Crossing)
3	洛杉矶(Los Angeles)—东京(Tokyo)—横滨(Yokohama)	18	鹿特丹(Rotterdam)—挪威西海岸(West-Coast Norway)
4	釜山(Busan)—西雅图(Seattle)/塔科马(Tacoma)	19	哥德堡(Gothenburg)—北海港口(North Sea Port)
5	西北太平洋(Pacific Northwest)—阿拉斯加(Alaska)	20	奥斯陆峡湾(Oslo Fiord)—鹿特丹(Rotterdam)
6	美国(US)—斐济(Fiji)—巴拿马(Panama)	21	哥德堡(Gothenburg)—鹿特丹(Rotterdam)
7	墨西哥湾(Gulf of Mexico)	22	欧洲绿色走廊网络(European Green Corridor Network)
8	五大湖(Great Lakes)—圣劳伦斯(St. Lawrence)	23	图尔库(Turku)—斯德哥尔摩(Stockholm)
9	智利绿色走廊网络(Chilean Green Corridor Network)	24	北欧地区走廊(Nordic Regional Corridors)
10	安特卫普(Antwerp)—蒙特利尔(Montreal)	25	苏伊士运河(Suez Canal)
11	哈利法克斯(Halifax)—汉堡(Hamburg)	26	丝绸联盟(SilK Alliance)
12	南非(South Africa)—欧洲铁矿石走廊(Europe Iron Ore Corridor)	27	澳大利亚(Australia)—东亚铁矿石(East Asia Iron Ore)
13	新加坡(Singapore)—鹿特丹(Rotterdam)	28	鹿特丹(Rotterdam)—阿尔赫西拉斯(Algeciras)
14	绿色走廊西班牙(Green Corridors Spain)	29	四方运输工作组(QUAD Shipping Taskforce)
15	清洁泰恩走廊(Clean Tyne Corridor)	30	七国集团走廊(G7 Corridors)

2022 年 6 月 17 日,美国总统拜登在召开的第三届主要经济体能源与气候论坛(Major Economies Forum on Energy and Climate, MEF)上总结第 26 届联合国气候变化大会(COP)半年多以来所取得的成就,着重强调了航运绿色转型的发展,并宣布将与挪威联合发起一项"绿色航运挑战"。该倡议鼓励政府、港口、海运承运人、货主和航运价值链中的其他人提出具体步骤,以帮助在这十年中,让国际航运业走上一条可靠的道路,不迟于 2050 年实现完全脱碳。

2021 年 11 月,美国通过并签署的《基础设施投资和就业法案》标志着美国半个世纪来最大规模的基建法案正式生效,该法案投资总额为 1.2 万亿美元。港口和航道投资约 170 亿美元,旨在扩大港口容量,提升多式联运衔接水平和增强供应链稳定性,为航运业创造新的就业机会。

2021 年 12 月 10 日,“美国海上公路”项目获得 2 500 万美元拨款;2021 年 12 月和 2022 年 2 月,分别为美国海事管理局(Maritime Administration, MARAD)的港口基础设施发展计划(Port Infrastructure Development Plan, PIDP)提供 2.41 亿美元和 4.5 亿美元资金。基建法案将在 2022 至 2026 财年每年为港口基础设施发展计划(PIDP)提供 4.5 亿美元的资金,总计 22.5 亿美元[30]。

2022 年 7 月,美国众议员艾伦·洛文塔尔(Alan Lowenthal)正式递交了《2022 年清洁航运法案》,于 2023 年 6 月向美国国会提出,并已提交给众议院能源和商业委员会。该法案建议要求所有停泊在泊位或锚地的船舶消除温室气体(GHG)和其他空气污染物的排放,并对船舶使用的燃料实施碳强度标准。根据提议,这些标准将从 2027 年 1 月 1 日(相对于 2024 年基线)将允许温室气体(GHG)排放量减少 20%,从 2040 年 1 月 1 日起减少 100%。

《国际海洋污染责任法案》于 2023 年 6 月提交美国国会,其目标是使航运和港口脱碳。该立法包括两部分:第一部分适用于总吨(GT)超过 10 000 的船舶在初始港口和“最终停靠港”之间移动,定义为卸载货物的美国港口,或在卸载开往美国的最后一批货物之前的美国最新停靠港。该立法要求对燃料的二氧化碳(CO_2)排放征收每吨 150 美元的费用,以及氮氧化物(NO_X)(6.30 美元/磅)、二氧化硫(SO_2)(18 美元/磅)和颗粒物污染(PM2.5)(38.90 美元/磅)。该立法还规定,如果船舶由原产国[如欧盟排放交易体系(EU ETS)]征收基于污染的费用,则可能会减少 50%的费用。如果在 30 天内未支付费用,美国海岸警卫队(United States Coast Guard, USCG)将被指示阻止该运营商在美国水域内的运营或该运营商的船舶停靠美国。该法案的第二部分专门针对《琼斯法案》船队,还指示如何分配第一部分收取的费用,以使美国船队的各个部分脱碳。污染费用预计将在 10 年内筹集约 2 500 亿美元,为海洋经济中的脱碳工作提供关键资金。向海事管理局(MARAD)支付 25%,用于发放赠款、回扣和低息贷款,以取代使用船用燃油的现有《琼斯法案》船队或改造使用燃油的现有船舶。运营商可以竞争资金,并将优先考虑那些用电池或低碳燃料更换或改造船舶的运营商。

3. 中国航运污染排放政策

我国推进航运高质量发展的措施明确具体,为我国航运业尽早实现“碳达峰”奠定了基础,也为国际航运减排提供了中国智慧和中国方案。

我国积极与国际航运减排规则相接轨,推动国内航运业绿色发展。借鉴国际海事组织(IMO)通过船舶能效设计指数(EEDI)提升船舶节能减排设计水平的做法,我国于 2012 年发布《营运船舶燃料消耗限值及验证方法》和《营运船舶 CO_2 排放限值及验证方法》。借鉴《国际防止船舶造成污染公约》(MARPOL 公约)中船舶排放控制区(ECA)的政策,我国于 2015 年开始依据《中华人民共和国大气污染防治法》,在沿海水域设立船舶排放控制区(ECA),2016 年我国发布了《船舶发动机排气污染物排放限值及测量方法(中国第一、二阶段)》,以更严格的标准控制船舶的大气污染物排放,从 2017 年起不断增加限制船舶使用燃料油硫含量控制要求的水域范围。2018 年,我国交通运输部海事局发布了《船舶能耗数据收集管理办法》,要求进出我国港口 400 总吨(GT)及以上或者主推进动力装置 750 kW 及以上的船舶按规定的方法和程序收集船舶油耗、航行时间、航行里程、货物周转量等数据,为构建船舶碳排放的监测、报告和核查(MRV)体系打下了基础。2021 年,中国发布了《海事系统“十四五”发展规划》,其中明确指出通过推动建立全国船舶能耗中心,建立航运温室气体(GHG)减排检测、报告和核算体系,完善船舶能耗数据收集机制,实施船舶大气排放清单和温室气体(GHG)排放清单制度等一系列措施,促进我国海运业的减排,并积极参与海运业减排全球治理。2022 年 11 月,我国交通运输部发布了《船舶能耗数据和碳强度管理办法》,进一步推动船舶能耗数据收集和碳强度管理的工作进程,同时在 2022 北外滩国际航运论坛“安全与合作”分论坛上宣布中国将于 2023 年全面实施船舶温室气体(GHG)短期减排措施《国际航运碳强度规则》。

我国积极为国际航运减排框架的建立建言献策。作为贸易大国和航运大国,我国已连续 16 次当选国际海事组织(IMO)的 10 个 A 类理事国之一,在国际航运温室气体(GHG)减排、船舶能效等重大议题上发挥了重要作用。2018 年国际海事组织(IMO)海上环境保护委员会(MEPC)第 72 届会议通过了基于我国方案制定的船舶温室气体(GHG)减排初步战略,推动航运业减排进程进入快车道。中国起草了《鼓励成员国制定和更新减少航运温室气体排放的国家行动计划》,鼓励成员国采取自愿措施,从国家层面推动航运温室气体(GHG)减排。该决议得到了大多数国家的一致认可,并于国际海事组织(IMO)第 75 届环保会以会议决议的形式通过。中国提出了船舶温室气体(GHG)减排营运能效评级措施,这是发展中国家首次针对海运温室气体(GHG)减排提出一整套制度设计方案,并经过艰难的谈判和与各方的密集磋商,赢得了绝大多数发展中国家以及行业组织的支持,该方案获得国际海事组织(IMO)环保会一致支持,已被国际海事组织(IMO)纳入《国际防止船舶造成污染公约》(MARPOL 公约)修正案草案中。

我国自 2010 年起便开始推广靠港船舶使用岸电,积累了大量的技术和管理经验。“十三五”期间,继续推进靠港船舶使用岸电;“十四五”期间促进岸电设施的常态化使用。基于国际航行船舶岸电系统操作标准处于空白、船舶靠港连接岸电存在较大潜在风险的情况,我国主导完成了《国际航行船舶岸电系统安全操作导则》,为国际航运绿色发展提供了中国智慧。我国已经立法推动其国内船队和码头向岸电能力过渡。新码头和新建船舶(包括那些正在进行重大改造的船舶)需要安装岸电系统。除具有岸电能力的油船外,其他船舶均须连接岸电。这包括装有外国标记的船舶。采用其他同等措施的船舶不得要求使用岸电。

我国积极研发减排技术,推动国际航运绿色转型。为适应航运节能减排要求,我国相关机构不断推进航运减排技术的研发工作。例如,“十二五”期间,我国开始推动集装箱码头广泛使用的轮胎式集装箱门式起重机(Rubber Tyred Container Gantry Crane, RTG)“油改电”工作;“十三五”期间,继续推进港口水平运输机械“油改电”“油改气”,起重机、带式输送机等港口机械节能减排技术应用,推进 LNG 动力船舶试点示范工作。目前,已建成多个生产规模和作业效率处于全球领先水平的全电力自动化集装箱码头,使用电力驱动自动导引车完成水平运输,这些举措大量减少了港区有害气体和温室气体(GHG)的直接排放。“十三五”期间设立珠三角、长三角、环渤海水域船舶大气污染物排放控制区(ECA)并推进《船舶与港口污染防治专项行动实施方案(2015—2020 年)》。“十四五”期间,持续深入推进港口船舶污染防治,推进 400 总吨(GT)以下内河船舶设施设备改造,实行船上储存、交岸接收处置。此外,为实现国际海事组织(IMO)“限硫令”,我国支持相关机构预先开展船舶加装废气清洁系统(EGCS)技术开发,多家企业已能够提供技术成熟的废气清洗系统,满足了船舶加装废气清洗系统的全球市场需要,为全球国际航行船舶适时满足国际海事组织(IMO)的 2020 年船舶燃油硫含量限制新要求创造了条件[31]。

我国已于 2021 年 7 月 16 日实施了国家排放交易体系(ETS)的第一阶段。这一初始阶段包括 2 225 家电力行业的公司,这些公司每年的二氧化碳(CO_2)排放量为 40 亿 t,占全国二氧化碳(CO_2)排放总量的 40%。同时我国正在制订进一步的计划,到 2025 年增加 7 个工业部门:石化、化工、建材、钢铁、有色金属、造纸和国内航空。我国政府将评估欧盟国家碳排放交易体系

(EU ETS)的成功,同时考虑将此类措施纳入航运和造船业。

4.其他国家航运污染排放政策

(1)新加坡航运污染排放政策

自2021年以来,新加坡海事和港务局(MPA)一直在鼓励船燃供应商和采购商进行绿色低碳燃料的探索与转型。为支持船舶在航运业探索生物燃料的碳减排潜力时进行的试验,海事和港务局(MPA)制定了一个框架,允许持牌燃料供应商在遵守框架条件的情况下,在新加坡港内向船舶供应生物燃料。为了支持海运业的脱碳进程,海事和港务局(MPA)在"迈向2050年"海事脱碳蓝图长期策略中列明了7个重点领域,以加强新加坡海事领先的全球枢纽港和国际海运中心价值,其中,生物燃料的加注便是其关键领域之一。

在港口、码头和船舶领域,海事和港务局(MPA)提出了旨在减少航运和相关活动对环境的影响,促进清洁和绿色航运的新加坡海事绿色倡议(Maritime Singapore Green Initiative, MSGI)。新加坡海事绿色倡议(MSGI)旨在减少航运和相关活动对环境的影响,并促进新加坡的清洁和绿色航运。2019年,该计划被延长到2024年12月31日,并进行了完善,以促进航运的脱碳。海事和港务局(MPA)于2022年4月公布《新加坡海事绿色倡议的修订版绿色船舶计划(Green Ship Plan, GSP)》,下调低排放船舶的注册费,并于2022年5月发出《加强新加坡海事绿色倡议(MSGI)—绿色港口计划(Green Port Plan, GPP)》通告,宣布为采用低碳或零碳燃料的船舶提供港口费优惠。两项新措施已自2022年5月1日起生效,有效期至2024年12月31日。

绿色船舶计划(GSP)是新加坡海事绿色倡议(MSGI)下的四个方案之一。该普惠制的关键原则是奖励那些自愿采取解决方案,使船舶能够超过国际海事组织(IMO)设定的环境监管标准的船主。

绿色港口计划(GPP)是新加坡海事绿色倡议(MSGI)下的四个方案之一,该计划提供激励措施,鼓励停靠新加坡港的远洋(DS)船舶和海事和港务局(MPA)许可的港口船舶实现环境可持续性,为符合适用标准的停靠新加坡港船舶提供高达30%的港口费减免[32]。

《新加坡海上脱碳蓝图:朝着2050年努力》描绘了建立可持续海上新加坡的雄心勃勃和具体的长期战略。该蓝图由新加坡海事和港务局(MPA)与行业合作伙伴协商制定,将有助于新加坡根据联合国2030年可持续发展议程、巴黎协定和国际海事组织(IMO)减少船舶温室气体(GHG)排放战略做出贡献。蓝图概述了七个重点领域支持海事和港务局(MPA)的脱碳努力:港口码头;国内港口船舶;未来船用燃料、加油标准和基础设施;新加坡船舶登记处;在国际海事组织及其他国际平台的努力;研发和人才;碳意识、碳核算与绿色融资。

为了支持新加坡2050年的国家目标,港口船舶行业,包括游艇和拖船,将相应地需要在2050年前实现净零排放。鼓励新港口船舶的运营商尽早将其计划告知海事和港务局(MPA),以便在必要时对设计条款进行调整。从2027年1月1日起,应向海事和港务局(MPA)强调从2030年起进港的计划。截至2023年,目前约有1 600艘动力港船获得海事和港务局(MPA)的许可。从2030年起,所有在我们港口水域运营的新港口船舶都可以选择其中一种或多种途径——全电动、能够使用B100生物燃料或与氢等净零燃料兼容。现有的港口、码头和船舶预计也将逐步过渡到净零排放类型。

(2)韩国航运污染排放政策

2015年,韩国颁布了《船舶大气污染防治法》(Ship Air Pollution Prevention Act)和《港口准则》(Port Guidelines)。从2020年9月起,在韩国排放控制区(ECA)内港口停泊的船舶应使用含硫质量分数不超过0.1%的燃油。这一规定将覆盖韩国的五个主要海港:釜山(世界排名第六的集装箱港口)、仁川、丽水—光阳、蔚山和平泽—唐津港。从 2022 年 1 月起,所有在韩国排放控制区(ECA)内航行或停泊的船舶均应使用含硫质量分数不超过 0.1%的燃油[33]。

为减少船舶在韩国港口及其附近水域的硫化物排放,在国际海事组织(IMO)全球限硫令(0.5%)的基础上,韩国海事和渔业部于 2019 年推出《有关港口和其他地区空气质量改善特别法》。该法案已于 2020 年 1 月 1 日生效,其中主要影响船舶操作的是 0.1%的限硫令和船舶自愿性限速令。韩国是第二个对远洋(DS)船舶实施 0.1%含硫质量分数燃油限制的亚洲国家。

2023 年 2 月,韩国政府提出了"国际海运脱碳推进战略",以此应对国际海事组织(IMO)等国际社会日益严格的碳排放监管。该战略中提出到 2050 年实现国际海运净零排放的目标,为此将在 2050 年以前把 5 000 吨以上国际航线船舶全部更换成环保动力船舶,并为此成立基金和公共基金,大力支援海运公司。

在 2023 年世界环境、社会和治理论坛期间,太平洋环境组织和韩国海洋研究所签署了一份谅解备忘录(MoU),概述了多年合作的愿景,以加速韩国、整个亚洲和全球的零排放航运和港口。谅解备忘录(MoU)签署仪式是在韩国济州举行的 2023 年世界环境、社会和治理论坛期间举行的,主题是"通过环境、社会和治理实现人类的尊严"。其他关键的合作领域包括太平洋环境和韩国海事研究所的支持,以加快韩国向 100%可再生能源发展的政策,提供电力,并向零排放的燃料发展。此外,谅解备忘录(MoU)要求设计和实施关于商业港口船舶和国际船舶、停泊船舶的政策以及其他气候政策问题,如结束海洋塑料污染、结束化石燃料污染等[34]。

第二节 绿色航运监管机制

一、强制监管性机制

1.排放控制区(ECA)

排放控制区(ECA)可分为硫排放控制区(Sulfur Emission Control Area, SECA)和氮排放控制区(NO_X Emission Control Area,NECA)。IMO 于 1997 年通过《国际防止船舶造成污染公约》(MARPOL 公约)1997 年议定书及 8 个决议案,议定书纳入了《防止船舶造成大气污染规则》,并使之成为公约附则Ⅵ。MARPOL 附则Ⅵ对于船舶废气中的硫氧化物(SO_X)排放含量做了限制,规定了燃油中硫含量的全球上限,并规定了硫排放控制区(SECA)。

已存在的排放控制区(ECA)和潜在的排放控制区(ECA)如表 2.2 所示。现共有波罗的海、北海、北美、美国加勒比海四大排放区域。这四大排放区域均是硫排放控制区(SECA),其中北海排放控制区(ECA)和美国加勒比海排放控制区(ECA)对氮氧化物(NO_X)和碳排放也有要求。

《国际防止船舶造成污染公约》(MARPOL 公约)制定了一项题为"防止船舶空气污染"的议定书,并于 2005 年生效。根据该协议,国际海事组织(IMO)成员国同意遵守在选定的排放控制区(ECA)内(大约 3 倍)更严格的燃料排放标准。排放量是通过船用燃料的硫含量占其质量的百分比来衡量的。虽然 2010 年年初的(SO_X)标准在排放控制区(ECA)外为 4.5%的月率,在排放控制区(ECA)内为 1.5%的月率,但到 2020 年,它们分别达到 0.5%和 0.1%。

表 2.2 船舶排放控制区(ECA)

Tab.2.2 Emission Control Area (ECA)

已存在的排放区	潜在的排放区
加利福尼亚(California)和夏威夷(Hawaii)	地中海(Mediterranean)
南美(South America)和加勒比海(the Caribbean)	
北海(North Sea)和波罗的海(Baltic Sea)	
中国(China)	
越南(Vietnam)	
韩国(South Korea)	

排放控制区(ECA)在与港口准入和航道有关的两个方面影响海运。全球港口集装箱吞吐量的约17%在排放控制区(ECA)内。即使这一份额相对较小,排放控制区(ECA)内的港口也为欧洲和北美最富有的市场提供服务(例如汉堡—勒阿弗尔山脉和东海岸)。因此,在这些港口停靠的航运公司必须使用含硫量较低的船用燃料。这会影响其与其他排放标准不那么严格的港口的服务网络。

第二个维度受到更多限制,因为现有的排放控制区(ECA)不够广泛,不足以影响航道。通过英吉利海峡或北海的交通已经绑定到汉堡—勒阿弗尔范围的港口,因此受排放控制区(ECA)法规的约束。经过美国西海岸排放控制区(ECA)的大圆距离交通,如亚洲—南美车道,可以通过偏差来避免它。如果地中海成为排放控制区(ECA),排放控制区(ECA)对航道的影响可能更大,因为大量航运通过该区域过境[35]。

(1)硫排放控制区(SECA)

自2020年1月1日起,全球燃料含硫质量分数上限为0.5%,而0.1%的含硫质量分数上限继续适用于《国际防止船舶造成污染公约》附则Ⅵ指定的排放控制区(ECA)内。此外,许多国家根据其国内法在锚地、泊位、沿海或内陆水域适用特定的硫上限。

各国政府同意从2021年1月1日起在地中海建立一个硫排放控制区(SECA)。2021年12月10日,在图尔基耶安塔利亚举行的《巴塞罗那公约》第22届缔约方会议上,22个签署国政府同意根据《国际防止船舶造成污染公约》在地中海建立一个用于航运的硫排放控制区(SECA)。该提案将于2022年6月提交《地中海公约》第78次会议通过。

这项“ECA MED”将从2025年1月1日起强制地中海使用含硫质量分数为0.1%的船用燃料,而不是目前0.5%的水平(自2020年1月1日以来)。代表地中海国家的所有协调中心已于2021年5月就提交给海事组织的一份草案达成协议。这份呈件草案随后得到2023年9月10日至17日举行的地中海行动计划协调中心的批准[36]。2022年12月,海上环境保护委员会(MEPC)第79届会议通过了MEPC 361(79)号决议,为整个地中海建立了一个新的排放控制区(ECA)。在地中海内任何地方作业的船舶必须使用最高硫含量为0.1%的燃料油。此外,该决议对MARPOL附件Ⅵ进行了修正,通过指定坐标的正式说明,承认地中海和其他现有的欧洲加机构。这些修正案于2024年5月1日生效,但在该ECA中运营的船舶将在该修正案生效后的头12个月内豁免遵守规定。与波罗的海、北海、北美、美国加勒比海不同,地中海迄今在这方面没有任何特殊地位,它们都被指定为大气污染物排放控制区(ECA)。

目前,欧盟、土耳其、冰岛、悉尼、中国和韩国等都适用这种针对当地的硫限制。作为一种提醒,从 2022 年 1 月 1 日起,中国和韩国将强制执行以下与硫和燃料更换相关的额外要求。

中国政府通过指定自己的国内出口管制区来解决航运造成的空气质量问题,并宣布分阶段实施有关船舶排放空气污染物的要求。最初,指定了一个沿海排放控制区(ECA),包括中国领海内的所有海域和港口,以及在中国最南端的海南省特别指定的排放控制区(ECA),即海南沿海排放控制区(ECA)。此外,还建立了两个内陆排放控制区(ECA),包括长江和西江的部分地区。这些地方出口管制区基于中国国内法,不是 MARPOL 公约附则Ⅵ指定的排放控制区(ECA)。虽然中国目前继续在其沿海出口管制区实施 0.5%的含硫质量分数上限,但驶往长江和西江的船舶必须使用含硫质量分数不超过 0.1%的燃料。从 2022 年 1 月 1 日起,0.1%的含硫质量分数上限也将适用于进入海南排放控制区(ECA)的海船。任何燃料转换操作必须在进入排放控制区(ECA)之前完成,或在离开排放控制区(ECA)之后开始。

韩国还实施了强制性的硫化物(SO_X)排放控制区[硫排放控制区(SECA)],要求在指定的港口区域内的船舶使用含硫质量分数 0.1%的燃料。硫排放控制区(SECA)涵盖韩国的五大港区:釜山、仁川、丽水—光阳、蔚山和平泽—唐津港[37]。

所有在上述水域内停泊或锚泊的船舶(包括悬挂外国国旗的船舶),必须确保在系泊(或抛锚)后 1 小时及离泊(或起锚)前 1 小时,船上使用的燃油含硫质量分数不超过 0.1%(或使用经批准的同等布置)。此外,自 2022 年 1 月 1 日起,所有进入或离开硫排放控制区(SECA)的船舶(包括悬挂外国国旗的船舶)必须使用适当的燃料油(或经批准的同等安排),遵守相同的含硫质量分数 0.1%的燃料限制。

(2)氮排放控制区(NECA)

美国和加拿大已向国际海事组织(IMO)申请在两国主要海岸线外 370 km 范围设置“排放控制区(ECA)”。排放控制区(ECA)内将对氮氧化物(NO_X)、氧硫化物(SO_X)以及特殊物质的排放在《国际防止船舶造成污染公约》(MARPOL 公约)附则Ⅴ《防止船舶污染大气规则》的规范下进行控制。在控制区活动的船舶必须从 2015 年开始执行更严格的硫化物排放标准;到 2016 年,新船舶必须安装控制污染气体排放的先进设备。一旦通过申请,行驶在该区域内远洋(DS)船舶排放的氮氧化物(NO_X)、硫氧化物(SO_X)和颗粒物将受到严格限制。美国和加拿大海域成为第一个氮氧化物(NO_X)“排放控制区(ECA)”。

我国发布了排放控制区(ECA)内的氮氧化物(NO_X)排放要求[38]。2000 年 1 月 1 日及以后建造(以铺设龙骨日期为准,下同)或进行船用柴油发动机重大改装的国际航行船舶,所使用的单台船用柴油发动机输出功率超过 130 kW 的,应满足《国际防止船舶造成污染公约》(MARPOL 公约)第一阶段氮氧化物(NO_X)排放限值要求。

2011 年 1 月 1 日及以后建造或进行船用柴油发动机重大改装的国际航行船舶,所使用的单台船用柴油发动机输出功率超过 130 kW 的,应满足《国际防止船舶造成污染公约》(MARPOL 公约)第二阶段氮氧化物(NO_X)排放限值要求。

2015 年 3 月 1 日及以后建造或进行船用柴油发动机重大改装的中国籍国内航行船舶,所使用的单台船用柴油发动机输出功率超过 130 kW 的,应满足《国际防止船舶造成污染公约》(MARPOL 公约)第二阶段氮氧化物(NO_X)排放限值要求。

2022 年 1 月 1 日及以后建造或进行船用柴油发动机重大改装的、进入沿海控制区海南水域和内河控制区的中国籍国内航行船舶,所使用的单缸排量大于或等于 30 L 的船用柴油发动机应满足《国际防止船舶造成污染公约》(MARPOL 公约)第三阶段氮氧化物(NO_X)排放限值要求。

适时评估船舶执行《国际防止船舶造成污染公约》(MARPOL 公约)第三阶段氮氧化物(NO_X)排放限值要求的可行性,确定是否要求 2025 年 1 月 1 日及以后建造或进行船用柴油发动机重大改装的中国籍国内航行船舶,所使用的单缸排量大于或等于 30 升的船用柴油发动机满足《国际防止船舶造成污染公约》(MARPOL 公约)第三阶段氮氧化物(NO_X)排放限值要求。

2.排放控制指标

目前,解决温室气体(GHG)排放的措施只包括两项强制性要求[39]:一个是船舶能效设计指数(EEDI),要求根据不同的船型提高 30%的设计性能,另一个是针对所有营运船舶的船舶能效管理计划(SEEMP),尽管它不包含明确和强制性的性能要求。船舶能效设计指数(EEDI)是一种非指令性的,基于性能的机制,可以选择在特定船舶设计中使用的技术。只要达到所需的能效水平,船舶设计人员和建造者就可以自由地使用最具成本效益的船舶解决方案来遵守法规。除此之外,还有其他三种非强制性指标,分别是现有船舶能效指数(EEXI)、船舶能效营运指数(EEOI)和碳强度指标(CII),在下文分别给出了详细介绍。

(1)船舶能效设计指数(EEDI)

船舶能效设计指数(EEDI)是国际海事组织(IMO)战略的一部分,旨在减少航运中的二氧化碳(CO_2)排放,为比较船舶的能源效率提供基准,同时设定不同船型和尺寸段的最低要求的效率水平。

船舶能效设计指数(EEDI)是自京都议定书以来首个具有法律约束力的气候变化条约。2008 年 10 月,国际海事组织(IMO)海洋环境保护委员会(MEPC)第 58 届会议将新造船二氧化碳(CO_2)设计指数改作船舶能效设计指数(EEDI),强制实施以控制新造船的碳排放。2010 年 3 月,国际海事组织(IMO)海洋环境保护委员会(MEPC)第 60 届会议决定成立一个跨会议的工作组,以在技术和运营措施方面进一步推进取得的重大进展,以增加船舶能效。委员会指出,船舶能效设计指数(EEDI)要求中关于船舶尺寸、目标日期和折减率等问题需要最终确定。2011 年 7 月在国际海事组织(IMO)海洋环境保护委员会(MEPC)第 62 届会议上对新船提出强制要求,并通过了 MARPOL 附则Ⅵ,船舶的船舶能效设计指数(EEDI)数值需分阶段进行折减。如图 2.3 所示,具体的折减要求是第 0 阶(2013—2014 年)的折减率为 0,第 1 阶段(2015—2019 年)的折减率为 10%,第 2 阶段(2020—2024 年)的折减率为 20%(杂货船和冷藏货船的折减率为 15%),第 3 阶段(2025 年及以后)的折减率为 30%。在此突破之后,2012 年 2 月,国际海事组织(IMO)海上环境保护委员会(MEPC)第 63 届会议通过了四项重要指南(2012 年船舶能效设计指数(EEDI)计算方法指南;2012 年船舶能效管理计划制定指南;2012 年能效设计指数调查和认证指南;与能效设计指数一起使用的参考线计算指南),支持成员国统一实施 2011 年 7 月通过的《国际防止船舶造成污染公约》附则Ⅵ《防止船舶大气污染规则》修正案。该修正案在附件六《船舶能效条例》中增加了新的第 4 章,规定新船舶必须采用能效设计指数,以及适用于所有船舶的船舶能效管理计划。

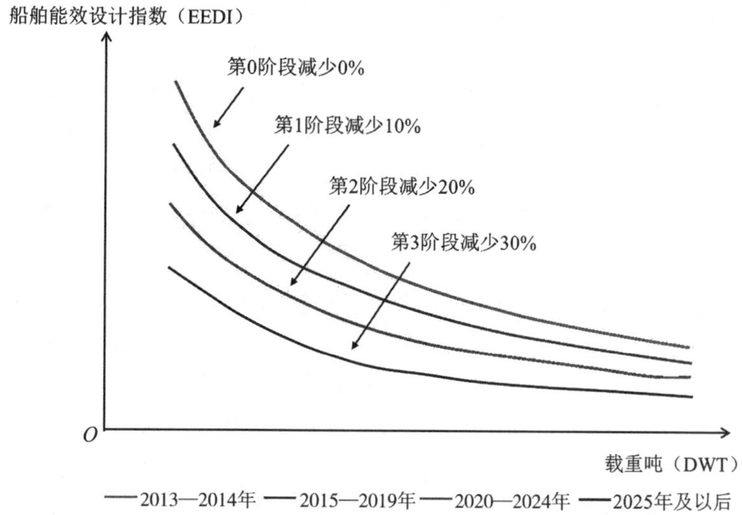

图 2.3 能效设计指数(EEDI)折减率的四个阶段

Fig.2.3 Four stages of Energy Efficiency Design Index (EEDI) reduction rates

2013 年 5 月,国际海事组织(IMO)海上环境保护委员会(MEPC)第 65 届会议通过修正案以更新 MEPC.215(63)号决议《能效设计指数参考线计算指南》,包括将船舶能效设计指数(EEDI)的适用范围扩大到滚装货船、滚装客船以及液化天然气(LNG)船;通过了《2013 年关于处理创新能效技术以计算和验证所获得的船舶能效设计指数(EEDI)的指导意见》,该指导意见旨在帮助制造商、造船商、船东和其他与船舶 EEDI 相关的利益相关方处理创新能效技术以计算和核实所获得的船舶能效设计指数(EEDI),处理空气润滑、风力推进系统等系统;通过了对 MEPC.214(63)2012 号决议《船舶能效设计指数(EEDI)调查和认证指南》的修正案;还批准了一项工作计划,以继续为当前船舶能效设计指数(EEDI)要求未涵盖的船舶类型和尺寸以及推进系统开发船舶能效设计指数(EEDI)框架,并考虑在不利条件下保持船舶机动性所需的推进功率指南。2014 年 3 月,国际海事组织(IMO)海上环境保护委员会(MEPC)第 66 届会议通过了《防污公约》附则Ⅵ关于将船舶能效设计指数(EEDI)的适用范围扩大到液化天然气(LNG)船、滚装货船、滚装客船和非常规推进的邮轮的修正案,通过了适用于新船舶的 2014 年《实现能效设计指数计算方法指导方针》。

2016 年 10 月,国际海事组织(IMO)海上环境保护委员会(MEPC)第 70 届会议,工作组审查了从 2020 年起实施第二阶段能效设计要求的相关技术发展状况,经过讨论,委员会同意保留第二阶段要求(滚装船和客轮除外),并同意有必要彻底审查第三阶段(2025 年 1 月 1 日及以后)的要求,包括讨论其早期实施和建立第四阶段的可能性。目前,第三阶段的要求规定,与基线相比,新船舶的能效提高 30%。2018 年 4 月,国际海事组织(IMO)海上环境保护委员会(MEPC)第 72 届会议通过了《防污公约》附则Ⅵ第 21 条关于滚装货船和滚装客船能效设计指数要求的修正案;委员会收到了通信小组关于第二阶段之后能效设计指数审查进展情况的报告,并重新成立了该小组以继续其工作。就冰级船舶 EEDI 豁免提出的第Ⅵ/19.3 条修正案草案已提交通信小组。2019 年 3 月,国际海事组织(IMO)海上环境保护委员会(MEPC)第 74 届会议通过了《国际防止船舶造成污染公约》附则Ⅵ的其他修正案,涉及《破冰船舶船舶能效设计指数条例》,将“具有破冰能力的货船”改为“极地规则中定义的 A 类船舶”。预计生效日期为 2020 年 10 月 1 日。

2020 年 11 月,国际海事组织(IMO)海洋环境保护委员会第 75 届会议通过了《国际防止船舶造成污染公约》附则Ⅵ的修正案,以提高船舶能效设计指数(EEDI)第三阶段的要求,预计将于 2022 年 4 月 1 日生效,显著提高集装箱船的船舶能效设计指数(EEDI)折减率;通过了对超大型散货船的船舶能效设计指数(EEDI)基线修订和对部分船型修改船舶能效设计指数(EEDI)第三阶段实施时间和实施要求的 MARPOL 公约附则Ⅵ修正案。为加快航运温室气体(GHG)减排的步伐,促使航运温室气体(GHG)排放尽快达到峰值,国际海事组织(IMO)基于对满足船舶能效设计指数(EEDI)要求船舶的能效相关数据的收集和分析,将集装箱船、杂货船、液化天然气(LNG)船、具有非传统推进系统的豪华邮轮和 15 000 载重吨(DWT)以上的气体运输船五种船型的船舶能效设计指数(EEDI)第三阶段要求提前至 2022 年 4 月 1 日执行,并将其中具有较大减排潜力的集装箱船的船舶能效设计指数(EEDI)第三阶段折减率按照不同吨位从 30%提升到了 30%~50%不等。同时,为了后续更好地评估船舶能效设计指数(EEDI)规则的实施情况及其对航运减排带来的影响,本次通过的 MARPOL 公约附则Ⅵ修正案还加入了对船舶能效设计指数(EEDI)船舶的数据收集强制性要求。另一方面,对满足船舶能效设计指数(EEDI)要求存在困难的超大型散货船,经过多轮海上环境保护委员会(MEPC)会议讨论,最终确定采用与滚装船相同的处理方式,对 279 000 载重吨(DWT)以上的散货船,在计算船舶的船舶能效设计指数(EEDI)基线时取 279 000 载重吨(DWT)。

2022 年 12 月,国际海事组织(IMO)海洋环境保护委员会(MEPC)第 79 届会议对船舶能效设计指数(EEDI)进行了再次更新。此次会议通过了《2022 年新船达到船舶能效设计指数的计算方法导则》和《2022 年船舶能效设计指数的检验与认证导则》,在上一版本新船获得的船舶能效设计指数(EEDI)计算方法导则基础上,纳入了乙烷的燃料默认值,完善了采用轴带发电机后功率计算的文本表述,加入了对多重载重线情况的船舶能效设计指数(EEDI)计算要求,明确船舶能效设计指数(EEDI)计算仅针对最大夏季吃水载重线且不做追溯性要求。在新版本船舶能效设计指数(EEDI)检验与发证导则中,新增了国际拖曳水池协会 ITTC 的新版建议程序作为船舶快速性试航要求。此外,提交了两项关于将船载碳捕获和储存(Onboard Carbon Capture System, OCCS)技术纳入船舶能效设计指数(EEDI)公式的建议。第一个提交是提出添加一个额外的分子公式扣除碳捕集和封存(CCS)在船上每小时的操作,在船舶能效设计指数(EEDI)轴功率,乘以一个系数考虑二氧化碳(CO_2)坦克的总量以及船舶的存储油箱的容量,像一个可用性因素。第二份文件还提议推断捕获和存储的二氧化碳(CO_2)排放,并在分子中包括一个额外的术语,其中考虑来自船载碳捕获和储存(OCCS)操作的额外排放[40]。

船舶能效设计指数(EEDI)的设立是为了在未来为船舶建立一个最低能源效率的标准。船舶能效设计指数(EEDI)指数越高,说明船舶能耗越高,能源效率越低。总体来说,船舶能效设计指数(EEDI)是从建造生产环节的源头开始控制二氧化碳(CO_2)的排放量。不断提升的船舶能效设计指数(EEDI)指标将给船舶工业带来更严峻的挑战,船舶设计和建造单位应以此为契机,提高绿色环保型船舶的研发能力,加大对船舶总体性能提升技术的推广应用和替代燃料/新能源等低碳技术的研发和储备。最后,如表 2.3 所示,船舶能效设计指数(EEDI)的相关政策已在表格中简要概括。

表 2.3 船舶能效设计指数(EEDI)的相关政策概括

Tab.2.3 Summary of policies related to the Energy Efficiency Design Index (EEDI)

时间	会议	主要内容
2008 年 10 月	MEPC 58	将新造船二氧化碳(CO_2)设计指数改作船舶能效设计指数(EEDI)
2010 年 3 月	MEPC 60	提出需要最终确定船舶能效设计指数(EEDI)要求中关于船舶尺寸、目标日期和折减率等问题
2011 年 7 月	MEPC 62	提出船舶的船舶能效设计指数(EEDI)数值分阶段折减的具体要求
2012 年 3 月	MEPC 63	四项重要指南
2013 年 5 月	MEPC 65	扩大 EEDI 的适用范围;批准《2013 年关于处理创新能效技术以计算和验证所获得的船舶能效设计指数(EEDI)的指导意见》
2014 年 3 月	MEPC 66	通过《国际防止船舶造成污染公约》附则Ⅵ关于将船舶能效设计指数(EEDI)的适用范围扩大的修正案
2016 年 10 月	MEPC 70	工作组审查了从 2020 年起实施第二阶段能效设计要求的相关技术发展状况,并同意有必要彻底审查第三阶段(2025 年 1 月 1 日及以后)的要求
2018 年 4 月	MEPC 72	通过了《国际防止船舶造成污染公约》Ⅵ第 21 条关于滚装货船和滚装客船能效设计指数要求的修正案
2019 年 3 月	MEPC 74	通过了《破冰船舶船舶能效设计指数(EEDI)条例》的修改
2020 年 11 月	MEPC 75	显著加强船舶能效设计指数(EEDI)第三阶段的要求
2022 年 12 月	MEPC 79	通过了《2022 年新船达到船舶能效设计指数(EEDI)的计算方法导则》和《2022 年船舶能效设计指数(EEDI)的检验与认证导则》

(2)现有船舶能效指数(EEXI)

现有船舶能效指数(EEXI)是国际海事组织(IMO)为减少船舶温室气体(GHG)排放而推出的一项措施。现有船舶能效指数(EEXI)是与船舶技术设计相关的衡量标准。船舶一生必须获得一次现有船舶能效指数(EEXI)批准,最迟在 2023 年进行第一次定期检验。现有船舶能效指数(EEXI)纯粹考虑船舶的设计参数,测量运输工作的二氧化碳(CO_2)排放量。该指数不需要在船舶运营期间对实际的二氧化碳(CO_2)排放进行任何测量或报告。现有船舶能效指数(EEXI)与在 2013 年起生效的船舶能效设计指数(EEDI)相似,其衡量标准相同,但是船舶能效设计指数(EEDI)适用于新造船,而现有船舶能效指数(EEXI)适用于现有船舶。现有船舶能效指数(EEXI)的施行是国际海事组织(IMO)促进环保技术和减少航运业碳排放最重要措施之一。

2020 年 11 月,国际海事组织(IMO)海洋环境保护委员会(MEPC)第 75 届会议通过了《国际防止船舶造成污染公约》(MARPOL 公约)附则Ⅵ的修正案,引入了现有船舶能效指数(EEXI),即现有船舶能效设计指数(EEXI)的概念,适用于《国际防止船舶造成污染公约》(MARPOL 公约)附则Ⅵ规定的所有总吨(GT)400 以上的船舶,涵盖的船舶包括散货船、油船、集装箱船、普通货船、冷藏货船、组合运输船、液化天然气(LNG)船、滚装货船、滚装客船、邮轮等。

2021 年 6 月,国际海事组织(IMO)海洋环境保护委员会(MEPC)第 76 届会议通过了《国际防止船舶造成污染公约》(MARPOL 公约)新的修正案,并将于 2023 年正式生效;通过了《2021 年轴/发动机功率限制系统指南》,以符合现有船舶能效指数(EEXI)要求并使用功率储备。从

2023 年 1 月 1 日起,所有船舶都必须计算其达到的现有船舶能效指数(EEXI),以衡量其能效,并开始收集数据,以报告其年度运营碳强度指标(CII)和碳强度指标(CII)评级[41]。归根结底,现有船舶能效指数(EEXI)是新造船舶相关的船舶能效设计指数(EEDI)概念对现有船舶的扩展,因此大多数程序与船舶能效设计指数(EEDI)相同,仅对有限的设计参数进行了一些修正。此次会议上,公布了关于轴/发动机功率限制系统的指南,以符合现有船舶能效指数(EEXI)要求和使用功率储备。2021 年 11 月,国际海事组织(IMO)海洋环境保护委员会(MEPC)第 77 届会议决定成立碳减排通讯组,以最终确定和更新指导方针。这些措施特别涉及 2021 年通过的短期措施,包括技术(现有船舶能效指数(EEXI))和操作(碳强度指标(CII)及其评级)措施。与此同时,通过了关于 2021 年关于处理创新能效技术以计算和验证所获得的船舶能效设计指数(EEDI)和现有船舶能效指数(EEXI)的指导意见的通知,特别是将风力推进作为替代(补充)推进源的使用。

2022 年 6 月,国际海事组织(IMO)海洋环境保护委员会(MEPC)第 78 届会议将碳捕捉技术纳入船舶能效设计指数(EEDI)/现有船舶能效指数(EEXI)框架四部分的内容,第十二次温室气体(GHG)会间会(ISWG—GHG 12)通过了由 ISWG—GHG 12 先行审议的现有船舶能效指数(EEXI)、碳强度指标(CII)、船舶能效管理计划(SEEMP)等短期减排措施相关的技术指导性文件:《2022 年现有船舶能效指数(EEXI)计算方法导则》和《2022 年现有船舶能效指数(EEXI)检验和发证导则》[42]。

2023 年 7 月,国际海事组织(IMO)海洋环境保护委员会(MEPC)第 78 届会议审议了对《2021 年轴/发动机功率限制系统指南》的拟议修正案,以符合现有船舶能效指数(EEXI)要求和使用功率储备。

现有船舶能效指数(EEXI)的实施对于推动航运业的能效改进、减少温室气体(GHG)排放、促进技术创新和研发、提高船舶竞争力以及推动可持续发展具有重要的意义。它是国际社会为应对气候变化和保护环境而采取的一项重要举措。最后,如表 2.4 所示,现有船舶能效指数(EEXI)的相关政策已在表格中简要概括。

表 2.4 现有船舶能效指数(EEXI)的相关政策概括

Tab.2.4 Summary of relevant policies on the Energy Efficiency Index (EEXI) of existing ships

时间	会议	主要内容
2020 年 11 月	MEPC 75	通过了《国际防止船舶造成污染公约》(MARPOL 公约)附则Ⅵ的修正案,引入现有船舶能效指数(EEXI)
2021 年 6 月	MEPC 76	通过了《国际防止船舶造成污染公约》(MARPOL 公约)新的修正案,通过了《2021 年轴/发动机功率限制系统指南》
2021 年 11 月	MEPC 77	成立碳减排通信组,以最终确定和更新现有船舶能效指数(EEXI)和碳强度指标(CII)及其评级措施
2022 年 6 月	MEPC 78	通过了《2022 年现有船舶能效指数(EEXI)计算方法导则》和《2022 年现有船舶能效指数(EEXI)检验和发证导则》
2023 年 7 月	MEPC 80	审议了对《2021 年轴/发动机功率限制系统指南》的拟议修正案

(3)船舶能效营运指数(EEOI)

船舶能效营运指数(EEOI),用于监测和计算船舶碳排放。船舶能效营运指数(EEOI)是国际海事组织(IMO)监管框架的要素之一,旨在充当船舶运营阶段的"能效绩效指标",并用于监测船舶整体能效绩效。根据国际海事组织(IMO)指南,船舶能效营运指数(EEOI)的目的是建立一种一致的方法来测量船舶每次航行或一段时间内的能源效率。船舶能效营运指数(EEOI)预计将协助船东和船舶运营商评估其船队的运营绩效,希望它能够监控运营中的单艘船舶,从而监控船舶或其运营的任何变化的结果。

船舶能效营运指数(EEOI)与船舶能效设计指数(EEDI)类似,代表船舶每单位货物英里运输服务的二氧化碳(CO_2)排放量。然而,与为船舶一个操作点定义的船舶能效设计指数(EEDI)相比,船舶能效营运指数(EEOI)代表每次航程期间船上所有类型燃料燃烧产生的实际二氧化碳(CO_2)排放量,其计算方法是乘以每种类型燃料的总燃料消耗量[馏分燃料、精炼燃料或液化天然气(LNG)等]以及每种燃料各自的碳系数。所执行的运输工作量是通过将实际货物质量与船舶行驶的相应实际距离相乘来计算的。现阶段,国际海事组织(IMO)制定了船舶能效营运指数(EEOI),以鼓励船东和船舶经营人自愿使用它,并收集有关应用结果和经验的信息。

2009 年 7 月,国际海事组织(IMO)海洋环境保护委员会(MEPC)第 59 届会议同意分发《自愿使用船舶能效作业指标准则》,请各成员国政府提请有关各方注意该准则,并建议各成员国在自愿的基础上使用该准则。该准则可用于建立自愿使用船舶能效营运指数(EEOI)。建立船舶能效营运指数(EEOI)的主要步骤[43]包括定义计算船舶能效营运指数(EEOI)的时间段(或航程)、定义数据收集的数据源、收集数据和计算船舶能效营运指数(EEOI)。2011 年 7 月,国际海事组织(IMO)海洋环境保护委员会(MEPC)第 62 次会议讨论了船舶能效营运指数(EEOI)的进一步发展和应用。会议确定了船舶能效营运指数(EEOI)的数据收集和报告要求,并要求船舶所有者和经营者在船舶的能效管理计划中使用船舶能效营运指数(EEOI)作为评估工具。

2013 年 3 月,国际海事组织(IMO)海洋环境保护委员会(MEPC)第 65 届会议通过了关于船舶能效设计指数(EEDI)和船舶能效营运指数(EEOI)的强制性要求。这些要求意味着船舶必须满足一定的能效标准,并在航行期间报告船舶能效营运指数(EEOI)数据。2015 年 10 月,国际海事组织(IMO)海洋环境保护委员会(MEPC)第 68 届会议通过了船舶能效营运指数(EEOI)的义务性审核和报告要求。根据这一政策,船舶所有者和经营者需要监测和报告船舶的能效运营指标,并采取措施改善能源效率。2018 年 10 月,国际海事组织(IMO)海洋环境保护委员会(MEPC)第 73 届会议通过了关于船舶能效营运指数(EEOI)数据收集和报告的进一步要求。根据这些要求,船舶必须在航行期间记录和报告船舶能效营运指数(EEOI)数据,并提交给相关的国家和国际海事组织(IMO)。2021 年 11 月,国际海事组织(IMO)海洋环境保护委员会(MEPC)第 76 届会议讨论了进一步加强船舶能效的措施。会议通过了一项决议,要求船舶所有者和经营者在船舶的能效管理计划中采取措施以提高船舶的能源效率,并进一步减少船舶的温室气体(GHG)排放。

《船舶能效营运指数(EEOI)自愿使用导则》的制定,彰显了全球航运业对于船舶节能减排的决心。随着导则的不断推广,船舶的能效水平不断提高,促进环境可持续发展的同时也推动了航运业节能减排技术的开发。近年来,随着船舶能效营运指数(EEOI)的实施,船舶载重量不断增加,船舶趋于大型化,船型设计更为纤细化,船舶航速降低。对于已投入营运的船舶来说,船舶能效营运指数(EEOI)的实施使得航运公司在降低环境污染的同时也获得了更多的经济效益[44]。最后,如表 2.5 所示,船舶能效营运指数(EEOI)的相关政策已在表格中简要概括。

表 2.5 船舶能效营运指数(EEOI)的相关政策概括

Tab.2.5 Summary of policies related to Ship Energy Efficiency Operating Index (EEOI)

时间	会议	主要内容
2009 年 7 月	MEPC 59	同意分发《自愿使用船舶能效作业指标准则》,用于建立自愿使用船舶能效营运指数(EEOI)
2011 年 7 月	MEPC 62	确定船舶能效营运指数(EEOI)的数据收集和报告要求
2013 年 3 月	MEPC 65	通过了关于船舶能效设计指数(EEDI)和船舶能效营运指数(EEOI)的强制性要求
2015 年 10 月	MEPC 68	通过了船舶能效营运指数(EEOI)的义务性审核和报告要求
2018 年 10 月	MEPC 73	通过了关于船舶能效营运指数(EEOI)数据收集和报告的进一步要求
2021 年 11 月	MEPC 76	要求船舶所有者和经营者在船舶的能效管理计划中采取措施以提高船舶的能源效率

(4)碳强度指标(CII)

碳强度指标(CII)是衡量船舶能源效率的指标,是在特定的评级内为确保持续降低船舶的营运碳强度所需的年度折减系数。碳强度指标(CII)具体指标的选取并不是一个简单计算方法的选择,作为船舶的营运碳强度指标(CII),它还将用于航运温室气体(GHG)排放是否满足国际海事组织(IMO)温室气体(GHG)减排初步战略要求的衡量。按照初步战略的要求,与 2008 年数据相比,全球航运的碳排放强度到 2030 年须降低 40%,到 2050 年须降低 70%。按照国际海事组织(IMO)第四次温室气体(GHG)报告的研究结论,对相同的航运数据,采用不同的营运碳强度指标(CII)所得到的减排比例也会不同。因此,碳强度指标(CII)的选取将是整个船舶营运能效评价体系最大也最为重要的未知数。

碳强度指标(CII)适用于总吨(GT)5 000 及以上的国际航行船舶[种类与现有船舶能效指数(EEXI)适用船型相同]。这表示,碳强度指标(CII)与现有船舶能效指数(EEXI)两者在适用船型上没有区别,但碳强度指标(CII)规则覆盖的船舶范围更小,可以看作是现有船舶能效指数(EEXI)覆盖船舶集合的子集。从 2023 年 1 月 1 日起,所有船舶都必须计算其达到的现有船舶能效指数(EEXI),以衡量其能效,并开始收集数据,以报告其年度运营碳强度指标(CII)和碳强度指标(CII)评级。

2021 年 6 月,国际海事组织(IMO)海洋环境保护委员会(MEPC)第 76 届会议通过了国际防止船舶造成污染公约(MARPOL 公约) 附则Ⅵ修正案,新增两个碳强度指标(CII)有关的定义,一是 Attained Annual Operational CII,表示单船达到的年度营运碳强度指数值,二是 Required Annual Operational CII,表示相应船型吨位应达到的年度营运碳强度目标值,Annual 一词强调每年对指标值的要求,通过逐年提高碳强度指标(CII)要求值来降低航运碳强度。该会议审议了《2021 年相对于基线的营运碳强度折减因素指南(CII 折减率指南,G3)》草案,并通过《2021 年相对于基线的营运碳强度折减因素指南(CII 折减率指南,G3)》。

2022 年 6 月,国际海事组织(IMO)海洋环境保护委员会(MEPC)第 78 届会议在第十二次温室气体会间会(ISWG—GHG 12)通过了《2022 年营运碳强度指标(CII)和计算方法导则》(CII 导则,G1)、《2022 年营运碳强度指标(CII)基线导则》(基线导则,G2)、《2022 年船舶营运碳强度评级导则》(评级导则,G4)和《2022 年用于碳强度指标(CII)计算的修正系数和航程调整临时导则》(导则,G5)。其中,《2022 年船舶营运碳强度评级导则》(CII 评级导则,G4)将基于船舶达到的年度营运碳强度指标(CII),将船舶分为 A、B、C、D 和 E 这 5 个等级,代表优秀、良好、普通、稍差、差。

2023 年 7 月,国际海事组织(IMO)海洋环境保护委员会(MEPC)第 80 届会议通过了碳强度指标(CII)法规和指南的审查计划,该计划最迟必须在 2026 年 1 月 1 日前完成。该计划预计审查短期措施分为数据收集阶段,数据分析阶段和公约、准则审查阶段。

船舶碳强度指标(CII),将打破现有船舶管理模式,船舶能效管理将由纸上谈兵变为实战,促使船舶不断采取措施提高能效。船舶碳强度指标(CII)要求生效实施后,船舶将带着能效标签,市场将青睐能效评级好的船舶,船东有必要了解掌握碳强度指标(CII)与导则要求,预测当前及未来船舶能效水平与发展趋势,研判可行的能效措施,布局未来航运,实现市场、效益与减排共赢。最后,如表 2.6 所示,碳强度指标(CII)的相关政策已在表格中简要概括。

表 2.6　碳强度指标(CII)的相关政策概括

Tab.2.6　Summary of policies related to Carbon Intensity Indicators (CII)

时间	会议	主要内容
2021 年 6 月	MEPC 76	通过了《国际防止船舶造成污染公约》(MARPOL 公约) 附则Ⅵ修正案,新增 2 个碳强度指标(CII)有关的定义
2022 年 6 月	MEPC 78	通过了《2022 年营运碳强度指标(CII)和计算方法导则》和《2022 年营运碳强度指标(CII)基线导则》等四项导则
2023 年 7 月	MEPC 80	通过了碳强度指标(CII)法规和指南的审查计划

(5)船舶能效管理计划(SEEMP)

船舶能效管理计划(SEEMP),是一项运营措施,为航运公司提供了一种方法,用于长期管理船舶和船队的能效表现,例如使用船舶能效营运指数(EEOI)作为监测工具。船舶能效管理计划(SEEMP)的制定包含了船舶燃油效率操作的最佳实践和船舶自愿使用船舶能效营运指数(EEOI)的指导原则。船舶能效管理计划(SEEMP)是国际海事组织(IMO)履行《联合国气候变化框架公约》(UNFCCC)要求制定的海运温室气体(GHG)减排工具之一,是碳强度指标(CII)实施的载体。

2009 年 7 月,国际海事组织(IMO)海洋环境保护委员会(MEPC)第 59 届会议首次发布船舶能效管理计划(SEEMP)制订导则,属于自愿的能效管理计划。2012 年 3 月,国际海事组织(IMO)海洋环境保护委员会(MEPC)第 63 届会议制定了《2012 年船舶能效管理计划(SEEMP)编制指南》,船舶能效管理计划(SEEMP)由自愿变为强制。自 2013 年 1 月 1 日开始,所有 400 总吨(GT)及以上船舶均须配有船舶能效管理计划(SEEMP)。2013 年 5 月,国际海事组织(IMO)海洋环境保护委员会(MEPC)第 65 届会议通过了对统一解释 MEPC.1/Circ.795 的修订,以更新关于船舶能效管理计划(SEEMP)要求的通知,排除平台包括浮式生产储油装置(Floating Production Storage Unit,FPSU)和浮式储油装置(Floating Storage Unit,FU)、钻机(无论其推进方式如何)和任何其他没有推进方式的船舶。

2016 年 10 月,国际海事组织(IMO)海洋环境保护委员会(MEPC)第 70 届会议将上述指南修订为《2016 年船舶能效管理计划(SEEMP)编制指南》,并增加了船舶燃油消耗数据收集计划(Data Collection System, DCS)。2019 年,为配合船舶燃油消耗数据收集计划(DCS)要求的实施,对总吨(GT)5 000 及以上船舶增加了船舶能效管理计划(SEEMP)Part Ⅱ,用于描述收集所需数据的方法,以及船舶向主管机关或其正式授权的任何组织报告数据的流程。为适应碳强度指标(CII)及其相关要求的落地,2023 年 1 月 1 日之前,所有总吨(GT)5 000 及以上的碳强度指标(CII)适用船舶还需完成船舶能效管理计划(SEEMP)Part Ⅲ的制订。该部分内容涵盖船舶碳强度指标(CII)的计算方法、船舶向主管机关或其正式授权的任何组织报告碳强度指标(CII)的流程、船舶未来三年的碳强度指标(CII)要求、船舶满足未来三年碳强度指标(CII)要求的实施计划及自我评价和改进的程序。对碳强度指标(CII)表现不佳[年度碳强度指标(CII)评级为 E 或者连续三年评级为 D]的船舶还需在船舶能效管理计划(SEEMP)Part Ⅲ中纳入能效改进计划,才能获得燃油消耗报告和碳强度指标(CII)评级的年度符合声明。2020 年 11 月,国际海事组织(IMO)海洋环境保护委员会(MEPC)第 75 届会议增加了碳强度指标(CII)要求,船舶能效管理计划(SEEMP)进行了第 3 次修订。

2022 年 6 月,国际海事组织(IMO)海洋环境保护委员会(MEPC)第 78 届会议通过了《2022 船舶能效管理计划(SEEMP)制定导则》和《船舶能效管理计划(SEEMP)Part Ⅲ主管机关验证和公司审核导则》。在原 2016 版船舶能效管理计划(SEEMP)制订导则的基础上补充了对船舶能效管理计划(SEEMP) Part Ⅲ的制订要求,明确了船舶能效管理计划(SEEMP)三个不同部分的目的和基本要求。新版导则还对 Part Ⅰ和 Part Ⅱ的相关内容进行了协同,以便碳强度指标(CII)要求能够贯穿船舶能效管理的始终。同时,此次会议还通过了针对船舶能效管理计划(SEEMP)Part Ⅲ的验证导则,以配合这一部分内容的审核和相关符合确认书和符合声明的签发。这份文件对船舶能效管理计划(SEEMP)Part Ⅲ审核中各方的责任以及船舶能效管理计划(SEEMP)Part Ⅲ的初次验证、周期验证、附加验证和公司审核内容给出了具体的要求,并规定船舶能效管理计划(SEEMP) Part Ⅲ的审核可以与国际安全管理(International Safety Management, ISM)审核相结合。此外,导则在附件中还提供了符合确认书的格式模板。

船舶能效管理计划(SEEMP)是针对现有船舶提出的能效概念,是一个统筹规划的概念,着眼于全局,优化的空间较单船更大,数学模型也更复杂。船舶能效设计指数(EEDI)和船舶能效管理计划(SEEMP)两项标准的提出,督促船舶革新技术,提升船舶的科技含量,同时要求船队内部加强管理,合理降低能效。从船舶运营的角度,船舶能效规则有利于行业的长远发展,既能节省成本又能保护环境。最后,如表 2.7 所示,船舶能效管理计划(SEEMP)的相关政策已在表格中简要概括。

表 2.7 船舶能效管理计划(SEEMP)的相关政策概括

Tab.2.7 Summary of policies related to Ship Energy Efficiency Management Plan (SEEMP)

时间	会议	主要内容
2009 年 7 月	MEPC 59	首次发布船舶能效管理计划(SEEMP)制订导则
2012 年 3 月	MEPC 63	制定了《2012 年船舶能效管理计划(SEEMP)编制指南》,船舶能效管理计划(SEEMP)由自愿变为强制
2013 年 5 月	MEPC 65	通过了对统一解释 MEPC.1/Circ.795 的修订,以更新关于船舶能效管理计划(SEEMP)要求的通知
2016 年 10 月	MEPC 70	修订《2016 年船舶能效管理计划(SEEMP)编制指南》
2020 年 11 月	MEPC 75	船舶能效管理计划(SEEMP)进行了第 3 次修订
2022 年 6 月	MEPC 78	通过了《2022 船舶能效管理计划(SEEMP)制定导则》和《船舶能效管理计划(SEEMP)Part Ⅲ主管机关验证和公司审核导则》

二、市场激励性机制

1.航运碳税市场

碳税又称二氧化碳（CO_2）排放税，主要是对燃煤和汽油、柴油、航空燃油、液化天然气（LNG）等化石燃料产品，按其碳含量的比例或者碳排放量征收的一种税。二氧化碳（CO_2）排放得越多，征收的碳税也越多；反之，二氧化碳（CO_2）排放得越少，征收的碳税也越少。以环境保护为目的，防止全球变暖，希望通过征税来减少全球二氧化碳（CO_2）排放量。因此，碳税从本质上讲是一种环境税。

根据发达国家20余年在温室气体（GHG）排放方面控制的经验，碳税的征收被认为是最有效的经济手段之一。碳税的征收在减少温室气体（GHG）排放，减缓气候变化方面发挥了重要作用。其优点是：提高了一次性石化能源的价格（增加了使用成本）促进了提高能源使用效率的研究投资；促进了燃料转换、产品结构、消费模式的转变；提高了社会公平度。其不足之处是在国家间存在“碳泄漏”现象，即一个国家征税后减少的碳排放量可能被其他国家增加的碳排放量抵消。

但是，由于各国的经济不平衡与各自关注点不同，即使保持碳税的性能不变，被征的行业、税率也会有一定差别。这样造成的“碳泄漏”现象如无全球性的政策协调，将不会受到有效抑制。只有通过国际合作实现碳税征收的国际协调工作，才能达到预期效果。国际的碳税协调离不开机制创新。这是因为，目前广泛采用的广义税收协调（即各国税种、税收政策全方位协调）是主权国家间的合作方式。碳税在实质上属于国内商品税所以碳税的国际协调应实行国内商品税的国际协调的原则与方法，应避免贸易壁垒与重复征税。现在法、美等国家想将此国内商品税发展为对国外收税，遭到了发展中国家抵制，因为它不可避免地发展成了发达国家的贸易保护手段。由于温室气体（GHG）问题已经涉及国家利益与发展权益。它已经被涂上了更多的政治化色彩。这对碳税的国际协商是一个障碍[45]。

航运碳税是碳税的一种，最早是由欧盟委员会（EC）提出来的。航运碳税是指对船舶燃油燃烧排放二氧化碳（CO_2）征收的税，以求减少燃料消耗和二氧化碳（CO_2）排放。欧盟提出的航运碳税的征收对象包括所有驶入、驶出及途经欧盟成员国港口的船舶，只要是在欧盟管辖区域内的海运活动，都必须按规定缴纳航运碳税，不论其排放行为是否发生在欧盟区域内。

航运碳税的征收，一方面使得船舶所有者及经营者会从成本角度考虑，主动减少碳排量，有效缓解航运业对全球温室效应的影响；另一方面由于欧盟委员会（EC）关于航运碳税的规定是从欧盟成员国自身的角度出发而制定的强制性规定，欧盟各成员国从中可以获得较多的税收收入，但使发展中国家的航运贸易成本增加。因此，航运碳税也被很多学者视为绿色贸易壁垒之一。

航运碳税的征收范围有[46]：一是海运活动标准，针对所有驶入、驶出及途经欧盟成员国港口的船舶，只要是在欧盟管辖区域内从事海运活动，都必须按规定缴纳航运碳税。征收时，不管其碳排放行为是否发生在欧盟区域内，都必须按规定向欧盟缴纳航运碳税。二是船舶大小标准，2013年，欧盟委员会（EC）出台的法案指出，航运碳税的征收只针对5 000吨级及以上的船舶。虽然2014年，曾有提议将航运碳税的征收范围扩大到更小型的船舶（400吨级及以上）以及更多类型的排放［包括船舶氮氧化物（NO_X）的排放］，但最后被欧洲会议一致否决。这一船舶大小的界限是否会下移至 5 000 吨级以下，尚待欧盟在 2018 年此政策正式推行后的实施效果来定。

航运碳税的征收措施有：一是建立排放补偿基金，由船东、经营者或管理者为排放二氧化碳（CO_2）的船舶缴纳；二是设定船舶强制性减排目标，可依据历史排放量或船舶能效指数，设定每艘船舶的减排目标；三是建立排放交易体系（ETS），规定每个航运公司的免费排放配额，不足或剩余配额可以通过国际市场进行买卖或转让；四是征收排放税，靠港船舶可在停靠港，按照每年的碳排放量缴纳税金。

2.航运排放交易体系（ETS）

《京都议定书》下的温室气体（GHG）排放交易体系（ETS），在欧盟碳排放交易体系（EU ETS）下得到了不错的实践。此项政策的出台有助于减轻航运业实现减排目标的压力。排放交易体系（ETS）是目前最大的兼顾"减排"与"贸易"的模式，这也是与其他航运政策最大的不同，即关注了市场对减排的作用。在航运业适用排放交易体系（ETS）模式应：给予航运公司碳排放许可配额量；这些碳排放许可配额量可在交易市场进行交易；对于超出配额量的排放进行罚款。在这种模式下航运公司只可能有三种选择：一是提高技术或者营运管理水平；二是向能源利用率高的企业（可以是陆上公司也可以是航运公司）购买多余的碳排放许可配额量；三是向有关部门缴纳罚款。欧盟排放交易体系（EU ETS）制定历程如下：

2003 年，欧盟成员国在欧盟会议上全票通过《碳排放交易指令》。要求各成员国自行制定相关法律，对二氧化碳（CO_2）等温室气体（GHG）的排放进行管制，达到碳减排的目的。

2005 年，欧盟排放交易体系（EU ETS）正式启动。该体系的核心规则是总量控制和排放交易，设定各成员国的排放限额，并在对各国排放总量限额的前提下，允许成员国之间通过买卖许可配额的方式进行二氧化碳（CO_2）的排放。据欧盟披露的资料，该系统已覆盖 31 个国家 1 万多个高能耗、高排放企业，涵盖欧盟区域内 45%以上的温室气体（GHG）排放量。

2008 年，欧盟议会和欧盟委员会（EC）通过《2008 年排放交易指令》。该指令要求自 2012 年起，所有飞往、中转、飞离欧盟机场的所有航班都需要向欧盟交纳碳排放税，即航空碳税。在这一政策下，碳排放量有了一个上限限制，当航空碳排放量降至上限以下，航空公司无须支付任何费用。这一指令遭到全球各国一致反对，至少有 120 个国家在 2010 年的国际民航组织全会上公开反对航空碳税这一提案。2012 年 2 月，中国、美国等 26 个国家联合签署莫斯科宣言，提出反对欧盟单方面征收航空碳税的一揽子报复性措施。另外，美国众议院还专门就此通过法律，禁止美国航空运输业向欧盟缴纳航空碳税，中国航空协会也采取"三不"政策，即不参加欧盟碳交易市场、不向欧盟管理成员国提交检测计划、不与欧盟谈判优惠条件。

在航空碳税遭到激烈反对后，欧盟不得已暂停航空碳税的征收。与此同时，欧盟希望将航运碳税纳入排放交易体系（ETS）中。

2012 年 10 月，欧盟委员会（EC）发布声明：2013 年初引入一项针对航运业的措施，用以监控、核查和报告航运业的温室气体（GHG）排放。上述措施是建立未来可能的市场机制的第一步。这些市场机制包括将航运业纳入欧盟碳排放交易体系（EU ETS）。该声明还指出，到 2012 年底，一旦航运业碳减排在国际海事组织（IMO）层面仍未达成共识，欧盟委员会（EC）则需要提出一项立法，以碳税指令削减航运业碳排放。

2013 年，欧盟委员会（EC）推出海运领域碳排放监管草案，对停靠欧盟港口的船舶二氧化碳（CO_2）排放建立监控、报告和核查（MRV）体系。该草案规定，从 2018 年起，停靠欧盟港口的

5 000 吨级及以上的船舶需执行监测、报告和核查(MRV)体系措施,同时船东需要提供船舶的信息,例如船舶的能效指数等。此项草案被大多数专家视为欧盟实施航运碳税所迈出的第一步。

2021 年 7 月,欧盟排放交易体系(EU ETS)指令修订草案拟将航运业纳入现有排放交易体系(ETS),并为适用范围内的总吨(GT)5 000 以上船舶设置了三年的过渡期(2023—2025 年),参与碳市场的航运公司每年按照其实际排放量的 20%、45%、70%的比例清缴碳配额,2026 年起须完成 100%履约,未能清缴足够配额的公司及旗下船舶将面临罚款、滞留、驱逐、禁入等处罚。该草案将加快国际海事组织(IMO)关于温室气体(GHG)减排中期措施的审议进程,并更加凸显排放交易体系(ETS)在市场机制中的位置。该指令修订草案如获欧盟通过,预计将有 12 400~15 000 艘船舶和 2 000~2 500 家公司受到影响,约占全球船队规模的 38%,其中 50%的公司位于第三国。中国、印度、日本、新加坡、韩国、美国、英国等 12 个国家受到的影响最大,赴欧航线运输成本和公司的管理成本将大幅增加。

2022 年 6 月 22 日,将航运业纳入欧盟排放交易体系(EU ETS)的修订立法提案在欧洲议会以 438 票赞成,157 票反对,32 票弃权的结果正式通过。欧洲议会形成了改革立法的谈判立场。6 月 29 日,欧盟理事会宣布就一揽子立法与政策提案(Fit for 55)一揽子计划中的重要立法提案通过其谈判立场。至此,修改立法程序进入漫长的"三方会谈"阶段。11 月 29 日,经历了长时间的谈判,关于欧盟排放交易体系(EU ETS)修订立法中海运部分的内容终于达成阶段成果。

2023 年 2 月 8 日—9 日,欧盟理事会常驻代表团委员会、欧洲议会环境委员会先后通过了关于修订欧盟排放交易体系(EU ETS)[包含将航运业纳入欧盟排放交易体系(EU ETS)]的官方妥协文本,并正式公布。4 月 18 日,欧洲议会正式批准了一揽子立法与政策提案(Fit for 55)2030 一揽子气候计划中数项关键立法,包括将航运业纳入欧盟排放交易体系(EU ETS)的改革立法。4 月 25 日,欧盟理事会正式通过了实现 2030 年气候目标的 5 项关键立法,包括将航运排放首次纳入欧盟排放交易体系(EU ETS)的范围。5 月 16 日,欧盟将航运业纳入欧盟排放交易体系(EU ETS)的改革立法在欧盟官网正式公布,持续近两年的立法过程最终落幕,法案将于 6 月 5 日正式生效。

3.其他市场激励性机制

实施 MARPOL 73/78 公约附则Ⅳ之后,船舶能效设计指数(EEDI)和船舶能效管理计划(SEEMP)就成为了旨在强制减少航运业二氧化碳(CO_2)排放的两项主要法规。随后在第二次温室气体(GHG)研究中出现了关于基于市场的措施(MBM)的建议,之后国际海事组织(IMO)成员国又在 2010 年的第 75 届海上环境保护委员会(MEPC)会议上提议将基于市场的措施(MBM)引入航运业。

早在 2006 年的海上环境保护委员会(MEPC)第 56 届会议上,国际海事组织(IMO)已经深入考虑了潜在的基于市场的措施(MBM)。2009 年的海上环境保护委员会(MEPC)第 59 届会议上,海上环境保护委员会(MEPC)以压倒性多数同意基于市场的措施(MBM)是有效监管国际航运温室气体(GHG)排放的一揽子综合措施的一部分,并制订了一份工作计划,要求国际海事组织(IMO)成员国、准成员和观察员组织在海上环境保护委员会(MEPC)第 60 届会议上提交可能的基于市场的措施(MBM)的进一步详细大纲。

在此背景下,10 项基于市场机制的措施方案被提出:

2010 年,由塞浦路斯、丹麦、马绍尔群岛、尼日利亚和国际多隔舱零担油船协会提议的国际船舶温室气体(GHG)排放基金。

2010 年,基于日本提议的国际温室气体(GHG)基金的杠杆激励计划(LIS),旨在提高船舶能效。

2010 年,牙买加提出的 STEEM(PSL)提案,即通过港口国安排,利用船舶交通、能源和环境模型实现温室气体(GHG)减排。

2010 年,美国提出的减少国际航运业温室气体(GHG)排放的船舶能效和信用交易(SECT)机制。

2010 年,世界航运理事会(WSC)提出的船舶能效系统 VES 提案。

2010 年,挪威提出的国际航运业全球排放交易体系(ETS)。

2010 年,英国提出的国际航运业全球排放交易体系(ETS)。

2010 年,法国提出的发展国际航运业排放交易体系(ETS)的其他要素。

2010 年,巴哈马提出市场工具:对贸易和发展的惩罚。

2010 年,IUCN 提出的国际航运业市场工具返利机制(RM)[47]。

然后经历了 3 年(2010—2013 年)的讨论,这些基于市场的措施(MBM)最终在 2013 年的海上环境保护委员会(MEPC)第 65 届会议上被中止。

国际海事组织(IMO)成员国至今尚未采纳上述基于市场的措施(MBM)提案中的任何一种,因为在基于市场的措施(MBM)这个问题上发展中国家和发达国家之间存在严重分歧。自从 2011 年第 62 届海上环境保护委员会(MEPC)会议通过了船舶能效设计指数(EEDI)和船舶能效管理计划(SEEMP)法规之后,发展中国家对于实施针对温室气体(GHG)减排的基于市场的措施(MBM)就不太热衷。在 2016 年第 69 届海上环境保护委员会(MEPC)会议上,国际海事组织(IMO)再次发起了对于进一步实施基于市场的措施(MBM)的方法的讨论,然而成员国依然无法达成一致意见。

不过有人认为,2016 年之后将是实施基于市场的措施(MBM)的恰当时机。有研究显示,航运业实施基于市场的措施(MBM)将会给发展中国家带来负面的经济影响,不过这种影响可能很小。此外,还有人指出燃油税、总量控制与交易机制(Cap and Trade)以及基准和信用交易机制(Baseline and Credits)将是航运业有可能实施的基于市场的措施(MBM)。

三、经济干预性机制

1.航运补贴

(1)减速航行

减速航行是指船东降低船舶的航行速度,从而相对提高对船舶的需求。通常只需 5~6 艘船舶便能完成的货载通过减速航行需要使用 6~7 艘船舶才能完成相同的货载。船东通过降低船舶的航速不仅可以减少闲置船舶的数量,而且还可以节省燃油的消耗。在世界经济处于萧条时期,无论是托运人还是收货人已不再那么介意运送货物所需的时间。这使得船东降低船舶航速成为可能。

减速航行的举措减少了航运的整体二氧化碳(CO_2)输出。即使存在监管上的复杂问题,减速航行和速度优化也应被视为合规选项,因为它们已经被业界广泛用于应对市场条件。

2008~2009 年金融危机后,为了应对国际贸易额的降低以及集装箱运输需求的减少(同时也伴随着新交付运力的突然增长),减速航行的现象开始出现。2012 年初,马士基(Maersk)开始采用减速航行策略,将亚洲与印度次大陆之间的航行时间由以前的 35 天调整为 42 天。2012 年 6 月,Shipping Corporation of India(印度最大的航运公司)宣布将减速航行作为标准。

种种优势让减速航行更受推崇。2018 年初,包括星散航运、油船船东 Navios、干散货船东 Safebulkers 和戴安娜航运在内的 110 家航运公司在给国际海事组织(IMO)的一份公开信中,提出了关于船舶限速航行的建议。这些公司认为,船舶减速能显著降低全球范围内温室气体(GHG)的排放,对于全球应对气候变暖有着非常重要的意义。对于具体如何减速,这些航运公司提出了集装箱船采取最大年平均速度,其余船型则采取最大绝对航速并考虑船舶最低航速的建议。

长滩港开始实行船舶减速计划,也被称为绿旗计划。该计划奖励那些在弗明角 20~40 n mile 范围内将船舶减速至 12 kn 的船舶运营商。在一年内,在 20 n mile 范围内有 90%或更高的遵守率的经营者,在下一年可获得 15%的码头费折扣。那些在 40 n mile 范围内有 90%或更高合规性的经营者,在下一年可获得 25%的码头费的折扣。根据该计划,只要船舶产生的排放量低于 12 kn 的速度所产生的排放量,就符合绿旗计划的激励对象。该计划于 2005 年制订,十分受船舶运营商的欢迎。据统计,参与绿色旗帜计划的船舶节省了近 520 万美元的码头费。

(2)推广低硫燃料和岸电

2015 年 12 月,中国交通运输部颁布了《珠三角、长三角、环渤海(京津冀)水域船舶排放控制区实施方案》(下称《实施方案》)。《实施方案》要求,自 2016 年 1 月 1 日起,船舶应严格执行现行国际公约和国内法律法规关于硫氧化物(SO_X)、颗粒物和氮氧化物(NO_X)的排放控制要求,排放控制区(ECA)内有条件的港口可以实施船舶靠岸停泊期间使用含硫质量分数≤0.5%m/m 的燃油等高于现行排放控制要求的措施。自 2019 年 1 月 1 日起,船舶进入排放控制区(ECA)应使用含硫质量分数≤0.5%的燃油。深圳市交通运输委员会出台了《深圳市绿色低碳港口建设补贴资金管理暂行办法》,对船舶使用低硫油进行实质性补贴,通过鼓励性措施减少靠港船舶大气污染排放。

一些欧盟成员国和港口提供费用优惠或补贴,以鼓励船舶使用岸电供电,减少港口区域的空气污染和噪声污染。2018 年,荷兰政府要求所有停靠荷兰港口的国际航行船舶必须使用清洁能源。为此,荷兰政府为港口电力分配系统(PELS)的安装和运营提供补贴。该补贴计划将持续到 2024 年。2018 年,德国政府要求所有停靠德国港口的国际航行船舶必须使用岸电。为此,德国政府为岸电分配系统的安装和运营提供补贴。该补贴计划将持续到 2024 年。2021 年 9 月,我国交通运输部第 24 次部务会议通过了《交通运输部关于修改〈港口和船舶岸电管理办法〉的决定》,提出地方各级交通运输(港口)主管部门应当积极争取地方人民政府出台资金补贴、电价优惠等扶持政策,支持码头岸电设施改造和船舶受电设施安装,鼓励船舶靠港使用岸电。

(3)推广其他清洁燃料

挪威政府制订了 Klimasats、PILOT-E 和 EnergiX 等专项补助计划对包括氢燃料电池船舶在内的清洁技术事业进行投资,并设立气候与环境部下属国有企业 Enova 和挪威创新署等机构扶持中小企业和加快技术创新。据不完全统计,自 2015 年起,Enova 已在挪威环保和清洁能源产业中投入超过 30 亿克朗(约合 22.7 亿人民币),其中一半投向绿色船舶领域,主要用于研发船舶电池技术。2020 年 6 月 3 日,挪威政府发布了国家氢能战略计划,其中提出给与主要负责攻克氢能技术的 ENERGIX 项目 1.2 亿克朗(约合 9 000 万人民币)的补助。

Enova 宣布将启动两项新的扶持计划，船东公司可以通过该计划申请对氢和氨燃料船舶的投资支持。Enova 公司的宗旨是促进挪威以更环保的方式进行能源的生产和消费，推动能源、环境技术的发展。根据挪威政府的授权，公司负责管理能源基金（Energy Fund，资金来源于征收的电费附加费），并使用该基金向各个初创企业或新技术项目提供资金支持。在过去三年中，Enova 已为 16 艘以氢气和氨为燃料的大型船舶提供了资金支持，加上五个"氢气中心"，总的支持金额接近 20 亿克朗（近 2 亿美元）。

2023 年，挪威船东 Hoegh LNG 的一项"将氨转化为氢燃料"的项目获得了政府资助，拨款金额达 590 万欧元（约合 650 万美元）。该项目是挪威绿色平台计划（Norwegian Green Platform Initiative）的一部分，约占计划总预算的 50%。Hoegh LNG 与芬兰科技巨头瓦锡兰（Wartsila）就该项目展开合作。

2.奖励制度

（1）零排放船舶（ZEV）激励

海上环境保护委员会（MEPC）在第 78 届会议提出了中期实施零排放船舶（ZEV）激励计划的建议[48]。

近日，长滩港在其长期开展的减少船舶污染措施的基础上，将其"绿色船舶激励计划"再延长两年，并将其船舶减速计划永久化。长滩港的"绿色船舶激励计划"于 2012 年启动，奖励那些在长滩港停靠绿色船舶的船舶运营商。该"绿色船舶激励计划"结合了国际环境船舶指数标准，根据发动机类型、燃料类型和其他高于国际标准的减排效率改进，提供奖励。奖励范围从参与船舶环境指数（Environment Ship Index，ESI）计划的船舶运营商的每次挂靠激励 600 美元，到那些最新、最清洁的船舶挂靠长滩港每次 9 000 美元。"绿色船舶激励计划"预计延续到 2024 年 6 月 30 日。据统计，2021 年港口向参与绿色船舶激励计划的船舶经营者支付了超过 140 万美元的财政奖励，2021 年期间，超过 94%的船舶在 20 n mile 内遵守规定，近 88%在 40 n mile 内遵守规定。

2022 年 4 月，福建省工业和信息化厅发布《2022 年福建省电动船舶产业发展试点示范实施方案》，目的是加快电动船舶全产业链发展。该方案中提出：对本省电动船舶电池动力推进系统生产企业拓展市场，按交付电池动力推进系统价格的 20%给予补助（不含配套省内船企），单套设备补助不超过 200 万元。对本省电动船舶制造企业，在电动船舶交付且运行一定里程后，按交付船舶（含新建和改造）电池动力推进系统价格的 40%给予补助，其中省级首批次示范项目按 60%给予补助，单船补助不超过 1 500 万元。对通过融资租赁直租方式购入电动船舶的单位，按融资租赁合同融资额的 5%给予一次性补助，单船补助不超过 100 万元；对电动船舶动力电池租赁企业按向生产企业采购的电池金额的 3%给予补助，年度补助不超过 3 000 万元[49]。

（2）其他激励措施

除此以外，许多港口也都正在采取绿色激励措施来支持航运业的脱碳，除了着眼于形成"绿色航运走廊"的举措外，还为达到排放标准或采用替代燃料以减少排放的船舶提供奖励。

上海国际港务集团积极主动参与国际航运低碳科技创新和治理，为鼓励船公司使用新能源燃料船舶及靠港时使用港口岸电，给予优惠。上海港在今年 3 月宣布，从今年 2022 年 4 月 1 日起，对经停上海港使用新能源燃料及靠港时使用港口岸电的外贸船舶，给予靠港船舶停泊费 50%的优惠减免[50]。

日本的横滨港和名古屋港于 2017 年成为船舶绿色减排的奖励提供者，加入"绿色奖"计划。横滨港自 1859 年作为日本第一个现代国际贸易港口开放以来,已经迎接了无数的邮轮。它比东京港更靠近太平洋 11 n mile。所有获得“绿色奖”认证的远洋(DS)船舶都可以在横滨港享受 15%的港口费折扣。名古屋港是日本货物总吞吐量最大的港口,也是日本的一个主要入境点。港口将“绿色奖”作为一种工具,以提高航运标准,并奖励那些实施最佳做法和保持高质量标准的船舶,可以享受 10%的港口费折扣。

新加坡海事及港务管理局宣布,自今年 5 月 1 日起,对其绿色港口计划(GPP)进行改进,以鼓励在新加坡港停靠的远洋(DS)船舶以及在该港运营的特许港口船舶实现环境可持续性。该计划是对其绿色船舶计划(GSP)的一种补充。4 月,新加坡宣布将为悬挂新加坡船旗且符合条件的船舶提供财政奖励。在新加坡注册的新船可以获得 50%到 100%的初始注册费和年度吨位税的减免,而采用新标准的现有注册船舶可以获得 20%到 100%的减免。除此以外,新加坡现在还提供港口费的减免。在港口停靠的船舶,如果使用氢燃料或合成的零碳燃料,以及从太阳能、风能或水电的可再生电力中获得的非碳燃料,可以获得 30%的减免。使用低碳燃料,包括液化天然气(LNG)和 20%或以上的生物燃料混合物的船舶可以获得 25%的港口费减免。新加坡还将其激励措施扩大到在港口运营的有执照的港口船舶。使用低碳或零碳燃料或全电动操作的新建造的船舶一旦注册,将获得五年的港口费减免。

加拿大哈利法克斯港务局宣布,向自愿注册并符合国际环境船舶指数要求的集装箱和滚装船提供奖励,以减少温室气体(GHG)排放。通过公式评估了船舶排放的氮氧化物(NO_X)、硫氧化物(SO_X)和二氧化碳(CO_2)的数量,为每艘船舶打分。该指数有助于识别那些主动超越国际海事组织(IMO)要求的排放标准的船舶。哈利法克斯宣布正在加入世界港口气候倡议,汉堡港口管理局(Hamburg Port Authority, HPA)将对船舶环境指数(ESI)在 20~49.99 之间的船舶进行管理,并每年返还 500 加元的船舶环境指数(ESI)港口费奖励,对船舶环境指数(ESI)指数在 50 或以上的船舶每次停靠进行奖励 1 000 加拿大元[51]。

根据英国减少航运业污染的目标,英国运输部已规定从 2025 年开始,英国水域的所有新船需具备零排放技术。“清洁航运计划”被涵盖在其 2050 年航运环境路线图内,更详细地阐述了政府对英国向零排放航运的未来过渡的看法。该计划已于 7 月 11 日发布。清洁航运计划是政府清洁空气战略的一部分,该战略旨在减少各部门的空气污染,保护公众健康和环境清洁。该战略还将有助于实现英国到 2050 年实现温室气体(GHG)净零增长的目标。根据报告,2050 年,全球将普遍运营零排放船舶(ZEV)。英国在推动英国水域零排放航运过渡方面发挥了积极作用,同时也是全球零排放船舶(ZEV)的领头羊,英国的发展速度超过了其他国家,更超过了国际标准。

为了实现航运业的绿色发展,英国预计到 2025 年,所有在英国水域运营的船舶都将最大限度地提升能源效率。所有在英国水域运营的新船的设计都具有零排放推进能力。零排放商用船将在英国水域运行。英国正在建设清洁航运集群,重点关注与零排放推进技术相关的创新和基础设施,包括加注低排放燃料或零排放燃料。

此外,到 2035 年,其目标是:建立大量的清洁航运集群。结合了基础设施和创新技术,在新造船舶上使用零排放推进技术。英国各地都将实施低排放或零排放船用燃料加注方案。英国船舶登记处成为清洁航运领域的全球领导者,英国成为世界领先零排放航运领域的大本营,其中包括:强大的出口产业;前沿研发活动;全球清洁航运增长相关的投资、保险和法律服务中心[52]。

思考题

1.绿色航运政策的实施对减缓环境影响有何实际效果?

2.如何促进建立共同的国际绿色航运标准和监管框架,以确保全球航运业朝着可持续方向发展?

3.航运公司对绿色航运政策的遵从度如何?有何因素影响他们遵守这些政策的程度?

4.绿色航运政策制定和绿色航运监管机制的实施会面临哪些挑战?如何应对和解决?

5.试述除欧盟、美国、中国、新加坡和韩国外、其他国家绿色航运的政策制定和监管机制。

6.绿色航运政策制定涉及强制监管、市场激励和经济干预三个方面,从国际和国内的实践出发,三者之间各有何优势和限制?

参考文献

[1] 苏杨.《京都议定书》的前世、今生和未来[J].生态经济,2005,(04):8-15.

[2] UNCC.什么是《京都议定书》?[EB/OL].2023-12-10.https://unfccc.int/zh/kyoto_protocol.

[3] 参考消息网.英媒发布 COP27 术语指南[EB/OL].日期 https://baijiahao.baidu.com/s? id=1749728111679033202&wfr=baike.

[4] 新华社.175 个国家签署《巴黎协定》[EB/OL].2022-11-17.http://www.xinhuanet.com/world/2016-04/23/c_1118714083.htm.

[5] 巴黎协定[EB/OL].2015-12-14.https://baike.baidu.com/item/%E5%B7%B4%E9%BB%8E%E5%8D%8F%E5%AE%9A/19138374? fr=ge_ala#reference-40-19525111-wrap.

[6] GloMEEP.ABOUT GloMEEP[EB/OL].2016-4-23.https://glomeep.imo.org/.

[7] 闫雯.IMO-EU 海事技术合作中心网络项目延期举办[EB/OL].2021-05-06.https://imcrc.dlmu.edu.cn/info/1059/4510.htm.

[8] IMO. Just In Time Arrival Guide Barriers and Potential Solutions[R].London:IMO,2020.

[9] 国际海事(中国)研究中心.IMO 推出船舶节能操作免费在线学习课程[EB/OL].2020.https://cimrc.shmtu.edu.cn/2021/0517/c5091a133938/page.htm.

[10] IMO-Norway Green Voyage 2050.Marine fuel stakeholders encouraged to access free workshop[EB/OL].2021-05-21.https://greenvoyage2050.imo.org/marine-fuel-stakeholders-encouraged-to-access-free-workshop/.

[11] IMO-Norway Green Voyage 2050.Developing countries explore maritime alternative fuel opportunities[EB/OL].2021-04-16.https://greenvoyage2050.imo.org/first-alternative-fuels-workshop/.

[12] IMO-Norway Green Voyage 2050.The IMO-Norway Green Voyage 2050 Project is supporting shipping's transition towards a low carbon future.(About the Project)[EB/OL].https://greenvoyage2050.imo.org/about-the-project/.

[13] IMO-Norway Green Voyage 2050.Ship-Port Interface Measures Portal[EB/OL].https://greenvoyage2050.imo.org/ship-port-interface-measures-portal/.

[14] Partnerships G-U-IG.GEF-UNDP-IMO GloFouling Partnership 2019[EB/OL].2019.https://www.glofouling.imo.org/the-project.

[15] 国际海事(中国)研究中心.IMO 全球海洋生物安全产业联盟(GIA)又增新成员[EB/OL].2020.https://cimrc.shmtu.edu.cn/2022/0223/c5091a173783/page.htm.

[16] 刘敏艳.IMO 与韩国政府签约拟创建培训项目,助力发展中国家温室气体减排[EB/OL].2020-11-09.https://imcrc.dlmu.edu.cn/info/1059/4195.htm.

[17] 王文娟. IMO 召开"智能金融"会议,助力实现航运脱碳[EB/OL].https://imcrc.dlmu.edu.cn/info/1128/4698.htm.

[18] UNEP.Zero-and Low-Emission Innovation Forum[EB/OL].2021-07-19.https://www.unep.

org/events/conference/zero-and-low-emission-innovation-forum.

[19] IMO.IMO-Germany project to cut maritime transport emissions in Asia 2021[EB/OL].2021-04-29. https://www.imo.org/en/MediaCentre/PressBriefings/pages/IMO-Germany-project.aspx.

[20] 大连海事大学国际海事公约研究中心.IMO 的十年船舶温室气体减排之路[EB/OL]. 2021-07-19. https://imcrc.dlmu.edu.cn/info/1128/4685.htm.

[21] IMO. Singapore-IMO launch NextGEN Connect for maritime decarbonization 2022[EB/OL]. 2022-04-06. https://www.imo.org/en/MediaCentre/PressBriefings/pages/NextGEN-connect-.aspx.

[22] 张玉瑶.IMO-新加坡 NextGEN Connect 倡议挑战赛宣布获胜者[EB/OL]. 2023-05-04. https://imcrc.dlmu.edu.cn/info/1128/6299.htm.

[23] 傅聪.欧盟环境政策中的软性治理:法律推动一体化的退潮? [J].欧洲研究,2009,27(06):71-83+161.

[24] EEA. A Roadmap for moving to a competitive low carbon economy in 2050[R].Denmark: EEA,2011.

[25] 中国船级社.IMO DCS 及 EU MRV[EB/OL].日期 https://www.ccs.org.cn/ccswz/columnDetail? columnid=201900002000000543.

[26] 财经天下事.深度洞见|欧盟最新低碳发展政策"Fit for 55"一揽子计划解读[EB/OL]. 2021-8-18. https://www.sohu.com/a/484259655_121118710.

[27] 通用运费网.美国水运船舶与我国水运的差异[EB/OL]. 2018-03-01. https://www.ufsoo.com/news/detail-bb3c0d86-a25d-4c3b-a545-f21c7ea89423.html.

[28] EPA.The Plain English Guide to the Clean Air Act[EB/OL].https://www.epa.gov/sites/default/files/2015-08/documents/peg.pdf.

[29] 信德海事网.绿色航运洞察 2021-第 44 周 COP26 特别篇(上)[EB/OL].2021-11-14.https://www.xindemarinenews.com/market/lvsedongcha/2021/1114/34039.html.

[30] 张厶月,祝琳.美国《基础设施投资和就业法案》概况、进展及影响[J].社会科学前沿,2022, 11(5):7.

[31] 彭传圣.为全球航运业减排提供"中国方案"[EB/OL].2021-06-03.https://www.gov.cn/xinwen/2021-06/03/content_5615100.htm.

[32] 福建钦实律师事务所.新加坡关于碳减排的若干政策[EB/OL].2023-04-18. https://zhuanlan.zhihu.com/p/622744639.

[33] 费楠茉.韩国将成为第二个设立船舶排放控制区的亚洲国家[EB/OL].2019-10-30.http://www.nrdc.cn/news/newsinfo? id=629&cook=2.

[34] 太平洋环境资源中心.太平洋环境与韩国海事研究所签署谅解备忘录[EB/OL].2023-06-29.https://www.pacificenvironment.cn/newsinfo/6103149.html.

[35] Notteboom T, Pallis A, Rodrigue J-P. Port Economics, Management and Policy[M].London: Routledge,2022.

[36] Offshore M.Sulphur emission control area (SECA) in Mediterranean Sea in 2025[EB/OL]. 2021-12-15. https://marine-offshore.bureauveritas.com/newsroom/sulphur-emission-control-area-seca-mediterranean-sea-2025.

[37] Ansuman Ghosh.New sulphur requirements applicable from 1 Jan 2022 in Chinese and South

Korean waters[EB/OL].2022-01-18.https://www.ukpandi.com/news-and-resources/articles/2022/new-sulphur-requirements-applicable-from-1-jan-2022-in-chinese-and-south-korean-waters/.

[38] 交通运输部.交通运输部关于印发船舶大气污染物排放控制区实施方案的通知[EB/OL].2018-11-30. http://www.gov.cn/zhengce/zhengceku/2018-12/31/content_5444672.htm.

[39] DNV. Maritime for ECAs to 2050-Energy transition outlook[R].Oslo:DNV,2020.

[40] ABS. REGULATORY Trends and Impact 2023[R].Houston:ABS,2023.

[41] IMO.EEXI and CII-ship carbon intensity and rating system 2019[EB/OL].https://www.imo.org/en/MediaCentre/HotTopics/Pages/EEXI-CII-FAQ.aspx.

[42] IMO. Marine Environment Protection Committee (MEPC)-78th session, 6-10 June 2022[R].London:IMO,2022.

[43] IMO. Guidelines for Voluntary Use of The Ship Energy Efficiency Operational Indicator (EEOI)[R].London:IMO,2009.

[44] 梁正旭.基于 EEOI 的船舶能效优化研究[D].厦门:集美大学,2020.

[45] 陈映秋, 董文良. 低碳航运经济学[M]. 哈尔滨:哈尔滨工程大学出版社, 2013.

[46] 张丽.欧盟航海碳税的发展历程及世界各方的立场分析[J].港口科技,2017(08):49-52.

[47] Psaraftis H N:Green Maritime Transportation:Market Based Measures, Psaraftis H N, editor, Green Transportation Logistics:The Quest for Win-Win Solutions, Cham:Springer International Publishing, 2016:267-297.

[48] ABS. News brief:MEPC 78 brief[R].Houston:ABS,2022.

[49] 福建省工业和信息化厅.福建省财政厅关于印发 2022 年福建省电动船舶产业发展试点示范实施方案的通知[EB/OL]. https://gxt.fujian.gov.cn/zwgk/zfxxgk/fdzdgknr/gfxwj/202204/t20220419_5895041.htm.

[50] 上海国际航运研究中心.50%减免！上海港这项优惠政策助力国家“双碳”战略[EB/OL].2022-03-28.http://sisi.shmtu.edu.cn/2022/1024/c8737a192180/page.htm.

[51] 信德海事网.长滩港延长船舶减排激励计划,各港口多措施并行推动脱碳[EB/OL].2022-07-07.https://www.xindemarinenews.com/topic/yazaishuiguanli/39924.html.

[52] 国际船舶网.英国推“清洁航运计划”目标未来实现航运零排放[EB/OL].2019-07-14.http://www.eworldship.com/html/2019/ship_inside_and_outside_0714/151078.html.

第三章　绿色航运政策研究

绿色航运政策的研究是关乎全球航运业未来的重要议题。随着社会对环境可持续性的关注日益增加，同时国际法规对航运排放和污染的更严格要求，这给航运业带来了挑战，迫使其采取措施以适应这一新的现实。近年来，学者们对海洋运输的环境影响日益关注，针对绿色航运法律的框架、绿色航运政策的制定、绿色航运政策的实施效果、绿色航运政策下航运优化等方面问题展开了广泛的研究，文献综述、政策评估、数据分析、成本测算和建模优化等研究方法是绿色航运政策研究相关领域的主要手段。本章将重点介绍排放控制区(ECA)政策的实施对社会经济的影响和排放控制区(ECA)政策范围应如何设定。这一部分的研究是绿色航运政策相关研究的示例，旨在运用经济测算、运筹优化的方法探索该领域的相关问题。

第一节是对波罗的海和北海海域的排放控制区(ECA)政策实施进行评估。国际海事组织(IMO)提出的《国际防止船舶造成污染公约》(MARPOL 公约)设定了全球排放控制区，主要包括波罗的海(BAS)、北海和英吉利海峡(NSE)。本节旨在分析自 2021 年起对波罗的海和/或北海以及英吉利海峡的船舶实施氮排放控制区(NECA)的社会经济合理性，以期为实施氮排放控制区(NECA)决策提供科学支持。还探讨了新船中可能使用液化天然气(LNG)推进技术来满足氮排放控制区(NECA)要求，从而在空气质量与气候变化之间可能产生的协同效益或权衡潜力。对 2030 年引入氮排放控制区(NECA)的成本收益比较分析，评估减排潜力、控制排放成本和产生货币收益，使用温室气体(GHG)和空气污染的相互作用与协同效应(Greenhouse Gas and Air Pollution Interactions and Synergies, GAINS)模型计算排放扩散度并建立 Alpha-RiskPoll 模型估算健康影响。

第二节是以中国和非洲作为案例对排放控制区(ECA)政策范围的设定问题展开研究。随着国际海事组织(IMO)在全球范围内实施的限硫令和减硫技术的进一步发展，排放控制区(ECA)对减少船舶硫排放的作用将逐步降低。为了探讨在不久的将来建立排放控制区(ECA)的必要性，引入虚拟的硫排放许可，分配给研究地区的航运公司。提出了一个排放控制区(ECA)范围的设定问题，即在满足虚拟的硫排放许可的约束条件下，确定排放控制区(ECA)的位置,以使硫排放的健康影响最小。基于构建的混合整数线性规划模型在中国和非洲区域进行了数值实验,通过收集班轮公司的数据计算出的燃料消耗量来估计不同区域的硫排放。结果表明,中国的环渤海地区、长江三角洲和珠江三角洲建立排放控制区(ECA)的可能性很高;非洲的几内亚湾和南非建立排放控制区(ECA)的几率很大。

第一节　ECA 政策实施评估研究

一、ECA 的净社会经济影响

1.航运排放影响

空气污染是影响健康的最大环境风险之一[1],空气污染对健康的影响主要由人体接触到空气中直径小于 2.5 μm 的细颗粒物(PM2.5)所导致[2]。内燃机(ICE)的排放(包括船舶发动机)会增加空气中的细颗粒物(PM2.5):一种是初级颗粒物,包括黑炭(BC)、有机碳(OC)和其他颗粒物;另一种是由废气产生的二次颗粒物,主要由氮氧化物(NO_X)和硫氧化物(SO_X)组成。氮氧化物(NO_X)和硫氧化物(SO_X)与大气中的氨(NH_3)反应形成二次无机气溶胶,已被证实是构成北欧和中欧国家空气中细颗粒物(PM2.5)水平的为 30%~50%[3]。2012 年,欧洲因细颗粒物(PM2.5)导致了大约 38 万人过早死亡[4]。据估算,2012 年欧洲和地中海地区其他国家空气中细颗粒物(PM2.5)导致的过早死亡中,由航运排放造成的死亡人数为 6 000~44 000[5]。船舶排放的氮氧化物(NO_X)也会导致酸化、富营养化和地面臭氧的形成。如果没有进一步的控制措施,欧洲海域来自航运的氮氧化物(NO_X)排放预计将很快超过陆地排放[6]。航运也是二氧化碳(CO_2)排放的来源,如果不采取措施,人为二氧化碳(CO_2)排放中航运业的相对份额也将显著增长[7]。

2.国际航运排放调控

国际海事组织(IMO)出台的《国际防止船舶造成污染公约》(MARPOL 公约)规定了国际航运产生的空气污染物和温室气体(GHG)的排放。该公约适用于全球,但排放控制区(ECA)除外,这些区域适用更严格的法规。波罗的海(BAS)、北海和英吉利海峡(NSE)被归类为硫排放控制区(SECA)。从 2015 年开始,硫排放控制区(SECA)的排放法规得到加强,燃料中的硫含量不得超过 0.1%(按重量计),除非使用废气排放控制技术以达到相应的二氧化硫(SO_2)排放标准[8]。船舶的氮氧化物(NO_X)排放受到三级排放标准(Tier Ⅲ)的监管,允许的排放量取决于船舶的建造年份和发动机转速。2017 年 7 月,国际海事组织(IMO)通过了将波罗的海和北海及英吉利海峡指定为氮排放控制区(NECA)的提议,意味着在 2021 年 1 月 1 日后下水的船舶必须符合最严格的三级排放标准(Tier Ⅲ)[9]。预计使用三级排放标准(Tier Ⅲ)技术将增加航运排放控制的成本。减排在不同程度上对健康和环境产生积极影响,可以将这些影响货币化,从而能够比较政策提案预期的成本效益。

3. NECA 的成本效益

预计到 2030 年,波罗的海和北海海域实施氮排放控制区(NECA),氮氧化物(NO_X)排放将减少 27%至 42%[10~11]。然而,如果不再出台进一步的法规,预计二氧化碳(CO_2)排放将保持稳定[12]。有关硫排放控制区(SECA)的社会经济影响分析比氮排放控制区(NECA)更为常见。在美国西部海域引入硫排放控制区(SECA),无论是以 1.5%还是 0.5%的燃料含硫质量分数限制为基准,都会产生有利的社会经济效益/成本(Benefit/Cost)比率,其中 0.5%的限制具有更高的效益/成本(B/C)比率。Tzannatos(2010)的研究显示[13],在地中海实施 1.5%或 1%的燃料含硫质量分数限制都将为社会带来净社会经济效益[14]。此外,报告表明到 2020 年在波罗的海和北海实施硫排放控制区(SECA)将带来净社会经济效益(B/C 比率在 2 到 26 之间)[15]。至于北欧地区的氮排放控制区(NECA),最近的报告显示,如果 2016 年在北海实施氮排放控制区(NECA),其效益将大约是成本的 2 倍[16~17]。

通过分析在 2021 年引入波罗的海、北海或这两个海域的氮排放控制区(NECA),补充了早期研究,以分析欧洲在 2030 年实施氮排放控制区(NECA)决策所产生的净社会经济影响。这种分析为实施氮排放控制区(NECA)决策提供科学支持是必要的。对于这些海域,我们还分析了可能使用新船舶中的液化天然气(LNG)燃料推进技术来满足氮排放控制区(NECA)要求,从而在空气质量与气候变化之间可能产生的协同效益或权衡潜力。具体来说,本文关注两个研究问题:

(1)2030 年在波罗的海和北海同时和分别实施氮排放控制区(NECA)的成本效益是多少?

(2)如果新船舶引入液化天然气(LNG)推进技术,是否会改变结果以及是否意味着与温室气体(GHG)排放控制相关的协同效益或权衡?

二、基于情景模拟的评估模型

成本效益分析(CBA)[18~19]和影响路径方法[20]用来分析氮排放控制区(NECA)的净社会经济效益,其中以减少健康和环境损害为效益,以及排放控制和潜在气候变化影响为成本,通过效益成本(B/C)比率来展示。成本效益分析(CBA)适合分析环境政策,特别在空气污染政策方面发挥了重要作用。

在分析中,将新的排放和控制成本计算与现有方法相结合,用于估算和评估气候变化、环境(本研究以农作物生长作为环境的主要考虑因素)和健康等影响,分析采用了多种情景。首先建立了一个截至 2030 年的基线(Baseline, BSL)情景,然后设计四个氮排放控制区(NECA)情景。将基线(BSL)情景中的控制成本、气候变化、环境和健康等影响与氮排放控制区(NECA)情景中的相应数值进行比较。基于燃料消耗数据和平均船龄数据,构建了不同阶段的燃料使用估算,作为所有情景的基础。每个阶段使用情景特定的排放控制技术,从而产生了情景特定的排放和排放控制成本。利用线性排放扩散模型,并通过计算人类暴露于环境 PM2.5 程度的同时结合世界卫生组织建议的浓度—反应函数来计算健康影响。这些影响以及农作物损害和必要时的气候影响都被货币化,以便与成本进行直接比较(图 3.1)。在分析中考虑了 2030 年的各种情景,如表 3.1 所示。

成本效益的不确定性是通过计算每种情景的成本和效益的低估、中估和高估的成本效益比来分析的。

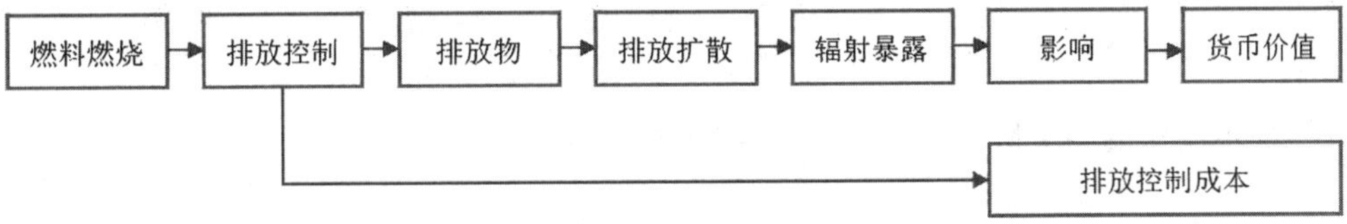

图 3.1 计算每种情景的货币收益和排放控制成本的影响路径

Fig.3.1 The impact pathway method for calculating the monetary benefits and emission control costs in each scenario

表 3.1 2030 年的各种情景

Tab.3.1 Scenarios in 2030

场景名称	场景描述
基线(BSL)	基线(BSL)情景描述了运输量、船舶年龄、排放控制技术使用、排放情况、空气污染的影响以及货币化的影响价值的预期发展。硫排放控制区(SECA)通过低硫燃料(约占石油使用的97%)和使用洗涤塔(约占石油使用的3%)的混合方式实施。液化天然气(LNG)动力船舶对应于2014年统计数据中的燃料购买量的比例(占购买燃料总量的2%)
波罗的海氮排放控制区(NECA-BAS)	与基线(BSL)情景相同,但氮排放控制区(NECA)在2021年通过选择性催化还原(SCR)或废气再循环(EGR)与燃油水(Water In Fuel, WIF)的组合(EGR+WIF)技术在波罗的海实施
北海及英吉利海峡排放控制区(NECA-NSE)	与基线(BSL)情景相同,但氮排放控制区(NECA)在2021年通过与波罗的海氮排放控制区(NECA-BAS)相同的技术在北海和英吉利海峡实施
波罗的海和北海及英吉利海峡氮排放控制区(NECA-BAS+NSE)	与基线(BSL)情景相同,但氮排放控制区(NECA)在2021年通过与波罗的海氮排放控制区(NECA-BAS)相同的技术在波罗的海和北海实施
排放控制区使用液化天然气动力(NECA-LNG)	与波罗的海和北海和英吉利海峡氮排放控制区(NECA-BAS+NSE)相同,但通过在新船上使用液化天然气(LNG)作为燃料来满足硫排放控制区(SECA)和氮排放控制区(NECA)的要求。使用液化天然气(LNG)动力技术的潜力因船型而异,但总体上,到2030年,液化天然气(LNG)燃料将占所有燃料使用的40%

1.航运排放计算

为了计算出2030年波罗的海和北海特定情景下的航运排放氮氧化物(NO_X)、二氧化硫(SO_2)、细颗粒物(PM2.5)、二氧化碳(CO_2)和甲烷(CH_4)的总排放量。首先使用Kalli等(2013)[12]提供的不同船型年度燃油效率变化、年度交通变化和平均船龄数据(表3.2)开发交通增长模型。基于燃料使用量和二氧化碳(CO_2)排放之间的固定关系,将二氧化碳(CO_2)排放作为交通增长计算的功能单位。式(3.1)解释了如何计算在年份 t 建造的任何给定船型的二氧化碳(CO_2)排放量。

每种船型 s 和年份 t 的二氧化碳(CO_2)排放量:

$$CO_{2,s,t} = CO_{2,s,t-1}(1 + tg_s)(1 - eff_s) \tag{3.1}$$

t 年建造的各类船舶的二氧化碳(CO_2)排放量:

$$CO_{2-new,s,t} = CO_{2s,t-1}\frac{(1+tg_s)(1-eff_s)}{ltsh_s} \tag{3.2}$$

每年逐步淘汰的各类废弃船舶的二氧化碳(CO_2)排放量:

$$CO_{2-scrap,s,t} = \frac{CO_{2,s,t-1}}{ltsh_s} \tag{3.3}$$

t 年建造的船型 s 船龄等级 vc 的总二氧化碳(CO_2)排放量:

$$CO_{2,s,t,vc} = CO_{2-new,s,t} + \sum_{t=1999}^{t-1}[CO_{2,s,t\in vc}(1+tg_s)(1-eff_s)] \tag{3.4}$$

船型 s 的建造年级 $vc-1$ 在 t 年的总二氧化碳(CO_2)排放量:

$$CO_{2,s,t,vc} = (1+tg_s)(1-eff_s)\sum_{t=1999}^{t-1}[CO_{2,s,t\in vc-1}(1+tg_s)(1-eff_s)] \tag{3.5}$$

船型 s 的建造年级 $vc-2$ 在 t 年的总二氧化碳(CO_2)排放量:

$$CO_{2,s,t,vc-2} = CO_{2,s,t} - CO_{2,s,t,vc} - CO_{2,s,t,vc-1} \tag{3.6}$$

船型 s 的液化天然气(LNG)船在 t 年的二氧化碳(CO_2)排放总量:

$$CO_{2-LNG,s,t} = CO_{2-new,s,t}LNG_{share}LNG\_CO_{2-ratio} + \sum_{t=1999}^{t-1}[CO_{2-LNG,s,t}(1+gr_s)] \tag{3.7}$$

CO_{2-LNG} 表示所有液化天然气(LNG)船的二氧化碳(CO_2)排放量,按式(3.7)计算。

2030 年所有传统船舶的二氧化碳(CO_2)排放量百分比:

$$CO_{2,S,2030,nct} = CO_{2,S,2030}shnct_{s,2030,nct} \tag{3.8}$$

2030 年船型 s 的传统船舶的二氧化碳(CO_2)排放总量:

$$CO_{2,2030} = \sum_{s,nct}CO_{2,2030}shnct_{s,2030,nct} \tag{3.9}$$

上述公式中,s 为船型;t 为年份;vc 为船龄等级;CO_2 为二氧化碳(CO_2)排放量;$ltsh$ 为平均寿命;tg 为流量增长;eff 为燃料效率提高;nct 为氮氧化物(NO_X)排放标准(Tier Ⅰ、Ⅱ、Ⅲ);$shnct$ 为每种船舶燃料使用的排放标准份额(比率)。

交通增长模型确定了不同船型的新船增加和老船淘汰情况。对于除 NECA-LNG 外的所有情景,假设每年增加的燃料中有 2%是液化天然气(LNG),大致对应于 2014 年硫排放控制区(SECA)中购买液化天然气(LNG)动力船舶的情况[21-22]。估算的 2009 年船舶交通量与 Kalli 等(2013)[12]的 2009 年数据(表 3.2)相对应。

表 3.2 用于开发交通增长模型的数据(2009)

Tab.3.2 Data for developing traffic growth model (2009)

船型	CO_2排放量(万吨)	船舶数量	平均寿命 $ltsh$(年)	流量增长率 tg(%)	效率提高 eff(%)
散货船	251.8	2 316	26	1.5	1.9
化学品船	554.4	2 245	26	1.5	1.9
集装箱船	1 006	1 938	25.1	3.3	2.3
普通货船	503.2	3 350	26	1.5	1.27
液化天然气(LNG)船及液化石油气(LPG)船	80.3	327	27.5	1.5	1.9

续表

船型	CO_2排放量（万吨）	船舶数量	平均寿命 *ltsh*（年）	流量增长率 *tg*（%）	效率提高 *eff*（%）
油船	277.9	835	26	1.5	1.9
滚装船	468.2	719	27	1.5	2.25
轮渡	823.7	433	27	1.5	2.25
邮轮	115.9	127	27	1.5	2.25

借助交通增长模型，计算出到2030年的年度燃料使用进展情况，如表3.3所示。

表3.3 2030年BAS和NSE各船型的计算燃料消耗量

Tab.3.3 Calculated fuel consumption in BAS and NES in 2030 per ship type

	BSL & NECA-BAS、-NSE、-BAS+NSE情景		NECA-LNG情景	
船型	石油使用量（万吨）	液化天然气（LNG）使用量（万吨）	石油使用量（万吨）	液化天然气（LNG）使用量（万吨）
散货船	70.9	1.4	40.5	29.7
化学品船	158.7	3.1	89.1	65.3
集装箱船	387	8.2	208	168.1
普通货船	164.8	3	161.4	3.8
液化天然气（LNG）船及液化石油气（LPG）船	23	0.4	22.5	0.5
油船	79.5	1.6	77.8	2
滚装船	124.3	2.4	121.6	3.1
轮渡	218.7	4.3	213.8	5.4
邮轮	30.8	0.6	30.1	0.8

此外，计算了2030年船舶的年龄分布，这对于计算氮排放控制区（NECA）实施后排放影响至关重要。假设运输需求和船舶的年龄分布在所有情景中都是相同的。根据情景规定，2021年后建造的船只在基线（BSL）情景中遵循二级排放标准（Tier Ⅱ），在氮排放控制区（NECA）情景中遵循Tier Ⅲ排放标准；2011年至2020年建造的船只在所有情景中都遵循二级排放标准（Tier Ⅱ）；而2011年之前建造的船只遵循一级排放标准（Tier Ⅰ）。表3.4展示了不同船型的船舶在不同排放标准下的燃料消耗分布。

表3.4 2030年按（氮氧化物）NO_X排放控制标准计算的燃料使用量分布

Tab.3.4 Calculated distribution of fuel use per NO_X emission control standards in 2030

	基线（BSL）方案			NECA-BAS、-NSE、-BAS+NSE、-LNG方案		
船型	Tier Ⅰ	Tier Ⅱ	Tier Ⅲ	Tier Ⅰ	Tier Ⅱ	Tier Ⅲ
散货船	23%	77%	0%	23%	38%	38%
化学品船	23%	77%	0%	23%	38%	38%

续表

	基线(BSL)方案			NECA-BAS、-NSE、-BAS+NSE、-LNG 方案		
集装箱船	20%	80%	0%	20%	40%	40%
普通货船	23%	77%	0%	23%	38%	38%
液化天然气(LNG)船及液化石油气(LPG)船	27%	73%	0%	27%	36%	36%
油船	23%	77%	0%	23%	38%	38%
滚装船	26%	74%	0%	26%	37%	37%
轮渡	26%	74%	0%	26%	37%	37%
邮轮	26%	74%	0%	26%	37%	37%

注释:每种船舶类型所用燃料的百分比。

由于氮氧化物(NO_X)排放标准是根据发动机转速规定的,需要按船型分配发动机类型。此外,排放还依赖于燃料类型,因此还需要分配每种船型的燃料类型。为此,将 ENTEC 市场[23-24]提供的每种发动机类型的安装功率数据与 Sjöbris 等(2005)[25]提供的每种船型的发动机类型和发动机大小分布数据进行合并和标准化。假定所有的二冲程发动机都是慢速柴油发动机(Slow Speed Diesel, SSD),而四冲程发动机被分为中速柴油发动机(Medium Speed Diesel, MSD)和高速柴油发动机(High Speed Diesel, HSD),大小分布为:当用作主发动机时,大中型四冲程发动机被假定为中速柴油发动机(MSD);小型四冲程发动机假定为中速柴油发动机(MSD)和高速柴油发动机(HSD)发动机的平均份额。

每种船型的发动机类型、燃料类型和发动机大小的分布结果,如表 3.5 所示。通过将这种分布与每种船型的燃料消耗数据(表 3.3)和氮氧化物(NO_X)排放标准的分布数据(表 3.4)相结合,计算了每种船舶、发动机和燃料类型、发动机大小和氮氧化物(NO_X)排放标准的细分情景特定二氧化碳(CO_2)排放和燃料消耗。然后,通过将每种船型的 CO_2 排放与每种船型和氮氧化物(NO_X)排放标准的 NO_X/CO_2 排放比相乘来计算氮氧化物(NO_X)排放:

$$NO_{X,em}=\sum_{s,nct}\left(\frac{CO_{2,s}N}{C_{s,nct}shnct_{s,nct}}+\frac{CO_{2-LNG,s}N}{C_{LNG}}\right) \tag{3.10}$$

其中,nct 为氮氧化物(NO_X)排放标准(Tier Ⅰ、Ⅱ、Ⅲ);$\frac{N}{C}$ 为 $\frac{NO_X}{CO_2}$ 比率;$shnct$ 为每种船舶燃料使用的排放标准份额(比率),如表 3.4 所示;CO_{2-LNG} 为液化天然气(LNG)推进船舶的二氧化碳(CO_2)排放;$\frac{N}{C_{LNG}}$ 为液化天然气(LNG)推进船舶的 $\frac{NO_X}{CO_2}$ 比率。

表 3.5 每种船舶类型和发动机类型的安装发动机效应百分比

Tab.3.5 Percentage of installed engine effect for each ship type and engine type

		船型								
燃料类型	发动机类型	散货船	化学品船	集装箱船	普通货船	LNG/LPG 船	油船	滚装船	轮渡	邮轮
RO	SSD	97%	67%	92%	60%	35%	76%	46%	3%	2%
MD	SSD	0%	0%	0%	0%	0%	0%	0%	0%	0%

续表

		船型								
RO	MSD	2%	31%	6%	38%	7%	5%	50%	71%	87%
MD	MSD	0%	0%	0%	1%	0%	0%	0%	1%	0%
RO	HSD	0%	0%	0%	1%	0%	0%	1%	10%	4%
MD	HSD	0%	0%	0%	0%	0%	0%	0%	10%	0%
RO	GT	0%	0%	0%	0%	0%	0%	0%	0%	0%
MD	GT	0%	0%	0%	0%	0%	0%	0%	6%	1%
RO	ST	1%	2%	2%	0%	48%	19%	2%	0%	6%
MD	ST	0%	0%	0%	0%	11%	0%	0%	0%	0%
总		100%	100%	100%	100%	100%	100%	100%	100%	100%

注释:RO 为残余油(Residual Oil, RO);MD 为馏分燃料油(Marine Distillates, MD);LG 船为液化天然气(LNG)船和液化石油气(LPG)船;能源使用/二氧化碳(CO_2)排放的百分比(四舍五入后)。

对于其他污染物,排放量是根据燃料使用量计算的,而燃料使用量又是根据二氧化碳(CO_2)排放量计算的。

每种燃料和发动机类型的燃料使用量:

$$fuel\ uses = \frac{CO_{2,s}}{CO_{2,emfac,f}} + \frac{CO_{2-LNG,s}}{CO_{2,emfac,LNG}} \tag{3.11}$$

$CO_{2,emfac}$ 用于计算总燃料使用量与二氧化碳(CO_2)排放量之间的相关性。

每种船型 2030 年细颗粒物(PM2.5)排放量:

$$PM2.5_{\_em,s} = \sum_{e,f}\left(fuel\ use_s PM_{emfac,e,f} \sum_{ez} Shf_{s,e,f,ez}\right) \tag{3.12}$$

每种船型 2030 年二氧化硫(SO_2)排放量:

$$SO_{2\_em,s} = \sum_{e,f}\left(fuel\ use_s SO_{2,emfac,e,f} \sum_{ez} Shf_{s,e,f,ez}\right) \tag{3.13}$$

每种船型 2030 年甲烷(CH_4)排放量:

$$CH_{4\_em,s} = \sum_{e,f}\left(fuel\ use_s CH_{4,emfac,e,f} \sum_{ez} Shf_{s,e,f,ez}\right) \tag{3.14}$$

船用重柴油(MDO)的二氧化碳(CO_2)、氮氧化物(NO_X)以及细颗粒物(PM2.5)的排放因子都取自 Cooper 和 Gustafsson(2004)[26],而来自细颗粒物(PM2.5)的黑炭(BC)和有机碳(OC)分数则取自 Corbett 等(2010)[27]。二氧化硫(SO_2)的排放因子是根据燃料中的硫含量(0.1%)计算的,而液化天然气(LNG)燃烧的排放因子则来自 Brynolf(2014)[28]。液化天然气(LNG)动力的甲烷(CH_4)排放因子比其他污染物的排放因子更不确定。这种不确定性的部分原因是甲烷(CH_4)泄漏的风险,未燃烧的燃料通过排气管流出。Brynolf(2014)[28]的甲烷(CH_4)泄漏相当于液化天然气(LNG)使用量的 2%~4%,但有迹象表明正在开发具有更低泄漏的新型发动机[29]。欧洲陆地排放源的数据参考自 Amann(2014)[30]。虽然陆地排放对健康非常重要,但并非研究重点,因此对所有情景保持不变。

使用基于 Web 的文献调查来收集关于现有排放控制技术对排放和控制成本影响的数据,这些技术满足排放控制标准(Tier Ⅰ、Ⅱ、Ⅲ)要求以及硫排放控制区(SECA)要求。由于使用液化天然气(LNG)推进的船舶符合氮排放控制区(NECA)和硫排放控制区(SECA)要求,因此比较使用液化天然气(LNG)推进的船舶与传统三级排放标准(Tier Ⅲ)技术和低硫选项的排放和成本(包括燃料成本)。以下二氧化硫(SO_2)和氮氧化物(NO_X)控制技术包含在成本计算中:

高级内部发动机改装(Advanced Internal Engine Modification, AIEM),对应氮氧化物(NO_X)二级排放标准(Tier Ⅱ);

使用含硫量2.94%的残余油(RO)的废气洗涤塔;

低硫(0.1%)燃料用量[馏分燃料油(MD)];

废气再循环(EGR)与燃油水(WIF)的组合(EGR+WIF)对应氮氧化物(NO_X)三级排放标准(Tier Ⅲ)。仅使用废气再循环(EGR)可以实现三级排放标准(Tier Ⅲ),但由于废气再循环(EGR)的实际经验有限,在计算中包括燃油水(WIF);

选择性催化还原(SCR,NO_X Tier Ⅲ);

液化天然气(LNG)推进动力(NO_X Tier Ⅲ和燃料中硫含量<0.1%)。液化天然气(LNG)推进动力还影响二氧化硫(SO_2)、细颗粒物(PM2.5)、黑炭(BC)、有机碳(OC)、二氧化碳(CO_2)和甲烷(CH_4)的排放。

假设甲烷(CH_4)、二氧化硫(SO_2)、细颗粒物(PM2.5)、黑炭(BC)和有机碳(OC)的排放不受使用选择性催化还原(SCR)或废气再循环(EGR)的影响。选择性催化还原(SCR)和废气再循环(EGR)有可能在某种程度上影响颗粒排放但是没有足够的数据支持这一点,而且预计影响很小。

2.排放控制成本计算

将每种技术的成本计算为2030年目标年的年度成本,包括年化投资(I_{an}),运营维护($C_{O\&M}$)和燃料惩罚成本(C_{fuel-p})。成本估算转换为2010年欧元值的等价值。

对于高级内部发动机改装(AIEM)、废气再循环(EGR)与燃油水(WIF)的组合(EGR+WIF),假设每千瓦发动机功率的投资成本随着发动机尺寸的增加而降低[24,31]。对于其他技术,较新的数据不支持这样的假设[32~33]。在2030年使用低、中、高燃油价格,与丹麦海事局(Danish Maritime Authority, DMA)(2012)[34]制定的情景中的船上交付燃油价格(表3.6)相对应。除投资外,选择性催化还原(SCR)技术还需要定期更换催化原件和消耗尿素。封闭式废气洗涤塔需要使用氢氧化钠(NaOH)、水,大多数洗涤塔需要污泥处理。废气洗涤塔和废气再循环(EGR)与燃油水(WIF)的组合(EGR+WIF)会导致燃料损失,相当于燃料使用量的0.5%~2%和5%。成本计算假设选择性催化还原(SCR)仅与馏分燃料油(MD)结合使用。

除了成本数据之外,还使用发动机尺寸数据来计算I_{an}。应用标准年化方程[35],计算每种技术的年度投资成本。使用与政府债券的普通回报相对应的利率4%[36]。技术寿命范围从12年到28年不等。

表3.6 2030年燃油价格

Tab.3.6 Fuel cost in 2030

技术类型	成本参数类型	规格	价值(2010年欧元值/吨燃油)			单位	来源
			低	中	高		
nct	Fuel	液化天然气(LNG)	485	610	740	2010年欧元值/吨	(Danish Maritime Authority, DMA, 2012)

续表

技术类型	成本参数类型	规格	价值(2010 年欧元值/吨燃油)			单位	来源
			低	中	高		
sct	Fuel	残余油(RO)2.94%硫	370	530	690	-	-
sct	Fuel	馏分燃料油(MD)0.1%硫	560	885	1 210	-	-
nct	Fuel	液化天然气(LNG)	9.7	12.2	14.8	2010 年欧元值/焦耳	-
sct	Fuel	残余油(RO)2.94%硫	9.0	12.9	16.8	-	-
sct	Fuel	馏分燃料油(MD)0.1%硫	13.1	20.7	28.3	-	-

每种船型的燃料成本(以及燃料惩罚)、运营维护成本与氮排放控制区(NECA)的燃料消耗量成正比。氮排放控制区(NECA)消耗的燃料数量取决于每种船舶类型的燃料消耗量及每种船舶类型在氮排放控制区(NECA)内运营的年度海上小时的比例。Banks 等(2013)[37]和船舶结构委员会(1999)[38]估计,一艘散货船平均每年在海上航行约 5 700 h,一艘集装箱船约 5 600 h,一艘油船约 5 200 h。由此提取所有船舶在海上的年平均时间为 5 500 h。航行模式因船舶类型而异:渡轮很可能全年都在氮排放控制区(NECA)内,而大型散货船可能会在氮排放控制区(NECA)中停留很短的时间。根据小型船舶停留的时间较长的假设,估算了停留的时间,其中小型、中型和大型发动机的船舶的估算值根据某些船型进行了调整,以确保在所有发动机尺寸上都有合理的航行模式。关于时间分配估算的边界条件是基于 Kalli 等(2013)[12]的每种船型的二氧化碳(CO_2)的排放数据和船舶数量数据。

波罗的海和北海之间的小时分布是根据 Jonson 等(2014)[39]2009 年 NO_X 排放的区域分布来计算的。表 3.7 展示了氮排放控制区(NECA)中特定情景的特定小时数。

表 3.7 在氮排放控制区(NECA)情景下氮排放控制区(NECA)的假定年运行小时数

Tab.3.7 Assumed annual hours of operation in NECA for the NECA scenarios

船型	在 NECA-BAS+NSE 和 NECAING 方案中假设的 NECA 海上小时数			在 NECA-BAS 情景中假设的 NECA 海上小时数			在 NECANSE 方案中假设的 NECA 海上小时数		
	发动机尺寸								
	小	中	大	小	中	大	小	中	大
散货船	2 750	110	110	880	35	35	1 870	75	75
化学品船	2 750	220	220	880	70	70	1 870	150	150
集装箱船	2 750	935	935	880	299	299	1 870	636	636
普通货船	1 375	110	110	440	35	35	935	75	75
LNG/LPG 船	2 750	165	165	880	53	53	1 870	112	112
油船	2 750	440	440	880	141	141	1 870	299	299
滚装船	2 750	1 210	1 210	880	387	387	1 870	823	823
渡轮	5 500	5 500	5 500	5 500	5 500	5 500	5 500	5 500	5 500
邮轮	2 750	1 045	1 045	880	334	334	1 870	711	711

通过将表3.4中的值与平均发动机尺寸、发动机负荷系数[24,40]相乘，得到每种发动机类型、燃料类型和发动机尺寸的年能量需求：

$$kwh_{e,f,ez} = ME_{s,ez}[(hs_{e,f,ez}lfs)_{ME} + (hm_{e,f,ez}lfm)_{ME} + (hb_{e,f,ez}lfb)_{ME}] + AE_{s,ez}[(hs_{e,f,ez}lfs)_{AE} + (hm_{e,f,ez}lfm)_{AE} + (hb_{e,f,ez}lfb)_{AE}] \tag{3.15}$$

其中：e、f、ez 为发动机类型、燃料类型、发动机尺寸；ME 为主机效率；hs、hm、hb 为航行时数、操纵时数和停泊时数；lfs、lfm、lfb 为航行、操纵和停泊时发动机的负荷系数；AE 为辅助发动机效率。

然后用年能量需求来计算 $C_{O\&M}$ 和 C_{fuel-p}，

$$C_{O\&M,e,f,ez,nct} = kwh_{e,f,ez}(C_{labour}D_{labour,ct} + C_{cat}D_{cat,ct} + C_{NaOH}D_{NaOH,ct} + C_wD_{w,ct} + C_sD_{s,ct}) \tag{3.16}$$

其中：ct 为控制技术[包括氮氧化物(NO_X)和二氧化硫(SO_2)控制]；C 为单位费用；D 为单位需求，不同的单位；$labour$ 为使用技术所需的额外工作时间；$urea$ 尿素[选择性催化还原(SCR)中需要]；cat 为选择性催化还原(SCR)催化剂更换；$NaOH$ 为氢氧化钠[洗涤塔和废气再循环(EGR)需要以减少二氧化硫(SO_2)排放]；w 为水；s 为污泥。

$$C_{fuel-p,e,f,ez,nct} = kwh_{e,f,ez}\left(\frac{sfc_{e,f}C_{fuel_f}fp_{ct}}{100}\right) \tag{3.17}$$

其中：sfc 为特定燃料消耗量；fp 为燃料罚款。

然后，将每艘船的 I_{an}、$C_{O\&M}$ 和 C_{fuel-p}（总计为 C_{tot}）转换为每单位燃料能量含量的成本，同时考虑发动机燃料转换效率。

$$C_{tc\_PJ,e,f,ez,nct} = \left(\frac{C_{tot,e,f,ez,nct,sct}}{kwh_{e,f,ez}}\right)fueleff_{e,f} \tag{3.18}$$

其中：C_{tc_PJ} 为每PJ燃料使用的减排成本；$fuel\ eff$ 为发动机的燃料效率。

表3.8展示了NECA BAS+NSE情景下使用残油的中速、中型发动机可用技术的控制成本示例。

表3.8 NECA BAS+NSE情景下使用残油的中速、中型发动机可用技术的控制成本

Tab.3.8 Control costs of technologies available for medium-speed, medium-sized engines using residual oil for the NECA BAS+NSE scenario

技术		I_{an}（10^3欧元2010年值/PJ）	$C_{O\&M}$（10^3欧元2010年值/PJ）	C_{fuel-p}（10^3欧元2010年值/PJ）	单位成本（10^3欧元2010年值/PJ）
AIEM	Tier Ⅱ	48	0	0	48
EGR+WIF	Tier Ⅲ	355	271	627	1 253
SCR	Tier Ⅲ	272	211	0	483
LNG propulsion	Tier Ⅲ	7 440	0	0^3	7 740
新闭环洗涤塔(高成本估算)	–	1 630	1 478	143	3 251
新开环洗涤塔(高成本估算)	–	704	90	285	1 079
改造闭环洗涤塔(高成本估算)	–	2 914	1 478	143	4 534
改造开环洗涤塔(高成本估算)	–	1 453	90	285	1 829

注释：单位成本指的是NECA BAS+NSE情景下中速柴油发动机(MSD)的二氧化硫(SO_2)和氮氧化物(NO_X)控制技术的单位成本，中型发动机使用的残余油(RO)按燃料的能量含量计算。对于液化天然气(LNG)，推进燃料损失与技术成本参数无关。然而，液化天然气(LNG)推进技术的使用会影响总燃料消耗量，

并且其成本已包含在基于燃料消耗(表 3.3)和燃油价格(表 3.6)[34]的情景特定燃料成本计算中。

式(3.16)的结果乘发动机型特定燃料用量[26,41]计算氮排放控制区(NECA)中每种船型的特定情景燃料消耗量。特定情景的总成本是以特定情景的燃料消耗乘控制技术与燃料成本的和的形式给出的。

$$Scencost = \sum_{s,e,f,ez,ct} [PJ_{s,e,f,ez,ct}(C_{tc,PJ,\ e,f,ez,ct} + C_{fuel,f})] \tag{3.19}$$

其中, $Scencost$ 为每种情景的成本; PJ 为每种情景下使用的燃料; C_{fuel} 为场景中使用的所有燃料的成本。

液化天然气(LNG),残余油(RO)和馏分燃料油(MD)的燃料成本中期估算分别为 12.2、12.9 和 20.7 百万欧元 2010 年值/PJ。氮排放控制区(NECA)的成本计算等于所考虑的氮排放控制区(NECA)场景的总成本减去基线(BSL)场景的总成本。

3.排放扩散计算

使用 GAINS 模型[42]计算排放污染物在不同区域和国家之间的大气扩散。GAINS 模型是一种自下而上的综合评估模型,旨在分析如何降低未来的空气污染排放,以实现对环境和人类健康影响最大、成本最低的正面效果。该模型用来计算排放扩散情况,使用的 GAINS 模型版本中,排放扩散模式是来自联合空气质量监测和模拟活动(European Monitoring and Evaluation Programme, EMEP)模型[43]结果的线性化版本。在 GAINS 模型中,细颗粒物(PM2.5)在接收网格单元中的浓度(每个网格单元为 28 km×28 km)是根据细颗粒物(PM2.5)、氮氧化物(NO_X)、二氧化硫(SO_2)和氨气(NH_3)的区域和情景特定排放量以及区域和污染物特定源接受者系数的乘积来计算的,参见式(3.20)[42]。

$$PM_j = \sum_i pm_i PP_{ij} + \sum_i s_i S_{ij} + \sum_i a_i A_{ij} + \sum_i n_i N_{ij} + k_{0,j} \tag{3.20}$$

其中: j、i 为接收网格单元和传播区域; PM 为 PM2.5 在 j 的年平均浓度; pm、s、a、n 为来自 i 的初级细颗粒物(PM2.5)、二氧化硫(SO_2)、氨气(NH_3)和氮氧化物(NO_X)的排放, PP、S、A、N 为从 i 到 j 初级细颗粒物(PM2.5)、硫、还原氮和氧化氮的排放传播系数矩阵; k 为细颗粒物(PM2.5)浓度的常数[42]。

对于每种情景,使用联合国的人口预测[44]计算 2030 年国家特定人口对于环境空气的细颗粒物(PM2.5)浓度的加权暴露量。

4.健康环境影响

人口加权细颗粒物(PM2.5)年平均暴露的结果被用作 Alpha-RiskPoll 模型[45]的输入,用于计算健康影响。ARP 模型是用于空气污染排放的健康影响评估和货币评估的工具。ARP 模型通过人工预测的相关年龄组数据[42]以及健康影响发生率和相应的空气污染浓度—反应函数来计算空气污染的健康影响[46]。对于某一情景,空气污染影响对应于所考虑的健康影响的发生率随细颗粒物(PM2.5)的浓度增加而增加。对死亡率的影响是根据整个人口的死亡人数和预期寿命的总体减少来计算的,提供了用于后续敏感性分析的替代指标。其他按年龄组考虑的具体健康影响包括:哮喘症状天数(5~19 岁);儿童支气管炎(6~12 岁);心血管疾病住院(18 岁以上);慢性支气管炎(27 岁以上);失业天数(15~64 岁);呼吸系统住院(所有年龄段)和活动受限天数(所有年龄段)。此处不包括暴露于二氧化氮(NO_2)的任何直接对健康的影响[47],也不包括被怀疑对健康影响相对较高的黑炭颗粒[48],以免与细颗粒物(PM2.5)暴露引起的健康影响重复计算。同时也不考虑暴露臭氧对健康的影响。作物生长的影响是通过考虑特定区域的氮氧化物(NO_X)排放水平对作物生长的影响来考虑的[49]。在 NECA-LNG 中,气候变化的影响通过将二氧化碳(CO_2)排放与短期气候污染物(Short-lived Climate Pollutants, SLCP)甲烷(CH_4)、二氧化硫(SO_2)、黑炭(BC)、有机碳(OC)的低、中和高二氧化碳当量(CO_2e)的影响进行比较来估算。因此,使用基于欧洲排放量估算的气候度量指标 GWP_{100}、GTP_{20}和 GWP_{20}的全球平均值作为计算短期气候污染物(SLCP)排放的二氧化碳当量(CO_2e)的因子(表 3.9)[50-51]。由于缺乏信息,假设非碳细颗粒物(PM2.5)部分的气候影响与二氧化硫(SO_2)的影响相同。

表 3.9　污染物的气候指标

Tab.3.9　Climate metrics of pollutants

气候指标/污染物	GWP_{100}	$GTP_{20(Europe)}$	GWP_{20}
CH_4	28	67	84
SO_2	-40	-29	-140
BC	138	230	480
OC	-26	-39	-92
Other PM2.5	-40	-29	-140

注释:污染物的气候指标受本文中使用的液化天然气(LNG)动力影响[50, 51]。假设"其他细颗粒物(PM2.5)"的气候影响与有机碳(OC)的气候影响相同。氮氧化物(NO_X)排放的气候变化影响被省略,因为影响相反取决于指标(对于 GWP_{100}、GTP_{20}和 GWP_{20},度量值分别为-15、6、-48 和 19)。

5.货币化健康环境影响

健康影响的货币价值取自欧洲委员会早前进行的研究[52]。最高的健康影响值,即统计寿命(Value of Statistical Life, VSL),范围为 1 218 000~3 130 000 欧元 2010 年值,避免暴露在空气污染中造成的死亡人数[如果以失去寿命年价值(Value of Life Year Lost, VOLY)表示,则范围为45 000~155 000 欧元 2010 年值][53,54,55,56,57]。在分析中使用这些范围,效益评估中的低范围是失去寿命年价值(VOLY)的最低值,中间范围是失去寿命年价值(VOLY)的最高值,而高范围值是基于使用最高统计寿命(VSL)值计算避免的死亡率。中范围比经济合作与发展组织(OECD)(2012)[55]的推荐值更为保守。低范围是保守的,但为了保持与 Holland(2014)的一致性,保留了它。避免作物损害的货币化价值取决于接收地区,估计在每吨氮氧化物(NO_X)35 至146 欧元 2010 年值之间[49]。气候变化也会对作物生长产生影响,但认为这种影响包含在气候变化的经济价值中。对于 NECA-LNG 的气候变化影响,使用最近的欧盟排放交易体系(EU ETS)价格[每吨二氧化碳(CO_2)7 欧元 2010 年值]、预计的 2030 年欧盟气候和能源战略的欧盟排放交易体系(EU ETS)价格[每吨二氧化碳(CO_2)105 欧元 2010 年值[58])]和瑞典二氧化碳(CO_2)税[每吨二氧化碳(CO_2)105 欧元 2010 年值]分别为低、中和高值。排除了对酸化、富营养化、生物多样性和其他生态系统服务的货币影响,因为排放减少与货币损失之间的关系尚未估算。2030 年氮排放控制区(NECA)的收益计算等于在基线(BSL)情景中空气污染损害总货币价值减去氮排放控制区(NECA)情景中相应总货币价值。

6.成本效益比较

为考虑不确定性，每种情景呈现了一系列成本和收益数值，并提供了所有成本评估和所有收益评估的成本/收益比。排放因子也存在不确定性，但这些因素对于影响健康的货币化价值的变化可能很小。主要的例外是液化天然气（LNG）发动机甲烷（CH_4）的排放因子，只有很少的测量数据可用。对于氮排放控制区（NECA）情景，成本是根据不同的三级排放标准（Tier Ⅲ）技术选择［残余油（RO）、废气再循环（EGR）与燃油水（WIF）的组合（EGR+WIF）或馏分燃料油（MD）和选择性催化还原（RO&EGR+WIF 或 MD&SCR）或混合］和不同的燃油价格范围（表3.6）进行计算的[34]。对于NECA-LNG，成本不确定性较大，这既因为液化天然气（LNG）动力是一种较新的技术，也因为使用液化天然气（LNG）动力的氮排放控制区（NECA）和硫排放控制区（SECA）的成本受到了使用洗涤塔以达到硫排放控制区（SECA）要求的基线（BSL）成本的影响。因此，在NECA-LNG中，成本是根据液化天然气（LNG）技术的不同投资成本以及洗涤塔的不同成本和燃油效率范围进行计算的。对于所有情景，收益方面存在多样性，包括：避免死亡的价值、二氧化碳（CO_2）和短期气候污染物（SLCP）排放对气候变化的影响以及气候变化影响的货币价值。从上述变化中，选择用于效益/成本比率计算的成本和收益的低、中、高评估。

三、NECA政策成本效益评估

1.特定情景排放

表3.10列出了与排放有关的结果，呈现了各种情景下的氮氧化物（NO_X）、细颗粒物（PM2.5）、二氧化硫（SO_2）、二氧化碳（CO_2）和甲烷（CH_4）排放以及与基线（BSL）情景相比的排放减少情况。氮排放控制区（NECA）对排放的影响将取决于使用液化天然气（LNG）动力满足要求的程度。

2021年实施的氮排放控制区（NECA）在2030年都将减少氮氧化物（NO_X）排放量：NECA-BAS、NECA-NSE、NECA-BAS+NSE的减排范围为22%~26%，NECA-LNG的减排为39%。在NECA-LNG中，黑炭（BC）和有机碳（OC）排放减少相当于细颗粒物（PM2.5）排放的25%和28%。液化天然气（LNG）动力使用会涉及发动机中一定程度的甲烷（CH_4）泄漏。由于排放因子信息有限，液化天然气（LNG）动力的现有估算存在不确定性。尽管存在有关甲烷（CH_4）泄漏的不确定性，但结果表明NECA-LNG将在100年和20年的前景中导致增加230万~690万吨二氧化碳当量（CO_2e），主要是由于BAS和NSE中甲烷（CH_4）排放的增加，以及其他短寿命气体排放减少的净效应将导致气候变化影响增加20万~80万吨。考虑二氧化碳（CO_2）排放的减少，与NECA-BAS + NSE相比，NECA-LNG的净气候影响在不同时间范围内为80万~600万吨二氧化碳当量（CO_2e），主要是甲烷（CH_4）泄漏所致。

表 3.10 特定情景 BAS 和 NSE 下的 NO_X、PM2.5、SO_2、CO_2、CH_4的排放量以及与 BLS 情景相比减排情况

Tab.3.10 Scenario-specific BAS and NSE emissions of NO_X, PM2.5, SO_2, CO_2, CH_4 and emission reduction compared to the BSL scenario

情景	2030 年排放量(万吨)					2030 年情景与 BSL 情景相比的减排量(万吨)				
	NO_X	PM2.5	SO_2	CO_2	CH_4	NO_X	PM2.5	SO_2	CO_2	CH_4
BSL										
波罗的海	24.1	0.2	0.8	1 290	0.24	–	–	–	–	–
北海	50.7	0.4	1.7	2 710	0.51	–	–	–	–	–
NECA-BAS										
波罗的海	17.8	0.2	0.8	1 290	0.24	4.6	0	0	0	0
北海	50.7	0.4	1.7	2 710	0.51	0	0	0	0	0
NECA-NSE										
波罗的海	24.1	0.2	0.8	1 290	0.24	0	0	0	0	0
北海	37.6	0.4	1.7	2 710	0.51	12.2	0	0	0	0
NECA-BAS+NSE										
波罗的海	17.8	0.2	0.8	1 290	0.24	4.6	0	0	0	0
北海	37.6	0.4	1.7	2 710	0.51	12.2	0	0	0	0
NECA-LNG										
波罗的海	14.7	0.2	0.6	1 230	3	7.7	0	0.2	60	-2.8
北海	31.1	0.3	1.3	2 600	6	18.7	0.1	0.4	110	-5.5

注释:甲烷(CH_4)排放因子比其他污染物的排放因子更不确定。波罗的海的初级细颗粒物(PM2.5)的减少量太小,无法纳入效益分析。

2.成本效益分析(CBA)

总的来说,到 2030 年,实施船舶氮排放控制区(NECA)的益处将大于相应的成本,尽管差异很大(表 3.11)。

表 3.11 中的氮排放控制区(NECA)成本包括控制技术的使用成本以及与基线(BSL)情景相比的燃料使用成本。BAS、NSE 和 BAS+NSE 与 NECA-BSL 的总燃料成本相比较低,分别为 2 200 百万欧元 2010 年值、4 900 百万欧元 2010 年值和 7 100 百万欧元 2010 年值。每减少一吨氮氧化物(NO_X)的控制成本(单位成本)随着船舶在氮排放控制区(NECA)内运营的小时数而下降:NECA-BAS 单位成本约为每吨氮氧化物(NO_X)2 400 欧元 2010 年值,NECA-NSE 为每吨氮氧化物(NO_X)1 500 欧元 2010 年值,NECA-BAS+NSE 为每吨氮氧化物(NO_X)1 400 欧元 2010 年值。相对较低的液化天然气(LNG)燃料成本和液化天然气(LNG)动力发动机较高的燃料效率,降低了 NECA-LNG 情景下的控制成本。

表 3.11 波罗的海和北海地区 2030 年成本和货币化效益的中间估计值

Tab.3.11 Mid estimates of 2030 costs and monetized benefits of NECA in the Baltic Sea and the North Sea

场景	控制成本 （百万欧元 2010 年值）	货币化福利 （百万欧元 2010 年值）
NECA-BAS	111(100~123)	139(56~294)
NECA-NSE	181(157~209)	869(335~1 882)
NECA-BAS+NSE	230(195~273)	1 007(392~2 177)
NECA-LNG	153(88~238)	1 007(392~2 177)

注释:括号内为最小值和最大值。

NECA-NSE 和 NECA-BAS+NSE 的效益成本(B/C)比均高于 1,如图 3.2 所示。对于 NECA-BAS,所有空气污染效益的货币化值较低的情况下,效益成本(B/C)比都低于 1。总体而言,效益成本(B/C)比最依赖于空气质量效益的低、中或高值的选择。

对于 NECA-LNG,效益成本(B/C)比情况各异,但大多数比率超过 1。唯一情况,即 NECA-LNG 成本高于收益的情况,是在特定情景下空气污染效益的货币化值较低,短期气候污染物(SLCP)排放对气候变化的负面影响较大,而且气候变化的经济价值较高,三者同时出现,如图 3.3 所示。

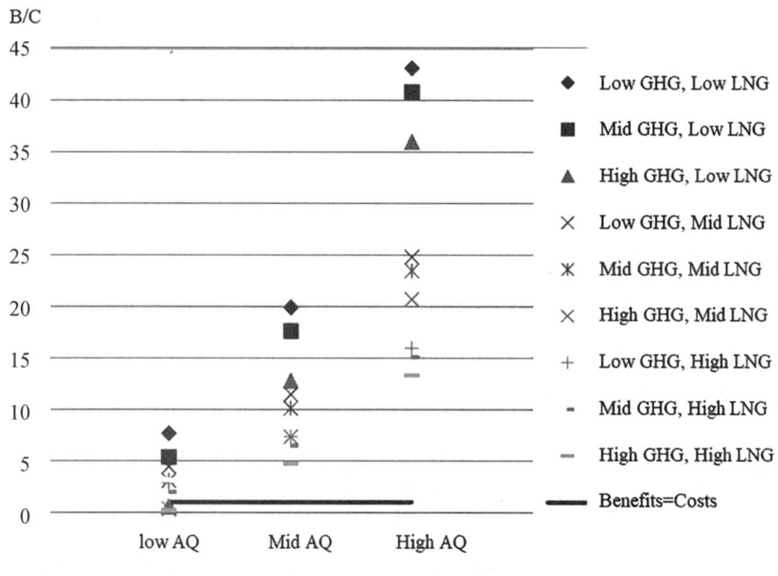

图 3.2 NECA-BAS、NECA-NSE、NECA-BAS+NSE 的效益/成本比率

Fig.3.2 Benefit/Cost ratios for NECA-BAS, NECA-NSE, NECA-BAS+NSE

注释:AQ 表明改善空气质量的货币化收益;F&T 是燃料和技术成本的缩写。粗线表示氮排放控制区(NECA)对社会带来净益的阈值。

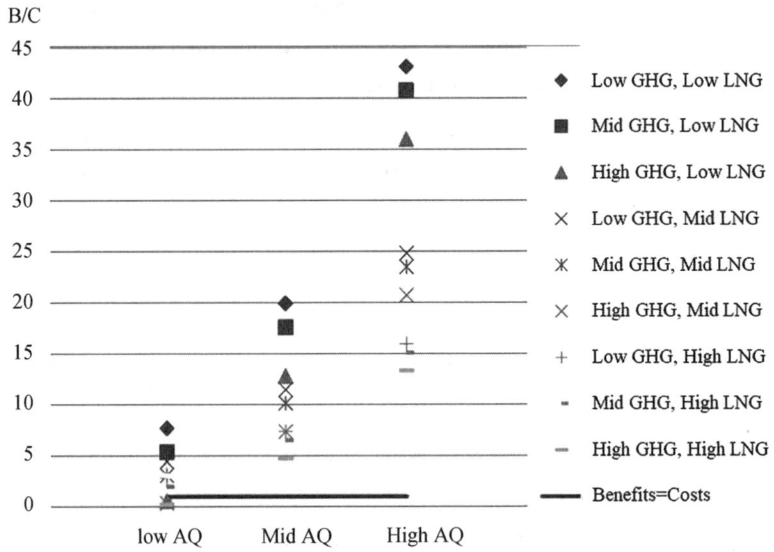

图 3.3　引入 LNG 发动机作为满足 NECA+SECA 要求的主要途径的效益成本(B/C)比

Fig.3.3　Benefit/Cost (B/C) ratios for the introduction of LNG propulsion engines as a primary way to meet NECA + SECA requirements

注释:根据空气污染效益的估计值(低 AQ、中 AQ、高 AQ),将比率在 x 轴上分组。温室气体(GHG)这一术语表示使用的气候度量标准以及对气候变化赋予的经济价值。液化天然气(LNG)这一术语包括基于 BSL 情景中的高洗涤塔成本[低液化天然气(LNG)]、中估值[中液化天然气(LNG)]和液化天然气(LNG)推进的高投资成本[高液化天然气(LNG)]的计算。

四、讨论

1.实施 NECA 的社会经济影响

结果表明,如果氮排放控制区(NECA)的引入不影响运输需求或服务于波罗的海和北海的船舶的船龄分布,那么到 2030 年,在北海区域年度货币化收益总额将比年度总成本高出 2~12 倍,在两个海域年度货币化收益总额将比年度总成本高出 1.5~11 倍。仅在波罗的海区域实施氮排放控制区(NECA)受到的支持不如预期,其效益范围从使用低死亡估值时的成本的 0.5 倍到使用高估值时的成本的 3 倍不等。此外,波罗的海分析的三分之二情景中,氮排放控制区(NECA)会产生高于成本的收益。如上所述,对死亡估值的较低估算似乎日益保守,对于中估值和高估值的支持逐渐增加。作为应对氮排放控制区(NECA)的措施,引入液化天然气(LNG)船舶推进技术可能会带来更高的收益和更低的成本。然而,与液化天然气(LNG)推进相关的甲烷(CH_4)泄漏的最佳估算存在不确定性,而且与其他情景相比,短期气候污染物(SLCP)排放的气候影响的大时间依赖性变化和货币价值的相关变化导致收益估计值的更大变化。在液化天然气(LNG)方案中,收益范围在成本的 0.2 到 43 倍之间,27 项评估中有 24 项的效益大于成本。

由于该领域的研究有限,只能将一些结果与其他研究进行比较。波罗的海和北海的基线氮氧化物(NO_X)排放结果[2030 年为 748 万吨氮氧化物(NO_X)]略低于先前的研究。Jonson 等(2014)[39]、-Kalli(2013)[11]和 Kalli 等(2013)[12]估计 2030 年的氮氧化物(NO_X)排放量分别为 93.5、84 万和 77 万吨。本研究中,波罗的海和北海的氮排放控制区(NECA)将使 2030 年的 NO_X

排放减少至55.4万吨（比2030年的基线低26%），与Kalli（2013）[11]对氮排放控制区（NECA）相对影响的估计相似，即2030年减少25%至64万吨。然而，这低于Winnes等（2016）[10]估计的29%减排量。本研究的成本估算在不同情景下范围分布在每吨氮氧化物（NO_X）1 440~2 800欧元2010年值之间，与一些先前的研究相符。Campling等（2013）[59]估计的成本较低［约每吨氮氧化物（NO_X）660欧元2010年值］，而DEPA（2012）[16]和Hammingh等（2012）[17]估计的北海船舶减排成本为每吨氮氧化物（NO_X）890~2 910欧元2010年值。本研究的成本估算可能偏高，因为不包括任何学习效应（即随着早期投资减少而降低的成本）。在此分析中考虑的所有技术都相对较新，尚未大规模应用。因此，可以预期通过学习效应成本可能会进一步降低。

2.健康、环境和气候影响分析

对人类、环境和减排气候影响的效益估计主要集中在健康和气候影响上，并且可能偏低。目前将酸化、富营养化或生物多样性减轻的效益在区域尺度上进行货币化尚不可行，而这对于成本效益分析（CBA）是必要的。对健康影响的货币化也尚不完整，因为与本研究中包括的健康影响不同，大气中细颗粒物（PM2.5）相关的健康影响更多，例如对新生儿低体重的影响（Thurston等，2017）[60]。此外，现在人们也越来越认识到，自身接触二氧化氮（NO_2）［与二氧化氮（NO_2）作为其他污染物的指标不同］会对健康产生不利影响[47]。这种风险不包含在本研究分析中。所有这些迹象表明，低估了减排效益。然而，也存在一次性细颗粒物（PM2.5）［黑炭（BC）］对健康的危害可能大于二次细颗粒物（PM2.5）这样的担忧。如果这些担忧在未来得到验证，本研究将被证明高估了效益。目前的判断是整体上低估了氮排放控制区（NECA）情景的效益。

3. LNG应用的评估及不确定性

如果广泛采用液化天然气（LNG）推进技术，空气污染物和二氧化碳（CO_2）的排放量将减少，而甲烷（CH_4）排放量可能会增加。这意味着气候变化的净影响将增加，相当于80万~600万吨二氧化碳当量（CO_2e），范围取决于所选择的时间跨度（全球变暖潜力的20年或100年）。引擎中的甲烷（CH_4）泄漏估计会导致波罗的海和北海地区使用液化天然气（LNG）推进技术引发的气候变化影响增加230万~690万吨二氧化碳当量（CO_2e），是液化天然气（LNG）推进的负面气候影响的主要驱动因素。然而，这些估算存在不确定性，技术发展可能对甲烷（CH_4）泄漏的水平产生强烈影响。

我们的成本效益估算包括控制成本的变化、避免死亡的货币化价值、短期气候污染物（SLCP）排放的气候影响以及气候影响的货币化价值。对于所有氮排放控制区（NECA）情景，避免死亡的货币化价值解释了效益成本（B/C）比率的大部分变化。然而，提高液化天然气（LNG）发动机甲烷（CH_4）排放因子的确定性也很重要。

4. NECA的运输需求影响及风险评估

在实施更严格的硫排放控制区（SECA）要求前的几年，有关运输需求的潜在影响以及将船舶运输到陆地运输方式的相关风险进行了讨论[61]。由于残余油（RO）和馏分燃料油（MD）的价格下降，这种风险已经降低。氮排放控制区（NECA）将对运输需求产生何种影响尚待分析，但结果显示，氮排放控制区（NECA）的成本约占该地区总船舶燃料成本的3%。相比之下，Jonson等（2014）[39]评估实施的硫排放控制区（SECA）使用低硫燃料将使燃料成本增加30%~80%。

与此同时，Holmgren 等(2014)[62]认为对于高价值集装箱货物，作为对硫排放控制区(SECA)的回应，运输方式转换是不太可能的，而早期的研究[63]则认为，滚装船航运可能受到影响(尽管部分基于 2009 年燃油价格高昂期间的自我报告)。基于成本影响和文献研究，总体印象是与文献中对硫排放控制区(SECA)的建议相比，氮排放控制区(NECA)对运输模式的影响可能较小。

还存在这样的风险，船东会选择将旧船重新分配到波罗的海和北海，以应对氮排放控制区(NECA)仅适用于新船的要求，或者在 2019—2020 年期间会出现建造热潮。这是否会发生尚待观察，但氮排放控制区(NECA)的成本和效益都会降低，因此效益成本(B/C)比率应保持相对稳定。这篇论文未讨论的一个因素可能会限制将旧船分配到波罗的海和北海的可能性。总而言之，在成本效益分析(CBA)中选择了一种保守的方法，可能夸大了成本，低估了收益。因此，认为本文提出的政策建议是有力的。

由于成本估算是氮排放控制区(NECA)内每年运营时间的函数，可以证明氮排放控制区(NECA)区域越大，排放控制的单位成本越低。这是因为当氮排放控制区(NECA)区域较大时，每艘船的减排设备的运行时间更长。一个潜在的对抗机制可能是，如果氮排放控制区(NECA)扩大到包括由在氮排放控制区(NECA)停留时间很少的船只主导的区域。这一观察结果具有重要意义：如果除北欧、美国以及加拿大之外还有更多地区实施氮排放控制区(NECA)，单位成本很可能会下降。

第二节　ECA 政策范围设定研究

一、ECA 政策设定问题

1.国际 ECA 设定历程

为了减少船舶的硫排放，国际海事组织(IMO)设定了排放控制区(ECA)或硫排放控制区(SECA)。第一个排放控制区(ECA)(波罗的海)于 1997 年通过，并于 2005 年生效。随后，国际海事组织(IMO)逐渐确定了其他三个排放控制区(ECA)(北海及英吉利海峡、北美、美国加勒比海岸)，如表 3.12 所示。

表 3.12　国际海事组织(IMO)指定的四个排放控制区

Tab.3.12　Four ECAs designated by the IMO

	波罗的海	北海和英吉利海峡	北美	美国加勒比海岸
采用	1997	2005	2010	2011
开始生效	2005	2006	2012	2014

2.中国 ECA 设定历程

除了国际海事组织(IMO)指定的上述四个排放控制区(ECA)外，中国也实施了排放控制区(ECA)。2016 年 1 月，中国成立了三个排放控制区(ECA)：渤海湾、长江三角洲和珠江三角洲。后来，中国扩大了排放控制区(ECA)。从 2019 年 1 月 1 日起，中国全部领海都已成为排放控制区(ECA)。2019 年 1 月 1 日至 2025 年 1 月 1 日,在中国领海内运营时的燃料油含硫量限制为 0.5%。2025 年 1 月 1 日起,燃料油含硫量的上限将降至 0.1%。

3.ECA 影响及其趋势

为了遵守排放控制区(ECA)的硫法规,航运业和学术界开发了各种硫减排技术或策略[28,64],包括实施岸电、燃料转换、在船上安装洗涤塔以净化废气、使用液化天然气(LNG)燃料的船舶等。目前,燃料转换策略是船舶的主要选择,尤其是老旧船舶[65]。正如 Van 等(2019)[66]所预测的,到 2050 年,液化天然气(LNG)和生物燃料将占航运能源需求的 50%。届时船舶排放将得到显著减少。

随着减硫技术的进一步发展和全球限硫令的实施,排放控制区(ECA)对减少船舶硫排放的效果可能会逐步降低。据国际海事组织(IMO)新闻报道,全球限硫令将使船舶的硫氧化物(SO_X)排放总量下降 77%(每年减少约 850 万吨硫氧化物 SO_X)。如果硫排放在不久的将来得到控制,也许就需要较少的排放控制区(ECA)。为了探讨不同的情况,在本文中研究以下两个问题:

(1)近期内是否需要更多或更少的排放控制区(ECA)?

(2)如何确定排放控制区(ECA)的位置?

引入研究区域内分配给航运公司的虚拟的硫排放许可,将研究问题描述为一个排放控制区(ECA)选址问题,即如何设定排放控制区(ECA)。以前的研究从未涉及排放控制区(ECA)的选址问题,主要关注航运公司的角度来调查排放控制区(ECA)的决策。与排放控制区(ECA)选址问题类似,一些研究探讨了通过引入潜在排放控制区(ECA)来减少船舶排放的问题。在这些研究中,潜在排放控制区(ECA)的位置是固定的,而在实际中,有资格的国家会向国际海事组织(IMO)提交新排放控制区(ECA)的申请,然后国际海事组织(IMO)在海洋环境保护委员会(MEPC)会议上将根据 MARPOL 公约附则Ⅵ附录Ⅲ中的八项标准批准申请。本文的排放控制区(ECA)选址问题旨在减少硫排放对健康的影响,这与 MARPOL 公约附则Ⅵ附录Ⅲ中的八项标准是一致的。本研究也有助于在国际海事组织(IMO)确定排放控制区(ECA)时设定潜在的排放控制区(ECA)。

二、ECA 范围设定模型

1.符号说明

在描述排放控制区(ECA)选址问题之前,计算了研究区域内不同地点船舶的硫排放。对于研究的区域,海岸线被划分成一组网格。本研究使用的主要符号,如表 3.13 所示。

表 3.13 符号说明表

Tab.3.13 Symbol description table

符号	描述
N	网格的集合
V	船舶类别的集合
l_i	沿海岸线网格 i 的长度

续表

符号	描述
Pop_i	居住在网格 i 附近的人口数
n_{ij}	通过网格 i 而不服务于网格 i 内任何港口的 j 类船舶数量
m_{ij}	服务于网格 i 内一个或多个港口的 j 类船舶数量
w_{ij}	j 类船舶服务网格 i 内港口的频率
t_{ij}	j 类船舶在服务网格 i 内港口时所花的停泊时间(天)
v_j	j 类船舶在巡航状态下的平均巡航速度(kn)
$l_{deceleration}$	沿海岸线减速带的长度(n mile)
$v_j^{deceleration}$	j 类船舶在减速状态下的平均航速(kn)
$Tmaneuver$	每次操纵时间(min)
e_j^{ME}	主机满载时的日油耗(t)
e_j^{AE}	辅机满载时的日油耗(t)
Q_i^{cruise}	网格 i 内船舶在巡航状态下的总油耗(t)
$Q_i^{deceleration}$	船舶在网格 i 内减速状态下的总油耗(t)
$Q_i^{maneuver}$	船舶在网格 i 内操纵状态下的总油耗(t)
Q_i^{berth}	船舶在网格 i 内停泊状态下的燃料总消耗量(t)
e_i^0	根据排放控制区(ECA)的硫规定,计算船舶在通过网格 i 时的总硫排放(t)
e_i^1	根据全球限硫令的硫规定,计算船舶通过网格 i 时的总硫排放(t)
e^c	虚拟的硫排放许可

2.研究假设

为了简化研究问题,考虑以下假设。

(1)船舶分为若干船舶类别;

(2)在计算油耗时,考虑了四种船舶状态:巡航状态、减速状态、操纵状态和靠泊状态;

(3) j 类船舶的巡航速度固定;

(4)减速带的长度固定;

(5) j 类船舶的固定航速作为减速状态;

(6)对于同一港口,假定每次操纵所需的时间相同,并假定它是介于 30 min 和 120 min 之间的随机数;

(7)硫排放量是根据含硫量和燃料消耗量计算的;

(8)考虑一个虚拟的硫排放许可,该许可与研究区域内航运公司产生的硫排放强度(Sulfur Emission Intensity, SEI)成正比;

(9)硫排放对健康的影响与硫排放暴露量和暴露人群成正比。

前七个假设用于计算研究区域内不同地点的硫排放量。后两个假设是关于虚拟的硫排放许可以及硫排放对健康的影响。

3.公式设置

(1)基于网格的燃料消耗

研究区域被划分为一组网格(用 N 表示)。在估算硫排放之前,要确定在考虑的时间段内(例如90天)每个网格相关的燃料消耗。Jalkanen 等(2016)[67]在计算欧洲船舶的燃料消耗时,使用了自动识别系统(Automatic Identification System, AIS)数据。另外,利用从班轮公司网站获得的数据来估计燃料消耗,可以获得最近几个月船队部署的船期信息,如起始国、始发港、出发日期、到达日期等。由于燃料消耗取决船舶的大小[68],简单地将不同的船舶按大小进行分组(用 V 表示),如表3.14所示。船舶被分为4类,虽然可以考虑更多的船舶类别,但结果不会受到显著影响。

表3.14 四种船型

Tab.3.14 Four ship classes

编号	船舶容量(TEU)	船舶类别
1	<5 000	C1
2	5 000~10 000	C2
3	10 000>15 000	C3
4	>15 000	C4

在估算燃油消耗时,考虑了巡航、减速、操纵和停泊四种状态。对于这四种船态,表3.15按照 Smith 等(2015)[69]和 Sun(2017)[70]的说法,显示了主机和辅机的各种负载率。为了简化,用 u_k^q 来表示船舶在 k 状态下的发动机 q 的负载率。需要指出的是,没有考虑船舶有效载荷对燃料消耗的影响。

对于巡航状态,只运行主机,如表3.15所示。网格 i 内各船舶在巡航状态下的相关总油耗可描述为:

$$Q_i^{cruise} = \sum_{j \in V} \mu_1^1 e_j^{ME} \frac{l_i n_{ij} + (l_i m_{ij} - 2l_{deceleration} w_{ij})}{24 v_j} \tag{3.21}$$

其中:24为每天的小时数,e_j^{ME} 表示主机满载时的日油耗量。$\mu_1^1 e_j^{ME} \frac{l_i n_{ij} + (l_i m_{ij} - 2l_{deceleration} w_{ij})}{24 v_j}$ 是 j 类船舶在网格 i 内的总巡航时间。实际上 $l_i n_{ij} + (l_i m_{ij} - 2l_{deceleration} w_{ij})$ 是 j 类船舶在网格 i 内的总巡航距离。图3.4显示了 j 类船舶通过带有两个港口的网格的示意图。

表3.15 四种船态下两台不同发动机的负载率

Tab.3.15 Load rates of two different engines under four ship states

船舶状态	k	主机(q=1)	辅机(q=0)
巡航	1	70%	0%
减速	2	25%	40%
操纵	3	10%	70%
停泊	4	0%	40%

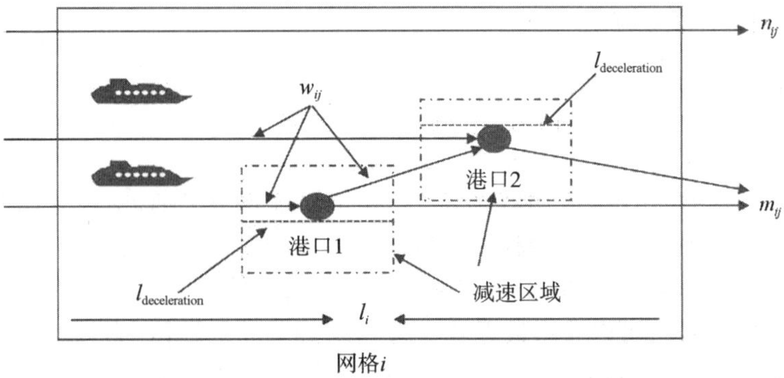

图 3.4　j 类船舶通过两个港口的网格的示意图

Fig.3.4　An illustration of class j ships passing through lattice i with two ports

对于减速状态,考虑每个港口的减速区,如图 3.4 所示。主机和辅机同时启动,如表 3.15 所示。考虑沿海岸线固定长度的减速带($l_{deceleration}$),则船舶在网格 i 内减速状态下的相关总油耗,表示为:

$$Q_i^{deceleration} = \sum_{j \in V} \left[(\mu_2^1 e_j^{ME} + \mu_2^0 e_j^{AE}) \, 2 \, \frac{l_{deceleration}}{24 v_j^{deceleration}} w_{ij} \right] \tag{3.22}$$

其中: $2 \dfrac{l_{deceleration}}{24 v_j^{deceleration}} w_{ij}$ 表示 j 类船舶在网格 i 内的总减速时间。

对于操纵状态,考虑每次操纵时间($t_{maneuver}$),对应的船舶在网格 i 内操纵状态下船舶的总油耗,表示为:

$$Q_i^{maneuver} = \sum_{j \in V} \left[\frac{(\mu_3^1 e_j^{ME} + \mu_3^0 e_j^{AE}) \, 2 t_{maneuver} w_{ij}}{60 \times 24} \right] \tag{3.23}$$

其中:60×24 是每天的分钟数。对于停泊状态,考虑 j 类船舶在服务网格 i 内全部港口所花费的总停泊时间(t_{ij}),以及与之相关的船舶在网格 i 内停泊状态下的总燃油消耗,可描述为:

$$Q_i^{berth} = \sum_{j \in V} (\mu_4^0 e_j^{AE} t_{ij}) \tag{3.24}$$

(2)基于网格的硫排放

在燃烧燃料时,认为所消耗的燃料中所含的硫可以完全转化为二氧化硫(SO_2)。即,对于含硫量为 0.5%($SC = 0.5\%$)吨的燃料,产生 0.005 吨的硫,然后与氧反应后,有 0.01($2SC$)吨的二氧化硫(SO_2)[71,72,73]。因此,硫的排放量可定义为消耗的燃料和硫含量的乘积的两倍。一般来说,用于船舶运营的大多数燃料的含硫量不符合全球硫限制和排放控制区(ECA)的硫法规。所消耗燃料的硫含量遵循全球限硫令和排放控制区硫规定,这些规定用于定义本文中的硫含量。即对于排放控制区内的网格 i 的硫排放可以描述如下:

$$e_i = e_i^0 = (Q_i^{cruise} + Q_i^{deceleration} + Q_i^{maneuver} + Q_i^{berth}) \, 0.1\% \times 2 \tag{3.25}$$

其中:硫含量(0.1%)符合排放控制区(ECA)的硫法规,而 2 则来自硫与氧气发生化学反应产生的二氧化硫(SO_2)。对于任何不包括在排放控制区(ECA)内的网格 i ,有关的硫排放说明如下:

$$e_i = e_i^1 = (Q_i^{cruise} + Q_i^{deceleration} + Q_i^{maneuver} + Q_i^{berth}) \, 0.5\% \times 2 \tag{3.26}$$

其中:硫含量(0.5%)符合全球限硫令。

在式(3.26)和(3.27)中,令 e_i 表示船舶在通过排放控制区(ECA)覆盖或未覆盖的网格 i 时的总硫排放量。因此,硫排放 e_i 取决于排放控制区的位置,并成为排放控制区选址问题中的一个决策变量,将在排放控制区范围设定模型建立时的说明。

(3)虚拟的硫排放许可

为研究排放控制区对减少船舶硫排放的必要性,引入研究区域内分配给航运公司的虚拟的硫排放许可(用 e^c 表示)。事实上,硫排放许可在实践中并没有被采用。然而,碳排放权分配和碳排放交易系统已经在实践中得到了实施,并在学术界得到了广泛的研究。在研究碳排放权分配问题时,相关研究可分为两大类。第一类相关研究重点分析了碳排放权在不同区域间的分配情况[74,75,76]。第二类相关研究重点探索了一个区域内不同工业部门之间的碳排放权分配问题,将历史累积排放量和不同工业部门的排放强度视为确定碳排放权分配的两个重要指标[77,78,79]。需要注意的是,本文不探讨分配给该地区的排放许可。探讨分配给地区的排放许可时,以往的研究都是按照第一类研究,调查不同地区之间的排放许可分配。从数值实验中可看出,对于本文研究的每个案例,只考虑一个地区,而不是确定不同地区之间的排放许可分配。因此,本研究遵循第二类。实际上,本文考虑的是为研究区域分配给航运公司的虚拟硫排放许可(e^c)。依据第二类研究,认为 e^c 与硫排放强度(SEI)成正比:

$$e^c \sim SEI \tag{3.27}$$

一般来说,硫排放强度(SEI)可以定义为航运公司在一定时间内(如一年)所产生的总硫排放。本文中用所研究地区的船运公司在 90 天内产生的总硫排放量来定义硫排放强度(SEI):

$$SEI = \sum_{i \in N} e_i \tag{3.28}$$

显然,

$$\sum_{i \in N} e_i^0 \leqslant SEI \leqslant \sum_{i \in N} e_i^1 \tag{3.29}$$

如果 $e^c > \sum_{i \in N} e_i^1$,认为不符合排放控制区硫排放法规的硫排放不会超过虚拟的硫排放许可,那么研究的区域不需要排放控制区。如果 $e^c < \sum_{i \in N} e_i^0$,认为符合排放控制区的硫排放将超过虚拟的硫排放许可,研究的整个区域应被排放控制区覆盖。为了不失去一般性,主要假设:

$$\sum_{i \in N} e_i^0 \leqslant e^c \leqslant \sum_{i \in N} e_i^1 \tag{3.30}$$

通过考虑 e^c 的不同值来展示结果以探究不同的情况,如数值实验部分所示。为了简单的表示,假设:

$$e^c = \sum_{i \in N} \left[\lambda e_i^0 + (1 - \lambda) e_i^1\right] \tag{3.31}$$

其中:参数 $\lambda(0 \leqslant \lambda \leqslant 1)$ 。

排放控制区选址问题的目标函数是尽量减少硫排放对健康的影响。基于此目标函数,对虚拟硫排放许可的约束可以描述如下:

$$\sum_{i \in N} e_i \geqslant e^c \tag{3.32}$$

这意味着研究区域的总硫排放量不小于 e^c 。事实上,由于排放控制区选址问题的目标函数,式(3.33)导致 $\sum_{i \in N} e_i \geqslant e^c$ 。如果排放控制区选址模型的决策变量是连续变量,则式(3.33)必须具有约束力。

(4)硫排放对健康的影响

在对船舶排放的调查中,以往的许多研究都侧重于探索环境影响,如气候变化[80,81,82]、健康影响[83,84]等。在本文中,考虑了硫排放对健康的影响。在量化船舶排放对健康的影响时,以往的研究主要通过使用排放浓度—风险(Concentration Risk, C-R)函数、给定健康影响的发生率和船舶排放的暴露人群的乘积来确定影响(死亡/年)。本文没有探讨每年因船舶排放造成的死亡人数。由于二氧化硫(SO_2)可溶于水,认为与网格 i 相关的硫排放(e_i)只暴露于居住在网格 i 附近地区的当地人口(Pop_i)。然后,硫排放对健康的影响可定义为所有网格 i 中硫排放接触量(e_i)与接触人口(Pop_i)的乘积之和,即

$$E = \sum_{i \in N} (Pop_i e_i) \tag{3.33}$$

4.模型建立

(1)决策变量

排放控制区(ECA)选址问题的决策变量如图 3.5 所示。

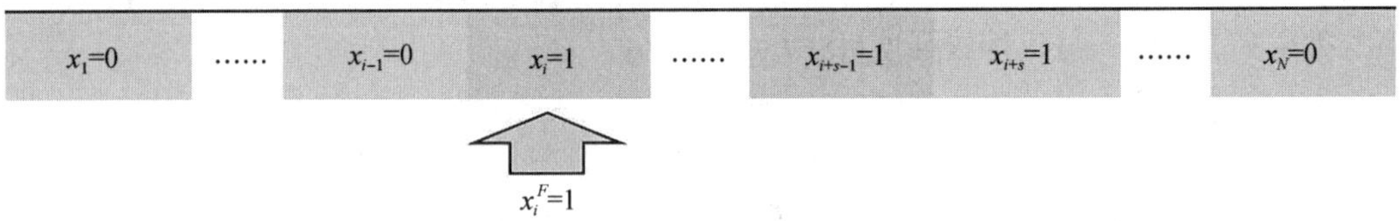

图 3.5　x_i^F 和 x_i 的图解

Fig.3.5　An illustration of x_i^F and x_i

e_i :船舶通过网格 i 时的总硫排放;

x_i :0-1 变量,如果网格 i 位于排放控制区内,则取值为 1,否则取值为 0;

x_i^F :0-1 变量,如果网格 i 是排放控制区的第一个格,则取值为 1,否则取值为 0。

需注意的是, e_i 和 x_i^F 是两个辅助变量。实际上, e_i 可用决策变量 x_i 来表示。x_i^F 用于确保每个排放控制区的适当规模。实际上至少用一个连续网格来构造一个排放控制区。图 3.5 所示给出了一个由连续网格组成的排放控制区,从第 i 个网格到第 $(i + S - 1)$ 个网格:

$$x_j = 1, \forall j = i, i + 1, \dots, i + S - 1 \tag{3.34}$$

此外,令 $x_{i-1} = 0$,然后令 $x_i^F = 1$ 用来记录 ECA 的第一个网格。

(2)目标函数与约束

排放控制区选址问题用混合整数线性规划模型来表示:

$$\min \sum_{i \in N} (Pop_i e_i) \tag{3.35}$$

s.t.

$$\sum_{i \in N} e_i \geqslant e^c \tag{3.36}$$

$$e_i = e_i^0 x_i + e_i^1 (1 - x_i) , \forall i \in N \tag{3.37}$$

$$x_1^F \geqslant x_i \tag{3.38}$$

$$x_i^F \leqslant x_i , \forall i \in N \tag{3.39}$$

$$x_i^F = 0, \forall i = (|N| - S + 2) ,\dots, |N| \tag{3.40}$$

$$\sum_{k=i}^{i+S-1} x_k^F \leqslant 1, \forall i = 1,\dots,(|N| - S + 1) \tag{3.41}$$

$$\sum_{k=i}^{i+S-1} x_k \geqslant S x_i^F, \forall i = 1,\dots,(|N| - S + 1) \tag{3.42}$$

$$x_{i+1}^{F} \geqslant x_{i+1} - x_i, \forall i = 1,\ldots,|N| - 1 \quad (3.43)$$

$$x_{i+1}^{F} \leqslant 1 - x_i, \forall i = 1,\ldots,|N| - 1 \quad (3.44)$$

$$x_{i+1}^{F} \in \{0,1\}, x_i \in \{0,1\}, e_i \geqslant 0, \forall i \in N \quad (3.45)$$

式(3.36)为目标函数,旨在最大限度地减少硫排放对健康的影响。式(3.37)适用于式(3.33)所述的虚构的硫排放许可。式(3.38)表示如果网格被排放控制区覆盖, e_i 等同于 e_i^0 ,否则 e_i 等同于 e_i^1 。式(3.39)表示如果网格位于排放控制区内,则网格 1(所考虑区域的第一个网格)是排放控制区的第一个网格。如果这个网格位于任何排放控制区的外部,式(3.40)保证了网格 i 不是任何排放控制区的第一个网格。式(3.41)表明后 $S-1$ 格不能是任何排放控制区的第一网格,因为不能满足对排放控制区大小的考虑。与式(3.41)相似,式(3.42)表明在 S 个连续的格点中,最多只有一个格点可以成为任何排放控制区的第一个格点。如果网格 i 是某个排放控制区的第一个网格,式(3.43)确保从网格 i 开始的连续网格必须位于这个排放控制区内。式(3.44)表明如果网格 $i+1$ 位于排放控制区内,而网格 i 位于任何排放控制区外,则网格 $i+1$ 是某个排放控制区的第一个网格,式(3.45)表明如果网格 i 位于排放控制区内,网格 $i+1$ 不是排放控制区的第一个网格。式(3.46)定义决策变量的取值范围。显然,式(3.39)和(3.40)可以重写为:

$$x_1^{F} = x_1 \quad (3.46)$$

$$x_i^{F} \leqslant x_i, \forall i = 2,\ldots,|N| \quad (3.47)$$

三、数值实验

1.数据描述

本部分提供了数值结果以评估提出模型的有效性。如表 3.14 所示,船舶被分为不同的船舶类别。表 3.16 给出了不同船型的相关参数,即 v_j 依据 Zheng 等(2015)[85]、Wang 和 Meng(2015)[86], $v_j^{deceleration}$ 依据 Smith 等(2019)[69]和 Sun(2017)[70], e_j^{ME} 和 e_j^{AE} 依据 Le 等(2019)[87], $l_{deceleration}=12$ 依据 Sun(2017)[70]。

表 3.16　不同类型船的相关参数

Tab.3.16　Parameters related to different ship classes

	C1	C2	C3	C4
v_j (节)	17	20	24	25
$v_j^{deceleration}$ (节)	8.5	10	12	12.5
e_j^{ME} (吨/天)	49.13	96	194.91	281.25
e_j^{AE} (吨/天)	20.24	31.93	32.15	32.25

为了研究最近是否会建立更少或更多的排放控制区,模型将应用于中国和非洲的案例。自 2019 年 1 月 1 日起,整个中国领海构成排放控制区。选择中国案例的另一个原因是中国排放控制区在实践中的演变。如果在不久的将来,中国的硫排放得到控制,也许更少的排放控制区就足够了,本研究将确定所需的排放控制区的位置。就非洲而言,到目前为止还没有建立排放控制区。如果非洲需要一个或多个排放控制区,本研究将确定合适的排放控制区位置。

如前所述,沿着考虑地区(中国或非洲)的海岸线被划分成一组网格。每个格点的长度定义为沿海岸线的长度,如表 3.17 所示。当前排放控制区的宽度可以用来定义每个格点的宽度。例如,中国排放控制区的宽度为 12 n mile。

表 3.17 每个网格的长度

Tab.3.17 The length of each lattice

	网格	地区/国家	每格长度(n mile)
中国	1	环渤海地区	765.426
	2~25	其他地区	347.967
	26	琼州海峡	602.575
非洲	1	坦桑尼亚	1 815
	2~5	莫桑比克	1 815
	6~9	南非	1 815
	10~13	纳米比亚	1 815
	14~17	几内亚湾	1 815

对于中国的情况,图 3.6 中给出了一组网格,中国台湾周边海岸线不考虑。第一个网格是环渤海,最后一个网格是琼州海峡。与其他沿着海岸线均匀分布的网格相比,这两个网格形状不规则,不需要进一步将环渤海或琼州海峡划分成更多的格。中国海岸线被划分为 26 个格子。虽然可以考虑分更多的格,但结果不会受到很大的影响。

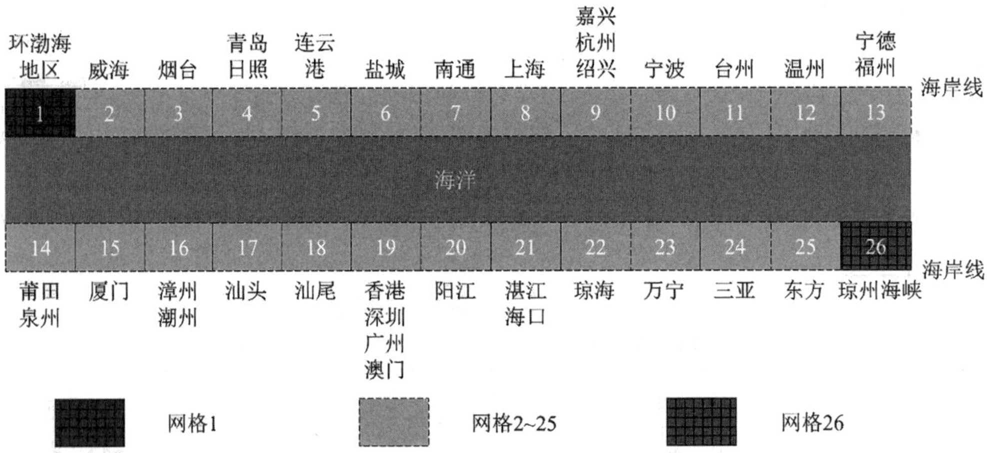

图 3.6 沿着中国的主要海岸线

Fig.3.6 Main coastlines along China

非洲的情况也类似,网格沿考虑的海岸线平均分布。不同于中国的情况,非洲涉及多个国家。当将考虑的非洲海岸线划分成一组格时,主要避免了某些网格与两个或更多国家相关联的情况。这是因为这种情况可能影响排放控制区地点的决定。沿着非洲的海岸线被划分成 17 个格子,如图 3.7 所示。

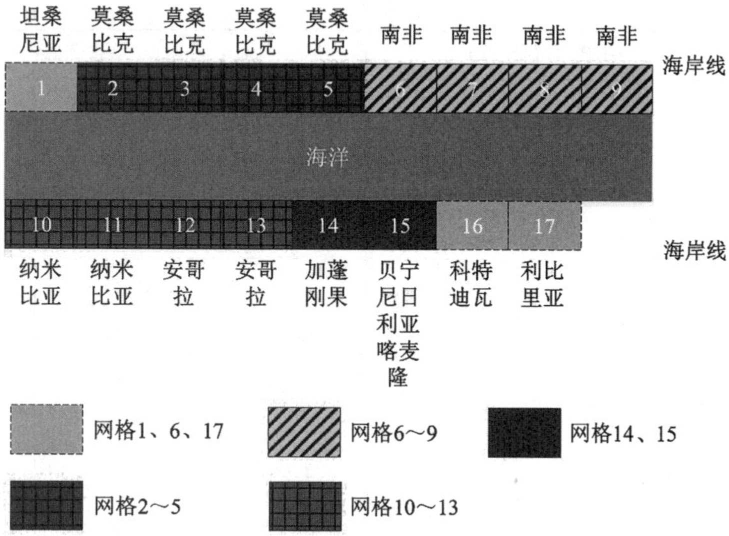

图 3.7　考虑的非洲沿岸的海岸线

Fig.3.7　Considered coastlines along Africa

为了估算与如图 3.6 和图 3.7 所示的每个网格相关的硫排放量，从马士基的网站收集数据，获取了最近 90 天的船队部署的船期信息，如出发日期、到达日期等。对于中国，收集了 2019 年 3 月至 2019 年 6 月的数据；对于非洲，收集了 2019 年 10 月至 2020 年 1 月期间的数据。根据收集的数据，确定了燃料消耗量，然后计算各种网格的硫排放量，如表 3.18 所示，其中还列出了与每个网格相关联的人口。需要指出的是，非洲 2019 年的含硫量上限为 3.5%。由于本研究旨在探讨不久的将来是否会建立更少或更多的排放控制区，根据全球硫限制和排放控制区硫法规下的含硫量计算硫排放量。

表 3.18　中国和非洲基于网格的人口和硫排放量

Tab.3.18　Lattice-based population and sulphur emissions for China and Africa

格子	人口（百万）	中国硫排放量（t）		人口（百万）	非洲硫排放量（t）	
		含 SC = 0.1% 的 e_i^0	含 SC = 0.05% 的 e_i^1		含 SC = 0.1% 的 e_i^0	含 SC = 0.05% 的 e_i^1
1	48.00	40.98	204.90	4.42	16.35	81.76
2	0.00	9.48	47.41	1.01	9.66	48.28
3	1.52	9.48	47.41	0.44	10.19	50.97
4	4.39	49.09	245.43	0.00	9.48	47.41
5	7.26	29.36	146.78	0.50	20.28	101.39
6	7.67	27.26	136.3	3.00	38.44	192.20
7	0.00	27.26	136.3	1.71	34.01	170.04
8	23.02	130.06	650.3	0.00	23.59	117.93
9	7.61	103.72	518.61	3.74	38.36	191.79
10	7.59	103.64	518.21	0.03	19.15	95.77

续表

格子	人口（百万）	中国硫排放量(t)		人口(百万)	非洲硫排放量(t)	
		含 $SC = 0.1\%$ 的 e_i^0	含 $SC = 0.05\%$ 的 e_i^1		含 $SC = 0.1\%$ 的 e_i^0	含 $SC = 0.05\%$ 的 e_i^1
11	5.97	40.00	200.01	0.07	13.59	67.94
12	9.22	41.66	208.29	0.38	14.62	73.10
13	7.12	43.52	217.58	2.78	18.34	91.68
14	10.91	40.00	200.01	0.78	44.53	222.66
15	3.53	64.42	322.11	11.45	53.71	268.57
16	5.61	47.60	237.98	1.35	20.74	103.68
17	0.00	46.67	233.35	1.15	2.88	14.41
18	3.05	46.67	233.35			
19	30.09	238.58	1 192.89			
20	2.43	17.04	85.19			
21	9.04	17.09	85.44			
22	0.00	0.00	0			
23	0.00	0.00	0			
24	0.00	0.00	0			
25	0.00	0.00	0			
26	3.00	19.44	97.19			

2.中国案例

如图 3.6 所示，第一个网格区域是渤海湾，该网格的面积远大于其他网格。渤海湾地区于 2016 年 1 月 1 日至 2018 年 12 月 31 日被确定为排放控制区。因此，认为可以在渤海湾地区建立一个单独的排放控制区。模型中的式(3.42)和式(3.43)可写作：

$$\sum_{k=i}^{i+S-1} x_k \leqslant 1, \forall i = 2, \dots, (|N| - S + 1) \tag{3.48}$$

$$\sum_{k=i}^{i+S-1} x_k \geqslant S \cdot x_i^F, \forall i = 2, \dots, (|N| - S + 1) \tag{3.49}$$

现在，通过考虑不同的 S 和 λ 值提供结果，如图 3.8 所示。当 $S=1$ 时，可以得到许多排放控制区，其中大多数是由单个网格组成的，如图 3.8(a)中的圆圈所示。随着 S 值的增加，网格格数的增加，要求构建排放控制区所需的网格数量也增加，然后构建排放控制区的数量减少。随着数值 λ 的增加，模拟的硫排放许可会减少，然后被排放控制区覆盖的网格数量会增加。

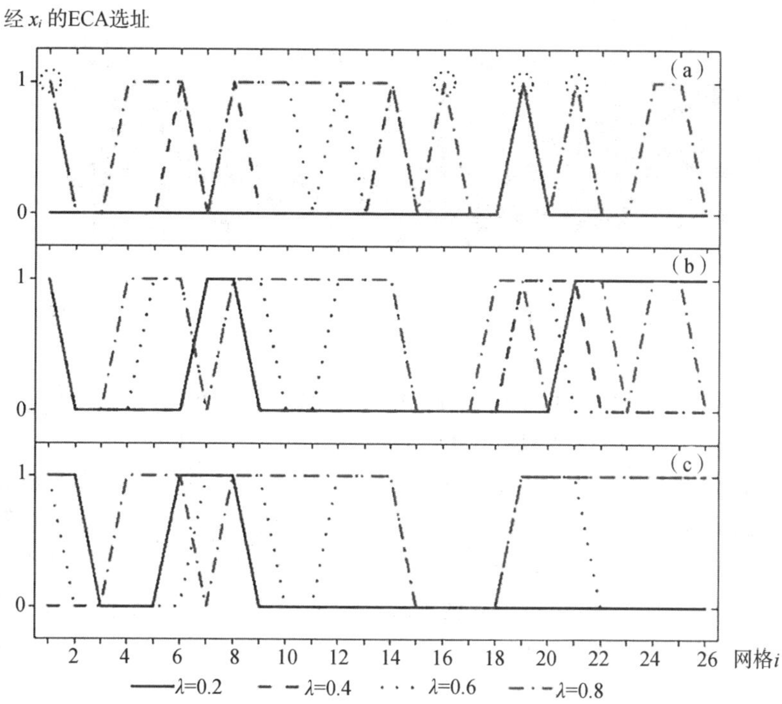

图 3.8　以中国为例，经 x_i 的排放控制区(ECA)选址 (a) $S=1$，(b) $S=2$，(c) $S=3$

Fig.3.8　For the case of China, ECA location via x_i for (a) $S=1$, (b) $S=2$, (c) $S=3$

接下来，展示了不同 λ 取值下的更多结果，其中通常考虑 $S=3$。引入每个排放控制区网格的选址概率，定义为每个网格位于任何排放控制区内的频率。进一步考虑了两种不同的情况(案例 1 和案例 2)。对于案例 1，认为中国的硫排放在一定程度上受到了控制。对于案例 2，认为中国的硫排放有了显著改善。然后，确定了这两种情况下不同网格的排放控制区选址概率。

当 $\lambda=1$ 时，模型给出中国沿海地区的所有网格都被排放控制区覆盖。为了模拟案例 1 的情况，考虑了一些相对较大的 λ 值，通过改变 λ 从 0.5 到 1 的取值来得出结果，如图 3.9 所示。可以看出，渤海湾地区、长江三角洲和珠江三角洲建立排放控制区的概率较高。显然，这三个区域在 2016 年 1 月 1 日至 2018 年 12 月 31 日期间曾经是三个排放控制区。此外，通过改变 λ 从 0.05 到 1 的取值得到类似的结果，如图 3.10 所示。

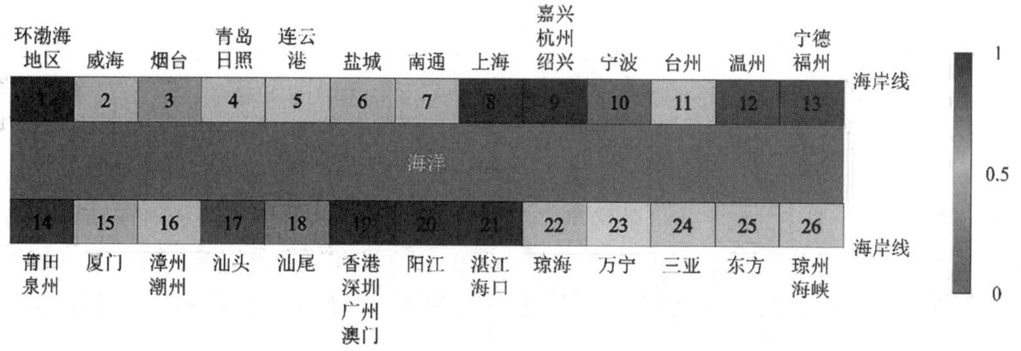

图 3.9　案例 1 中的排放控制区(ECA)选址概率

Fig.3.9　The ECA location probability for Case 1

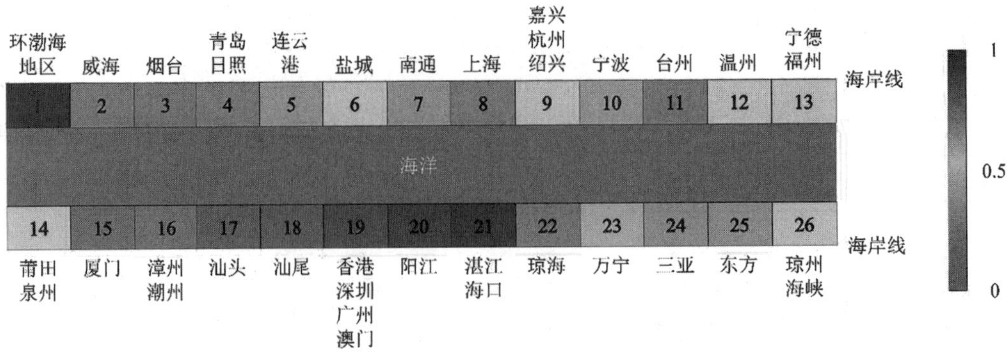

图 3.10　中国的排放控制区(ECA)选址概率

Fig.3.10　The ECA location probability for China

当 $\lambda=0$ 时,模型表明中国不需要排放控制区(ECA)。为了模拟案例 2 的情况,考虑了一些 λ 相对较小的值,通过改变 λ 从 0.05 到 0.6 的取值来得出结果,如图 3.11 所示。显然,渤海湾地区拥有最高的排放控制区(ECA)选址概率。也就是说,在这种情况下,渤海湾地区建立排放控制区(ECA)的概率最高。此外,相对于其他网格,珠江三角洲具有较高的排放控制区(ECA)选址概率。根据表 3.18,与其他网格相比,渤海湾地区的人口最多,而珠江三角洲的硫排放量最大。

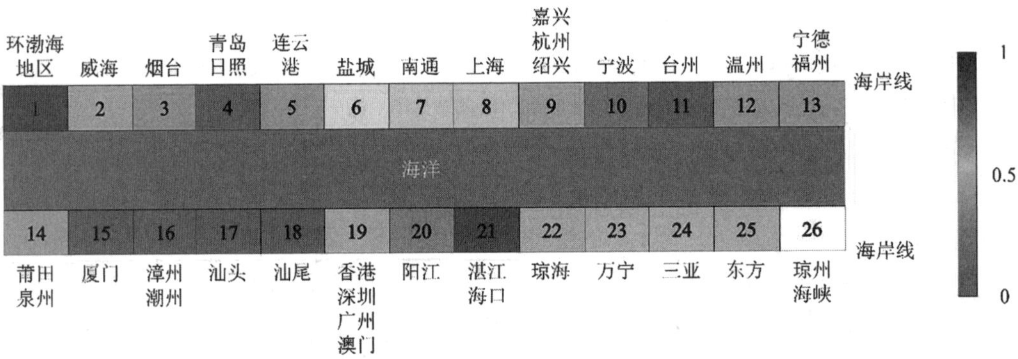

图 3.11　案例 2 中的排放控制区(ECA)选址概率

Fig.3.11　The ECA location probability for Case Ⅱ

3.非洲案例

如图 3.12 所示,通过考虑不同的 S 和 λ 值来提供结果。和图 3.8 相似,当 $S=1$ 时,也可以找到许多排放控制区,每个排放控制区都是由单个网格组成的。随着 S 的增加,排放控制区的数量减少。随着 λ 的增加,位于排放控制区中的网格数增加。

对于非洲,同样考虑的两个不同的案例(案例 A 和案例 B)。对于案例 A,非洲的硫排放在一定程度上得到控制,然后确定建立一个或两个新排放控制区的适当位置。对于案例 B,认为非洲的硫排放变得更加严重,可能需要更多的排放控制区。因此,案例 A 类似于中国的案例 2,案例 B 类似于中国的案例 1。

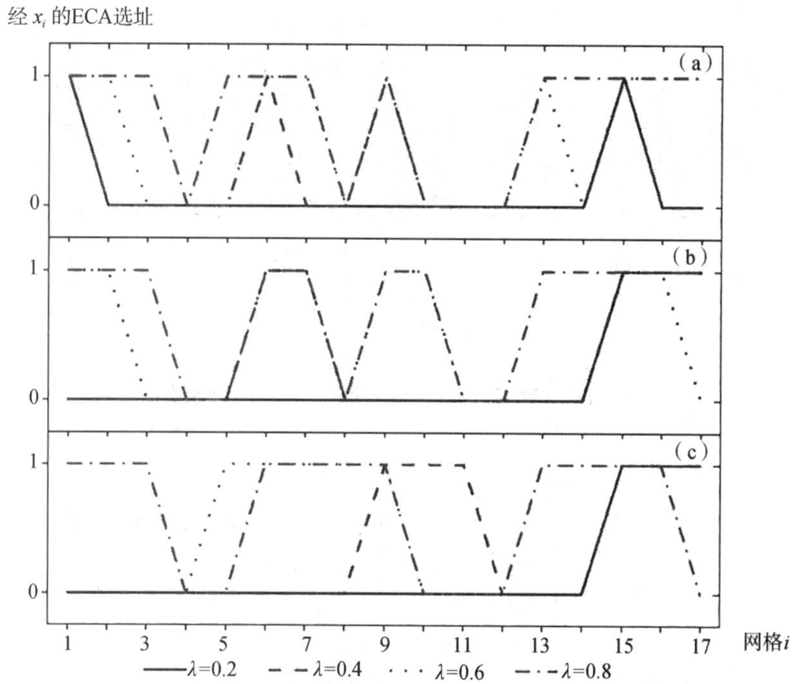

图 3.12 以非洲为例,通过 x_i 选址排放控制区(ECA)(a) $S=1$, (b) $S=2$, (c) $S=3$

Fig.3.12 For the case of Africa, ECA location viax_i for (a) $S=1$, (b) $S=2$, (c) $S=3$

对于案例 A,考虑从 0.05 到 0.6 改变 λ 的值。对于案例 B,考虑从 0.5 到 1 改变 λ 的值的结果,如图 3.13、图 3.14 所示。同样,也可以通过从 0.5 到 1 改变 λ 的值来显示类似的结果,如图 3.15所示。

从图 3.12 中可以发现,案例 A 中几内亚湾建立排放控制区的概率最高。图 3.13 表明,案例 B 中几内亚湾和南非周围的区域具有很高的排放控制区选址概率。如表 3.18 所示,与其他网格相比,这两个区域基本上拥有最多的人口和最大的硫排放量。这样的结果与 Kaluza 等(2010)[88]对船舶运动的实证研究一致。

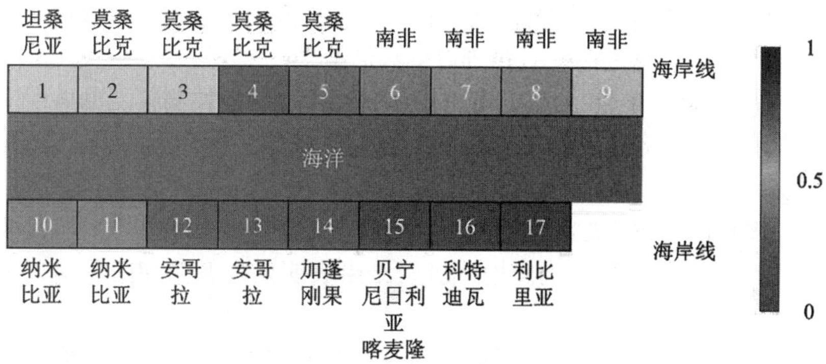

图 3.13 案例 A 的排放控制区(ECA)选址概率

Fig.3.13 The ECA location probability for Case A

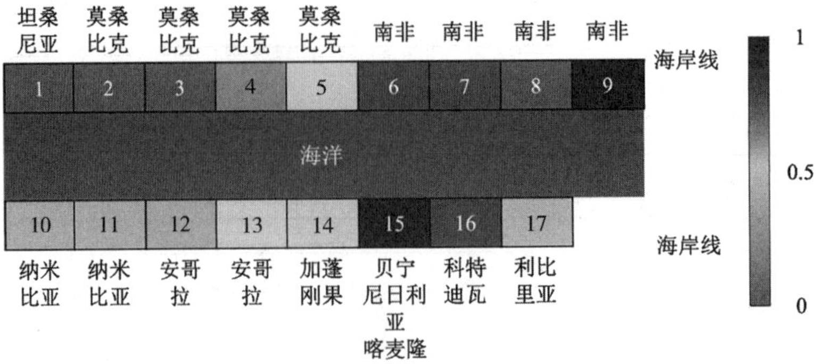

图 3.14　案例 B 的排放控制区(ECA)选址概率

Fig.3.14　The ECA location probability for Case B

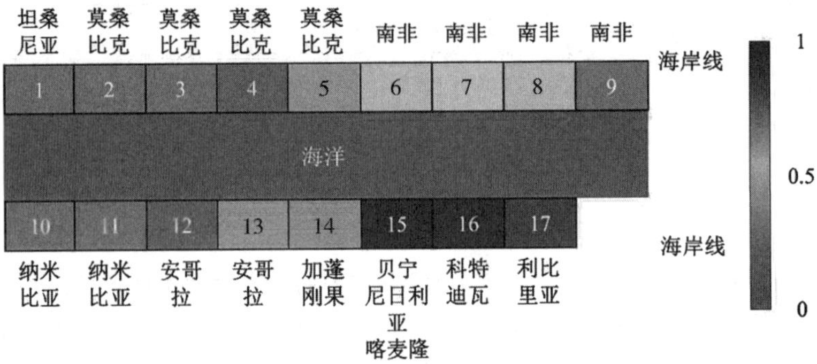

图 3.15　非洲的排放控制区(ECA)选址概率

Fig.3.15　The ECA location probability for Africa

四、讨论

本文探讨了在未来建立更多还是更少的排放控制区。通过在研究的区域引入假想的硫排放许可,可以将研究问题描述为排放控制区选址问题,该问题通过最大限度地减少硫排放对健康的影响来确定排放控制区的最佳选址。针对该问题,提出了一个混合整数线性规划模型。模型应用于两个地区(中国和非洲国家),得到以下数值结果:

就中国而言,自 2019 年 1 月 1 日起,整个中国领海构成排放控制区。如果中国的硫排放得到了一定的控制,那么少量的排放控制区可能就足够了,结果表明环渤海、长三角和珠三角地区建立排放控制区的可能性较大。

就非洲而言,到目前为止非洲还没有建立任何排放控制区。如果非洲的硫排放变得更加严重,可能需要在非洲建立一个或多个排放控制区,结果表明几内亚湾和南非建立排放控制区的可能性很高。

研究存在一些局限性。第一,没有考虑硫排放权在不同地区的分配,这可能会对排放控制区的选址产生较大的影响。第二,在确定不同地点的燃料消耗时,只从马士基收集了数据。基于更多的数据,可以得到更准确的结果。最后,本研究为确定排放控制区未来局势的选址制定了一个框架,因此,如果将航运能源需求预测与框架整合考虑,效果将更好。

思考题

1.评估 ECA 政策有效性,可以采用哪些方法?

2.对于国际海事组织(IMO)和各个国家设定的排放控制区(ECA),如何全面评估它们对航运减排的实际效果?

3.试述对 ECA 政策净社会经济影响的理解。

4.在设定排放控制区(ECA)的范围时,需要考虑哪些因素?如何量化评估?

5.对氮排放控制区(NECA)的成本效益分析(CBA),有哪些关键因素可能对结果产生影响?

6.考虑排放控制区(ECA)的设定历程与实际影响,讨论未来是否需要设定更多的范围。

参考文献

[1] WHO. 7 Million premature deaths annually linked to air pollution[R].Switzerland:WHO,2014.

[2] WHO. Ambient (outdoor) air quality and health[R].Switzerland:WHO,2022.

[3] PUTAUD JP, VAN DINGENEN R, ALASTUEY A, et al. A European aerosol phenomenology-3:Physical and chemical characteristics of particulate matter from 60 rural, urban, and kerbside sites across Europe[J]. Atmospheric Environment, 2010, 44:1308-1320.

[4] LELIEVELD J, EVANS J S, FNAIS M, et al. The contribution of outdoor air pollution sources to premature mortality on a global scale[J]. Nature, 2015, 525(7569):367-371.

[5] CORBETT J J, WINEBRAKE J J, Green E H, et al. Mortality from ship emissions:a global assessment[J]. Environ Sci Technol, 2007, 41(24):8512-8.

[6] AARDENNE J A V, COLETTE A, DEGRAEUWE B, et al. The impact of international shipping on European air quality and climate forcing[C], 2013.

[7] EIDE M, DALSØREN S, ENDRESEN Ø, et al. Reducing CO_2 from shipping-do non-CO_2 effects matter? [J]. Atmospheric Chemistry & Physics Discussions, 2012, 12:27425-27473.

[8] JULIAN M. MARPOL 73/78:the international convention for the prevention of pollution from ships[J]. Maritime Studies, 2000, 2000(113):16-23.

[9] IMO. Marine environment protection committee (MEPC), 71st session 3 [R]. London: IMO,2020.

[10] WINNES H. NO_X controls for shipping in EU seas[C], 2016.

[11] KALLI J. Cost efficiency estimations of In force and forthcoming international regulations (MARPOL Annex Ⅳ)[J]. Clean Shipping Currents, 2013, 2(7).

[12] KALLI J, JALKANEN J P, Johansson L, et al. Atmospheric emissions of European SECA shipping:long-term projections[J]. WMU Journal of Maritime Affairs, 2013, 12(2):129-145.

[13] TZANNATOS E. Costs and benefits of reducing SO_2 emissions from shipping in the Greek seas [J]. Maritime Economics & Logistics, 2010, 12(3):280-294.

[14] WANG C, CORBETT J J. The costs and benefits of reducing SO_2 emissions from ships in the US West Coastal waters [J]. Transportation Research Part D: Transport and Environment, 2007, 12(8):577-588.

[15] BOSCH P, COENEN P, FRIDELL E, et al. Cost Benefit Analysis to support the impact assessment accompanying the revision of directive 1999/32/EC on the sulphur content of certain liquid fuels[J]. AEA Report to European Commission, Didcot, 2009.

[16] EPA. Economic impact assessment of a NO_X emission control area in the north sea[R].Washington:EPA,2012.

[17] NEAA PBL. Assessment of the environmental impacts and health benefits of a nitrogen emission control area in the North Sea[R].Netherlands:NEAA PBL,2012.

[18] PEARCE D, ATKINSON G, MOURATO S. Cost-benefit analysis and the environment: recent developments[M]. Organisation for Economic Co-operation and development, 2006.

[19] BOARDMAN A E, GREENBERG D H, VINING A R, et al. Cost Benefit analysis: concepts and practice[J]. nd ed, 2006.

[20] BICKEL P, FRIEDRICH R, Droste-Franke B, et al.Externe: externalities of energy: methodology 2005 update [M]. Luxembourg: Office for Official Publications of the European Communities, 2005.

[21] UNCTAD. Review of maritime transport[R].Switzerland: UNCTAD,2013.

[22] DNV. World LNG fueled fleet as of March[R].Norway: DNV,2020.

[23] ENTEC.Quantification of emissions from ships associated with ship movements between ports in the european community european commission quantification of emissions from ships associated with ship movements between ports in the european community-2. Quantification of ship emissions [EB/OL]. 2002. http: // ec. europa. eu/environment/air/pdf/chapter2 _ ship _ emissions.pdf.

[24] ENTEC. Service contract on ship emissions: assignment, abatement and market-based instruments: task 2b-NO_X abatement[EB/OL]. 2005. http: // ec. europa. eu/environment/air/pdf/task2_nox.pdf.

[25] SJöBRIS A, GUSTAFSSON J, JIVéN K. ARTEMIS sea transport emission modelling[J].Gothenburg MariTerm AB,2005.

[26] COOPER D, GUSTAFSSON T. Methodology for calculating emissions from ships: 2. emission factors for 2004 reporting: on behalf of the Swedish Environmental Protection Agency [C], 2004.

[27] CORBETT J J, LACK D A, WINEBRAKE J J, et al. Arctic shipping emissions inventories and future scenarios[J]. Atmos. Chem. Phys., 2010, 10(19): 9689-9704.

[28] BRYNOLF S. Environmental assessment of present and future marine fuels[C], 2014.

[29] FLUGSRUD K. GHG and NOx emissions from gas fuelled engines[C], 2017.

[30] IIASA. Updates to the GAINS model databases after the bilateral consultations with national experts in 2014[R].Vienna: IIASA,2014.

[31] ENTEC.Service Contract on Ship Emissions: Assignment, Abatement and Market-based Instruments: Task 2c-SO2 Abatement[EB/OL]. 2005. http: // ec. europa. eu/environment/air/pdf/task2_so2.pdf.

[32] Maritime Activities in the Baltic Sea: An Integrated Thematic Assessment on Maritime Activities and Response to Pollution at Sea in the Baltic Sea Region[M]. Helsinki Commission-Baltic Marine Environment Protection Commission, 2010.

[33] Næringslivets NOx-fond and DNV. TILTAKSSØKNADER INNSTILT TIL STØTTE FRA NOx-FONDET[EB/OL]. 2015. https: // www. nho. no/siteassets/nhos-filer-og-bilder/filer-og-dokumenter/nox-fondet/dette-er-nox-fondet/innvilget-stotte/webliste-til-fondet—050515-alle-innvilgede-soknader.pdf .

[34] DMA. North European LNG Infrastructure Project: A feasibility study for an LNG filling station infrastructure and test of recommendations[R].Denmark: DMA,2012.

[35] KLIMONT Z, COFALA J, BERTOK I, et al. Modelling particulate emissions in europe. a framework to estimate reduction potential and control costs[M].2002.

[36] Godard O:Chapter 2:Economics in the Environmental Crisis:Part of the Solution or Part of the Problem? Changing Climate, Changing Economy, Cheltenham, UK: Edward Elgar Publishing, 2009.

[37] BANKS C, TURAN O, INCECIK A, et al. Understanding ship operating profiles with an aim to improve energy efficient ship operations[C],2013.

[38] GLENN I, PATERSON R B, LUZNIK L. Sea-Operational Profile for Structural Reliability Assessments[C],1999.

[39] JONSON J E, JALKANEN J-P, JOHANSSON L, et al. Model calculations of the effects of present and future emissions of air pollutants from shipping in the Baltic Sea and the North Sea [J]. Atmospheric Chemistry and Physics, 2014, 15:783-798.

[40] JONGE E D, HUGI C, COOPER D, et al. European commission directorate general environment service contract on ship emissions:assignment, abatement and market-based Instruments [C], 2005.

[41] IMO. Reduction of GHG emissions from ships, third IMO GHG Study 2014[R].London: IMO,2020.

[42] AMANN M, BERTOK I, BORKEN-KLEEFELD J, et al. Cost-effective emission reductions to improve air quality in europe in 2020:Background paper[C],2011.

[43] SIMPSON D, BENEDICTOW A, BERGE H, et al. The EMEP MSC-W chemical transport model-Technical description[J]. ATMOSPHERIC CHEMISTRY AND PHYSICS, 2012, 12: 7825-7865.

[44] UN. World population prospects the 2010 revision-volume Ⅰ:comprehensive tables[R].New York:UN,2011.

[45] SCHUCHT S, COLETTE A, RAO S, et al. Moving towards ambitious climate policies:monetised health benefits from improved air quality could offset mitigation costs in Europe[J]. Environmental Science & Policy, 2015, 50:252-269.

[46] WHO. Health risks of air pollution in Europe-HRAPIE project:recommendations for concentration-response functions for cost-benefit analysis of particulate matter, ozone and nitrogen dioxide [R].Switzerland:WHO,2013.

[47] ANNUNZIATA F, REGULA R, FRANCESCO F. Nitrogen dioxide and mortality:review and meta-analysis of long-term studies[J]. European Respiratory Journal, 2014, 44(3):744.

[48] WHO. Health effects of Black Carbon[R].Switzerland:WHO,2012.

[49] IIASA. Cost benefit analysis for the revision of the national emissions ceilings directive:Policy options for revisions to the gothenburg protocol to the UNECE convention on long-Range Transboundary Air Pollution[R].Vienna:IIASA,2011.

[50] MYHRE G, SHINDELL D T, PONGRATZ J. Anthropogenic and natural radiative forcing [C],2014.

[51] MYHRE G, SHINDELL D T, PONGRATZ J. Anthropogenic and natural radiative forcing [C],2014.

[52] HOLLAND M. Cost-benefit analysis of final policy scenarios for the eu clean air package [C],2014.

[53] HOLLAND, M., et al..Methodology for the cost-benefit analysis for cafe:volume 1:overview of methodology[EB/OL]. (2005). http://ec.europa.eu/environment/archives/cafe/pdf/cba_methodology_vol1.pdf .

[54] DESAIGUES B, AMI D, BARTCZAK A, et al. Economic valuation of air pollution mortality:a 9-country contingent valuation survey of value of a life year (VOLY) [J]. Ecological Indicators, 2011, 11:902-910.

[55] OECD. Mortality risk valuation in environment, health and transport policies[M]. 2012.

[56] EC4MACS. The alpha benefit assessment model-EC4Macs modelling methodology[R].Austria: EC4MACS,2013.

[57] CBI.Healthy returns? absence and workplace health survey 2011[EB/OL]. (2011). http://www.cbi.org.uk/media/955604/2011.05-healthy_returns_-_absence_and_workplace_health_survey_2011.pdf .

[58] EC. Impact assessment accompanying the document communication from the commission to the european parliament, the council, the european economic and social committee and the Committee of the regions[R].Belgium:EC,2014.

[59] IIASA. Specific evaluation of emissions from shipping including assessment for the establishment of possible new emission control areas in European Seas[R].Vienna:IIASA,2013.

[60] THURSTON G D, KIPEN H M, ANNESI-MAESANO I, et al. A joint ERS/ATS policy statement:what constitutes an adverse health effect of air pollution? An analytical framework[J]. European Respiratory Journal, 2017, 49.

[61] AMEC. Impacts on jobs and the economy of the meeting the requirements of MARPOL Annex Ⅵ[R].UK:AMEC,2013.

[62] HOLMGREN J, NIKOPOULOU Z, RAMSTEDT L, et al. Modelling modal choice effects of regulation on low-sulphur marine fuels in Northern Europe[J]. Transportation Research Part D: Transport and Environment, 2014, 28:62-73.

[63] NOTTEBOOM T. The impact of low sulphur fuel requirements in shipping on the competitiveness of roro shipping in Northern Europe[J]. WMU Journal of Maritime Affairs, 2011, 10(1):63-95.

[64] ADLAND R, FONNES G, JIA H, et al. The impact of regional environmental regulations on empirical vessel speeds[J]. Transportation Research Part D: Transport and Environment, 2017, 53:37-49.

[65] LI L, GAO S, WENGUO Y, et al. Ship's response strategy to emission control areas:from the perspective of sailing pattern optimization and evasion strategy selection[J]. Transportation Research Part E:Logistics and Transportation Review, 2019, 133.

[66] CHU VAN T, RAMIREZ J, RAINEY T J, et al. Global impacts of recent IMO regulations on marine fuel oil refining processes and ship emissions[J]. Transportation Research Part D: Transport and Environment, 2019.

[67] JALKANEN J P, JOHANSSON L, KUKKONEN J. A comprehensive inventory of ship traffic

exhaust emissions in the European sea areas in 2011[J]. Atmospheric Chemistry and Physics, 2016, 16.

[68] SUN Z, ZHENG J. Finding potential hub locations for liner shipping[J]. Transportation Research Part B:Methodological, 2016, 93:750-761.

[69] SMITH T, JALKANEN J, ANDERSON B, et al. Third IMO GHG Study 2014:executive summary and final report[M].2014.

[70] 孙井超.大连港口船舶排放清单研究[D].大连:大连海事大学,2017.

[71] KONTOVAS C A. The green ship routing and scheduling problem (gsrsp):a conceptual approach[J]. Transportation Research Part D:Transport and Environment, 2014, 31:61-69.

[72] DULEBENETS M A. The green vessel scheduling problem with transit time requirements in a liner shipping route with Emission Control Areas[J]. Alexandria Engineering Journal, 2017, 57:331-342.

[73] ZHEN L, HU Z, YAN R, et al. Route and speed optimization for liner ships under emission control policies[J]. Transportation Research Part C: Emerging Technologies, 2020, 110: 330-345.

[74] PAN X, TENG F, WANG G. A comparison of carbon allocation schemes:On the equity-efficiency tradeoff[J]. Energy, 2014, 74:222-229.

[75] SHUAI C, SHEN L, JIAO L, et al. Identifying key impact factors on carbon emission: Evidences from panel and time-series data of 125 countries from 1990 to 2011[J]. Applied Energy, 2017, 187:310-325.

[76] ZHIYING F, TANG W, Niu Z, et al. Bi-level allocation of carbon emission permits based on clustering analysis and weighted voting: A case study in China[J]. Applied Energy, 2018, 228:1122-1135.

[77] YING, KONG, ZHU, et al. A carbon-intensity based carbon allowance allocation scheme among enterprises in Shenzhen[C],2016.

[78] MU H, LI L, LI N, et al. Allocation of carbon emission permits among industrial sectors in liaoning province[j]. energy procedia, 2016, 104:449-455.

[79] WU Q, PENG C. Scenario analysis of carbon emissions of china's electric power industry up to 2030[J]. Energies, 2016, 9:1-18.

[80] WANG K, ZHANG A. Climate change, natural disasters and adaptation investments:Inter-and intra-port competition and cooperation[J]. Transportation Research Part B: Methodological, 2018, 117:158-189.

[81] RANDRIANARISOA L M, ZHANG A. Adaptation to climate change effects and competition between ports:Invest now or later? [J]. Transportation Research Part B:Methodological, 2019, 123:279-322.

[82] ABIOYE O F, DULEBENETS M A, PASHA J, et al. A vessel schedule recovery problem at the liner shipping route with emission control areas[J]. Energies, 2019, 12(12):2380.

[83] CAMPBELL-LENDRUM D, CORVALAN C, WOODWARD A. Outdoor air pollution Assessing the environmental burden of disease at national and local levels[C],2005.

[84] WINEBRAKE J J, CORBETT J J, GREEN E H, et al. Mitigating the health impacts of pollu-

tion from oceangoing shipping: an assessment of low-sulfur fuel mandates[J]. Environmental Science & Technology, 2009, 43(13):4776-4782.

[85] ZHENG J, GAO Z, YANG D, et al. Network design and capacity exchange for liner alliances with fixed and variable container demands[J]. Transportation Science, 2015, 49(4):886-899.

[86] WANG S, MENG Q. Robust bunker management for liner shipping networks[J]. European Journal of Operational Research, 2015, 243(3):789-797.

[87] LE L T, LEE G, KIM H, et al. Voyage-based statistical fuel consumption models of ocean-going container ships in Korea[J]. Maritime Policy & Management, 2020, 47(3):304-331.

[88] KALUZA P, KOELZSCH A, GASTNER M, et al. The complex network of global cargo ship movement[J]. Journal of the Royal Society, Interface / the Royal Society, 2010, 7:1093-103.

第四章　绿色航运技术应用

第一节　绿色航运技术要求

一、船舶能效设计指数(EEDI)

1.船舶能效设计指数定义

船舶能效设计指数(EEDI)是船舶消耗的能量换算成二氧化碳(CO_2)排量和船舶有效能量换算成二氧化碳(CO_2)排量的比例指数[1]。它的目标是减少航运中的二氧化碳(CO_2)排放,为比较船舶的能源效率提供基准,并设定不同船型和尺寸段的最低效率要。

在2011年7月的海上环境保护委员会(MEPC)第62届会议上,国际海事组织(IMO)正式通过船舶能效设计指数(EEDI),船舶能效设计指数(EEDI)的通过为全球航运业的节能减排工作注入了一股强心剂。在2012年3月举行的国际海事组织(IMO)海上环境保护委员会(MEPC)第63届会议上,通过了四项重要指南,目的在于辅助实施强制性的船舶能效法规,该法规正式纳入了《国际防止船舶造成污染公约》(MARPOL公约)附则Ⅵ。新船舶的船舶能效设计指数能够促进使用更节能(更清洁)的设备和发动机。2016年国际海事组织(IMO)第70/33号决议修订了船舶能效设计指数的阶段性目标,并将其进一步提高。根据这一决议,新建船舶需要满足更严格的能效要求,以进一步减少碳排放。2020年国际海事组织(IMO)第82/29号决议确定了船舶能效设计指数的第四阶段的目标和时间表,根据这一决议,新建船舶需要进一步提高能效,以减少碳排放。船舶能效设计指数要求不同船舶类型和尺寸段的每吨海里能源效率达到一定的最低水平,船舶能效设计指数的规定致力于激发持续创新和技术发展,涵盖了从船船设计阶段开始影响燃油效率的所有组成部分。只要达到要求的能源效率水平,船舶设计师和建造者可以自由选择最具成本效益的解决方案来符合规定。因此,船舶能效设计指数是一种目标导向的技术标准,意在促进船舶设计的改进,并推广使用更清洁的设备和发动机。

2.船舶能效设计指数计算公式

船舶能效设计指数为每艘船的设计提供了一个具体的数值,以每船的运力海里/二氧化碳(CO_2)排放克数表示(船舶能效设计指数越小,船舶设计的能源效率越高)。为了将该公式调整为一种全面的计算方法,以体现不同的船舶类型、推进系统配置、燃料系统和潜在的能效技术,该公式被扩展为目前的形式[2]:

$$EEDI=\frac{\left(\sum_{j=1}^{n}fj\right)\left(\sum_{i=1}^{nME}P_{ME(i)}C_{FME(i)}SFC_{ME(i)}\right)+\left(P_{AE}C_{FAE}SFC_{AE}*\right)+\left[\left(\sum_{j=1}^{n}f_j\sum_{i=1}^{nPTI}P_{PTI(i)}-\sum_{i=1}^{neff}f_{eff(i)}P_{AEeff(i)}\right)C_{FAE}SFC_{AE}\right]-\left(\sum_{i=1}^{neff}f_{eff(i)}P_{eff(i)}C_{FME}SFC_{ME}**\right)}{f_i f_c f_l Capacity f_w v_{ref} f_m} \tag{4.1}$$

* 如果正常最大海上负荷部分由轴带发电机提供,对于那部分功率,可使用 SFC_{ME} 和 C_{FME} 取代 SFC_{AE} 和 C_{FAE}。

** 如果 $P_{PTI(i)}>0$, $(SFC_{ME}C_{FME})$ 和 $(SFC_{AE}C_{FAE})$ 的平均加权值应用于计算 P_{eff}。

** 式(4.1)可能不适用于具有柴油-电力推进、涡轮推进或混合推进系统的船舶,但邮轮和液化天然气(LNG)船除外。

使用式(4.1)计算船舶能效设计指数(EEDI)时,表4.1参数适用:

表4.1　符号说明表

Tab.4.1　Symbol description table

符号	描述
C_F	C_F 是燃料消耗量和二氧化碳(CO_2)排放量之间的转换系数。 C_F 的值对应于确定氮氧化物(NO_X)技术档案中列出的 SFC 时所使用的燃料。C_F 应针对主发动机(C_{FME})和辅助发动机(C_{FAE})分别确定
v_{ref}	v_{ref} 表示船舶航速,单位为 n mile/h
Capacity	载运能力定义为: 对于散货船、液货船、气体运输船、液化天然气(LNG)运输船、滚装货船(车辆运输船)、滚装货船、客滚船、杂货船、冷藏货物运输船和兼用船,载重吨(DWT)应用做载运能力。对于客船和豪华邮轮,总吨(GT)应用做载运能力。对于集装箱船,载重吨(DWT)的70%应用作载运能力。 载重吨(DWT)指在密度为1 025 kg/m^{3}的水中夏季载重吃水时的船舶排水量与船舶空船重量之间的吨位差。夏季载重吃水应取由主管机关或经主管机关认可的组织批准的稳性手册核定的最大夏季吃水

续表

符号	描述
$P_{ME(i)}$	$P_{ME(i)}$ 指主机功率,对于每台主发动机(i),$P_{ME(i)}$ 是发动机最大连续额定功率(Maximum Continuous Rating, MCR)的 75%,以千瓦为单位进行测量; a. 对于采用柴电推进的液化天然气(LNG)船,$P_{ME(i)}$ 的计算方式如下: $P_{ME(i)} = 0.83 \times MPP_{Motor}/\eta_i$,其中,$MPP_{Motor}$ 是每个认证文件的马达的额定输出功率。 η_i 应取发电机、变压器、变换器和马达的电效率的乘积,且如必要,考虑进行加权平均:$\eta_i = \eta_{gen}\eta_{transf}\eta_{cov}\eta_{motor}$。 b. 对于采用蒸汽涡轮推进的液化天然气(LNG)船,$P_{ME(i)}$ 取值方式如下:$P_{ME(i)} = 0.83 \times MCR_{SteamTurbine}$
P_{PTO}	P_{PTO} 指轴带发电机,如果安装轴发电机,则每台轴发电机的功率 $P_{PTO(i)}$ 是额定电功率输出的 75%,以千瓦为单位进行测量;因此,$P_{PTO(i)}$:$0.75 \times MCR_{PTO(i)*}$。如果该轴发电机安装于蒸汽涡轮上,$P_{PTO(i)}$ 为额定电输出功率的 83%,且系数 0.75 应变更为 0.83。 计算轴发电机效果时,有两种选项可供选择: 选项 1: $\sum_{i+1}^{nME} P_{ME(i)} = 0.75 \times (\sum MCR_{ME(i)} - \sum P_{PTO(i)})$ 计算中允许的最大扣除值为:$0.75 \times \sum P_{PTO(i)} \leqslant P_{AE}$ 选项 2: $\sum P_{ME(i)} = 75\%$,限制功率的 75%。 仅在安装的主发动机功率受验证技术手段限制时适用
P_{PTI}	P_{PTI} 指轴马达,如果设有轴马达,那么 $P_{PTI(i)}$ 每台轴马达的额定功率消耗的 75%除以发电机的加权平均效率,如下所示: $\sum P_{PTI(i)} = \frac{\sum [75\% \times P_{SM,\max(i)}]}{\eta \overline{Gen}}(*)$ $P_{SM,\max(i)}$ 指每台轴马达的额定功率消耗;$\eta \overline{Gen}$ 指发电机的加权平均效率。 如果轴马达安装于蒸汽涡轮上,则 $P_{PTI(i)}$ 为额定输出功率的 83%,且系数 0.75 应变更为 0.83。测量 V_{ref} 时的推进功率为:$\sum P_{ME(i)} + \sum P_{PTI(i),Shaft}$,式中:$\sum P_{PTI(i),Shaft} = \sum [0.75 \times P_{SM,\max(i)} \eta_{PTI(i)}]$,$\eta_{PTI(i)}$ 指安装的每台轴马达的效率
$P_{eff(i)}$	$P_{eff(i)}$ 指在主机功率的 75%状态下用于推进的创新机械能效技术的输出。 无须测量直接与轴相连的机械回收废能,因为 V_{ref} 直接体现该技术的影响。如船舶装有若干发动机,C_F 和 SFC 应为所有主机的功率加权平均值。如船舶装有双燃料发动机,应按本表格内容计算 C_F 和 SFC

续表

<table>
<tr><th>符号</th><th>描述</th></tr>
<tr><td>P_{AE}</td><td>P_{AE} 是满足正常最大舰载负载的所需辅机功率,包括推进机械/系统和船上生活(例如主机泵、导航系统和设备及船上起居)所需的功率,但不包括不用于推进机械/系统(例如推力器、货泵、起货设备、压载泵、货物维护用的冷藏箱和货舱风机等)的功率:
a. 对于总推进功率 $\left[\sum MCR_{ME(i)} + \frac{\sum P_{PTI(i)}}{0.75}\right]$ 为 10 000 kW 或以上的船舶:
$$P_{AE[\sum MCR_{ME(i)} \geqslant 10000\ kW]} = \left\{0.025 \times \left[\sum_{i=1}^{nME} MCR_{ME(i)} + \frac{\sum_{i=1}^{nPTI} P_{PTI(i)}}{0.75}\right]\right\} + 250$$
b. 对于总推进功率低于 10 000 kW 的船舶:
$$P_{AE[\sum MCR_{ME(i)} < 10\ 000\ kW]} = \left\{0.05 \times \left[\sum_{i=1}^{nME} MCR_{ME(i)} + \frac{\sum_{i=1}^{nPTI} P_{PTI(i)}}{0.75}\right]\right\}$$
c. 对于具有再液化装置或压缩机以供应废气至引擎的液化天然气(LNG)船,P_{AE} 的计算具有特定规则,可参考国际海事组织(IMO)(2014c)规定。如果计算出的 P_{AE} 与实际 P_{AE} 显著不同,应使用船用电力表(EPT)来估算 P_{AE}</td></tr>
<tr><td>SFC</td><td>SFC 指发动机或蒸汽涡轮经核定的特定燃料消耗量[单位:g/(kWh)]。下标“$_{ME(i)}$”和“$_{AE(i)}$”分别表示主机和辅机。SFC_{AE} 是每台发动机 i 的 $SFC_{AE(i)}$ 的功率加权平均值。
a. 对于那些由于功率小于 130 kW 而不具有氮氧化物(NO_X)技术案卷包括的试验报告的发动机,应使用由发动机制造商规定并经主管当局认可的 SFC 值。
b. 在设计阶段,如无法获得氮氧化物(NO_X)技术案卷包括的试验报告,应使用由发动机制造商规定并经主管当局认可的 SFC 值。
c. 对于 SFC 的测量单位为千焦/千瓦时[kJ/(kW・h)]的液化天然气(LNG)发动机,应使用液化天然气(LNG)的标准低热值(48 000 kJ/kg)将其修正为单位:g/(kW・h)的 SFC 值,参见 2006 年 IPCC 导则。
对于蒸汽涡轮的 SFC($SFC_{SteamTurbine}$)应由制造商计算并经主管机关或经主管机关认可的组织验证,如下所示:
$$SFC_{SteamTurbine} = \frac{FuelConsumption}{\sum_{i=1}^{nME} P_{ME(i)}},$$
式中:
a. 燃料消耗量指每小时锅炉的燃料消耗量(g/h)。对于电力供应主要来自于与蒸汽和给水系统紧密相连的涡轮发电机的船舶,不仅应计算 P_{ME},还应计算 P_{AE} 中所述的电力负荷。
b.应使用 SNAME 工况(工况标准:气温 24 ℃、风机进风温度 38 ℃、海水温度 24 ℃)下的液化天然气(LNG)标准低热值(48 000 kJ/kg)将 SFC 值修正为液化天然气(LNG)的 SFC 值。
c.修正时应考虑到基于试验燃料低热值和基于液化天然气(LNG)低热值的锅炉效率的差别</td></tr>
</table>

续表

符号	描述
f_w	f_w 是无量纲系数，显示在波高、浪频和风速（例如蒲福风级 6 级）等有代表性的海况中航速的降低，并如下确定： 当根据《国际防止船舶造成污染公约》（MARPOL 公约）第Ⅵ附件规定 20 和 21 条计算得出的达到的船舶能效设计指数（EEDI）时，$f_w = 1.0$。 只适用于在恶劣天气条件下持续运行的船舶，$f_w = 1.0$。 基于 $f_w = 1.0$ 计算得出的达到的船舶能效设计指数（EEDI）应称为“达到的船舶能效设计指数（EEDI）天气”。 可以使用以下两种方法确定 f_w： a. 根据国际海事组织（IMO）（2012e）提供的船舶在典型海况下的性能模拟进行船舶特定模拟。 b. 根据国际海事组织（IMO）（2012e）提供的用于散货船、油船和集装箱船的容量函数表/曲线标准 f_w 表
$f_{eff(i)}$	$f_{eff(i)}$ 是创新能效技术的可用性因素。 对于余热回收系统，$f_{eff(i)} = 1.0$。其他技术的 $f_{eff(i)}$ 因子可能小于 1.0，因为它们的输出可能只是间歇性可用的。请参考国际海事组织（IMO）（2013e）
f_j	f_j 指用于补偿船舶特定设计要素的修正系数，j 是功率修正因子。 并适用于以下情况：冰级船舶、具有推进冗余的穿梭油船［80 000~160 000 总吨（GT）］、RO-RO 船，包括所有类型、整体货船，有关如何为上述每个类别分配 f_j 的详细信息，请参考国际海事组织（IMO）（2014c）
f_i	f_i 指载运能力系数，i 是适用于以下情况的容量修正因子： a. f_{iVSE}：适用于船舶特定的自愿结构增强措施。 b. f_{iCSR}：适用于按照共同结构规则（CSR）建造并获得共同结构规则（CSR）级别标记的船舶。 c. f_{iICE}：适用于冰强化船舶。 对于其他船舶类型，$f_i = 1.0$。 有关如何为上述每个类别分配 f_i 的详细信息，请参考国际海事组织（IMO）（2014c）

续表

符号	描述
f_c	f_c 是指舱容量修正系数，如无须考虑该系数，应假定该系数为 1； a. 化学品船的 f_c 对于《国际防止船舶造成污染公约》(MARPOL 公约)附则Ⅱ第 1.16.1 条中定义的化学品船，下列舱容量修正系数 f_c 应适用：$f_c = R^{-0.7} - 0.014$，式中 R 小于 0.9；或 $f_c = 1.0$，式中 R 为 0.98 或以上。 式中：R 指按本表格中确定的船舶载重吨(DWT)与船舶货舱总容积量(单位：m^3)的比值。 b. 气体运输船的 f_c 对于建造或改装成载运散装液化天然气(LNG)并具有直接柴油驱动推进系统的气体运输船，下列舱容量修正系数 f_{cLNG} 应适用：$f_{cLNG} = R^{-0.56}$，式中，R 指按本表格中确定的船舶载重吨(DWT)与船舶货舱总容积量(单位：m^3)的比值。 c. 客滚船的 $f_c(f_{cRoPax})$ 对于 DWT/GT 比小于 0.25 的客滚船，下列舱容量修正系数 $f_c(f_{cRoPax})$ 应适用： $f_c(f_{cRoPax}) = \left[\dfrac{\left(\dfrac{DWT}{GT}\right)}{0.25}\right] - 0.8$ d. 对于 R 小于 0.55 的散货船的 $f_c(f_{c\ bulk\ carriers\ designed\ to\ carry\ light\ cargoes})$ 对于 R 小于 0.55 的散货船(例如木屑船)，下列舱容量能力修正系数 $f_c(f_{c\ bulk\ carriers\ designed\ to\ carry\ light\ cargoes})$ 应适用： $f_c(f_{c\ bulk\ carriers\ designed\ to\ carry\ light\ cargoes}) = R^{-0.15}$，式中：$R$ 系指根据按本表格中确定的船舶载重吨(DWT)与船舶货舱总容积量(单位：m^3)的比值
f_l	f_l 是指具有起重机和其他起货设备的杂货船用于补偿船舶载重吨(DWT)损失的系数； $f_l = f_{cranes} f_{sideloader} f_{roro}$，如无起重机，$f_{cranes} = 1$；如无舷侧装载设备，$f_{sideloader} = 1$；如无滚装坡道，$f_{roro} = 1$。 $f_{cranes} = 1 + \dfrac{\sum_{n=1}^{n}(0.0519 \times SWL_n Reach_n + 32.11)}{Capacity}$，式中：$SWL$=由起重机制造商规定的安全工作负荷，单位为吨；$Reach$=安全工作负荷内的伸臂长度，单位为米；$N$=起重机数量。 对于其他起货设备，如舷侧装载设备和滚装坡道，系数定义如下： $f_{sideloader} = \dfrac{Capacity_{No\ sideloader}}{Capacity_{sideloader}}$，$f_{RoRo} = \dfrac{Capacity_{No\ RoRo}}{Capacity_{RoRo}}$
f_m	f_m 指 IA Super 和 IA 冰级船舶的系数，对于 IA Super 或 IA 冰级船舶，以下系数 f_m 应适用：$f_m = 1.05$，关于更多冰级之间的大致对应信息，参见赫尔辛基委员会 25/7 建议案

图 4.1 解释了船舶能效设计指数(EEDI)计算公式中每个项的含义。安装的主发动机功率和推进所需的能量，这由公式分子中的第一项表示。船舶的辅助功率需求，这由公式分子中的第二项表示。船舶上的创新电力技术，如余热回收或太阳能发电，这由公式分子中的第三项表示。提供船舶推进动力的创新机械技术，如风力辅助(帆、风筝等)，这是公式分子中的最后一项。船舶的承载能力和航速在分母中表示，它们的乘积代表运输工作的价值。

对于大多数已向国际海事组织(IMO)报告并公开发布船舶能效设计指数(EEDI)数据的船舶，该公式中的几个参数被设定为 0 或 1。具体而言：

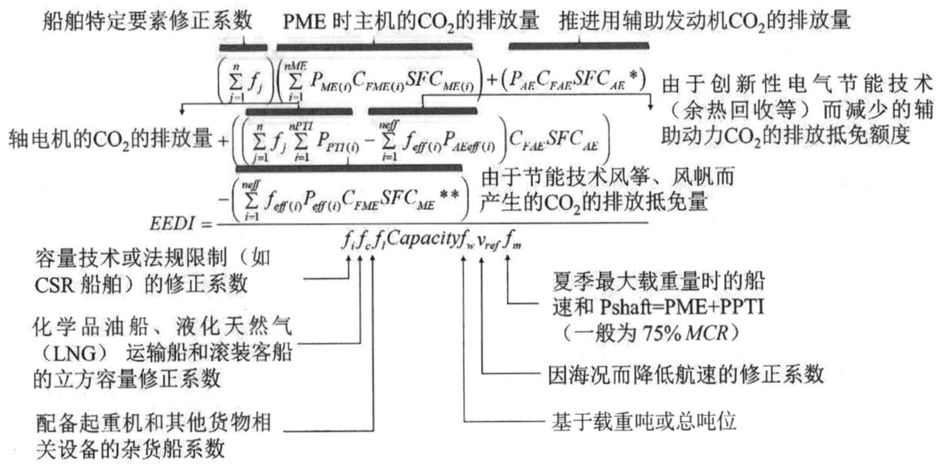

图 4.1 船舶能效设计指数(EEDI)计算公式分解

Fig.4.1 Decomposition of the EEDI calculation formula

a. 修正系数 $f_j = 1$，表示冰级船舶、滚装船、普通货船或具有推进冗余系统的摆船的船舶特定设计元素。

b.可用性系数 $f_{eff} = 0$，报告的创新技术目前仅限于用于发电的余热回收系统。需要指出的是，更常见的节能设备(例如预旋涡板、舵球)的效果无法与船舶的整体性能分离，在船舶能效设计指数(EEDI)的模型测试和速度试验中已考虑在船舶能效设计指数(EEDI)参考速度(v_{ref})中。

c.修正系数 $f_l = 1$，仅适用于普通货船。

d.修正系数 $f_w = 1$，天气因素 f_w 表示船舶在代表性海况中(如波高、波频和风速，例如 Beaufort 风力等级 6)的航速降低。目前，国际海事组织(IMO)关于 f_w 计算的指南仅为临时指南。

因此，船舶能效设计指数(EEDI)公式简化为以下方程式：

$$\frac{\left[\sum_{i=1}^{nME} P_{\mathrm{ME(i)}} C_{\mathrm{FME(i)}} SFC_{\mathrm{ME(i)}}\right] + (P_{\mathrm{AE}} C_{\mathrm{FAE}} SFC_{\mathrm{AE}})}{f_i f_c Capacity v_{\mathrm{ref}}} \tag{4.2}$$

3. 船舶能效设计指数（EEDI）应用

船舶能效设计指数(EEDI)适用于各种类型的新建船舶，包括但不限于以下几种船型：

表 4.2 船舶船型划分

Tab.4.2 Vessel type classification

船型	含义
散货船	包括干散货船、液散货船等。散货船是运输散装货物(如煤炭、矿石、谷物等)的船舶类型，通过应用船舶能效设计指数(EEDI)可以在设计阶段评估和改进船舶的能效性能
液货船	包括原油船、化学品船、液化气船等。油船是运输液体货物(如石油、化学品、液化气体等)的船舶类型，通过应用船舶能效设计指数(EEDI)可以确保新建油船在设计上具备一定的能效水平

续表

船型	含义
集装箱船	集装箱船是运输集装箱货物的船舶类型,是全球海上货运中最主要的船型之一。应用船舶能效设计指数可以帮助评估和改进新建集装箱船的能效性能,以减少每个集装箱单位的能源消耗
客船	包括客船、邮轮等。客船是运输旅客的船舶类型,通过应用船舶能效设计指数可以在设计阶段评估和改进客船的能效性能,减少每位旅客的能源消耗
其他船型	船舶能效设计指数也适用于其他类型的新建船舶,如拖船、渔船、海警船等。无论船舶类型如何,应用船舶能效设计指数可以促进新建船舶在设计阶段考虑能效,采取相应的措施提高能源效率

通过评估船舶的能效指数,可以在设计阶段推动船舶的能效改进,促进航运行业向更加环保和可持续的方向发展。

船舶能效设计指数用于评估新建船舶在设计阶段的能效水平,它的应用主要涉及以下几个方面:

能效设计评估:船舶能效设计指数的主要应用是在船舶设计阶段对新建船舶的能效进行评估。船舶设计者可以使用船舶能效设计指数来计算船舶的能效指数,并根据国际海事组织(IMO)规定的能效要求进行评估。这有助于确保新建船舶在设计上具备一定的能效水平,从而促进航运行业的能效改进和减少温室气体(GHG)排放。

能效改进措施:通过船舶能效设计指数(EEDI)的应用,船舶设计者和建造者可以确定能效改进措施,以提高新建船舶的能效水平。这可能包括采用更高效的船舶设计、使用节能设备和技术、优化船舶的航行性能等。通过实施这些措施,新建船舶可以减少能源消耗和碳排放,提高运营效率,并符合全球航运行业的可持续发展要求。

船舶能效设计指数证书和验证:根据国际海事组织(IMO)的规定,新建船舶需要获得船舶能效设计指数证书来证明其能效设计的合规性。船舶设计者和建造者需要通过认可的机构进行船舶能效设计指数的计算和验证,并提交相关的文件和数据进行审查。一旦船舶的船舶能效设计指数符合要求,将获得船舶能效设计指数证书,证明船舶的能效设计符合国际标准。

船舶能效设计指数的强制实施:国际海事组织(IMO)已确定了船舶能效设计指数的强制实施时间表。根据该时间表,新建船舶需要在特定时间节点之后进行船舶能效设计指数的计算和评估,并持有有效的船舶能效设计指数证书。这意味着新建船舶必须满足国际海事组织(IMO)规定的能效要求,以符合全球航运行业的能效改进目标。

二、现有船舶能效指数(EEXI)

1.现有船舶能效指数(EEXI)定义

现有船舶能效指数(EEXI)是国际海事组织(IMO)制定的一项标准,用于评估现有船舶的能源效率,现有船舶能效指数(EEXI)是与船舶技术设计相关的衡量标准,船舶一生必须获得一次现有船舶能效指数(EEXI)批准,最迟在 2023 年进行第一次定期检验。现有船舶能效指数(EEXI)的目标是减少船舶的温室气体(GHG)排放,提高船舶的能源效率,以应对气候变化和环境保护的挑战。

国际海事组织(IMO)通过了一系列文件和政策来引入现有船舶能效设计指数(EEXI)并规范其应用,其中最重要的文件是国际海事组织(IMO)第 76 届海事安全委员会(Maritime Safety

Committee, MSC)于 2020 年通过的决议海上环境保护委员会(MEPC)《关于船舶能效设计指数(EEDI)的修订和现有船舶能效指数(EEXI)的引入的修正案》。根据这一决议,现有船舶能效指数(EEXI)将成为船舶运营的重要指标。船舶所有者和运营者需要计算和报告船舶的现有船舶能效设计指数(EEXI),并确保其符合国际海事组织(IMO)规定的能效要求。此外,国际海事组织(IMO)还要求船舶在 2023 年 1 月 1 日之后进行现有船舶能效指数(EEXI)的初次认证,并在每次船级维护检查时进行定期验证。为了帮助船舶所有者和运营者理解和遵守现有船舶能效指数(EEXI)的要求,国际海事组织(IMO)发布了一系列指导文件和技术指南。

现有船舶能效指数(EEXI)的实施是国际海事组织(IMO)的一个重要举措,旨在推动航运行业向更加环保和可持续的方向发展。通过控制船舶的能源消耗和温室气体(GHG)排放,现有船舶能效指数(EEXI)有助于减少航运对气候变化的影响,促进全球航运的可持续发展。

2.现有船舶能效指数(EEXI)计算公式

现有船舶能效指数(EEXI)的定义和计算方法在国际海事组织(IMO)的《能源效率设计指南》(EEDI)的基础上进行了扩展。现有船舶能效指数(EEXI)考虑了现有船舶的技术和设计特征,以及船舶的燃料消耗情况。通过计算船舶的现有船舶能效指数(EEXI)值,可以评估船舶的能源效率水平。现有船舶能效指数(EEXI)的计算涉及船舶的技术参数、船舶的设计特征、船舶的载重情况以及船舶的燃料消耗等因素。通过计算现有船舶能效指数(EEXI)值,判断船舶是否符合国际海事组织(IMO)规定的能源效率要求。如果现有船舶能效指数(EEXI)值超过了规定的阈值,船东需要采取措施提高船舶的能源效率,以符合国际海事组织(IMO)的要求。

现有船舶达到的能效指数(Attained EEXI)应通过下式计算得到[3]:

$$EEXI=\frac{\begin{array}{c}(\sum_{j=1}^{n}f_j)\left[\sum_{i=1}^{nME}P_{ME(i)}C_{FME(i)}SFC_{ME(i)}\right]+(P_{AE}C_{FAE}SFC_{AE}*)\\+\left\{\left[\sum_{j=1}^{n}f_j\sum_{i=1}^{nPTI}P_{PTI(i)}-\sum_{i=1}^{neff}f_{eff(i)}P_{AEeff(i)}\right]C_{FAE}SFC_{AE}\right\}\\-\left[\sum_{i=1}^{neff}f_{eff(i)}P_{eff(i)}C_{FME}SFC_{ME}**\right]\end{array}}{f_i f_c f_l Capacity f_w v_{ref} f_m} \tag{4.3}$$

* 如果部分的正常最大海上负荷由轴带发电机提供,则对该部分功率可使用 SFC_{ME} 和 C_{FME} 替代 SFC_{AE} 和 C_{FAE}。

* * 如果 $P_{PTI(i)}>0$,则 $(SFC_{ME}C_{FME})$ 和 $(SFC_{AE}C_{FAE})$ 的加权平均值应用于 P_{eff} 的计算。

使用式(4.2)计算现有船舶能效指数(EEXI)时,表 4.3 参数适用:

表 4.3 符号说明表

Tab.4.3 Symbol description table

符号	描述
C_F	C_F 是燃料消耗量与二氧化碳(CO_2)排放量之间的转换系数; 对于氮氧化物(NO_X)技术文件中没有包含试验报告,且没有由制造商规定的 SFC 的发动机,SFC_{app} 对应的 C_F 定义如下:$C_F = 3.114[t \cdot CO_2/t \cdot Fuel]$ 对于柴油机船[包括实际使用重质燃油(HFO)]
V_{ref}	V_{ref} 表示船舶航速,单位为海里/时

续表

符号	描述
$P_{ME(i)}$	$P_{ME(i)}$ 指主机功率; a.对采用可越控功率限制/降功率改装的船舶,每台主机(i)的 SFC_{app} 为限制功率 (MCR_{lim}) 的 83%或原装机功率的 75%,取较低者。对采用不可越控功率限制/降功率改装的船舶,每台主机(i)的 $P_{ME(i)}$ 取限制功率 (MCR_{lim}) 的 75%。 b.对同时采用功率限制/降功率改装和轴发电机的船舶, $\sum P_{ME(i)}$ 的计算公式为: $\sum_{i=1}^{nME} P_{ME(i)} = 0.75 \times [\sum MCR_{lim(i)} - \sum P_{PTO(i)}]$ 且 $0.75 \times \sum P_{PTO(i)} \leqslant P_{AE}$ 。 c.对于设有蒸汽涡轮推进系统的液化天然气(LNG)船,每台主机(i)的 $P_{ME(i)}$ 为限制功率 (MCR_{lim}) 的 83%。对于设有柴油电力推进系统的液化天然气(LNG)船,每台主机 (i) 的 $P_{ME(i)}$ 为 83%限制功率 (MPP_{lim}) 除以电效率。对于液化天然气(LNG)船,发动机或锅炉中为避免释放到大气或不必要的热氧化而燃烧过量自然蒸发气体而消耗的功率,经验证方批准,应从 $P_{ME(i)}$ 中扣除
$P_{AE(i)}$	$P_{AE(i)}$ 是满足正常最大舰载负载的所需辅助引擎功率,包括推进机械/系统和舱室的必要功率; a.对采用除螺旋桨改造之外的不可越控功率限制/降功率改装的船舶,在采用 CCS《国际航行海船能效设计指数(EEDI)计算与验证指南》中 2.3.5.5 条提供的公式计算辅机功率 P_{AE} 值时,“ MCR_{ME} ”应理解为“ MCR_{lim} ”。对采用其他形式功率限制/降功率改装的船舶,在采用 CCS《国际航行海船能效设计指数(EEDI)计算与验证指南》中 2.3.5.5 条提供的公式计算辅机功率 P_{AE} 值时,“ MCR_{ME} ”仍取主机的额定功率。对同时采用以上两种改装的船舶, P_{AE} 可取其中较低值。 b.如果船舶(例如客船)CCS《国际航行海船能效设计指数(EEDI)计算与验证指南》中 2.3.5.5 条提供的计算公式所得的辅机功率 P_{AE} 值与正常航行时所使用的总功率存在显著差异且无电力负荷表, P_{AE} 值可以取: ① 在现有船舶能效设计指数(EEXI)认证前获得的船上监测得到的海上 P_{AE} 的年度平均数据 ② 对于豪华邮轮,辅机功率的近似值 $P_{AE,app}$,由下式计算得到: $P_{AE,app} = 0.1193 \times GT + 1814.4[kW]$ ③ 对于滚装客船,辅机功率的近似值 $P_{AE,app}$,由下式计算得到: $P_{AE,app} = 0.866 \times GT^{0.732}[kW]$
SFC	SFC 指单位燃料消耗量; a.对采用功率限制/降功率改装的船舶,应使用经批准的主机 NO_X 技术案卷中适用的试验报告中列出的 SFC 通过内插计算 P_{ME} 相对应的 SFC。 b.如无适用报告,也可使用由制造商规定或验证方确认的 SFC。 c.对于 NO_X 技术案卷中不含试验报告且无法提供由制造商规定或验证方确认的 SFC 值的发动机,其 SFC 可取 SFC_{app} 的值: $SFC_{ME,app} = 190[g/(kWh)]$, $SFC_{AE,app} = 215[g/(kWh)]$

续表

符号	描述
f_w	f_w 是无量纲系数,显示在波高、浪频和风速(例如蒲福风级 6 级)等有代表性的海况中航速的降低,其确定如下: 当根据《国际防止船舶造成污染公约》(MARPOL 公约)附件Ⅵ规定 20 和 21 条计算得出的达到的船舶能效设计指数(EEDI)时,$f_w = 1.0$。只适用于在恶劣天气条件下持续运行的船舶,$f_w = 1.0$。 可以使用以下两种方法确定 f_w :根据国际海事组织(IMO)(2012e)提供的船舶在典型海况下的性能模拟进行船舶特定模拟。根据国际海事组织(IMO)(2012e)提供的用于散货船、油船和集装箱船的容量函数表/曲线标准 f_w 表
$f_{\mathrm{eff}(i)}$	$f_{\mathrm{eff}(i)}$ 是创新能效技术的可用性因素; 对于余热回收系统,$f_{\mathrm{eff}(i)} = 1.0$。其他技术的 $f_{\mathrm{eff}(i)}$ 因子可能小于 1.0,因为它们的输出可能只是间歇性可用的。请参考国际海事组织(IMO)(2013e)
f_{j}	f_j 指船舶特定设计要素修正系数; a.滚装货船和滚装客船修正系数 (f_{jRoRo}) $f_{\mathrm{jRORO}} = \dfrac{1}{F_{\mathrm{n}L}^{\alpha}\left(\dfrac{L_{pp}}{B_{\mathrm{s}}}\right)^{\beta}\left(\dfrac{B_{\mathrm{s}}}{d_{\mathrm{s}}}\right)^{\gamma}\left(\dfrac{L_{pp}}{\nabla^{\frac{1}{3}}}\right)^{\beta}}$,如 $f_{\mathrm{jRORO}} > 1$ 则 $f_{\mathrm{j}} = 1$,$F_{\mathrm{n}L}^{\alpha} = \dfrac{0.5144 \times v_{\mathrm{ref,F}}}{\sqrt{L_{pp}g}}$, 式中:$V_{\mathrm{ref,F}}$ 对采用可越控功率限制/降功率改装的船舶,为对应 75% MCR_{ME} 的航速;对采用不可越控功率限制/降功率改装的船舶,为对应 75% MCR_{lim} 的航速。 b.冰区加强船舶的功率修正系数 对采用除螺旋桨改造之外的不可越控功率限制/降功率改装船舶,在采用 CCS《国际航行海船能效设计指数(EEDI)计算与验证指南》中 2.3.8.2 条提供的方法计算冰区加强船舶的功率修正系数 f_{j} 时,"MCR_{ME}"应理解为"MCR_{lim}"。对采用其他形式功率限制/降功率改装的船舶,在采用 CCS《国际航行海船能效设计指数(EEDI)计算与验证指南》中 2.3.8.2 条提供的方法计算冰区加强船舶的功率修正系数 f_{j} 时,"MCR_{ME}"仍取主机的额定功率。 c.杂货船修正系数 对采用功率限制/降功率改装的船舶,在采用 CCS《国际航行海船能效设计指数(EEDI)计算与验证指南》中 2.3.8.6 条提供的方法计算杂货船修正系数 f_{j} 时
f_i	f_i 指载运能力系数,i 是适用于以下情况的容量修正因子; a. f_{iVSE} :适用于船舶特定的自愿结构增强措施。 b. f_{iCSR} :适用于按照共同结构规则(CSR)建造并获得共同结构规则(CSR)级别标记的船舶。 c. f_{iICE} :适用于冰强化船舶。 d.对于其他船舶类型,f_i 。 有关如何为上述每个类别分配 f_i 的详细信息,请参考国际海事组织(IMO)(2014c)

续表

符号	描述
f_c	f_c 是舱容修正因子,适用于以下情况: 化学品船、液化天然气(LNG)船,具备直接柴油推进系统、DWT/GT 比例小于 0.25 的 Ro-Ro 客船,其中载重吨(DWT)是船舱容量,GT 是按照吨位测量公约的规定计算。 a.对于符合《国际防止船舶造成污染公约》(MARPOL 公约)附则Ⅵ 2.38 条船舶定义的液化天然气(LNG)船,不适用 f_c 修正因子。 b.对于其他船舶类型,$f_c = 1.0$; c.滚装货船(车辆运输船)修正系数
f_l	f_l 是指具有起重机和其他起货设备的杂货船用于补偿船舶载重吨(DWT)损失的系数; a.$f_l = f_{cranes} f_{sideloader} f_{RoRo}$,如无起重机,$f_{cranes} = 1$;如无舷侧装载设备,$f_{sideloader} = 1$;如无滚装坡道,$f_{roro} = 1$。 b.$f_{cranes} = 1 + \frac{\sum_{n=1}^{n}(0.0519 \times SWL_n Reach_n + 32.11)}{Capacity}$, 式中:$SWL$=由起重机制造商规定的安全工作负荷,单位为吨;$Reach$=安全工作负荷内的伸臂长度,单位为米;$N$=起重机数量。 c.对于其他起货设备,如舷侧装载设备和滚装坡道,系数定义如下: $f_{sideloader} = \frac{Capacity_{No\ sideloader}}{Capacity_{sideloader}}$,$f_{RoRo} = \frac{Capacity_{No\ RoRo}}{Capacity_{RoRo}}$

图 4.2 解释了现有船舶能效指数(EEXI)公式中每个项的含义。安装的主发动机功率和推进所需的能量,这由公式分子中的第一项表示。船舶的辅助功率需求,这由公式分子中的第二项表示。船舶上的创新电力技术,如余热回收或太阳能发电,这由公式分子中的第三项表示。提供船舶推进动力的创新机械技术,如风力辅助(帆、风筝等),这是公式分子中的最后一项。船舶的承载能力和航速在分母中表示,它们的乘积代表运输工作的价值。

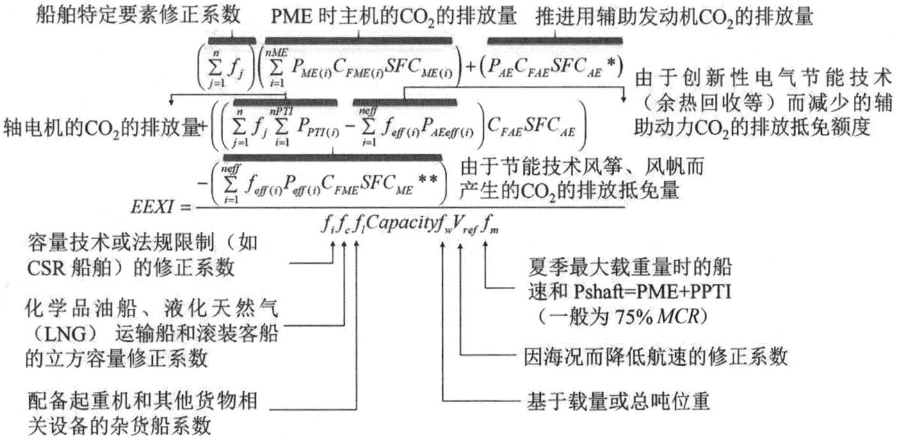

图 4.2　EEXI 计算公式分解

Fig.4.2　Decomposition of the EEXI calculation formula

3.现有船舶能效指数（EEXI）应用

现有船舶能效指数(EEXI)适用于几乎所有 400 总吨(GT)以上的远洋(DS)货船和客船,包括但不限于以下几种船型:表 4.4 为船舶船型划分。

表 4.4 船舶船型划分

Tab.4.4 Vessel type classification

船型	含义
散货船	包含干散货船、液散货船等。散货船是运输散装货物(如煤炭、矿石、谷物等)的船舶类型,其能效水平对于减少能源消耗和碳排放具有重要意义
液货船	包含油船、化学品船、液化气船等。油船是运输液体货物(如石油、化学品、液化气体等)的船舶类型,能效改进对于降低燃料消耗和减少温室气体(GHG)排放具有重要作用
集装箱船	集装箱船是运输集装箱货物的船舶类型,是全球海上货运中最主要的船型之一。提高集装箱船的能效可以减少每个集装箱单位的能源消耗,对于减少航运行业的碳足迹具有重要意义
客船	包含客船、邮轮等。客船是运输旅客的船舶类型,提高客船的能效可以减少每位旅客的能源消耗,对于提升航运行业的可持续性具有重要作用
其他船型	现有船舶能效指数(EEXI)也适用于其他类型的船舶,如拖船、渔船、海警船等。不论船舶类型如何,提高船舶的能效都有助于减少能源消耗和环境影响

现有船舶能效指数(EEXI)的应用主要包括以下几个方面:

能效现状评估:船舶所有者和经营者可以使用现有船舶能效指数(EEXI)来评估现有船舶的能效水平。通过计算船舶的现有船舶能效指数(EEXI)值,可以了解船舶相对于国际海事组织(IMO)规定的能效要求的能效水平。这有助于识别船舶的能效改进潜力,并为采取相应的措施提供依据。

能效改进措施:基于现有船舶能效指数(EEXI)的评估结果,船舶所有者和经营者可以确定能效改进措施,以提高船舶的能效水平。这些措施可能包括船舶的技术改造、燃料效率提升、航行策略优化等。通过实施这些措施,船舶可以减少能源消耗和碳排放,降低运营成本,并符合全球航运行业的可持续发展要求。

现有船舶能效指数(EEXI)证书和验证:根据国际海事组织(IMO)的规定,船舶需要获得现有船舶能效指数(EEXI)证书来证明其能效现状的合规性。船舶所有者需要通过认可的机构进行现有船舶能效指数(EEXI)的计算和验证,并提交相关的文件和数据进行审查。一旦船舶的现有船舶能效指数(EEXI)符合要求,将获得现有船舶能效指数(EEXI)证书,证明船舶的能效水平符合国际标准。

现有船舶能效指数(EEXI)的强制实施:国际海事组织(IMO)已确定了现有船舶能效指数(EEXI)的强制实施时间表。根据该时间表,现有船舶需要在 2023 年 1 月 1 日之后进行现有船舶能效指数(EEXI)的计算和评估,并在 2023 年 9 月 1 日之后持有有效的现有船舶能效指数(EEXI)证书。这意味着现有船舶必须符合现有船舶能效指数(EEXI)的要求,以满足全球航运行业的能效改进目标。

现有船舶能效指数(EEXI)的应用对于现有船舶的能效改进至关重要。船舶所有者、经营者和航运公司需要了解现有船舶能效指数(EEXI)的要求,并采取相应的措施来提高船舶的能效水平。这将有助于减少船舶的碳排放,降低运营成本,并为全球航运行业的可持续发展做出贡献。

三、船舶能效营运指数(EEOI)

1.船舶能效营运指数（EEOI）定义

船舶能效营运指数(EEOI)是国际海事组织(IMO)监管框架的要素之一,意在充当船舶运营阶段的“能效绩效指标”,并用于监测船舶整体能效绩效。通过实时监测和分析船舶的EEOI,船舶运营者可以识别潜在的能源浪费和改进机会,从而降低船舶的能源消耗和温室气体(GHG)排放。与现有船舶能效指数(EEXI)不同,船舶能效营运指数(EEOI)是用于评估船舶的实际运营效率,即船舶在实际运行中的能源消耗与运输任务之间的比率,它是能效管理计划的具体监控手段,并不是唯一的方式[4]。

国际海事组织(IMO)海上环境保护委员会(MEPC)于2011年通过的决议MEPC.203(62)要求船舶在国际航行中必须报告其船舶能效营运指数(EEOI)数据。这是为了监测和评估船舶的能源效率,并为改善船舶的能源性能提供数据支持。国际海事组织(IMO)第71届海上环境保护委员会(MEPC)于2018年通过的决议MEPC.304(72)要求船舶在国际航行中必须报告其船舶能效营运指数(EEOI)数据,并将这些数据提交给国际海事组织(IMO)的数据收集和报告系统(DCR)。这一决议进一步加强了对船舶能源效率的监测和评估。船舶能效营运指数(EEOI)的计算方法是将船舶的总能源消耗除以船舶的总运输工作量。这样可以得到一个单位工作量的能源消耗,从而评估船舶的能源效率,船舶能效营运指数(EEOI)的单位通常是克二氧化碳(CO_2)/吨海里。

通过实施船舶能效营运指数(EEOI)和相关的监测和报告要求,航运行业可以更好地管理和控制船舶的能源消耗,为可持续发展做出贡献。

2.船舶能效营运指数（EEOI）计算公式

根据《EEOI船舶资源应用导则》,一个航次船舶能效营运指数(EEOI)的基本表达式为:

$$EEOI = \frac{\sum_j FC_j C_{F_j}}{m_{cargo} D} \tag{4.4}$$

如获得某段时间或多个航程的指数平均值,指数计算为:

$$AverageEEOI = \frac{\sum_i \sum_j FC_{ij} C_{F_j}}{\sum_i m_{cargo} D_i} \tag{4.5}$$

表4.5为符号说明表。

表4.5 符号说明表

Tab.4.5 Symbol description table

符号	描述
C_{F_j}	C_{F_j}为燃油j的燃油量与二氧化碳(CO_2)量转换系数
D	为对应于所载货物或所做的功的距离(海里)
FC_{ij}	为在航程i中燃油j的消耗量
m_{cargo}	为客船所载货物(吨)或所做的功(TEU或乘客数量)

续表

符号	描述
i	航段数
j	燃料种类

须注意,式中航行距离是指船舶在某一航次或时间段内实际航行的总海里数,通常采用航海日志中记录的航行距离。

观察上式可知,载货量与航行距离一定时,船舶消耗的燃料越少,船舶能效营运指数(EEOI)值越低,说明船舶能效水平越高。但在船舶实际营运过程中,船舶能效营运指数(EEOI)值并非越低越好,还需考虑航行成本等因素,只有在此基础上降低船舶能效营运指数(EEOI)值,才较为合理。

3.船舶能效营运指数(EEOI)应用

参照《船舶能效营运指数(EEOI)自愿使用导则》,其适用范围具体如下:船舶能效营运指数(EEOI)适用于各类载货船舶,其中包含散货船、集装箱船等。表 4.6 为船舶船型划分。

表 4.6　船舶船型划分

Tab.4.6　Vessel type classification

船型	含义
散货船	根据货物种类不同分为矿石船、煤炭船及其他散货船
油船	原油船、成品油船等
液化气体船	专指运输液化石油气(LPG)及液化天然气(LNG)的船舶
集装箱船	运输集装箱货物的船舶,如普通集装箱船、冷藏集装箱船
滚装船	采用滚装方式装卸货物,主要有汽车滚装船及客货滚装船
客船	用于运送旅客及其所携带行李的船舶,如旅游船等

由于船型的不同,所载货物也多种多样,因此其计量单位也有所不同。船舶装载货物种类较多时,尽量使用吨作为计量单位。客船与客滚装船采用乘客数量或船舶总吨(GT)作为计量单位;汽车和火车轮渡则分别以汽车数量和火车装载装置数量为计量单位;集装箱船采用标箱或集装箱与货物总吨(GT)作为计量单位;若船舶装载集装箱及其他种类的货物,且集装箱重量未知,《船舶能效营运指数(EEOI)船舶自愿应用导则》给出估算方法:重箱以 10 t 计,空箱以 2 t 计。同时船舶能效营运指数(EEOI)的计算还需经过以下准备:首先需明确船舶能效营运指数(EEOI)的计算周期,统计这个周期内船舶的油耗总量、载货量、航行距离等相关船舶营运数据,最后进行计算。

《船舶能效营运指数(EEOI)自愿使用导则》的制定,彰显了全球航运业对于船舶节能减排的决心。随着导则的不断推广,船舶的能效水平不断提高,促进环境可持续发展的同时也推动了航运业节能减排技术的开发。根据国际海事组织(IMO)近几年统计的实船数据显示,随着船舶能效营运指数(EEOI)的实施,船舶载重量不断增加,船舶趋于大型化,船型设计更为纤细化,船舶航速降低。对于已投入营运的船舶来说,船舶能效营运指数(EEOI)的实施使得航运公司在降低环境污染的同时也获得了更多的经济效益。但实施的过程中也需注意,船舶能效营运指数(EEOI)的值并非越小越好,还要满足航运市场需求的变化、船舶的营运成本等因素。如船舶减速航行时,燃料消耗量减少,但随之而来的是船舶主机和其他动力装置的长期负荷,使得船舶维修费用大大增加。因此在船舶能效营运指数(EEOI)降低的同时还需满足市场需求,降低船舶营运成本,平衡各个因素得到一个最优的航行计划,这对航运公司来说也是一个巨大的挑战。

四、碳强度指标(CII)

1.碳强度指标(CII)定义

碳强度指标(CII)是一个用于评估船舶碳排放强度的指标,也是国际海事组织(IMO)引入的一个关键概念。碳强度指标(CII)的目标是帮助监测和减少船舶产生的温室气体(GHG)排放,以推动航运行业朝着更加环保和可持续的方向发展。碳强度指标(CII)具体指标的选取并不是一个简单计算方法的选择,作为船舶的营运碳强度指标(CII),它还将用于航运温室气体(GHG)排放是否满足国际海事组织(IMO)温室气体(GHG)减排初步战略要求的衡量。

国际海事组织(IMO)海上环境保护委员会(MEPC)于2020年通过决议MEPC.315(74),引入了碳强度指标(CII)的概念。根据此决议,船舶需要报告其运输每吨货物所产生的碳排放量,以计算其碳排放强度。这项举措旨在鼓励船舶运营者采取措施,以降低船舶的碳排放。国际海事组织(IMO)第76届海上环境保护委员会(MEPC)于2020年通过决议MEPC.323(75),要求船舶在航行中报告其碳排放强度数据。这一决议强化了对碳强度指标(CII)的监测和报告要求,有助于建立全球船舶碳排放数据的数据库。

碳强度指标(CII)的实施标志着航运行业在应对气候变化和减少碳排放方面迈出的重要一步。按照国际海事组织(IMO)第四次温室气体(GHG)报告的研究结论,对相同的航运数据,采用不同的营运碳强度指标(CII)所得到的减排比例也会不同。因此,碳强度指标(CII)的选取将是整个船舶营运能效评价体系最大也最为重要的未知数。

2.碳强度指标(CII)计算公式

单个船舶每年可达到的营运碳强度指标(CII)是按某一给定日历年内所排放的二氧化碳(CO_2)总质量与所承担的总运输功之比计算的[5]:

$$attainedCII_{ship} = \frac{FC_j C_{F_j}}{CD_t} \tag{4.6}$$

表4.7为符号说明表。

表4.7 符号说明表

Tab.4.7 Symbol description table

符号	描述
FC_j	为日历年内消耗的 j 型燃油的总质量(g)
C_{F_j}	代表 j 型燃油的燃油质量与二氧化碳(CO_2)质量转换系数
C	代表船舶的载运能力: 对于散货船、液货船、集装箱船、气体运输船、液化天然气(LNG)船、杂货船、冷藏货船和兼用船,应使用载重吨(DWT)作为载运能力; 对于邮轮、滚装货船及滚装客船,应使用总吨(GT)作为载运能力
D_t	表示国际海事组织(IMO)燃料消耗数据收集机制(DCS)中报告的总航行距离(海里)

碳强度指标(CII)评级来源于年度效率比率(Annual Efficiency Ratio, AER)。该比率衡量了一年时间内船舶运营中的碳排放量,用实际运营中所有压载、满载航行与锚地及港口停留的所有碳排放量与载重量及一年内航行距离相除得到[6]。

$$AER = \frac{Auunal CO_2 emissions}{Deadweight \times Distance} = \frac{gCO_2}{DWTmile} \tag{4.7}$$

2019 年以来,船舶必须记录燃料消耗、航行距离和航行时间以满足国际海事组织(IMO)的数据收集要求用于计算船舶的年度效率比率(AER)。国际海事组织(IMO)通过这些数据可以很好地了解海运行业现状。根据年度效率比率(AER)计算结果,船舶将被分为不同的碳强度指标(CII)等级,从 A 到 E。最环保的将获得 A 等级,而污染最严重的将获得 E 等级。初始评级以 2019 年数据为基础,2023 年的减排系数设定为 5%,之后标准也变得越来越严格。这意味着如果某船舶目前获得 B 级但假设两年内如果没有采取任何减排行动,那么该船可能会在下一年降为 C 级。再根据不同船型得出最终值,对比判断落在哪个评级区间。

3.碳强度指标(CII)应用

船舶管理人员需要在 2022 年底之前确定船舶的碳强度状况,并制订优化的船舶能效管理计划(SEEMP)。从 2023 年起,如果一艘船被评为 D 级或 E 级,那么该船将被视为在碳强度指标(CII)合规方面做得不够并没有积极应对气候变化,船东将会被要求更新该船的船舶能效管理计划(SEEMP)以提高评级。

按照《国际防止船舶造成污染公约》(MARPOL 公约)附则Ⅵ修正案草案要求,对于不满足 C 级要求的 D 级或者 E 级船舶而言,其后续运营中可能会面临一系列问题,而 A～E 分级的“带宽”将直接决定会落在这一区域中的船舶的数量和比例。按照中国提案 ISWG-GHG 7/2/21 的建议,A、B、C、D 和 E 五级的船舶数量分别占船舶总数的 15%、20%、30%、20%和 15%。欧盟提案 ISWG-GHG 7/2/27 的建议,则是根据该年度与前一年度某一船型所有船舶年度营运碳强度指标(Attained Annual Operational Carbon Intensity Indicator, Attained CII)的平均变化率三等分得到 B、C、D 三级的分布区间,超出部分分别为 A 级和 E 级。

图 4.3 为相对碳强度指标(CII)水平[7]。

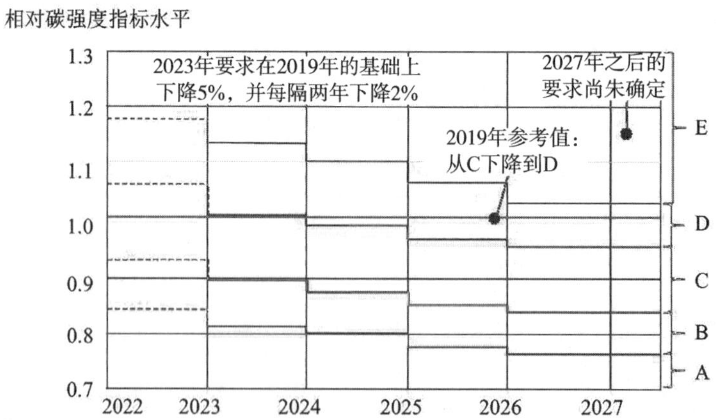

图 4.3 相对碳强度指标(CII)水平

Fig.4.3 Relative carbon intensity indicator (CII) levels

第二节　绿色航运技术发展

一、船舶动力系统

1.传统船舶动力系统

(1)蒸汽轮机动力装置

根据运动方式的不同,蒸汽动力装置有往复式蒸汽机和汽轮机两种。往复式蒸汽机最早应用于海船,由于具有结构简单、运转可靠、噪声小等优点,在过去很长的一段时间内占据着主导地位。但其由于经济性差、体积和重量大,现在已经基本上被其他船用发动机代替。汽轮机自装船使用以来,由于受到柴油机的挑战,一直发展缓慢。汽轮机虽然单机功率大、运转平稳、摩擦和磨损小、噪声小,但其装置的热效率低,要配置重量尺寸较大的锅炉、冷凝器、减速齿轮装置以及其他辅助机械,因此装置的总重量和尺寸均较大。这就限制了它在中小船舶上的应用。然而近年来,由于新技术、新工艺的应用,使汽轮机和锅炉的效率得到了提高,不少资料表明,在功率超过 22 000 kW 和航速超过 20 kn 时,汽轮机动力装置的优越性更为突出[8]。

蒸汽轮机推进系统主要由蒸汽轮机、主锅炉、冷凝器、减速齿轮器、联轴器、齿轮箱和轴系螺旋桨等设备组成。其特点是单机功率大,工作可靠,振动和噪声小,维修费用低,可燃用廉价劣质燃料,但是其热效率较柴油机装置低,且设备多。

汽轮机动力装置由锅炉、汽轮机、冷凝器、轴系及其他有关机械设备组成。由于汽轮机工作过程的连续性有利于采取高速工质和高转速工作轮,因此单机功率比活塞式发动机大,汽轮机转速稳定,无周期性干扰动力,机组振动小、噪声低。

(2)燃气轮机动力装置

在燃气动力装置中,根据发动机运动方式的不同,有柴油机动力装置和燃气轮机动力装置。船舶柴油机在民用船舶动力装置中占绝对统治地位,不仅占领了普通船舶动力装置领域,也占领了 VLCC、大型散货船和集装箱船等在传统上属于蒸汽动力装置的领域。近年来在液化天然气(LNG)船动力装置中开发的双燃料柴油机也取代了蒸汽动力装置的地位,船舶柴油机基本上成为船舶主机的代名词。近 20 年来,船舶柴油机动力装置在民用船舶动力装置中所占的比例都超过了 98.5%,在某些年份甚至高达 100%。在全部民用船舶柴油主机中,以功率计算,二冲程(大功率)低速机约占 80%,四冲程机约占 20%。柴油机在船舶上的另一个主要应用场合是作为发电机的原动机,也就是作为船舶辅柴油机,也称为船舶辅机。

从船舶实际使用来看,除了少数蒸汽动力船舶,不论是远洋(DS)、近海(SS)还是内河船舶,绝大多数都是以柴油机作为发电原动机。可以说柴油机作为发电原动机占了绝对主导地位。

燃汽轮机动力系统的应用在船舶动力系统中也具有非常大的优势。与柴油机动力系统相比,优势主要体现在燃汽轮机的整体质量和尺寸上。另外,燃汽轮机还具备非常好的加速性能,也给很多的高速客船带来了福利,使其在高速客船中的应用更加广泛。但是燃汽轮机也有着非常明显的缺点,其中最主要的缺点就是燃汽轮机不能实现燃油的充分燃烧。一般的燃汽轮机都需要使用更加清洁的蒸馏油,而且蒸馏油的价格昂贵,如果燃汽轮机不能做到燃油的充分燃烧,那么船舶的耗油量就会提升,船舶的运行成本也会增加。基于这一原因,燃汽轮机也不能被大多数的船舶公司所应用。但是,燃汽轮机的整体质量比较小、重量轻,如果在船舶中装备柴油机组合装置,那么就可以充分发挥燃汽轮机的真正价值,也可以扩大燃汽轮机的适用范围。

燃气轮机基本工作原理与汽轮机大致相似,只是在做功的工质方面有所不同。汽轮机中使用的燃料是在锅炉内燃料,对锅炉中的水的加热产生蒸汽,推动叶轮做功;而燃气轮机则利用燃料在燃烧室内燃烧,产生燃气推动叶轮做功。图 4.4 为燃气轮机动力装置图。

图 4.4　燃气轮机动力装置图

Fig.4.4　Gas turbine power plant diagram

(3)内燃机(ICE)动力装置

从现有船舶双燃料主机(主要指低速机)的格局来看,主要的技术流派有 MAN(MAN Diesel & Turbo)的 ME-GI 系列低速双燃料主机,它采用缸内高压直喷,燃烧过程为狄塞尔循环;以及 WinGD(Winterthur Gas & Diesel)的 X-DF 系列低速双燃料主机,它采用缸内低压直喷,燃烧过程为奥托循环。以 ME-GI 和 X-DF 系列低速双燃料主机能够做到既烧重质燃油(HFO)又烧天然气[9]。它们的工作原理如下:

ME-GI 系列低速双燃料主机的工作原理是,ME-GI 系列柴油机是以成熟的电子控制式 ME 柴油机为基础,在 ME 电控型柴油机的基础上加装天然气共轨管,并改造一些零部件。同普通柴油机一样,在吸气冲程只吸入新鲜空气,在压缩冲程压缩纯空气,当活塞至上止点附近时,向气缸内喷入少量引燃柴油,同时将高压燃气(燃气压力约为 30 MPa)喷入气缸,由引燃柴油的压缩发火来点燃天然气使其膨胀做功(狄塞尔循环)。

X-DF 系列低速双燃料主机的工作原理是,X-DF 系列柴油机同样是以成熟的低速机为基础设计,不过它的燃气进口阀的位置由传统的气缸顶部移至扫气口上方的“冲程中部”位置。在活塞上行关闭扫气口后喷入燃气(燃气压力约为 1.6 MPa),让燃气和空气混合并一起压缩,然后当活塞至上止点附近时,向缸内喷入少量引燃柴油,由引燃柴油的压缩发火来点燃天然气使其膨胀做功(奥托循环)。图 4.5 为瓦锡兰双燃料发动机。

图 4.5　瓦锡兰双燃料发动机

Fig.4.5　Wärtsilä dual-fuel engines

ME-GI 和 X-DF 系列低速双燃料主机,都是依靠柴油压燃发火点燃,因此很容易实现天然气和燃料油的自由切换,所以满足双燃料主机既烧重质燃油(HFO)又烧天然气的需求。

2.电力推进系统

(1)燃料电池

燃料电池无须充电,只要有燃料源就能发电。燃料电池由负极(阳极)和正极(阴极)、电解质、燃料和氧气(空气)系统、电气终端和辅助设备组成。虽然氢是燃料电池中最常用的燃料,但甲醇和氨也是可行的替代品。氢气等燃料被送入阳极侧,空气被送入阴极侧。在节点处,催化剂将氢分子分离成质子和电子。质子交换膜将质子导入阴极。电子通过外部电路为负载供电,而质子则通过电解质到达阴极,与氧气(空气)和电子结合产生热量和水[23]。

虽然有一些由政府资助的开发以燃料电池为动力的船舶的计划,但由于以下原因,预计该技术的应用将受到限制:资本成本相对较高;目前需要政府资助和激励计划才能使该技术可行;需要开发加油基础设施;氢气的供应有限,而甲醇的供应更为广泛;氢气和甲醇需要在船上大量储存;燃料输入必须是可再生的,以最大限度地减少排放[23]。

氢燃料电池已成功部署在配备液氢和/或氧气燃料电池系统的海军潜艇上。渡船和小型船舶也已完成了一些应用。从电气角度来看,燃料电池的使用已足够先进,可随时部署在海洋环境中;电力电子转换器可随时将燃料电池连接到交流或直流电网,并可通过编程提供电压、频率调节和负载分担。它们的输出功率从千瓦到多兆瓦不等,而且可以集成在一起以提供更多功率[23]。

目前还没有针对燃料电池装置的规定性要求的海事法规。对海上和近海设施的审查主要是基于风险的研究,并结合国际海事组织(IMO)的规定、国际船级社协会(IACS)的要求以及与系统具体设计和配置相关的工业标准[23]。图 4.6 为典型 PEM 燃料电池[23]。

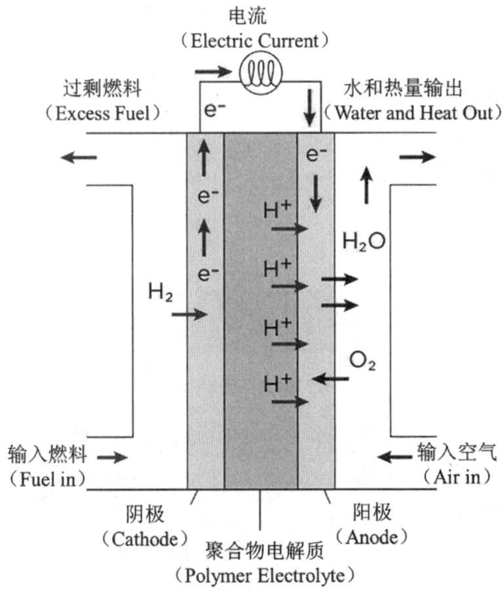

图 4.6　典型 PEM 燃料电池

Fig.4.6　Typical PEM Fuel Cell

(2)锂离子电池

储能系统(Energy Storage System, ESS)可帮助船舶储存多余的能量以供日后使用,补充或取代目前由化石燃料驱动的船载发电机。主要类型包括电化学(如锂离子电池,目前是船舶行业最流行的先进存储技术)、电气(超级电容器)和机械(飞轮)。目前,只有电池被广泛应用于海洋领域,即便如此,它们也只是在航行时间很短的小型船舶上用作主要动力源。虽然该技术在不断改进,但其成本、重量、空间要求、充电时间和续航能力在中期内可能无法用于除一天以下航程以外的所有航程[23]。

使用任何形式的储能系统(ESS)都会增加能源存储单元(电池、模块和电池组)、冷却装置、变压器、功率转换器、定制电缆、控制和监控设备的资本成本。一般来说,这些技术的不同之处在于它们储存能量的方式、充电或放电过程的速度、每次充电的储存容量、衰减前的充电或放电循环次数以及能量可保留的时间。锂离子电池是一种快速发展的技术,可与其他间歇性绿色能源(风能和太阳能)及传统燃料合作,提供灵活、稳健且碳足迹较小的发电厂[23]。

锂离子电池系统的主要元件是锂离子电池,通过电化学反应吸收和释放能量。与其他类型的电池相比,这些电池可实现氢气零排放,能量密度更高(重量和空间需求更小),维护更少,内阻更小(效率更高)。根据运行情况和环境条件的不同,它们在寿命期内(约 10 年)可以多次充放电。超级电容器在电场中储存能量,其体积与电极所用材料、结构和排列方式直接相关。由于超级电容器的功率密度更高,充放电过程更快,循环次数更多,因此比电池更高效,适用于快速提供船首推进器、启动发电机或电动机以及海上重型起重所需的高功率或“脉冲”功率[23]。

一般来说,先进的储能技术(主要是锂离子电池)正在逐步取代传统电池(铅酸电池、镍镉电池和碱性电池等)。前者在正常工作时不排放可燃气体,能量密度高得惊人(减轻重量),比能量高得多(减少碳足迹),保质期长得多。图 4.7 为锂离子电容器构造[23]。

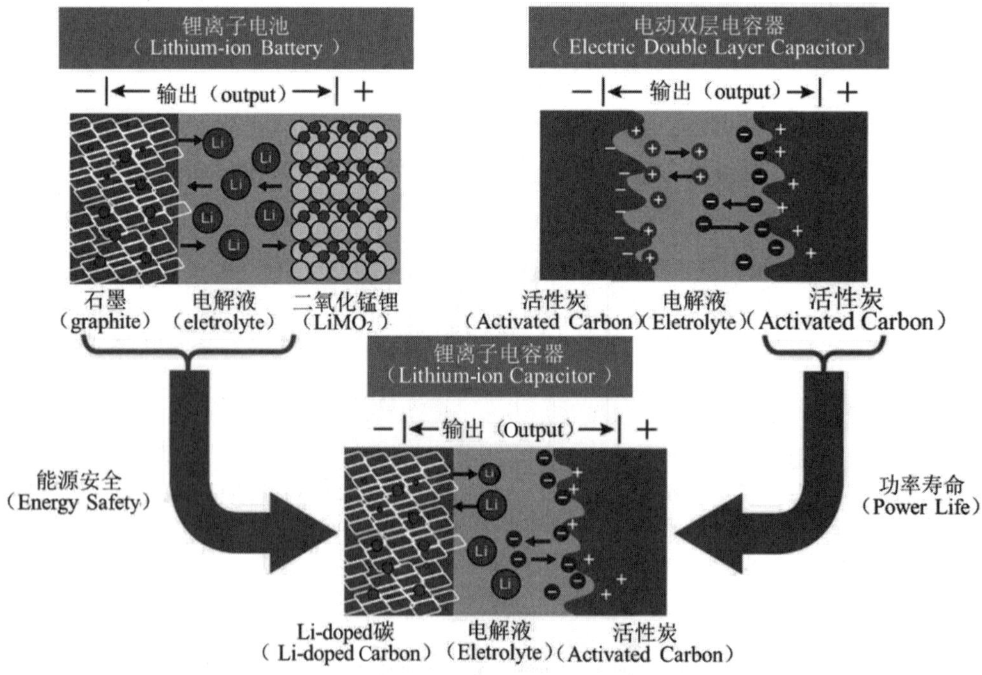

图 4.7 锂离子电容器构造

Fig.4.7 Lithium-ion capacitor construction

3.核动力系统

核推进是一种零排放、零碳和碳中和的航运替代方案,业内人士正在考虑采用核动力商船。核推进通过船载核反应堆提供船舶所需的主要能源,在反应堆中,核燃料受控裂变产生的热量通过冷却剂提取。热量用于发电。例如,通过产生蒸汽驱动涡轮机,发电用于电力推进或驱动轴用于机械推进。除了固有的碳中和运行优势外,核动力船舶面临的与碳中和燃料的价格波动和可用性有关的风险以及排放法规和排放成本的可能变化也较小。此外,这类船舶的燃料补给间隔时间较长,可能与干船坞时间表一致,甚至与船舶的使用寿命一致[10]。核推进在实施过程中仍有障碍需要克服,其中最主要的是防扩散问题、防止核事故、国际监管发展的必要性以及公众对该技术的看法[11]。

自 1955 年第一艘核动力舰艇美国“鹦鹉螺”号潜艇问世以来,约有 700 座核反应堆被用于舰艇和潜艇。截至目前,全球共有 160 艘船使用了 200 个反应堆[12]。大部分船用核反应堆用于海军水面舰艇和潜艇,俄罗斯建造了 12 艘核动力破冰船,其中 7 艘仍在运行[13]。有三艘试验性商船配备了核推进装置[14]:美国的“Savannah”号(1962—1972 年)、德国的“Otto Hahn”号(1968—1979 年)、日本的“Mutsu”号(1990—1992 年),以及仍在运营的俄罗斯商“Sevmorput”号。

为了实现规模经济,陆上核反应堆的规模随着时间的推移已增加到约 1 000 MW 或更大的装机容量,从而降低了单位产出的运行和维护成本。对于较小的核反应堆而言,规模经济会有所降低,但通过标准化和随后的大规模生产,其经济性可能会被倍数经济所抵消。在集中式工厂,小型核反应堆可以按模块生产,然后安装到其他地点,从而实现标准化,减少监管负担,改善质量控制,缩短建造时间。这样,就避免了每座核电站的建设都是独一无二的。通常,这些设计旨在提高安全性能,以获得公众认可并降低运营成本。这类反应堆被称为小型模块化反应堆(SMR),其电力输出可达 300 MW。

小型模块化反应堆具有一些非常适合航运的特性,其功率输出与大型船舶大致相当。据称,有几种小型模块化反应堆的设计本质上是安全的,不需要主动控制来避免核事故。这对航运业大有裨益,因为它不需要大量专业人员来操作核反应堆,而批量生产将减少监管负担,从而降低成本。目前提出的小型模块化反应堆(SMR)设计至少有 70 项[15],其中三项已投入运行,三项正在建设中。这些设计以现有技术和新技术为基础[16],分为不同的反应堆类别:陆基水冷、海基水冷、高温气冷、液态金属和熔盐。当反应堆的输出功率小于 20 MW 时,它们被归类为微型反应堆。国际原子能机构(International Atomic Energy Agency, IAEA)(2020)[15]中列出的六种设计用于海洋应用,所有这些设计都以水冷反应堆为基础。不过,其他公司也在致力于海洋领域。例如,Ulstein[17]一个概念船舶设计,而 Seaborg[18]和 Core Power[19]都在开发熔盐反应堆。

核反应堆是资本性支出密集型的,这就产生了船东在船舶寿命期内租赁核反应堆的概念[20]。

图 4.8 为 Otto Hahn 是三艘配备核推进器的实验商船之一。

图 4.8 Otto Hahn 是三艘配备核推进器的实验商船之一

Fig.4.8 Otto Hahn was one of three experimental merchant ships that were equipped with nuclear propulsion

4.辅助动力系统

(1)风力辅助推进系统

风力辅助推进系统作为减少船舶燃料消耗和排放的一种手段,已受到广泛关注。在产生空气动力的过程中,它们利用风能来补充船舶推进力。由于风能是一种取之不尽、用之不竭的免费碳中和能源,风力辅助推进系统可大大提高航运效率,并为航运业的去碳化做出有意义的贡献[10]。

与替代燃料不同,因为风力辅助推进利用风能直接为船舶提供额外推力,在现有船舶能效指数(EEXI)/船舶能效设计指数(EEDI)中被归类为降低推进功率的技术。换句话说,风能在此术语中并不是一种购买和储存的替代燃料。据船东和运营商称,风力辅助推进技术已为某些船舶每年节省了5%~9%的燃料,据称还有可能达到25%。如果新造船在设计上专门采用风帆系统,节油率可能会更高。通过将风力辅助推进技术与天气航线算法和物流优化(如允许减速航行)相结合,可以为单艘船舶生成最佳航线,从而提高航行的优势。向碳中性燃料过渡通常意味着燃料成本的增加和储能能力/续航能力的降低。在这种情况下,风能与能源优化措施相结合,并有可能使用少量化石燃料,可能正是成功实现近零排放概念所需要的。

人们对风能的重新关注可能不会导致20世纪服务于全球贸易的高大帆船的复兴,但风能可以作为铺设替代燃料的补充。目前的风力辅助推进技术依靠先进的空气动力学、自动化、计算机建模和现代材料的结合,为远洋(DS)船开启了新一代创新风帆系统。大多数现代系统利用最先进的智能控制和自动化系统安全运行,不需要额外的船员。

已经或正在开发的几种不同的帆船技术概念,包括硬翼或软翼帆(Rigid or Soft Wing Sails)、旋翼帆(Rotor Sails)、通风箔片(Ventilated Foils)和风筝(Kites),如图4.9所示。除了风力辅助推进技术的潜在优势,广泛采用这些技术还面临着挑战。其中一个主要挑战是确保技术的可靠性,使其能在各种条件下有效运行。根据Clarksons的数据,已有28艘大型商船安装了风力推进系统,载重量超过100万吨。转子风帆占目前已安装系统的一半。从公开宣布的项目来看,这些数字有望在明年翻一番。Orcelle Wind是利用风能的大型商船项目的一个例子,Wallenius Wilhelmsen和项目合作伙伴已为该项目争取到总额为900万欧元的地平线欧洲资金,以支持在未来五年内建造一艘滚装帆船[21]。Sea-Cargo 公司已在其 SC Connector 号船上安装了两个可倾斜的转子风帆，并报告称安装后获得了巨大的推进效果和更好的操作能力。据估计，2021 年该船消耗的能源中有 21%是可再生能源[22]。

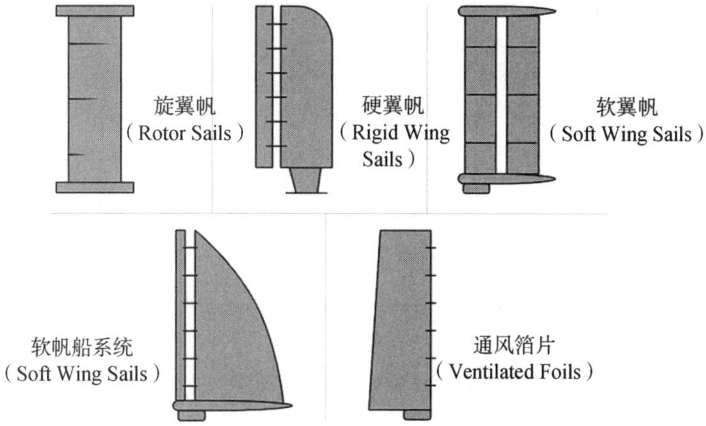

图 4.9 DNV 标准支持的风力辅助推进系统技术

Fig.4.9 Wind-assisted propulsion system technologies supported by DNV Standards

注释：DNV WAPS ST-0511 标准为风力辅助推进系统的验证和认证提供了一个框架。ST-0511 技术标准是对 DNV WAPS 船级符号的补充，主要针对船舶上的系统集成，无论是改装还是作为新造船的一部分。

（2）太阳能辅助动力

使用太阳能作为能源的光伏（PV）系统已经在陆地上被广泛用于发电，尤其是在拥有大量日照时间和低土地成本的地区。由于船舶的大部分上层甲板和船体表面都暴露在阳光下，光伏（PV）系统已经安装在商船上，以减少燃料成本和减少二氧化碳（CO_2）排放。然而，由于太阳辐射较低、太阳辐照不均匀以及船舶可用表面积有限，意味着船舶太阳能系统的能量密度较低，无法提供足够的能量来推动船舶。因此，完全由太阳能驱动的货船是不可能实现的。尽管如此，光伏（PV）系统可以用于为货船提供辅助能量，并且作为小船的主要动力。多个示范项目已验证了其可行性和有效性，如滚装船“Auriga Leader”，散货船“Paolo Topic”和全太阳能动力的船舶“Tûranor Planet Solar”。

尽管大型船舶的太阳能光伏发电的最大潜力仅为数百、千瓦，但光伏（PV）系统在离网模式或并网模式下运行可以用于照明、通信、辅助设备或作为充电电池组或产生船上氢气的能源来源等，特别是对于散货船。据估计，减少二氧化碳（CO_2）排放的总体潜力为 0.2%~12%。由于光伏（PV）系统的直流输出与传统交流负载不一致，且可用电功率随时间和位置波动，最近的研究主要集中在开发能源管理系统和优化能源管理策略。太阳能电力取决于地理位置、季节、面积和太阳能板的效率。靠近赤道的地区有较高的太阳辐照值。在北纬 30°到南纬 30°范围内航行的船舶具有更大的太阳能动力潜力，这对于沿海、岛屿和内陆航运更具价值性。目前，太阳能驱动船舶节省燃料和减少排放的优势显著。太阳能动力广泛使用的主要障碍是成本效益和功率密度有限。然而，技术考虑因素，如光伏（PV）系统的低效率、环境对海洋天气的暴露以及能源管理组件的性能限制可能进一步改进。

图 4.10 为光伏（PV）系统能发电运作[23]。

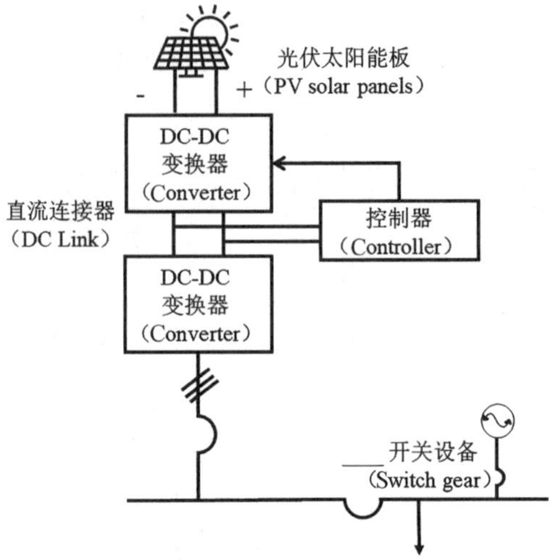

图 4.10 光伏(PV)系统能发电运作

Fig.4.10 PV solar energy generation operation

二、船舶替代燃料

1.传统化石燃料

(1)重质燃油(HFO)

重质燃油(HFO)广泛应用于大型燃烧设备,如发电厂、船舶和工业锅炉等。然而,重质燃油(HFO)的使用对环境造成影响。其燃烧产生大量二氧化碳(CO_2)、二氧化硫(SO_2)和氮氧化物(NO_X),对大气质量和气候变化有不利影响。此外,由于重质燃油(HFO)的高黏度,使用和储存中可能产生泄漏和污染风险。价格方面,重质燃油(HFO)的成本相对较低且具有广泛供应,受原油价格和供求关系的影响。重质燃油(HFO)的资源分布取决于石油资源和炼油厂的分布,同时也受到全球贸易的影响。尽管重质燃油(HFO)在一些能源密集型行业中仍然是常用燃料,但由于其环境影响,许多国家和组织正在寻找更清洁、可持续的替代燃料。这意味着未来可能会看到对重质燃油(HFO)使用的限制,并转向更环保的能源选项。

① 技术

重质燃油(HFO)的技术基于传统船用柴油机原理,不同之处在于燃料的黏度和密度较大。因此,重质燃油(HFO)采用专门的系统进行供油和燃烧。供油系统包括主油缸、两级过滤器、预热装置、泵和阀门组成,确保重质燃油(HFO)能够顺畅流动进入由燃烧室,同时避免因燃油沉淀和颗粒杂质所引起的损坏。燃烧系统一般包括燃烧器、点火器、高温传感器和排气管。该系统通过控制燃油和空气混合,让重质燃油(HFO)在燃烧室中燃烧。同时,排气管中的废气将经过一系列净化措施,以符合国际海事组织(IMO)规定的废气排放标准。虽然重质燃油(HFO)采用的技术与传统柴油机技术类似,但由于其黏度和密度较大,因此在使用重质燃油(HFO)作为燃料时,船舶需谨慎操作,以避免出现供油或燃烧问题。此外,重质燃油(HFO)在燃烧过程中也会产生大量的温室气体(GHG)和污染物,因此在使用此类燃料时,需要使用先进的废气处理技术来控制其对环境的影响。

②应用

重质燃油(HFO)是一种在船舶运输中广泛应用的燃料,特点是成本低廉、能量密度高、稳定性好,适用于长途航行和需求大功率船舶。重质燃油(HFO)采用传统船用柴油机技术燃烧,因此维护成本相对较低。在运输行业中,重质燃油(HFO)是一种经济、可靠的选项,被广泛用于货运起重机、坦克船、大型海船等类型船舶。由于重质燃油(HFO)是一种高硫燃料,因此在大多数情况下,船舶操作者需要遵守国际海事组织(IMO)的限制排放规定,以控制燃烧后二氧化硫(SO_2)的排放。尽管重质燃油(HFO)存在一些环境和健康风险,但在许多情况下它仍然是航运业中最为经济和实用的燃料类型之一。

③温室气体排放性能

重质燃油(HFO)是船舶上最常用的燃料之一,但其温室气体(GHG)排放性能并不理想。重质燃油(HFO)的燃烧会产生大量的二氧化碳(CO_2)、二氧化硫(SO_2)和氮氧化物(NO_X)等温室气体(GHG),这些温室气体(GHG)会对全球气候变化产生重要的影响。重质燃油(HFO)的硫含量普遍较高,燃烧过程中会产生大量的二氧化硫(SO_2)。这是一种非常有害的气体,可以导致酸雨、光化学烟雾等环境污染问题。此外,重质燃油(HFO)还会产生大量的氮氧化物(NO_X)。这些气体也会对大气环境和人类健康造成负面影响。

(2)船用重柴油(MDO)和船用轻柴油(MGO)

船用柴油主要可以分为船用重柴油(MDO)和船用轻柴油(MGO)两大类。船用重柴油(MDO)适用于中速柴油机,船用轻柴油(MGO)适用于高速柴油机使用,作为燃料的含硫质量分数为0.1%或更少。船用重柴油(MDO)和船用轻柴油(MGO)都是柴油馏分,二者黏度不同。选择使用船用重柴油(MDO)还是船用轻柴油(MGO)燃料取决于船舶的类型、用途和性能要求。大型船舶通常使用船用重柴油(MDO)作为主要动力燃料,而小型船舶和船舶辅助系统则更常使用船用轻柴油(MGO)。随着环保意识和法规的提高,船舶行业也开始朝着更清洁和低排放的燃料方向发展。

①技术

船用重柴油(MDO)和船用轻柴油(MGO)是船舶常用的燃料类型,在技术上,两者有以下几个区别:首先原料不同,船用重柴油(MDO)主要由石油提炼,而船用轻柴油(MGO)则由天然气提炼或液化气制造;其次燃烧性能不同,船用轻柴油(MGO)具有较低的自燃温度和较高的燃烧效率;最后灌装和存储方面也会有一些差异。因此,船舶在选择燃料时需要根据需求和使用情况来做出合适的选择。

②应用

船用重柴油(MDO)和船用轻柴油(MGO)在船舶应用中具有不同的用途。船用重柴油(MDO)通常用于船舶的主机和柴油发动机。它是一种高能量密度的燃料,具有较高的可靠性和稳定性,适用于长时间的航行和高功率要求的任务。船用重柴油(MDO)也可用于供应船上的发电机组以产生电能。船用轻柴油(MGO)主要用于船舶的辅助发动机和发电机组。作为一种清洁燃料,船用轻柴油(MGO)有助于减少排放物的产生,例如二氧化碳(CO_2)、氮氧化物(NO_X)和颗粒物(PM)。它有助于提高船舶的环境可持续性,并满足越来越严格的环保要求。在某些情况下,船舶可以采用双燃料系统,即同时使用船用重柴油(MDO)和船用轻柴油(MGO)。这样可以根据需要灵活切换燃料,以便在经济性和环保性之间实现平衡。不论使用哪种燃料,船舶操作者应根据任务要求、船舶特性和适应性等因素进行综合考虑和选择,以最大程度地满足船舶的能源需求。

③温室气体(GHG)排放性能

船用重柴油(MDO)和船用轻柴油(MGO)在温室气体(GHG)排放性能方面存在明显差异。

船用重柴油(MDO)燃烧时会造成大量二氧化碳(CO_2)和硫氧化物(SO_X)等有害气体的排放。尤其是硫氧化物的排放对空气污染的贡献较大。此外,燃烧后形成的颗粒物(PM)也会对环境质量造成影响。相比之下,船用轻柴油(MGO)燃烧后的温室气体(GHG)排放量较低。当使用天然气作为基础燃料时,排放的二氧化碳(CO_2)和硫氧化物(SO_X)明显降低。使用液化天然气(LNG)作为燃料时,产生的温室气体(GHG)几乎为零,这也是液化天然气(LNG)火爆发展的主要原因之一。此外,船用轻柴油(MGO)的燃烧过程相对干净,不会对环境产生大量颗粒物(PM)和其他有害气体的污染。总体来说,船用轻柴油(MGO)在温室气体(GHG)排放方面表现出色,符合国际环保标准。随着环保要求不断加强,船用轻柴油(MGO)将越来越成为船舶运输行业普遍采用的燃料类型。

(3)极低硫燃料油(VLSFO)

极低硫燃料油(VLSFO)是最大硫含量为0.50%的船用燃料(船用瓦斯油除外)的总称。自2020年初引入国际海事组织(IMO)全球硫含量限制以来,它们的受欢迎程度迅速提高。先前的经验表明,大多数极低硫燃料油(VLSFO)是混合产品,并且互相差别很大。有些具有非常低的黏度,类似于馏分燃料,而有些则非常类似于传统的高黏度重质燃料油产品,大多数介于两者之间。这些新燃料的分子结构也对其储存和使用产生影响。一些新的极低硫燃料油(VLSFO)本质上是石蜡型的,而以前使用的重质燃料是沥青质的。在不涉及燃料化学的情况下,这些石蜡型极低硫燃料油(VLSFO)更易于结蜡。

①技术

生产极低硫燃料油(VLSFO)的方法通常包括蒸馏、催化剂处理和溶剂抽提等加工技术,以降低燃油中的硫含量。在炼油过程中,炼油厂会采取实时监测、化验室测试和调整等措施来控制硫含量。此外,一些炼油厂可能会添加特殊的化学添加剂,以改善极低硫燃料油(VLSFO)的性能和可靠性,例如减少凝析、积碳和排放物生成。质量控制也是重要的一环,炼油厂和供应商会通过质量管理体系、供应链追溯、批次控制和检验测试等手段确保极低硫燃料油(VLSFO)的质量与规定相符。燃料配方根据油品特性和船舶需求进行调整,以达到最佳性能和可靠性。极低硫燃料油(VLSFO)的技术涉及加工、控制、添加剂、质量控制和配方等方面,以实现燃油的低硫要求。

②应用

极低硫燃料油(VLSFO)是一种硫含量非常低的燃油,在船舶燃料领域得到了广泛应用,以满足国际海事组织(IMO)的硫限制要求。极低硫燃料油(VLSFO)主要应用于船舶动力和推动,取代了高硫含量的重质燃油(HFO),适用于港口和沿海运输,符合国际海事组织(IMO)的全球硫限制政策,并对燃油市场产生重大影响。同时,使用极低硫燃料油(VLSFO)有助于减少船舶的硫排放量和大气污染,改善环境质量。需要注意的是,船舶和船东需要根据使用极低硫燃料油(VLSFO)的特性做船舶调整和技术改进,遵守国际海事组织(IMO)的相关要求,并定期测试和报告燃油的硫含量,以确保符合环保规定。

③温室气体(GHG)排放性能

极低硫燃料油(VLSFO)在减少硫排放方面表现出色,但它的温室气体(GHG)排放性能仍然存在挑战。极低硫燃料油(VLSFO)燃烧产生的二氧化碳(CO_2)排放量与高硫燃料相比略有增加,这可能与极低硫燃料油(VLSFO)的燃烧性能和燃料配方有关。此外,一些商家和供应商为了改善极低硫燃料油(VLSFO)的性能和可靠性,可能添加了化学添加剂和特殊处理技术,这些化学添加剂可能会影响极低硫燃料油(VLSFO)的温室气体(GHG)排放。因此,为了降低极低硫燃料油(VLSFO)的温室气体(GHG)排放,有必要通过改进燃料配方、优化燃烧技术等手段来改善其性能。在航运行业中,船东和船舶管理者也应该采取措施提高燃油效率和管理质理,以降低温室气体(GHG)的排放。

(4)液化天然气(LNG)

液化天然气(LNG)主要由甲烷(CH_4)组成。这是碳含量最低的烃类化合物,使其在化石燃料中具有最大的潜力来减少航运的碳足迹。根据 Clarksons 的数据,截至 2023 年 1 月,全球有 185 个港口提供 LNG 加注服务,预计到 2025 年在此基础上会再增加 50 个港口。液化天然气(LNG)是目前可大规模使用的最清洁的化石燃料,其作为船舶燃料的使用得到了已经在实践中证明的先进发动机技术的支持。它不仅可以减少氮氧化物(NO_X)排放,消除大部分的硫氧化物(SO_X)和颗粒物,还有助于二氧化碳(CO_2)减排,与重质燃油(HFO)相比,最大潜力可达 21%。然而,仅凭液化天然气(LNG)本身无法单独实现国际海事组织(IMO)2030 年或 2050 年的温室气体(GHG)减排目标。但是,与其他技术结合使用,它具有发挥重要作用的潜力。

①技术

天然气是一种由多种碳氢气体混合而成的燃料,通常与石油沉积物一起出现。它主要包含甲烷(CH_4)(质量的 70%~99%,取决于其来源),少量乙烷、丙烷、丁烷和微量氮气。当冷却到约-162 ℃时,它会形成液体,使其体积减小至其气态状态的 1/600,使其更安全、存储和运输更容易。液化天然气(LNG)的密度约为重质燃油(HFO)的一半,但其热值大约高出 20%。使用液化天然气(LNG)作为燃料,相同的运输范围需要约 1.8 倍于重质燃油(HFO)的储存容量,但由于需要使用冷却罐的特殊形状、绝缘和分隔设备,燃料储存和供应系统在船舶上通常需要三到四倍的空间。根据美国国际能源署(IEA)2017 年的估计,全球天然气储量为 7 124 万亿立方英尺(1 立方英尺≈0.028 立方米),足以满足当前全球消耗率下至少 60 年的需求量,远远高于液体石油气(LPG)的储备量。

②应用

在早期的液化天然气(LNG)船中,使用液化天然气(LNG)燃烧的蒸汽锅炉为推进装置提供动力,而新一代的船舶则采用双燃料柴油发动机(DFDE)进行推进和发电。在过去的十年中,液化天然气(LNG)燃料应用已经扩展到更多类型的船舶,包括拖船、超大型集装箱船、油船和邮轮;其中邮轮是一个高度受关注的新建订单领域。

③温室气体(GHG)排放性能

根据最近的测试,与重质燃油(HFO)/柴油相比,液化天然气(LNG)的潜在二氧化碳(CO_2)减排效果最多只能达到 21%。这对于满足国际海事组织(IMO)2030 年的温室气体(GHG)目标是不够的。例如,在考虑生命周期排放和操作中的甲烷(CH_4)泄漏后,实际减排可能仅为 5%~10%。然而,液化天然气(LNG)在减少舰队整体碳足迹和促进使用清洁燃料方面仍然发挥着积极作用。液化天然气(LNG)不含硫,因此任何硫氧化物(SO_X)排放都来自液体点火燃料和润滑油。与柴油相比,液化天然气(LNG)燃烧显著减少了颗粒物(PM)的排放(90%~99%)。根据发动机技术不同,运行在柴油循环中的发动机的氮氧化物(NO_X)排放可能减少 25%,而在奥托循环中运行的发动机则可能减排更多。

(5)液化石油气(LPG)

液化石油气(LPG)是以液态形式存在的主要由丙烷和丁烷组成的烃类混合物。它是石油和天然气生产或炼油过程的副产品,并可以从生物柴油生产中获得。在商业航运中,使用液化石油气(LPG)作为燃料是一个相对较新的概念,预计将仅限于液化石油气(LPG)运输船。最近,世界上首个使用液化石油气(LPG)的双燃料发动机的订单被下达,用于一系列超大型气体运输船。

①技术

针对陆地应用,广泛使用液化石油气(LPG)的知识和经验已经非常丰富。一套专门的液化石油气(LPG)终端和船舶网络可以重新配置以提供燃油。需要开发燃油补给设施,但相比液化天然气(LNG),产品更容易处理和储存,并简化了燃料补给系统。液化石油气(LPG)的热值比重质燃油(HFO)高12%~15%。然而,液化石油气(LPG)的能量密度比燃油低,因此与使用液化天然气(LNG)和其他低闪点燃料一样,需要更多的体积(通常为1.5倍)才能在替换船用燃料油时产生相同的能量含量。大量的液化石油气(LPG)通常在18 bar的高压容器或5~8 bar的半高压/制冷罐中存储或运输,并在-10~-20 ℃的温度下进行。

②应用

航运公司正在与各种合作伙伴(发动机制造商、系统设计师和船级社)合作,计划在新造船上使用液化石油气(LPG)发动机,或对船舶进行技术改造,以应用液化石油气(LPG)发动机。目前,市场上只有一种专门设计用于液化石油气(LPG)作为替代燃料的船用双燃料发动机,即MAN ME-LGI,但预计将有更多制造商提供替代产品。MAN还提供了一种通用的多燃料发动机变体,可以燃烧多种气体燃料,例如乙烷或甲烷(CH_4),此外还包括液化石油气(LPG)。如果气体船舶预计将运载多种产品,则这一方式将特别有用。通常地,一个液化石油气(LPG)储罐需要的体积是一个重质燃油(HFO)储罐的三倍。液化石油气(LPG)燃料储罐主要是非制冷或半制冷的C型储罐(最大可达5 000 m^3)。它们不具备与液化天然气(LNG)储存相关的低温固化的复杂性,也不需要承受低温的温度。提供液化石油气(LPG)燃料补给设施,包括船上设备,将比提供液化天然气(LNG)的操作系统和设备费用更低。

③温室气体(GHG)排放性能

与重质燃油(HFO)相比,由于其更低的燃烧温度,液化石油气(LPG)可以将氮氧化物(NO_X)排放降低15%~20%。使用液化石油气(LPG)燃料可以将硫氧化物(SO_X)的排放量降低90%~97%,因为其硫含量非常低。二氧化碳(CO_2)排放量降低了13%~18%。

2.船舶替代燃料

(1)电燃料

电子燃料是一类新兴的碳中性燃料,是通过将来自可再生资源的电能储存在液体或气体燃料的化学键中而制成。碳中性氢气是通过用可再生电力进行电解生产的。为了提高运输效率且保证运输的可行性,氢气和氨气必须以液态形式储存。氢气在-253 ℃时变成液体,而氨气在-33 ℃时变成液体。虽然压缩氢气比液化过程需要更少的能源,但氢气压力罐的潜在建筑成本远远超过液体氢气存储系统的价格。因此,压缩氢气的能源支出较低的好处被储存系统的较大资本投资所抵消。氨可以通过加压(环境温度下约8 bar)或冷却(大气压力下-33 ℃)以液体形式储存。与液态氢相比,氨具有可接受的重量级能量密度和更高的体积级能量密度,它代表了另一种碳中性的运输用电子燃料选择。碳氢化合物(HC)电子燃料是由氢气和利用可再生电力从空气中捕获的碳产生的气态或液态燃料。它们与传统燃料完全兼容并容易混合,这意味着e-MGO与船用轻柴油(MGO)完全兼容并可混合,而e-LNG与液化天然气(LNG)完全兼容并可混合。

①技术

电燃料是一种新兴的能源技术,它将电能转化为可储存和传输的化学能。电燃料技术基于电解过程,使用电能将水分解成氢和氧气。这产生的氢作为一种可储存的燃料,可以在需要的时候与氧气重新进行反应，释放出能量并产生水。电燃料技术的关键是水电解过程以及氢的储存和利用方法。电解设备使用电能将水分解成氢和氧气，常用的电解方法有碱性电解、酸性电解和固体氧化物电解等。将产生的氢气储存起来，可以在需要能量的地方重新进行燃烧，供应燃料电池或直接驱动发动机等。氢气燃烧会生成水，不造成任何有害气体或温室气体（GHG）排放。电燃料技术具有很好的环境友好性和能源转换效率。通过使用可再生能源供电，如太阳能或风能，电燃料可以实现几乎零排放的能源转换过程。此外，电燃料还具有高能量密度、可储存性强、灵活性强等优势，使其成为替代传统化石燃料的潜在选择。然而，电燃料技术仍然面临着一些挑战。其中一个主要的挑战是降低电解过程的能耗和提高储氢技术的效率。此外，电燃料的基础设施建设和运输成本也需要考虑，以实现其商业化和大规模应用。

② 应用

电燃料可以大大降低船舶行驶时的环境污染和温室气体（GHG）排放。在船用电燃料方面，通常采用氢气或电池供电两种方式。其中，氢气燃料电池可以让船舶更加环保、节能和安全，同时也能够解决传统燃油在极地等特殊环境中的问题，为全球减排做出巨大贡献。而采用电池供电的方式，则可以避免传统油船的机械排放和船舶漏油等问题。要实现电燃料技术在航运领域的实际应用，需要克服技术、成本等方面的挑战，以及建立完善的电燃料供应体系。未来，随着技术的进一步发展和创新，电燃料有望成为一种可持续发展的航运燃料选择，助力航运行业实现低碳化和环保目标。

③ 温室气体（GHG）排放性能

电燃料的燃烧过程只产生水，并且不产生二氧化碳（CO_2）等温室气体（GHG）排放物。通过采用可再生能源供电，如太阳能或风能，电燃料的使用实际上是将已经存在的可再生能源转化为电能和氢气，从而进一步降低了温室气体（GHG）排放。这种技术可以使航运行业为减少碳排放和应对气候变化做出积极贡献。电燃料作为航运替代燃料的温室气体（GHG）性能优势使其成为未来可持续发展航运的重要选择，推动航运行业向低碳和环保方向转型。

（2）生物燃料

生物质是一种可再生燃料来源，将其用于海洋燃料可被视为一种碳中和的能源生产方式，因为用于生产生物燃料的有机物在其生命周期内吸收的二氧化碳（CO_2）与燃烧时释放的二氧化碳（CO_2）大致相同。生物燃料是用基本不适合作为食物或饲料的有机物生产的，但生物燃料可能会减少指定用于正常粮食生产的耕地面积，这一点令人担忧。对某些类型的生物燃料有助于减少温室气体（GHG），但就氮氧化物（NO_X）、硫氧化物（SO_X）和颗粒物（PM）而言，它们最终可能不是“更清洁”的燃料。国际运输论坛（International Transport Forum，ITF）曾经的一份报告发现，以生产生物柴油为例，与传统燃料相比，标准的生物柴油生产方法可以减少70%~80%的温室气体（GHG）。这是因为在种植原料的过程中吸收了大量的碳。但由于含氧量较高，它们产生的氮氧化物（NO_X）排放量略高。人们对生物燃料能否完全满足未来需求存在疑问。国际运输论坛（ITF）所使用的保守估计表明，这些类型的燃料也许只能为全球有限的一部分船队提供动力。

①技术

第一代：生物燃料以粮食作物为原料，包括玉米、大豆、甘蔗、淀粉、植物油、动物脂肪和生物废料，经加工后生产石油。最常见的生物燃料包括生物柴油、沼气、生物酒精、合成气和植物油。然而，随着全球人口的增长（据联合国预测，2000—2050年间将增长60%，达到约98亿人），预计对可行的粮食和耕地的需求将不断增加。第二代：生物燃料由木质纤维素生物质（由纤维素、半纤维素和木质素组成的植物干物质）生产，如开关草、树木、灌木丛和玉米秆。由于加工技术的改进,包括热化学和生物化学燃料生产处理,它们被称为“先进生物燃料”。第三代:生物燃料由藻类生产,与其他原料相比,藻类能够以较少的资源获得较多的产量。生物柴油、丁醇、汽油、甲烷(CH_4)、乙醇、植物油和航空燃料都可以从水藻中生产出来。大多数相关活动仍处于研究阶段。第四代:与生物质衍生物不同,这些生物燃料(如太阳能电燃料和光生物燃料)的生产不会争夺生产粮食所需的耕地。

②应用

生物燃料已被用于运输、发电和供热。大量研究已经探索了生物炼油厂和各种原料的潜力;船上测试已经检查了生物燃料和化石燃料的混合情况,这种混合物被称为“即用型”燃料,它限制了对加工设备和发动机可能进行的昂贵改装。在最新的规范中,ISO 8217(2017)建议将馏分燃料油(MD)混合物中脂肪酸甲酯(又称 FAME)的比例限制在 7%,从而创建了首个包含生物燃料规定的燃料油行业标准。由于一些港口为低碳燃料提供激励措施,一些公司目前正在探索船舶改用生物柴油的可行性。

③温室气体(GHG)排放性能

燃烧与化石燃料性质相似的生物燃料可能会减少二氧化碳(CO_2)排放量,因为生产生物燃料的过程相对而言碳密集程度较低。然而,与同等数量的化石燃料相比,木材等生物质能通常会产生更多的温室气体(GHG)排放。生物燃料的硫含量非常低,符合 2020 年的要求,并有可能消除对废气清洁系统(EGCS)的需求。因此,使用某些生物燃料替代化石燃料可以减缓温室气体(GHG)的影响,但不太可能消除或逆转任何损害。

(3)生物燃料电池

生物燃料电池是以有机物为燃料,直接或间接利用酶作为催化剂的一类特殊的燃料电池。由于全球化石能源短缺及化石能源在开采使用过程中会对环境造成一定危害,寻求新型可再生能源已引起全世界的广泛关注。燃料电池是在金属催化剂的作用下将燃料(氢气、甲醇等)和氧化剂(通常是氧气)的化学能,按照电化学的方式直接转化成电能的装置。与传统的能源相比,燃料电池在反应过程中不涉及燃烧,因而能量转换不受卡诺循环的限制,具有高效、洁净、环境友好的显著特点,是 21 世纪首选的洁净高效发电技术,是继水力、火力、原子能三种发电方式之后的“第四种发电方式”,备受广大研究者们的关注。生物燃料电池是一种以生物催化剂代替传统的金属催化剂的一种特殊的燃料电池,被认为是一种新型的绿色能源。乙醇、葡萄糖是典型的生物燃料电池燃料。生物燃料电池还可以利用一般燃料电池不能利用的各种有机物、无机物及微生物呼吸的代谢的产物、发酵的产物、光合作用甚至污水等作为燃料;由于使用酶或微生物作为催化剂,一般只要求在近中性的常温、常压条件下反应,易于操作、控制和维护;由于可以利用人体血液中的葡萄糖和氧气做燃料,一旦开发成功,便能方便地为植入人体的一些人造器官提供电能;生物燃料电池中采取的催化剂主要有三类:微生物、细胞器和酶。另外一些非酶的蛋白质也可以用作催化剂。

①技术

生物电燃料作为航运替代燃料的技术是一种创新的解决方案,可以实现航运行业的低碳和可持续发展。生物电燃料的生产涉及可再生生物质的转化或发酵过程,通过将农作物残渣、废弃物和植物油转化为可燃的燃料。这种技术可以在燃烧过程中几乎不产生温室气体(GHG)排放,因为生物质吸收的二氧化碳(CO_2)与燃烧产生的二氧化碳(CO_2)相互抵消。生物电燃料技术在航运领域的应用面临一些技术挑战和实施难题。其中之一是生物质供应的可持续性和可靠性,需要确保有稳定的生物质来源,同时防止对粮食安全和生态系统造成不利影响。此外,生物电燃料的生产过程需要进一步研究和改进，以提高转化效率、降低生产成本，并解决可能对环境造成的其他负面影响。

②应用

生物电燃料的使用可以减少传统油燃料在船舶运行时对空气和海洋的污染。生物电燃料在航运领域中具有广泛的应用前景。它可以作为某些满足短途和内陆船舶交通需求的解决方案。在这些应用中，生物电燃料可以为降低航运业的碳排放和环保效应做出贡献。此外，生物电燃料技术还可以为飞机、汽车和发电厂等其他领域提供清洁能源解决方案。

③温室气体（GHG）排放性能

生物电燃料作为航运替代燃料具有潜在的良好温室气体（GHG）性能。相比传统石油燃料，生物电燃料的生产和使用过程中能够显著减少温室气体（GHG）排放。生物电燃料是通过利用可再生生物质，如农作物残渣、废弃物和植物油，通过转化或发酵过程得到的。在燃烧过程中，生物电燃料释放的二氧化碳（CO_2）量通常与生物质的吸收量相平衡，因此净排放几乎为零。此外，生物电燃料还可以作为碳循环的一部分，帮助减少全球的碳排放量。

(4) 甲醇

甲醇在全球范围内可获得并在许多应用中使用，如化学工业，已有几十年的历史。它通常以商业规模从天然气中生产，但也可以从生物质等可再生资源中生产。这可能会大大减少其作为燃料使用时的二氧化碳（CO_2）排放。由于甲醇在减少船舶燃料的二氧化碳（CO_2）排放方面具有潜力，船舶的所有者对甲醇的应用越来越感兴趣，无论是客船还是货船。甲醇在常温和压力下是一种无色无味的液体，与气体或低温燃料相比，储存和处理更容易。与液化天然气（LNG）等气体相比，采用甲醇作为船舶燃料也面临较少的挑战。

①技术

甲醇具有任何液体燃料中最高的氢碳比，与传统燃料油相比，降低了燃烧过程中的二氧化碳（CO_2）排放。从环境角度来看，甲醇易溶于水，如果发生泄漏，其影响将减小。与传统燃料油相比，甲醇的能量密度和能量值明显较低，为了获得相同的能量含量，需要大约 2.54 倍的储存体积。生产甲醇有多种原料，目前最常用的是天然气。这个能量密集的过程经过三个步骤的改革和转化：合成气（合成气）制备，甲醇合成和甲醇纯化/蒸馏。生物质也可以用作原料。这个过程与使用天然气作为原料的过程类似。当原料受到特定的温度和压力作用时，合成气（合成气）形成。从生物质生产甲醇被认为是温室气体（GHG）中性过程（释放的碳排放量大致等于植物在其寿命期间吸收的碳排放量），但在为过程产生能源时可能会产生排放。使用煤作为甲醇生产的原料是可能的，但这对温室气体（GHG）排放产生负面影响。

甲醇作为船舶燃料的应用在技术上是可行的，但需要开发供应规模化使用所需的加油站设施、船上储存和供应系统以及船舶发动机。然而，由于化工和其他行业几十年来一直在全球范围内运输甲醇，现在已经存在很多基础设施以在港口运输和供应甲醇。在液体形式下，只需要进行微小的改动，就可以转换用于传统航燃的系统和基础设施。相比液化天然气（LNG），甲醇的船上储存要容易一些，因此加注船也是水上分销和加注的可行选择。MAN Energy Solutions 已经开发了用于高压注射低闪燃点液体燃料（如甲醇）的 ME-LGI 发动机。它使用相对较低的压力供应，并在喷射器内进行高压泵送。目前已经有不到 10 台甲醇燃烧的 ME-LGI 发动机投入使用。Wärtsilä 已经开发了一种改装转换方案，这是其 HP-DF 发动机技术的变种。

②应用

第一艘重要的改装为使用甲醇作为燃料的船舶是 Ro-Pax 渡轮“Stena Germanica”，在哥德堡和基尔之间运营。该区间有加油和支持设施。该渡轮使用改装发动机燃烧甲醇,需要使用掺混燃料(5%柴油和95%甲醇)。加拿大的 Waterfront Shipping 正在运营着用于携带货物的 7 艘甲醇船舶,并预订了另外 4 艘。这些船舶将搭载双燃料的两冲程发动机,可运行于甲醇、燃料油、船用柴油或燃油。瑞典海事管理局(MARAD)运营着一艘使用甲醇作为燃料的高速引航船。

③温室气体(GHG)排放性能

根据国际海事组织(IMO)的数据,甲醇的全生命周期氮氧化物(NO_X)和硫氧化物(SO_X)排放量大约是传统燃料的45%和8%。甲醇的温室气体(GHG)排放性能将取决于用于生产的原料和能源来源。当天然气用作原料时,从井口到油箱的温室气体(GHG)排放量较高,这意味着从井到螺旋桨的排放量略高于传统燃料。

(5)氨

氨是一种由氮和氢组成的化合物,在大气压和常温下常以无色气体的形式存在于自然界中。虽然在陆地上已经有 75 年的时间使用氨作为内燃机(ICE)的燃料,但是在船舶推进领域,氨仍处于早期开发阶段,目前还没有船舶在使用氨作为燃料,但氨燃烧的发动机正在研发中,并且还在探索将其用于燃料电池中的应用。与传统燃料相比,氨燃烧在温室气体(GHG)和其他污染物的减排方面具有显著优势,但其在生命周期内的总体温室气体(GHG)排放贡献较差,使得使用氨的效果只是略微更好。氨是一种潜在的无二氧化碳(CO_2)的燃料替代品,但这将需要在生产过程中使用可再生能源,增加成本。此外,对于发动机燃烧来说,氨通常需要辅助燃料,这可能会增加其使用的总体碳足迹。

①技术

氨是第二大使用量最广泛的化学物质,用于生产肥料、药品、纯净水和许多其他化学应用。它可以使用化石燃料(如天然气)或可再生能源作为原料进行生产。一种无碳氨的形式是通过可再生电力产生氢气,然后通过哈柏-博什(Haber-Bosch)过程将氢气与大气中的氮气结合形成氨气。在较高的压力下,氨气变为液体,使其更容易运输和储存。大量的氨气可以使用液化石油气(LPG)船运输,并且其沸点为-33 ℃。氨气的典型热值与甲醇相似。与大多数替代燃料一样,它的能量密度比燃油低,因此要生成相同的能量含量,需要大约 2.55 倍的体积。

②应用

作为燃料,氨可以用于使用火花或压缩点火系统的内燃机(ICE)中,通过催化剂裂解来实现。氢气会与氨气一起燃烧,产生水、氮气和氮氧化物(NO_X)。目前,只有一家发动机制造商提出使用氨作为燃料。由于氨气的燃烧速度较慢,并且其燃烧过程存在挑战,通常需要大量的引导燃油来实现点火。氨的辛烷值高于重质燃油(HFO)。这可能会鼓励其在高压缩发动机中的使用。越来越多的人开始关注将氨作为氢燃料电池的供料物,一旦氨裂解,来自氨的氢气可以大量用于产生电力的电池。某些类型的燃料电池可以通过内部重整燃料直接使用氨,无须在输入之前分离氢和氮元素。氨在高温或低温下保持液态。工业规模的储存使用低温,需要能源来保持温度。然而,与压力储存相比,这种选择的资本成本较低,压力储存需要更多的钢材。氨还需要大约 2.5 倍的储罐体积才能产生与重质燃油(HFO)相同的能量。氨可以通过管道、船运、卡车运输和铁路运输进行陆上和海上运输。船舶以液态或气态运输相对更大的数量。道路和铁路运输使用加压储存容器以确保安全和简易性,但它们的重量和容量受到限制。

③温室气体(GHG)排放性能

当从可再生能源中合成时,氨是一个无碳的过程。与氢气类似,它可以使用"绿色"方法从化石燃料中生产,例如碳捕集和储存或可再生能源。这两种方法可能会影响其成本竞争力。如果能够使用碳中和技术生产足够数量的氨，那么氨具有成为实现国际海事组织（IMO）2050 年温室气体（GHG）减排目标途径的巨大潜力。

（6）氢

虽然氢是一种丰富的元素，但它几乎是作为另一种化合物的一部分存在，在用作船用燃料之前需要将其分离。一旦分离出来，它就可以与空气中的氧气一起用于燃料电池，例如，通过电化学过程产生电力。大约 95%的氢是从天然气和石油等化石燃料中产生的。就燃烧后产生的氮氧化物（NO_X）、硫氧化物（SO_X）和颗粒物（PM）而言，氢是目前最清洁的船用燃料。同时，如果使用可再生能源生产，它的温室气体（GHG）排放量几乎为零。目前正在进行许多示范，以推进其在航运推进方面的应用，并评估其作为国际贸易海上可持续运输选择的作用。然而，目前的应用所提供的动力输出非常有限，而且氢气生产需要大量能源，成本高昂，无法大规模生产。

①技术

氢气的最大消费者是化学工业和炼油厂，它们利用了全球生产的 90%以上的氢气。在这些行业中，氢气并不被用作燃料，而是作为其相关工艺的反应物。尽管氢气可以通过多种方法生成，但它主要（约 95%）是通过天然气的热加工制备的。该方法的普及存在的几个主要障碍之一是成本，但随着其清洁生成的用途被探索，电解和可再生能源是关键途径。氢气的最常见生产形式是天然气重整，有时也被称为蒸气甲烷（CH_4）重整，因为它使用高温蒸汽。当受到蒸汽和热的作用时，甲烷（CH_4）的碳原子会被分离，随后单独重组，通过一次需要天然气的操作产生氢气和二氧化碳（CO_2）。从这些来源生产的氢燃料无法达到国际海事组织（IMO）2050 年减排目标。但是也有可能重整可再生液体，例如甲醇。木炭汽化的过程（也可以使用生物质）主要需要碳和水。当在高温反应器中燃烧时（1 200~1 500 ℃），木炭会释放气体，分离并重组以产生氢气和一氧化碳（CO）。氢气也可以通过电力进行电解水生成。一个电流被用来将水分解成氧气和氢气。当它由化石燃料驱动时，这种方法比较低效，产生的排放较多。但当电解由可再生能源驱动时，它是最好的解决方案，提供接近零碳足迹[除了制造可再生能源技术（如光伏电池等）所产生的碳之外]。正在探索的其他电解水相关过程包括：高温水分解，它使用太阳能集中器或核反应堆产生的热能来创建化学反应，分解水以产生氢气；光生物水分解，它使用微生物，如绿色藻类，在阳光的存在下消耗水，产生氢气作为副产品；以及光电化学水分解，它使用光电化学系统从水中产生氢气，利用特殊的半导体和来自阳光的能量。

②应用

当前，氢气作为船舶燃料的应用非常有限，主要有两种方式：通过燃烧在活塞发动机或燃气轮机中产生动力，或直接作为燃料用于燃料电池。氢气被用作内燃机（ICE）的燃料。然而，与燃料电池中的应用相比，内燃机（ICE）的效率要低得多。通常情况下，氢气会与碳基的燃料混合使用，这会增加净排放量。它是一种清洁燃烧的替代选择，相关技术将继续研究其以便作为化石燃料的替代品。最常见的氢燃料电池类型是质子交换膜燃料电池。

③温室气体（GHG）排放性能

氢气的燃烧是无碳的，当它通过可再生能源合成时，几乎是一种无碳的过程，在燃料电池中使用氢气主要产生的是水和电。然而，当使用标准的甲烷（CH_4）重整工艺生产氢气时，碳排放可能会比传统燃料更严重。

表 4.8 船舶不同类型燃料的特性[12]

Tab.4.8 Characteristics of different types of fuel for ships[12]

特性＼燃料	HFO	MGO	VLSFO	LNG	LPG	甲醇	氨	氢
化学成分	混合物	混合物	混合物	混合物	CH_4	CH_3OH	NH_3	H_2
沸点(℃)	200~565	150~380	>60	-26.2	-162	65	-33	-253
低热值(MJ/kg)	38~44	42~45	39~42	46.06	48	19.9	22.5	120.2
自动点火温度(℃)	180~300	260~325	220~260	428	650	440	630	535
可燃范围(空气中体积百分比)	1%~10%	1%~6%	1%~10%	1.6%~10%	5%~15%	6.0%~36%	15%~33.6%	4%~74%
能量密度(MJ/lt)	35~42	36~38	38~42	24.88	21.6	15.7	15.7	9.2
体积比较 HFO(能量密度)	1	1.667	1.05~1.1	1.620 833 3	1.85	2.54	2.55	4.33
碳含量	0.85~0.9	0.86~0.87	0.85~0.9	0.821 48	0.75	0.375	0	0
碳含量减少(与 HFO 相比)	1	3%	5%	3.3%	12%	56%	100%	100%
二氧化碳(CO_2)[kg CO_2/(kW·h)]	0.3~0.35	0.28~0.32	0.3~0.35	0.235 3	0.206 1	0.248 6	0	0
二氧化碳(CO_2)减少量,kg CO_2/(kW·h)(与 HFO 相比)	1	10%~20%	10%~20%	15.6%	26%	11%	100%	100%
低闪点燃料	是	是	是	是	是	是	是	是

三、船舶减排技术

1.碳排放控制技术

(1)技术措施

技术措施是指任何可以应用于船舶(可以是新的设计、改装或新造船)的技术,与原始船舶设计相比,降低了船舶的二氧化碳(CO_2)排放量。从技术角度来看,船舶推进系统包括船体、螺旋桨和主机等组成部分。因此,从能耗的角度考虑,减少船舶排放有三个主要策略:减小船舶阻力、提高推进效率、改进海洋动力装置[24]。

①船舶阻力

在给船舶提供速度时,需要克服阻力并消耗能量。减少船舶阻力可以降低在给定速度下所需的功率,从而减少燃料消耗和二氧化碳(CO_2)排放量。船舶在平静水域中的总阻力包括许多阻力来源,可以分为摩擦阻力、剩余阻力(包括黏性压力阻力和波浪阻力)和空气阻力,基于 Froude 理论。考虑实际的天气、海况和船体污垢,需要额外有效功率来克服额外的阻力,例如风阻力、附属装置阻力(包括舵)和操纵阻力以及余量(为增加粗糙度等)。最后,船舶阻力受到三个因素的影响:排水量、设计速度和船体流体力学。

a.排水量

考虑到船舶的目的是运载货物,减少货物质量不是减小阻力的可行方式。减轻船舶重量和压载水质量是主要目标。减轻船舶重量可以通过更好的结构设计和先进材料来实现。纤维增强塑料复合材料、高强度钢和铝合金是主要的轻质材料,目前被用于游艇、较小的海军舰艇以及邮轮、客船等的上层结构。对于金属夹层板和钢-复合轻质夹层板的研究和应用以及新型连接方法已经显示了它们的优势。可以预期,这些新型结构和轻质材料将在各种类型的船舶中得到广泛应用,从桅杆和外壳到可移动车辆斜坡和甲板。

压载水增加了船舶的总排水量和尺寸。在过去的 20 年里,出现了一系列低压载或无压载水设计。可变浮力船、无压载水船、最小压载水船等都是新兴的设计。到目前为止,尚未报道这些设计的商业应用,但概念创新仍在进行中。

b.设计速度

一般假设船舶所需功率与其速度呈立方关系。例如,降低 10%的速度可以使所需功率降低约 27%。因此,降低设计速度是减少燃料消耗和二氧化碳(CO_2)排放的非常有效的方法。此外,通过减少发动机功率,可以实现降低的功率需求。这通常会在整个运营阶段提高燃油经济性,或者通过安装更小的发动机来节省初期投资,为有效载荷提供更多的空间和排水量,并提高能源效率。此外,较慢的发动机转速允许更高的螺旋桨效率,进一步节省能源。MAN 声称,可以实现 4%~8%的燃油节省,如果采用新的螺旋桨设计,节省率可能达到 10%~15%。然而,设计速度的降低在实际上受到一些因素的限制,例如商业考虑、安全因素和全球船队的可能扩张。

c.船体流体力学

影响总阻力和设计优化的参数包括 Froude 数、润湿表面积、阻滞系数、棱柱系数、风、波浪、附属装置等[25]。采用了一系列技术来改进船型和船体流体力学。典型的方法包括但不限于改进主要尺寸、优化船首船体形状、船体涂层、空气润滑和附属装置。

②推进效率

螺旋桨通过轴将主发动机传递的动力转化为推进船舶的推力。总推进效率可以表示为船体效率、螺旋桨自由水效率、相对旋转效率和轴效率的乘积。通常,主发动机传递的动力只有三分之二转化为推进船体的推力。提高推进效率的主要机会在于船体效率(通常为 0.95~1.3)、螺旋桨自由水效率(通常为 0.55~0.70)和相对旋转效率(通常为 0.98~1.07)。这取决于高效的螺旋桨、改善尾流分布和回收旋转能量。

③海洋动力装置

船舶上的主发动机、辅助发动机和各种能源消耗设备都有各种节省燃料的选项。燃料节省的潜力取决于船舶类型。

a.创新的推进装置

创新技术已经应用于传统柴油发动机、蒸汽轮机或以重质燃油(HFO)、船用重柴油(MDO)或船用轻柴油(MGO)为燃料的燃气轮机。对于船用柴油发动机,采用先进/智能发动机管理,共轨/电控燃油喷射,可变几何涡轮增压器、燃油滑阀升级和优化缸油消耗等措施,以提高能源效率。值得注意的是,所有这些发动机技术在提高能源效率方面几乎已经达到极限;进一步节省燃料的潜力通常不到 1%。此外,发动机技术目前更关注氮氧化物(NO_X)的减少,但减少氮氧化物(NO_X)排放通常是以降低燃料效率为代价的。因此,在燃料消耗和氮氧化物(NO_X)排放之间存在一种平衡,当前改进发动机技术可能不是实现低碳航运的主要途径。然而,诸如取力/输入配置、柴油/电动推进、混合动力等灵活的动力选择具有显著的节省燃料的潜力。

已经提出了不同配置的燃气轮机和蒸汽轮机作为商船上的主动机,但由于相对较低的热效率,它们也不是低碳航运的理想选择。然而,当与余热回收(WHR)系统、太阳能系统或燃料电池动力系统结合使用时,燃气轮机和蒸汽轮机仍然具有重要的海洋应用潜力。

b.余热回收

船用柴油发动机的热效率在热力机中居高不下,为 50%~55%,目前已经很难再提高发动机效率。然而,由于 25%~30%的能量通过排气和 10%~15%的能量通过冷却水损失,回收废气和冷却水中的废热能够显著提高总热效率。除了传统的排气涡轮增压和排气经济器外,有机朗肯循环废热发电系统在海上应用中具有巨大潜力。未来,需要进行更多的设计研究和优化,以便进行实际应用,特别是在工作流体的选择方面。

c.辅助设备

通过优化整体系统和使用速度可控的泵/风机(用于冷却、通风和其他利用率较高的系统)取代恒速泵/风机可以实现节能。可以利用先进材料来制造辅助设备的某些组件,例如换热器、过滤器、冷凝器和锅炉等,可以减轻重量并提高能源效率。从辅助设备中节约能源的其他措施包括节能照明、HVAC(供暖、通风和空调)系统的优化设计等。然而,辅助设备所需的电力和其总重量在整个动力消耗和减轻船舶重量中所占比例很小,这意味着节省燃料的潜力较低。

基于原则的分类确保了每个具体措施的独立性。因此,在组合不同措施时可以避免冲突和效果抵消。根据本文使用的分类,表 4.9 总结了不同技术解决方案的潜力。不同研究人员对于相同措施的节省燃料潜力报告了不同的结果。这意味着技术措施的应用和减排政策的引入应以具体情境而定。在二氧化碳(CO_2)减排潜力最高的措施中,显示为减轻船舶重量、降低设计速度、优化船体形状、CRP、主机余热回收和柴油电混合动力应用。

表 4.9 船舶排放技术控制措施的特性[24]

Tab.4.9 Characterization of technical control measures for ship emissions[24]

类型	主要措施	简要描述	潜在的二氧化碳(CO_2)减排量
船舶阻力 (Ship resistance)	减轻船舶重量 (Lightship weight)	先进材料 (Advanced materials)	0.03%~0.13%,<7%,0~10%,0.1%~22%,4.5%
		压载水 (Ballast water)	0~10%,0~7%
	设计速度 (Design speed)		
	船体流体力学[a] (Hull hydrodynamics)	主要尺寸 (Main dimensions)	10%~15%,5%~20%,2%~30%,15%~25%,9%~27%
		船首船体形状 (Bow hull forms)	2%~7%,3%~7%,>10%,9.5%,<4.9%
		船体涂层 (Hull coatings)	5%,1%~4%,1%~10%,1.5%~4%
		空气润滑 (Air lubrication)	1%~5%,3%,5%~15%,1%~15%,3%~10%,5%~6%,10%~20%,4%~16%,0~15%

续表

类型	主要措施	简要描述	潜在的二氧化碳(CO_2)减排量
推进效率[b] (Propulsion efficiency)	高效率螺旋桨 (High-efficiency propellers)	附属装置(appendages)	1%~5%,2%~15%
		螺旋桨优化、CLT 螺旋桨、Kappel 螺旋桨(propeller optimisation, CLT propeller, Kappel propeller)	0~6%,<2%,4%,<6%,3%~6%
	改善尾流分布 (Improving the wake distribution)	尾流均衡装置(wake equalising devices):导流式螺旋桨、尾流均衡导流器、Mewis 导流器(ducted propeller, wake equalising duct, Mewis duct)	1.5%,0.5%~3%,3%
	回收旋转能量 (Recovering rotational energy)	节能装置(power saving devices):预漩涡、后漩涡、PBCF 定子翼片、翼轮、非对称船尾体(preswirl, post-swirl, PBCF, stator fins, vane wheel, asymmetric aft bodies)	0~3%,1%~3%,5.4%,1.3%
		CRP	8%~15%,3%~6%,5%~10%,2%~3%,10%,0%~12%
船舶动力装置 (Marine power plants)	创新的推进装置 (Innovative propulsion plants)	新型发动机技术(novel engine technologies)	1%,0~1.3%,0.1%~0.8%,2%~3%
		灵活的动力选择(flexible powering options)	<20%,2%~45%,13%
	余热回收系统(WHR)	有机朗肯循环(organic Rankine cycle)	0~4%,<4%,2%~7%,8~10%,1%~20%,5%~11%,4%~11%,10%~15%,1.83%~3.5%,4%~16%,2%~3%,7.3%~11.4%,5%~15%,6.06%,2%
	辅助设备 (Auxiliary machinery)	可变速电动机、照明、混合动力辅助发电、辅助机组上的废气锅炉等(variable speed electric motor, lighting, hybrid auxiliary power generation, exhaust gas boilers on auxiliary engines, etc.)	0.5%,<2%,0.1%~3%,1%~5%

注释:a. 船体流体动力学(Hull hydrodynamics)的二氧化碳(CO_2)减排潜力,5%~20%[26],6%[27];b. 提高推进效率(Propulsion efficiency)的二氧化碳(CO_2)减排潜力,5%~10%[26],6.5%[27],1%~25%[28-30]。

(2)非技术性运营措施

非技术性运营措施是通过运营努力来实现减少二氧化碳(CO_2)排放的目标,包括减少能源需求和提高能源效率。这些运营努力可能针对巡航、减速、操纵和停泊等运营阶段,并可由船舶经营或管理公司、港口服务提供商和船员实施。

①供应链和物流优化

通过全球供应链和物流优化，可以实现减少二氧化碳(CO_2)排放。与供应链和物流相关的措施分为三方面：贸易网络设计、规模经济、新兴贸易航线和港口服务。

a.贸易网络设计

航运公司以商业利益为主要动机，致力于满足市场和客户的多元需求。然而，减少航运中的碳排放对于可持续物流系统也是一个非常重要的问题。贸易网络的设计，如船舶数量、船舶规模、商业速度、调用港口等，对二氧化碳(CO_2)排放有重要影响。

b.规模经济

近年来，基于规模经济概念，建造了很多超大型油船、散货船和集装箱船。这些做法证明，单位运输量或货物吨-海里的成本和能源消耗较低。货物容量利用率(实际载货量与最大货物容量之比)是设计服务网络中容量部署的另一个重要考虑因素。

c.新兴贸易航线

航行能力的提升，例如巴拿马运河的扩建，为更大型船舶和全球供应链和物流的较短航行距离提供了机会。近年来，北极航运的发展显示出很大的潜力，与传统贸易航线相比，东亚和北欧之间的距离可以减少 27%~40%。

d.港口服务

船舶的运营阶段包括巡航、减速、操纵和停泊。在港口的高效周转会使船舶航次增多，或者在较慢和更节能的航速下保持相同的航次数。因此，停泊时间对于运营成本、效益和能源效率具有重要影响。

②减速航行

自 2008 年全球经济衰退和航运需求放缓以来，海运业采取了一系列措施来维持和恢复其发展。其中之一就是减速航行，即将商用船舶的航行速度设定为低于其设计速度。这是为了节省燃料成本。在当前航运市场不景气的环境下几乎所有全球航运公司都采用了这种做法。船舶速度与所需功率和燃料消耗之间的关系大致呈立方函数。减速航行被证明是个体船舶最节能的运营措施。

③岸电供应(OPS)

岸电供应(OPS)，也称为替代海上动力、岸供电、岸电或陆上供电，是在船舶停泊时关闭柴油发电机，为船舶提供陆上电力的做法。目前，几个重要的全球港口和码头都提供了这种陆上设施，为停泊的船舶提供电力，以减少船舶排放和船舶源噪声。

④航行优化

航行优化的主要目标本质上是通过选择给定天气预报下的最优航线和速度剖面，减少总船舶阻力、降低财务成本或在航行过程中获得最大利润。航行优化可以作为概念的总称，航线规划、时间安排、航速优化、修整优化和压载优化都可以包括在内。它们都与距离、时间和在规定约束下最小化阻力有关。

a.天气路线规划

船舶航线规划和调度方法最初用于缩短距离、优化时间、提高安全性和降低成本。近年来，它们已成为能效和减排的重要焦点。在这里，船舶航线规划的目标是为起讫点选择最佳的适航航线，以及在航行前和航行期间寻找从起点到终点的最佳航线。更有效的船舶航线规划方法可以实现节燃和减排；对于依赖于预测海况和天气条件的风力辅助船舶尤其如此。

b.航速优化

航速优化是在海上或港口的不确定服务时间、服务合同的时间窗口、海上和天气条件约束下,对特定路线或每个航段的速度进行优化。其目标通常是最小化燃料消耗或最大化效益。

c.船舶阻力优化

与天气航线规划不同,阻力优化的主要目标是在确定的航线和负载条件下最小化船舶在平静水域的阻力(即摩擦阻力和残余阻力)。在实际情况下遇到的不同速度和负载条件,存在阻力优化的潜力。改变船舶的吃水线或平衡条件可以改变船舶的湿表面积、水线长度和阻力。调整平衡条件可以实现最小的船舶阻力并降低燃料消耗。

⑤维护优化

优化的维护可能有助于整个船舶能源系统的燃油节约,包括船体、螺旋桨和船舶动力装置。船体和螺旋桨的污损可能会增加摩擦阻力并导致能量损失,已经报告说,其额外阻力占到总阻力的 10%~40%,能源效率损失占到 11%~18%。因此,可以根据船体涂层和航行区域定期清洁船体和螺旋桨。

⑥人为因素

正如本文所强调的,非技术性的运营措施在很大程度上依赖于船舶运营人员、船舶管理人员、船员和港口运营人员的努力和判断。因此,人为因素在节能方面发挥着重要作用。首先要求加强运营人员的教育和培训,提高节能知识、技能和对船舶运营、管理和维护的认识。第二个措施是需要有效的管理和激励措施,以实现共同的利益、意愿和动机,来改善运营人员的行为。

表 4.10 总结了每个运营措施减少二氧化碳(CO_2)排放的潜力。

表 4.10 船舶排放运营控制措施的特性[24]

Tab.4.10 Characterization of operational control measures for ship emissions[24]

类型	主要措施	简要描述	潜在的二氧化碳(CO_2)减排量
供应链和物流优化(Optimisation of supply chain and logistics)	贸易网络设计(Trading network design)		<4%
	规模经济(Economies of scale)	大船(Larger ship)	4%~83%,0~30%
		容量利用率(Capacity utilisation)	5%~50%,5.5%
	选择新兴贸易路线(Choice of emerging trading routes)	巴拿马运河扩建(Panama Canal expansion)	1.02%,2.69%
	贸易路线(Trading routes)	北极航线(Arctic shipping)	49%~78%,27%
	港口服务(Port services)	减少在港时间(Decreased time in port):泊位分配,码头起重机分配(Berth allocation, Assignment of quay cranes)	0~1%,1%
减速航行(Slow steaming)		降低速度(Speed reduction dependent)	0~60%,38%~80%,0~51%,19%~28%,19%~34%,20%~30%

续表

类型	主要措施	简要描述	潜在的二氧化碳(CO_2)减排量
岸电(Cold ironing)			0~3%,3%~10%,40%
航行优化[a] (Voyage optimisation)	天气路线(Weather routing)		0.1%,0.1%~4%,0~5%
	航速优化(Speed optimisation)		1%~6%,1%~10%
	优化运行阻力(Operating resistance optimisation)	吃水/平衡优化,压载优化(Draft/trim optimisation, Ballast optimisation)	0~1%,0.25%,<5%,1%~10%,0.5%~5%
维护(Maintenance)		船体清洁(Hull cleaning)	5%,2%,1%~10%
		螺旋桨抛光(Propeller polishing)	2.5%~8%,0.5%~1.5%
人为因素(Human factors)		基于状况的维护(Condition-based maintenance)	2%,1%~10%
		能源意识,激励措施,运营改进(Energy awareness, Care, Incentives, operation improvement)	1%~2%,10%

注释:a.航行优化的二氧化碳(CO_2)减排潜力,0~10%[31],0.1%~48%[29]。

(3)碳捕集和封存(CCS)技术

碳捕集和封存(Carbon Capture and Storage, CCS)是一组技术,可用于从船舶的排气中或大气中移除二氧化碳(CO_2),并将其储存以供后续使用。燃烧零碳燃料,如氨和氢,没有二氧化碳(CO_2)的形成;除零碳燃料外的其他燃料,如液化天然气(LNG)、液化石油气(LPG)、甲醇、生物柴油和二甲醚(DME)等将按燃料的碳含量成比例地形成为完全燃烧产物。因此,除零碳燃料之外,碳捕集和封存(CCS)技术可以在船舶上使用,进一步减少其碳排放量。在过去的20年里,世界各地的许多研究团队一直在探索碳捕集和封存(CCS)技术,以提高捕集的效率并减小系统的体积和成本。

①捕集

碳捕集和封存(CCS)供应链的第一部分,是成本最高的部分,也是二氧化碳(CO_2)的捕集。有几种捕集技术和可以捕集的环境。用于捕集二氧化碳(CO_2)的四种主要方法是燃烧后、燃烧前、富氧燃烧和直接空气捕集(Direct Air Capture, DAC)。基于燃烧的技术可以应用于大规模的排放过程,如燃煤和燃气发电、天然气加工、水泥、钢铁生产。直接空气捕集(DAC)是用于直接从大气中提取二氧化碳(CO_2)。

a.燃烧后

燃烧后捕集二氧化碳(CO_2)的过程将二氧化碳(CO_2)从燃烧废气中分离出来。燃料燃烧后,废气被送到一个罐子里,大部分的二氧化碳(CO_2)与胺类化学结合,形成富含二氧化碳(CO_2)的胺类混合物。然后可以通过加热将二氧化碳(CO_2)从胺混合物中分离出来,从而形成高纯度的二氧化碳(CO_2)流,被送去进一步运输和储存。该方法已在小型焚烧厂成功使用了多年。这是一项广泛用于捕集食品和饮料行业的技术。燃烧后捕集的优势之一是,它可以相对容易地安装在已经存在的排放源上。它适用于任何大型固定源,包括工业排放。

b.燃烧前

预燃烧过程在燃烧发生之前分离二氧化碳(CO_2)。该工艺将燃料转化为氢气和二氧化碳(CO_2)的气态混合物,称为合成气。其中氢气被分离出来,可以在不产生二氧化碳(CO_2)的情况下进行燃烧。这种方法利用压力来捕集二氧化碳(CO_2)。这反过来又需要一个更小和更便宜的捕集装置。该方法在生产电能和氢气的工厂中特别相关。然而,这种技术通常只适用于新工厂,因为改造现有的排放源需要对工厂进行大规模的改造。

c.富氧燃烧

富氧燃烧过程使用氧气而不是空气来燃烧燃料。该过程中产生的废气主要由水蒸气和二氧化碳(CO_2)组成,可以很容易地分离出高纯度的二氧化碳(CO_2)。富氧燃烧的捕集率非常高,使其有可能捕集接近 100%的二氧化碳(CO_2)。然而,燃料中的杂质可能需要对二氧化碳(CO_2)流进行额外的净化,使低质量的燃料不适合这种捕集过程。富氧燃烧可以被改造成某些类型的现有电厂,但不是所有的电厂。富氧燃烧通常应用于玻璃工业、冶金工业和热能工程。

d.直接空气捕集(DAC)

现近有两种技术方法可以直接从空气中捕集二氧化碳(CO_2):液体和固体直接空气捕集(DAC)。液体直接空气捕集(DAC)将空气通过化学溶液,如氢氧化物溶液,从而去除二氧化碳(CO_2)。固体直接空气捕集(DAC)使用可与二氧化碳(CO_2)化学结合的固体吸收剂过滤器。当过滤器被加热并置于真空下时,它们会释放出浓缩的二氧化碳(CO_2),然后被捕集以储存或使用。目前,全世界有 19 家直接空气捕集(DAC)工厂在运营,每年仅捕集 10 万吨。它们中的大多数将二氧化碳(CO_2)卖给其他行业,如碳酸饮料行业。第一个大规模的直接空气捕集(DAC)工厂正在美国建设中,其目标是每年捕集 100 万吨用于储存。

②运输

二氧化碳(CO_2)被用作增强型石油采收(Enhanced Oil Recovery, EOR)以及食品和饮料工业等行业的原材料,导致对大规模运输方法的需求。二氧化碳(CO_2)在用于 EOR 时通过管道运输,而在食品和饮料行业中则通过船舶、卡车或铁路运输,运输量较小。虽然是一个成熟的市场,但由于与 CCS 有关的大量二氧化碳(CO_2),仍然需要为碳捕集和封存(CCS)目的在运输方面进行研究和开发[32]。

在碳捕集和封存(CCS)背景下,二氧化碳(CO_2)的数量在百万吨级,只有通过船舶或管道系统运输二氧化碳(CO_2)被认为是可行的。许多研究已经比较了这两种运输方法。对于一个特定的碳捕集和封存(CCS)项目,选择哪种运输方法在很大程度上取决于诸如从源头到注入井的距离、预计每年运输的二氧化碳(CO_2)量、项目的时间跨度和技术价格等方面。当比较管道和船舶运输时,管道被认为是短距离和大量运输的最可行的选择。相比之下,航运对于较长距离和较小数量来说可能更经济。运输选择及其相关的供应链要素,如图 4.11 所示。

a.通过管道运输

本节中涉及两种类型的二氧化碳(CO_2)管道运输:陆上管道和海上管道。二氧化碳(CO_2)的管道运输是通过将二氧化碳(CO_2)压缩成超临界流体并在高压下通过管道运输来完成的。二氧化碳(CO_2)的管道运输是一个成熟的概念。仅在北美就有 50 多条二氧化碳(CO_2)管道,总长度达 6 600 km。北美的管道每年运输 60 百万吨,主要用于增强石油采收的目的。2018 年,17 个运行中的工业规模碳捕集和封存(CCS)项目使用了管道运输,累计捕集、运输和储存能力为 31.2 Mtpa。从经济角度来看,与船舶相比,管道的资本支出(CAPEX)很高。这意味着,为了大规模部署管道作为碳捕集和封存(CCS)的运输选择,对碳捕集和封存(CCS)解决方案的商业兴趣和需求必须很高。管道也给投资决策带来了更多的风险,因为它是一个不如船舶运输灵活的选择。虽然船舶可以重新设计并用于碳捕集和封存(CCS)以外的目的,如液化石油气(LPG)运输,但由于严格的技术规定,海上管道不一定会有这种属性。因此,管道的剩余价值将是有限的。然而,由于低运营支出(OPEX)确保了规模经济,管道可以在短距离内处理大量的二氧化碳(CO_2)。

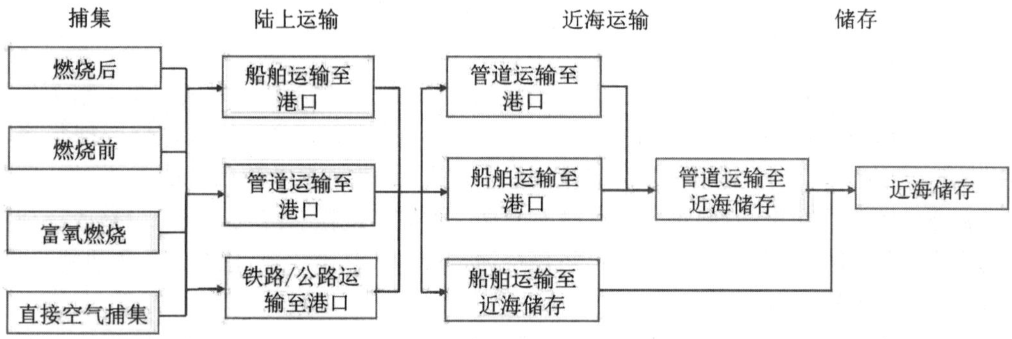

图 4.11 碳捕集和封存(CCS)供应链概述,包括海上存储和陆上海上运输模式[14]

Fig.4.11 Overview of the CCS supply chain, including offshore storage and modes of onshore and offshore transportation[14]

b.船舶运输

二氧化碳(CO_2)的商业船舶运输是在压力水平在 15~20 bar 之间,温度在-20~-30 ℃之间,船舶容量约为 1 000 t 的情况下,以液体状态进行的。由于液体的密度较高,以液态而非气态的方式运输二氧化碳(CO_2),可以在一定的船舶尺寸下运输更多的二氧化碳(CO_2)。在 CCS 背景下确定二氧化碳(CO_2)运输的船舶设计时,必须决定储罐的尺寸、压力和温度条件。这些决定受地点的特点、二氧化碳(CO_2)来源的结构和二氧化碳(CO_2)的纯度的影响。船舶运输液态二氧化碳(LCO_2)要考虑到各种条件,包括高压、中压和低压以及相应的温度。表 4.11 列出了液态二氧化碳(LCO_2)的运输条件及相应的压力、温度和密度范围。

表 4.11 液态二氧化碳(LCO_2)运输条件及相应的压力、温度和密度范围。

Tab.4.11 Liquid CO_2 transportation conditions with corresponding ranges for pressure, temperature and density

压力范围	温度(℃)	压力(bar)	液体密度(kg/m^3)
高	30	72	607
	10	45	861
中	-19.5	20	1 029
	-30	14	1 097
低	-41	9.8	1 119
	-55	5.5	1 173

液化处理,为了使二氧化碳(CO_2)的运输具有成本效益,二氧化碳(CO_2)应该是液态的,而不是气态的。在大气压力下,二氧化碳(CO_2)只能是气态或固态。无论是气态还是固态,用船

运输二氧化碳(CO_2)在经济上都是不可行的。对于气态,是由于二氧化碳(CO_2)的密度低。对于固体形式,是因为装载和卸载二氧化碳(CO_2)需要很大的努力。因此,二氧化碳(CO_2)的运输是以液体形式进行的,压力高于大气压力,如表 4.11 所示。液化过程包括冷却和压缩二氧化碳(CO_2)的几个阶段的组合,以达到所需的温度和压力。该过程有两种设计方案,即封闭式和开放式系统。它们的区别在于系统冷却二氧化碳(CO_2)的方式。封闭式系统使用一个外部制冷系统,而开放式系统仅通过压缩和膨胀来冷却二氧化碳(CO_2)。对于这两种系统,去除水和其他污染物是必要的,以防止水化、冻结、腐蚀和干冰的形成。

液化过程的主要输入因素是压缩和制冷所需的电力。能源需求取决于进入液化装置时的二氧化碳(CO_2)状况。如果通过管道运输到液化,二氧化碳(CO_2)可以是加压的,如果在捕集过程后直接液化,则是在大气压力下。能源需求也取决于液化过程后二氧化碳(CO_2)的理想状态。首选的压力水平和温度取决于缓冲储存和船舱设计。由于液化过程的第一阶段通常是压缩,如果二氧化碳(CO_2)在到达液化设施时被预压而不是在大气压力下,那么能源需求就会小得多。例如,如果二氧化碳(CO_2)通过管道从排放者那里运送到液化,就会出现预压的情况,这通常意味着压力在 73.8~100 bar 之间。

缓冲储存,船舶运输是一个离散的批次操作,而捕集是一个连续的过程。这就需要在将二氧化碳(CO_2)装船之前进行缓冲存储(也称为中间存储),以暂时储存二氧化碳(CO_2)。二氧化碳(CO_2)从排放者那里流向装载港口是连续的。当港口没有船只时,需要缓冲储存来处理流量。同样地,当船舶卸下二氧化碳(CO_2)时,也需要缓冲储存。文献中"中间储存"和"缓冲储存"这两个术语可以互换使用,我们选择使用"缓冲储存"一词来表示船舶运输前后在港口的储存作业。缓冲储存罐的规格和设计通常被认为与用于运输的船舶上的储罐相似或相同。

装货和卸货,二氧化碳(CO_2)船的装载是在岸边的装载码头或港口进行的。装载所需的设备是一个装船泵,其泵头设计用于将液体二氧化碳(LCO_2)从缓冲库转移到船上。另一个关键项目是装载臂,它负责实际装载。与软管系统相比,装载臂是首选的解决方案,因为其故障率较低。对于二氧化碳(CO_2)的装载,需要三个装载臂:两个用于装载船舶的液体二氧化碳(LCO_2)管道和一个蒸汽返回管道。蒸汽回流线处理沸腾的气体,以防止压力积聚。这种沸腾的气体要么被送回缓冲储存罐,以防止在装载时凝固,要么被送回液化设施。装载成本只占总运输成本的小部分,但装载时间的影响可能很大。为了避免装货时间的大幅增加,装货臂的数量应该随着船舶的增大而增加。这使我们可以假设装载时间与船舶容量无关,这也是一些研究中的假设。卸载过程,即在注入前将二氧化碳(CO_2)从船上转移到岸上的缓冲库,需要与装载相同的基础设施组件。

船只,在挪威全面项目的可行性研究中,针对 CCS 系统每年 15 万吨二氧化碳(CO_2)的计划吞吐量,研究了三种不同的船舶设计,即低压、中压和高压。这些设计是根据船舱内的压力水平来区分的,这反过来又影响到运输二氧化碳(CO_2)的所需温度和可实现的货物容量。然而,可行性研究中的不同船舶方案被设计为处理大致相同的货物容量。船舶容量是以吨或立方米为单位的。1^3 通常可容纳 600~1 200 kg 的二氧化碳(CO_2),这取决于表 4.11 中描述的液体二氧化碳(CO_2)的密度。

在运输过程中,一些二氧化碳(CO_2)将作为沸腾气体放出,以控制罐内的压力水平[33]。根据同一来源,在船舶运输过程中,由于沸腾而损失的数量似乎徘徊在船舶油箱容量的 0.1%~0.2%左右。处理这个问题的技术目前是一个研究领域,Yoo 等(2017)[34]提出了一项关于二氧化碳(CO_2)船舶上二氧化碳(CO_2)沸腾气体再液化的研究。然而,随着这项技术的成熟,运输过程中船舱的沸腾气体仍将是一个需要考虑的问题。

修复，二氧化碳（CO_2）通过管道从缓冲储存地运输到地质储存地，这需要大约73.8～100 bar的压力。这意味着，二氧化碳（CO_2）必须从船舶运输和缓冲储存的条件转变为管道运输的条件。达到这一条件的过程被称为重新调节。在将二氧化碳（CO_2）注入地质储层之前，二氧化碳（CO_2）的温度和压力必须适合地质储层的要求。适合的条件取决于储存库的特点，但文献中讨论的压力为50～400 bar，温度在15～20 ℃之间。

③储存

碳捕集和封存（CCS）技术的一个关键特征是二氧化碳（CO_2）的实际储存。整个概念是基于储存二氧化碳（CO_2）的方式，使其不会被排放，从而缓解全球变暖。储存是在适合捕集二氧化碳（CO_2）的深层地质构造中进行的，可以是陆上的也可以是海上的。这类地层的例子包括枯竭的油气田、煤层和含盐蓄水层，这是一种由渗透性材料和高盐度流体组成的深层地下岩层。据相关学者认为，当把二氧化碳（CO_2）注入精心选择的地点时，99%或更多的二氧化碳（CO_2）将被保留1 000年或更长时间。实际的储存操作来自于石油和天然气行业的知识，包括钻井、注入技术、储存储层动态的计算机模拟和监测。石油和天然气行业一直是早期和当前二氧化碳（CO_2）封存应用的主要驱动力。将二氧化碳（CO_2）注入油田以提高石油采收率，即所谓的提高石油采收率，已被证明是一种成功的石油生产战略。自20世纪70年代初以来，该方法已经在得克萨斯州的油田上使用，并且它是当今世界上广泛使用的方法。自1996年以来，Equinor已经在Sleipner油田成功捕集并储存了100万吨/年的二氧化碳（CO_2），自2008年以来，从Snohvit油田的二氧化碳（CO_2）和天然气的分离过程中捕集并储存了70万吨/年。

2.硫氧化物排放控制技术

船舶行业面临着采用新技术和操作实践的挑战，以符合更严格的国际、区域、国家和地方法规，减少船舶排放的废气。内燃机（ICE）和锅炉废气排放对人类和敏感生态系统的不利影响已经有充分的证据。包括国际海事组织（IMO）、欧洲联盟（EU）、美国环境保护署（EPA）、国际海事组织（IMO）、欧洲联盟（EU）、美国环境保护署（EPA）、中华人民共和国（PRC）、中华人民共和国香港特别行政区政府和加利福尼亚空气资源委员会（CARB）等组织引入废气排放法规，旨在减少航运业对全球和区域空气质量的影响。

在这些法规中，减少传统船舶燃料中硫含量导致的硫氧化物（SO_X）排放是关键。船舶设计师、船东和船舶经营者有多种不同的途径来达到硫氧化物（SO_X）法规的合规性，包括：在现有设备中使用低硫海洋燃料；安装新的设备（或尽可能改造现有设备）以使用低硫替代燃料，如液化天然气（LNG）；安装废气清洁系统（EGCS）作为后处理设备。

船舶空气污染法规通常要求使用低硫燃料，以减少硫氧化物（SO_X）气态排放和颗粒物（PM）排放中的硫酸盐部分。然而，废气清洁系统（EGCS）技术的使用通常被允许作为符合要求的有效替代方式，这些要求包括0.1%和0.5%硫燃料的使用。此外，洗涤塔是一种安装在发动机或锅炉排气系统之后的设备，用各种物质可能包括海水、经化学处理的淡水或干燥物质等来处理排气，以去除大部分硫氧化物（SO_X）和减少颗粒物（PM）。通过洗涤塔系统后，符合要求的废气被释放到大气中。所有的洗涤塔技术都会产生一个废物流，其中包含用于清洁过程的物质以及从空气中去除的硫氧化物（SO_X）和颗粒物（PM）。

表4.12为各种类型洗涤塔的优缺点。

表 4.12 各种类型洗涤塔的优缺点[35]

Tab.4.12 Advantages and disadvantages of various types of scrubbers[35]

EGCS	优点	缺点	应用
开环洗涤塔	a.使用海水进行洗涤; b.通常不涉及危险化学品(烧碱)的储存或处理; c.系统相对简单; d.与闭合循环相比,设备/系统较少; e.资本支出和运营支出相对较低	a.不适用于低碱度水; b.限制污水排放; c.在某些沿海/港口地区; d.洗涤水需求量大	a.大部分时间在海洋/公海作业的船舶; b.不进入限制排放洗涤水区域的船舶
闭环洗涤塔	a.与作业地点无关——在低碱度水中; b.在限制排放的沿海/港口地区; c.污水在船舱容积允许的时间内储存在船上	a.复杂的洗涤水系统; b.额外的水处理设备/系统; c.需要更多空间; d.特别注意氢氧化钠(NaOH)溶液(一种危险物质)的处理和储存; e.运行时间受污水箱大小的限制; f.资本支出相对高; g.由于使用氢氧化钠(NaOH)和处理残留物,运营成本相对较高	a.船舶经常在有排放限制或水碱度低的地区进行交易
混合洗涤塔	a.无论海水碱度或温度如何,都能在所有地区灵活作业; b.在储罐容积允许的情况下,污水可在船上储存一段时间	a.系统复杂,组件较多; b.需要更多空间; c.处理和储存氢氧化钠(NaOH),以及在封闭模式下处理残留物; d.资本支出最高; e.使用氢氧化钠(NaOH)和处理残留物导致 OPEX 增加	a.既适用于海洋/公海,也适用于排放/操作限制区

(1)湿式洗涤塔

排气气体通过液体介质,通过与洗涤液的化学反应来去除气体中的硫氧化物(SO_X)化合物。系统可分为开放循环或闭合循环。混合系统同时采用这两种洗涤方法。常用的液体介质是未经处理的海水和经化学处理的淡水。在开放循环操作中,水源从船舶外部引入,通过洗涤塔后排放。水源通常应为含有高氯化钠含量的海水。在闭合循环式脱硫系统中,水源通常是经过处理的淡水,除了少数使用海水的闭合循环系统。添加剂用于在每次通过洗涤塔后与洗涤液发生反应,进行水处理,并将其连续回流到洗涤塔中。根据需要,还会添加其他添加剂、淡水/海水(根据设计要求),以保持有效的水位和正确的化学组成。

①开环洗涤塔

船用洗涤塔,也称为船舶废气清洁系统(EGCS),主要用于清除船用发动机所排废气中的任何有害物质,如硫氧化物(SO_X)和氮氧化物(NO_X)。随着整个海运业对绿色和可持续航运的日益重视,它的重要性也在日趋显现。

如图 4.12 所示,开环洗涤塔使用海水作为清洁或洗涤排气的介质。海水通常由一个专用泵提供。二氧化碳(CO_2)溶解在海水中形成碳酸、碳酸氢盐或碳酸盐离子,这取决于 pH 值。正的伴生离子可以是钙(Ca^{2+})或钠(Na^+),这里以碳酸钠盐为例。当碳酸/碳酸氢盐离子与酸反应时,会释放出二氧化碳(CO_2)。

每个废气清洁系统(EGCS)制造商对于洗涤塔如何混合废气和水都有自己的技术。开环洗涤塔只有在原水呈碱性的情况下才会有效。然而一些河水是具有明显碱性的“硬”水,在某些情况下碱性比海水还要高,所以开环洗涤塔在一些港口也能有效工作。

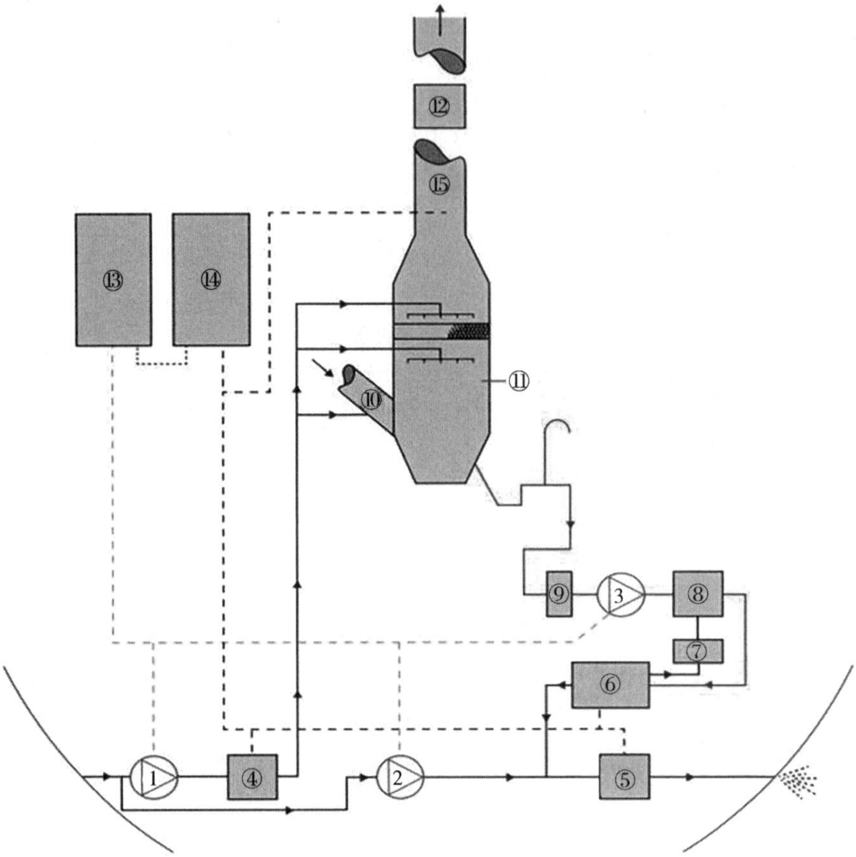

图 4.12　开环洗涤塔

Fig.4.12　Open-loop scrubber column

注释:①洗涤塔盐水冲洗泵(Scrubber Salt Washwater Pump);②洗涤塔出水稀释泵(Scrubber Effluent Dilution Pump);③废水排放泵(Effluent Water Discharge Pump);④洗涤塔盐水冲洗监测器(Scrubber Salt Washwater Monitor);⑤废水监测器(Effluent Water Monitoring);⑥油烟分离器(Oil and Soot Separator);⑦EGC 残留罐(EGC Residue Tank);⑧污泥分离器(Sludge Separator);⑨脱气装置(Deareation Unit);⑩废气入口(Exhaust Gas Inlet);⑪洗涤塔(Scrubber);⑫排气扇(Exhaust Fan);⑬控制柜(Control Cabinet);⑭监控和警报柜(Monitoring and Alarm Cabinet);⑮废气出口(Exhaust Gas Outlet)

②闭环洗涤塔

在一个闭环洗涤塔中,从洗涤塔出来的脏水会进入一个工艺或循环池。使用低吸力从工艺槽的底部抽取有限数量的洗涤水,其中的残余物已被收集。然后进入水力旋流器或分离器,类似于一个开放的循环系统,在那里去除残留物,或者对于一些系统,提取的水通过一个排放处理装置(BOTU)。在任何一个过程中,根据船舶的位置和当地的规定,清洗过的放水被排放到船外或排放到贮水池。从清洗水中去除的残余污泥被送到残余物/污泥池,以便在岸上处理。补水被添加到工艺箱中,以补充在微粒处理过程中损失的洗涤水,在洗涤过程中放掉和蒸发。一台泵将洗涤水从处理池中循环到洗涤塔中。在重新注入洗涤塔之前,水经过一个海水冷却器。

加药装置将苛性钠添加到洗涤水中,可以在处理池中添加,也可以在水离开处理池时添加。添加量根据水的碱度要求而变化。图 4.13 为闭环洗涤塔。

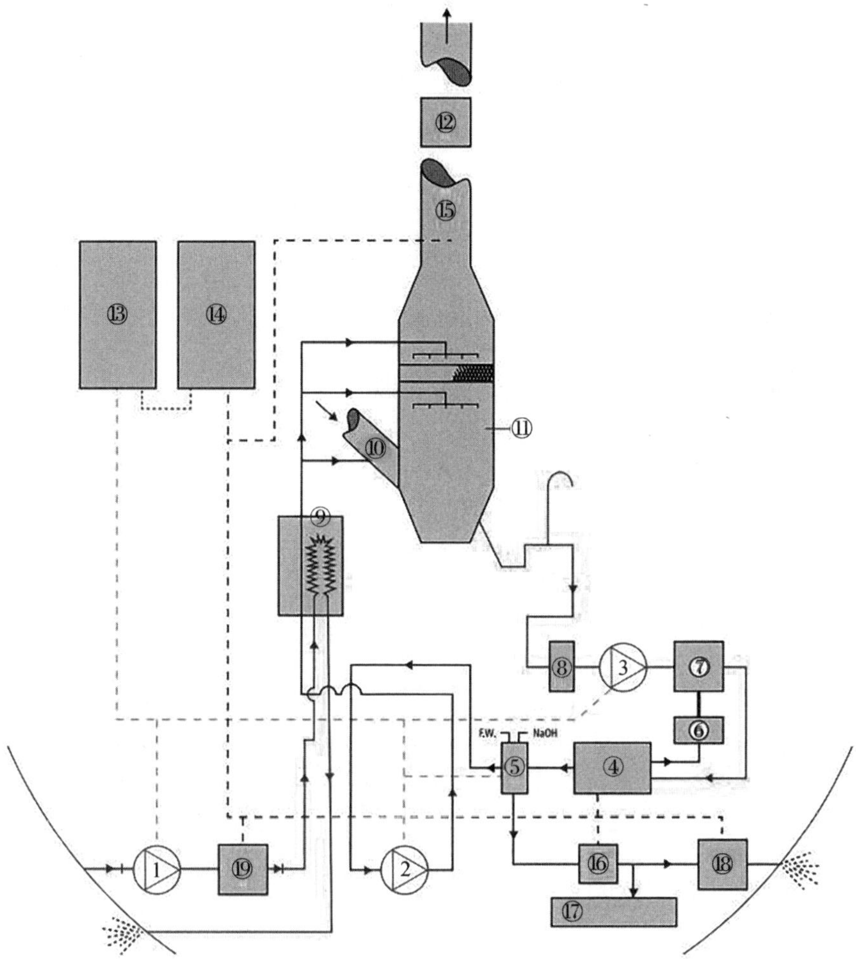

图 4.13　闭环洗涤塔

Fig.4.13　Closed-loop scrubber

注释:①洗涤塔盐水冲洗泵(Scrubber Salt Washwater Pump);②洗涤塔洗水供应泵(Scrubber Washwater Supply Pump);③废水排放泵(Effluent Water Discharge Pump);④油烟分离器(Oil and Soot Separator);⑤碱(NaOH)装置[Alkali (NaOH) Unit];⑥EGC 残留罐(EGC Residue Tank);⑦污泥分离器(Sludge Separator);⑧脱气装置(Deareation Unit);⑨洗涤水冷却器(Washwater Cooler);⑩废气入口(Exhaust Gas Inlet);⑪洗涤塔(Scrubber);⑫排气扇(Exhaust Fan);⑬控制柜(Control Cabinet);⑭监控和警报柜(Monitoring and Alarm Cabinet);⑮废气出口(Exhaust Gas Outlet);⑯排气处理装置(Bleed-Off Treatment Unit);⑰储气罐(Holding Tank);⑱废水监测(Effluent Water Monitoring);⑲洗涤塔洗水冷却监测器(Scrubber Washwater Cooling Monitor)

③混合洗涤塔

开环洗涤塔有一些优点,如避免购买和处理苛性钠,以及避免处理洗涤水。闭环洗涤塔的优点包括洗涤塔以同样的效率工作,不受船舶运行地点的影响,而且很少或没有水排放,使其最适合沿海、港口和内陆水域。为了利用两种系统的优势,一些制造商提出了混合洗涤系统。这些系统在公海时可作为开环系统运行,在敏感海域或河流区域时可作为闭环系统运行,如图

4.14 所示。从开环到闭环的转换是通过将循环泵吸水口从海水改为淡水循环水箱,以及将洗涤水排放口从船外排放口改为循环水箱来实现的。

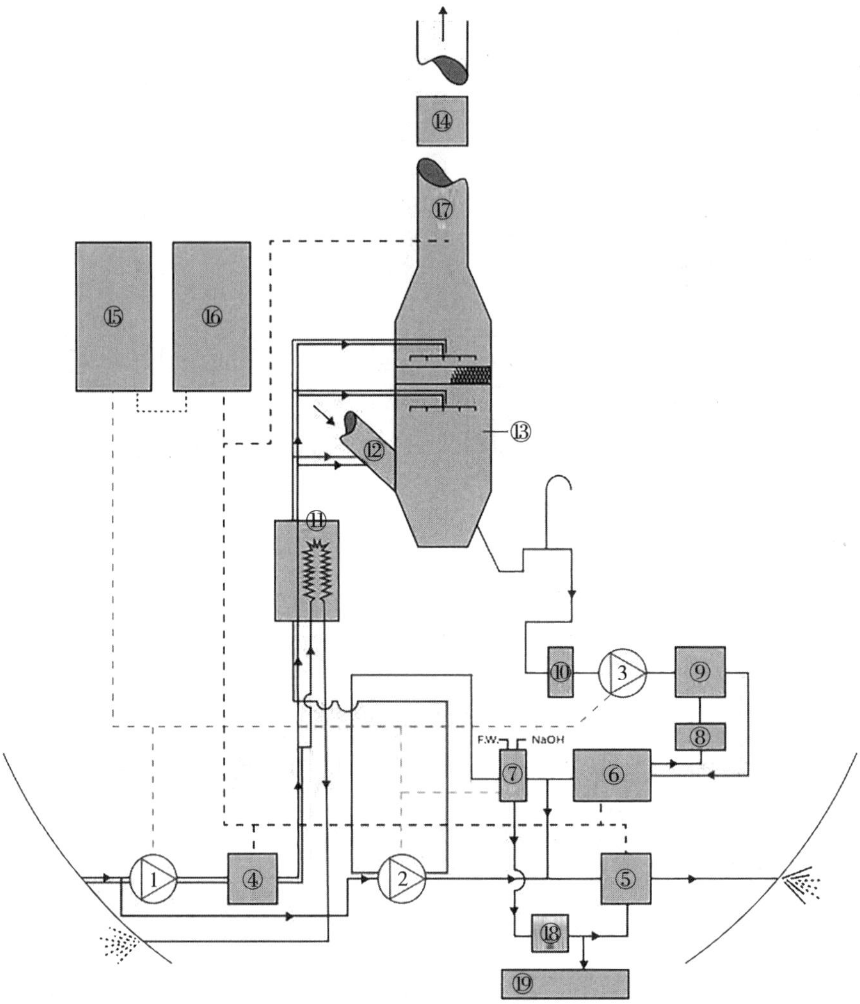

图 4.14 混合洗涤塔

Fig.4.14 Mixed scrubber column

注释:①洗涤塔盐水泵/洗涤塔冷却海水泵(Scrubber Salt Washwater Pump/Scrubber Cooler Seawater Pump);②洗涤塔出水稀释泵/洗涤塔废水供应泵(Scrubber Effluent Dilution Pump/Scrubber Washwater Supply Pump);③废水排放泵/废水再循环泵(Effluent Water Discharge Pump/Effluent Water Recirculation Pump);④洗涤塔冷却海水监测器(Scrubber Cooler Seawater Monitor);⑤废水监测器(Effluent Water Monitoring);⑥油烟分离器(Oil and Soot Separator);⑦碱(NaOH)装置[Akali (NaOH) Unit];⑧EGC 残留罐(EGC Residue Tank);⑨污泥分离器(Sludge Separator);⑩脱气装置(Deareation Unit);⑪洗涤水冷却器(Washwater Cooler);⑫废气入口(Exhaust Gas Inlet);⑬洗涤塔(Scrubber);⑭排气扇(Exhaust Fan);⑮控制柜(Control Cabinet);⑯监控和警报柜(Monitoring and Alarm Cabinet);⑰废气出口(Exhaust Gas Outlet);⑱排气处理装置(Bleed-Off Treatment Unit);⑲储气罐(Holding Tank)

④膜式洗涤塔

膜式洗涤塔属于湿式洗涤塔类型,它不直接将液体洗涤溶液与排气混合,而是依赖于膜进行接触、捕捉和去除硫氧化物(SO_X)。膜分离技术通常用于陆地应用,以及有限的海洋应用,如惰性气体氮气发生器。膜式洗涤塔由一系列悬浮在排气流中的陶瓷管膜组成。集流系统通过膜管循环输送吸收溶液。排气穿过多孔膜，硫氧化物（SO_X）被吸收到吸收溶液中。吸收溶液罐中含有硫酸盐的废碱溶液必须定期更换为新的碱性溶液。当补注新的苛性钠时，废碱溶液可以在岸上排放，或通过电解器在船上再生。据报道，膜式洗涤塔相对于湿式洗涤塔对于船东的主要优势在于消除了湿式洗涤塔产生的洗涤水。湿式洗涤塔安装中需要关注的洗涤水超标排放、浊度和 pH 值等问题，在膜式洗涤塔中并不是一个问题。膜式洗涤塔相对于湿式开环洗涤塔的主要缺点是额外的苛性钠运营成本。

由于洗涤塔的主要目标是去除废气中的硫氧化物（SO_X），以达到相当于消耗低硫燃料的船舶的硫氧化物（SO_X）排放水平，所以洗涤塔在去除硫氧化物（SO_X）方面的有效性非常重要，是衡量其性能的关键。目前正在使用的湿式洗涤塔数量有限，因此，证明洗涤塔长期有效性的详尽数据目前正处于开发阶段。已经部署了几个单独的系统，它们已经积累了大量的运行时间。

（2）干式洗涤塔

干式洗涤塔不使用水或任何液体来进行洗涤过程，而是将经过水化石灰处理的颗粒物（PM）暴露在排气中，以创建化学反应去除硫氧化物（SO_X）排放物。它们通常用于陆上排气净化安装中。

3.氮氧化物排放控制技术

氮是大气中的一种天然元素，也存在于残留燃料的化学结构中。在内燃机（ICE）的燃烧过程中，发动机进气空气的大部分由氮（N_2）和氧（O_2）组成。在发动机燃烧室中，大气氮氧在高温下发生反应产生氮氧化物（NO_X），燃料中的氮与氧反应时也会产生氮氧化物（NO_X），但产生的较少。作为一种有害的发动机排放物，氮氧化物（NO_X）有几个有关的问题。它会导致酸性沉降、人体呼吸系统疾病和温室气体（GHG）的形成，从而对全球变暖问题产生影响[36]。

氮氧化物（NO_X）排放受到《国际防止船舶造成污染公约》（MARPOL 公约）附则Ⅵ的监管。根据《国际防止船舶造成污染公约》（MARPOL 公约）附则Ⅵ第 13 条，对发动机的 3 个氮氧化物排放限值等级进行了规定，即国际海事组织（IMO）一级排放标准（Tier Ⅰ）、二级排放标准（Tier Ⅱ）、三级排放标准（Tier Ⅲ）。每个等级都限制了氮氧化物（NO_X）排放到特定的值。不同等级是基于船舶船底铺设日期。氮氧化物（NO_X）一级排放标准（Tier Ⅰ）限值适用于船舶船底于 2000 年 1 月 1 日或之后铺设的发动机，Tier Ⅱ适用于船舶船底于 2011 年 1 月 1 日或之后铺设的发动机。一级排放标准（Tier Ⅰ）、二级排放标准（Tier Ⅱ）适用于全球，三级排放标准（Tier Ⅲ）适用于在具备以下条件的船舶上安装的发动机：在 2016 年 1 月 1 日或之后铺设的船舶，在现有氮排放控制区（NECA）内运营；在新的氮排放控制区（NECA）被采纳时或之后建造和运营的船舶。

根据上述规定，从 2016 年 1 月 1 日开始，在北美和美国加勒比海地区运营的船舶，如果船舶船底于 2021 年 1 月 1 日或之后铺设，必须符合三级排放标准（Tier Ⅲ）规定。从 2021 年 1 月 1 日起，波罗的海和北海也成为氮排放控制区（NECA）。因此，船舶船底于 2021 年 1 月 1 日或之后铺设，在波罗的海或北海氮排放控制区（NECA）运营的船舶，也必须配备三级排放标准（Tier Ⅲ）发动机。

通过针对性的燃料优化和燃烧前控制技术，一级排放标准（Tier Ⅰ）、二级排放标准（Tier Ⅱ）合规要求已经实现，从而降低了发动机的峰值燃烧温度。然而，为了满足国际海事组织（IMO）三级排放标准（Tier Ⅲ）的要求，还必须使用次级方法通过下游处理来降低排气中的氮氧化物（NO_X）。这些次级方法包括废气再循环（EGR）技术和选择性催化还原（SCR）。

表 4.13 为选择性催化还原(SCR)、废气再循环(EGR)性能及经济性比较[36]。

表 4.13 选择性催化还原(SCR)、废气再循环(EGR)性能及经济性比较[36]

Tab.**4.13** Comparison of SCR and EGR Performance and Economy

维度	选择性催化还原(SCR)	废气再循环(EGR)	比较
氮氧化物(NO_X)净化率	80%以上	80%以上	净化水平相当
空间布置	布局松散、连接管路较多	结构紧凑、连接管路少	两者均需要占用额外空间,废气再循环(EGR)相对紧凑
系统组成及操作	a.选择性催化还原(SCR)开关阀门及控制系统 b.尿素储存和喷射系统 c.反应器 d.吹灰系统	a.废气再循环(EGR)开关阀门及控制系统 b.氢氧化钠(NaOH)储存及供应系统 c.风机、冷却器 d.洗涤系统 e.污水处理系统	选择性催化还原(SCR)设备简单、操作方便
耗材	尿素	氢氧化钠(NaOH)、淡水、海水	选择性催化还原(SCR)耗材单一
耗能	a.尿素泵 1 kW b.吹灰风机 1 kW c.附加燃料消耗率 0~2%	a.风机 6~18 kW b.污水处理 4~10 kW c.附加燃料消耗 2%~5%	选择性催化还原(SCR)能耗低
燃油适应性	适用所有船用燃油	含 0.1%S 以下燃油	选择性催化还原(SCR)燃油适应性强
经济性	a.新装成本较废气再循环(EGR)低 30%~40% b.方便在已有动力装置加装	a.新装成本高; b.不便在已有动力装置加装	选择性催化还原(SCR)投资少
外在影响	a.对柴油机性能几乎无影响 b.无废气热能损耗	a.影响柴油机稳定性、热效率下降、缸套磨损 b.排烟产物一氧化碳(CO)与颗粒物(PM)增加、废水处理问题 c.废气锅炉热能衰减 40%	选择性催化还原(SCR)外在影响小

(1)废气再循环(EGR)技术

废气再循环(EGR)是引导发动机排气总管内一些排气(通常为 30%~40%),重新流入进气道与正常扫气交汇。最终,这些排气重新流到了气缸,作为工质参与柴油机下一阶段压燃放热。

图 4.15 展示了德国 MAN B&W 船用废气再循环(EGR)原理图[37]。从原理上,在排气总管上有一路专用管线引导部分废气进行再循环,再循环废气在冷却器中进行冷却(一般冷却 160~180 ℃),接着用氢氧化钠(NaOH)溶液对进入的废气进行洗涤,除雾后进入扫气集管。扫气中的部分氧气通过这种方式被燃烧过程产生的二氧化碳(CO_2)替换。废气循环技术减少氮氧化物(NO_X)排放的原理是由于前期的燃烧过程消耗了氧,柴油机排放废气含氧量变低,废气部分进入气缸可使混合工质的含氧量降低,并增大了混合工质的热容,导致柴油机在燃烧阶段的燃

烧峰值温度降低，最终抑制氮氧化物(NO_X)的形成。氮氧化物(NO_X)的减少几乎与排气再循环率成线性关系。该技术可以使氮氧化物(NO_X)排放降低80%。如果引入15%的废气进行再循环，柴油机进气的含氧量将由21%降到18%，对燃烧过程氮氧化物(NO_X)的生成产生较大抑制作用[38]。废气再循环(EGR)技术操作方便，应用在柴油机上时其与扫气箱和空冷器装配在一起，比较紧凑，占地小。

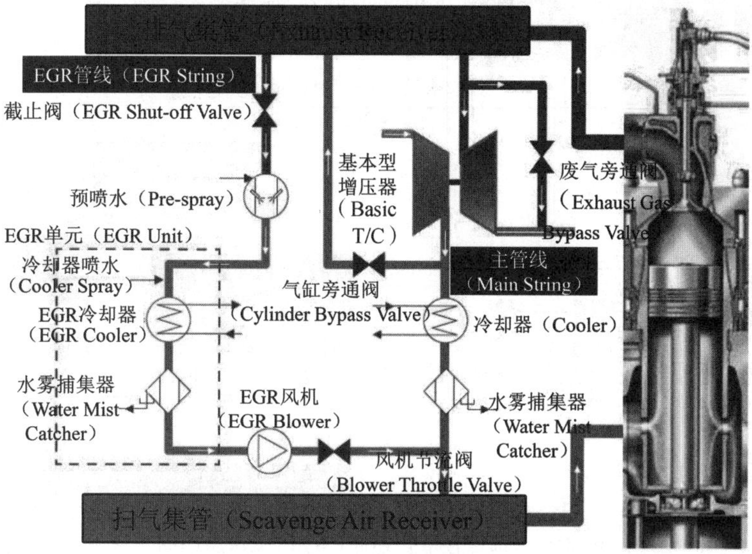

图4.15 船用废气再循环(EGR)原理图

Fig.4.15 Marine EGR Schematic

(2)选择性催化还原(SCR)技术

选择性催化还原(SCR)技术是在催化剂的条件下，将排气中氮氧化物(NO_X)与从外界加入排气的氨结合，通过二者的反应，将其转化为无害的物质(N_2、H_2O)。选择性催化还原(SCR)系统的反应温度为310~440 ℃[39-40]，基本上与船舶柴油机排气温度窗口吻合。选择性催化还原(SCR)只能在一定的温度窗口内有效运行。在较低排气压力下，选择性催化还原(SCR)所需最低温度将会降低。选择性催化还原(SCR)的工作温度不能太高，在高温下选择性催化还原(SCR)内部会生成过多的三氧化硫(SO_3)。三氧化硫(SO_3)随后会与水反应生成硫酸，从而产生额外的白色烟羽。这些物质会抑制选择性催化还原(SCR)对氮氧化物(NO_X)的还原反应。另外，工作温度过高会将氨氧化，消耗过多的还原剂。选择性催化还原(SCR)催化剂本身不能耐高温，在800 K以上的高温可以导致选择性催化还原(SCR)催化剂损坏。

图4.16展示了德国MAN B&W的选择性催化还原(SCR)工作原理图[23]，结合该图对船用柴油机选择性催化还原(SCR)构造进行分析。本排气处理装置包括的组件有还原反应器装置、检测及控制设备，还有还原剂供应设备。选择性催化还原(SCR)系统会根据系统减排的需要控制尿素泵，先将尿素溶液送入计量器内。接着压缩空气通过引射作用，利用专用喷射装置将还原溶液雾化后进入排气。尿素先发生热解反应而形成氨气和H_2O。然后，还原剂与排气会和并进行反应。选择性催化还原(SCR)系统需要一定的工作温度。因此，在使用选择性催化还原(SCR)系统时，要在起动尿素注射泵前使废气流经反应器对其进行预热，确保反应器拥有适合的还原反应的温度条件。然而在当船舶起航时，柴油机本身还处于冷态，起动柴油机后不能马上起动选择性催化还原(SCR)系统，这会导致这个阶段柴油机的尾气没有进行处理而直接排向

大气。为了应对这个问题,选择性催化还原(SCR)系统需要装备加热装置或使用其他合适的加热方法。

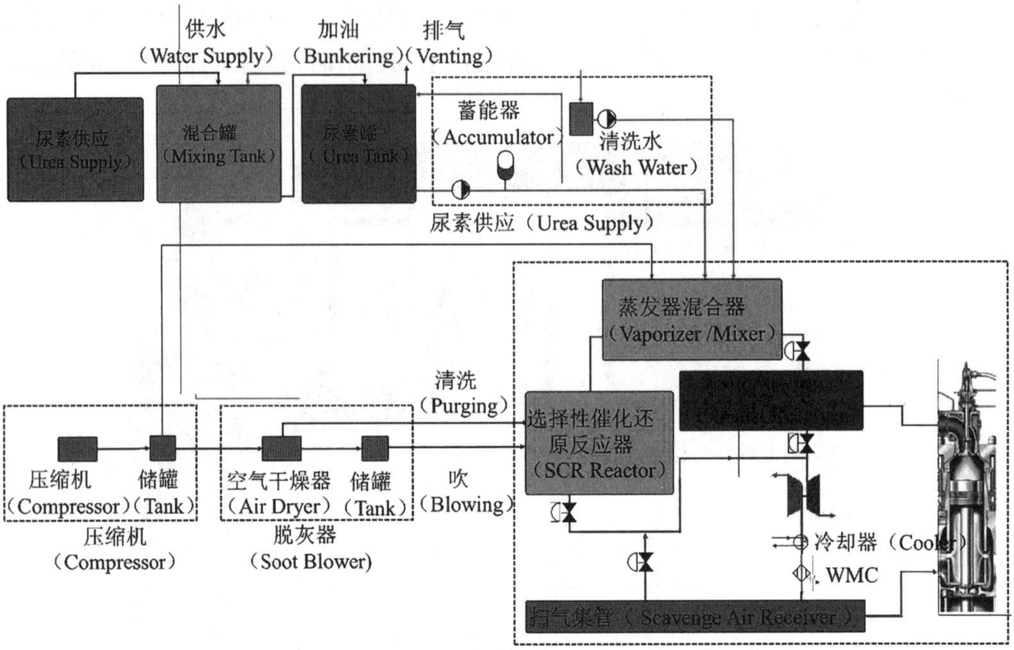

图 4.16 选择性催化还原(SCR)工作原理图

Fig.4.16 Principle Diagram for SCR

思考题

1. 船舶能效提升是否会增加船舶的运营成本?如何找到经济且可行的解决方案?

2.对于船舶能效设计指数(EEDI)和现有船舶能效指数(EEXI)等标准的实施,它们对于船舶制造商和船舶运营商意味着哪些方面的变化?

3.绿色航运技术的投资和应用伴随着经营成本的增加。如何提高绿色航运技术的经济性,以提升航运公司的意愿和积极性?

4.绿色航运技术的实施面临哪些主要挑战?如何克服这些挑战?

5.哪些可再生能源对于绿色航运最具潜力?如何推动其商业应用?

6.试述绿色航运技术的基础体系,不同类型的技术在实际的航运环境中应用有何异同。

参考文献

[1] 中国船级社. 国内航行海船能效设计指数(EEDI)计算与验证指南[R].北京:中国船级社,2022.

[2] 中国船级社.《2022 年新船达到的能效设计指数(EEDI)计算方法导则》[R].北京:中国船级社,2022.

[3] 中国船级社.《2022 年现有船舶达到的能效指数(EEXI)计算方法导则》[R].北京:中国船级社,2022.

[4] Green Shipping.Energy efficiency study on EEOI[EB/OL]. 2015-9-14. https://safety4sea.com/energy-efficiency-study-on-eeoi/.

[5] 中国船级社.《2022 年营运碳强度指标和计算方法导则》[R].北京:中国船级社,2022.

[6] DNV. EEXI and CII calculations-DNV's way forward[R].Norway:DNV,2021.

[7] 船队在线.现有船舶能效指数(EEXI) 和碳强度指标(CII)简介[EB/OL]. 2022-10-8. https://zhuanlan.zhihu.com/p/571428158.

[8] 陈林根,冯辉君,吴志祥,等.船海用蒸汽动力装置构形优化理论研究进展[J].中国科学:技术科学,2022,52(05):727-754.

[9] 鞠佳明,姜皓天,张均东,等.船舶双燃料发动机燃料模式切换的仿真研究[J].中国航海,2022,45(04):112-116+128.

[10] DNV. Maritime forecast to 2050:a deep dive into shipping's decarbonization journey[R].Norway:DNV,2023.

[11] SAFETY4SEA.UK sets target to pass maritime law for nuclear ships[EB/OL]. 2022-8-25. https://safety4sea.com/uk-sets-target-to-pass-maritime-law-for-nuclear-ship.

[12] MARITIME NUCLEAR APPLICATION GROUP. Introduction to Advanced Commercial Nuclear for Maritime[EB/OL]. (2020). https://corepower.energy/mnag.

[13] THE BARENT OBSERVER. Nuclear icebreakers' operation hits Post-Soviet peak[EB/OL]. 2023. https://thebarentsobserver.com/en/arctic/2023/01/nuclear-icebreakers-operation-hits-post-soviet-peak.

[14] SCHøYEN H, STEGER-JENSEN K. Nuclear propulsion in ocean merchant shipping:the role of historical experiments to gain insight into possible future applications[J]. Journal of Cleaner Production, 2017, 169:152-160.

[15] IAEA. advances in small modular reactor technology developments[R].Austria:IAEA,2018.

[16] IEA. Nuclear power and secure energy transitions[R].Paris:IEA,2022.

[17] ULSTEIN GROUP.Ship design concept from Ulstein can solve the zero emission challenge[EB/OL].[2023-03-06].https://ulstein.com/news/ulstein-thor-zero-emis-sion-concept.

[18] SEABORG.Rethinking nuclear[EB/OL]. 2023. https://www.seaborg.com.

[19] OFFSHORE ENERGY. Core power breaches funding milestone of $100 million[EB/OL].

2023. https://www.offshore-energy.biz/core-power-breaches-funding-milestone-of-100-million.

[20] SEATRADE MARITIME. Nuclear-retrofits-technically-feasible-economically-impractical [EB/OL]. 2023. https://www.seatrade-maritime.com/sustainability-green-technology/nuclear-retrofits-technically-feasible-economically-impractical.

[21] WALLENIUS WILHELMSEN.World's first wind-powered Roero vessel secures EUR 9M in EU funding[EB/OL]. 2023. www.walleniuswilhelmsen.com.

[22] SEATRANS. Sustainability report 2021[R].Norway:Seatrans,2022.

[23] ABS. Setting the course to low carbon shipping[EB/OL]. (2021). https://ww2.eagle.org/en.html.

[24] XING H, SPENCE S, CHEN H. A comprehensive review on countermeasures for CO_2 emissions from ships[J]. Renewable and Sustainable Energy Reviews, 2020, 134:110222.

[25] MAN ENERGY SOLUTIONS. Basic principles of ship propulsion[R]. Denmark:MAN Energy Solutions,2023.

[26] IMO. Second IMO GHG study[R].London:IMO,2009.

[27] IMO. GHG emission-mitigating measures for oil tankers[R].London:IMO,2011.

[28] HALIM R A, KIRSTEIN L, MERK O, et al. Decarbonization pathways for international maritime transport: a model-based policy impact assessment [J]. Sustainability, 2018, 10(7):2243.

[29] BOUMAN E, LINDSTAD E, RIALLAND A, et al. State-of-the-art technologies, measures, and potential for reducing GHG emissions from shipping-A review[J]. Transportation Research Part D Transport and Environment, 2017, 52:408.

[30] ITF. Decarbonising maritime transport:pathways to zero-carbon shipping by 2035[C]. International Transport Forum Policy Papers, 2018.

[31] IMO. Marginal abatement costs and cost effectiveness of energy-efficiency measures [R]. London:IMO,,2011.

[32] BENNAS A, SKOGSET M, SVORKDAL T, et al. Supply chain optimization for carbon capture and storage:a german-norwegian case study:NTNU, 2022.

[33] IEA .International energy agency green house gas rd programme, conf-9803104-[R].Paris:IEA,1998.

[34] YOO B-Y. The development and comparison of CO_2 BOG re-liquefaction processes for LNG fueled CO_2 carriers[J]. Energy, 2017, 127:186-197.

[35] ABS. Advisory on exhaust gas scrubber systems[R].Houston:ABS,2018.

[36] 赵东方.船用柴油机 NO_X 第三阶段排放控制措施及认证研究[D].上海:上海交通大学,2019.

[37] MAN B&W, Two-stroke marine engines emission project guide for marpol annex Ⅵ regulations [M].Denmark:MAN Energy Solutions,2015.

[38] MYUNG-WHAN BAE,HIO-JUNG JEON,JAE-SUNG CHOI,等.船用柴油机循环废气对燃油经济性和废气排放的影响[J].柴油机,2002,(03):28-35+38.

[39] HELSINKI. Wartsila environmental warstila environmental product guide [M].Finland:Wärtsilä Environmental Technologies,2017.

[40] 薛阳.船用柴油机 SCR 反应器数值模拟与结构优化[D].厦门:集美大学,2014.

第五章 绿色航运技术研究

航运业作为全球经济的重要组成部分，对全球温室气体（GHG）排放的贡献相当显著，根据国际海事组织（IMO）研究数据显示，2022 年全球航运业二氧化碳（CO_2）排放量超 10 亿吨，约占全球碳排放量的 2%~3%。为实现《巴黎协定》的宏伟目标，到 2050 年航运业排放的绝对值需要至少减少 50%。考虑到气候变化的严重性以及实现《巴黎协定》的目标，航运业必须采取积极而有效的措施来减少排放，未来的船队将需要依赖更广泛的燃料、推进方案和能源效率措施。尽管有很多减排选项可供选择，但如何实现国际海事组织（IMO）初步战略中定义的各个目标，以及哪些措施优先实施和其相应的有效性还存在疑问。本章将介绍在具体政策背景下航运业如何应对环境方面的挑战。这一部分的研究是绿色航运技术相关研究的示例，旨在运用技术经济、运筹优化的研究方法探索该领域的相关问题。

第一节提出了干散货船动力燃料与排放控制措施组合的决策规划模型，集成了动力燃料的决策选择、排放控制措施的组合决策以及动力转换与燃料的决策。本文在决策过程中考虑了航运市场中燃油价格和碳排放价格的波动性，以及结合基于时间的追索，对不同类型的干散货船进行了实验。结果表明，干散货船的动力系统转型是过渡减排技术的主要途径。内燃机（ICE）作为干散货船的主要动力选择，整体上从固定单燃料内燃机（ICE）转变为更灵活的双燃料内燃机（ICE），而燃料电池由于其昂贵的技术成本和不广泛使用的技术并未在所有干散货船的技术选择中出现。排放控制措施和动力燃料的组合将更好地减少船舶排放，岸电和减少压载水是成本效益最高的选项。四种不同类型的干散货船主要从传统化石燃料转向过渡燃料，最终选择零碳排放的 e-Ammonia 混合动力。

第二节综合考虑了航行模式的优化和减排技术的灵活运用，开发了一个混合整数规划模型，选择了符合硫限制和氮氧化物（NO_X）三级排放标准（Tier Ⅲ）限制的最经济技术选择，并对 8 种技术选择进行了寿命周期成本的研究，减排技术包括选择性催化还原（SCR）、废气再循环（EGR）、开放循环洗涤塔、闭环洗涤塔和混合洗涤塔的组合。在调查过程中，目标船舶航行于禁止开放循环洗涤塔的硫排放控制区（SECA）、不禁止开放循环洗涤塔的硫排放控制区

(SECA)、禁止开放循环洗涤塔的氮排放控制区(NECA)、不禁止开放循环洗涤塔的氮排放控制区(NECA)、禁止开放循环洗涤塔的非ECA区和不禁止开放循环洗涤塔的非ECA区之中。最后,对具有不同循环特征的三个实际的航运服务进行了计算研究。结果表明,最经济的技术选择是仅安装废气再循环(EGR)或采用开放循环洗涤塔与废气再循环(EGR)的组合。

第一节　干散货船脱碳技术组合路径研究

一、脱碳技术组合路径问题

根据国际海事组织(IMO)研究数据显示,2022年全球航运业二氧化碳(CO_2)排放量超10亿吨,约占全球碳排放量的2%~3%,为实现《巴黎协定》的宏伟目标,到2050年航运业排放的绝对值需要至少减少50%[1]。据克拉克森(Clarksons)统计,目前全球干散货船约13 358艘,占世界船队比例的36%;全球干散货船运力规模达9.68亿吨,承载的海运贸易总重量达53.79亿吨。当前,全球区域秩序更替变换、地缘冲突不断,世界经济增长动力亟待改善,预计未来一段时间,干散货贸易需求应会维持增长。继而,干散货船运力将继续增加,因此干散货船的减碳压力迫在眉睫[2]。

干散货船根据载重吨(DWT)可分为好望角型(Capesize)、巴拿马型(Panamax)、大灵便型(Handymax)和灵便型(Handysize)四种类型。由于干散货"点对点"的运输方式,四种类型船舶的贸易航线较为固定[2]。截至2022年12月,好望角型(Capesize)船的运力超过3.7亿吨,占比约40%;其次是巴拿马型(Panamax)和大灵便型(Handymax)的运力均超过2亿吨,占比均是20%左右;而灵便型(Handysize)船的运力占比约12%[3]。表5.1展示了不同类型干散货船的货物、航线与排放特性,图5.1展示了主要国家干散货物贸易量占比,图5.2展示了各船型占全球二氧化碳(CO_2)排放量的比例及占全球贸易量的比例。

表5.1　不同类型干散货船的货物、航线与排放特性

Tab.5.1　Cargo, routes, and emission characteristics of different bulk vessels

干散货船型	吨位	占总运力比重(按载重吨计算)	简介
好望角型(Capesize)	≥10万载重吨	43%	承运从澳大利亚至欧美的铁矿石绕道好望角。承运货物:铁矿石。主要航线:澳大利亚—东亚,巴西—东亚,非洲—东亚,澳大利亚—北美/欧洲
巴拿马型(Panamax)	6万~9万载重吨	23%	通过巴拿马运河的最大型散货船;承运货物:煤炭、谷物。主要航线:印尼—中日韩印,澳大利亚—中日韩印,北美—中东等
大灵便型(Handymax)	4万~6万载重吨	22%	配有起卸货装备,吨位比灵便型散货船吨位。承运货物:煤炭、铝土矿、磷矿石、谷物等。主要航线:加拿大—秘鲁,北美东海岸—挪威等,印度—乌克兰
灵便型(Handysize)	1万~4万载重吨	12%	该船型吨位较小,配有起卸货装备,对航道、港口条件适应能力强,灵活性好,为灵便型散货船;承运货物:钢材、化肥、水泥、糖类、煤炭、谷物等。主要航线:澳大利亚—日本,美国—德国

注释:数据来源 https://app.signalocean.com/dry/dynamic/drybulkflows, https://unctad.org/rmt2022

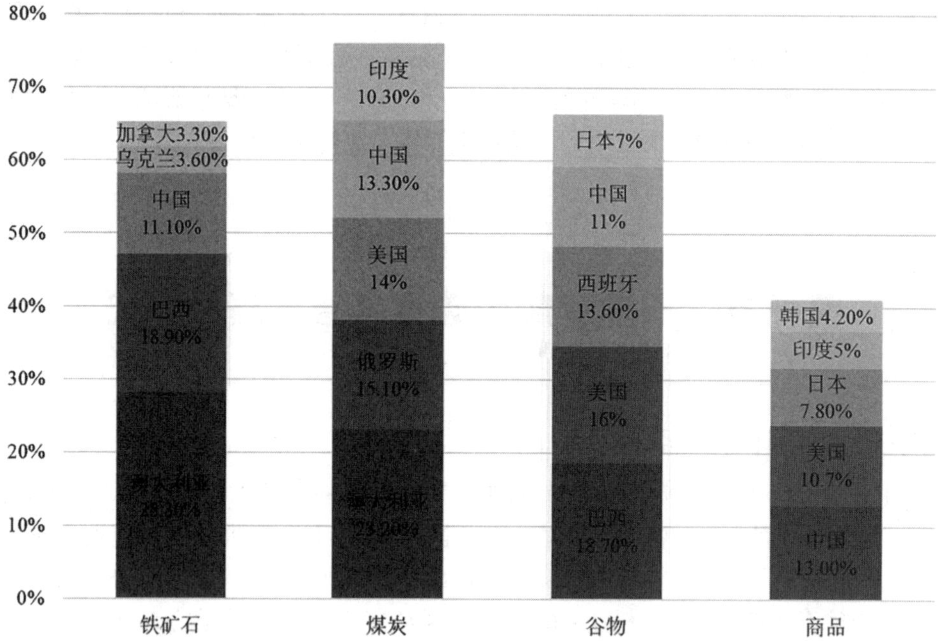

图 5.1 主要国家干散货物贸易量占比

Fig.5.1 Proportion of Bulk Dry Cargo Trade Volume by major countries

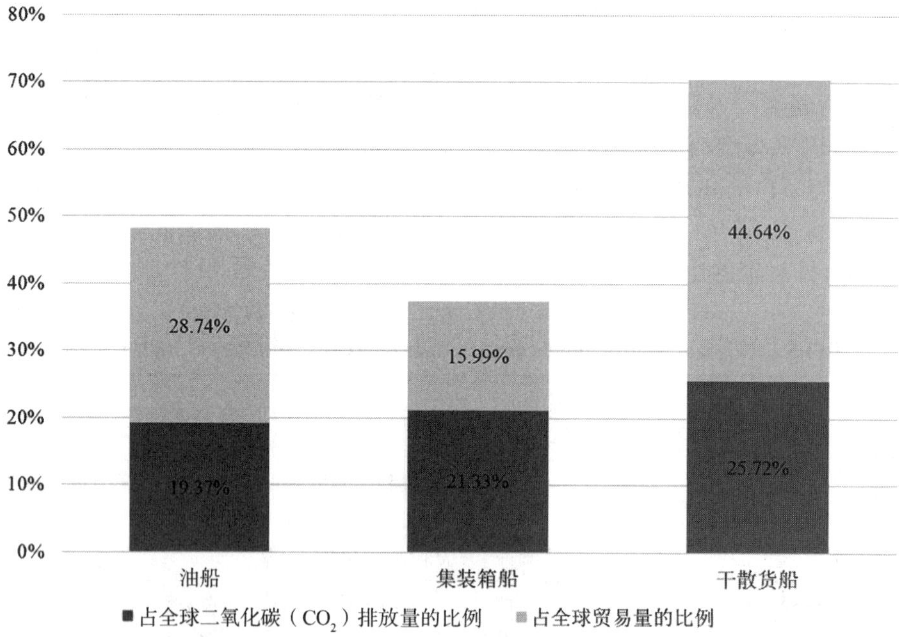

图 5.2 各船型占全球二氧化碳(CO_2)排放量的比例及占全球贸易量的比例

Fig.5.2 Share of global CO_2 emissions and share of global trade by ship type

在国际海事组织(IMO)温室气体(GHG)减排战略推动下,为实现减排目标,航运业主要采取了政策、技术和运营三个方面的减排措施[4]。Tsereklas 等(2016)[5]的研究表明减排技术可从根源降低船舶排放,主要集中于动力系统、替代燃料以及排放控制措施等方面。

对于动力系统而言,目前全球船舶主要使用内燃机(ICE)作为船舶的动力系统,且预计未来十几年内内燃机(ICE)仍将是舰队中主要的动力推动装置,从而减少更多燃料消耗,且与内燃机(ICE)相比,燃料电池具有更少的有害排放、更低的噪声和更高的效率[6-7]。2022 年,挪威船级社(DNV)提出了"燃料就绪(Fuel Ready)"这一船级符号,适用于氨、液化天然气(LNG)、液化石油气(LPG)和甲醇等船用燃料,可以选择为今后安装任何动力系统做好准备;或在船舶的建造期间,就开展实际安装并获得系统认证。挪威船级社(DNV)建议船舶需减少因改装而带来的额外成本[8],美国船级社(ABS)在氨燃料船舶的指南中同样选择了与挪威船级社(DNV)相同的建议方式[9]。此外,MAN Energy Solutions 生产的 ME-LGIM 双燃料发动机也考虑了"Fuel ready"这一船级[10]。因此,对于全球干散货船动力系统的升级,本文同样选择在船舶的建造期间就开展实际安装,使得未来的燃料可以直接应用而不存在后期的改装成本。

同时,动力系统的转变与燃料应用是需要强匹配的。船舶动力系统的选择往往会伴随着一次能源由化石能源向电力能源的转变[11]。目前,航运业所有燃料主要分为两种类型,传统的化石燃料和较为清洁的碳中性燃料,其中化石燃料包括船用轻柴油(MGO)、极低硫燃料油(VLSFO)、液化天然气(LNG)和液化石油气(LPG),碳中性燃料主要包括氢、氨、甲醇、bio-LNG 和 e-Hydrogen 等[12-13]。在动力和燃料的组合方面,单燃料内燃机(ICE)、双燃料内燃机(ICE)和燃料电池都可以作为船舶的动力系统,并组合传统化石燃料或碳中性燃料[14]。本文依据挪威船级社(DNV)的研究报告选取了 10 种通用燃料,其中涵盖了传统的化石燃料、生物质燃料以及电燃料,表 5.2 总结了各类燃料的特性。

表 5.2 船舶不同类型燃料的特性

Tab.5.2 Characteristics of alternative fuels

名称	化学式	十六烷值	沸点(℃)	船上存储要求	热效率		燃烧副产物	商业技术可行性
					ICE	FC		
VLSFO	C_8-C_{25}	>20	>180	常温下液体	40%~50%	–	CO_2,H_2O,CO (ICE),NO_X(ICE)	ICE:√ FC:×
(bio-/e-) LNG	CH_4	130	-162	-162 ℃(加压)	35%~40%	35%~60%	CO_2,H_2O,CH_4,NO_X(ICE)	ICE:√ FC:×
(e-) LNG	CH_4 & C_4H_{10}	94-112	-43	-43 ℃(加压)	35%~40%	35%~50%	CO_2,H_2O,CH_4,NO_X(ICE)	ICE:√ FC:×
(bio-/e-) Methanol	CH_3OH	<5	65	常温下液体	<40%	20%~50%	CO_2,H_2O,CO (ICE),NO_X(ICE)	ICE:√ FC:×
e-Ammonia	NH_3	120	-33	8.8 bar 压力下 22 ℃/大气压 -33 ℃	35%~40%	15%~60%	H_2O,N_2,NO_X(ICE)	ICE:× FC:√
e-Hydrogen	H_2	>130	-253	350~700 bar(气体),-252.8 ℃(液体)	30%~35%	50%~60%	H_2O,NO_X(ICE)	ICE:√ FC:√

注释:数据来源[15-16]

除动力系统、替代燃料外,在船舶上安装各类排放控制措施,还可很大程度上减少船舶运行期间的排放[17]。我们参考了 Schwartz 等(2020)[4]提出的排放控制措施,其中三项适用于新建船舶,主要包括减少压载水、细长船体设计以及余热回收。另五项适用于船舶进入船坞时改造安装,包括风力辅助、岸电、太阳能辅助、推进系统优化以及高效照明。本文结合了 TNO(2013)的研究报告[18]与 Schwartz 等(2020)[4]的研究,选择了 7 种排放控制措施,对于每种排放控制措施,本研究只选择使用一种控制技术,以此减少相同排放控制之间的相互作用,避免出现两个冗余排放控制同时安装。例如,同时使用两种不同的风力辅助,可能会出现成本和减排的相互作用,这种相互作用可能是有利的也可能是不利的[17]。此外,由于风力辅助和太阳能排放控制措施均需要较大的甲板面积,在技术安装上对船舶有一定的要求,干散货船具有较大的甲板面积,在技术使用上安装各类排放控制措施是可行的[19]。表 5.3 总结了本文所使用的各类船舶排放控制措施的特性。

表 5.3 船舶排放控制措施的特性

Tab.5.3 Characteristics of selected air emission control measures

排放控制措施	代表技术	成本	减排潜力
减少压载水(ballast water reduction)	–	约占新建船舶成本的 2%	2%~10%
细长船体设计(slender hull)	细长船体设计(长度、横梁、吃水)	约占新建船舶成本的 10%	30%
余热回收(waste heat recovery)	有机朗肯循环(ORC)系统	余热回收系统资本支出:主机功率 300 EUR/kW	12%~14%
风力辅助(wind assisted)	传统软帆、风筝、Flettner 转子	风电成本:4 000 EUR/kW	5%~10%
岸电(cold ironing)	高压岸电(6.6 kV)、低压岸电(1.5 kV)	100 000 EUR	3%~10%
太阳能辅助(solar)	光伏(PV)太阳能技术	太阳能电池成本:4 000 EUR/kW	0.2%~12%
推进优化(optimized propulsion)	良好的尾端水动力设计	200 000 EUR	5%
高效照明(efficient lights)	自动照明控制	50 000~200 000 EUR	1.5%~3%

注释:数据来源[18-20]。

本文的研究目标是阐明不同类型干散货船在面对航运脱碳目标时将会选择的可能的减排技术组合路径。Lagemann 等(2023)[21]研究表明燃油价格和碳排放价格的波动会直接影响船舶的运营成本,进而影响船舶减排技术选择的决策结果。但纵观航运市场历史,虽然燃油价格的变化较大,但总体来看始终在一个区间内浮动,Mestemaker 等(2020)[14]通过给出燃油价格的区间范围来解决波动问题,Lloyd's Register and UMAS(2020)[22]也在其报告中给出了燃油价格的区间上下界。本文在决策过程中考虑了航运市场中燃油价格和碳排放价格的波动性,并将燃油价格和碳排放价格引入区间数,通过给出区间数的上下波动范围表达航运市场的起落状态,使用了模糊约束满意度的求解方法,同时在决策结果中也采用区间的形式进行表达,便于决策者在不同航运市场状态下做出决策。本文的研究内容建立在 Lagemann 等(2022)[11]和 Schwartz 等(2020)[4]的研究基础之上,他们分别解决了船舶动力燃料的最佳选择和船舶最具经济效益的技术措施。本文基于二者的研究,提出了适用于干散货船的动力系统、替代燃料和排放控制措施的减排技术组合,并考虑了航运市场上燃油价格、碳排放价格的波动性,丰富了动力和燃料的技术可选类别,同时对技术转换的时间问题进行追索,对比分析了不同场景下干散货船的技术转换路径。

本文的主要贡献如下:(1)建立了干散货船脱碳的数学规划模型,并将燃油价格和碳排放价格以区间数的形式引入规划模型,以解决航运市场的不确定性问题。(2)针对不同载重吨(DWT)的干散货船分别做出情景实验进行分析,探究四种类型干散货船可能的脱碳技术路径,同时进行时间追索,明确不同场景下减排技术组合的转换路径。图 5.3 给出了不同动力系统和替代燃料的可能转换路径。本文提出的干散货船的动力、燃料、措施的组合选择,如表 5.4 所示。

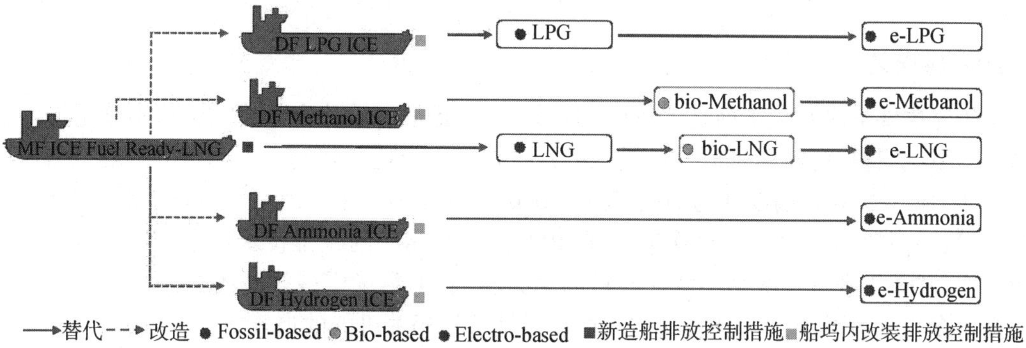

图 5.3 不同动力系统和替代燃料的可能转换路径

Fig.5.3 Potential switching pathways for different power systems and alternative fuels

注释:数据来源[8,12,18,20]。

表 5.4 本文提出的干散货船的动力、燃料、措施的组合

Tab.5.4 Proposed combinations of power systems, fuels, and air emission control measures for bulk vessels

	DF LNG	DF LPG	DF Methanol	DF Ammonia	DF Hydrogen	Fuels	Air Emission Control
MF	√	√	√	√	√	VLSFO	新建措施(new-building): (a)减少压载水(ballast water reduction); (b)细长船体设计(slender hull); (c)余热回收(waste heat recovery); 进船坞改装(In-dock retro-fitting); (d)风力辅助(wind assistance); (e)岸电(cold ironing); (f)太阳能辅助(solar assistance); (g)推进优化(optimized propulsion); (h)高效照明(efficient lights)
MF Fuel Ready (LNG)	–	√	√	√	√	VLSFO、LNG、bio-LNG、e-LNG	
MF Fuel Ready (LPG)	√	–	√	√	√	VLSFO、LPG、e-LPG	
MF Fuel Ready (Methanol)	–	–	–	–	–	VLSFO、bio-Methanol、e-Methanol	
MF Fuel Ready (Ammonia)	–	–	–	–	–	VLSFO、e-Ammonia	
DF LNG ICE	–	√	√	√	√	VLSFO、LNG、bio-LNG、e-LNG	
DF LPGICE	√	–	√	√	√	VLSFO、LPG、e-LPG	
DF Methanol ICE	–	–	–	–	–	VLSFO、bio-Methanol、e-Methanol	
DF Ammonia ICE	–	–	–	–	–	VLSFO、e-Ammonia	
DF Hydrogen ICE	–	–	–	–	–	VLSFO、e-Hydrogen	
Hydrogen FC	–	–	–	–	–	e-Hydrogen	
Ammonia FC	–	–	–	–	–	e-Ammonia	

注释:MF=单燃料,DF=双燃料,ICE=内燃机,FC=燃料电池,VLSFO=极低硫燃油;数据来源[8,12,18,20]。

二、干散货船脱碳技术模型

1.问题描述

本研究主要解决在全球航运业脱碳的背景下,考虑燃油价格和碳排放价格不确定下干散货船的动力系统、替代燃料和排放控制措施的减排技术组合选择问题。考虑干散货船生命周期约为25~30年,本文规划期设计为2025年到2050年,5年为一个时间间隔,将研究规划期分为两个阶段,第一阶段2025年到2030年,干散货船选择其相应的减排技术组合。第二阶段我们假设船舶在2030年进行一次基于替代燃料的动力转换,重新确定减排技术组合。此外第二阶段的决策包含与动力系统、替代燃料、排放控制措施选择相关可能的追索行动。因此,为确定动力燃料匹配后与各类排放控制措施的组合结果,本研究建立了区间二次规划(Interval Quadratic Programming, IQP)模型,将不确定参数纳入区间数,来处理数学模型中的不确定性。

干散货船在决策初期可选择的初始动力系统集合记为 M ,而船舶基于替代燃料的动力转换集合记为 R ;船舶使用的排放控制措施集合记为 K ,其中适用于船舶新建阶段安装排放控制的集合记为 K^N ;适用于船舶改装阶段安装的排放控制集合记为 K^D ;干散货船在规划期内使用的燃料集合为 F 。本文将规划期内的每5年间隔离散时间点,所有离散时间点的集合为 T ,第一阶段时间点的集合为 T_1,第二阶段时间点的集合为 T_2。

第一阶段,干散货船减排技术组合选择的决策发生在规划期的开始,包括船舶初始动力系统的选择决策 x_m ,适用于新建船舶的排放控制措施的选择决策 h_{mk}^N ,以及与对应动力系统可使用的燃料 y_{mft}^N 。第二阶段,干散货船重新选择减排技术组合决策,包括船舶动力转换系统选择决策 z_{mr} ,适用于船舶改装的排放控制措施选择决策 h_{rk}^D ,以及与改装后动力系统对应可使用的燃料 y_{rft}^D 。船舶由初始动力系统到基于燃料转换后的动力系统有固定可行的改装路径 A_{mr} ,此外初始动力和改装动力分别有与其可匹配使用的燃料 K_{mf}^M 和 K_{rf}^R 。

规划模型以规划期内总成本最小化为目标函数,成本主要包括船舶购置成本 C_m^N ,排放控制措施的安装成本 C_k^K ,船舶动力系统转换成本 C_{mr}^R ,动力系统转换所造成的船舶货舱损失成本 C_{mr}^{LO} ,整个规划期内的燃料成本 C_{ft}^F ,以及船舶的碳排放成本 C_t^C 。船舶在单位时间间隔内的燃料消耗量为 B_f ,本文考虑了燃料全生命周期的排放,主要包括从油井到储罐的碳排放 E_f^{WTT} 和从储罐到尾流的碳排放 E_f^{TTW} ,以及可能存在的甲烷(CH_4)泄漏所造成的碳排放 $E_f^{CH_4}$ 。此外,各类排放控制措施均可以在一定程度上降低碳排放量,各类排放控制措施的减排效果 θ_k 可以降低干散货船的碳排放成本。

由于航运市场存在的不确定性,燃油价格和碳税价格具有波动性,很大程度上影响了干散货船减排技术的转换路径。因此,我们将燃油价格 C_{ft}^F 和碳排放成本 C_t^C 作为区间数引入模型中进行处理。在区间规划模型中,确定区间数的波动上下界值,通过引入满意度参数将不确定的区间规划模型转化为不同满意度下的确定性模型,进行确定性求解。

2.符号说明

表5.5列出了数学建模所需的主要符号,包括集合、参数和变量。

表 5.5 符号说明表

Tab.5.5 Symbol description table

类别	符号	描述
集合	M	初始动力装置 m 的集合 M , $m \in M$
	R	改装动力装置 r 的集合 R , $r \in R$
	K	排放控制措施 k 的集合 K , $k \in K$
	K^N	排放控制措施 K 的子集,适用于新建的排放控制措施
	K^D	排放控制措施 K 的子集,适用于改装的排放控制措施
	F	燃料 f 的集合 F , $f \in F$
	T	所有离散时间点 t 的集合 T ,包括五个五年周期, $t \in T = \{1,2,3,4,5\}$ $= \{2025 \sim 2030,2030 \sim 2035,2035 \sim 2040,2040 \sim 2024,2045 \sim 2050\}$
	T_1	第一阶段离散时间点 t 的集合 T_1 , $t \in T_1 = \{1\}$
	T_2	第二阶段离散时间点 t 的集合 T_2 , $t \in T_2 = \{1,2,3,4\}$
参数	C_m^N	船舶选择初始动力装置 $m \in M$ 的成本(美元)
	C_k^K	船舶选择排放控制 $k \in K$ 的成本(美元)
	C_{mr}^R	船舶由初始动力装置 $m \in M$ 改装为动力装置 $r \in R$ 的改装成本(美元)
	C_{mr}^{LO}	船舶由动力装置 $m \in M$ 改装为动力装置 $r \in R$ 的货舱损失成本(美元)
	C_{ft}^F	燃料 $f \in F$ 在 $t \in T$ 时的价格(区间数), $C_{ft}^F \in [C_{ft}^-, C_{ft}^+]$ (美元)
	C_t^C	$t \in T$ 时的碳排放价格(区间数)(USD/tCO_2e) $C_t^C \in [C_t^{C-}, C_t^{C+}]$ (美元)
	B_f	船舶使用燃料 $f \in F$ 的燃料消耗量(兆瓦时)
	θ_k	船舶安装排放控制 $k \in K$ 的减排量(兆瓦时)
	E_f^{WTT}	燃料 $f \in F$ 从油井到储罐的二氧化碳(CO_2)排放量(兆瓦时)
	E_f^{TTW}	燃料 $f \in F$ 从储罐到尾流的二氧化碳(CO_2)排放量(兆瓦时)
	$E_f^{CH_4}$	燃料 $f \in F$ 从储罐到尾流甲烷(CH_4)泄的排放量(兆瓦时)
	A_{mr}	若初始动力装置 $m \in M$ 可以改装为动力装置 $r \in R$ 为 1,否则为 0
	K_{mf}^M	若初始动力装置 $m \in M$ 可以使用燃料 $f \in F$ 为 1,否则为 0
	K_{rf}^R	若改装动力装置 $r \in R$ 可以使用燃料 $f \in F$ 为 1,否则为 0
	D	Large number
决策变量	x_m	若初始阶段,选择使用初始动力 m 为 1,否则为 0
	h_{mk}^N	若初始阶段,选择排放控制措施 k 安装在动力 m 上为 1,否则为 0
	y_{mft}^N	若在 T_1 时段的时间 t ,初始动力 m 使用了燃料 f 为 1,否则为 0
	z_{mr}	若选择由初始动力 m 改装为动力 r 为 1,否则为 0
	h_{rk}^D	若排放控制措施 k 安装在改装动力 r 上为 1,否则为 0
	y_{rft}^D	若在 T_2 时段的时间 t ,改装动力 r 使用了燃料 f 为 1,否则为 0

3.模型建立

$$\min TCO = \sum_{m \in M} C_m^N x_m + \sum_{m \in M}\sum_{k \in K^N} C_k^K h_{mk}^N + \sum_{m \in M}\sum_{f \in F}\sum_{t \in T_1} B_f [C_{ft}^-, C_{ft}^+] y_{mft}^N +$$
$$\sum_{k \in K^N}\sum_{m \in M}\sum_{f \in F}\sum_{t \in T_1} [C_t^{C-}, C_t^{C+}] B_f (E_f^{WTT} + E_f^{TTW} + E_f^{CH_4}) y_{mft}^N (1 - \theta_k h_{mk}^N) +$$
$$\sum_{m \in M}\sum_{r \in R} C_{mr}^R z_{mr} + \sum_{m \in M}\sum_{r \in R} C_{mr}^{LO} z_{mr} + \sum_{r \in R}\sum_{k \in K^D} C_k^K h_{rk}^D + \sum_{r \in R}\sum_{f \in F}\sum_{t \in T_2} B_f [C_{ft}^-, C_{ft}^+] y_{rft}^D +$$
$$\sum_{k \in K^D}\sum_{r \in R}\sum_{f \in F}\sum_{t \in T_2} [C_t^{C-}, C_t^{C+}] B_f (E_f^{WTT} + E_f^{TTW} + E_f^{CH_4}) y_{rft}^D (1 - \theta_k \cdot h_{rk}^D) \tag{5.1}$$

s.t.

stage 1:

$$\sum_{m \in M} x_m = 1 \tag{5.2}$$

$$\sum_{k \in K^N} h_{mk}^N - D x_m \leqslant 0, \forall m \in M \tag{5.3}$$

$$\sum_{m \in M}\sum_{f \in F} y_{mft}^N = 1, \forall t \in T_1 \tag{5.4}$$

$$\sum_{f \in F}\sum_{t \in T_1} y_{mft}^N \leqslant x_m, \forall m \in M \tag{5.5}$$

$$y_{mft}^N \leqslant K_{mf}, \forall m \in M, f \in F, t \in T_1 \tag{5.6}$$

$$x_m \in \{0,1\} \tag{5.7}$$

$$h_{mk}^N \in \{0,1\} \tag{5.8}$$

$$y_{mft}^N \in \{0,1\} \tag{5.9}$$

stage 2:

$$\sum_{m \in M}\sum_{r \in R} z_{mr} = 1 \tag{5.10}$$

$$\sum_{r \in R} z_{mr} \leqslant x_m, \forall m \in M \tag{5.11}$$

$$z_{mr} \leqslant A_{mr} x_m, \forall m \in M, r \in R \tag{5.12}$$

$$\sum_{k \in K^D} h_{rk}^D - \sum_{m \in M} D z_{mr} \leqslant 0, \forall r \in R \tag{5.13}$$

$$\sum_{r \in R}\sum_{f \in F} y_{rft}^D = 1, \forall t \in T_2 \tag{5.14}$$

$$\sum_{f \in F} y_{rft}^D \leqslant \sum_{m \in M} z_{mr}, \forall r \in R, t \in T_2 \tag{5.15}$$

$$y_{rft}^D \leqslant K_{rf}, \forall r \in R, f \in F, t \in T_2 \tag{5.16}$$

$$x_{mr} \in \{0,1\} \tag{5.17}$$

$$h_{rk}^D \in \{0,1\} \tag{5.18}$$

$$y_{rft}^D \in \{0,1\} \tag{5.19}$$

目标函数(5.1)旨在使干散货船整个规划期范围内的总成本最小化,依据规划期的划分,第一阶段的成本主要包括初始动力的新建成本、排放控制措施的成本、燃料消耗以及碳排放成本。第二阶段的成本主要包括动力系统的改装成本、货舱损失成本、排放控制措施的成本、燃料消耗成本以及碳排放成本。

式(5.2)规定仅能选择一种动力作为初始动力系统。式(5.3)限制了排放控制措施仅能安装在已选择的动力系统上。式(5.4)保证在任一时间内,干散货船只选择一种燃料为干散货船提供动力。式(5.5)保证燃料选择与动力系统选择的强匹配性。式(5.6)保证所选的燃料与动力系统可以兼容。式(5.7)~式(5.9)为决策变量的取值。式(5.10)规定仅能选择一种动力作为改装后的动力系统。式(5.11)保证改装需要发生在已选择的初始动力上。式(5.12)确保由初始动力至改装动力在技术上是可行的。式(5.13)限制排放控制措施只能安装在已选择的动力系统上。式(5.14)规定任一时间段内,干散货船只能选择一种燃料为其提供动力。式(5.15)确定改装动力后对干散货船所有燃料进行选择。式(5.16)确保改装后的动力系统和所选燃料是兼容的。式(5.17)~式(5.19)为决策变量的取值。

4.模型求解

一般区间数线性规划问题可描述为:

$$\max Z(X)=\sum_{i=1}^{n}C_i x_i \tag{5.20}$$

$$\text{s.t.}\ \sum_{i=1}^{n}A_{ij}x_i \leqslant B_j, j=1,2,\cdots,m \tag{5.21}$$

$$x_i \geqslant 0, i=1,2,\cdots,n \tag{5.22}$$

其中,A_{ij} 、B_j 、C_i 均可视为区间数。

为了解决区间数不确定的问题,通常需要将不确定的区间规划转化为确定性问题,再进行区间运算。本文选择了一种基于模糊约束满意度的求解方法,把区间数线性规划问题转化为确定性的规划问题来求解。通过满意度 α 的取值来代表区间数在其区间内所取数值的大小,展现区间波动状态。其中 α 取值范围为 0 到 1,0 为区间下界,1 为区间上界,取值越高区间数的值越大。决策者可以根据自己的主观判断和客观情况,对目标函数优化水平做出不同的估计,从而得到在相应情况下的满意解。

针对区间数系数约束定义区间数的模糊序关系,并对目标函数规定了不同的区间数比较方法。通过这种方法把区间数目标函数转化为一般的实数目标函数,便可用确定性问题的求解方法进行求解。

设 $X^0 \in \Omega$ 是 ILP 的有效解,如果不存在另外一个 $X^* \in \Omega$,使得 $Z(X^0) < Z(X^*)$,则有效解与最优解是等价的。

$$\max Z(X)=\sum_{i=1}[C_i^- + \alpha(C_i^+ - C_i^-)]x_i \tag{5.23}$$

$$s.t.\ x \leqslant \Omega, \alpha \in [0,1] \tag{5.24}$$

由此可知,在不考虑约束条件不确定性的情况下 ILP 可以转化为一般参数规划问题。目标函数 $\max Z(X)=\sum_{i=1}[C_i^- + \alpha(C_i^+ - C_i^-)]x_i$ 的线性规划的解成为 ILP 目标函数的 α 优化水平解。目标函数优化水平为 α 的解称为 ILP 的 α 解,记为 X_α 。

综上所述目标函数可以转化为:

$$\min TCO=(1-\alpha)TCO^- + \alpha TCO^+ \tag{5.25}$$

三、数值实验

1.数据准备

我们以四种不同载重吨(DWT)类型的干散货船为对象进行计算研究,给出它们在未来场景下可能的减排技术组合。这些工作是在一台 3.6 GHz 英特尔酷睿 i5 和 16 GB RAM 个人电脑上使用 CPLEX 12.6.3 实现的。

四种类型干散货船的基础信息如表 5.6 所示。我们以极低硫燃料油(VLSFO)船作为参考,液化天然气(LNG)、液化石油气(LPG)、氢、氨和甲醇作为替代燃料。各种燃料的价格区间如图 5.4 所示。同样,碳排放的价格区间如图 5.5 所示。

表 5.6 四种类型干散货船的基本信息

Tab.5.6 Basic information of bulk vessels

	参数	值	单位
Handysize	载重量	40 000	t
	Engine Power/马力	5 848.76/8 012	kW
	设计航速	12	kn
Handymax	载重量	63 000	t
	Engine Power/马力	8 267.25/11 325	kW
	设计航速	14	kn
Panamax	载重量	82 000	t
	Engine Power/马力	8 932.28/12 236	kW
	设计航速	15	kn
Capesize	载重量	115 000	t
	Engine Power/马力	15 959.99/21 863	kW
	设计航速	14.3	kn
–	Days at sea	200	Days/year

注释:数据来源 https://www.clarksons.net.cn/n/#/portal。

(1)燃料消耗量

图 5.5 给出了不同类型干散货船的燃料消耗量,我们通过船舶主机发动功率来计算燃料消耗量,假设干散货船每年在海上航行 200 天,其每 5 年的燃料消耗量计算公式:

$$B_f = \frac{SFC \cdot EnginePower \cdot F_f^H}{3\ 600}\left(\frac{v}{V_0}\right)^3 5 \times 200 \times 24 \tag{5.26}$$

其中,SFC 为主机的 the specific fuel consumption,(kg/kW · h),Engine Power 为主机功率(kW),F_f^H (kJ/kg)为燃料的热值,V_0为船舶设计航速(kn),v 为船舶航速(kn)。

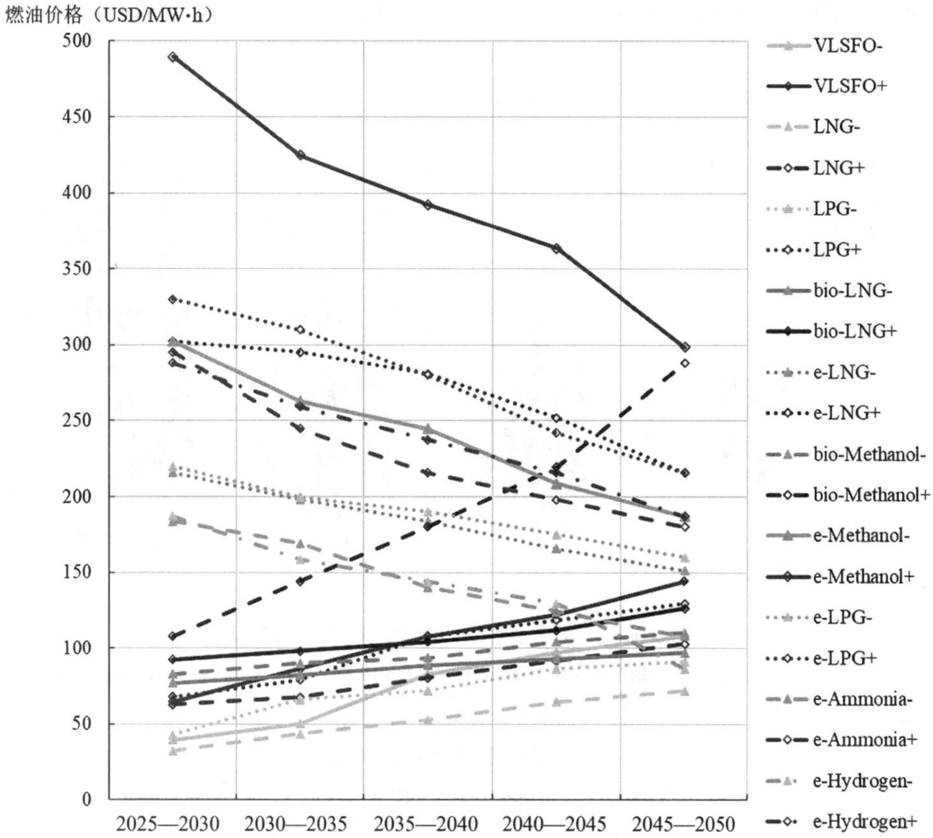

图 5.4　各种燃料的价格区间

Fig.5.4　Fuel price ranges in USD per mWh

注释:数据来源[11-12,14,22-24]。

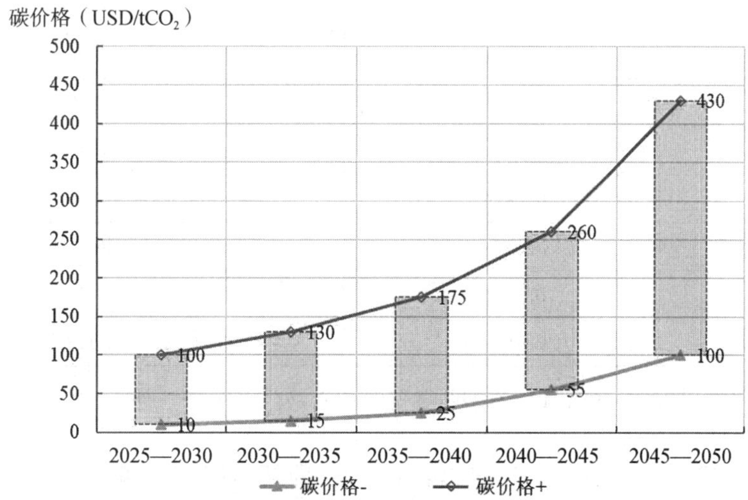

图 5.5　碳排放的价格区间

Fig.5.5　Carbon price ranges in USD per ton of CO_2

注释:数据来源 https://www.worldbank.org/en/news/press-release/2022/05/24/global-carbon-pricing-generates-record-84-billion-in-revenue。

四种类型干散货船在规划期的燃料消耗量预计如图 5.6 所示。

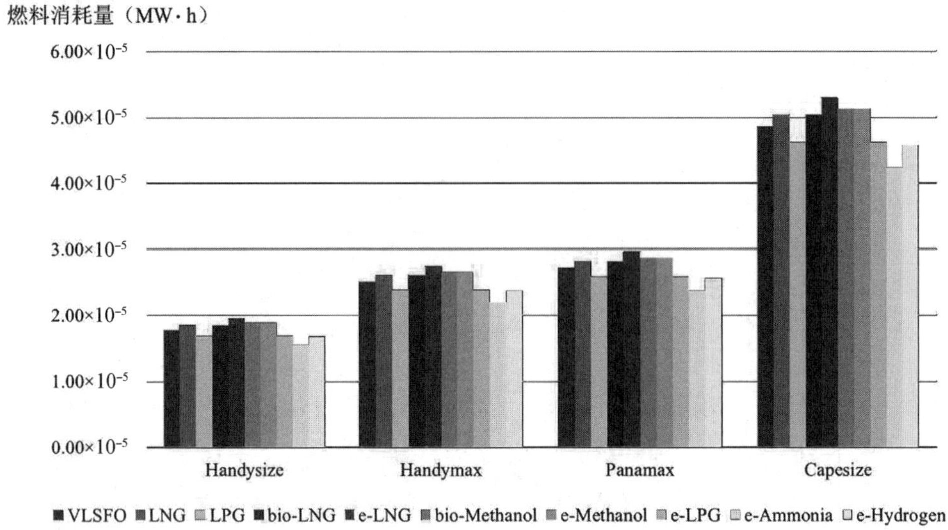

图 5.6　四种类型干散货船在规划期的燃料消耗量预计

Fig.5.6　Projected fuel consumption during the planning horizon for four types of bulk vessels (in MW · h)

不同类型燃料的燃料消耗率和燃料热值，如表 5.7 所示。

表 5.7　不同类型燃料的相关参数

Tab.5.7　Parameters of different fuels

	SFC 燃料消耗率(kg/kW · h)	Fuel heating value 燃料热值(kJ/kg)
VLSFO	0.179	40 500
LNG	0.150	50 200
LPG	0.150	46 000
bio-LNG	0.150	50 200
e-LNG	0.150	52 697
bio-Methanol	0.381	20 100
e-Methanol	0.381	20 100
e-LPG	0.150	46 000
e-Ammonia	0.340	18 600
e-Hydrogen	0.057	120 000

注释：数据来源[13]，https://www.epa.gov/climateleadership/ghg-emission-factors-hub。

(2)排放控制措施

本文将排放控制措施分为两类不同的解决方案，即新建措施、进船坞改装措施。新建措施只适用于新船；进船坞改装措施是船舶在定期停泊阶段安装在甲板上的方案，船舶停泊时安装在甲板上的排放控制措施适用于最大船龄为 10 年的船舶，而不适用于更老的船舶。不同排放控制措施的投资成本和减排效果在 2015 年荷兰应用科学院的一份报告中曾被提到[18]，不同排放控制措施的相关参数，如表 5.8 所示。

表 5.8　不同排放控制措施的相关参数

Tab.5.8　Parameters for different emission control measures

排放控制措施	不同类型排放控制措施	投资(mUSD)	减排量(%)
新建措施(newly built)	减少压载水(ballast water reduction)	0.265	5.89
	细长船体设计(slender hull)	1.14	11.03
	余热回收(waste heat recovery)	1.25	5.89
进船坞改装(docking)	风力辅助(wind)	1.69	8.83
	岸电(cold ironing)	0.1	4.08
	太阳能辅助(solar)	0.096	2.21
	推进优化(optimized propulsion)	0.205	3.68
	高效照明(efficient lights)	0.05	1.10

注释:数据来源[4,18,20]。

(3)全生命周期排放

不同类型燃料的全生命周期具体二氧化碳(CO_2)排放当量及甲烷(CH_4)泄漏造成的碳排放量,如图 5.7 所示。

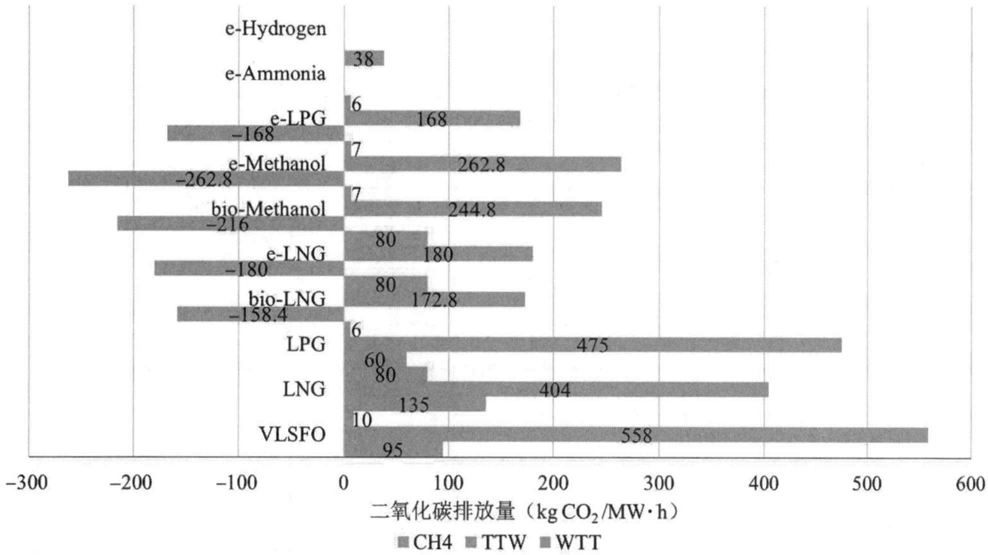

图 5.7　不同类型燃料的全生命周期的排放量(kg CO_2e/ MW · h)

Fig.5.7　Lifecycle emissions for different types of fuels

注释:数据来源[11,24-25],https://www.epa.gov/climateleadership/ghg-emission-factors-hub。

(4)货舱损失成本

以极低硫燃料油(VLSFO)船作为参考,将用于燃料的所需货舱、每艘船在海上的平均时间和单位货物的估计价格结合起来,运输货物的价格是根据历史平均价格确定的,计算出因燃料空间需求而损失的成本,如式(5.27):

$$C_{mr}^{LO} = (PLC_r - PLC_m) P \times 5 \times 200 \tag{5.27}$$

其中 PLC 为效载荷容量, P 为货物价格。

此外,货物运输的利润损失是根据燃料的替代量计算的[26],如表 5-9 所示。

表 5.9　四种类型干散货船的货舱损失成本(mUSD)

Tab.5.9　Cargo hold loss for bulk vessels (mUSD)

Handysize (40 000 DWT)						
货物损失(DWT)		R1	R2	R3	R4	R5
		DF LNG	DF LPG	DF MEOH	DF NH3	DF H2
M1	MF VLSFO	3.36	2.94	7.14	3.78	16.80
M2	MF LNG	–	0.42	3.78	0.42	13.44
M3	MF LPG	0.42	–	4.20	0.84	14.49
M4	MF Methanol	–	–	–	–	–
M5	MF NH3	–	–	–	–	–
M6	DF LNG	–	0.42	3.78	0.42	13.44
M7	DF LPG	0.42	–	4.20	0.84	14.49
M8	DF LH2	–	–	–	–	–
M9	DF Methanol	–	–	–	–	–
M10	DF NH3	–	–	–	–	–
M11	FC H2	–	–	–	–	–
M12	FC NH3	–	–	–	–	–
Handymax (64 000 DWT)						
M1	MF VLSFO	5.29	4.63	11.25	5.95	26.46
M2	MF LNG	–	0.66	5.95	0.66	21.17
M3	MF LPG	0.66	–	6.62	1.32	21.83
M4	MF Methanol	–	–	–	–	–
M5	MF NH3	–	–	–	–	–
M6	DF LNG	–	0.66	5.95	0.66	21.17
M7	DF LPG	0.66	–	6.62	1.32	21.83
M8	DF LH2	–	–	–	–	–
M9	DF Methanol	–	–	–	–	–
M10	DF NH3	–	–	–	–	–
M11	FC H2	–	–	–	–	–
M12	FC NH3	–	–	–	–	–
Panamax (83 000 DWT)						
M1	MF VLSFO	6.89	6.03	14.64	7.75	34.44
M2	MF LNG	–	0.86	7.75	0.86	27.55
M3	MF LPG	0.86	–	8.61	1.72	28.41
M4	MF Methanol	–	–	–	–	–
M5	MF NH3	–	–	–	–	–

续表

Handysize（40 000 DWT）						
M6	DF LNG	–	0.86	7.75	0.86	27.55
M7	DF LPG	0.86	–	8.61	1.72	28.41
M8	DF LH2	–	–	–	–	–
M9	DF Methanol	–	–	–	–	–
M10	DF NH3	–	–	–	–	–
M11	FC H2	–	–	–	–	–
M12	FC NH3	–	–	–	–	–
Capesize（115 000 DWT）						
M1	MF VLSFO	9.66	8.45	20.53	10.87	48.30
M2	MF LNG	–	1.21	10.55	0.89	38.33
M3	MF LPG	1.21	–	12.08	2.42	39.85
M4	MF Methanol	–	–	–	–	–
M5	MF NH3	–	–	–	–	–
M6	DF LNG	–	1.21	10.55	0.89	38.33
M7	DF LPG	1.21	–	12.08	2.42	39.85
M8	DF LH2	–	–	–	–	–
M9	DF Methanol	–	–	–	–	–
M10	DF NH3	–	–	–	–	–
M11	FC H2	–	–	–	–	–
M12	FC NH3	–	–	–	–	–

2.计算实验

我们通过模糊约束满意度 α 对区间规划进行求解，α 的取值代表了我们考虑航运市场波动的不确定性，即燃油价格、碳排放价格的成本组合。α 取值越大，在区间范围内取值所占区间权重越大，即总成本越高。图 5.8 给出了四种类型干散货船的两种减排技术转换路径，其中深色代表更为经济的技术转型方案，而浅色代表相对稳定的技术变化趋势。

（1）动力、燃料与排放控制措施

就动力系统选择而言，动力系统改造是干散货船减排技术过渡的主要方式，内燃机（ICE）作为干散货船的主要动力选择整体上由固定的单燃料内燃机（ICE）向更灵活的双燃料内燃机（ICE）进行转变，而燃料电池因其昂贵的技术造价以及未能广泛普及的技术并没有出现在各类干散货的技术选择中。此外，结果显示液化天然气（LNG）作为航运业的过渡燃料目前及未来仍将是干散货船动力的主要选择，既可以作为初始动力也可以作为干散货船改装后的动力选择。在燃油价格和碳排放成本较低的情况下，干散货船整体上更偏向于传统动力，随着排放成本逐步升高逐步向较为清洁的 bio-Methanol、bio-LNG 或 e-Ammonia 过渡。这种转换相较于燃油价格的变化更多的是由排放成本升高造成的，最终氨因其较低的燃油价格以及极低的排放成为干散货船的最终动力选择。四种类型干散货船的动力系统转换如图 5-9 所示。

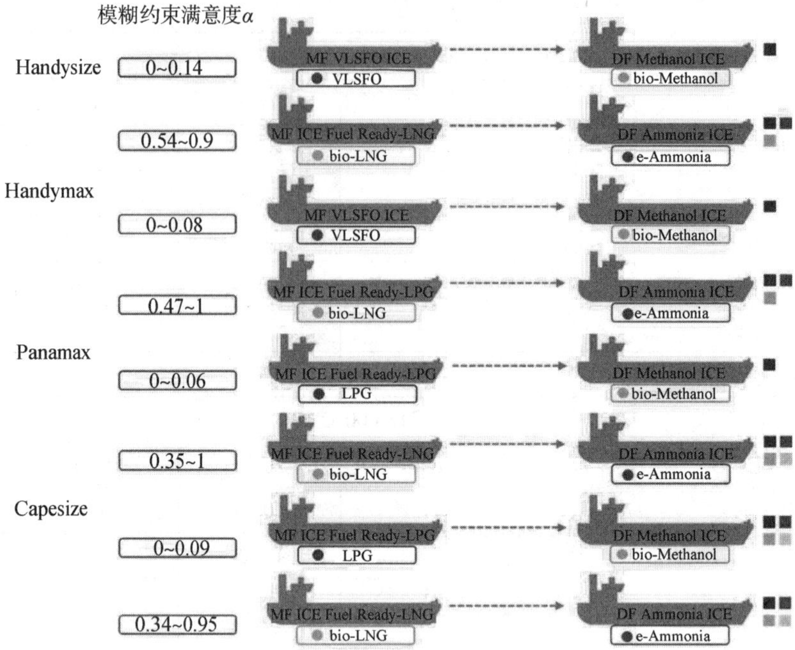

图 5.8 四种类型干散货船的两种减排技术转换路径

Fig.5.8 Emission reduction technology switching pathways for four types of bulk vessels

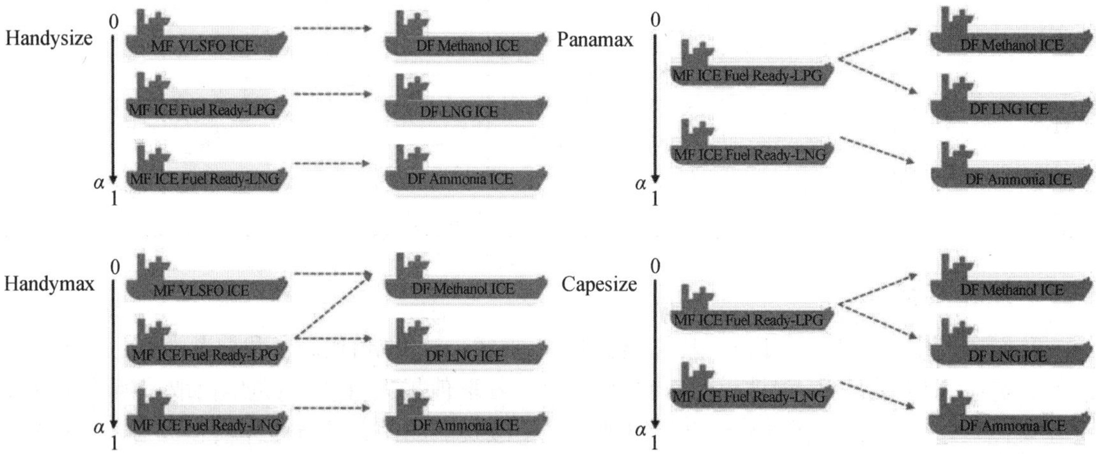

图 5.9 四种类型干散货船的动力系统转换

Fig.5.9 Power system switching for four types of bulk vessels

从燃料分布来看,传统的化石燃料仅在碳排放价格较低时作为初始燃料在短期内被选择,长期来看生物燃料和电燃料是各类干散货船更好的选择,且载重量(DWT)越大的干散货船对于碳排放价格上升的容忍度越小,越早选择清洁的碳中性燃料。短期内液化天然气(LNG)和液化石油气(LPG)作为相对成熟的化石燃料仍会被选择,但随着碳排放价格逐步上涨,bio-LNG、bio-Methanol 以及 e-Ammonia 是主要的燃料选择。综合来看 bio-LNG、bio-Methanol 将作为重要的过渡燃料,e-Ammonia 将极大可能成为最终的燃料选择。值得注意的是,研究结果显示 e-Hydrogen 既不是过渡燃料也不是未来的最终选择方案。这可能是其极高燃料成本和改装成本造成的,但不可能否认其在航运业脱碳中的重要作用。

从排放控制措施来看,减少压载水(Ballast Water Reduction)因其较低的投资成本以及不错的减排潜力成为新建阶段普遍选择的排放控制措施，而细长船体设计（Slender Hull）和余热回收（Waste Heat Recovery）并没有成为干散货船减少排放所选择的排放控制措施，我们认为这主要是其减排潜力不足以匹配其较高的技术投资成本造成的。就改装可选择的排放控制措施来说，岸电（Cold Ironing）及太阳能（Solar）辅助动力是最广泛的选择，但风力辅助（Wind）、推进优化（Optimized Propulsion）以及高效照明（Efficient Lights）等技术解决方案也是有利的，当采取所有排放控制措施的组合大约可以减少35%的二氧化碳（CO_2）排放。

（2）不同类型干散货船减排路径

对于四种不同类型干散货船舶，它们对于燃油价格和碳排放价格的反应灵敏性虽然不同，但整体减排技术组合的过渡路径比较相似，均是随着碳排放价格的上涨由传统的化石燃料转变为替代燃料，并在最终选择零碳排放的e-Ammonia动力燃料组合。灵便型（Handysize）和大灵便型（Handymax）两种船舶都在成本较低时选择了极低硫燃料油（VLSFO）单燃料内燃机（ICE）作为初始动力，而巴拿马型（Panamax）和好望角型（Capesize）则从液化石油气（LPG）开始。值得注意的是好望角型（Capesize）是唯一使用了风力辅助（Wind Assisted）减排措施的船舶。这大概是因为其较大的排放造成的。整体而言，船舶的载重吨（DWT）和功率越大，对减排成本越敏感，会提前选择更清洁的动力和燃料。图5.10为四种类型干散货船减排技术组合选择的结果。

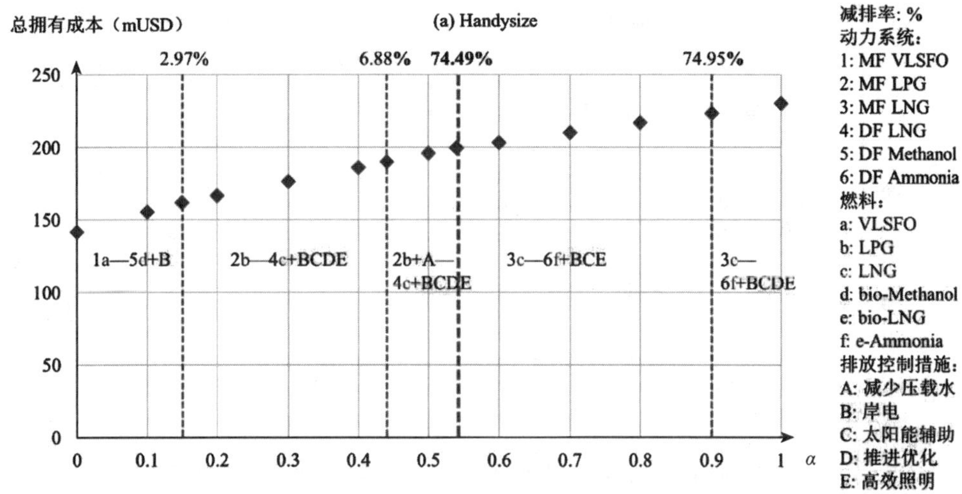

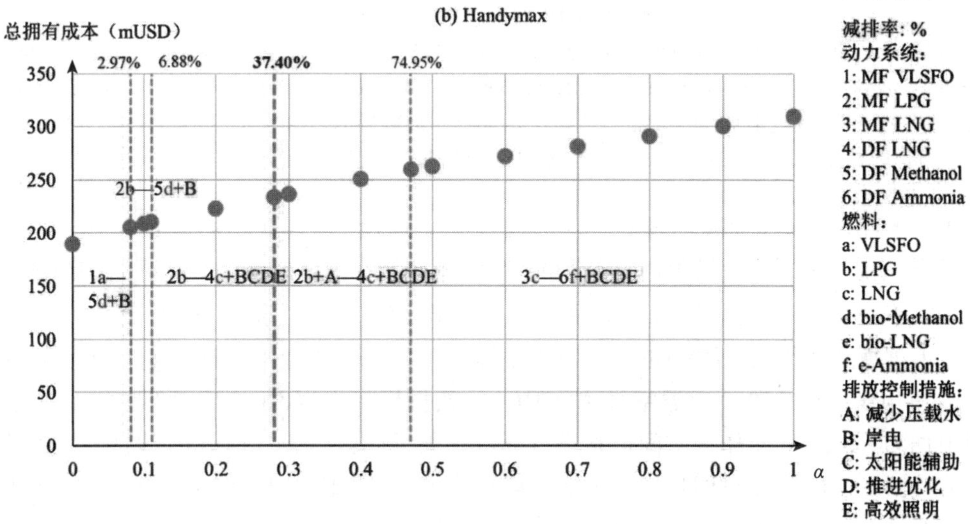

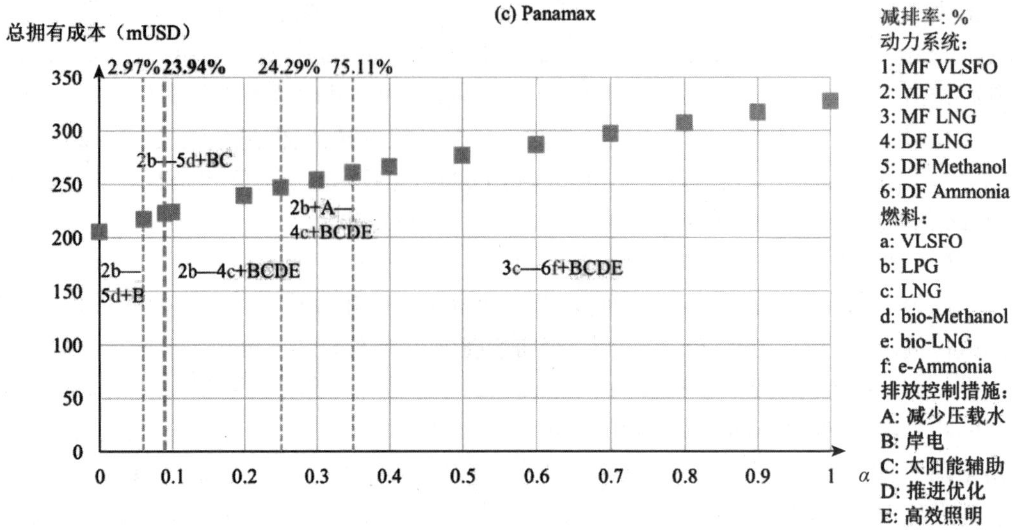

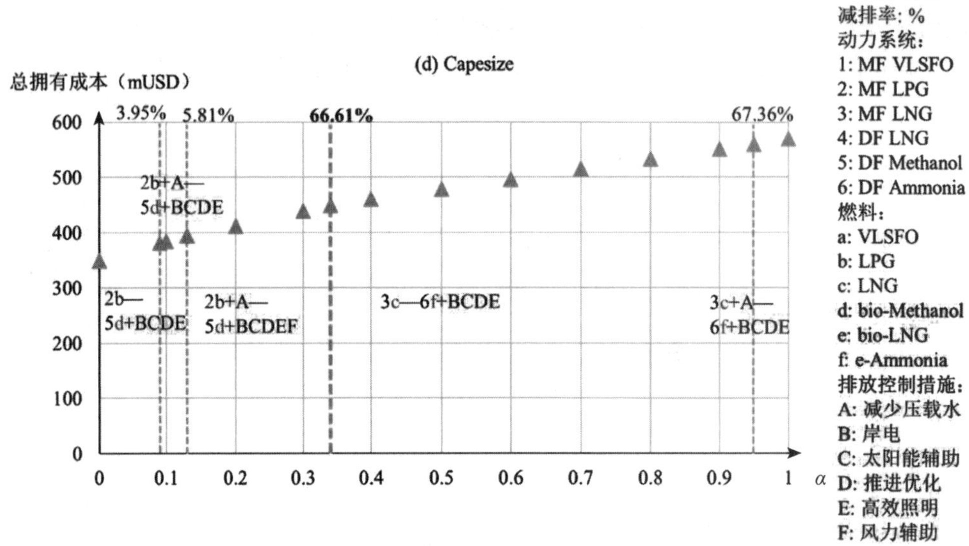

图 5.10　在不同的模糊约束满意度 α 水平下，四种类型干散货船减排技术组合的生命周期总拥有成本(单位:百万美元)

Fig.5.10　Lifetime total cost of ownership (TCO) in million USD of emission reduction technology combinations for four size classes of bulk vessels for different levels of the fuzzy constrained satisfaction degree α

注释:a. 图中的“-”代表技术组合的过渡,“-”前代表 2025—2030 年的技术组合选择;“-”后代表 2030—2050 年的技术组合选择;b. 技术过渡后的减排率是以 2025 年为基准年,用 2025 年的排放量减去 2030 年的排放量,再除以 2025 年的排放量计算得出的。

(3)2035 年时间追索的减排路径

对干散货船的燃料进行转换时,当前和未来的减排目标很重要。国际海事组织(IMO)期望到 2030 年,全球海运单位运输活动的平均二氧化碳(CO_2)排放量与 2008 年相比至少降低 40%。但依据挪威船级社(DNV)的报告预测,国际海事组织(IMO)的排放目标可能会延后。假设国际海事组织(IMO)2050 年温室气体(GHG)排放目标将实现,2035 年后碳中性燃料将广泛使用,因此也应对 2035 年作为时间追索进行测试。基于挪威船级社(DNV)的预测我们将追索时间设定在 2035 年,重新对四种类型干散货船做出实验,得到了以下结果。图 5.11 为 2035 年时间追索后不同类型干散货船减排技术组合选择的结果。

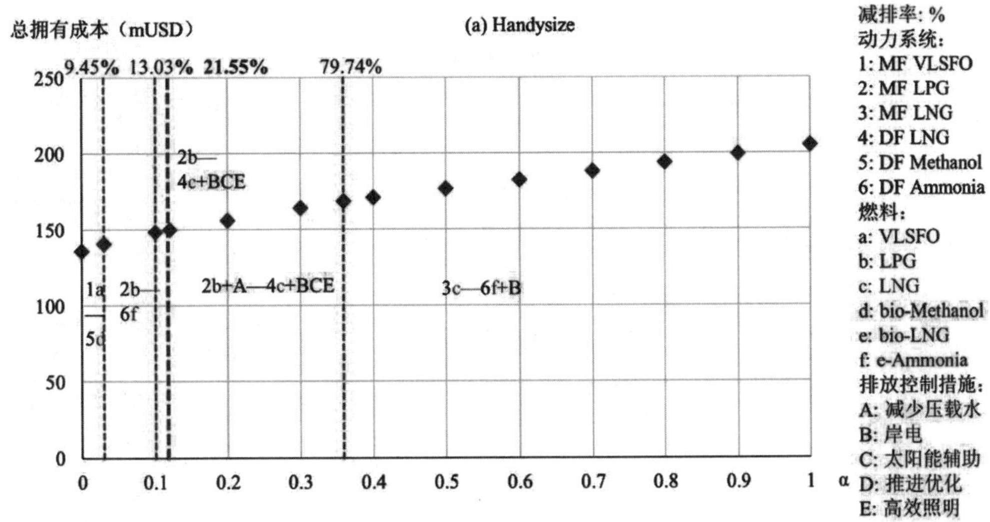
总拥有成本（mUSD）
(a) Handysize
9.45% 13.03% 21.55% 79.74%
250
200
150
100
50
0
0 0.1 0.2 0.3 0.4 0.5 0.6 0.7 0.8 0.9 1 α
1a—5d
2b—6f
2b—4c+BCE
2b+A—4c+BCE
3c—6f+B
减排率: %
动力系统:
1: MF VLSFO
2: MF LPG
3: MF LNG
4: DF LNG
5: DF Methanol
6: DF Ammonia
燃料:
a: VLSFO
b: LPG
c: LNG
d: bio-Methanol
e: bio-LNG
f: e-Ammonia
排放控制措施:
A: 减少压载水
B: 岸电
C: 太阳能辅助
D: 推进优化
E: 高效照明

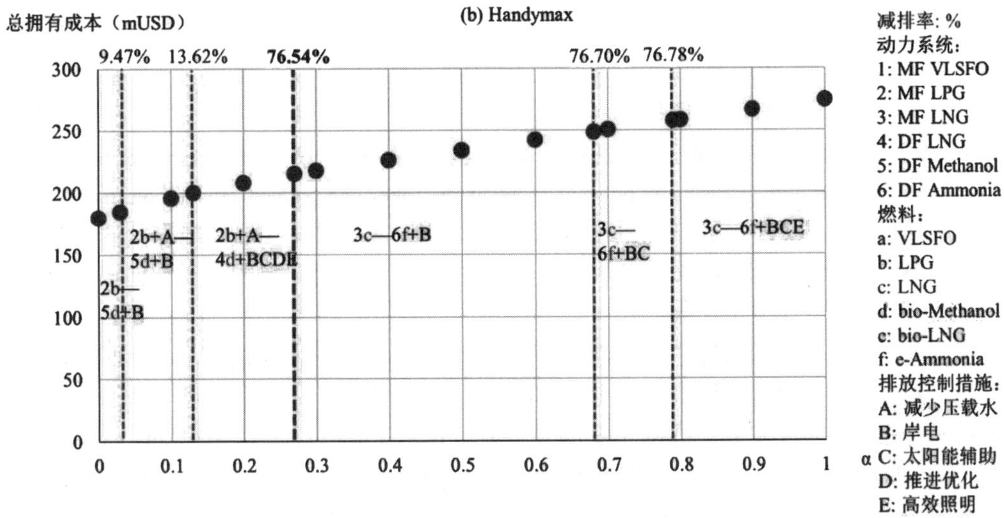
总拥有成本（mUSD）
(b) Handymax
9.47% 13.62% 76.54% 76.70% 76.78%
300
250
200
150
100
50
0
0 0.1 0.2 0.3 0.4 0.5 0.6 0.7 0.8 0.9 1 α
2b—5d+B
2b+A—5d+B
2b+A—4d+BCDE
3c—6f+B
3c—6f+BC
3c—6f+BCE
减排率: %
动力系统:
1: MF VLSFO
2: MF LPG
3: MF LNG
4: DF LNG
5: DF Methanol
6: DF Ammonia
燃料:
a: VLSFO
b: LPG
c: LNG
d: bio-Methanol
e: bio-LNG
f: e-Ammonia
排放控制措施:
A: 减少压载水
B: 岸电
C: 太阳能辅助
D: 推进优化
E: 高效照明

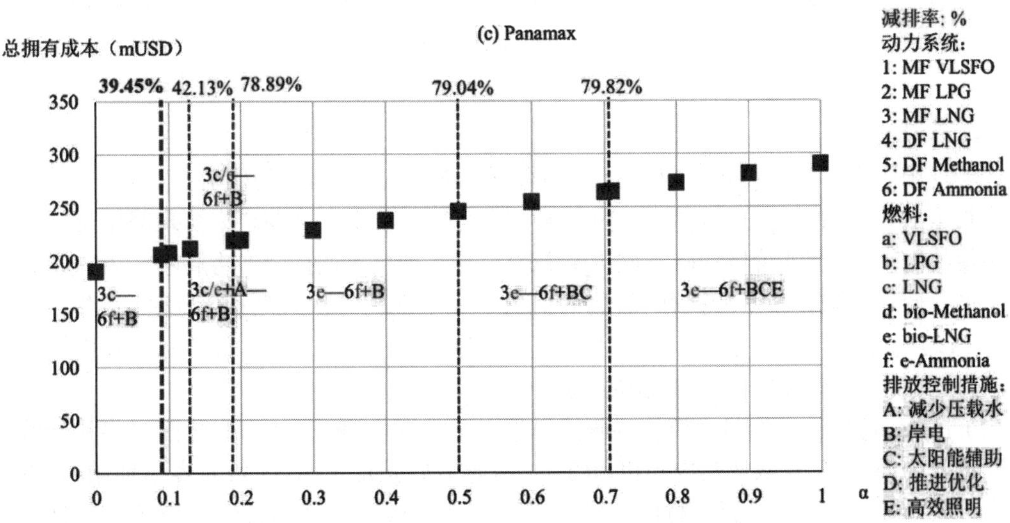
总拥有成本（mUSD）
(c) Panamax
39.45% 42.13% 78.89% 79.04% 79.82%
350
300
250
200
150
100
50
0
0 0.1 0.2 0.3 0.4 0.5 0.6 0.7 0.8 0.9 1 α
3c—6f+B
3c/e—6f+B
3c/e+A—6f+B
3e—6f+B
3e—6f+BC
3e—6f+BCE
减排率: %
动力系统:
1: MF VLSFO
2: MF LPG
3: MF LNG
4: DF LNG
5: DF Methanol
6: DF Ammonia
燃料:
a: VLSFO
b: LPG
c: LNG
d: bio-Methanol
e: bio-LNG
f: e-Ammonia
排放控制措施:
A: 减少压载水
B: 岸电
C: 太阳能辅助
D: 推进优化
E: 高效照明

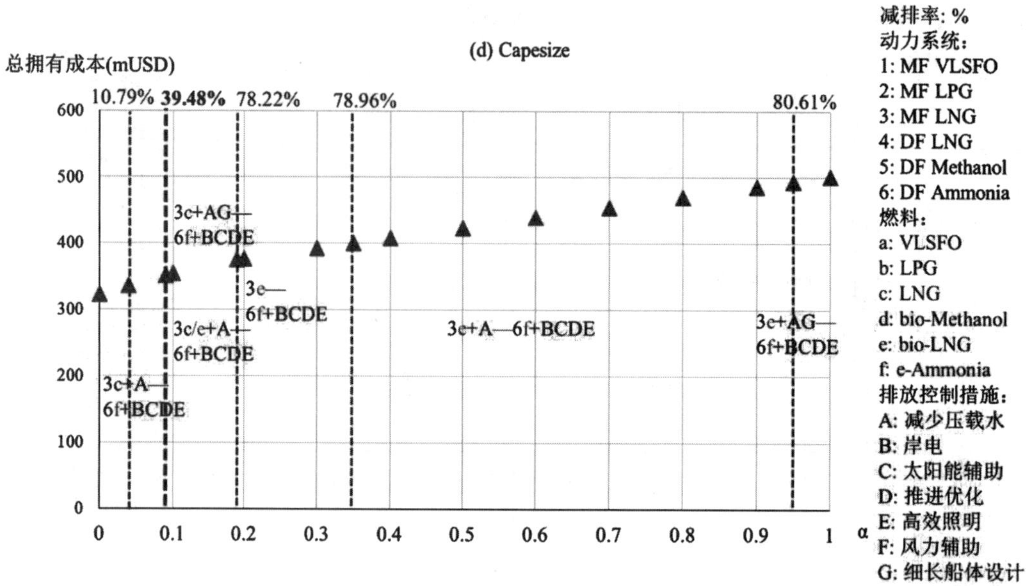

图 5.11　在不同模糊约束满意度 α 水平下,四种类型干散货船减排技术组合追索结果的生命周期总拥有成本(单位:百万美元)

Fig.5.11　Recourse results on emission reduction technology combinations for four types of bulk vessels. Lifetime TCO in million USD for different levels of the fuzzy constrained satisfaction degree α

注释:a. 图中的"-"代表技术组合的过渡,"-"前代表 2025—2030 年的技术组合选择;"-"后代表 2030—2050 年的技术组合选择;b. 技术过渡后的减排率是以 2025 年为基准年,用 2025 年的排放量减去 2030 年的排放量,再除以 2025 年的排放量计算得出的。

结果显示,整体上来看四种类型干散货船减排技术组合并没有很大变化,整体仍是由传统化石燃料向清洁燃料转变,但追索时间至 2035 年,干散货船将使用更长时间价格低廉但不足够清洁的燃料,这将减少总成本。值得注意的是,对于功率较大的巴拿马型(Panamax)和好望角型(Capesize)两种船舶来说他们从初始阶段就选择了液化天然气(LNG),并在改装前的阶段随着碳排放价格的上涨由化石液化天然气(LNG)转换为 bio-LNG,并选择了细长船体设计(Slender Hull)叠余热回收(Waste Heat Recovery)作为排放控制措施的组合。

四、结论

为实现国际海事组织(IMO)制定的 2050 年碳减排目标,航运业脱碳势在必行,干散货运输市场占据了航运的重要部分,这需要干散货船探索可能的技术过渡路径来实现减排目标。鉴于航运市场的波动性,燃油价格和碳排放价格等因素对减排技术选择会产生影响。为探索脱碳目标下干散货船舶的减排技术转换路径,我们提出了一个区间二次规划(IQP)模型,对不同载重吨(DWT)的四种类型干散货船进行了具体计算实验,我们提出的模型能够为干散货船的动力系统、替代燃料和排放控制措施等技术组合提供决策支持。

(1)干散货船的动力燃料过渡。从研究结果来看内燃机(ICE)在未来阶段仍将是干散货船动力输出的主要选择,且双燃料内燃机(ICE)因其具有较强的灵活性,可兼容多种燃料,将逐步取代单燃料内燃机(ICE)。而燃料电池因其昂贵的技术成本往往不被干散货船所选择。短期内,化石燃料不会被生物质燃料或电燃料完全淘汰,但从长期来看,随着碳排放成本逐步升高,传统化石燃料会逐步被碳中性燃料替代。bio-LNG 和甲醇(Methanol)其生命周期内碳排放量较低,且具有较高的燃料消耗率,在我们的实验结果中常常作为中间的过渡性燃料。e-Ammonia 作为零碳燃料,似乎是碳排放成本较高时,所有类型干散货船最终的燃料选择。

(2)排放控制措施的搭配选择。对于新建的干散货船来说减少压载水(ballast water reduction)似乎是较优的选择,其改造成本低且减排效果较好;此外,细长船体设计(slender hull)对于载重吨(DWT)较大的干散货船也是不错的选择。对于改装阶段的干散货船来说,岸电(cold ironing)和太阳能(solar)的减排效果更好。从总体角度来看,各类排放控制措施的叠加使用对于干散货船排放具有更好的控制效果,且随着碳排放成本逐步增加,船舶在对动力燃料匹配后做出改变之前会不断叠加使用各类排放控制措施,以更好地降低排放所带来的成本。

(3)对航运市场不确定性处理。由于燃油价格和碳排放价格的波动会改变干散货船的减排技术选择,我们将燃油价格和碳排放价格引入区间数,来处理航运市场不确定性的影响。我们发现,碳排放价格越高,干散货船所选择的燃料越清洁,逐步从化石燃料转为生物质燃料,最终选择完全零碳排放的电燃料。从实际角度来看,甲醇和氨等动力在现阶段并没有广泛普及度,那么是否对液化天然气(LNG)进行甲醇或氨的改造就变得至关重要,甲醇和氨的改造成本需要进一步降低才能更具有吸引力。

对于下一步的研究工作,我们认为可以拓展所考虑的不确定性因素,包括改装费用、货舱损失成本等,通过不同场景来确定干散货船的减排技术组合,使之更贴近现实情境;此外,新技术、新燃料的推广应用不断发展,在对减排技术方案进行选择时,应拓展各类动力、燃料和排放控制措施,为干散货船提供更多、可行、可信的技术应用方案。

第二节　集装箱船硫氮减排技术选择研究

一、硫氮减排技术选择问题

航运活动会产生温室气体(GHG)和其他一些有毒污染物(如 NO_X 和 SO_X),直接威胁人类健康[28]。为控制航运排放,国际海事组织(IMO)在全球范围内设立了多个硫排放控制区(SECA),并规定全球硫排放上限为 0.5%,该规定已于 2020 年生效。一些新的硫排放控制区(SECA)(如越南 SECA 和韩国 SECA)也已计划或建立[29-30]。为了遵守硫排放控制区(SECA)法规,许多船东,尤其是经营支线服务的船东,都采用了洗涤塔,使船舶可以像以前一样使用高硫燃油(HSFO;硫含量:3.5%m/m)[31]。由于低硫燃料的价格溢价,即高硫燃料油与低硫燃料油(LSFO)(如低硫船用燃气油 LSMGO;含硫质量分数为 0.1%)或极低硫燃料油(VLSFO;含硫质量分数为0.5%)之间的价差,安装洗涤塔是节省燃料成本的潜在途径。

不过,洗涤塔近期的情况并不太乐观,原因有二。首先,越来越多的港口计划禁止或已经禁止洗涤塔排放可能污染海洋环境的废水。这意味着开环洗涤塔这种最便宜的洗涤塔在许多水域被禁止使用。这让准备应对硫限制的船东们头疼不已,成本高昂。表 5.10 列出了世界各地的排放控制区(ECA)和对开环洗涤塔的限制。船东面临着一个棘手的问题:在开环洗涤塔受到限制和燃油价格波动的情况下,洗涤塔在经济上是否仍然可行?

事实上,硫限制并不是船东唯一关心的问题。氮氧化物(NO_X)三级排放标准(Tier Ⅲ)于2021年起在北海和波罗的海东南沿海地区生效,2025年起将在中国东南沿海地区生效[32-33]。因此,船东必须立即制订改造计划,为即将实施的氮排放控制区(NECA)法规做好准备。一般来说,有两种成熟的减排技术:选择性催化还原(SCR)和废气再循环(EGR)[34]。满足硫限制和氮氧化物(NO_X)三级排放标准(Tier Ⅲ)限制的另一个替代方法是使用替代燃料。但由于投资成本高、空间要求大以及供应短缺的风险,替代燃料尚未受到船东的青睐。因此,本文主要比较了可靠的技术解决方案,即洗涤塔、选择性催化还原(SCR)和废气再循环(EGR),而没有考虑通过更换发动机来采用更清洁的燃料。

自硫排放控制区(SECA)于2000年年末和2010年年初生效以来,有关减排技术应用的讨论从未停止过。除了低硫燃油价格溢价的影响外[35-36],对于一艘剩余寿命长、在排放控制区(ECA)中运营时间长、海上航行时间长的船舶来说,洗涤塔的经济效益可能更为明显[35,37]。Balland等(2012)[38]研究了各种技术之间的相互作用对安装成本和减排潜力的影响。考虑到减排的不确定性,Balland等(2013)[17]设计了减排技术的安装计划。Lindstad和Eskeland(2016)[39]以及Lindstad等(2017)[40]研究了不同类型船舶上多种替代品的成本效率。此外,一些学者为不愿投资减排技术的船东提出了节约成本的措施。Doudnikoff和Lacoste(2014)[41]以及Fagerholt和Psaraftis(2015)[42]建议,如果船东为满足硫排放控制区(SECA)规定而更换燃料,则应在硫排放控制区(SECA)范围内降低航速。Fagerholt等(2015)[43]提出了一个混合整数编程模型,以同时优化航行速度和航行路径,并发现船舶可能更愿意在硫排放控制区(SECA)以外航行。Gu和Wallace(2017)[44]假设不使用洗涤塔的船舶可以通过优化航速和航线来节约成本,并比较了燃料转换和安装洗涤塔的寿命成本。

尽管以往的研究都在寻找满足排放控制区(ECA)法规的途径,但很少有人关注排放控制区(ECA)法规的最新发展。第一,很少有人对不同降氮技术的经济效益进行比较,对废气再循环(EGR)的研究更是少之又少。Nikopoulou(2017)[45]计算了使用选择性催化还原(SCR)、湿空气电机系统(HAM)、洗涤塔等减排氮氧化物(NO_X)和硫氧化物(SO_X)的增量成本。但根据发动机制造商的说法[34],湿空气电机系统(HAM)目前尚未被广泛采用,以符合氮氧化物(NO_X)三级排放标准(Tier Ⅲ)限制。第二,据我们所知,几乎没有关于开环洗涤塔禁令对技术选择的影响的报告。

本研究的主要贡献在于,它考虑了最近的法规和不同类型水域内减排技术的灵活运行,包括不同氮氧化物(NO_X)和硫氧化物(SO_X)限制的水域,以及是否禁止从洗涤塔中排放废水,从而更好地反映了实际情况。在Fagerholt等(2015)[43]的基础上,我们的模型能够比较不同技术选择的总寿命成本。此外,本文还为船东提出了经济地减少硫氮排放的一般解决方案。

表5.10 ECA分布和对开环洗涤塔的限制

Tab.5.10 ECA distributions and restrictions on open-loop scrubbers

ECA分布	硫、氮指令
加利福尼亚和夏威夷	禁止使用开环洗涤塔
北美洲和加勒比海	NECA,排放含硫质量分数限制为0.1%,氮氧化物限值为Tier Ⅲ
法国、德国、比利时、爱尔兰等国家港口	禁止使用开环洗涤塔
欧盟硫指令	SECA排放含硫质量分数限制为0.1%

续表

ECA 分布	硫、氮指令
北海和波罗的海	2021 年将 SECA 升级为带有 Tier Ⅱ 氮氧化物限值的 NECA，含硫质量分数限制为 0.1%
越南	硫含量限制为 0.25%，允许使用开环洗涤塔
中国	中国 SECA，含硫质量分数限制为 0.5%，将于 2025 年升级为 NECA，含硫质量分数限制为 0.1%，并设有 Tier Ⅲ 氮氧化物限值，同时禁止使用开环洗涤
韩国	含硫质量分数限制为 0.1%，允许使用开环洗涤塔
新加坡和马来西亚	禁止使用开环洗涤塔

二、集装箱船减排技术模型

1. 问题描述

对硫氧化物（SO_X）和氮氧化物（NO_X）的排放法规要求船东使用适当的合规技术对船舶进行改装。在改装过程中，目标是将船舶剩余年限内的净现值（Net Present Value，NPV）总成本降至最低，包括减排技术的固定投资成本，以及使用该技术后该船舶的可变运营成本。本文建立了一个数学规划模型，用于计算和比较八种可能技术选择的总寿命成本：选择性催化还原（SCR）、废气再循环（EGR）、开环洗涤塔+选择性催化还原（SCR）、开环洗涤塔+废气再循环（EGR）、闭环洗涤塔+选择性催化还原（SCR）、闭环洗涤塔+废气再循环（EGR）、混合洗涤塔+选择性催化还原（SCR）和混合洗涤塔+废气再循环（EGR），如图 5.12 所示。

问题的复杂性主要来自船舶行驶航线所经过的不同排放控制区（ECA）规定。世界上受排放控制政策规制的海洋区域可以分为六组：（1）在允许使用开环洗涤塔的同时，规定船舶燃烧含硫质量分数不超过 0.1%燃油的硫排放控制区（SECA）；（2）在禁止使用开环式洗涤塔的同时，规定船舶燃烧含硫质量分数不超过 0.1%燃油的硫排放控制区（SECA）；（3）要求含硫质量分数 0.1%的上限和氮氧化物（NO_X）三级排放标准（Tier Ⅲ）限制的氮排放控制区（NECA），同时允许使用开环洗涤塔；（4）要求含硫质量分数 0.1%的上限和氮氧化物（NO_X）三级排放标准（Tier Ⅲ）限制的氮排放控制区（NECA），同时禁止使用开环洗涤塔；（5）没有实施排放控制区（ECA）政策的非排放控制区（Non-ECA），但仍须遵守国际海事组织（IMO）规定的含硫质量分数 0.5%全球上限，同时允许使用开环洗涤塔；（6）没有实施排放控制区政策的非排放控制区（Non-ECA），但仍须遵守国际海事组织（IMO）规定的含硫质量分数 0.5%全球上限，同时禁止使用开环洗涤塔。尽管目前仍然存在一些上限为 0.5%的硫排放控制区（SECA）（例如我国 SECA），即与非排放控制区（Non-ECA）的管控力度一致，但它们在可预计的未来几年内可能都会升级到 0.1% 硫上限。在这里，使用 Θ 表示六类区域的集合。

为了应对不同的排放控制区（ECA）政策，船东必须在不同使用燃油类型和技术运营模式之间灵活切换。以一艘安装有开环洗涤塔的船舶为例：在船舶驶入禁止使用开环洗涤塔的硫排放控制区（SECA）时，该船必须关掉开环洗涤塔，并将燃油类型从高硫燃油（HSFO）切换为低硫船用燃气油（LSMGO）。图 5.12 详细描述了使用燃油类型和技术运营模式在不同水域中的灵活切换。

图 5.12　使用燃油类型和技术运营模式在不同水域中的灵活切换

Fig.5.12　Flexible switch between fuel types and operation modes

排放控制区(ECA)政策的另一种影响是船舶航行特征,即速度和路线决策。在驶入具有不同排放控制区(ECA)政策的水域时,船舶可能会改变其速度和路线决策。为方便叙述,需明确以下概念。(1)航段指从一个港口向另一个港口之间的一段行程,一次航段中间没有其他停泊港口;(2)对于两个港口之间的一次航段,船舶可以在实际航行中灵活调整航行路径,即有多个航段路径,如图 5.13 所示;(3)一个班轮服务通常需停泊一系列港口,完成多个航段;(4)班轮服务特征指船舶为完成一个班轮服务所经过的不同类型水域(即上述提及的六组水域)的路程的比例。船舶从我国排放控制区(ECA)驶入非排放控制区(Non-ECA)时,为减少燃油成本可能会将航段路径 1 变更为航段路径 3。由于实际航速和航段路径选择会对船舶每年燃油成本产生极大影响,本文为计算船舶在安装某减排技术后的每年最低运营成本,将会首先寻找最优的航速和航段路径选择。

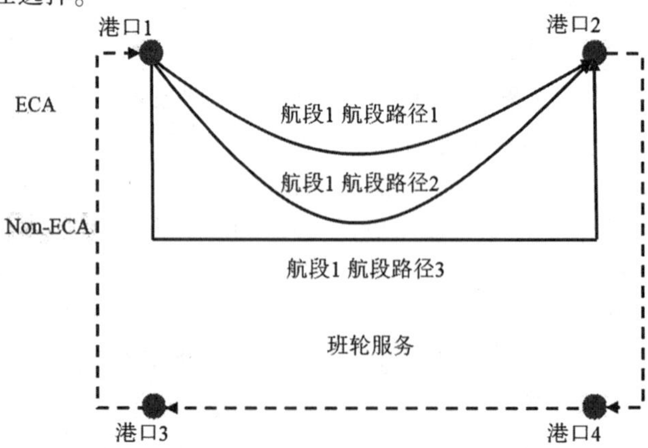

图 5.13　班轮服务、航段与不同的航段路径示意图

Fig.5.13　Illustration of liner service, legs and different leg options

2.符号说明

在建立集装箱船减排技术模型之前,表 5.11 列出了本研究使用的主要符号。

表 5.11 符号说明表

Tab.5.11 Symbol description table

类别	符号	描述
集合	I	所有改装方案的集合
	J	航线上的航段集合
	Θ	所有区域类型的集合
	R_j	航段 j 可选的航段路径集合
	$R_{j\theta}$	航段 j 的航段路径集合 R_j 中部分位于区域 $\theta \in \Theta$ 内的航段路径的子集
	V	离散速度点的集合
参数	$C_i^{InvFirst}$	选择改装方案 i 时的初始投资成本(美元)
	$C_i^{ScrubberInv}$	选择改装方案 i 时,用于更换洗涤塔的投资成本(美元)
	$C_i^{FuelPenalty}$	选择改装方案 i 时,为了维持减排设备运行的额外燃油成本(美元)
	C_i^{Urea}	选择改装方案 i 时的尿素成本(美元)
	$C_i^{Catalyst}$	选择改装方案 i 时的催化剂更换成本(美元)
	C_i^{Sludge}	选择改装方案 i 时的淤泥清理成本(美元)
	C_i^{NaOH}	选择改装方案 i 时的 NaOH 成本(美元)
	C_i^{Cargo}	选择改装方案 i 时货物空间占用成本(美元)
	$C_i^{ExtraMaintain}$	选择改装方案 i 时需要的额外维修成本(美元)
	d	折旧率
	$F_{ijr\theta v}$	选择改装方案 i 的船舶在航段 j 的路径 r 上、区域 θ 内以速度 v 航行时的燃料消耗量(吨)
	l	洗涤塔的使用年限(年)
	n	船舶剩余年限(年)
	$P_{i\theta}$	选择改装方案 $i \in I$ 时船舶在 θ 区域内使用燃油的价格(美元)
	T	完成一次班轮服务的总时间(天)
	$T_{jr\theta v}$	船舶在航段 j 的路径 r 上、区域 θ 内以速度 v 航行时的航行时间(天)
决策变量	$X_{ijr\theta v}$	选择改装方案 i 的船舶在航段 j 的路径 r 上、区域 θ 内的实际速度中速度 v 权重
	y_i	0~1 变量,选择改装方案 i 则为 1,否则为 0
	z_{ijr}	0~1 变量,选择改装方案 i 且航段 j 上选择航段路径 r 则为 1,否则为 0

3.公式设置

本节使用净现值(NPV)方法比较了不同减排技术的总生命周期成本。

(1)总生命周期成本估计

将改装方案 $i \in I$ 应用于船舶(假设船舶剩余年限为 n 年)后,总生命周期成本 $Cost_i$ 包括投资成本 $C_i^{Investment}$ 和每年的运营维护成本 $C_i^{O\&M}$。通过将每年的 $C_i^{O\&M}$ 以折现率 d 转换成初始年份的成本,$Cost_i$ 可按式(5.28)计算。

$$Cost_i = C_i^{Investment} + \sum_{k=1}^{n} \frac{1}{(1+d)^k} C_i^{O\&M} \tag{5.28}$$

考虑到精准预测未来 n 年内每年的 $C_i^{O\&M}$ 很困难,在后续设计数值实验时本文将一随时间变化的参数(如燃油价格)固定为不同水平。通过假设每年的 $C_i^{O\&M}$ 为固定值,式(5.28)可简化为:

$$Cost_i = C_i^{Investment} + \frac{1-(1+d)^{-n}}{d} C_i^{O\&M} \tag{5.29}$$

①技术投资成本

不同的减排技术有着不同的生命周期。一个典型的洗涤塔可以最多使用 12 年[46],而选择性催化还原(SCR)和废气再循环(EGR)可用年限在 25—28 年之间[47],一艘船舶的年限约为 25—30 年[48]。如果被改装船舶剩余年限超过 12 年,那么就需要在洗涤塔安装 12 年后更换洗涤塔。考虑到洗涤塔更换的成本,投资成本 $C_i^{Investment}$ 可表示为:

$$C_i^{Investment} = C_i^{InvFirst} + \lceil \frac{n}{l} - 1 \rceil \cdot \frac{C_i^{ScrubberInv}}{(1+d)^l} \tag{5.30}$$

其中,$C_i^{InvFirst}$ 是改装方案 $i \in I$ 的初始投资成本,l 是洗涤塔的寿命,$C_i^{ScrubberInv}$ 是在第 l 年更换洗涤塔的投资成本。如果 $n/l < 1$,则不需要有 $C_i^{ScrubberInv}$;反之,$C_i^{ScrubberInv}$ 是必要的,在计算中会被转换为净现值(NPV)。

②运营维护成本

每年运营维护成本 $C_i^{O\&M}$ 包含很多成本项。在这些成本项中,不论选择哪种改装方案都会有燃油成本、额外维修成本和货物空间占用成本。

a.洗涤塔的运营维护成本

洗涤塔需要消耗额外的电能,因此产生燃油惩罚成本。如果所安装洗涤塔是闭环结构,将需消耗氢氧化钠(NaOH)来中和船舶废气中的硫氧化物(SO_X),并产生淤泥,因此会有氢氧化钠(NaOH)成本和淤泥清理成本。混合式洗涤塔既可在开环模式下运行,也可在闭环模式下运行,在后者情况下同样会产生氢氧化钠(NaOH)成本和淤泥清理成本。

b. 选择性催化还原(SCR)的运营维护成本

选择性催化还原(SCR)通常不需要燃油惩罚成本即可运行[49]。但这种技术需消耗尿素并定期更换催化剂,产生尿素成本和催化剂更换成本[50]。

c.废气再循环(EGR)的运营维护成本

类似于洗涤塔,废气再循环(EGR)的运行也会产生燃油惩罚成本。此外,在实践中废气再循环(EGR)技术通常需同时安装水处理系统(Water Treatment System, WTS,类似于一种小型闭环洗涤塔),WTS 技术可防止废气再循环(EGR)时腐蚀燃烧室。因此,废气再循环(EGR)技术也会产生氢氧化钠(NaOH)成本和淤泥清理成本。

考虑到以上成本项,选择改装方案 $i \in I$ 的 $C_i^{O\&M}$ 可计算为:

$$C_i^{O\&M} = C_i^{Fuel} + C_i^{FuelPenalty} + C_i^{NaOH} + C_i^{Sludge} + C_i^{Urea} + C_i^{ExtraMaintenance} + C_i^{Capacity} \tag{5.31}$$

其中,C_i^{Fuel}、$C_i^{FuelPenalty}$、C_i^{NaOH}、C_i^{Sludge}、C_i^{Urea}、$C_i^{ExtraMaintenance}$ 和 $C_i^{Capacity}$ 分别代表选择改装方案 $i \in I$ 的每年燃油成本、每年燃油惩罚成本、每年氢氧化钠(NaOH)成本、每年淤泥清理成本、每年尿素成本、额外维修成本和货物空间占用成本。在式中,如果某改装方案并不涉及其中一些特定成本项,则这些成本项会被设置为 0。

(2)燃料消耗量估计

为了最小化不同减排技术的 $C_i^{O\&M}$,首先需估计不同航速下的实际油耗。这里采用了分段线性插值的方法估计油耗。设 V 是一系列船舶可选的离散航速值的集合，$X_{ijr\theta v} \in [0,1]$ 代表选择改装方案 $i \in I$ 的船舶在航段 j 的路径 r 上、区域 $\theta \in \Theta$ 内的实际速度中离散航速值 $v \in V$ 权重，即实际速度可表示为 $\sum_{v \in V}(X_{ijr\theta v} \cdot v)$ 。假设离散航速值下的船舶油耗已知，那么船舶在任意航速下的实际油耗可通过线性插值估计为 $\sum_{v \in V}(X_{ijr\theta v} \cdot F_{ijr\theta v})$ 。然而，这种油耗估计方法会在一定程度上高估油耗[51]。这种估计误差可通过增加 V 中的离散航速值来减少，如图 5.14 所示。因此，本文将通过式(5.32)估计更多的离散航速值，从而减少误差。选择改装方案 $i \in I$ 的船舶在航段 j 的路径 r 上、区域 θ 内以速度 v 航行时的燃料消耗量 $F_{ijr\theta v}$ 可估计为：

$$F_{ijr\theta v} = \left(\frac{PME \cdot EL_v \cdot SFOC_v}{10^6}\right) \cdot \frac{d_{jr\theta}}{v} \tag{5.32}$$

其中，PME 代表在标称最大额定持续功率(NMCR)下的主机功率，EL_v 是速度 v 对应的主机负荷；$SFOC_v$ 是速度 v 时的燃料消耗率(SFOC)，$d_{jr\theta}$ 是在航段 j 的路径 r 上、在区域 θ 内的航行距离。通常，EL_v 可被视为速度的立方函数。因此，式(5.32)可转化为：

$$F_{ijr\theta v} = \left(\frac{PME \cdot v^2 \cdot SFOC_v}{10^6}\right) \cdot \frac{d_{jr\theta}}{v_d^3} \tag{5.33}$$

其中，v_d 指 NMCR 下的设计航速。

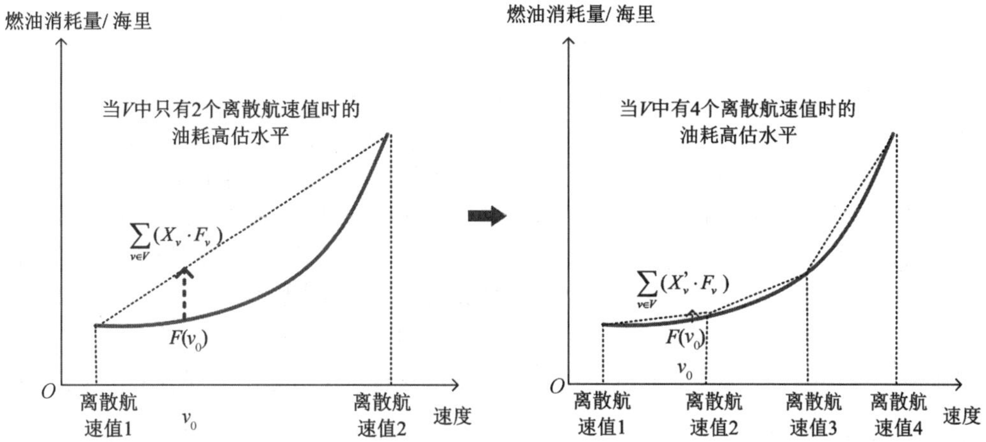

图 5.14　油耗估计方法的误差水平示意图

Fig.5.14　Over-estimation of the fuel consumption estimation method

4. 模型建立

本节建立了一个用于找出最经济的改装方案的混合整数规划模型。所提出的模型可直接使用 IBM ILOG CPLEX 计算。

$$\text{Min}\ \frac{1-(1+d)^{-n}}{d}\left[N\sum_{i\in I}\sum_{j\in J}\sum_{r\in R_j}\sum_{\theta\in\Theta}\sum_{v\in V}P_{i\theta}F_{ijr\theta v}X_{ijr\theta v}+\sum_{i\in I}(C_i^{FuelPenalty}+C_i^{NaOH}+C_i^{Sludge}+C_i^{Urea}+C_i^{Cargo}+C_i^{Catalyst}+C_i^{ExtraMaintenance})y_i\right]+\sum_{i\in I}\left[C_i^{InvFirst}+\left(\frac{n}{l}-1\right)\cdot\frac{C_i^{ScrubberInv}}{(1+d)^l}\right]y_i \tag{5.34}$$

Subject to:

$$\sum_{i\in I}\sum_{j\in J}\sum_{r\in R_j}\sum_{\theta\in\Theta}\sum_{v\in V}T_{jr\theta v}X_{ijr\theta v}\leqslant T \tag{5.35}$$

$$\sum_{v\in V}X_{ijr\theta v}=z_{ijr},\ \forall i\in I,j\in J,\theta\in\Theta,r\in R_{j\theta} \tag{5.36}$$

$$\sum_{r\in R_j}z_{ijr}=y_i,\ \forall i\in I,j\in J \tag{5.37}$$

$$\sum_{i\in I}y_i=1 \tag{5.38}$$

$$X_{ijr\theta v}=0,\ \forall i\in I,j\in J,\theta\in\Theta,r\in R_j\ \text{and}\ r\notin R_{j\theta},v\in V \tag{5.39}$$

$$y_i\in\{0,1\},\ \forall i\in I \tag{5.40}$$

$$z_{ijr}\in\{0,1\},\ \forall i\in I,j\in J,r\in R_j \tag{5.41}$$

$$0\leqslant X_{ijr\theta v}\leqslant 1,\ \forall i\in I,j\in J,r\in R_j,\theta\in\Theta,v\in V \tag{5.42}$$

目标函数(5.34)最小化被改装船舶的总生命周期成本,包括每年运营维护成本和投资成本。式(5.35)保证了所有航段的总航行时间不超过完成一次班轮服务的总时间,从而确保满足班轮服务的固定频率。式(5.36)使得,如果选择了航段j的一个包含θ水域的航段路径,那么在该航段路径上、在该水域内的所有速度权重的总和等于1;否则等于0。式(5.37)保证了,如果船舶选择了改装方案i($y_i=1$),那么必须有一艘使用了方案i的船舶在每个航段j上从集合R_j中选择了一个航段路径($\sum_{r\in R_j}z_{ijr}=1$)。式(5.38)要求只有一个改装方案被选择。式(5.39)确保当一个航段路径不包含某个水域θ时,对应该航段路径和该水域的所有速度权重都为0。式(5.40)和式(5.41)给出了0~1变量的范围,式(5.42)保证了速度权重的非负性。

通常,$C_i^{FuelPenalty}$和C_i^{Urea}可视为与燃料消耗量线性相关,而C_i^{NaOH}、C_i^{Sludge}和$C_i^{ExtraMaintenance}$与主机输出能量线性相关。因此,目标函数(5.34)可简化为:

$$\text{Min}\ \frac{1-(1+d)^{-n}}{d}\left\{N\sum_{i\in I}\sum_{j\in J}\sum_{r\in R_j}\sum_{\theta\in\Theta}\sum_{v\in V}[(1+k_{i\theta}^{FP})P_{i\theta}+k_{i\theta}^{Urea}]F_{ijr\theta v}X_{ijr\theta v}+N\sum_{i\in I}\sum_{j\in J}\sum_{r\in R_j}\sum_{\theta\in\Theta}\sum_{v\in V}(k_{i\theta}^{NaOH}+k_{i\theta}^{Sludge}+k_i^{EM})W_{ijr\theta v}X_{ijr\theta v}+\sum_{i\in I}(C_i^{Cargo}+C_i^{Catalyst})y_i\right\}+\sum_{i\in I}\left[C_i^{InvFirst}+\left(\frac{n}{l}-1\right)\cdot\frac{C_i^{ScrubberInv}}{(1+d)^l}\right]y_i \tag{5.43}$$

其中，$k_{i\theta}^{FP}$ 和 $k_{i\theta}^{Urea}$ 分别是主机每消耗一吨燃油对应的燃油惩罚成本系数和尿素消耗量，$k_{i\theta}^{NaOH}$、$k_{i\theta}^{Sludge}$ 和 k_i^{EM} 分别是主机每生成 kWh 能量对应的氢氧化钠(NaOH)成本、淤泥清理成本和额外维修成本，$W_{ijr\theta v}$ 是选择改装方案 i 的船舶在航段 j 的路径 r 上、区域 θ 内以速度 v 航行时的主机输出能量。

三、数值实验

1.基础数据

本节展示了用于计算实验的数据，包括船舶特征、各改装方案的成本参数和马士基班轮公司实际运营的三个班轮服务。

(1)减排技术成本

①投资成本

开环洗涤塔的投资成本约 350 美元/千瓦[52]，比闭环洗涤塔和混合式洗涤塔少 40%[53]。选择性催化还原(SCR)和废气再循环(EGR)的投资成本根据相近吨位集装箱船的近期改装案例回归得出，如图 5.15 所示。考虑洗涤塔的年限，可计算得到改装减排技术 i 的船舶总投资成本，如表 5.12 所示。

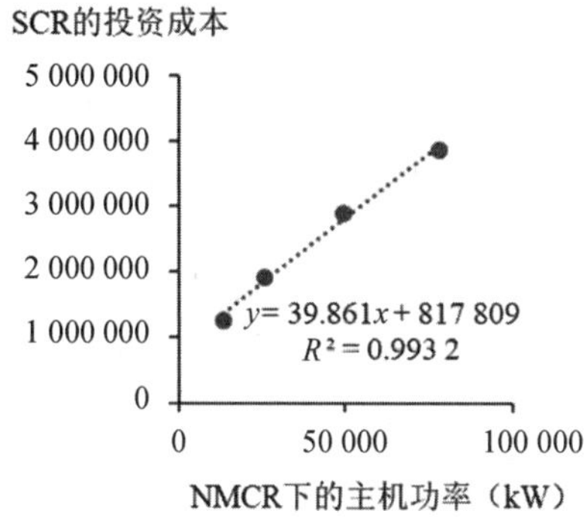

(a) SCR的投资成本与主机功率的关系

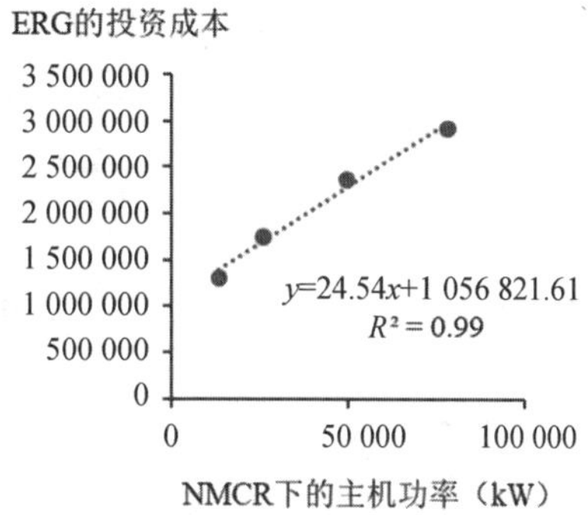

(b) EGR的投资成本与主机功率的关系

图 5.15 选择性催化还原(SCR)和废气再循环(EGR)的投资成本与主机功率之间的关系

Fig.5.15 Historical investment costs of similar feeder containerships

表 5.12 各改装方案的投资成本(美元)

Tab.5.12 Investment cost of each technology choice (USD)

改装方案	初始投资成本	后续投资行为	总投资成本
选择性催化还原(SCR)	1 282 609	无	1 282 609
开环洗涤塔+选择性催化还原(SCR)	5 349 609	在第 12 年更换洗涤塔	8 202 120
闭环洗涤塔+选择性催化还原(SCR)	6 976 409	在第 12 年更换洗涤塔	10 969 925
混合式洗涤塔+选择性催化还原(SCR)	6 976 409	在第 12 年更换洗涤塔	10 969 925
废气再循环(EGR)	1 347 322	无	1 347 322
开环洗涤塔+废气再循环(EGR)	5 414 322	在第 12 年更换洗涤塔	8 266 833
闭环洗涤塔+废气再循环(EGR)	7 041 122	在第 12 年更换洗涤塔	11 034 638
混合式洗涤塔+废气再循环(EGR)	7 041 122	在第 12 年更换洗涤塔	11 034 638

注释：用于计算船舶总投资成本的折旧率 d 是 3%。

②燃油成本

选择性催化还原(SCR)运行时为有效减少氮氧化物(NO_X)气体,通气管道温度约为330°~350°。在此温度下,主机效率有所降低,额外的 SFOC 值达到 2.5 g/(kW · h)。根据一项对 MAN B&W 7S50MC 的测试[54],废气再循环(EGR)运行时 SFOC 平均上升 3 g/(kW · h)。因此,安装选择性催化还原(SCR)和废气再循环(EGR)后的 SFOC 与航行速度的关系分别为:

$$SFOC_v^{SCR} = -153.97\left(\frac{v}{v_d}\right)^9 + 401.03\left(\frac{v}{v_d}\right)^6 - 328.69\left(\frac{v}{v_d}\right)^3 + 257.13 \tag{5.44}$$

$$SFOC_v^{EGR} = -153.97\left(\frac{v}{v_d}\right)^9 + 401.03\left(\frac{v}{v_d}\right)^6 - 328.69\left(\frac{v}{v_d}\right)^3 + 257.63 \tag{5.45}$$

对于洗涤塔,开环和闭环模式下的燃油惩罚系数分别为 1.3%和 2.4%[55]。废气再循环(EGR)的燃油惩罚系数约为 4%[50]。当船舶驶入公海后,应当关闭选择性催化还原(SCR)或废气再循环(EGR),因为公海没有限氮政策。类似地,在靠近禁止使用开环洗涤塔的港口前,船舶应当关闭开环洗涤塔并将燃油类型切换为低硫船用燃气油(LSMGO)或极低硫燃料油(VLSFO)。因此,不同改装方案的燃油惩罚系数随航行水域类型的不同而变化,如表 5.13 所示。例如,当一艘安装了“混合式洗涤塔+废气再循环(EGR)”的船舶在禁止开环洗涤塔的硫排放控制区(SECA)时,燃油惩罚系数是 2.4%,因为只能使用闭环模式;而当行驶在允许开环洗涤塔的氮排放控制区(NECA)时,燃油惩罚系数是 1.3%+4%=5.3%,因为洗涤塔处于开环模式且需要废气再循环(EGR)运行。

表 5.13 各改装方案的燃油惩罚系数

Tab.5.13 Fuel penalty coefficients of each technology choice

改装方案	水域类型					
	SECA-A	SECA-B	NECA-A	NECA-B	Non-A	Non-B
选择性催化还原(SCR)	–	–	–	–	–	–
开环洗涤塔+选择性催化还原(SCR)	1.3%	–	1.3%	–	1.3%	–
闭环洗涤塔+选择性催化还原(SCR)	2.4%	2.4%	2.4%	2.4%	2.4%	2.4%
混合式洗涤塔+选择性催化还原(SCR)	1.3%	2.4%	1.3%	2.4%	1.3%	1.3%
废气再循环(EGR)	–	–	4%	4%	–	–
开环洗涤塔+废气再循环(EGR)	1.3%	–	5.3%	4%	1.3%	–
闭环洗涤塔+废气再循环(EGR)	2.4%	2.4%	6.4%	6.4%	2.4%	2.4%
混合式洗涤塔+废气再循环(EGR)	1.3%	2.4%	5.3%	6.4%	1.3%	1.3%

注释:SECA-A:允许使用开环洗涤塔的硫排放控制区(SECA)水域;SECA-B:禁止使用开环洗涤塔的硫排放控制区(SECA)水域;NECA-A:允许使用开环洗涤塔的氮排放控制区(NECA)水域;NECA-B:禁止使用开环洗涤塔的氮排放控制区(NECA)水域;Non-A:允许使用开环洗涤塔的非排放控制区(Non-ECA)水域;Non-B:禁止使用开环洗涤塔的非排放控制区(Non-ECA)水域。

③尿素消耗量

允许选择性催化还原(SCR)的船舶消耗的尿素量大概是实际油耗的 10%[50]。当前尿素价格约为 237 美元/吨[56]。因此,安装选择性催化还原(SCR)的船舶行驶在氮排放控制区(NECA)时每一吨实际油耗对应的尿素成本为 237×10%=23.7 美元。

④NaOH 消耗量和淤泥生成量

闭环洗涤塔约消耗 15 L/(MW·h) NaOH 并生成 3.5 L/(MW·h)的淤泥[57]。与此不同的是,废气再循环(EGR)的 NaOH 消耗量和淤泥生成量取决于使用燃油的类型。如果是含硫质量分数 3.5%的高硫燃油(HSFO),则废气再循环(EGR)处于高负荷模式,消耗氢氧化钠(NaOH)的速率为2.665 L/(MW·h),生成淤泥的速率约 1.006 L/(MW·h);如果燃油类型为极低硫燃料油(VLSFO)或低硫船用燃气油(LSMGO),则废气再循环(EGR)处于低负荷模式下,消耗 NaOH 速率为0.07 L/(MW·h),生成淤泥速率为 0.134 L/(MW·h)[58]。因此,根据当前氢氧化钠(NaOH)价格 0.665 美元/升和淤泥清理单位成本 0.16 美元/升[52],各改装方案的氢氧化钠(NaOH)成本系数和淤泥清理成本系数,如表 5.14 和表 5.15 所示。例如,当一艘安装了"混合式洗涤塔+废气再循环(EGR)"的船舶行驶在禁止开环洗涤塔的硫排放控制区(SECA)时,氢氧化钠(NaOH)成本系数和淤泥清理成本系数分别为 0.665×15/1 000=0.009 975 美元/(kW·h)和 0.16×3.5/1 000=0.000 56 美元/(kW·h);当行驶在允许开环洗涤塔的氮排放控制区(NECA)时,氢氧化钠(NaOH)成本系数和淤泥清理成本系数分别为 0.665×2.665/1 000=0.001 772 美元/(kW·h)和 0.16×1.006/1 000=0.000 160 96 美元/(kW·h),因为洗涤塔处于开环模式且废气再循环(EGR)处于高负荷状态。

⑥选择性催化还原(SCR)催化剂更换

如果船舶采用选择性催化还原(SCR),催化剂必须每 3~5 年更换一次,产生的额外成本为 150 000 美元[50]。对于包含选择性催化还原(SCR)的改装方案,每年的催化剂更换成本可估计为 150 000/3=50 000 美元。

⑥额外维修成本和货物空间占用成本

每个改装方案需要的额外维修成本估计为 0.28 美元/(MW·h)[59]。安装选择性催化还原(SCR)或废气再循环(EGR)占用约 0.5%的货物空间,而安装洗涤塔约占用 1%的货物空间[60]。各改装方案的货物空间占用成本可估计为占用货物空间与每年收益的乘积。

⑦折旧率

折旧率取决于船东的营业绩效和对未来成本的重视程度,本文的折旧率取值为 3%。

表 5.14　各改装方案的氢氧化钠(NaOH)成本[美元/(kW·h)]

Tab.5.14　Coefficient of NaOH cost for each technology choice [USD/(kW·h)]

改装方案	水域类型					
	SECA-A	SECA-B	NECA-A	NECA-B	Non-A	Non-B
选择性催化还原(SCR)	–	–	–	–	–	–
开环洗涤塔+选择性催化还原(SCR)	–	–	–	–	–	–
闭环洗涤塔+选择性催化还原(SCR)	0.009 975	0.009 975	0.009 975	0.009 975	0.009 975	0.009 975
混合式洗涤塔+选择性催化还原(SCR)	–	0.009 975	–	0.009 975	–	0.009 975
废气再循环(EGR)	–	–	0.000 046 55	0.000 046 55	–	–
开环洗涤塔+废气再循环(EGR)	–	–	0.002	0.000 046 55	–	–
闭环洗涤塔+废气再循环(EGR)	0.009 975	0.009 975	0.011 975	0.011 975	0.009 975	0.009 975
混合式洗涤塔+废气再循环(EGR)	–	0.009 975	0.002	0.011 975	–	0.009 975

注释:SECA-A:允许使用开环洗涤塔的硫排放控制区(SECA)水域;SECA-B:禁止使用开环洗涤塔的硫排放

控制区(SECA)水域;NECA-A:允许使用开环洗涤塔的氮排放控制区(NECA)水域;NECA-B:禁止使用开环洗涤塔的氮排放控制区(NECA)水域;Non-A:允许使用开环洗涤塔的非排放控制区(Non-ECA)水域;Non-B:禁止使用开环洗涤塔的非排放控制区(Non-ECA)水域。

表 5.15 各改装方案的淤泥清理成本[美元/(kW·h)]

Tab.5.15 Coefficient of sludge cleaning cost of each technology choice [USD/(kW·h)]

改装方案	水域类型					
	SECA-A	SECA-B	NECA-A	NECA-B	Non-A	Non-B
选择性催化还原(SCR)	–	–	–	–	–	–
开环洗涤塔+选择性催化还原(SCR)	–	–	–	–	–	–
闭环洗涤塔+选择性催化还原(SCR)	0.000 56	0.000 56	0.000 56	0.000 56	0.000 56	0.000 56
混合式洗涤塔+选择性催化还原(SCR)	–	0.000 56	–	0.000 56	–	0.000 56
废气再循环(EGR)	–	–	0.000 021 44	0.000 021 44	–	–
开环洗涤塔+废气再循环(EGR)	–	–	0.000 160 96	0.000 021 44	–	–
闭环洗涤塔+废气再循环(EGR)	0.000 56	0.000 56	0.000 720 96	0.000 720 96	0.000 56	0.000 56
混合式洗涤塔+废气再循环(EGR)	–	0.000 56	0.000 160 96	0.000 720 96	–	0.000 56

注释:SECA-A:允许使用开环洗涤塔的硫排放控制区(SECA)水域;SECA-B:禁止使用开环洗涤塔的硫排放控制区(SECA)水域;NECA-A:允许使用开环洗涤塔的氮排放控制区(NECA)水域;NECA-B:禁止使用开环洗涤塔的氮排放控制区(NECA)水域;Non-A:允许使用开环洗涤塔的非排放控制区(Non-ECA)水域;Non-B:禁止使用开环洗涤塔的非排放控制区(Non-ECA)水域。

(2)船舶特征

测算船舶是一艘典型的支线集装箱船,剩余寿命为 20 年。假定该测试船将进行改装,以满足硫氧化物(SO_X)和氮氧化物(NO_X)限制。该船的参数类似于马士基公司的船舶 Alexander Maersk,具体见表 5.14。

表 5.16 船舶特征

Tab.5.16 Characteristics of the ship

参数	值
主机型号	MAN B.&W 7S50MC
主机在 NMCR 下的功率	11 620 kW
NMCR 下的 SFOC 值	173 g/kW·h
NMCR 下的航速	18 kn
预期每日收益	23 000 USD
船舶剩余年限	20 years

该船主机是中速柴油机 MAN B&W 7S50MC。根据厂家提供的主机报告[61],不同航速下的油耗可估计为:

$$SFOC_v = -153.97(EL_v)^3 + 401.03(EL_v)^2 - 328.69EL_v + 254.63$$
$$= -153.97\left(\frac{v}{v_d}\right)^9 + 401.03\left(\frac{v}{v_d}\right)^6 - 328.69\left(\frac{v}{v_d}\right)^3 + 254.63 \tag{5.46}$$

该船在从 8 kn 到 18 kn 之间的 11 个离散航速值下的燃料消耗量可由式(5.46)计算得出,如图 5.16 所示。

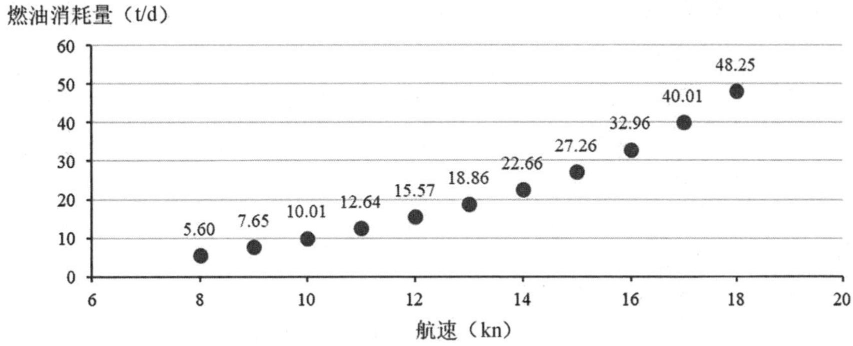

图 5.16 离散航速值下的每日燃料消耗量

Fig.5.16 Daily fuel consumption under discrete speeds

(3)航线特征

相比长距离远洋(DS)运输而言,支线班轮服务包含的领海水域比例更大,因而更易受到排放控制政策[如硫排放控制区(SECA)、氮排放控制区(NECA)和开环洗涤塔禁令]的影响。因此,本文使用马士基班轮公司的三个实际运营的支线班轮服务进行测算,它们分别是 Intra Asia 3、Intra Asia 9 和 470 GBF Feeder 1。在测算时,政策是基于 2025 年的情景。对于每个班轮服务,向每个航段分配了三个航段路径,使用谷歌地图测算距离。

如图 5.17 所示,Intra Asia 3 位于东北亚。行驶在该服务区的船舶会经过我国氮排放控制区(NECA)(我国约在 2025 年建立 NECA)、韩国硫排放控制区(SECA)和越南硫排放控制区(SECA)。每年该服务的每艘船需要完成 12 次服务,完成一次服务需 4 周。取三个航段路径的平均值,Intra Asia 3 的总距离约 6 800 n mile,17.3%的距离在要求低硫船用燃气油(LSMGO)的排放控制区(ECA)中,13.6%的距离位于禁止开环洗涤塔的水域。

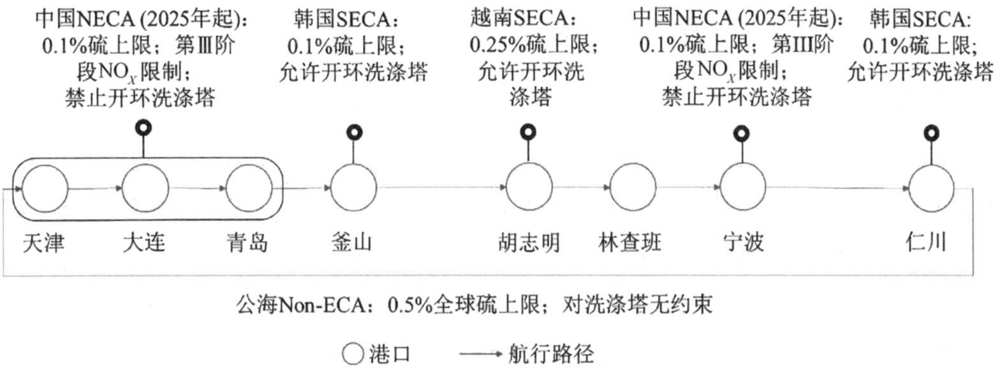

图 5.17 Intra Asia 3 的 ECA 分布

Fig.5.17 ECA distributions of Intra Asia 3

如图 5.18 所示,Intra Asia 9 位于南亚,经过我国氮排放控制区(NECA)、越南排放控制区(ECA)和禁止开环洗涤塔的新加坡和马来西亚领海。完成一次 Intra Asia 9 需三周。取三个航段路径的平均值,Intra Asia 9 的总距离约 3 960 n mile,5.2%的距离位于排放控制区(ECA)内,5.3%的距离位于禁止开环洗涤塔的水域。

如图 5.19 所示,470 GBF Feeder 1 是一个位于欧洲的简单班轮服务。其中,爱尔兰科克港和法国布雷斯特港已禁止开环洗涤塔。完成一次 470 GBF Feeder 1 需一周。整个 470 GBF Feeder 1 都位于硫排放控制区(SECA)内,65%的距离位于氮排放控制区(NECA)内,2.6%的距离位于禁止开环洗涤塔的水域。

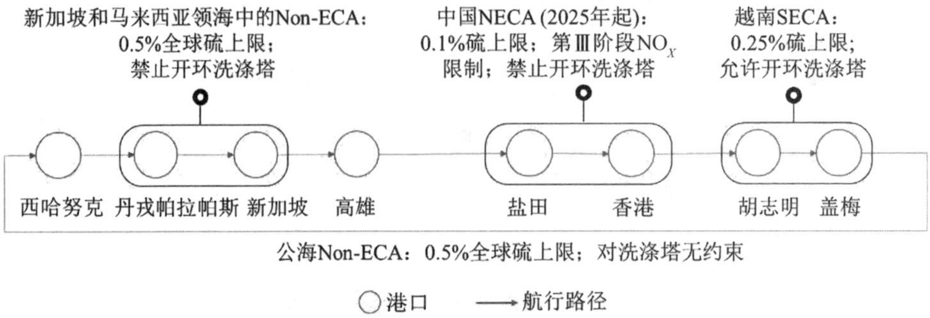

图 5.18　Intra Asia 9 的 ECA 分布

Fig.5.18　ECA distributions of Intra Asia 9

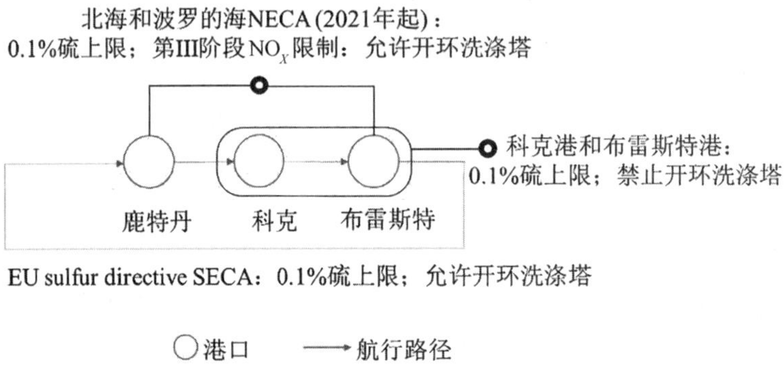

图 5.19　470 GBF Feeder 1 的 ECA 分布

Fig.5.19　ECA distributions of 470 GBF Feeder 1

2.计算实验

(1)燃油价格变动的影响

本文根据不同的历史燃油价格和班轮服务计算不同技术选择方案是否是最佳选择,以及每种技术方案与最佳选择之间的成本差异。测算的燃油价格包括上海港从 2019 年 10 月 18 日到 2020 年 3 月 27 日之间的实际历史油价。对于任何技术选择,成本差异与最佳选择越低,吸引力也越强。

图 5.20 中的结果表明,对于三种服务和任意燃油价格,其对应的最经济减排技术选择存在共性规律:

测算的三种服务中,最佳选择始终为“废气再循环(EGR)”或“EGR 废气再循环(EGR)+开环洗涤塔”。“废气再循环(EGR)”或“废气再循环(EGR)+开环洗涤塔”具体哪个最优,与燃油价格有关。如图 5.20 所示,当低硫船用燃气油(LSMGO)-高硫燃油(HSFO)价差大于 200 美元/t,而极低硫燃料油(VLSFO)-高硫燃油(HSFO)价差大于 150 美元/吨时,“开环洗涤塔+废气再循环(EGR)”是在服务 1 航行船舶的最经济选择。因此,燃油价格变动对减排技术选择的影响可总结如下：

随着低硫船用燃气油（LSMGO）、高硫燃油（HSFO）/极低硫燃料油（VLSFO）、高硫燃油（HSFO）价格价差的增长，包含开环洗涤塔的技术方案与最经济方案之间的成本差异减小，对船东的吸引力增加。此外，图 5.20 表明尽管“开环洗涤塔+废气再循环（EGR）”在燃油价差较大时可能是最优方案，在燃油价差较小时，相比最经济方案的总成本可高出 30%～50%。实际上，由于安装洗涤塔的高风险性，再加上疫情下低硫燃油溢差非常低，当前洗涤塔已没有那么受欢迎。与之形成鲜明对比的是，图 5.20 显示出“废气再循环（EGR）”不管在任何燃油价格下，其总成本都是最低的或与最经济方案相近。因此，对风险更敏感的船东应该安装废气再循环（EGR）而不加装洗涤塔。

“废气再循环（EGR）”方案的总成本受燃油价格波动的影响较小，其总成本在任何燃油价格下都是最优或接近最优。通过对图 5.20 的三个子图进行比较，可发现技术选择也受班轮服务特征的影响。例如，在 Intra Asia 9 中，只有 5.2%的航行距离属于排放控制区（ECA），因此在大多数燃油价格下安装洗涤塔的方案是不经济的。

航线中位于排放控制区（ECA）内的比例越低，安装洗涤塔的经济性越差。此外，通过对包含废气再循环（EGR）与包含选择性催化还原（SCR）的技术方案进行比较，可发现这两种氮减排技术的成本很接近。例如，在高燃油价格下，方案“选择性催化还原（SCR）”和“废气再循环（EGR）”的成本差异约为 2%～3%（从 2019 年 10 月 18 日到 2020 年 2 月 21 日）。而在相对较低的燃油价格下（从 2020 年 2 月 28 日到 2020 年 3 月 27 日），“选择性催化还原（SCR）”和“废气再循环（EGR）”之间的成本差异为 5%～7%。

不同减排技术改装方案的总成本受废气再循环（EGR）和选择性催化还原（SCR）之间选择的影响很小，尤其是在燃油价格高时安装废气再循环（EGR）与安装选择性催化还原（SCR）之间的成本差异可忽略不计。

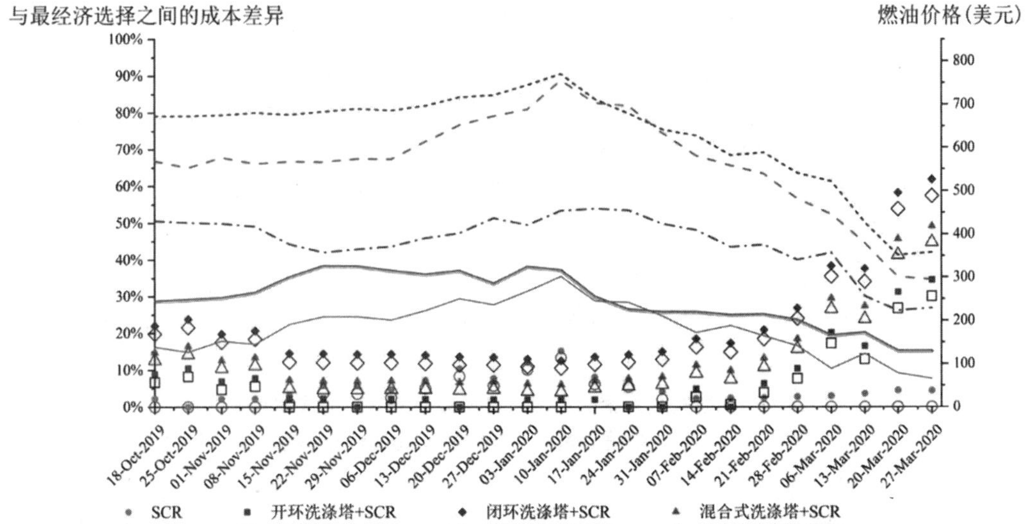

（a）Intra Asia 3的成本

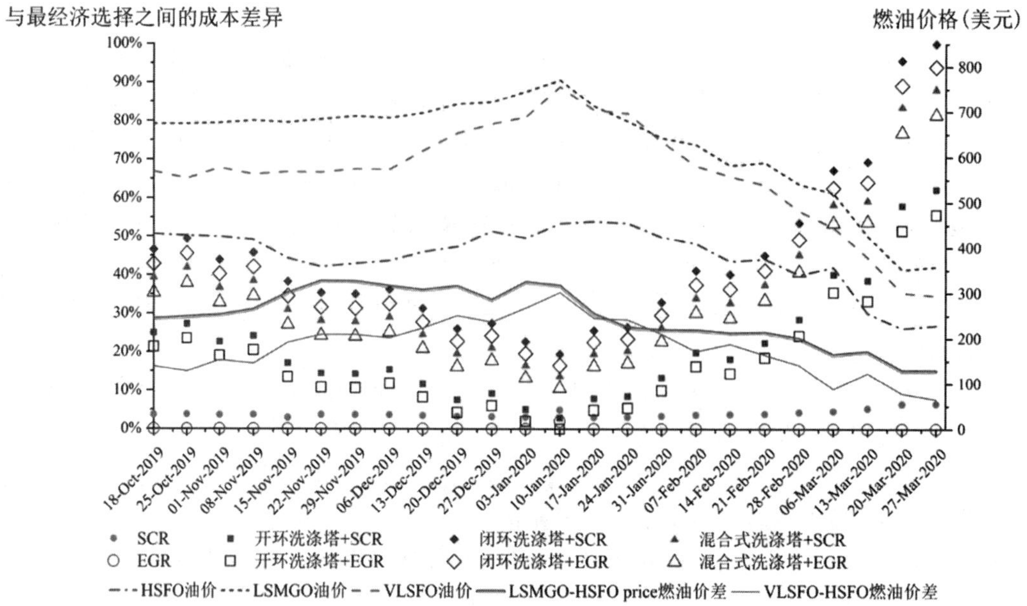

(b) Intra Asia 9的成本

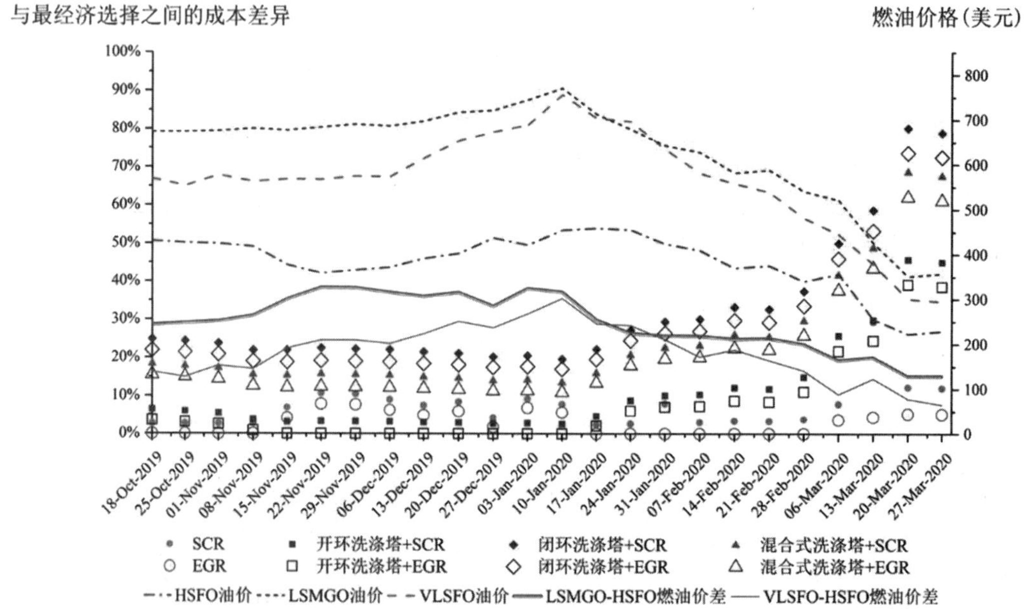

(c) 470 GBF Feeder 1的成本

图 5.20 各改装方案的成本与选择最经济方案的成本差别

Fig.5.20 Cost difference from optimal choices

(2)开环洗涤塔禁令的影响

本小节探讨了对于所测试的三个班轮服务,政府禁止使用开环洗涤塔会有何影响。

①对 Intra Asia 3 的实验

假设 Intra Asia 3 所经过的所有国家都禁止船舶在其海岸线外 12 n mile 使用开环洗涤塔,以避免开环洗涤塔排出的废水对海洋环境造成污染。在此假设的政策情景下,Intra Asia 3 中禁止开环洗涤塔的距离比例从 13.8%增长到 17.3%。该政策情景下的改装方案选择结果,如图 5.21 所示。

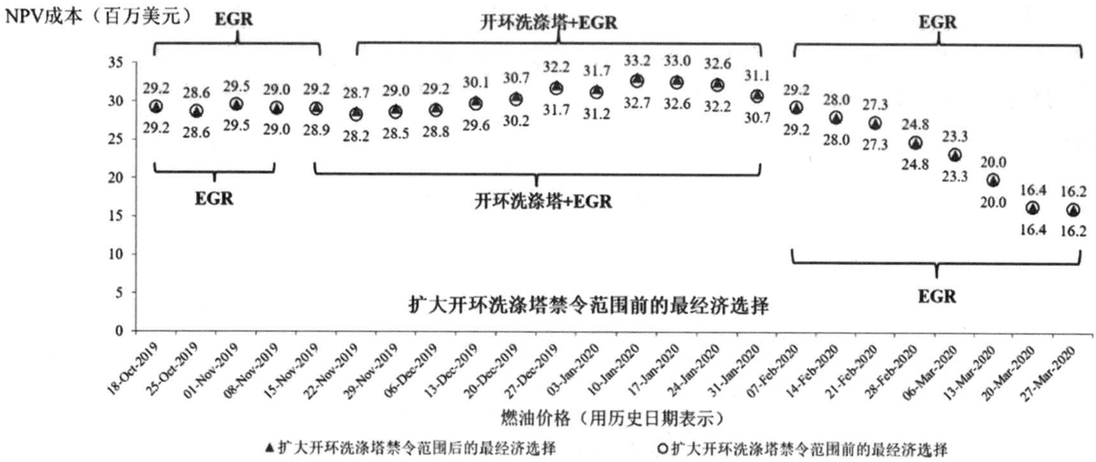

图 5.21 Intra Asia 3 扩大开环洗涤塔禁令范围前后的改装方案选择比较

Fig.5.21 Technology choice for Intra Asia 3 before and after expansion of open-loop scrubbers ban

可以看到,尽管扩大了禁令范围,但任何燃油价格下最经济的改装方案没有发生变化。与当前情况比较,假设的政策请假将“开环洗涤塔+选择性催化还原(SCR)”的总 NPV 成本平均提高了 1.48%。当驶入禁止开环洗涤塔的水域时,船舶需要关闭开环洗涤塔并切换使用更昂贵的低硫燃油。尽管如此,由于洗涤塔被关闭,部分成本项目(如燃油惩罚成本)也因而可以被避免。因此,Intra Asia 3 扩大开环洗涤塔禁令范围对船东改装方案选择并不会产生显著影响。

②对 Intra Asia 9 的实验

此情景假设 Intra Asia 9 所经过的所有国家都禁止船舶在其海岸线外 12 n mile 使用开环洗涤塔。在此情景下,禁止开环洗涤塔的距离比例从 5.3%提高到 7.8%,此时的改装方案选择结果,如图 5.22 所示。扩大开环洗涤塔禁令后的选择仍然没有发生变化。包含开环洗涤塔的方案成本有略微上升,如“开环洗涤塔+废气再循环(EGR)”的成本平均上升 0.91%。

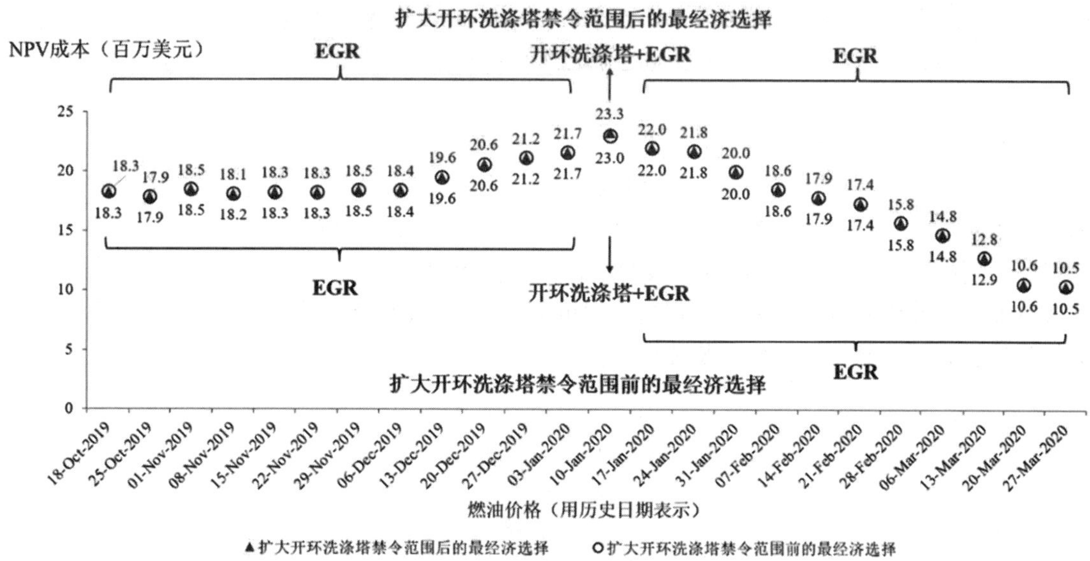

图 5.22 Intra Asia 9 扩大开环洗涤塔禁令范围前后的改装方案选择比较

Fig.5.22 Technology choice for Intra Asia 9 before and after expansion of open-loop scrubbers ban

③对 470 GBF Feeder 1 的实验

假设北海和波罗的海的氮排放控制区(NECA)禁止使用开环洗涤塔,则禁止使用开环洗涤塔的距离比例从 2.6%提高到 65.3%。如图 5.23 所示,此时运营 470 GBF Feeder 1 的船舶在任何燃油价格下都不应安装洗涤塔。

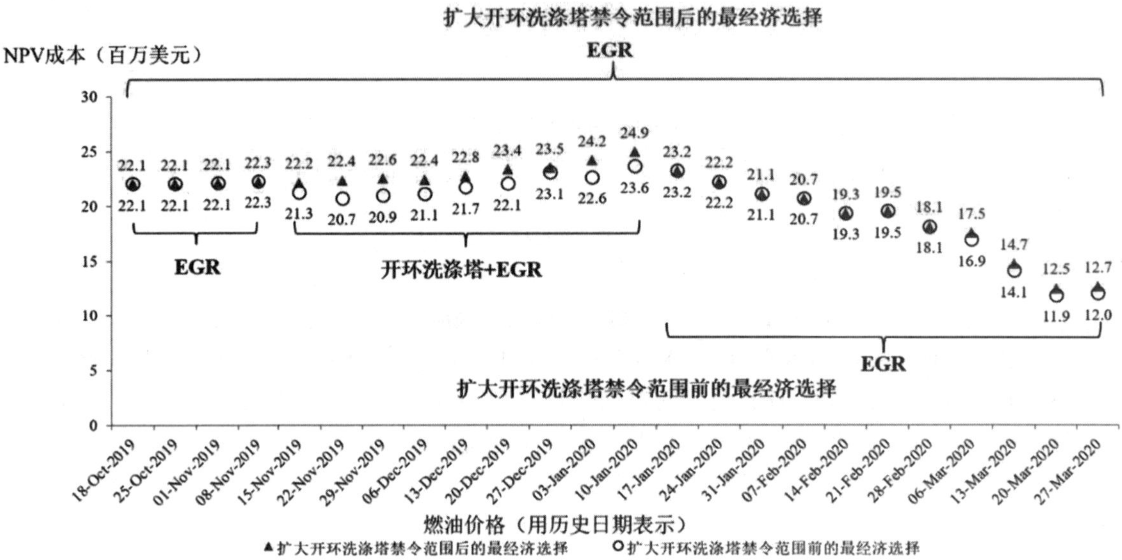

图 5.23　470 GBF Feeder 1 扩大开环洗涤塔禁令范围前后的改装方案选择比较

Fig.5.23　Technology choice for 470 GBF Feeder 1 before and after expansion of open-loop scrubbers ban

关于开环洗涤塔禁令对减排技术选择的结果可总结如下:由于开环洗涤塔禁令的颁布与执行通常局限于各个国家的领海范围内,如果航线中有较大比例位于公海内(如 Intra Asia 3 和 Intra Asia 9),即使航线经过所有国家都禁止使用开环洗涤塔也无法影响减排技术的选择,对开环洗涤塔的成本也仅有极小的影响。而对于沿海航线或位于管辖力度较大的欧洲排放控制区(ECA)内的短程航线(如 470 GBF Feeder 1),开环洗涤塔禁令则对开环洗涤塔的经济性有较大的潜在影响。

(3)船舶剩余年限的影响

在以上分析中,船舶剩余年限被假设为 20 年。图 5.24 展示了对于运营服务 1 的船舶,在不同的燃油价格和不同的船舶剩余年限下应如何选择改装方案。结果可总结如下:当船舶剩余年限(n)比洗涤塔年限(l)短,随着 n 值的增长,使得“开环洗涤塔+废气再循环(EGR)”成为最经济方案的燃油价格范围在扩大。相同发现也适用于当 n 比 l 大时。因此,剩余年限等于洗涤塔年限的船或新造船舶最适合安装洗涤塔。

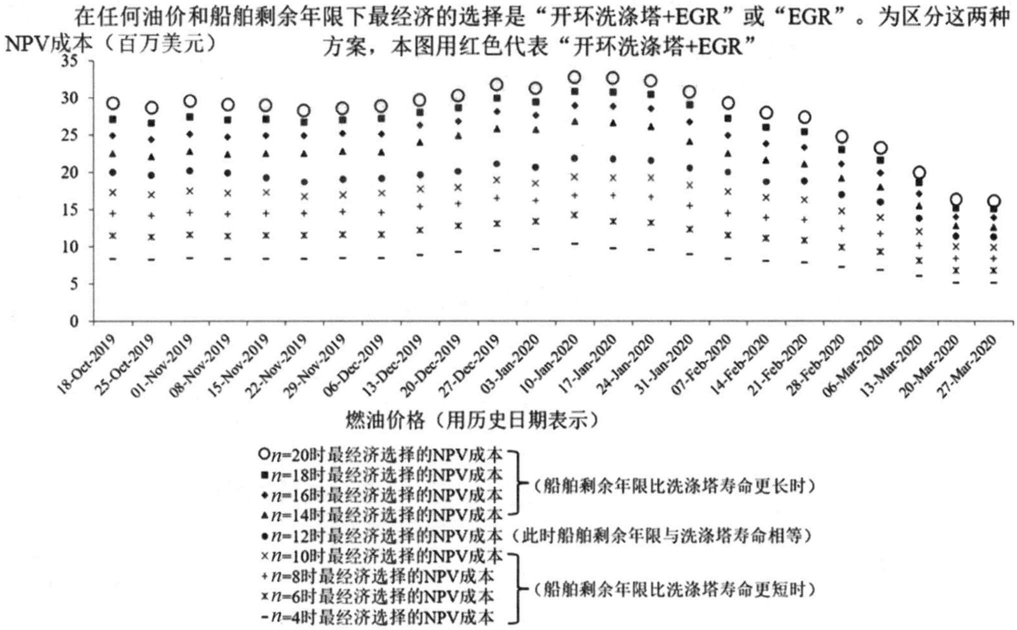

图 5.24 燃油价格和船舶剩余年限对改装方案选择的影响

Fig.5.24 Impacts of fuel prices and ship lifespans on technology choices

四、结论

计算实验强调了最经济的改装方案是“废气再循环(EGR)”或“开环洗涤塔+废气再循环(EGR)”,两者中哪个更优取决于燃油价格、船舶特征、航线特征。本节旨在对世界范围内计划对单艘船舶进行改造的船舶提供更通用的决策建议。

1.燃油价格

当低硫燃油价格溢差更大时,安装洗涤塔更有吸引力。随着排放控制区(ECA)政策日趋严格,未来对低硫燃油的需求可能激增,促使低硫燃油价格上涨,扩大低硫燃油价格溢差。如果这种趋势预估是正确的,那么从长远角度看“开环洗涤塔+废气再循环(EGR)”可能会是最优方案。然而,由于燃油价格会不断波动且难以预测,洗涤塔的经济效益很难把握,是否安装洗涤塔仍是一个充满风险的决策,对风险更敏感的船东应该安装废气再循环(EGR)而不加装洗涤塔。

2.船舶特征

“开环洗涤塔+废气再循环(EGR)”更适合当船舶剩余年限等于洗涤塔年限或要改装船舶是一艘较新的船,而其他船舶可能需要等低硫燃油价格溢差更大时才适合该方案。

3. 航线特征

随着越来越多的港口宣布禁止使用开环洗涤塔,船东开始对安装洗涤塔的方案产生怀疑。然而,计算实验的结果表明对于在公海内的距离比重较大的班轮服务,即使将禁止开环洗涤塔的范围扩大到所有经过的国家领海也很难对技术方案选择产生影响,对洗涤塔的总成本仅有轻微的影响(<2%)。因此,对于在公海内的距离比重较大的班轮服务,船东更应关注航线在硫排

放控制区(SECA)的比例。如果硫排放控制区(SECA)的比例较低[如远洋(DS)服务],洗涤塔的经济性更差,则更推荐选择“废气再循环(EGR)”方案。

思考题

1.面向未来的航运减排技术选择,燃油价格、碳排放价格不确定性会有什么影响?如何理解基于时间追索的意义?

2.面向航运业脱碳目标的绿色航运技术有什么?如何基于船舶进行组合,它们的效果及其在未来的过渡路径是什么?

3.干散货船动力系统转型的过程中,适合动力系统升级的替代燃料路径是什么?排放控制措施又起到什么作用?

4.集装箱船的硫氮减排技术在不同航线特征下的减排效果是否会变化?如何量化评估并对比这些技术的表现?

5.试简述对绿色航运技术的总生命周期成本的理解。

参考文献

[1] IMO. THIRD IMO GREENHOUSE GAS STUDY 2014: safe, secure and efficient shipping on clean oceans[R].London:IMO,2015.

[2] ONYSHCHENKO S, ONYSHCHENKO A. Dry bulk freight market research basedon correlation and regression analysis [J]. Development of Management and Entrepreneurship Methods on Transport (ONMU), 2022.

[3] WU Y, WEN K, ZOU X. Impacts of shipping carbon tax on dry bulk shipping costs and maritime trades—the case of china[J]. Journal of Marine Science and Engineering, 2022, 10:1105.

[4] SCHWARTZ H, GUSTAFSSON M, SPOHR J. Emission abatement in shipping-is it possible to reduce carbon dioxide emissions profitably? [J]. Journal of Cleaner Production, 2020, 254:120069.

[5] TSEREKLAS-ZAFEIRAKIS A, ARAVOSSIS K, GOUGOULIDIS G, et al. A proposed methodology for the technoeconomic evaluation of energy efficiency retrofits:a bulk carrier case study[J]. Journal of Ship Production and Design, 2016, 32(02):130-137.

[6] HAN J, CHARPENTIER J-F, tang t. State of the art of fuel cells for ship applications[J]. IEEE International Symposium on Industrial Electronics, 2012.

[7] BEN BRAHIM T, WIESE F, MüNSTER M. Pathways to climate-neutral shipping:a danish case study[J]. Energy, 2019, 188:116009.

[8] DNV. Maritime forecast to 2050-energy transition outlook[R].Norway:DNV,2022.

[9] ABS 2021. Setting the course to low carbon shipping[R].Houston:ABS,2021.

[10] MAN. LNGC-optimised designs of ME-GI engines and fuel gas supply systems[R].Germany: MAN Diesel & Turbo,2020.

[11] LAGEMANN B, LINDSTAD E, FAGERHOLT K, et al. Optimal ship lifetime fuel and power system selection [J]. Transportation Research Part D: Transport and Environment, 2022, 102:103145.

[12] DNV. Maritime forecast to 2050-energy transition outlook[R].Norway:DNV,2021.

[13] GILBERT P, WALSH C, TRAUT M, et al. Assessment of full life-cycle air emissions of alternative shipping fuels[J]. Journal of Cleaner Production, 2018, 172:855-866.

[14] MESTEMAKER B, HEUVEL H V D, CASTRO B G. Designing the zero emission vessels of the future:Technologic, economic and environmental aspects[J]. International shipbuilding progress, 2020, 67:5-31.

[15] XING H, STUART C, SPENCE S, et al. Alternative fuel options for low carbon maritime transportation:Pathways to 2050[J]. Journal of Cleaner Production, 2021, 297:126651.

[16] WANG Y, WRIGHT L. A comparative review of alternative fuels for the maritime sector: economic, technology, and policy challenges for clean energy implementation[J]. World, 2021,

2:456-481.

[17] TNO. GHG emission reduction potential of eu-related maritime transport and on its impacts[R]. Netherlands:TNO,2013.

[18] BENTIN M, KOTZUR S, SCHLAAK M, et al. Perspectives for a wind assisted ship propulsion [J]. International Journal of Maritime Engineering, 2018, Vol 160.

[19] BOUMAN E, LINDSTAD E, RIALLAND A, et al. State-of-the-art technologies, measures, and potential for reducing ghg emissions from shipping-a review[J]. Transportation Research Part D Transport and Environment, 2017, 52:408.

[20] LAGEMANN B, LAGOUVARDOU S, LINDSTAD E, et al. Optimal ship lifetime fuel and power system selection under uncertainty[J]. Transportation Research Part D: Transport and Environment, 2023, 119:103748.

[21] Lloyd's Register and UMAS. Techno-economic assessment of zero-carbon fuels[R]. London: Lloyd's Register and UMAS,2020.

[22] KORBERG A D, BRYNOLF S, GRAHN M, et al. Techno-economic assessment of advanced fuels and propulsion systems in future fossil-free ships[J]. Renewable and Sustainable Energy Reviews, 2021, 142:110861.

[23] LINDSTAD E, RIALLAND A. LNG and cruise ships, an easy way to fulfil regulations—versus the need for reducing ghg emissions. sustainability, 2020.

[24] LINDSTAD E, LAGEMANN B, RIALLAND A I, et al. Reduction of maritime GHG emissions and the potential role of e-fuels[J]. Transportation Research Part D: Transport and Environment, 2021.

[25] HORVATH S, FASIHI M, BREYER C. Techno-economic analysis of a decarbonized shipping sector: Technology suggestions for a fleet in 2030 and 2040[J]. Energy Conversion and Management, 2018, 164:230-241.

[26] DNV. Maritime Forecast to 2050 Energy Transition Outlook[R]. Norway: DNV,2020.

[27] SOFIEV M, WINEBRAKE J J, JOHANSSON L, et al. Cleaner fuels for ships provide public health benefits with climate tradeoffs[J]. Nature Communications, 2018, 9(1):406.

[28] Finamore, B. South korea establishes an emission control area for ships[EB/OL]. 2019-10-24. https://www.nrdc.org/experts/barbara-finamore/south-korea-establishes-emission-control-area-ships.

[29] JIFFA. Vietnam calls for using low-sulphur marine fuel[r]. Japan: JIFFA,2020.

[30] AMMAR N R, SEDDIEK I S. Eco-environmental analysis of ship emission control methods: Case study RO-RO cargo vessel[J]. Ocean Engineering, 2017, 137:166-173.

[31] BRYNOLF S, MAGNUSSON M, FRIDELL E, et al. Compliance possibilities for the future ECA regulations through the use of abatement technologies or change of fuels [J]. Transportation Research Part D: Transport and Environment, 2014, 28:6-18.

[32] FINAMORE, B. china taking further steps to clean up shipping pollution[EB/OL]. 2019-01-10. https://www.nrdc.org/experts/barbara-finamore/china-taking-further-steps-cleanshipping-pollution.

[33] MAN. Tier Ⅲ two-stroke technology[R]. germany: MAN Diesel & Turbo,2012.

[34] JIANG L, KRONBAK J, CHRISTENSEN L P. The costs and benefits of sulphur reduction

measures: sulphur scrubbers versus marine gas oil [J]. Transportation Research Part D: Transport and Environment, 2014, 28:19-27.

[35] ZHU M, LI K, LIN K C, et al. How can shipowners comply with the 2020 global sulphur limit economically? [J]. Transportation Research Part D Transport and Environment, 2020, 79.

[36] ABADIE L M, GOICOECHEA N, Galarraga I. Adapting the shipping sector to stricter emissions regulations: fuel switching or installing a scrubber? [J]. Transportation Research Part D-transport and Environment, 2017, 57:237-250.

[37] BALLAND O, OVE ERIKSTAD S, FAGERHOLT K. Optimized selection of air emission controls for vessels[J]. Maritime Policy & Management, 2012, 39(4):387-400.

[38] LINDSTAD E, ESKELAND G. Environmental regulations in shipping: policies leaning towards globalization of scrubbers deserve scrutiny[J]. Transportation Research Part D: Transport and Environment, 2016, 47:67-76.

[39] LINDSTAD H E, REHN C F, ESKELAND G S. Sulphur abatement globally in maritime shipping[J]. Transportation Research Part D: Transport and Environment, 2017, 57:303-313.

[40] DOUDNIKOFF M, LACOSTE R. Effect of a speed reduction of containerships in response to higher energy costs in sulphur emission control areas [J]. Transportation Research Part D: Transport and Environment, 2014, 28:51-61.

[41] FAGERHOLT K, PSARAFTIS H N. On two speed optimization problems for ships that sail in and out of emission control areas[J]. Transportation Research Part D-transport and Environment, 2015, 39:56-64.

[42] FAGERHOLT K, GAUSEL N T, RAKKE J G, et al. Maritime routing and speed optimization with emission control areas[J]. Transportation Research Part C: Emerging Technologies, 2015, 52:57-73.

[43] GU Y, WALLACE S W. Scrubber: A potentially overestimated compliance method for the emission control areas: the importance of involving a ship's sailing pattern in the evaluation[J]. Transportation Research Part D: Transport and Environment, 2017, 55:51-66.

[44] NIKOPOULOU Z. Incremental costs for reduction of air pollution from ships: a case study on North European emission control area[J]. Maritime Policy & Management, 2017, 44(8): 1056-1077.

[45] ÅSTRöM S, YARAMENKA K, WINNES H, et al. The costs and benefits of a nitrogen emission control area in the baltic and north seas[J]. Transportation Research Part D: Transport and Environment, 2018, 59:223-236.

[46] THE UNIVERSITY OF TURKU. Cost efficiency estimations of in force and forthcoming international regulations (marpol annex vi)[R].Turku: The University of Turku,2013.

[47] Shippipedia. Life cycle of a ship[EB/OL]. 2020-11-10. http://www.shippipedia.com/life-cycle-of-a-ship/.

[48] GHOSH S. Nox reduction by using urea injection and marine ferromanganese nodule as scr of a diesel engine fulled with soybean oil methyl ester (some)[J]. IOSR Journal of Engineering, 2013, 3:33-39.

[49] DNV. NOx tier Ⅲ update[R].Norway: DNV,2017.

[50] ANDERSSON H, FAGERHOLT K, HOBBESLAND K. Integrated maritime fleet deployment and speed optimization:case study from roro shipping[J]. Computers & Operations Research, 2015, 55:233-240.

[51] CARR E W, CORBETT J J. Ship compliance in emission control areas:technology costs and policy instruments[J]. Environmental Science & Technology, 2015, 49(16):9584-9591.

[52] FRONTIER INTEGRATED ENGINEERING.Investment cost of different types of scrubbers[EB/OL]. 2019-10-01. http://fieuae.com/marine-scrubber-2/.

[53] MAN. MAN B. & W. S50MC IMO TIER II project guide[R].GERMANY:MAN Diesel & Turbo,2014.

[54] YARAMENKA K, MELLIN A, MALMAEUS M, et al. Scrubbers:Closing the loop Activity 3: Task 3 Cost benefit analysis[M]. 2018.

[55] INDEXMUNDI.Urea prices[EB/OL]. 2019-10-01. https://www.indexmundi.com/commodities/? commodity=urea.

[56] VITO. Specific evaluation of emissions from shipping including assessment for the establishment of possible new emission control areas in european seas[R].Belgium:VITO,2013.

[57] MAN. Emission project guide[R].Germany:MAN Diesel & Turbo,2019.

[58] CE Delft. Scrubbers-an economic and ecological assessment[R].Netherland:CE Delft,2015.

[59] WACKETT M.Scrubbers seen costing megaships at least 200 TEU[EB/OL]. 2019-03-13. https://gcaptain.com/scrubbers-seen-costing-megaships/.

[60] MAN. MAN B. & W. S50MC IMO tier ii project guide[R]. Germany: MAN Diesel & Turbo,2014.

第六章　绿色航运运营管理

第一节　绿色航运运营发展

一、航运市场与航运企业

1.全球航运市场

(1)船舶市场

在全球贸易中,船舶是主要的运输工具之一,占据了绝大部分货物的国际运输份额。不同类型的船舶如集装箱船、散货船、油船等,在复杂的航线网络中穿行,将原材料、消费品和商品运输至全球各个角落。航运市场的发展受到国际贸易的波动、供需关系的变化以及地缘政治因素的影响,导致市场价格的波动和航线的调整。随着环保意识的提高和国际法规的逐步严格化,船东为提高竞争力,满足客户对环保的需求,绿色船舶市场发展越来越重要。

①新造船舶市场

新造船舶市场是指船舶所有人与造船厂之间以建造新船为对象而形成的交易关系,包括全球各地的造船企业以及相关的船舶设备、零部件产业。新造船舶市场是形成航运市场供给的主要来源。由于造船需要一定的周期,故新造船舶市场船舶订造量的增减要迟于航运市场的变化。

根据克拉克森(Clarksons)数据统计,截至 2023 年 8 月,全球船舶订单量为 4 298 艘[2.539 亿载重吨(DWT),1.209 亿修正总吨(Compensated Gross Ton, CGT),同比分别增长 5%和 6%]。2021 年至 2022 年集装箱船和液化天然气(LNG)船领域的订单量创下纪录,915 艘[3 510 万修正总吨(CGT)]的集装箱船订单和336艘[2 960万修正总吨(CGT)]的液化天然气(LNG)船订单共占订单修正总吨(CGT)的53%,高于2010年开始时的18%和2022年开始时的28%。此外,液化天然气(LNG)船和集装箱船的订单现在分别相当于水上运输能力的52%和28%,反映了这两种船型近年来强劲的合同记录。相比之下,散货船订单目前相对于船队而言处于历史低位,成品油船订单为247艘[1 800万载重吨(DWT)],同比增长70%,达到7年来的最高水平。与此同时,原油油船订单为108艘[1 810万载重吨(DWT)],仍处于历史低位,尽管最近在苏伊士型(Suezmax)船舶合同增加的支持下有所上升。截至2023年8月各船型订单占比,如图6.1所示[1]。

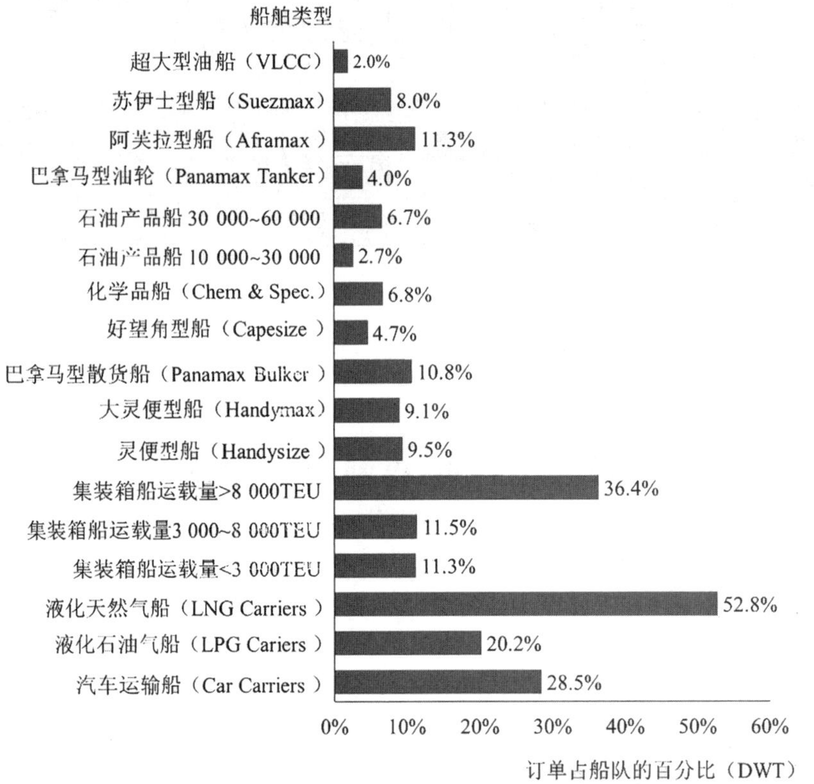

图6.1　截至2023年8月各种船型订单占船队的百分比[载重吨(DWT)]

Fig.6.1　Percentage of orders for various ship types in fleet (DWT) as of August 2023

②二手船舶市场

二手船指经过一段时间营运使用后,由原船东将其转手出售给新船东,继续投入运营使用的旧船。二手船舶市场是船舶资产的买卖平台。二手船舶市场不会带来航运市场供给总量的变化,只是船舶在不同船舶所有人之间进行调剂。虽然新造船和二手船都是投资人获取船舶资产的来源,但是两者交易资产的时间周期和跨度却不相同。二手船与新造船相比,具有资金成本低、适应市场快的特点。这种差异为投资人提供了利用新造船价格和二手船价格的价差进行套利的机会。截至2022年,二手船舶市场交易活跃,以集装箱船和散货船为主的二手船价格增长明显[2]。

③报废船舶市场

报废船是指经过长时间营运使用后,接近和超过船舶使用年限,由船东将其报废出售给拆船厂拆解的旧船。报废船舶市场是指船舶所有人与报废船行业之间以拆解旧船为对象而形成的交易关系。报废船舶市场主要用于淘汰运力，是减少船舶供给、减缓航运市场运力过剩压力的重要途径。报废船拆解量和价格同航运市场中运费的周期性变化密切相关。截至2022年，报废船舶市场的拆解量持续低迷，船舶回收活动受到限制，反映出航运部门的强劲市场状况。同时反映了新环境法规对船舶回收的影响有限，还有巴基斯坦和孟加拉国回收商的融资近期存在困难。

④绿色船舶市场

绿色船舶方面有较大进展。全球航运业行业监管和政策框架形成正逐步加速，包括国际海事组织（IMO）发布的于2023年生效的现有船舶能效指数（EEXI）规定和碳强度指标（CII）。同时，欧盟从2023年起将航运业碳排放纳入欧盟排放交易体系（EU ETS），以及欧盟海运燃料（FuelEU Maritime）海事倡议也将对船舶市场产生影响。

绿色船型研制、替代燃料动力系统等关键技术成为产业内的重点关注方向。由船舶市场现状分析可知，全球船舶产品加快向绿色、智能方向发展，航运业绿色转型将会继续保持良好趋势。船舶市场的燃料转型仍然是一个主要焦点，替代燃料订单占比逐年上升。2022年替代燃料船舶的订单量创下纪录，约占总吨（GT）的60%。从手持订单来看，截至2023年6月，全球在建船舶中使用替代燃料类型的船舶共1 106艘，以艘数计占全部在建船舶的22%。在船东所选择的替代燃料中，液化天然气（LNG）或液化石油气（LPG）类（含双燃料）相关船舶数量占比最多（近85%），甲醇类（含双燃料）排名第2（近11%），其他类型替代燃料船舶占比相对较少，如表6.1所示[3]。

表6.1　在建船舶替代燃料选择的类型与占比

Tab.6.1　Types and proportion of alternative fuels for ships under construction

替代燃料类型	在建船舶数量/艘	占比
LNG/LPG类（含双燃料）	939	84.9%
甲醇类（含双燃料）	117	10.6%
乙烷类（含双燃料）	15	1.4%
生物质能（含双燃料）	12	1.1%
氢（含双燃料）	16	1.4%
核能	7	0.6%
总计	1 106	100%

（2）货运市场

船舶市场和货运市场是相互关联和相互影响的[4]。2022年以来，全球海运贸易量迎来反弹，但增速放缓。全球航运继续面临多重挑战，包括贸易政策加剧和地缘政治紧张，并且全球化模式的变化也需要进行应对。

根据克拉克森（Clarksons）数据，航运货运市场增长趋势，如图6.2所示。由货运市场现状分析可知，集装箱运输市场高位连续走低，干散货运输市场需求走弱，油品运输市场高位波动，液化天然气（LNG）运输市场表现强劲。从经济上行方面看，许多经济体被压抑的需求得到释放，同时全球通胀在2022年第3季度和第4季度见顶后将出现广泛回落，对经济增长产生促进作用。经济下行方面，俄乌冲突、国际地缘政治割裂、新冠疫情影响以及发展中经济体的债务危机等因素都将进一步阻碍经济复苏。2023 年 1 月 1 日,现有船舶能效指数(EEXI)和碳强度指标(CII)正式生效实施。船舶温室气体(GHG)减排战略将会推动全球船队的调整,也会对航运业和造船业带来巨大的压力和调整[5]。

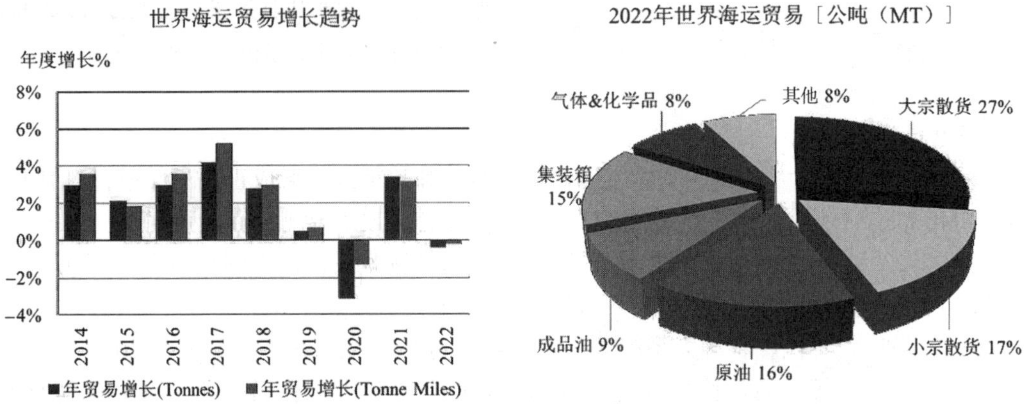

图 6.2　2014—2022 年世界海运贸易增长趋势图

Fig.6.2　Global seaborne trade growth trend chart 2014—2022

①集装箱运输市场

2022 年,集装箱运输市场运价自高位连续走低。2022 年集装箱运输市场在年初小幅震荡后一路走低,到 2022 年底,相对 2021 年 9 月的峰值水平已下降近 80%。需求方面,由于俄乌冲突、新冠疫情和债务危机等引发海外主要市场的消费能力有所减弱。供给方面,航线运力供给过剩,是因为集装箱运输市场在疫情前长期处于运力供给过剩状态,当疫情早期的旺盛需求和港口拥堵问题得到改善之后,集装箱运力由紧缺转变为大量闲置,从而促使集装箱运输公司大量削减运力。此后将会大量增加老旧船舶的拆解,并为绿色船舶的更新换代提供市场。

②干散货运输市场

2021 年干散货运输市场强劲反弹,港口拥堵更是导致干散货运费节节攀升;而 2022 年的干散货运输市场不同于 2021 年的狂热,市场需求萎缩,但仍优于 2020 年。2022 年的国际干散货运输市场一反常态,在传统淡季需求旺盛,整体呈现前高后低的态势。这是由于当时适逢印尼煤炭禁令解除、全球粮食和煤炭价格上涨以及高温天气持续影响而导致电力需求激增,进而需加速补充煤炭库存等原因[6],干散货运输市场在传统淡季却呈现强劲态势。

③油品运输市场

2020 年以来,全球油品运输市场经历大幅波动。2020 年 3 月,各国政府采取的新冠疫情应对措施导致石油产品需求下降,全球原油库存大幅度增加。陆上储油库填满后,开始使用油船作为浮动储油库,从而推高油船的费率;同期,全球原油产量一直居高不下,沙特阿拉伯 2020 年 4 月份的原油产量上升至 1 160 万桶/天。多重因素影响下,导致油品运输市场运费持续上涨。2021 年后,石油需求增加叠加石油输出国组织大规模减产,且原油运输和浮动储油的需求降低,于是油品运输市场运价开始下降。与此同时,受俄乌冲突影响,俄罗斯向欧洲的直接输送路线被切断,欧洲大量原油和成品油缺口需从中东、北美等地区补充。以上因素共同推动油品运输市场运价持续上涨并在高位波动。

④液化天然气(LNG)运输市场

2022年,受气候法案和地缘冲突的双重影响,液化天然气(LNG)运输市场表现强劲。《巴黎协定》生效后,2021年欧盟委员会(EC)公布旨在实现2030年55%减排目标的气候立法提案,液化天然气(LNG)成为短期内较为理想的过渡能源,催生液化天然气(LNG)运力需求增加。

(3)航运金融市场

航运金融市场主要为航运业提供融资。船舶投资回报率是航运市场和船舶金融市场相互博弈的核心。船舶金融市场的两个重要指标是船舶融资的利率水平和融资杠杆。当融资人提供高杠杆融资时,船舶投资人仅仅提供船舶资产价格的5%~10%作为自有投入资本就可以获得船舶资产。当运费市场高涨时许多获得高融资杠杆的投资人或企业倾向于表现出更愿意承担风险,从而导致市场中充斥着大量的投机行为,而投机的目的是短期套利。当融资人提供低杠杆融资时,船舶投资人需要提供船舶资产价格的30%~60%作为自有投入资本才可以获得船舶资产。投资行为在市场中占据主导力量,投资的目的是提供运力替代老旧船舶或服务于新的贸易增量。

①船舶融资

a.船舶融资定义

船舶融资是为了购买、建造、维护或改善船舶而进行的融资活动,涉及从各种金融机构和市场获取资金,以满足船东、航运公司或船舶运营商的资本需求。常见的船舶融资形式包括:抵押融资、船舶融资租赁、船舶抵押融资债券、股权融资、绿色融资和国际金融机构融资等。船舶融资的选择取决于船东的具体需求、资本结构、风险承受能力以及市场条件。在融资决策中,船舶公司通常需要综合考虑财务成本、利息率、还款期限和与特定融资形式相关的法规要求。

b.船舶融资租赁基本类型

国际贸易中船舶融资租赁的基本类型包括:直接的融资租赁、售后回归的融资租赁和转移所有权的融资租赁。在国际贸易中船舶融资直接租赁是最常用的租赁方法,在市场中占有很大一部分比重。直接融资租赁指的是船舶租赁公司作为甲方,把国际贸易当中乙方需要的船舶通过收购的方式纳入公司旗下,然后自己设置租金供给乙方使用,在使用过程中需要乙方支付租金。直接租赁一般会在合约当中明确规定,在甲乙双方期满之后,会协商一个价格,将船舶的所有权转给乙方或者有意向购买的第三方。售后回归的融资租赁与直接租赁最大的区别在于所有权的回归。售后回归的融资租赁指的是船舶融资租赁公司购买一些个人的船舶用于开展国际贸易的船舶租赁,在购买之后,个人也可以付给船舶租赁公司相应的租金,以租赁的方式继续使用自己卖出的船舶。但在合同上会明确规定,在租赁期满之后,船舶重归个人所有。相当于虽然个人船舶已经卖出,但最后船舶的所有权还是回到船主的名下,这种租赁方式适合那些想将固定资产转换为货币资金的融资者。转移所有权的融资租赁方式指的是在许多国际贸易开展的过程中,对于船舶的使用周期较短,因此衍生出了一种可以进行多次转租的船舶租赁方式。在这种融资租赁方式当中,组织交易的中间商可以通过将船舶多次转租来赚取中间的差价,融资就是在转移所有权的船舶租赁过程中产生的。

c.船舶融资市场发展趋势

从发展趋势看,低碳已经成为航运金融市场发展关键词,航运金融市场参与各方顺应绿色、低碳、智能发展的新趋势也将拉动新一轮船舶投融资需求,为未来航运业高质量发展提供新的机遇。在航运碳减排时代,金融机构能够发挥出至关重要的作用,其中金融租赁公司需要顺应船舶绿色化、智能化发展需求,积极支持绿色船舶,推出绿色航运金融产品,助力航运业绿色和可持续发展。近年来,以交银金租、工银金租为代表的金融租赁公司,在谋求自身发展的同时,积极支持我国船舶工业转型发展。在相关政策红利持续释放背景下,金融租赁公司积极开展多个绿色船舶融资项目。2023 年 3 月,交银金租为地中海航运公司(MSC)订造的全球最大级别集装箱船“MSC TESSA”号与“MSC IRINA”号顺利完成命名交付,两艘船舶均配备了混合式 Scrubber 脱硫装置、气泡减阻系统、大直径螺旋桨和节能导管等装置,不仅能有效降低船舶总能耗,还能减少相应总量 3%~4%的碳排放,在绿色环保节能方面颇具亮点。此外,交银金租也在积极与航运公司对接,共同探索新的绿色航运融资项目,包括电池动力船舶、氨燃料动力船舶、甲醇燃料动力船舶等,为进一步拓宽航运业绿色高质量发展的新赛道做好准备。金融租赁公司加大力度支持环保型船舶的建造与支付,加强绿色租赁产品创新,通过发挥融资与融物的双重优势,将进一步推动航运金融加快绿色转型发展[7]。

②航运保险

a.航运保险定义

航运保险市场是一个专注于提供与航运业务相关的保险服务的金融市场,目标是为船东、货主、航运公司和其他与航运业务相关的各方提供一系列的保险产品,以应对海上运输中可能发生的各种风险和损失。航运保险市场是一个国际性的市场,涉及全球各地的保险公司、经纪人和客户。航运保险市场的发展与全球贸易和航运业务的状况密切相关,是维护航运利益、降低经济风险的重要组成部分。

b.航运保险类型

航运保险可分为海洋货物保险、船舶保险、责任险、战争风险保险等。海洋货物保险主要保护货物在运输过程中因灾害、碰撞和沉没等意外事件导致的损失或损害。船舶保险为船东提供保障,覆盖船舶本身的损失、损害或责任。责任险包括船东责任险、港口责任险等,用于保护船东或港口运营商在事故中可能面临的法律责任。运输责任险为货主提供保护,涵盖在货物运输过程中货物损失造成的第三方损害索赔。战争风险保险针对战争、恐怖主义和政治动乱等风险提供保险。

c.航运保险市场发展趋势

航运保险市场逐渐采用数字技术,包括大数据分析、人工智能和区块链等,以提高效率、降低成本并改善风险评估。随着环保意识的增强,一些保险产品涉及绿色航运,覆盖采用环保技术的船舶和运输方式。国际海上保险联盟(International Union of Marine Insurance, IUMI)统计,我国是目前世界上最大的船舶保险市场和世界第二大货运保险市场。自 2014 年以来,我国已经有近 60 家保险公司和 300 多家专业中介机构经营航运保险业务。海事仲裁、货运和航运咨询等机构正逐渐聚集在上海。虽然我国的海上保险增强了国际影响力,但相较于其他有着悠久历史的国际海上保险发展中心,我国的海上保险仍处于起步阶段,发展仍然不足。国内保险公司对航运保险缺乏足够的关注,在我国近两万亿元的财产保险费中,航运保险只占不到2%。在保险产品主体中部门和人才队伍的发展、服务体系的集群化程度以及相应的法律环境都需要改进和完善。航运保险正是最需要专业资源和技能的领域。这将直接影响目前中国航运保险质量发展水平[8]。随着经济发展,进出口贸易总额呈现上升的态势,我国航运险市场保费规模不断壮大。其中,我国的船舶保险保费收入远高于货运险和责任险。根据上海国际航运研究中心发布的现代航运服务业报告统计,虽然上海的船货险保费规模基本上仅次于伦敦和新加坡,但是我国航运保险市场主要靠国内市场支撑[9]。为提高我国航运险市场在国际市场的影响力,保险公司需要加大产品研发力度,吸引国际客户[10]。

③资金结算

a.资金结算定义

航运金融中的资金结算是指在航运业务中进行支付和收款的过程,其中涉及与货物运输、船舶租赁和港口服务等相关的金融交易。资金结算在确保航运业务的正常运转、提高效率和降低风险方面起着关键作用。资金结算是确保航运业务稳健运作的重要环节,有效的结算流程有助于降低争端风险,提高运营效率。

b.资金结算分类

货物运输资金结算:船东与货主资金结算指当货物从一个地点运输到另一个地点时,货主需要支付运费给船东。这涉及合同约定的付款方式,如预付款、信用证支付或货物抵达目的地后的结算。船东与运输代理间的资金结算指船东委托运输代理进行货物的运输安排时,船东与运输代理之间也需要进行费用结算。

船舶租赁资金结算包括船舶租赁支付和船舶租赁押金。船舶租赁支付资金结算指船东将船舶租给其他船东或船运公司,租金支付通常涉及租赁合同规定的支付周期和方式。船舶租赁押金资金结算是指在一些船舶租赁交易中,船舶租赁者需要支付一定的押金。这通常是为了确保租赁期满后船舶能够按照合同要求归还并保持良好状态。

港口费用资金结算是指船东或货主需要支付港口提供的服务费用,包括停靠费、装卸费、仓储费等。船舶服务费用结算指船舶可能需要接受港口提供的一系列服务,如修理、燃料供应等,这些费用需要进行结算。

④衍生产品

a.航运金融衍生产品定义

1994 年 8 月,国际互换和衍生品协会(International Swaps and Derivatives Association, ISDA)在一份报告中描述道,衍生产品是有关互换现金流量和旨在为交易者转移风险的双边合约。合约到期时,交易者所欠对方的金额由基础商品、证券或指数的价格决定[11]。航运金融衍生产品融合了航运市场的特点,是航运公司用来规避运费波动风险的一种避险工具。这些产品通常基于未来的价格或汇率波动,旨在帮助船东、货主和其他相关方规避航运业务中的不确定性。衍生产品可以根据特定业务需求进行定制,提供一系列工具,帮助航运业务管理价格、汇率、燃料成本和其他金融风险。航运公司和其他市场参与者使用这些衍生产品,以降低风险并提高业务的可持续性[12]。

b.航运金融衍生产品分类

航运市场存在着多种较大的风险,其中运费波动是主体市场所共同面对的。无论是航运供应方还是需求方,因为运费的波动,使它们在短期的资金压力和长期盈亏方面都具有很大的不确定性。为了解决上述问题,航运金融衍生产品应运而生。它是在金融衍生产品基础上产生的一种衍生产品工具,能够对运费风险进行管理,具备套期保值和价格发现的功能,使得航运公司可以主动锁定自身收益和成本,更好地规避运费价格波动、燃油价格波动、汇率波动等多重风险。

航运金融衍生产品主要是建立在运费价格、燃油价格、汇率三种原生资产上的衍生产品。其中运费衍生产品主要包括波罗的海国际运费指数期货交易(Baltic International Freight Futures Exchange, BIFFEX)、远期运费协议和运费期权三种;燃油价格衍生产品主要包括期货、期权和互换等三种;汇率衍生产品包括远期外汇合约、外汇期货、外汇期权和货币互换四种。

c.航运金融衍生产品的作用

航运金融运费衍生产品具有发现价格功能。运费衍生产品是以实体市场运费指数为基础的,可以作为未来某一时期实体市场运费变动趋势的晴雨表。它可预测性地反映未来运费价格,同实体市场主体议价相比,具有更强的价格发现功能。

航运金融运费衍生产品具有规避运费波动风险的功能,它能够规避实体航运市场的运费波动风险。航运市场主体的参与者通过套期保值,能够将运费波动产生的风险转移出去,减少实质发生的损失。

航运金融运费衍生产品能够化解供给过剩风险,优化资源配置。运费衍生产品的推出,会使整个航运市场的信息更加公开化,能够比较明确反映市场运力供需情况,并且能对运力供给结构实施更有效的调节。供给过剩是当前航运公司面临的巨大难题,加之国内国外大宗商品市场萎靡不振,运费价格低位徘徊,致使航运市场大幅萧条。由于运费衍生品所具备的价格发现功能,可通过市场价格的预测,来反映市场运力供需的大体情况,而使许多从事航运的主体能够依价供船、依价议价,化解自身供给过剩风险,使资源得到优化配置。

(4)船舶服务市场

船舶服务市场主要包括为航运业提供船舶修理维护、船员供给、海事保险、燃料以及物料供给等支持性服务的行业,它们是影响全球船队营运成本效率的主要因素。船舶服务市场是一个多元化的行业,服务提供商在满足船东和航运公司的需求方面发挥着关键作用。随着对可持续航运的需求增加,船舶服务也越来越关注环保和高效运营。

①船舶维修

船舶的主机、辅助机械设备需要定期检修,处理船舶上的设备故障,确保设备在正常工作状态。船舶服务市场中船舶维修是一个关键领域,维修内容包括:机械设备检修、船体检查和清洁、设备故障排除、事故和损坏修复等。同时需要管理船舶所需的备件,确保备件的及时供应,以应对紧急维修需求,利用数字化技术提高供应链透明度,确保备件供应的可见性和效率。船舶维修在船舶服务市场中直接影响船舶的运行效率和寿命。随着技术的不断进步和环保意识的提高,船舶维修也逐渐朝着数字化、智能化和可持续性的方向发展。

②海员供给

a.海员供给市场定义

海员供给市场涉及为全球船舶提供足够数量和合格水平的船员。这个市场在航运行业中是至关重要的,因为船员是确保船舶安全、运营和维护的关键要素。海员供给市场的健康状况直接影响船舶的安全和运营。因此,各类服务提供商在保障船员合格性、职业满意度和船员健康方面都扮演着至关重要的角色。

b.海员供给市场现状

德路里发布的报告显示,海上职业的吸引力正在减弱,到 2026 年全球商船队的船员短缺将达到 10 年来的最高点。德路里认为,目前全球海员人数的缺口约占总数的 3%,这一比例大致可控,不会对招聘产生明显的影响。但是展望 2026 年,供需缺口预计将扩大至 5%以上,为 2013 年以来的最高水平。主要原因在于海上职业的吸引力不断减弱,海员供给增速放缓。数据显示 2011—2016 年的五年里,全球商业船队的海员人数以年均 2.7%的速度增长。然而在 2016—2021 年的五年里,这一增长率已经降至 0.5%。据德路里估计,若将新冠疫情影响排除在外,2021 年的人力总成本比 2020 年增长 0.4%,增速与上一年相似。未来劳动力市场的发展趋紧将进一步推高人力成本,但涨幅仍将低于消费价格的通胀水平。虽然人力供应增速放缓,但供给相对有弹性。相比之下,薪酬受市场因素的影响更大,海员可能会被吸引到收入更高的地方[13]。

③船舶保险

a.船舶保险定义

船舶保险是一种专门为船舶运营提供保险保障的金融产品，目的是为船东、航运公司和其他相关方提供对各种潜在风险和损失的保护。船舶保险是船舶运营中关键的风险管理工具，为船东和船运公司提供了必要的经济安全网。选择适当类型和范围的船舶保险取决于船舶的用途、运营环境、法规遵从和船舶价值等多个因素。

b.船舶保险分类

船体险主要覆盖船舶本身，包括船舶的结构、设备和附件。船体险对船舶碰撞、沉没、火灾、爆炸、海盗袭击等风险提供损失保障。船体险的保费通常取决于船舶的价值，保险公司会要求进行船舶价值的评估。

船员保险主要是指船员人身伤害保险，提供对船员因事故、疾病或其他不可预见事件导致的伤害、死亡或伤残的保障。船员健康保险为船员提供医疗保险，覆盖医疗费用、住院费用等。

船东责任险覆盖了船东在航行过程中对第三方造成的人身伤害、财产损失和环境污染等责任。港口责任险对港口运营商或码头在港口服务中可能引发的责任提供保护。

船舶运费保险为货主提供运输过程中货物运费的保障，通常覆盖货物未能安全到达目的地的情况。

2.航运企业管理

(1)航运供应链

①航运产业链体系

基于价值链和供应链的角度，航运产业链是构成航运业内所有具有连续追加价值关系的活动所构成的价值链关系，是指航运业在生产产品和提供服务过程中，根据内在的技术经济关联要求以及有关经济活动、经济过程、生产阶段或经济业务按次序连接起来的链式结构。航运产业链是全球产业链的一个分支。随着航运业对带动区域经济增长的重要性得到广泛认识，航运产业链的发展受到越来越多的重视。航运产业链是以贸易需求为导向，以贸易便利化为目的，在一定的时间和空间下，航运业及相关企业依据特定技术经济关系联结成的具有价值增值功能的关系网链[14]，如图 6.3 所示。

航运产业链的主链主要由 3 个关键节点串联而成，分别为贸易商、航运公司和码头企业。它们通过货运代理、船舶代理等航运中介相互联系。贸易商是航运产业链主链的起始环节，主要指从事商业贸易活动的货主或其代理人。由于航运需求是国际贸易的派生需求，源于地区或国家之间的贸易往来对海上运输能力和劳务的需求，因此贸易商是航运产业链得以发展的前提环节。航运公司是航运产业链主链的中间环节，是航运产业链价值形成与体现的关键。航运公司主要指船舶所有人、船舶经营人、船舶管理人或者光船承租人。码头企业主要开展港口经营与管理业务。由于港口是海运和陆运的交接点，是海上运输的起止点，因此码头企业是航运产业链主链的终端环节，是航运产业链价值实现的关键环节。码头企业的生产规模和经营水平影响航运产业链的整体绩效，对于航运产业链的其他环节的发展以及航运产业链的整体发展具有很强的带动作用。因此，在航运产业链发展过程中，往往通过提升码头企业能力来实现产业的快速发展。货运代理和船舶代理是连接主链三大节点的重要纽带，是航运体系中的基础服务部分。货运代理起到联系贸易商与航运公司的作用，是保证货物顺利出运和抵达港口的重要环节；船舶代理是联系航运公司与码头企业的桥梁，是实现船舶顺利靠离港的重要环节。

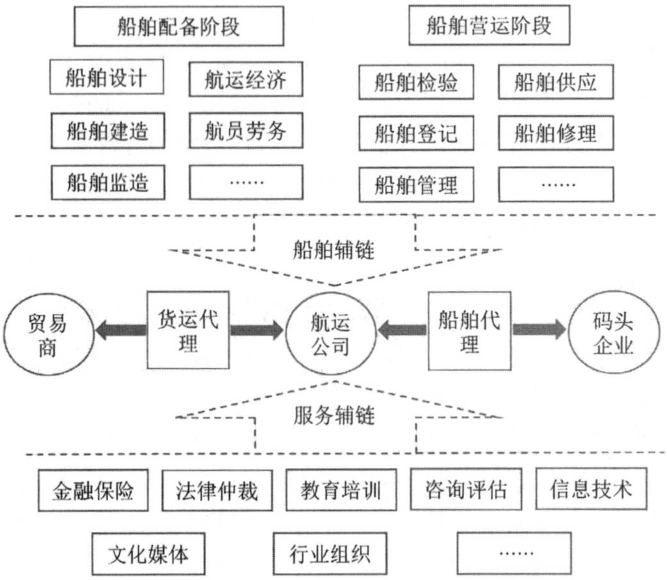

图 6.3 航运产业链体系图

Fig.6.3 Theframework of shipping industrial chain

航运产业链辅链是产业链中不可或缺的重要组成部分，辅链与主链存在直接关联的关系，辅链各环节之间存在间接和多向关联的关系，是产业链中的支撑和服务部门。辅链直接服务于航运公司，包含船舶配备阶段和船舶营运阶段的各项环节，为货物流通提供运输载体，是航运产业链主链有效运转的基本条件。其各项业务以中高端航运服务为主，具有较高的附加值，其发展水平的高低直接影响主链的运转效率。在我国航运产业链的发展过程中，服务辅链各个环节的发展水平参差不齐。其中，船舶设计、船舶建造、船舶检验、船舶修理等传统航运业务已达到国际水准，但对航运产业链的整体带动效应有限，而航运经纪、船舶登记、船舶管理等对航运产业链有较高附加值的现代航运服务发展相对滞后。因此，在保持优势业务的同时，要增强对薄弱环节的扶持，实现各个环节协同发展，提升服务辅链对航运产业链的支撑作用。服务辅链中大多不是专门为航运产业设立的，而是面向社会的所有产业，例如金融、法律、教育和咨询等。随着航运产业链的逐步延伸和扩展，航运金融、海事法律、航运教育、航运咨询等业务逐步从航运产业中独立出来，成为广义的航运产业链的一部分，以更为专业的技术能力，有效推进航运产业链的蓬勃发展。主要包括金融保险、法律仲裁、教育培训、咨询评估、信息技术、文化媒体和行业组织等内容。由于航运中心建设的推进，近年来我国航运产业链的服务辅链得到快速发展，不仅对主链的发展起到明显的带动作用，更是未来航运中心建设战略目标实现的关键。一个区域航运产业链的发展水平早期是由主链决定，但当航运产业链发展到一定程度时，服务辅链的发展水平决定了该区域航运产业链的发展潜力和区域影响力。因此，应该在确保主链稳步发展的基础上，加强对服务辅链的扶持，协调好服务辅链与主链之间的关系，发挥服务辅链对航运产业链的带动效用。

②航运供应链基本结构

航运供应链是以航运公司为核心企业，以由钢铁厂、冶炼厂、造船厂、备品供应、燃料供应等组成的有形产品的上游供应链和以由船舶代理、货运代理、货主等组成的无形产品（航运服务）的下游供应链为主要组成部分，以客户高满意度为目标，共同完成货物从起运地到目的地的运输功能的供应链，如图 6.4 所示[15]。全球供应链背景下，各国在供应链条中所处的位置各不相同，从商品贸易这一维度大致可以将各国或地区分为资源型国家、生产型国家和消费型国家三类。

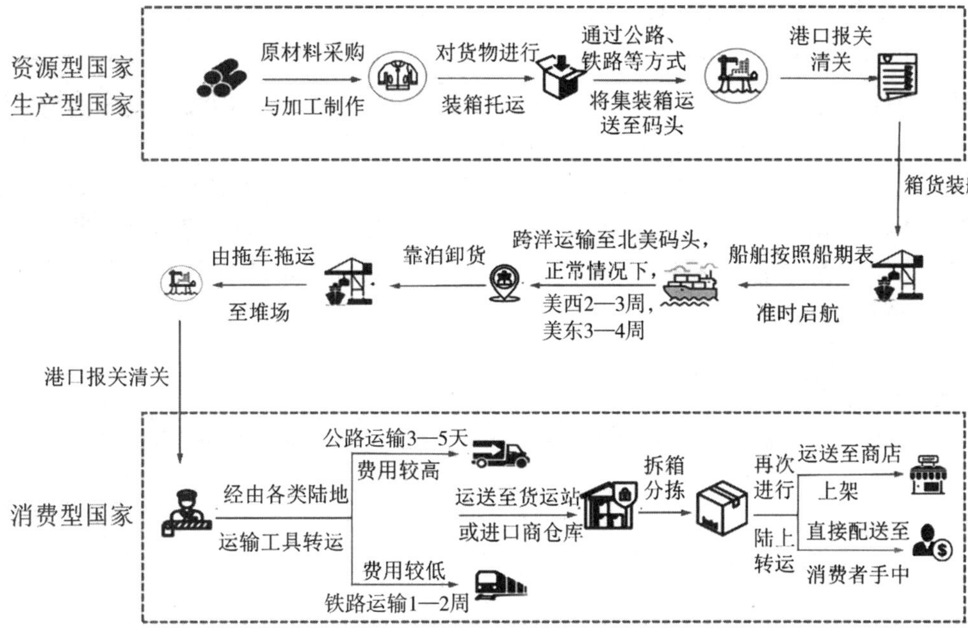

图 6.4　航运供应链示意图

Fig.6.4　Shipping supply chain

航运供应链是一个复杂的体系，涉及多个环节和参与者，包括生产采购、货物分配和订单处理、港口和码头服务、船舶运营和管理、物流和运输、仓储和库存管理、信息流和数字化技术等。

航运供应链的起点通常是原材料的采购，包括燃料、船舶建造所需的材料等。生产阶段涉及船舶的制造和装配，以及与航运相关的设备和技术的生产。一旦船舶建造完成，订单将被处理，确保货物分配计划得以实施。确定将船舶分配到哪些航线、港口或客户，以满足市场需求。港口是航运供应链的重要节点，提供装卸、仓储、检验等服务。码头是船舶停泊、货物装卸的地方，提供与船舶运作相关的服务。船舶运营可以确保船舶有计划地运行，包括航线选择、船舶维护和运营等。海上运输是航运供应链的主要阶段，包括货物在船上的运输、港口运营、船舶运营等。船舶运抵目的地后，需要在仓库中对货物的库存进行管理，确保及时交付和降低库存成本。信息流和数字化技术提供船舶位置、货物状态、运输进度等实时的供应链信息。这些组成部分相互协作，构成了航运供应链的整体结构，需要各个环节的参与者之间进行有效的合作和沟通，以确保货物能够安全、高效地从生产地点到达目的地。

③航运供应链发展趋势

航运供应链的发展趋势受到多种因素的影响，包括技术创新、环境可持续性和全球贸易格局等。

a.数字化技术的应用

区块链在提高供应链透明性、降低欺诈风险、简化文件处理等方面发挥作用，被认为是提升航运供应链效率的关键技术。2008 年以来，区块链已成长为最前沿的物流技术趋势之一。在航运供应链中，可以使不同的承运人或托运人更容易共享敏感数据，并且公司可以创建贸易融资和供应链解决方案，例如马士基和 IBM 的区块链合资企业 TradeLens。目前，全球六家最大的承运商中有五家已加入该平台，全球一半以上的远洋（DS）集装箱货物运输现在都在 TradeLens

上。但是,运输公司要完全采用区块链还需要采取一些步骤。首先运输公司需要数字化,标准化和清理其数据。然后一旦实施了整个行业的标准,公司就必须形成一个供应链合作伙伴生态系统,以便在共享的、无许可的区块链环境中使用该标准。

b.环保可持续发展

针对船舶排放的环保法规越来越严格,推动航运公司采用更环保的船舶设计和燃料。港口逐渐朝着更环保的方向发展,采用清洁能源、减少排放,推动整个供应链的可持续发展。为了提高运输效率和灵活性,航运供应链逐渐倾向于采用多式联运,结合航运、铁路和公路等多种运输方式。部分货物采用海空联运,通过整合航空运输加速货物的交付。这些趋势共同推动着航运供应链朝着更加智能、绿色、灵活和可持续的方向发展。随着技术的不断进步和全球经济的演变,航运供应链将持续适应新的挑战和机遇。

(2)航运企业管理

①航运企业分类

航运供应链以航运公司为核心企业,航运公司是指主要从事船舶运输,以自有船舶或租赁船舶经营国际和国内航线上的客、货运输业务的企业,部分航运公司从事运输产业链的上下游相关业务。航运公司主要有七种分类方式,具体分类标准包括产权性质、拥有或控制船舶数量、船舶运输活动范围、经营方式、货物出境情况、募集股份情况与运输对象,如表6.2所示。

表6.2 航运公司分类

Tab.6.2 Classification of shipping enterprises

分类标准	具体分类
产权性质	国有航运公司、民营航运公司、外资航运公司和混合所有制航运公司
拥有或控制船舶数量	大型航运公司(50艘以上船舶)、中型航运公司(20~50艘船舶)、小型航运公司(20艘以下船舶)和无船承运人
船舶运输活动范围	远洋(DS)运输类航运公司、近洋(SS)运输类航运公司、沿海运输类航运公司和内河运输类航运公司
经营方式的不同	干散货运输类航运公司、班轮运输类航运公司和国际多式联运类航运公司
货物是否出境	内贸运输类航运公司和外贸运输类航运公司
是否公开募集股份	上市航运公司和非上市航运公司
运输对象的不同	客运类航运公司、货运类航运公司和客货兼营类航运公司

②航运公司组织管理

航运公司的组织结构以直线—职能制组织结构形式为多,下级机构既受上级部门的管理,又受同级职能管理部门的业务指导和监督,各级行政领导人逐级负责,高度集权如图6.5(a)所示。直线—职能制组织结构是现代工业中最常见的一种结构形式,在大中型组织中尤为普遍。这种组织结构的特点是:以直线为基础,在各级行政主管之下设置相应的职能部门(如计划、销售、供应、财务等部门)从事专业管理;作为该级行政主管决策的重要参与者,实行主管统一指挥与职能部门参谋指导相结合的方式。直线—职能制组织结构下,下级机构既受上级部门的管理,又受同级职能管理部门的业务指导和监督。各级行政领导人逐级负责,高度集权。因而,这是一种按经营管理职能划分部门,并由最高经营者直接指挥各职能部门的体制。

航运公司的事业部制组织结构是具有独立的产品和市场、独立的责任和利益的部门实行分权管理的一种组织形式,如图6.5(b)所示。事业部制组织结构是一种常见的组织结构形式。

事业部制组织结构又称分公司制结构。事业部制组织结构是为满足企业规模扩大和多样化经营对组织机构的要求而产生的一种组织结构形式。具体的设计思路为:在总公司领导下设立多个事业部,把分权管理与独立核算结合在一起,按产品、地区或市场(顾客)划分经营单位,即事业部。每个事业部都有自己的产品和特定的市场,能够完成某种产品从生产到销售的全部职能。事业部不是独立的法人企业,但具有较大的经营权限,实行独立核算、自负盈亏,是一个利润中心,从经营的角度上来说,事业部与一般的公司没有不同。事业部是在企业宏观领导下,拥有完全的经营自主权,实行独立经营、独立核算的部门,既是受公司控制的利润中心,具有利润生产和经营管理的职能,同时也是产品责任单位或市场责任单位,对产品设计、生产制造及销售活动负有统一领导的职责。

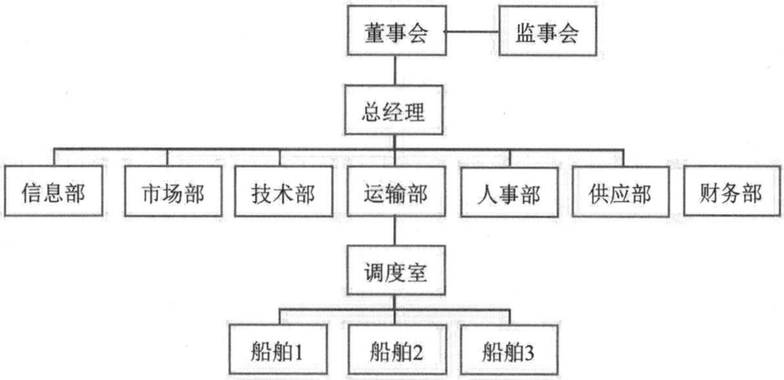

(a)航运公司直线—职能制组织结构

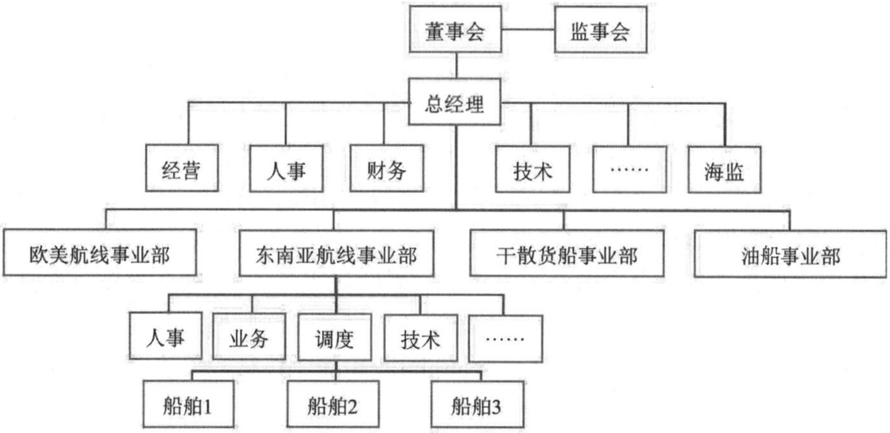

(b)航运公司事业部制组织结构

图 6.5　航运公司组织结构

Fig.6.5　Organization structure of shipping company

③航运公司企业责任

国际标准化组织(International Organization for Standardization, ISO)已颁布可用于航运公司责任认证的有关文件 ISO 26000:2010。随着人类社会发展进入一个日益透明的时代,社会中的各类组织与利益关联方越来越觉得需要在社交、所处环境中确立其行为准则。该文件在这种需求下应运而生,为社会中所有机构[包括跨国公司、学(协)会非政府组织、政府机构等]提供了一条关于其执行社会责任的途径,它帮助这些机构在社会责任范畴内处理本机构的事务。文件内容简介,如表 6.3 所示。

表 6.3　ISO 26000:2010 内容

Tab.6.3　ISO 26000:2010 Content

章节号	题目	描述内容
1	适用范围	定义 26000 的使用范围并确认应用限制
2	术语及定义	为正确理解社会责任,进行有关术语的定义
3	社会责任概念	描述社会责任的重要参数及影响社会责任发展、特性与实践的相关条件。同时,社会责任的自身概念在此得以澄清,即它如何适用于应用它的组织
4	社会责任有关原理	社会责任原理描述,包括社会责任、道德伦理等及对利益关联方、法律、国际惯例、人权的尊重等方面的描述
5	承认社会责任与利益关联方约定	强调社会责任的对等实践性:本组织社会责任的认可与利益关联方关系的约定。描述了本组织与社会其他组织、利益关联方及在社会责任核心内容与社会责任、业务领域方面联系的认可
6	社会责任核心内容指南	描述社会责任核心内容与社会责任之间的联系每一内容及信息范围与社会责任的联系相关原理与相关活动与期望的联系等
7	组织社会责任实践指南	指导社会责任在一个组织中的实践方法,包括本组织社会责任的理解、本组织社会责任的整体范围、社会责任相关的信息交互、改善本组织社会责任的信誉、自愿执行 ISO 26000 执行的进展与改善的评估
附录 A	自愿执行 ISO 26000 的举例	列出一个关于本组织社会责任的清单及处理途径

航运公司是航运供应链的上端,构成了航运业对社会责任的入口,亦是国际贸易发展情况的晴雨表,在社会中扮演主要博弈角色。ISO 26000:2010 中对自然环境保护的要求中指出,无论航运公司设在何处,它的排放策略决定与航运物流活动所产生的污染及废料势必对自然环境和生物带来直接/非直接影响。这些影响包括资源消耗、环境污染、气候变化、生物生存环境破坏、物种灭失、生态破坏、人类生存环境下降等。因而对组织的各种决定与生产过程及结果应有经济、社会、环境方面的综合性、系统性、共同性影响评估。在此意义上,可以将社会责任称之为环境责任,环境责任是人类社会走向繁荣可持续发展的先决条件,是社会责任中重要的一环,并与其他社会责任密切关联。航运公司环境责任的各项机制/准则设置如下:

a.设立环境责任准则(Environmental Responsibility):除了执行相关法律与法规,航运公司应该保证履行因其生产活动引起的环境恶化改善其行为的责任。

b.建立预防准则(Precautionary Approach):根据一系列国际达成的宣言(如《里约环境与发展宣言》(Rio Declaration on Environment and Development, 1992),又称《地球宪章》(Earth Charter)与协议,对于环境与人类健康严重的威胁行为如缺乏防止措施的科学论证将不允许采用。

c.建立环境风险管理机制(Environmental Risk Management):执行基于风险与可持续发展技术政策减少/评估/避免由于本组织行为所造成环境负面影响;执行应急响应预案,降低/缓和由于事故引起的环境、健康与安全条件恶化并及时通知主管当局。

d.建立污染者承担原则(Polluter Pays Principle):组织应该承担因其业务活动所造成的治理污染成本,根据污染的程度进行有偿承担机制,建立污染者承担原则,在组织内部预留污染治理成本,在经济上对所造成的环境污染进行补偿。

④航运公司绿色战略

航运公司在承担企业责任时，设立环境责任准则（Environmental Responsibility）、建立预防准则（Precautionary Approach）、建立环境风险管理机制（Environmental Risk Management）和建立污染者承担原则（Polluter Pays Principle），通过加速执行船舶能效管理计划（SEEMP）减少碳足迹，来实现其绿色战略。碳足迹是生态足迹的组成部分之一，是衡量人类对地球生态系统与自然资源需求的一种分析方法。碳足迹研究分析是减少碳排放的政策制定、技术开发的基础。

a.二氧化碳（CO_2）排放要素

航运碳足迹是航运公司日常活动排出二氧化碳（CO_2）的总和，包括船舶全寿命期内的碳足迹与航运公司的阶段碳足迹。二氧化碳（CO_2）排放要素设置的目的是透过温室气体（GHG）排放过程中的分析去确定有效减排措施。每个要素都与温室气体（GHG）的排放存在直接或非直接的联系。这些要素最终会影响到二氧化碳（CO_2）与各类污染物排放的量级。以下是对航运公司二氧化碳（CO_2）排放要素的分析，如图 6.6 所示。

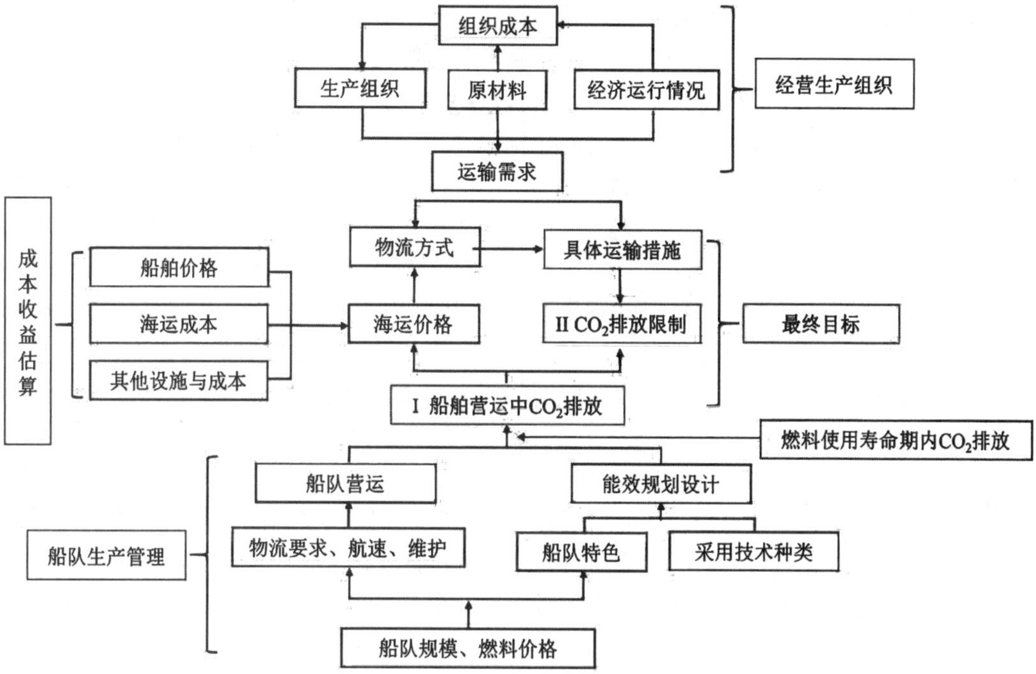

图 6.6　航运公司二氧化碳（CO_2）排放要素的确定过程

Fig.6.6　The process of determining carbon dioxide（CO_2）emission factors for shipping companies

经营生产组织方面，每年的运输需求受多方面因素的影响，其中包括人口增长、全球与地区经济的扩张，以及物流模式的不断演变。首先人口的增加直接影响到货物和乘客的运输需求，尤其是在城市化进程加速、新兴市场崛起的背景下，需求量呈现出更为复杂和多样化的趋势。全球和地区经济的增长也是航运需求变化的主要推动力之一，因为经济的蓬勃发展通常伴随着对跨境贸易和物流服务的不断增长需求。此外，随着供应链的日益全球化，物流模式也在不断转变，从传统的集中式供应链向更加灵活、多样化的分散式供应链演进，对运输网络和服务提出了更高的要求。因此，航运公司需要不断调整和优化其生产组织，以适应这些复杂的、动态变化的市场趋势，确保能够高效、可持续地满足不断增长的运输需求。涉及船队的更新、航线的优化调整、新技术的引入以提高运输效率，以及与全球各地港口和物流合作伙伴的密切协作，共同构建一个适应性强、高度互联互通的航运生态系统。

船队生产管理方面，与船队构成、减排技术、运营管理等多个方面密切相关。第一，船队的构成直接关系到其运营的适应性和效率。考虑到不同类型和规模的船舶，船队管理需要合理配置各类船舶，以满足不同贸易路线和运输需求。这包括考虑船舶的载货能力、航行速度、燃油效率等特性，以确保船队能够灵活应对市场变化，同时最大程度地降低运营成本。第二，减排技术在现代船队管理中占据着至关重要的地位。面对全球对环保要求的不断提高，船队需要采用各种减排技术，包括但不限于液化天然气（LNG）动力、燃料效率提升、尾气处理装置等，以降低船舶的二氧化碳和其他排放物的释放。船队管理需要密切关注并采用最新的环保技术，以确保船队的运营符合国际和地区的环保标准，提高企业的社会责任感。此外，运营管理也是船队生产管理中不可或缺的一环。这包括航线优化、船舶维护计划、燃油采购策略、船员培训等方面。通过采用先进的技术监控系统，船队管理可以实时追踪船舶的位置、燃油消耗、性能数据等，以便做出及时的决策，提高运输效率和降低成本。船队管理者需要综合考虑各种因素，制定可持续的经营策略，确保船队在竞争激烈的行业中保持领先地位。

能源利用方面，燃油的碳成分含量涉及可用燃料的成本，这一问题不仅涵盖了经济层面，还深刻地影响了航运业的环境可持续性。一方面，燃油的碳成分直接关系到船舶的碳排放水平，因为燃烧过程中释放的二氧化碳是主要的温室气体之一。选择碳含量低的燃油类型，例如液化天然气（LNG）或生物燃料，有助于降低船舶的整体碳足迹，符合国际社会对于减缓气候变化的期望。然而，碳成分的降低通常伴随着更高的燃料成本。液化天然气（LNG）等低碳燃料的生产、储存和配送成本较高，这使得航运公司在选择燃料时需要在经济和环保之间进行权衡。在全球温室气体排放逐渐成为关注焦点的背景下，一些国际组织和政府逐渐推动碳定价和碳排放市场的建立，这也对航运公司的经济计算和燃料选择提出了新的挑战。另一方面，随着技术的发展，新型的燃料和动力技术也在不断涌现，例如氢燃料电池、电动船舶等。这些新技术虽然可能在初期投资较高，但却对长期能源成本和环保效益具有较好的前景，进一步扩大了航运公司在能源选择上的考虑范围。因此，在能源利用方面，航运公司需要综合考虑碳成分、成本效益、环保法规以及未来技术发展趋势，以制定最符合其经济和环保战略的能源利用计划。这种综合性的决策不仅关系到企业的长远竞争力，还直接塑造了整个航运业在全球能源转型中的角色。

确定航运公司二氧化碳（CO_2）排放要素通常是一个复杂的过程，涉及多个方面的数据和计算。数据收集方面，包括船舶的技术规格、航行数据、燃油消耗、货运量等；可以通过船舶航行记录、船舶设备监测系统、燃油消耗记录等来获取。航程计算方面，确定船舶的航程是计算二氧化碳排放的基础；包括航线、航程长度、航行速度等信息。能源消耗计算方面，确定船舶的能源消耗，通常通过监测燃油的使用量和类型，考虑动力系统的效率等；可以使用船舶的实时监控系统或者定期的燃油记录来获取这些数据。排放因子是指每单位能源消耗所产生的二氧化碳（CO_2）排放量，通常以单位质量或能量为基础，将合适的排放因子应用到能源消耗数据上，以计算二氧化碳（CO_2）的实际排放量。数据验证方面，对收集到的数据进行验证，确保其准确性和完整性；涉及与船舶设备监测系统、船舶管理系统的数据对比，以及核实与船舶设备的实际性能是否一致。报告和公布方面，将确定的二氧化碳（CO_2）排放要素进行报告和公布；包括提交给相关政府机构、国际组织或公众的报告，以满足透明度和合规性的需求。在整个过程中，航运公司会受到国际和国内的法规、行业标准和客户要求的影响，需要确保所采用的计算方法符合相关的标准和规定。同时，技术的进步和监测系统的应用也可能影响到二氧化碳（CO_2）排放要素的确定方法。

航运公司二氧化碳(CO_2)排放要素的确定过程,包括主副机机型及技术条件、燃料类型功率输出功率等。主、副机类型:船舶自带的能源设备,也是船舶二氧化碳(CO_2)主要排放源。它们包括主副机、应急发电机组、锅炉、焚化炉等。主副机是二氧化碳(CO_2)排放的主要设备,后面三者排放很少(有时可以忽略),如表 6.4 所示。

表 6.4　船舶二氧化碳(CO_2)主要发生源

Tab.6.4　Main sources of carbon dioxide (CO_2) generation on ships

二氧化碳(CO_2)发生源	使用描述
主机	船舶用以驱动螺旋桨轴的主要推进能源,有时安装轴带发电机在航行时代替辅机提供电能/为废气锅炉提供加热蒸汽。近来的柴—电推进技术得到长足发展,螺旋桨依靠电动马达驱动。在初期投资时比传统推进方式要大,从长远成本看,后者优于前者
副机	为船舶电站所采用,为照明、通风、起重、泵浦等设备服务
应急发电机组	短期应急情况下使用(如在进港时启动首推用于船舶操纵/或在辅机损坏时)
锅炉	船上加热设备,除了其他加热方式外,一般还利用主机废气进行加热
焚化炉	经常在跨洋航行船上使用,作为船舶垃圾焚烧设备

在排放的组成上,二氧化碳(CO_2)与硫氧化物(SO_X)依赖于一次性石化能源的燃烧,氮氧化物(NO_X)却依赖于燃料的燃烧过程。这样与主辅机的类型[二/四冲程、转速(r/min)等]有了相关度。

燃料类型:船舶所使用的燃料按照其分馏物的黏性划分,还可在船用轻柴油(MGO)与船用重柴油(MDO)之间进一步划分。目前船舶所用的燃料/油品种类与特性,如表 6.5 所示。

表 6.5　目前船舶所用的燃料/油品种类与特性

Tab.6.5　Types and characteristics of fuels/oils currently used in ships

燃料种类	特性			
残余油(RO)(黏性 50~810)	15 ℃时的密度(kg/m³)	0.965	50 ℃时的黏性(mm²/s)	204
	有效热值(MJ/kg)	40.96		
	碳/%	86.61	氢气/% 氮/%	11.34 0.33
	硫/%	1.91		
	氧/%	<0.1		
船用重柴油(MDO)	15 ℃时的密度/(kg/m³)	0.900	50 ℃时的黏性(mm²/s)	19.3
	有效热值/(MJ/kg)	42.19		
	碳/%	86.68	氢气/% 氮/%	12.62 <0.1
	硫/%	0.93		
	氧/%	<0.1		
船用轻柴油(MGO)	15 ℃时的密度/(kg/m³)	0.852	50 ℃时的黏性(mm²/s)	3.1
	有效热值/(MJ/kg)	42.65		
	碳/%	86.74	氢气/% 氮/%	13.23 <0.1
	硫/%	0.23		
	氧/%	<0.1		

综合条件:主辅机功率机龄技术条件与输出功率等。通常柴油机的排放与主辅机功率(MCR-kW)、机龄、技术条件(检修间隔)与输出率等综合性能相关。这是一个多变量的数学规划问题,适当增加主机功率在给定的转速下(如营运航速对应的转速),可以减少二氧化碳(CO_2)排放(实际降低了油耗)[16]。但对于氮氧化物(NO_X)却可能有轻微增加,如图 6.7 所示。

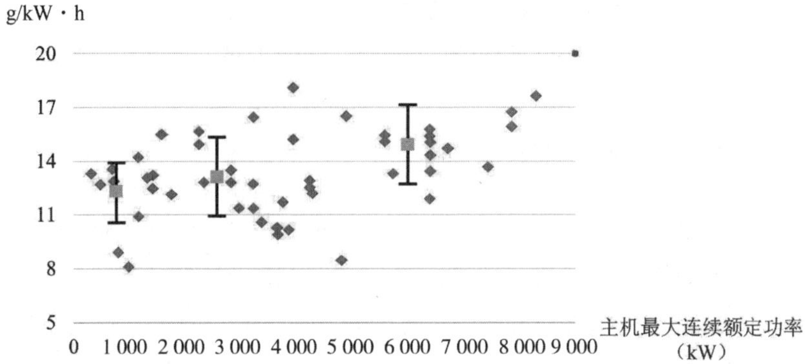

图 6.7　在 70%~100%主机最大额定功率区间不同规格柴油机的 NO_X 排放

Fig.6.7　NO_X emission of diesel engines with different specifications in the range of 70%~100% of the maximum rated power of the main engine

b.碳足迹分析方法

碳足迹的建立首先需要进行技术水平评估,多采用盘点法(Inventory Approach),又称为 Hybrid-EIO-LCA 方法。如图 6.8 所示,具体包括三步:

首先,在进行二氧化碳(CO_2)排放的实际使用情况盘点时,可以采用混合评估模型,其中资源与能源分析模型(Resource and Energy Analysis Program, REAP)是一种有效的工具。资源与能源分析模型(REAP)能够综合考虑多个因素,包括能源利用、物质流动、排放等,为二氧化碳(CO_2)排放的全面评估提供了科学而细致的框架。通过对船舶的各个方面进行建模,包括航行、货物搬运、能源消耗等,资源与能源分析模型(REAP)可以为实际使用情况下的二氧化碳(CO_2)排放提供全景式的了解,如图 6.9 所示。

其次,在分析燃料使用寿命周期时,可以按照一系列关键指标进行系统分析,如图 6.10 所示。基于"平均装机功率、平均运行时间、平均发动机负荷、平均燃油消耗率、平均碳含量、其他碳排放率"的顺序对燃料使用寿命周期进行详细的分析。这包括对船舶使用过程中各个阶段的平均运行状况、燃油消耗率和碳排放情况进行逐步深入的评估,以获得更为精准的数据。

最后,在进行二氧化碳(CO_2)计算时,可以采用由下而上的方法。这意味着首先从具体的细节入手,对船舶每个子系统的能源使用、物质流动进行详细建模和计算,然后逐步汇总至整个系统,形成全船的二氧化碳排放总量。同时,燃油的统计可以采用由上而下的方法,从全球燃油销售数据等宏观层面入手,逐步分解至具体的船舶层面,以确保统计的全面性和准确性,如图 6.8 所示。

这一系列的分析方法不仅可以提供对实际船舶运营中二氧化碳(CO_2)排放的全面认识,同时也能为船舶能源利用和环保方案的制定提供有力的数据支持,以实现更加可持续的航运运营。

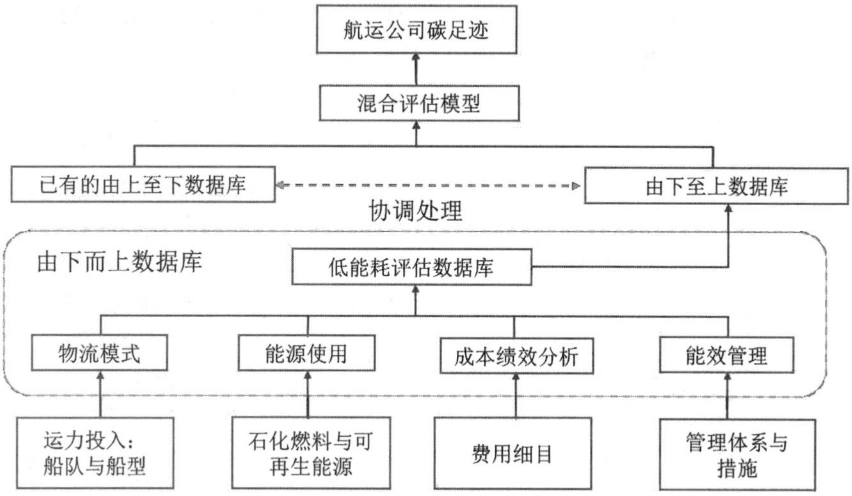

图 6.8　盘点法流程图

Fig.6.8　Flowchart of the inventory method

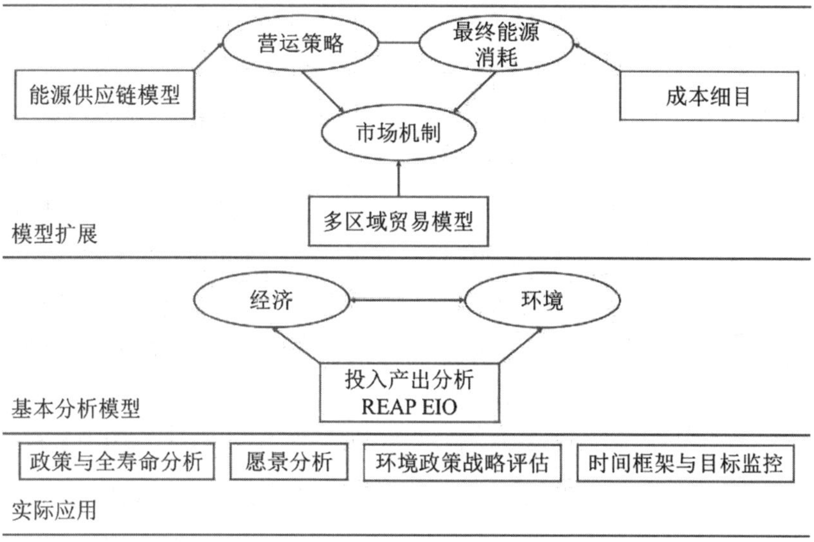

图 6.9　资源与能源分析模型(REAP)结构示意图

Fig.6.9　Structuraldiagram of resource and energy analysis model (REAP)

图 6.10　燃料使用寿命周期分析方法

Fig.6.10　Analysis method of fuel service life cycle

在仅对石化能源消耗时，可以采用船舶能效设计指数(EEDI)，船舶能效营运指数(EEOI)，船舶能效管理计划(SEEMP)作为工具分析一些单元(船舶)/整体(企业)局部指标。为更清晰地对航运公司碳足迹的资源与能源分析模型(REAP)进行评估,其工作步骤,如表6.6所示。

表6.6 资源与能源分析模型(REAP)工作步骤

Tab.6.6 Working Steps of the Resource and Energy Analysis Model (REAP)

工作步骤	工作要点	工作内容	工作要求
1	航运公司碳足迹范围评审	气候政策评估	全球(地区EU)/部门(IMO) 气候政策 国家气候政策 未来影响(战略) 具体减排目标
		可持续发展能力评估	教育与技能教育
			未来影响(战略)
		政策评估	航运公司社会责任
			可持续发展自评
2	与航运相关的碳排放识别	航运公司详细调查与检验证实	DELPH方法
		方法(混合法)	进行资源与能量分析(REAP)/EIO-LCA
		范围与领域(直接排放/全部排放)	数据库识别所有的相关部门、中间商、最终用户
		减排成本计算	减排成本曲线(ACC)制作
3	影响碳排放的技术与管理趋势	航运运力增长态势	本企业的船队增加对此态势的符合情况
		低碳技术发展态势	技术可用程度及前瞻性评估
		低碳经济影响	在CTS中的碳配额的获得情况
		燃油/货币汇率	对航运成本的影响
		可采用燃料种类	低硫油/天然气等
		BDI情况	对航运收益的影响
		能源管理计划	如减速航行、航次计划等可否实行
		其他杂项	如港口费、人员工资等其他消耗
4	碳排放实践指南	整体能源管理	根据主管当局规定,进行低/无边际成本效果测量、人为活动、决议过程而非技术的监控
		技术标准指南	参照主管当局最低能耗标准/碳信用公布/示范
		可再生能源利用	可利用种类(太阳能、风能、海水温差能等)
		新技术应用	废热回收系统/废气循环系统/乳化油系统/压载水系统
		绿色物流构成	提高物流效率/采购

二、运营模式与绿色管理

1.传统航运运营模式

传统航运运营是指航运公司在运营过程中所采取的传统的方法策略。这种管理方式主要依靠人工运营和物流管理,包括货物的装卸、运输、仓储和配送等环节。在传统航运运营中,航运公司重点关注成本控制和效益提升。船舶运营模式分为定期运输和租船运输[17]。定期运输与租船运输两种运营模式的异同点,如表 6.7 所示。

表 6.7 定期运输与租船运输的比较

Tab.6.7 Comparison between liner transportation and charter transportation

	定期运输	租船运输(不定期运输)
特点	a.管装管卸:货物的装卸及配载由班轮公司负责,承运双方之间不计滞期费,托运人与收货人之间不须另行支付装卸费 b.四固定(航线、航期、停靠港、运费率)	a.船先到,空舱费 船后到,滞期费、仓储费 货迟到,空舱费 b.租金或运费率是由根据租船市场行情决定 c.没有固定的航线、港口、船期和运价
航线模式	点对点航线 环绕式航线 蝴蝶式航线 钟摆式航线 混合式航线	不固定航线、挂靠港,也没有预定的船期表,根据合同确定船舶的营运航线
适用范围	适合于零星交易、批次较多、到岗分散的货物运输	适用于大宗货物的运输
服务对象	非特定的、分散的众多货主	特定的大宗货物货主
灵活性	较差,按船期表出船	较强,可避免停船损失
权利义务	以签发提单条款为依据,接受统一的国际公约制约	以租船合同的形式确定
费用	运价合理,但较高	受供求关系影响大,属于竞争价格,比班轮运价低

(1)定期运输运营模式

①运营特点

定期运输又称班轮运输,是指船舶按照对外公布的船期表,在由既定的挂靠港口顺序组成的在航线上开展各港口间货物运输的一种运输方式。根据装载的货物或者经营船舶的不同,班轮运输可分为杂货班轮运输、集装箱班轮运输和滚装船运输三种。由于集装箱运输装卸方便、作业效率高、机械化程度高和易于开展多式联运的优点,在进入 20 世纪 90 年代之后,集装箱班轮运输逐渐取代杂货班轮运输,成为班轮运输最主要的组成部分。四固定是定期运输最突出的特点,即定期运输在运营组织过程中有着固定的航线、固定的挂靠港口、固定的船期表和固定的费率[18],具体特点如下:

a.固定的航线和挂靠港口

在开辟航线之前,包括航线吃水限制、沿途港口的基本条件、航线气候和沿途各港口的潮汐情况等航线范围内的自然条件需要经过集装箱班轮公司的认真调查。而作为班轮运输的基础,航线范围内各个港口之间的货源也要经过深入分析。同时,航线挂靠港口顺序的确定也会经历严格的航线经济论证。此外,货主对集装箱货物的运输时间也有要求。这些因素决定了航线一旦开辟,集装箱班轮公司在一定时期内会保持其稳定,不会轻易做出改变。

b.固定的船期表

由于船期表是对外公布的,装货港的发货人可以依据船期表中的预计到港时间和预计离港时间组织并安排货源进行托运,卸货港的收货人也可以根据其安排提货。于是,船期的稳定性和准确性对集装箱班轮公司维护客户并增加客户黏性不可或缺,对其吸引潜在货源也至关重要。因此,集装箱班轮公司总是不遗余力地采用各种方法来提高准班率,确保船期的稳定性和准确性以增强其在集装箱运输市场的竞争力,即便由于恶劣天气或港口拥堵等不可抗力因素造成船期延期,集装箱班轮公司也会及时通过跳港、增加临时航班等操作来恢复船期,避免客户满意度的下降以及客户流失。

c.固定的费率

集装箱班轮的运费由基本运费和各种附加费构成,并且以运价表的形式对外公布。与运输大宗货物的租船运输不同,集装箱班轮运输为众多货主提供运输服务,承运的货物种类繁多,这就使得作为承运人的集装箱班轮公司不可能就所承运的货物与其所属的托运人一一定价,而只能按照集装箱箱型的分类以运价表的形式公布出来,并在一定时间内保持稳定。此外,集装箱的装卸费用一般包含在运价中,不再单独收取。

d.承运人负责的范围

除定有协议允许托运人在船边交货或收货人在船边提货[如日本快速交货服务(Hot Delivery Service, HDS)]外,承运人通常只是在装货港指定的码头堆场或仓库接收货物,并在卸货港的码头堆场或仓库向收货人交付货物。因此,承运人对货物负责的时段是装货港堆场或仓库到卸货港堆场或仓库,并承担在此期间产生的货损等责任。

②货物类型

集装箱是一种多用途的装载设备,可用于装载各种类型的货物。集装箱可以运输的货物类型包括:标准货物,如衣物、电子设备、家居用品等各种小件货物。液体货物,如液体化学品、食品油、饮料等通常装在专用液体集装箱中。散装货物:如粮食、煤炭、矿石等通常装在散货集装箱中。大型设备,如工程机械、汽车、飞机零部件等大型设备通常使用平板集装箱或专用集装箱。温控货物,如新鲜食品、药品、化妆品等需要保持特定温度的货物通常装在冷冻或冷藏集装箱中。

③航线模式

按照集装箱班轮的航行线路或航线结构,远洋(DS)航线和近洋(SS)航线均可分为点对点航线、环绕式航线、蝴蝶式航线、钟摆式航线以及混合式航线。

a.点对点航线

传统的点对点航线是指连接两个港口并且进行往返运输的航线。随着集装箱船大型化的发展以及提升集装箱船舱位利用率的需要,在传统的点对点航线基础上进一步衍生出了两端港航线。一般情况下,在两端港航线的一端,港口间并不发生货物流动。如图6.11(a)所示,由锦江航运经营的海峡两岸航线 TC2,从天津或青岛装载的货物,其目的港只有基隆、台中和高雄三个卸货港,天津和青岛之间并不发生货物流动;以此类推,从基隆、台中、高雄装载的货物也都只有天津和青岛两个卸货港,基隆、台中和高雄三港之间也不发生货物流动。

b.环绕式航线

环绕式航线也是集装箱班轮运输常见的航线结构。在这种航线结构中,船舶从任意港口出发,按预定的挂靠顺序在各港口依次停靠,最后返回起始港。船舶的行驶轨迹类似于环绕方式。在大多数情况下环绕式航线上的每个港口在每个航次中仅挂靠一次,且只有去程没有回程。这种航线结构不仅可以解决部分港口间货流不平衡的问题,还能提高船舶的舱位利用率。如图6.11(b)所示,由宏海箱运经营的中国至东南亚的RCT航线即为典型的环绕式航线。

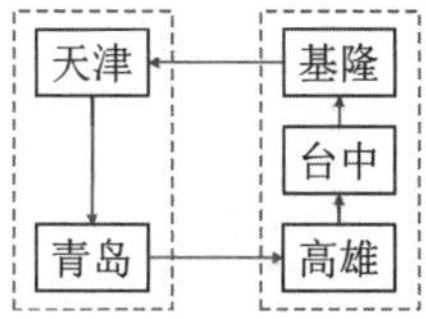

(a)点对点航线(TC2)

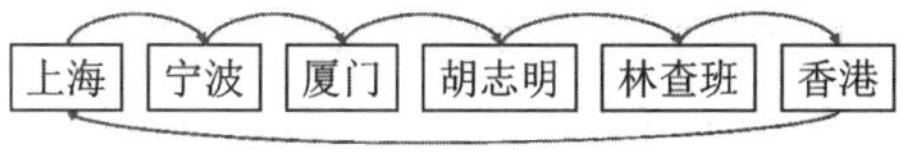

(b)环绕式航线(RCT)

图6.11 点对点航线(TC2)和环绕式航线(RCT)示意图

Fig.6.11 Point-to-point route (TC2) and wrap-around route (RCT)

c.蝴蝶式航线

蝴蝶式航行线路为船舶从某个港口出发,驶向某个方向的若干港口进行装卸作业,并且返回至该港口进行装卸作业,然后从该港口出发驶向另一个方向的若干港口进行装卸作业,再次返回至该港口进行装卸作业的一个过程。船舶的运行轨迹类似于蝴蝶的形状。在蝴蝶式航线的一个航次中,有且只有一个港口挂靠两次,其余港口均挂靠一次,如图6.12(a)所示,由德翔海运经营的IA2航线,船舶从香港出发,先向南依次挂靠东南亚的林查班和胡志明市后返回至香港,然后向东依次挂靠日本的东京、横滨、名古屋、神户以及厦门后再次返回香港;其中香港作为该航线的核心节点,共挂靠两次。

d.钟摆式航线

钟摆式航线也是近洋(SS)航线中比较常见的航线结构,船舶的航行线路是从中间港口群开航,摆向某个方向的若干港口进行装卸作业,并且摆回至中间港口群进行装卸作业,然后摆向另一个方向的若干港口进行装卸作业,再次摆回至中间港口群进行装卸作业的一个过程,船舶的行驶轨迹类似于钟摆的形式。这种航线结构的特点是在一个航次中,中间港口群的若干港口挂靠了两次,其余港口均挂靠一次。这种形式的航线结构可运载多个区域的集装箱货物,覆盖面较大,船舶舱位利用率较高。如图6.12(b)所示,由新海丰运经营的中国至日本的PBT2航线即为典型的钟摆式航线,船舶从横滨出发,依次挂靠东京和名古屋之后,摆向渤海湾区域的大连、新港和烟台后,摆回名古屋、东京和横滨,然后摆向另一个方向的上海,并再次摆回横滨、东京以及名古屋;其中,横滨、东京和名古屋三港作为中间港口群,分别挂靠两次[19]。

e.混合式航线

除了上述四种传统的航线结构外,还存在一种更为复杂的航线结构,这种航线结构由两种或两种以上传统的航线结构组成,各港口的挂靠次数一般不超过两次。如图6.12(c)所示,由正利航运经营的JTC航线,该航线可视为由一条钟摆式航线和一条蝴蝶式航线构成。船舶从基隆出发,途经台中和高雄,摆向香港后,继续向南挂靠林查班和曼谷,然后返回香港,并摆回高雄、台中和基隆,随后摆向日本区域,依次挂靠东京、横滨、名古屋、大阪和神户后,再次摆回基隆、台中和高雄;其中,基隆、台中、高雄和香港四港作为钟摆式航线的中间港口群,分别挂靠两次;林查班作为蝴蝶式航线的核心节点,也挂靠两次。

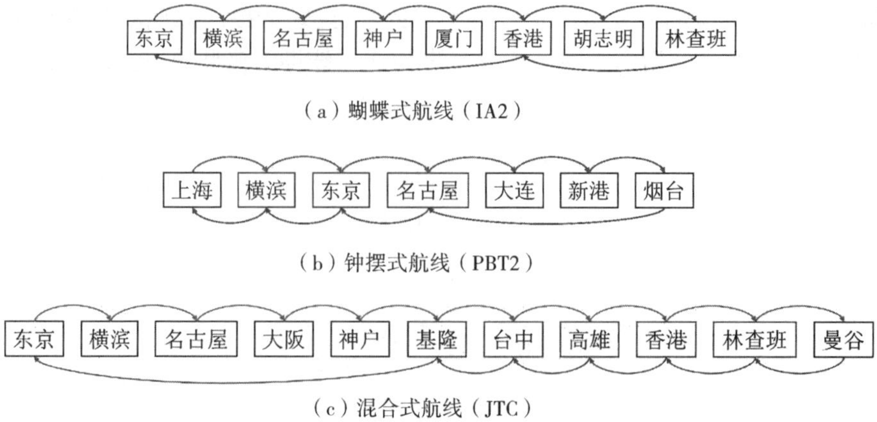

图 6.12　蝴蝶式航线(IA2)、钟摆式航线(PBT2)及混合式航线(JTC)示意图

Fig.6.12　Butterfly route（IA2）, pendulum route（PBT2）and mixed route（JTC）

(2)租船运输运营模式

① 运营特点

租船运输与定期运输的主要区别在于,船舶的出发时间、航线和运费等都不是固定的,而是随着市场需求和船舶航次的变化而灵活调整的。租船运输是没有固定的航线、挂靠港口和班期的一种船舶营运方式[20]。大宗货物,特别是干散货和液体散货如粮谷、煤炭、矿石、石油等通常都用此种方式组织运输。还有一些批量不大、港口分散、货源货流不稳定的货物,则往往由航运公司根据不同的流向流量、发货和到达港口、发运日期等编制月度运输配船计划或运输安排,按期派船运送。

a.租船运输需求具有明显的不确定性

在全球市场上随时都会有即期货物的运输需求产生,这导致租船运输需求具有明显的不确定性。对于某个特定航运公司而言,船舶经营人只能按照已知的货物运输需求结合船舶位置进行调度派遣,因此当市场上某些特定区域或时段有高利润货物出现时承运人可能无法及时做出反应,错失盈利的机会。

b.租船运输的货物具有季节性特点

租船运输市场是典型的受市场供需关系影响的市场,在经营上也分淡季和旺季,在一年中的不同时期,相同品类的货物在同一条航线上,会出现不同的流量和流向。例如,北美洲粮食成熟的季节为每年秋季,所以秋季是出口粮食的高峰期,在此期间,北美洲—远东航线的粮食运输急剧增加,运输需求的增加,导致本条航线的价格急剧上涨,航运公司可获得高额利润。由此可以看出,货物运输的季节性波动会影响到运费或租金,进而影响承运人的市场份额和经营业绩。航运公司应掌握货物的季节性波动规律,在运输需求高峰时将船舶调度到货物的集中出口地以把握市场机会。

c.船舶运输易受天气等客观因素干扰

以远洋(DS)干散货船为例,租船运输运营区域通常可分为大西洋运营区域、太平洋运营区域(包含太平洋和印度洋),在海上航行气候条件的影响下,不同的时期,对船舶航行技术条件的要求是不同的。例如,每年的7至9月是印度洋的雨季,若航运公司在该时期在印度洋海域安排运输,船舶极容易受到天气因素的影响,发生延误,增加船舶的运营成本,这显然对船公司是不利的。船舶经营者应考虑天气等客观因素的影响,在选择货物规划航线时,选择航行环境较好的海域。

②货物类型

租船运输承运的货物大多是那些运量比较大、附加值比较低，但是在经济建设中却占有重要地位的货物。除部分液态货物可通过管道运输以外，租船运输几乎是其唯一的运输方式。例如，我国以重工业和加工业为主的工业结构特征和自然资源相对贫乏的现状决定了我国大宗散装运输具有自身的独特性，即除集装箱吞吐量快速增长外，租船运输在货物进口运输中占有很大的比重。进口粮食成为我国农业和维持社会生活平稳的战略保障，进口原油成为我国重要的战略物资，进口煤炭成为我国经济发展的有力支撑，进口铁矿石成为我国重工业尤其是钢铁产业发展的坚实基石。因此租船运输对我国国民经济发展有着重大的战略意义。

③租船形式

根据承租人的要求不同，租船运输可以分为以下五种方式：

a.航次租船

航次租船又称程租船，是指由船舶所有人负责提供一艘船舶在指定的港口之间进行一个航次或几个航次运输指定货物的租船。在国际现货市场上成交的绝大多数货物（主要包括液体散货和干散货两大类）都是通过航次租船方式运输的。

b.定期租船

定期租船又称期租船，是指由船舶所有人按照租船合同的约定，将一艘特定的船舶在约定的期间，交给承租人使用的租船。这种租船方式以约定使用的一段时间为限。在这个期限内，承租人可以利用船舶的运载能力来安排运输货物。也可从事班轮运输，以补充暂时的运力不足。还可以航次租船方式承揽第三者的货物，取得运费收入。承租人还可以在租期内将船舶转租，谋取租金差额的收益。关于租期的长短，完全由船舶所有人和承租人根据实际需要洽商而定。

c.包运租船

包运租船又称为运量合同，是指船舶所有人以一定的运力，在确定的港口之间，按事先约定的时间和航次周期，每航次以较均等的运量，完成全部货运量的租船方式。

d.光船租船

光船租船又称船壳租船，是指在租期内船舶所有人只提供一艘空船给承租人使用，而配备船员，供应给养，船舶的营运管理以及一切固定或变动的营运费用都由承租人负担。也就是说，船舶所有人在租期内除了收取租金外，不再承担任何责任和费用。

e.航次期租

航次期租是程租与期租相结合的一种方式，该方式以完成一个航次运输为目的，但租金按完成航次所使用的日数和约定的日租金率计算。主要适用于装货港和卸货港的条件较差，或者航线的航行条件较差，难以掌握一个航次所需时间的情况。

2.绿色航运运营模式

（1）绿色航运运营体系

①排放监测、报告和核查机制（MRV）

a.机制发展

在绿色航运管理体系中，排放监测、报告和核查机制（MRV）是指温室气体（GHG）排放可监测、可报告和可核查的体系。监测（Monitoring）是指采取一系列技术和管理措施，测量、获取、分析、记录消耗的能源、物料等数据，是准确计算企业碳排放的基础；报告(Reporting)是指企业将碳排放相关监测数据进行处理、整合、分析并按照统一的报告格式向主管部门提交碳排放结果；核查(Verification)是指第三方独立机构通过文件审核和现场走访等方式对企业的碳排放信息报告进行核实，出具核查报告，确保数据相对真实可靠[21]。

根据《巴黎协定》，缔约国都要建立排放监测、报告和核查机制(MRV)，一方面落实各国减排任务，另一方面国际社会可对各国履约情况进行监督。排放监测、报告和核查机制(MRV)建设执行情况是履约的一项重要指标，也是碳边境调节机制(CBAM)谈判的重要内容。排放监测、报告和核查机制(MRV)是碳交易市场的必要组成部分，保证碳排放数据的可信性、可靠性和获取的高效性。因为碳交易市场运营依赖于高质量的温室气体(GHG)排放数据，所以基于排放监测、报告和核查机制(MRV)对碳排放相关数据的质量进行严格管控，确保被统计的排放数据准确、报告规范，这是碳交易市场配额买卖公平、公正和公开的基础。

b.机制要求

排放监测、报告和核查机制(MRV)包括三个重要组成部分，即可监测、可报告和可核查。其中，可监测是指根据已建立的标准，对排放源的数据及排放信息采取一整套系统的技术和管理办法，包括数据获取和统计分析。可报告是指按照规定程序，以规范要求的形式，根据统计分析结果，编制碳排放报告。可核查是指有授权的第三方独立机构，根据标准要求，按规定的程序，对被审核方提交的报告信息进行核查，以判断被审核方是否根据要求如实监测，所报送信息是否准确真实。

对碳排放的准确排放监测、报告和核查(MRV)是碳排放交易系统有效运作的必要条件。一个健全的合规制度是排放交易系统的支柱，也是其可信度的先决条件。排放监测、报告和核查机制(MRV)的构建既要考虑到TACCC原则(Transparency透明度、Accuracy准确性、Consistency一致性、Comparability可比性、Completeness完整性)，又要考虑系统的成熟度和稳健性，还要考虑与现有的法规、相关的环境税收以及市场体系的融合。被审查方数据的透明性、排放测定的准确性、所用方法和数据的一致性和可比性、法规涵盖的排放源的完整性必须符合TACCC原则[22]。

欧盟排放监测、报告和核查(EU-MRV)报告要求从2018年1月1日起进入过欧盟港口从事商业活动的5 000总吨(GT)以上船舶，需申报在从上一停靠港到成员国管辖下港口、从成员国管辖下港口到下一停靠港，以及成员国港口之间的每一次航行数据。航行数据的提交方式以航次报告和年度报告的形式，分别提交验证和最终审核。年度报告的内容应涵盖：船舶及船东信息、排放源信息、油耗检测方法及不确定性值、总油耗、航行距离、航行时间、运输量、船舶能效指标(船舶能效设计指数(EEDI)、平均单位运输二氧化碳(CO_2)排放、平均单位运输功油耗、平均航次CO_2排放、平均航次燃油消耗量等)。

IMO—船舶燃油消耗数据收集计划(IMO-DCS)报告要求国际航行船舶从2018年12月31日起，监测报告每日的航行信息，包括：航行小时数、航行距离、燃油消耗和加注信息等，最终汇总成年度总能耗信息。但是由于其报告形式不太具备检验的可实施性，目前检验机关还是以IMO所许可的，通过航次信息的汇总和切分，统计年度总能耗。

中国海事局能耗数据报告要求进出我国港口的400总吨(GT)及以上或者主推进动力装置750 kW及以上的船舶从2018年12月31日起，以航次报告的形式在离港前提交上一航次的船舶能耗数据。报告内容包括：船舶基本信息、航次运输活动数据(航行时间、航行距离和货物周转量等)、燃油消耗数据(燃油消耗和其他能源消耗等)。对于特殊的固定短航线的船舶允许以月度报告的形式提交数据。

三类规则制定的相关组织是希望通过排放报告的形式，获取航运活动的真实效能和排放数据，以实现航运能效的真实水平评价。从实施和检验的执行角度出发，航次信息的记录和报告是准确度和执行工作量可接受的选择。通过分析报告要求数据内容可以发现，完整的航次信息监测记录能够满足三类规则报告所需的信息，航次信息如表 6.8 所示[23]。根据航次信息表进行监测记录，能够实现法规要求的监测数据的收集和待验证数据的统计，形成最终排放报告。

表 6.8　航次信息表

Tab.6.8　Voyage information

序号	名称	示例记录数据
1	航段编号	1901-A
2	出发港口(是否欧盟)	上海(否)
3	离港时间	2019-09-22 1000UTC
4	离港燃油存量(HFO/LFO/DOGO)	2113.12/123.21/322.1
5	抵达港内锚地时间(出发港)	无
6	离开港内锚地时间(出发港)	无
7	离开港内锚地燃油存量	无
8	目的港口(是否欧盟)	宁波(否)
9	抵达港内锚地时间(目的港)	无
10	抵达港内锚地燃油存量	无
11	离开港内锚地时间(出发港)	无
12	抵港时间	2019-09-23 0700UTC
13	抵港燃油存量(HFO/LFO/DOGO)	2113.12/93.21/322.1
14	抵港目的	装卸货
15	载货重量(根据船型不同变化)	12 345 T
16	压载水量	1 234 T
17	航行距离	123
18	航行时间	19 h
19	途中抛锚时长	1 h
20	途中漂航时长	1 h
21	冰区/救援航行距离	无
22	冰区/救援航行时间	无
23	加油量(HFO/LFO/DOGO)	无

c.机制运行

排放监测、报告和核查机制(MRV)参与方及具体职责，如图 6.13 所示。温室气体(GHG)减排的背后存在着国家间的政治考量，尤其涉及发展中国家的未来发展。由于船舶在整个航行过程中，无论是处在船旗国、港口国或沿岸国的管辖范围内，还是航行在不受任何主管机关控制的区域，都在排放着温室气体（GHG）。无论航运公司是否出于自愿，面临国内外日益严格的碳排放监管形式，都将不得不改变企业自身的能源管理理念和模式。航运公司积极参与碳排放监测、报告和核查（MRV）技术研究，为航运公司开展节能减排、提高船舶能源利用效率，节约运营成本，适应当前日益严格的国际标准指明了方向。

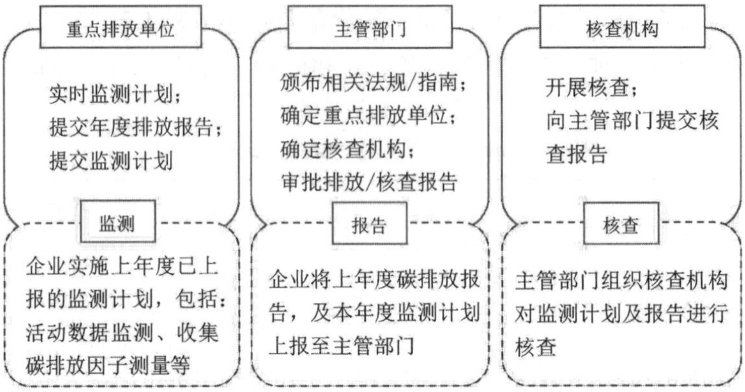

图 6.13　排放监测、报告和核查机制（MRV）参与方及具体职责

Fig.6.13　Participants and specific responsibilities of MRV

②船舶能效管理计划（SEEMP）

a.机制发展

船舶能效管理计划（SEEMP）是针对现有船舶提出的能效概念，是一个统筹规划的概念，着眼于全局，优化的空间较单船更大，是从船舶日常运营性层面进行节能减排的措施。从航运运营的角度，船舶能效管理计划（SEEMP）在能效管理上设定目标，有利于行业的长远发展，既能节省成本，又能保护环境。船舶能效管理计划（SEEMP）包含了一系列管理措施和操作指南，意在改善船舶的能源利用效率。它涵盖了船舶设计、航行计划、船舶维护、船员培训等方面，以促进船舶的节能和环保运营。

b.机制要求

2011 年 7 月第 62 届环保会正式将船舶能效规则纳入《国际防止船舶造成污染公约》（MARPOL 公约）附则Ⅵ，首次将运营减排措施船舶能效管理计划（SEEMP）作为强制要求纳入公约，适用的船舶需持有经主管机关或组织批准的能效管理计划。2016 年 10 月，国际海事组织（IMO）海上环境保护委员会（MEPC）第 278（70）号决议通过了 MARPOL 73/78 公约附则Ⅵ修正案，在船舶能效规则中增加了船舶油耗数据收集机制，要求公约适用的船舶应编制和实施船舶燃油消耗数据收集计划（DCS）（该计划作为 SEEMP 的第二部分），并在每一个报告年度结束后向船旗国或其授权认可组织提交船舶年度燃油消耗报告。从 2019 年起，所有 5 000 总吨（GT）及以上的船舶都必须监测和报告其年度燃油消耗数据。船舶能效管理计划（SEEMP）的第二部分涉及该强制性义务，并提供了关于该监测和报告计划的详细信息。自 2023 年 1 月 1 日起含碳强度指标（CII）与评级的新版船舶能效管理计划（SEEMP）正式生效，要求船舶能效管理计划（SEEMP）由提高能效的船舶管理计划（SEEMP Part Ⅰ）、船舶燃油消耗数据收集计划（DCS）（SEEMP Part Ⅱ）、船舶营运碳强度计划（SEEMP Part Ⅲ）三部分组成，如表 6.9 所示[24]。400 总吨（GT）以上的船舶，需要编制提高能效的船舶管理计划（SEEMP Part Ⅰ），签发国际能效（IEE）证书；5 000 总吨（GT）以上的船舶，需要分别编制船舶燃油消耗数据收集计划（DCS）（SEEMP Part Ⅱ）和船舶营运碳强度计划（SEEMP Part Ⅲ），并由船旗国或船级社分别签发符合性证书(COC);船旗国或船级社基于上述两个符合性证书(COC)和收集到的船舶上一年度相关数据,签发有效期一年的合规性声明(Statement of Compliance-Fuel Oil Consumption Reporting and Operational Carbon Intensity Rating, SOC),新的合规性声明(SOC)应包括船舶燃油消耗数据收集计划(DCS)(SEEMP Part Ⅱ)和船舶营运碳强度计划(SEEMP Part Ⅲ)两部分内容[25]。

表 6.9　船舶能效管理计划(SEEMP)组成

Tab.6.9　The composition of SEEMP

SEEMP	Part Ⅰ	Part Ⅱ	Part Ⅲ
目标	提高能效的船舶管理计划	船舶燃料消耗数据收集计划	船舶营运碳强度计划
时间	2013 年开始执行	2019 年开始执行	2023 年开始执行
通过会议	MEPC 62	MEPC 70	MEPC 78
适用范围	400 总吨(GT)以上船舶	5 000 总吨(GT)以上船舶	5 000 总吨(GT)以上船舶
要求	可为船舶安全管理体系的一部分,通过制订计划、执行、监测、自我评估和改进四个步骤,提高运行船舶的能效和降低碳强度	船上工作人员日常收集船舶燃油消耗数据并向主管机关报告船舶每年燃油消耗、航行距离和航行小时数	计算船舶达到的年度营运碳强度指标(CII)的方法,未来三年要求的年度营运碳强度指标(CII),记录在未来三年达到要求的年度营运碳强度指标(CII)的实施计划,自我评估和改进程序

提高能效的船舶管理计划(SEEMP Part Ⅰ)可构成船舶安全管理体系(Safety Management System, SMS)的一部分,应通过计划、执行、监测、自我评估和改进四个步骤,来提高船舶能效和降低碳强度。提高船舶营运燃油效率的最佳操作包括:提高燃油效率的营运,如改进航次计划、天气航线划定、航速优化和最佳轴功率等;最佳船舶操纵,如最佳纵倾、最佳压载、螺旋桨优化和螺旋桨进水因素、自动操舵仪的最佳使用、船体和推进系统保养等;废热回收;改进船队管理;改进货物装卸;能源管理;燃料类型以及其他措施等。

船舶燃油消耗数据收集计划(DCS)(SEEMP Part Ⅱ)主要收集并向主管机关报告船舶每年燃油消耗、航行距离和航行小时数。燃油消耗应包括船上消耗的所有燃油,收集方法包括使用燃油交付单(BDN)的方法、使用流量计的方法、使用船上燃油舱柜监测的方法等;航行距离以海里计,在航海日志中记录的本日历年度对地航行距离的累计和使用其他主管机关认可的方法测量的航行距离;航行小时数,应为船舶靠自身推进航行的累计持续时间。

船舶营运碳强度计划(SEEMP Part Ⅲ)中包括:计算船舶达到的年度营运碳强度指标(CII)的方法和用于主管机关报告过程的描述;未来三年要求的年度营运碳强度指标(CII);记录如何在未来三年达到要求的年度营运碳强度指标(CII)的实施计划;自我评估和改进程序。

c.机制运行

船舶能效管理计划(SEEMP)的核心在于制定适用具体船舶的能效措施并有效实施,因为每个航运公司、每一艘船舶都具有各自经营的特点,为保证能效措施的有效性和可操作性,需要制定操作程序,通过科学系统评估和不断改进完善,最终形成针对某一具体船舶的最佳能效措施。船舶能效管理计划(SEEMP)分为四个步骤:计划、实施、监控、评估和改进;措施包括改进航次计划、气象导航、航速优化、最佳纵倾、最佳压载、船体保养、推进系统保养等。

第一步,计划。为了更好地了解船舶当前的能源使用情况。它应确定船上已经实施的节能措施,并确定这些措施在提高能源效率方面的有效性。确保研究船上燃料消耗的所有领域:推动船舶的主发动机、用于发电的辅助发动机和制造蒸汽的锅炉。第二步,实施。这是“做”阶段。船舶能效管理计划(SEEMP)应建立做的时间框架,确定负责实施每项措施的人员,并说明如何保存相关的数据记录。第三步,监控。一致、定期的数据收集是监控的基础。监控过程中需要的数据是船舶能效管理计划(SEEMP)中列出的特定机械项目所消耗的燃料量。工作人员将负责船舶能效管理计划(SEEMP)的特定区域。此阶段船舶能效管理计划(SEEMP)所需的大部分数据已经被收集起来。第四步,评估和改进。将消耗的能源与以前的消耗数据和在计划阶段设定的目标进行比较。评估阶段应详细审查所有能源效率措施的实施成功与否,并为改进提供有意义的反馈,如图 6.14 所示。

图 6.14　船舶能效管理计划(SEEMP)步骤

Fig.6.14　SEEMP steps

③船舶燃油消耗数据收集计划(DCS)

a.机制发展

2016 年,国际海事组织(IMO)海上环境保护委员会(MEPC)第 70 届会议审议并通过《国际防止船舶造成污染公约》(MARPOL 公约)附则Ⅵ关于船舶燃油消耗的数据收集系统(DCS)的修正案,于 2018 年 3 月 1 日生效。

b.机制要求

《国际防止船舶造成污染公约》(MARPOL 公约)附则Ⅵ对收集和报告船舶燃油消耗数据及相关的数据库维护、管理和使用做了具体规定,主要包括要求从 2019 年开始,5 000 总吨(GT)及以上的船舶应收集其使用的每种燃油类型的燃油消耗数据,以及其他指定数据(包括用于计算运输工作量指标的数据),并向其主管机关报告,主管机关应将这些数据报送到国际海事组织(IMO)船舶燃油消耗数据库;秘书长须按照《数据库导则》,负责管理燃油消耗数据库,并向海上环境保护委员会(MEPC)递交年度报告。

每份年度报告至少应包括以下内容及海上环境保护委员会(MEPC)要求的任何其他信息:从事国际航行的所有 5 000 总吨(GT)及以上船舶每年消耗的各类燃油总量;按照船舶能效设计指数(EEDI)船型和船舶能效设计指数(EEDI)尺寸分类,包括不受船舶能效设计指数(EEDI)约束的“其他”类型船舶,从事国际航行的 5 000 总吨(GT)及以上船舶每年消耗的各类燃油总量、航行距离和航行小时数,向数据库报告的从事国际航行的 5 000 总吨(GT)及以上船舶的数量,未收到数据的在附则Ⅵ缔约方登记的从事国际航行的 5 000 总吨(GT)及以上的船舶数量。秘书长应采取措施确保数据库的完整性,包括对数据进行质量控制和核查,以查明丢失的船舶数据和提交数据中的明显错误。

c.机制运行

国际海事组织(IMO)所收集的信息将在每年结束后报告给船旗国,船旗国在核实该数据后,向该船舶签发符合声明,并将数据提交给国际海事组织(IMO)船舶燃油消耗数据库。根据目前的修正案条款,该数据库的单船信息是匿名的,《国际防止船舶造成污染公约》(MARPOL 公约)附则Ⅵ的缔约国可以浏览和使用该数据库,但仅可用于分析和研究的目的。

④碳强度指标(CII)

a.机制发展

国际海事组织(IMO)海上环境保护委员会(MEPC)于2021年6月召开第76届会议,船舶能效管理计划(SEEMP)的Part Ⅲ引出了船舶营运碳强度指标(CII),量化了船舶营运减排要求,从二氧化碳(CO_2)排放角度评估船舶营运效率。船舶碳强度指标(CII)与评级系统将成为实现国际海事组织(IMO)航运业脱碳目标的主要机制,目标是到2030年将国际航运的碳强度至少降低到2008年的40%。为便于碳强度指标(CII)的实施,国际海事组织(IMO)做了全要素设计,包括定义、规则要求、检验发证、港口国检查等,配套制定了四个相关实施导则,形成了整体的规则指南体系[26]。

船舶碳强度,也就是船舶二氧化碳(CO_2)排放指数(这里的"指数"是指任何两个数值对比所形成的相对数),即表明船舶单位运输工作量的二氧化碳(CO_2)排放量,其将船舶二氧化碳(CO_2)排放量与运输工作量联系起来。用船舶碳强度来等价表述船舶二氧化碳(CO_2)排放指数,更为简洁。由于目前船舶消耗的能源基本是含碳燃料,非含碳燃料基本为零,船舶二氧化碳(CO_2)排放量与船舶燃料消耗量直接相关,船舶碳强度亦可提供船舶关于燃油效率方面的信息,因此船舶碳强度指标(CII)也是应用于特定船舶类型以表征船舶能效性能的指标,又可称船舶碳强度指标(CII)为船舶能效指标。船舶碳强度数值越低,则表示船舶能效水平越高。营运碳强度指标(CII)分为达到的年度营运碳强度指标(Attained CII)和要求的年度营运碳强度指标(Required annual operational carbon intensity indicator, Required CII)两类。

b.机制要求

船舶碳强度可以用式(6.1)来表示:

$$I = M(CO_2)/W(\text{transport}) \tag{6.1}$$

其中:I为船舶碳强度;$M(CO_2)$为一段时间内船舶二氧化碳(CO_2)排放量,单位为吨;$W(\text{transport})$为船舶运输工作量。

国际海事组织(IMO)用碳强度评级来表示船舶实际的营运能效好坏程度,碳强度指标(CII)对于5 000总吨(GT)及以上的船舶为强制性要求。在规则强制生效后,船舶每个日历年需基于上一个日历年收集的数据进行一次性测算,通过记录实际单船达到的年度营运碳强度指标值(Attained CII),与国际海事组织(IMO)碳减排目标要求的年度营运碳强度指标(Required CII)进行比较,根据碳强度指数折减率确定当年的碳强度评级。碳强度评级是指基于达到的年度营运碳强度指标(Attained CII)从5个等级(A、B、C、D和E)评定船舶,表示优秀、良好、普通、稍差或不合格的表现水平。评级将记录在船舶营运碳强度计划(SEEMP Part Ⅲ)中,评级为E或者连续三年评级为D的船舶目前不会直接导致惩罚性的后果,但需要在船舶能效管理计划(SEEMP)中制订整改计划并执行以达到要求的年度营运碳强度指标(CII)。为便于评级,2023年至2030年的每一年都对五级评定机制设定了四个边界,即优秀边界、较低边界、较高边界和不合格边界,边界可由所要求的年度营运碳强度指标(Required CII)与向量结合确定,向量表示其偏离的方向和偏离所要求值的距离(表示为向量 ***dd*** 以便于参考)。如图6.15所示,通过将船舶达到的年度营运碳强度指标(Attained CII)与边界值进行比较可评定等级。

统计上,***dd*** 矢量取决于相关船型船舶达到的年度营运碳强度指标(Attained CII)的分布,可以通过分位数回归估算,以2019年通过船舶燃油消耗数据收集计划(DCS)采集的数据为样本。各船型碳强度指标(CII)评级边界线参数表,如表6.10所示。

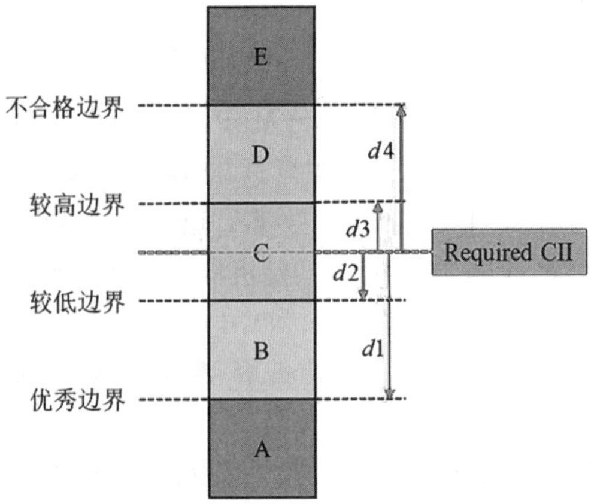

图 6.15　碳强度指标(CII)评级边界

Fig.6.15　Carbon Intensity Indicator (CII) rating boundary

表 6.10　各船型碳强度指标(CII)评级边界线参数表

Tab.6.10　Table of CII rating boundary line parameters for each ship type

船型		CII 计算中的载运能力	$d1$	$d2$	$d3$	$d4$
散货船		*DWT*	0.86	0.94	1.06	1.18
气体运输船	*DWT*≥65 000 t	DWT	0.81	0.91	1.12	1.44
	DWT<65 000 t		0.85	0.95	1.06	1.25
液货船		DWT	0.82	0.93	1.08	1.28
集装箱船		DWT	0.83	0.94	1.07	1.19
普通干货船		DWT	0.83	0.94	1.06	1.19
冷藏货船		DWT	0.78	0.91	1.07	1.20
兼用船		DWT	0.87	0.96	1.06	1.14
液化天然气(LNG)船	DWT≥100 000 t	DWT	0.89	0.98	1.06	1.13
	DWT<100 000 t		0.78	0.92	1.10	1.37
滚装货船(汽车运输船)		GT	0.86	0.94	1.06	1.16
滚装货船		GT	0.76	0.89	1.08	1.27
滚装客船		GT	0.76	0.92	1.14	1.30
邮轮		GT	0.87	0.95	1.06	1.16

c.机制运行

船舶碳强度指标(CII)的计算与评级可分为 4 个步骤:第一步,根据船舶碳强度指标(CII)导则和某船型船舶的基本信息及报告的日历年 y 的营运数据,计算该船舶日历年 y 达到的年度营运碳强度指标(Attained CII)。第二步,根据船舶碳强度指标(CII)参考基线导则,计算某船型船舶的营运碳强度指标(CII)参考基线。第三步,根据船舶碳强度指标(CII)折减系数导则,计算某船型船舶日历年 y 要求的年度营运碳强度指标(Required CII)。第四步,根据船舶碳强度指标(CII)评级导则,计算某船型船舶日历年 y 的 4 个评级边界值,比较该船舶日历年 y 达到的年度营运碳强度指标(Attained CII)与 4 个评级边界值,确定该船舶评级结果。

(2)航运排放监测管理

①排放监测数据

排放监测数据为船舶碳强度指标(CII)计算提供所需的燃料总质量、碳转换系数、总吨(GT)、航行距离、船舶类型、船舶容量等数据。

a.数据采集:船舶信息集成平台通过串口或网络接口,对船舶航行状态、设备状态、环境状态等相关信息与数据进行通信采集,采集系统提供统一的数据标准,可为每个采集的数据点添加编号、名称等相关的数据属性。

b.数据整合:对已有的数据进行必要的抽取、清理的基础上进行系统加工、分类汇总、分析整合及交互,基于整合后的数据资源面向应用需求,进行数据挖掘。通过分析得到支撑故障分析、预报预警、趋势预测和辅助决策等能力的关键数据,为业务应用及辅助决策提供信息支撑,发挥信息集成的作用。

c.船岸互通及数据展现:系统提供统一的数据访问接口,对访问进行鉴权处理,支持基础数据、报警事件和趋势预测的访问,提供相应的数据挖掘结果。数据展示方式支持电脑和移动设备。同时,通过数据轻量化处理,采用消息队列遥测传输(MQTT)协议,实现船端与岸端的数据互通,打造岸海一体化管理。

②排放强度指标

a.碳排放量计算

计算船舶二氧化碳(CO_2)排放量的方法有动力法和燃料法两种。

动力法的核心是获取船舶的运行状态。利用船舶自动识别系统(AIS),采集船舶实时航行数据,如航速、吃水、航行时间和地理位置(经纬度)等,获取船舶实时的运行状态,结合船舶静态信息,确定船舶主机、副机和锅炉等动力装置的负荷(功率)和工况条件,同时利用测量得到的二氧化碳(CO_2)排放因子数据库,计算出船舶二氧化碳(CO_2)排放量。这样可以更好地表征船舶碳排放的空间分布特征和时间变化特征。如果可以实时监测到主机转速,则对确定主机功率更为有利,因为主机功率与转速的三次方成正比(在不考虑海况影响的条件下)。如果用航速间接确定主机功率,虽然航速等于螺旋桨螺距与转速的乘积,但影响因素增多,会造成误差变大。根据船舶所处的经纬度,结合划定的船舶排放控制区(ECA)和船舶距离海岸线的距离,可以判断出船舶所用的油品,从而选择合适的二氧化碳(CO_2)排放因子。动力法计算船舶二氧化碳(CO_2)排放量可用式(6.2)表示:

$$M_{D,CO_2} = \sum_i \sum_j P_i \times h_i \times R_{Fj} \tag{6.2}$$

其中:P_i 为动力装置 i 的功率,kW;h_i 为动力装置 i 在 P_i 状态下的运行时间;j 为动力装置 i 在 P_i 状态下使用的燃料;R_{Fj} 为动力装置 i 在 P_i 状态下的二氧化碳(CO_2)排放因子,t/kW · h。

用燃料法计算船舶二氧化碳(CO_2)排放量,就是根据船舶在一定时间内各种燃料的消耗量,计算出船舶二氧化碳(CO_2)排放量,其核心是计算各种燃料消耗量和选择各种燃料对应的碳转换系数。一定时间内,燃料法计算的船舶二氧化碳(CO_2)排放量等于船舶各种燃料消耗量与燃料对应的碳转换系数的乘积的总和。目前营运类和技术类碳强度指标(CII)皆采用燃料法来计算船舶二氧化碳(CO_2)排放量,只是获取燃料消耗量的方式有所不同,区别在于技术类碳强度指标(CII)根据动力装置功率和燃油消耗率式(6.3),间接计算出燃料消耗量,从而计算二氧化碳(CO_2)排放量,而营运类碳强度指标(CII)则根据船舶报告的燃料消耗量直接计算二氧化碳(CO_2)排放量式(6.4)。

燃料法计算技术类碳强度指标(CII)的船舶二氧化碳(CO_2)排放量,如式(6.3)所示:

$$M_{RJ,CO_2} = \sum_i \sum_j P_i \times SFC_i \times h_i \times C_{Fj} \quad (6.3)$$

其中:P_i 为动力装置 i 的功率,kW;SFC_i 为动力装置 i 在 P_i 状态下的燃油消耗率,g/kW·h;h_i 为动力装置 i 在 P_i 状态下的运行时间;j 为动力装置 i 在 P_i 和 SFC_i 状态下使用的燃料;C_{Fj} 为燃料 j 的碳转换系数,t-CO_2/t-Fuel;$P_i \times SFC_i \times h_i$ 为动力装置 i 在 P_i 和 SFC_i 状态下,在 h_i 内消耗的燃料 j 的质量,t。

燃料法计算营运类碳强度指标(CII)的船舶二氧化碳(CO_2)排放量,如式(6.4)所示:

$$M_{RY,CO_2} = \sum_j FC_j \times C_{Fj} \quad (6.4)$$

其中:FC_j 为一定时间内船舶报告的消耗燃料 j 的质量(t);C_{Fj} 为燃料 j 的碳转换系数,t-CO_2/t-Fuel。利用燃料中碳的质量分数(碳当量)以及二氧化碳(CO_2)分子中碳和氧的质量比,可以计算得到燃料的碳转换系数。船舶在世界各地所加装的燃料的碳含量不尽相同,因此,碳转换系数最好由燃料供应商提供以更加精确。目前船舶使用的燃料等级已经标准化,各种燃料的碳转换系数也就相对固定。船舶常用的燃料类型及对应的碳转换系数,如表 6.11 所示。缺陷是燃料中的所有碳不是都充分燃烧转换成二氧化碳(CO_2)的,也可转换成一氧化碳(CO)、黑炭(HC)等其他含碳物质;有些燃料没有被燃烧而从发动机中逃逸出来,形成油泥、油渣或其他物质,这部分燃料在统计时也有被扣除,但不能被完全统计。燃料法计算的二氧化碳(CO_2)排放量往往会偏大。因此,采用燃料法所计算的碳强度指标(CII)有一定的误差,而且燃料法不能实时反映船舶碳排放的空间分布特征和时间变化特征。这些缺陷值得后续深入研究,以便改进营运类碳强度指标(CII)。

表 6.11 碳转换系数 C_F

Tab.6.11 Carbon conversion factor C_F

燃料类型	参照等级	低热值(kJ/kg)	碳当量	C_F(t-CO_2/t-fuel)
柴油/汽油	ISO 8217 DMX 级—DMB 级	42 700	0.874 4	3.206
轻燃油(LFO)	ISO 8217 RMA 级—RMD 级	41 200	0.859 4	3.151
重燃油(HFO)	ISO 8217 RME 级—RMK 级	40 200	0.849 3	3.114
液化石油气(LPG)	丙烷	46 300	0.818 2	3.000
	丁烷	45 700	0.826 4	3.030
液化天然气(LNG)		48 000	0.750 0	2.750
甲醇		19 900	0.375 0	1.375
乙醇		26 800	0.521 7	1.913

b.碳强度指标(CII)计算

碳强度指标(CII)计算主要包括达到的年度营运碳强度指标(Attained Annual Operational CII)、碳强度指标基线(CII Ref)、船舶年度运营所需 CII(Required CII)以及相应的评级标准。船舶碳强度指标(CII)的计算方法为船舶在一个日历年排放的二氧化碳(CO_2)总质量与其所进行的总运输工作量之比,如式(6.5)所示:

$$\text{attained CII}_{\text{ship}} = M/W \quad (6.5)$$

其中:M 为船舶一个日历年排放二氧化碳(CO_2)的总量(g);W 为船舶一个日历年所完成的总

运输工作量。

船舶一个日历年排放二氧化碳(CO_2)总量 M 的计算如式(6.6)所示：

$$M = \sum FC_j \times C_{F_j} \tag{6.6}$$

其中：j 为燃油类型；FC_j 为根据国际海事组织(IMO)数据收集系统公布的一个日历年燃油 j 消耗的总质量(g)；C_{F_j} 为燃油 j 的燃油质量与二氧化碳(CO_2)质量换算系数。

船舶一个日历年所做的总运输工作量 W 的计算如式(6.7)所示：

$$W = C \times D_t \tag{6.7}$$

其中：对于散货船、液货船、集装箱船、气体运输船、液化天然气(LNG)船、滚装货船、杂货船、冷藏货船和兼用船，C 为船舶的载重吨(DWT)；对于邮轮、滚装货船和滚装客船，C 为船舶的总吨(GT)；D_t 为船舶一个日历年内的航行总距离。

c.碳强度指标(CII)计算示例

为更好理解碳强度指标(CII)计算公式，从上海地区航运公司的主营国际航行货船中随机挑选典型的散货船、集装箱船、杂货船和油船各 4 艘作为样本船舶，进行碳强度指标(CII)计算与评级分析。表 6.12 为 2021 年样本船舶航行及油耗数据。

表 6.12　2021 年样本船舶航行及油耗数据

Tab.6.12　Voyage and fuel consumption data for sample vessels in 2021

船舶类型		载重吨/t	航行距离/n mile	燃料类型		
				柴油/汽油/t	轻燃油/t	重燃油/t
散货船	A1	11 588.00	40 296.00	262.88	0.00	1 860.75
	A2	24 196.00	35 540.72	208.08	0.00	2 493.66
	A3	35 300.00	52 094.81	150.99	0.00	4 349.89
	A4	53 119.30	48 263.37	160.92	0.00	3 938.35
集装箱船	A1	11 216.74	45 770.18	93.44	1 575.74	1 258.07
	A2	23 596.00	56 777.01	50.23	0.00	3 683.15
	A3	39 528.00	65 495.60	75.38	0.00	5 881.80
	A4	49 064.00	71 347.11	124.17	0.00	6 958.84
杂货船	A1	16 957.00	60 190.24	84.41	0.00	4 076.08
	A2	23 465.00	48 850.94	27.82	0.00	4 157.12
	A3	31 963.00	44 969.20	667.29	0.00	3 892.09
	A4	50 161.00	64 658.00	61.99	0.00	5 459.89
油船	A1	12 447.00	36 273.00	628.61	0.00	1 328.75
	A2	22 643.00	39 323.60	589.45	0.00	2 005.67
	A3	37 996.81	27 995.06	462.59	0.00	1 949.79
	A4	51 957.00	49 185.62	54.28	0.00	5 910.91

对样本船舶的碳强度指标(CII)进行计算，得出达到的年度营运碳强度指标(Attained CII)。如表 6.13 所示，表中 A1、A2、A3 和 A4 分别对应各船型下的船舶。由于船舶类型不同，即使船舶载重吨(DWT)量级相当，计算得到达到的年度营运碳强度指标(Attained CII)也相差较大。

例如,杂货船、散货船和油船 A2 达到的年度营运碳强度指标(Attained CII)分别比集装箱船 A2 高约 31%、13%和 5%。这种情况产生的主要原因是相较于其他三种类型的货船,集装箱在靠港期间可以使用岸电,即使不考虑不同船型船舶自身的相关要素,如船体线型、主机性能、航行条件和船舶维护管理等,船舶靠港期间使用岸电也可以节省大量燃油,即减少二氧化碳(CO_2)的排放,降低船舶自身达到的年度营运碳强度指标(Attained CII)。

表 6.13 样本船舶碳强度指标(CII)计算结果(单位:g/t·n mile)

Tab.6.13 Results of CII calculations for sample ships (in g/t-n mile)

	散货船	集装箱船	杂货船	油船
A1	14.21	17.89	12.70	13.63
A2	9.81	8.68	11.37	9.14
A3	7.63	7.17	9.92	7.11
A4	4.98	6.30	5.30	7.21

尽管船型不同且个别船舶由于自身营运状况导致其达到的年度营运碳强度指标(Attained CII)可能会明显偏高,例如集装箱船 A1 和油船 A4,但不同船型达到的年度营运碳强度指标(Attained CII)整体随船舶载重吨(DWT)的增大而呈现减小趋势。这是因为燃油消耗量主要受主机油耗率影响,同等工况下主机功率越大则油耗率越大,而样本船舶资料显示,船舶载重吨(DWT)成倍增加后,主副机的功率并不会同等比例增大,即同等营运状况下船舶的耗油量不会同等比例增加,此时船舶达到的年度营运碳强度指标(Attained CII)将会变小,即船舶的大型化会降低自身达到的年度营运碳强度指标(Attained CII)。

如表 6.14 所示,船舶实际营运期内,船舶年度达到的年度营运碳强度指标(Attained CII)会受诸多因素的影响,例如船舶性能、营运方式和天气因素等,2023 年按照修正案要求对样本船舶进行评级时,碳强度指标(CII)评级总体表现最优的船型为集装箱船,该船型 100%的船舶都在 B 级及以上,有 75%的船舶评级为 A,且只有此一种船型评级时有船舶达到 A 级。油船的碳强度指标(CII)评级次之,但所有船舶也均在 C 级及以上,且有 75%的船舶评级为 B。杂货船的碳强度指标(CII)评级在 B、C、D、E 四级中分布比较均匀,各级船舶占比一致,但有一半的船舶位于合格线以下。散货船的碳强度指标(CII)评级在四种船型中表现最差,有 50%的船舶评级为 E,且只有 25%的船舶在合格线以上,评级为 C。2021 年船舶营运碳强度评级导则在确定各评级边界时划分了 15%的营运船舶会处于 E 级,20%的船舶会处于 D 级,但这个比例是依据 2019 年国际海事组织(IMO)数据收集系统中的数据得出,实践中不同国家和地区的不同类型船舶的碳强度指标(CII)评级比例分布可能会存在较大差异。

表 6.14 样本船舶碳强度指标(CII)参考及 2023 年各评级边界值

Tab.6.14 Sample ship reference CII and 2023 boundary values for each rating

船舶类型		参考 CII	优秀边界	良好边界	合格边界	较差边界
散货船	A1	13.56	11.66	12.74	14.37	16.00
	A2	8.55	7.35	8.04	9.06	10.09
	A3	6.75	5.81	6.35	7.16	7.97
	A4	5.23	4.49	4.91	5.54	6.17

续表

船舶类型		参考 CII	优秀边界	良好边界	合格边界	较差边界
集装箱船	A1	20.76	17.23	19.51	22.21	24.70
	A2	14.43	11.98	13.56	15.44	17.17
	A3	11.21	9.31	10.54	12.00	13.34
	A4	10.09	8.37	9.48	10.79	12.00
杂货船	A1	13.37	11.10	12.57	14.18	15.92
	A2	11.04	9.17	10.38	11.71	13.14
	A3	8.64	7.18	8.13	9.16	10.29
	A4	6.05	5.02	5.69	6.41	7.20
油船	A1	16.67	13.67	15.50	18.00	21.34
	A2	11.57	9.49	10.76	12.50	14.81
	A3	8.44	6.92	7.85	9.12	10.81
	A4	6.97	5.72	6.48	7.53	8.52

③实时评估分析

碳强度指标(CII)管理系统能够根据法规的变化和船舶实际运行情况,实时监测碳强度指标(CII)的变化情况,及时应对国际海事组织(IMO)法规在计算方法等方面的不断更新。同时,根据历史数据进行分析,以评估船舶的碳排放性能。此外,该模块还可以根据船舶运行情况,预测未来船舶运行的碳排放趋势。

④报告与可视化

碳强度指标(CII)计算系统支持生成 IMO-DCS、欧盟排放监测、报告和核查机制(EU-MRV)以及 DNV 等数据报告格式,根据不同机构的要求,生成详细的碳强度指标(CII)报告,包括船舶的碳排放强度、趋势分析、预测等信息。

(3)运营减排成本效益

①边际减排成本(MAC)

边际减排成本(MAC)是指每多减排一单位的二氧化碳(CO_2)所要付出的成本。假设 A 为一种明确的、可用的减少二氧化碳(CO_2)排放的措施,如更高效的船体形式、更省油的发动机、更高效的螺旋桨、可以节省能源的设备。假设在一艘给定的船舶上实施措施 A 。在其他条件相同的情况下,比较没有措施 A 的船舶和有措施 A 的船舶。符号定义,如表 6.15 所示,措施 A 的边际减排成本($MAC(A)$)定义如下[27]:

$$MAC(A) = \Delta NCOST(A)/\Delta CO_2(A) \tag{6.8}$$

已知

$$\Delta NCOST(A) = \Delta GCOST(A) - \Delta FUEL(A) \times PFUEL \tag{6.9}$$

和

$$\Delta CO_2(A) = \Delta FUEL(A) \times F \tag{6.10}$$

可得:

$$MAC(A) = \frac{\Delta GCOST(A)}{\Delta CO_2} - \frac{PFUEL}{F} \tag{6.11}$$

表 6.15　符号说明表

Tab.6.15　Symbol description table

符号	定义
$\Delta GCOST(A)$	实施措施 A 的总成本,定义为采用措施 A 的船舶年度成本减去不采用措施 A 的成本的总差值,总值不包括燃料成本
$\Delta FUEL(A)$	通过对同一艘船舶实施措施 A ,所减少产生的年度总燃料消耗量
$\Delta NCOST(A)$	实施措施 A 的总净成本,定义为采用措施 A 的船舶年度成本的净差值,净值包括燃料成本
$\Delta CO_2(A)$	通过实施措施 A 可避免产生的二氧化碳(CO_2)的总吨(GT)
$PFUEL$	一年以上燃料的平均价格
F	碳系数(8.02 与 3.11 之间)

式(6.11)右侧的负项反映了由于燃料消耗减少而节省的成本[每吨二氧化碳(CO_2)的减少]。这也意味着对于任何措施 A ,如果燃料价格足够高, $MAC(A)$ 可以是负的。与其他成本高的措施相比, $\Delta GCOST(A)$ 低的措施也更有可能产生负的 $MAC(A)$ 。负边际减排成本(MAC)意味着船东将有经济动机去实施相应的措施。这样做会增加利润,而且作为一个重要的副作用,也会减少二氧化碳(CO_2)排放。这将是一个双赢的提议,不需要监管机构强制实施这一措施。相反,如果一项措施的边际减排成本(MAC)为正,则船东将没有动力采用该措施,这项措施必须得到授权才能实施[28]。上述分析的一个重要推论是,即使采用无谓的基于市场的措施(MBM),也会导致一些二氧化碳(CO_2)的减少,因为所有具有负边际减排成本(MAC)的措施都将实施。由于燃料价格上涨,今后将有越来越多的这类措施具有相关性和成本效益。

②减排成本曲线(ACC)

减排成本曲线(ACC)是根据某一阶段年的温室气体(GHG)排放总量的减排额按照减排成本大小进行排列的曲线,它与所采用的措施(管理)与技术明确地贡献于整体减排总额。一般包含四要素:

一是设定基准年:《京都议定书》规定的基准年为 1990 年。目前,欧盟外的其他国家都不执行以 1990 年作为基准年。如澳大利亚为 2000 年,日本、美国为 2005 年等。选取不同的基准年与不同减排比例的选取是对该国排放总量的修正。

二是选定排放的阶段情景与第一阶段年:地球的温室气体(GHG)减排工作应该是全球的事情,不是一个国家、一个行业能左右全局的。目前,根据联合国政府间气候变化专门委员会(IPCC)等组织的推荐,排放情景选定为 480×10^{-6}、510×10^{-6}、550×10^{-6}。第一阶段年选为 2030 年。目前,国际航运业大都以 2030 年作为目标。

三是计算一切照常(Business as Usual, BAU)排放总量(C_{total}):国际上流行着一切照常(BAU)总量估算法与碳强度[单位国内生产总值(GDP)的二氧化碳(CO_2)排放量]计算法,发达国家采用的是一切照常(BAU)总量计算法(绝对脱钩);发展中国家使用碳强度计算法(相对脱钩)。为了便于制作减排成本曲线(ACC),多采用一切照常(BAU)总量估算法。

第四是制作减排成本曲线(ACC):按照国际/地区/国家的减排承诺(基准年、%),设减排总额为 C_{red} ,减排所需投资成本为 F ,计算公式如下:

$$C_{red} = \sum_{i=1}^{n} \Delta C_i \tag{6.12}$$

$$F = \sum_{i=1}^{n} \Delta F_{ui} = \sum_{i=1}^{n} \Delta f_{ui} \Delta C_i \tag{6.13}$$

$$\Delta C_i = C_i - C_{i-1} \tag{6.14}$$

式中，ΔC_i 表示第 i 项措施(管理)与技术对减排的贡献，tCO_2e；ΔF_{ui} 表示第 i 项措施(管理)与技术需要的投入/直接受益；Δf_{ui} 表示第 i 项措施(管理)与技术单位碳排放所需投入/直接受益，USD/tCO_2e；C_i，C_{i-1} 为减排成本曲线(ACC)图中横轴上第 i 项措施(管理)与技术的首尾坐标，如图 6.16 所示。

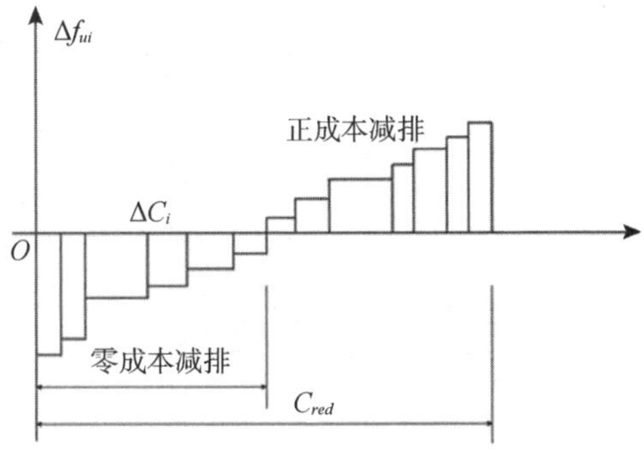

图 6.16　减排成本曲线(ACC)制作原理

Fig.6.16　Abatement cost curve (ACC) production principles

③航运减排成本曲线(ACC)

根据上述原理，可以得到航运的减排成本曲线(ACC)，如图 6.17 所示[29]。图中显示了 2030 年预计世界航运船队的典型减排成本曲线(ACC)，以及相应的减少二氧化碳的措施，其中横轴表示所减少的二氧化碳排放量，纵轴表示相应的边际减排成本。减排成本曲线(ACC)是一条供给曲线，各项措施是按照减排成木的非递减顺序进行排序的。这意味着，在某一项措施实施之前，减排成本低于该措施减排成本的所有其他措施都已实施。在实践中，情况可能并非如此，因为有些措施是强制性的，因此优先于其他措施，并且在这些情况下，减排成本曲线(ACC)可能不是单调增加的。此外，减排成本曲线假定减排措施之间没有相互依赖关系，这也可能不是事实。在图 6.17 中，每一项减排措施都用一个矩形框来表示，矩形框的水平维度是该减排措施所减少的二氧化碳排放量，垂直维度是相应的减排成本。

该曲线基于 2009 年的 CO_2 排放量，9.25 亿吨，在 2030 年每年世界船队以 2.45%增长的情景下，一切照常(BAU)排放将达到 15.3 亿吨。根据预估，届时可能的温室气体(GHG)减排为 8.5 亿吨，为整个一切照常(BAU)排放的 56%。这里未考虑届时其他科技的可能发展，因此属于比较保守的估计。如未来燃料电池催化剂——铂的替代物被研制出来；核能届时也可能解决了技术、商务、政策方面的障碍得到大量应用；现代风能(如风翼助航技术)飞速发展得以大面积推广；太阳能发电(电池与太空发电)克服了效率低下等方面问题成为船舶供电的主要来源等，这些船舶主要能源的技术发展可能导致柴油机不再是船舶主要动力。另外还有其他技术发展，导致船舶设计技术得到飞跃发展，如超导发电机使得发动机的体积变小，发电能力变大；仿生学成果使得船舶阻力进一步减低；新的高强度材料出现使得船舶重量进一步大幅度减轻等。

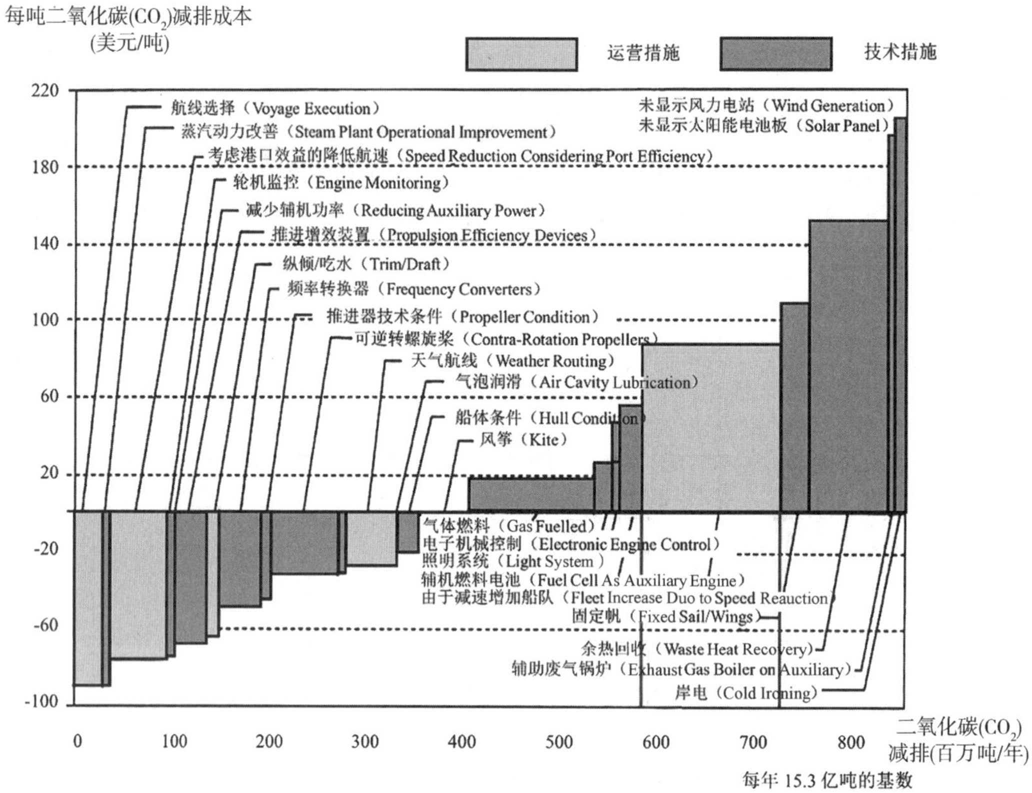

图6.17　减排成本曲线(ACC)

Fig.6.17　Abatement cost curve (ACC)

技术措施旨在利用技术手段提高船舶的能源效率,从而减少每吨英里的二氧化碳影响。日益激烈的竞争导致越来越大的船舶具有更好的燃油经济性,但是由于拆船过程污染严重,这可能导致公共卫生灾难和生物多样性危机。同时,作为替代能源的一系列技术解决方案已经出现,包括燃料电池、废热回收、太阳能或风能以及岸电。然而,它们不仅需要以经济可行的方式在工程上取得突破,而且还需要一个反应缓慢的行业快速和变革性地采用。如图6.17所示,许多技术解决方案都带有高昂的边际减排成本,平均二氧化碳减排成本在50美元/t至200美元/t之间,这远远高于美国每吨5~15美元的排放交易价格。

运营措施通常与航运公司的能源管理策略相关,包括减速航行、增强航线网络、船体清洁和发动机维护。这些措施需要较低的运营成本,不需要大量的初始投资,但可以实现有希望的能源节约。在所有主要的优化举措中,减速航行是最重要的二氧化碳(CO_2)减排策略。燃料消耗与发动机功率直接相关,受到运行速度的影响。将航速降低30%的中型集装箱船可以减少55%的燃料使用。然而,较慢的速度将不可避免地增加运输时间和其他运营成本,并降低准点率,可能会中断物流可靠性。鉴于许多远洋船舶已经以15~18 kn的速度航行,仅靠减速航行进一步节省燃料和减少排放的潜力有限。如图6.17所示,降低航速这项减排措施出现了两次。在一种情况下,它的减排成本是负的;在另一种情况下,它是正的。第一种情况,具有负的减排成本,被标记为考虑港口效益的降低航速;第二种情况,具有正减排成本,被标记为增加船队的降低航速。第一种情况是,港口效率的提高抵消了航速的降低,因此总体运输时间不会增加;第二种情况是,航速的降低需要更多的船舶来满足货物运输需求。由于降低航速通常是船东或承租人对燃油价格和运费率做出的反应,从这个意义上说,降低航速不能真正被视为一种独立的减排措施。

将技术和运营减排措施分为船体设计、动力推进、替代燃料、替代能源和运营五大类,如图6.18所示,图中显示了每一项措施的二氧化碳(CO_2)减排潜力。实线表示典型的减排潜力区域,即从数据集的第1到第3个四分位数,细线表示整个扩散,在每个研究中发现的数据点都用一个小圆圈绘制[30]。

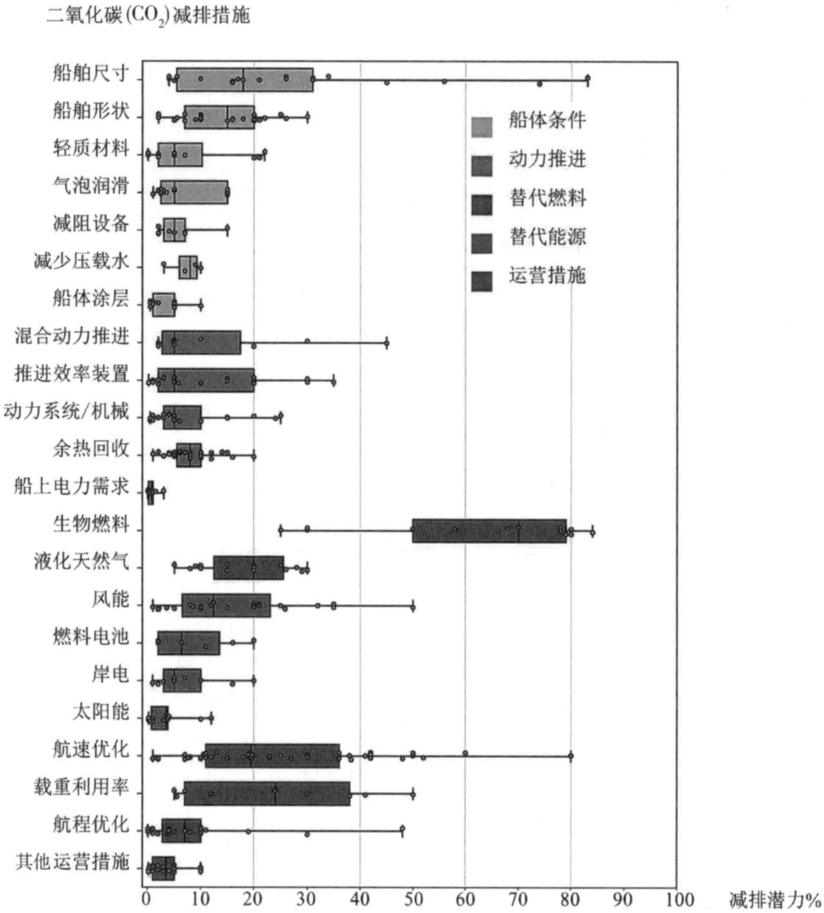

图6.18　技术和运营措施减排潜力

Fig.6.18　CO_2 emission reduction potential from individual measures

如果图6.18中所描述的所有减排措施可以结合起来,那么基于第三个四分位数值的减排将超过99%,基于中位数的减排将超过96%,基于第一个四分位数值的减排将超过80%。然而,所提供的许多减排措施是相互排斥的。此外,由于各项措施相互依赖,一些报告的减少潜力并不是直接相加的。尽管如此,仍有大量实际可行和经济上可行的措施组合。其中一个组合是:船舶尺寸、船舶形状、减少压载水、船体涂层、混合动力推进、推进效率装置、航速优化和天气航线。假设单项措施之间存在较大的独立性,那么将这些措施结合起来,根据第三个四分位数的值可以减少78%的排放量,根据中位数减少55%,根据第一个四分位数的值减少29%。

将上述航运减排成本曲线(ACC)和每项措施的二氧化碳(CO_2)减排潜力制成表格,可以算得每减少1 t二氧化碳(CO_2)最终的成本约为20美元/吨,但是这仅仅是目前的一个算术平均值。航运业当前的主要任务是先解决表 6.16 中 1～13 项的减排措施实现减排目标可达 30%左右。

表 6.16 各种船舶减排措施成本

Tab.6.16 Cost of various ship emission reduction measures

序号	减排措施	减排潜力	收益/(美元/吨)
1	航线选择(Voyage Execution)	0.1%～48%	-88
2	蒸汽动力改善 (Steam Plant Operational Improvement)	2%～45%	-85
3	考虑港口效益的降低航速 (Speed Reduction Considering Port Efficiency)	1%～60%	-78
4	轮机监控(Engine Monitoring)		-75
5	减少辅机功率(Reducing Auxiliary Power)	0.5%	-72
6	推进增效装置(Propulsion Efficiency Devices)	1%～25%	-70
7	纵倾/吃水(Trim/Draft)	1%～10%	-68
8	频率转换器(Frequency Converters)		-50
9	推进器技术条件(Propeller Condition)	2%～45%	-46
10	可逆转螺旋桨(Contra-Rotation Propellers)	0～6%	-33
11	天气航线(Weather Routing)	0.1%～48%	-30
12	气泡润滑(Air Cavity Lubrication)	1%～15%	-29
13	船体条件(Hull Condition)	0～83%	-22
14	风筝(Kite)	1%～50%	-4
15	气体燃料(Gas Fuelled)	25%～84%	18
16	电子机械控制(Electronic Engine Control)	1%～35%	23
17	照明系统(Light System)	0.1%～3%	42
18	辅机燃料电池(Fuel Cell As Auxiliary Engine)	2%～20%	58
19	由于减速增加船队(Fleet Increase Due to Speed Reduction)	1%～60%	88
20	固定帆(Fixed Sail/Wings)	1%～50%	105
21	余热回收(Waste Heat Recovery)	1%～20%	149
22	辅助废气锅炉(Exhaust Gas Boiler on Auxiliary)	1%～5%	190
23	岸电(Cold Ironing)	3%～10%	205
24	风力电站(Wind Generation)	1%～50%	208
25	太阳能电池板(Solar Panel)	0.2%～12%	210
平均总支出			546
平均单项支出			21.84

第二节　绿色航运决策管理

一、传统航运决策管理

1. 战略决策

(1)船队更新

①船队更新定义

船队更新是指船舶经营者或船运公司为了提高船队的运营效率、适应市场需求、满足法规标准、降低成本,通过淘汰老旧船舶,并引进新型、更先进、更符合环保标准的船舶的过程,如图6.19 所示。这包括了对整个船队或其中一部分船舶的更新、替换、扩张或升级。一定时期内,航运公司根据自身状况与市场需求对船队进行调整[31]。对于海事部门来说,这一点尤为重要,因为船舶的预期寿命长,投资成本高,需求、运费和运营成本存在相当大的不确定性。除了这些因素外,环境变化、船舶自然老化、新法规以及更有效的新技术的发展,都迫使市场参与者不断更新他们的船队[32]。

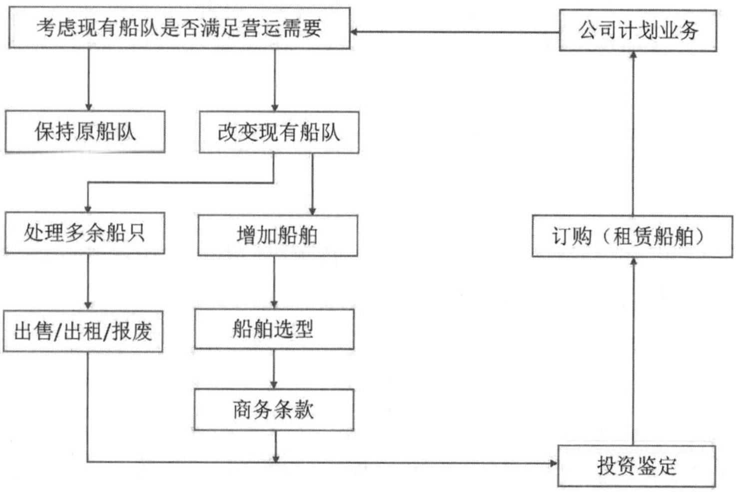

图 6.19　船队更新过程

Fig.6.19　Fleet renewal process

②船队更新影响因素

a.技术发展

技术发展对于船队更新的影响主要体现在提高船舶性能、安全性、环保性以及降低运营成本等方面。先进的动力系统、船体设计以及节能设备的引入,使新一代船舶更加高效。这些技术改进有助于降低燃料消耗,提高燃料效率。自动化技术的应用,包括船舶操纵、货物装卸等方面,提高了船舶的运营效率,减少了人力需求。这些先进的船舶技术和设计不断涌现,使得新型船舶通常具有更高的燃料效率、更低的排放以及更好的航行性能。船队更新受到技术创新的推动,运营商可能会考虑引入新技术船舶以提升整体运营效能。

b.燃料价格

燃料价格对于船队更新的影响主要体现在运营成本和投资回报方面。燃料价格的波动直接关系到船队运营的成本。当燃料价格较高时,老旧船舶的燃料效率通常相对较低,导致运营成本上升。新型船舶通常采用更为先进和节能的技术,能够更高效地利用燃料,降低每船货物的运输成本。另外船队更新需要巨额资金投入,而投资回报率直接受到运营成本的影响。高燃料价格时,新型船舶更容易实现较快的投资回报,增加了更新船队的吸引力。

c.船舶市场

船舶市场是指航运市场的供需关系、运价水平、船舶需求和船舶价值等因素的综合表现。这些因素对船队更新决策产生重要影响。第一,运价水平直接关系到船舶运营商的盈利能力。当市场运价较高时,船运公司可能更愿意投资于新船,以满足市场需求,获得更好的运营利润。第二,如果市场需求旺盛,而供应相对不足,这可能导致运价上涨,从而刺激船运公司考虑更新船队以满足市场需求。另外,船舶的市场价值受多种因素影响,包括船龄、船型、技术水平等。在市场上有较高船值时,卖出老旧船舶并购置新船可能更为有利。运营商需要根据市场情况综合考虑投资和经营的各种因素,以制定最合适的船队更新战略。

d.维护成本

维护成本是船队运营的一个重要方面,直接关系到船舶的可靠性、运行效率以及整体经济效益。维护成本对船队更新产生多方面的影响:第一,随着船舶的使用年限增加,老船的维护费用通常会上升。船龄较大的船舶可能需要更频繁地修理和维护,以保持运行状态。这可能成为更新船队的推动因素;第二,新一代船舶通常采用更先进、可靠的技术,减少了维护的需要。较新的船舶可能配备了更为智能化的监测系统,能够进行预测性维护,降低维护的不确定性;另外,新船队通常可以减少因老船维护而导致的停工时间。新船舶通常更可靠,需要较少的维护时间,提高了船队的整体可用性。考虑到维护和修理的成本,运营商可能会更愿意选择更新船队,以降低整体成本。

e.航线需求

航线需求对船队更新的影响主要表现在运力匹配、船舶性能和技术配置的调整上。第一,不同航线上的货物种类和特性差异巨大。航线需求的变化可能要求更新船队以适应新的货物特性,例如,需要更先进的货船来运输特定类型的货物,如液化天然气(LNG)、化学品等。第二,航线需求可能受到季节性、经济周期等因素的影响,导致不同时间段运输量的波动。更新船队可以更好地适应这些波动,确保在高峰期满足需求,在低谷期降低运营成本。另外,航线需求的变化可能需要船队进行规模调整。如果需求增加,可能需要引进更大型的船舶以提高运力;相反,如果需求减少,可能需要缩减船队规模,避免运力过剩。船运公司需要密切关注市场的需求变化,灵活调整船队以适应不同航线上的运输需求。

f.二手船舶市场

二手船舶市场对船队更新的影响是显著的,船运公司在决定是否更新船队时通常会考虑二手船舶市场的情况。第一,二手船舶市场的船舶价格直接关系到更新船队的成本。如果二手船舶市场的价格相对较低,运营商可能更倾向于购买二手船,降低投资成本。第二,二手船舶市场的船舶年龄和状况对更新船队的选择至关重要。较年轻、良好维护的二手船可能更有吸引力,因为它们通常能够提供更长时间的可靠运营。另外,一些二手船可能配备了最新的技术设备,而一些可能相对较旧。运营商在选择更新船队时会考虑二手船的技术水平,确保其满足运营需求和最新的法规标准。二手船舶市场的状况直接关系到船队更新的经济性和可行性。运营商需要综合考虑二手船的价格、技术水平以及市场供需等因素，以制定最具成本效益和战略意义的船队更新计划。

综上所述，船队更新受到多个因素的影响，航运公司需要综合考虑这些因素，制定适合其情况和目标的船队更新策略。

③船队更新问题决策

在对船队更新问题决策时，很多因素（如运价、运输需求、拆船价格和新船价格等）都是不确定的，所以在决定船队更新计划时，需要充分考虑未来市场的变化，甚至需要在不确定因素的干扰下进行船队更新决策。

船队更新问题的主要决策内容是决定船队中更新船舶的种类和数量，并确定更新的时间和方式，以达到用最少的成本来满足运输需求的目的。这一问题中的更新包括两个方面：船队增加运力和船队减少运力，在具体的经营方式中，表现为决策船队需要购买、建造、售卖或拆解船舶。在研究船舶数量和种类的同时也考虑了租船和船队经营等船队规划的问题[33]。

(2)网络设计

① 网络设计定义

班轮网络设计是指在航运行业中，针对一家或多家船运公司的船舶和航线，经过精心规划和组织，形成一个有序、高效、可持续的班轮运输网络的过程。班轮不同运输网络服务形式，如图 6.20 所示。班轮网络设计旨在最大程度地满足货物运输市场的需求，提高运输效率、降低成本，同时考虑船舶调度、港口运营、货物转运等多方面的因素。

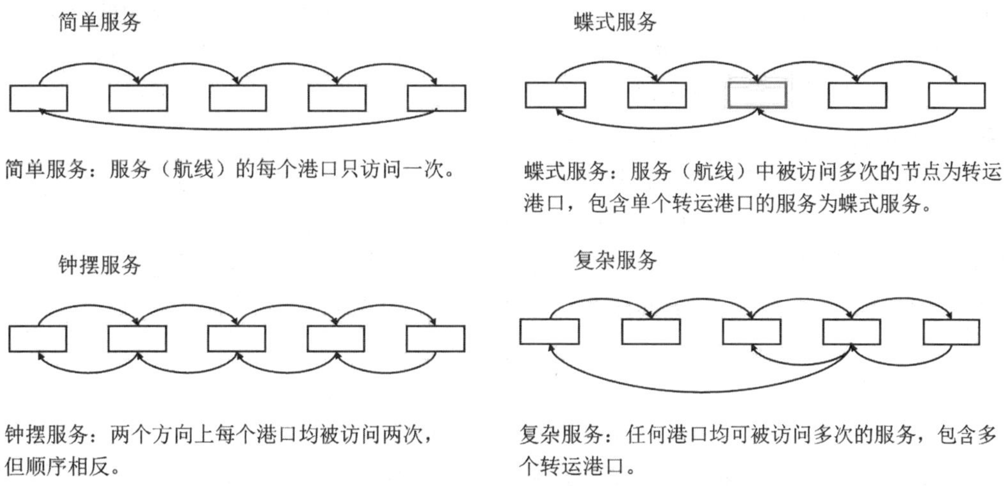

图 6.20　四种班轮网络服务

Fig.6.20　Four kinds of liner network services

②网络设计影响因素

高效的班轮运输网络对经济和环境都具有重要意义。因此，班轮运输公司设计服务航线的过程对公司的竞争力和维持其在全球集装箱货运市场上的份额的能力至关重要。从运输系统的角度出发，可以将集装箱班轮运输网络分为运输网络、运输船舶和运输需求三个层次。其中，运输网络是指由以港口为节点和以航线为边构成的运输体系，运输需求是运输网络上的流量，代表了各港口之间的运输需求反应了区域经济的发展状况。影响集装箱班轮运输网络的因素主要有：港口因素、航线因素、船舶因素和区域经济因素。

a.港口因素

港口是集装箱班轮运输网络中的中转站,在运输网络中起到了关键作用,在这一方面枢纽港尤为突出。枢纽港是连接集装箱班轮运输网络的重要环节,一方面连接其他枢纽港口,构成运输干线;另一方面枢纽港与支线港相连,分散集中枢纽港货物,汇集支线港货物。枢纽港一旦形成,各种相关资源汇集更加突出了枢纽港的核心地位。对于班轮公司而言,枢纽港几乎决定了他们在支线运输网络优化货物承揽、运输时间安排、运营成本控制等多个方面的规划与安排。因此,如果枢纽港发生变化,整个集装箱班轮运输的网络布局也会发生巨大的变化。可见港口因素是影响集装箱班轮运输网络的重要因素[34]。

b.航线因素

航线是集装箱运输网络的边,连接各港口节点形成完整的运输网络。班轮运输的运输通道是海洋,其航行过程除了受航道和自然气候的影响外,不再受任何情况的限制,因此班轮运输具有运输通道比较稳定的特性,这是与铁路运输和公路运输最大的区别。但随着海运市场的扩大,为了降低成本、提高运输效率,采用挖掘运河等方式对航线进行改善。这对整个海运网络产生了巨大的影响。例如,以前若要完成太平洋与大西洋之间的运输就必须绕过南美洲的合恩角,然后巴拿马运河的开通为太平洋与大西洋之间的运输带来了便利,船舶不需要再绕过南美洲的合恩角,而是直接穿过巴拿马运河,缩短了运输距离和运输时间,从而影响了集装箱班轮网络的整体布局。

c.船舶因素

船舶因素主要由船舶类型与船队规模两个方面构成。船舶类型决定了船舶的最大承揽能力,即船型越大,航次单船的承运能力就越强,可以充分发挥大型船舶的规模经济效应,从而影响到这一航次的单船收益。一般情况下,干线运输中以大型集装箱船为主,可以发挥其规模经济的优势,降低运营成本;支线运输往往采用中小型集装箱船,一是由于支线运输货量不大,二是受到支线港口航道水深等限制,中小型集装箱船更加灵活。船队规模作为船舶因素,是指班轮公司在航线上投入的船舶数量。它与船舶类型共同构成了航线上船舶的成本,一般来说船型相同的条件下,投入航线运营的船队规模越大,航线的稳定性就越高,但这样也会使得航线的运行成本大幅度提高。因此,合理地选择船舶类型、确定船队规模也是影响集装箱班轮运输网络的重要因素之一。

d.区域经济因素

港口与航线构成了集装箱班轮运输网络的框架,而其最终目的是完成各港口之间的运输需求。运输需求是运输网络上的流量,代表了各港口之间的运输需求,需求量的大小也反应了区域经济的发展状况。从全球区域经济发展来看,欧洲与北美的经济水平早已高度发达,而随着我国经济的崛起,整个亚洲经济也开始了追赶欧洲和北美的步伐。这样一来,欧洲、北美和亚洲各自区域经济的发展,将进一步扩大彼此之间的贸易往来,更多的班轮公司将会把运营重点放在这些航线上,为集装箱班轮运输网络提供了巨大的发展空间。

③网络设计决策

网络设计问题决策的本质是如何选择港口并将其经济地组合起来,以创建航运运营的基础设施的问题。一方面,这是市场覆盖率的问题;另一方面也影响到航运运营的效率。集装箱班轮运输网络的设计优化是一个系统工程,主要包括班轮航线设计、各条航线上的船舶配置以及货运需求在各航线上的分配模式三大方面。

2. 战术决策

(1)船队部署

①船队部署定义

船队部署是指在航运公司经营的各条航线上配置一定船型、一定数量的船舶从事各航线的货物运输任务。在不同的时期,面对市场不同的供求状况,船队部署的目标也不尽相同。在市场繁荣运输需求旺盛的情况下,其目标是航线运输业务的收益最大化;而当市场萧条运输需求低迷的情况下,其目标则变为航线运输业务的总成本最小化,维持航运公司的市场占有率,如图6.21 所示[35]。

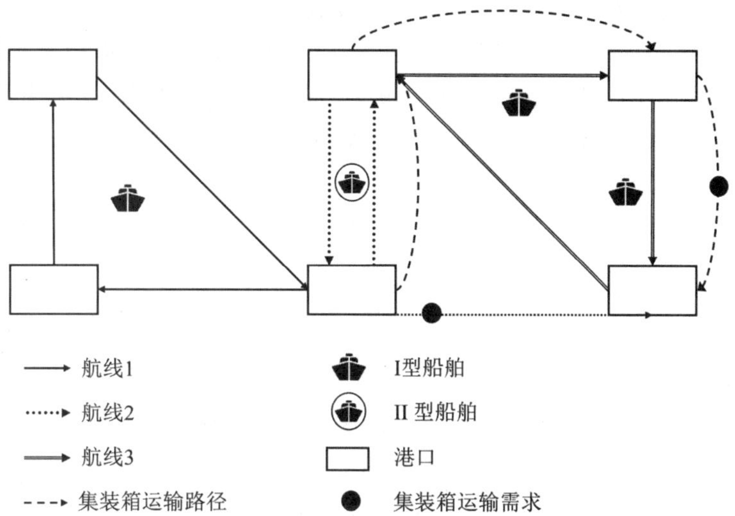

图 6.21 船队部署图

Fig.6.21 Fleet arrangement chart

②船队部署影响因素

a.外部因素

外部环境因素是通过影响航运市场经营环境对船队部署起作用,外部环境因素有很多,既有自然环境、政治、经济以及社会文化等宏观层面的因素,也有政策法规、科学技术及基础设施等微观层面的因素,且这些因素多是不可控的,班轮公司在进行船队部署决策时无法改变这些因素,只能不断地调整,将这些因素的不利影响降到最低。

b.内部因素

内部环境因素是班轮公司内部的发展状况,包括公司的经济状况、发展规模及市场占有率等方面的因素。内部环境因素会对公司的船队部署产生直接的影响,尤其是经济状况,会直接影响到所部署船舶的运营效率。但相对于外部因素来说,内部因素在一定程度上是可控的,班轮公司可以通过各种调整手段,最大限度地发挥公司的资源优势,使得船队部署尽可能地科学合理,从而降低运营成本,提高收益。

c.船舶性能因素

船舶性能水平的高低决定了其在运营中的效率,船舶的性能通过载重量、航燃料消耗及故障率等各项指标反映,船舶性能越高,在航线上的运营优势就越大,其对船队部署的影响也是直接的,并且十分显著。

d.航线因素

航线因素包括航线的水文气象等环境方面的因素,还包括类型、距离、服务区域等物理因素。不同的航线对运营船舶的适航要求不同,水文气象等自然环境条件较差的航线需要配置技术性能较高的船舶,以便能够应对较为恶劣的经营环境;运输距离较长的航线则往往需要配置载重量较大的船舶,以便能够尽可能多地满足客户的运输需求。

③船队部署决策

船队部署决策一般包括船型决策和船舶数量决策两种。船型决策即决定在航线上部署的船舶的类型和吨位,不同的类型和吨位会带来不同的经营效果,较大的船舶会增大航线上的运力供给,但势必也会带来资本成本及运营成本的升高。某一航线的船型一般由航线上的运输需求规模决定,航线上运输需求规模的大小则由航线服务地区的经济发展水平、航线挂靠港的数量、航线等级(干线还是支线)及航线距离等因素决定,因此决策者在进行船型决策时需要对航线上的运输需求进行预测。船舶数量决策即决定航线上部署的船舶数量,相比较船型决策而言,船舶数量决策较为简单,在确定了航线距离、船舶航速及发班频率后,航线上船舶的数量也随即确定下来。

船队部署是航运公司在经营过程中所要做出的关键决策之一,其是对航运公司船队规划决策的再优化,保证公司的运力资源能够得到有效的使用,同时又能够使航线运输任务得以有序高效地展开,航运公司必须谨慎地进行船队部署决策。

(2)船期设计

①船期设计定义

船期设计是指在航运业中,为船舶的运输服务规划和安排的过程。船期设计涉及船舶的航线、停靠港口、起止时间、装卸货物的计划等方面。这一过程的目标是通过有效的船期规划,提高船舶的运输效率、降低成本,并确保船舶能够按时、按计划地完成运输任务。对于班轮运输来说,保证服务的规则性与准时性一直是一个重要议题。一个科学合理的班轮船期表对于航运公司和托运人来说都十分重要,托运人需要根据班轮船期表安排货运物运输,船期的准确性是托运方在选择班轮承运人时首要考虑的影响因素之一。在实际运营中,班轮船期主要以周班为主,但也有实力雄厚的班轮公司采取日班的形式。频繁的班期固然可以提高服务水平,但同时其运营成本也将大幅提升,如果货运需求达不到盈利水平,这种运营形式将难以实现。而保证船期表可靠性是班轮公司树立良好品牌形象和提高市场竞争力的有力手段。

港口根据公布的船期制订班轮靠泊作业计划,提高码头的运作效率,以确保船舶可以准时或者提前离港。港口操作时间的界定,如图 6.22 所示。航运公司代理依照班轮公司所公布的船期计划安排船舶挂靠港口时间、船舶在港时间、码头装卸作业。船舶按照船期计划适当的调整航速,尽可能以最低的燃料消耗按时或提前靠泊挂靠港口[36]。

班轮船期表的设计是班轮公司规划期在三到六个月战术层面的决策问题之一。班轮运输公司通过为货主提供稳定且有规律的运输服务来吸引货源,对班轮公司来说,保障较高的服务品质可以提高其市场占有率。而科学合理的船期设置是保障服务品质的基础同时可以增加运营收益。

②船期设计影响因素

稳定的船期不仅对班轮公司至关重要,而且对其他关键的供应链参与者(港口码头、托运人、收货人、卡车司机等)也有很大影响。它的合理性和科学性直接关系到班轮网络的效率和经济效益。影响班轮船期设计的主要因素有:

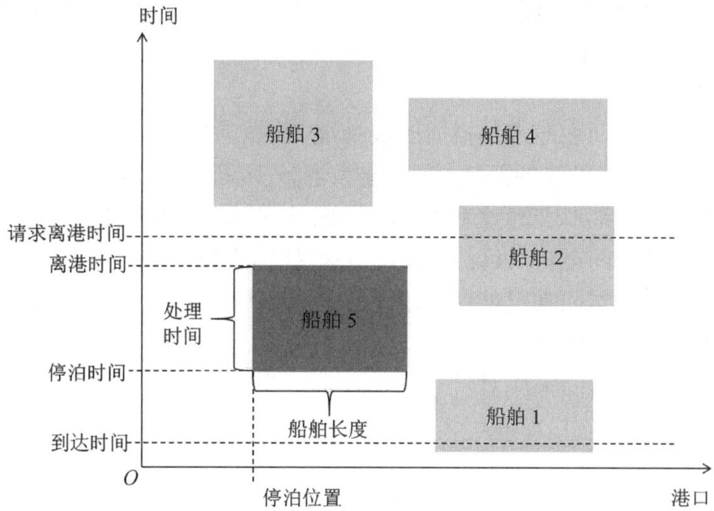

图 6.22 港口操作时间

Fig.6.22 Port operating hours

a.市场供求关系

市场供求关系直接影响运力的需求和供给。如果市场需求旺盛,货物运力需求大,运输公司可能会设计更频繁的船期以提高运力匹配度,确保能够满足市场需求。相反,如果市场需求不足,可能会采取减少船期频次的策略,以防止运力过剩。另外,市场供求关系也会影响货物运输的弹性需求。在市场需求高峰期,货物运输弹性需求可能较大,需要更为灵活的船期设计以适应市场变化。在市场需求低谷期,货物运输弹性需求较小,船期设计可能更为固定。市场供求关系是船期设计的基础,对于运输公司来说,要根据市场的变化调整船期设计,以适应不同的市场需求,提高运输服务水平和竞争力。

b.自然条件因素

不同季节和不同地区的天气条件变化很大,包括风力、海浪、降雨等。船期设计需要考虑这些气象条件,以确保船舶在恶劣天气下的安全运行。设计合理的船期可以避免在恶劣天气条件下的航行,减少风险。季节性变化对航线上的水域条件、冰情、风力等都有直接的影响。在北半球的寒冷季节,部分水域可能受冰覆盖,需要调整船期以适应冰情,确保船舶的安全航行。另外,港口的地理和气象条件对船期设计至关重要。潮差、浪涌、风力等都会影响船舶进出港口的安全性和效率。合理的船期设计需要考虑这些因素,确保港口操作的顺利进行。综合考虑这些自然条件因素,船期设计可以更好地适应不同地区和季节的环境要求,确保船舶在各种情况下都能够高效、安全地执行航行任务。

c.港口作业效率

港口作业效率对船期设计有着直接而重要的影响。第一,港口作业效率与货物的装卸速度密切相关。船期设计需要根据港口的装卸设备和作业流程,合理安排货物的装卸时间,以确保迅速、高效地完成装卸作业。第二,港口作业效率直接影响船舶在港口的停靠时间。设计合理的船期需要考虑港口的装卸能力、设备情况和作业效率,以最小化停靠时间,提高船舶的周转率。另外,由于政治、战争、社会文化等原因,港口不能一直处于对外开放状态,有些港口也因装卸设备、港口泊位的不同致使港口的作业效率可能不一样,因此,班轮公司设计船期时,需要考虑各个港口的工作时间和作业效率。港口作业效率直接关系到船期设计的成功实施。通过充分考虑港口作业的各个方面，合理设计船期，可以最大化利用港口资源，提高货物周转率，降低运输成本，提升整体运输效率。

③船期设计决策

各班轮公司公布的船期表通常是根据航线情况、挂靠港情况、货源情况等确定的。相比之下，近洋（SS）班轮航线由于航线的距离较短、挂靠港较少，航运公司可以较为全面地掌握航行区域和挂靠港的条件以及港口装卸效率等实际情况，因此编制出的船期表较为准确，船舶可以很好地按照公布的船期时间运行。远洋（DS）班轮航线由于航程长、挂港数量多、航行区域范围广、气象海况复杂，航运公司通常很难对航线上的挂靠港和船舶情况进行全面掌握，同时长途航行过程中可能发生突发情况的可能性也更大。因此在对远洋（DS）航线进行船期表设计时，航运公司经常会留更多富余时间来应对[37]。

3.运营决策

（1）*船舶调度*

①船舶调度定义

船舶调度常指承运人根据自身实际控制的船舶数量安排运输计划，制定合理的运输任务，其内容包括指定具体的挂靠港、明确到港和作业时间以及确定运输航线等，如图 6.23 所示。承运人为了及时掌握船舶运行状况，常会采用实时跟踪技术以处理运输过程中所遇到的突发状况。并且，通过有效、合理、科学的船舶运营调度管理方式，承运人能够最大限度地发挥出船舶的运输效率，从而达到最大化利润的目的[38]。

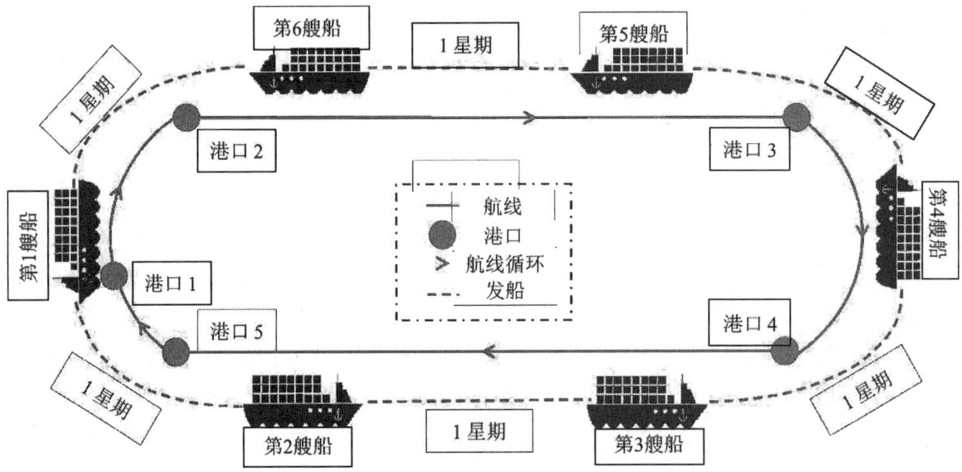

图 6.23　船舶调度示意图

Fig.6.23　Ship scheduling diagram

②船舶调度影响因素

船舶调度涉及海上船舶的规划和协调，以确保高效和及时的运作。影响船舶调度决策的因素有几个，这些因素可以根据航运业务的具体特征而变化。以下是影响船舶调度的主要因素：

a.航线选择

不同的航线可能涉及不同的港口、航道、气象条件等因素，这些因素都直接影响到船舶的运行计划和调度安排。第一，不同航线上可能存在不同程度的市场竞争。在选择航线时，船舶公司需要考虑市场份额、运价水平以及竞争对手的情况，以制定具有竞争力的调度策略。第二，不同航线的航程时间和距离各不相同。选择一条较短的航线通常能够减少船舶的航程时间,从而影响船舶的停靠频率和货物的运输速度。航线选择是船舶调度的一个战略性决策,需要综合考虑多方面的因素。一个合理选择的航线能够优化调度计划,提高运输效率,降低运输成本,满足市场需求。

b.港口基础设施和容量

港口基础设施和容量对船舶调度有着直接而重要的影响。良好的港口基础设施和足够的容量可以提高船舶的运转效率,减少停靠时间,降低运输成本。第一,港口的泊位数量和类型直接影响到船舶的停靠能力。充足的泊位和不同类型的泊位能够更好地适应不同种类的船舶,有助于提高港口的灵活性。第二,港口容量规划涉及对未来需求的合理预测和扩建计划。缺乏足够的容量可能导致拥堵、延误等问题,影响到船舶的调度计划。良好的容量规划有助于提前满足市场需求。港口基础设施和容量的充足性和现代化水平直接关系到船舶的调度效率和运输效益。为确保船舶能够顺利、高效地在港口进行装卸作业,船舶调度计划需要与港口的基础设施和容量充分协调,以满足市场需求和提高整体运输效率。

c.燃料效率和消耗

燃料成本和燃料消耗效率是船舶调度的关键考虑因素。第一,船舶调度中采用先进的燃料管理系统可以实时监测船舶的燃料消耗情况。这有助于制订更为精确的调度计划,及时调整船舶的航速和航线,以最小化燃料消耗。第二, 燃料价格的波动对船舶调度计划有直接影响。船舶公司需要在计划中灵活考虑燃料价格的变化,从而调整航速、航线等,以适应不同的市场环境。在综合考虑燃料效率和燃料消耗的影响因素时,船舶调度需要在提高经济效益的同时,考虑环保和可持续性因素。因此,燃料效率和燃料消耗的管理在船舶调度中是一个重要而复杂的战略问题。

d.港口停靠计划

停靠计划直接关系到船舶在港口的装卸作业、货物交换、船舶维护等方面的安排,因此港口停靠计划对船舶调度有着重要的影响。第一,港口停靠计划确定了船舶在港口的停靠次数和停留时间。合理安排停靠次数和停留时间可以影响到货物的及时装卸和船舶的周转率,从而影响到整体运输效率。第二,港口停靠计划可能包括船舶的维护和修理工作。这对于船舶的正常运行和延长使用寿命至关重要。船舶调度计划需要考虑这些维护活动,以避免影响到航行计划。另外,在停靠期间,船舶可能进行货物的配载和卸载。停靠计划需要确保合理的货物配载,最大程度地利用船舶的负载能力,提高运输效率。船舶调度计划需要灵活地与港口停靠计划协调,确保在停靠期间高效地完成各项作业,最大程度地提高货物周转率,降低停靠时间,减少运输成本。一个合理而高效的停靠计划对于船舶调度和整个供应链的运作都有着重要的意义。

e.市场需求与供给

市场需求与供给是船舶调度的两个关键因素,它们直接影响着船舶公司如何制订调度计划以满足客户需求、最大程度地利用船舶资源、提高运输效率。第一,市场需求和供给影响船舶公司选择航线的决策。如果某个航线上存在高需求,船舶公司可能增加该航线的服务频率,或者调整船舶的负载以适应市场需求。相反,如果市场供给过剩,船舶公司可能会考虑减少服务频率或调整航线。第二,市场需求决定了运输的货物类型和特性。不同类型的货物可能需要不同类型的船舶和运输方案。船舶调度计划需要根据市场需求的多样性,灵活地调整船舶配置和服务类型。市场需求和供给是船舶调度计划的基础,船舶公司需要不断地监测市场情况,灵活地调整船舶调度,以适应动态变化的市场环境,提高整体运输效率和服务质量。

③船舶调度决策

船舶调度问题的最常见目标是最大限度地降低成本或燃料消耗。相比之下,一些方法旨在最大限度地提高运营商的利润或服务可靠性。许多方法包含多个目标,例如将成本最小化和延迟惩罚或燃料消耗相结合,可以最大限度地降低成本和油耗,同时最大限度地提高服务可靠性。航行时间、港口持续时间、需求和供应、即期收入或天气的不确定性对有关货物流量、船舶容量、航行速度和燃料消耗的决策有很大影响。一些研究还确定了第一阶段的船舶路线,这是第二阶段调度决策的基础。

(2)船舶配载

①船舶配载定义

船舶配载是指以确保安全运输、最佳利用空间和遵守海事规则的方式安排和放置货物或货物在船舶上,如图6.24所示。船舶积载的目标是考虑到船舶的稳定性、重量分布和所运输货物的性质等因素,将货物安全地装载和储存在船舶上。适当的配载对于保持船舶适航性、防止货物损坏、确保船员和船舶在航行中的安全至关重要。航运公司根据发货人提交的货物托运申请,为所属或所代理船舶安排具体航次货载的一项业务。即从汇总的货物托运申请中,为某船舶的具体航次选定合适的货种和数量,确定船舶挂靠港顺序,并将这些内容编制成装货清单下达给船舶作为配载的主要依据[39]。

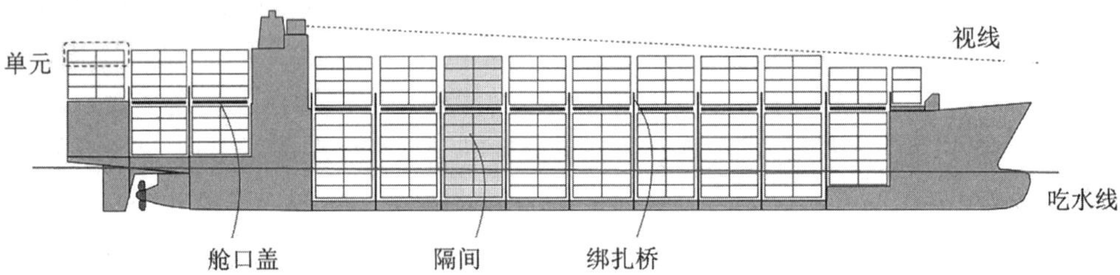

图6.24 船舶配载示意图

Fig.6.24 Ship stowage diagram

②船舶配载影响因素

船舶配载涉及多种因素的综合考虑,以确保货物的安全运输、船舶的平衡和稳定性,以及运输的效率和经济性。以下是影响船舶配载的一些关键因素:

a.货物固定

不同类型的货物具有不同的尺寸、重量、易腐性等特点,这会影响其在船舶上的安排和装载方式。货物的数量和体积决定了船舶的装载能力,影响着货物的摆放和分布。对于价值高、易损坏或需紧急送达的货物,可能需要特别的配载安排。货物必须妥善固定,以防止在航行中移动,特别是在波涛汹涌的海上。这包括使用系带、垫料和其他固定方法来固定货物。

b.船舶尺寸和类型

不同类型和尺寸的船舶具有不同的货仓结构和装载能力,影响着货物的配载方式。需要考虑船舶的稳定性和平衡,以防止货物在航行过程中发生位移或船舶倾斜。船舶上的装卸设备和吊具类型也会影响货物的装卸方式和位置。

c.稳定性和纵倾

货物必须均匀分布在全船上,以避免船体承受过大的应力,保持稳定性。这包括考虑在船舶的不同区域放置重型和轻型货物。确保船舶保持稳定性和适当的纵倾(前后平衡),适当的重量分配对于防止船舶倾斜或遇到其他稳定性问题至关重要。

③船舶配载决策

船舶配载以集装箱船、散货船和油船为主要船型,其中集装箱船使用最为广泛,且需求量大,优势明显。对于载重量高达 20 000 TEU 的船舶来说,船舶上集装箱的配载是一项非常重要的任务,需要快速的算法,因为最终的装载清单很晚才知道。配载规划可分为总体规划问题和更详细的舱位规划问题。总体规划问题应决定集装箱的适当混合,以便满足对体积、重量和冷藏的限制。舱位规划应将集装箱分配到船舶上的舱位,以使港口装卸时间最小化。船舶必须适航,这意味着必须尊重稳定性和应力约束。

一份好的配载计划应确保在每个港口停靠时不需要重新安排集装箱。指定港口的所有集装箱在到达港口时应可直接取用,并应有足够的空闲容量装载新集装箱。针对集装箱配载的数学模型目标函数一般是将同一目的港的集装箱尽可能多地安排在同一个舱位,最大限度地减少集装箱过流,并减少分配给冷藏舱的非冷藏集装箱的数量,以使港口的装卸时间最小化、运输收益最大化。

二、绿色航运决策管理

1.绿色航运目标权衡

(1)决策目标制定

决策是指为实现某一目标,从若干可以相互替代的可行方案中选择一个合理方案并采取行动的分析判断过程。决策目标制定是指在做决策之前,明确定义和确定要达到的目标或结果。它是决策过程中的关键步骤,可以帮助决策者更清晰地理解问题,并指导后续的决策动作。

如图 6.25 所示,决策目标制定的过程包括以下几个步骤:

①识别与辨析问题

决策制定过程起始于一个问题,更确切地说,它起始于当前状态和期望状态之间的差异。决策者需要评估这个差异,如果事情的发展并未如期望般顺利,那么显然存在问题或称为不均衡状态。决策始于对这种问题的识别和分析,对问题进行系统的诊断,明确问题的性质、范围及产生的关键因素。有些问题较为明确,可以进入下一个决策步骤;而有些问题可能难以发现,需要更多的时间来识别和分析。正确的问题诊断解决了目标定位的问题,它是决策目标确定的重要基础,也是决策者希望通过决策活动实现的效果或期望的状态。同时,决策目标是决策的起始点,也是决策的归宿点。方案的规划和评估要以决策目标为依据;决策方案的实施是否取得预期效果,也要以决策目标为衡量标准。

绿色航运在决策目标制定过程中所定义的问题之一是如何在满足全球贸易需求的同时,减少航运对环境的危害和碳排放。这是一个需要在经济、环境和社会三个层面进行平衡的复杂问题。具体来说,需要考虑到航运产业的效益、安全性、环境风险、环境保护和可持续性等方面的因素。

②制定决策标准

确定决策标准非常重要,也就是说决策者必须确定与制定决策有关的因素。如果制定的决策标准不能准确、恰当地表现出来,势必会影响到准确地做出决策。

在制定绿色航运的相关决策标准时,需要符合环境友好性、经济可行性和社会的可持续性。环境友好性的标准需要绿色航运考虑减少对环境的危害和碳排放,从而减少污染、降低温室气体(GHG)排放和保护生态环境;经济可行性标准需要绿色航运考虑成本效益,采用绿色技术或措施需要投入更多的资金和资源,因此需要在短期经济利益和长期环境可持续性之间取得平衡,还需要考虑到市场需求和竞争情况,以制定出更具竞争力的绿色航运策略;社会的可持续性需要绿色航运考虑到其对周围社区和环境的影响。这需要制定出符合社会可持续性的决策,以减少噪声、空气污染和交通拥堵等对周围环境和社区的影响。

③为决策标准分配权重

权重分配是决策过程中对各项标准进行重要性评估的一种方式,它规定了不同标准的优先次序。权重分值的设定可以按照各项标准的相对重要性进行分配,将最重要的标准设定为最高分,然后按照权重递减的方式对其他标准进行赋值。

可以用在国际上针对环境保护与可持续发展领域相关问题得到广泛采用的驱动力—压力—状态—影响—响应模型(Driving-forces-Pressure-State-Impact-Response, DPSIR)对航运业的低碳绿色发展进行评估,驱动力包含船舶货物运输周转量和船舶单位能耗等,压力包含船舶能效营运指数(EEOI)和氮氧化物(NO_X)排放指数等,状态包含碳排放强度氮氧化物(NO_X)排放强度等,影响包含航运业对人均国内生产总值(GDP)贡献率和环保投资效益等,响应包含船舶清洁燃油使用率和低碳排放政策的执行度等,对这些指标设定合理的权重,再进行评估[40]。

④制定备选方案

有可选择的多个决策方案,才谈得上选择问题,进而才谈得上优选问题。如果备选方案太少,选择余地就少,最终择定的方案就难以达到较高的满意度。要仔细研究影响目标实现的可控因素和非可控因素、积极因素和消极因素,以及决策对象将来一段时间的发展趋势与状况。备选的开发方案都要能够解决决策所面对的问题,先列出备选的选择方案,为下一步的分析评估做准备。绿色航运在决策目标制定过程中可以制定一些备选方案,例如采用低碳燃料、提高能效、加强维护和修理和减少不必要的航行等,根据具体情况进行选择和组合。

⑤分析备选方案

分析备选方案这一步骤是关键的过程,需要将若干因素按照指标的设定进行评估。可以从目标实现的可能性、经济性、可行性、风险性和综合影响等方面对各方案进行对比、衡量。当选定最终方案后,应对这一方案实施潜在问题进行防范分析。决策活动的管理者在实施之前或者偏差出现之前就预先采取措施,从而防止可能出现偏差的产生与发展。

⑥确定备选方案

假设已经确定了所有的相关标准、它们各自的权重,以及确认和分析了各种备选方案,这一步是根据上述数据结果中选择出最优方案。在对备选方案排队时,必须确保将所有可能得到的信息都纳入考虑范围。在众多的备选方案中,决策制定者需要认真分析方案,对每一方案的评价将其与决策标准进行比较,做出最优价值的判断。

⑦实施备选方案

将实施阶段纳入决策过程中,是为了对决策方案进行审视和反馈修正。实施过程中,根据反馈的信息、控制的需求、目标的要求以及情况的变化,可能需要对原决策方案进行修正和完善。这样的过程可以确保决策方案的实施效果达到预期目标,并且能够及时应对可能出现的变化和挑战。

⑧评估决策结果

完美的决策是不存在的,因为人们对决策对象及其环境的认识总是存在一定的局限性。即使决策方案本身非常优秀,但在执行过程中也可能会遇到新的问题和情况,使得原先的决策方案与现实情况不再适应。因此,对于大多数管理决策来说,对执行过程进行跟踪和控制是必要的。判断决策是否成功的重要标志是问题是否得到有效的解决,是否达到了预期的期望效果。如果问题仍然存在,那么需要找出问题出现在哪里,是在备选方案中出现偏差还是因为实施不当所导致的。如果需要,甚至需要重新开始一个新的决策过程[41]。

在绿色航运决策过程的实施中,可能会遇到由于天气或人为等造成的不确定性。此时,该决策方案可能不再是最好的方案,甚至对当前的实际情况不再适用,因此,决策者需要对决策方案的执行过程进行跟踪和控制,并根据实际情况进行修改与完善。

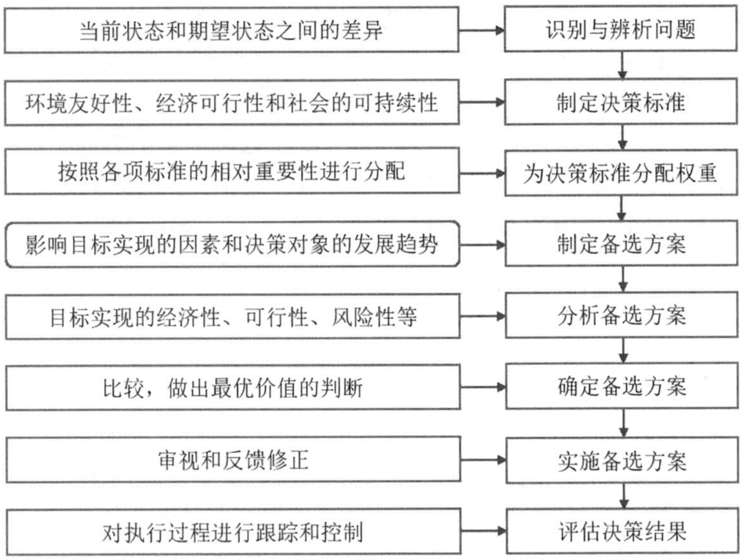

图 6.25　决策目标制定过程图

Fig.6.25　Diagram of the decision-making goal setting process

绿色航运涉及复杂决策和多重行为,受到环境友好性、经济可行性和社会可持续性的影响。在制定绿色航运决策时,必须考虑到这些因素之间的相互关系和影响。

从环境友好性角度来看,绿色航运需要考虑到环境保护和减少碳排放的要求。这需要采用更清洁、更高效的能源和船舶设计,以及优化运输方式和航线等措施。此外,还需要制定出符合环保法规和标准的运营策略,以避免因违规而导致的罚款和声誉损失。

从经济可行性角度来看,绿色航运需要考虑到成本效益。采用绿色技术或措施需要投入更多的资金和资源,因此需要在短期经济利益和长期环境可持续性之间取得平衡。此外,还需要考虑到市场需求和竞争情况,以制定出更具竞争力的绿色航运策略。

从社会可持续性角度来看,绿色航运需要考虑到其对周围社区和环境的影响。这需要制定出符合社会可持续性的决策,以减少噪声、空气污染和交通拥堵等对周围环境和社区的影响。从社会风险的角度来看,航运公司从社会上获取的往往多于其对社会的贡献,尤其发生事故时对社会造成冲击时更是这样。从温室气体(GHG)排放的管理角度上看,上述问题可以视为社会与航运公司的博弈过程。航运温室气体(GHG)排放链的构成是以航运业为首构成博弈的一方,其他诸如设计、造船、机械、船级社、金融、教育、保险等都是这一方的元素;另一博弈方则为政府(主管当局)。

航运公司应确认其活动对社会改善人命安全质量有增值的价值。这意味着航运公司至少必须负有由于公司人员的所有活动造成的对于社会人命的死亡(伤害)、自然环境的破坏,以及对过度温室气体(GHG)排放、下一代船队技术改进的责任。当然,航运公司对于航运的投资通过促进经济发展并缴纳税收方式是有利于社会的,在短期内(一般5年左右)航运公司无法收回成本。但是在过了5年或稍长的时间,航运公司就可以开始盈利。社会就会对其船舶所产生的负面影响(如发生事故、人员死亡)承担压力与经济赔偿。最明显的例子是对海洋的污染所造成的巨大环境破坏的修复需要大量的人力、物力、财力支持,而航运公司可以在保险机构取得赔偿,甚至宣布破产。

挑战在于如何公平、公正地转化这些内容,以使整个航运系统可持续发展。这尤其困难,因为岸上海事行为者与国际航运部门之间的协调并不完善。这是由于每个参与者普遍倾向于实现利润最大化,他们可能会成功地将成本转嫁给其他参与者,这反过来可能会影响其他参与者运营的可持续性,从而影响整个航运系统[42]。

绿色航运需要采用更环保、更高效的运输方式,以降低对环境的影响。绿色航运的运营决策需要权衡的目标是多元的,包括降低碳排放、提高运输效率、降低成本、提高安全性和满足客户需求等。这些目标之间存在相互影响和制约的关系,因此需要进行综合考虑和权衡。

(2)多元目标权衡

在绿色航运中,追求最小化燃油排放和提升环境友好性与优化服务水平、实现经济繁荣之间存在潜在的目标冲突,需要对多元目标同时进行权衡,以便为实现绿色航运的可持续发展提供有效的决策支持。

绿色航运的多元目标权衡问题可以以航运公司为主体,综合考虑航运公司进行绿色航运运营决策所可能产生的冲突问题。由于船舶的燃料消耗通常是船舶航行速度的三次函数,许多运营决策与减速航行直接相关。随着燃料价格的上涨,实现利润最大化的经济激励措施会采用减速航行以避免燃料的过多消耗,从而减少二氧化碳(CO_2)排放。减速航行是通过节省燃料来达到减排的常见做法,但是减速航行往往会延长船舶的航行时间。当航运公司在决策时需要考虑排放控制区(ECA)时,设计避开排放控制区(ECA)的航线并降低排放控制区(ECA)内的速度可以有效地降低船舶的燃料成本。然而,航行距离的增加和速度的降低将导致航行时间的增加,导致包机成本的增加,从而降低单位时间贸易吞吐量增加的经济附加值。因此,运营成本和航行时间最小化这两个目标是相互冲突的。由于天气条件影响船舶推进效率和发动机功率,从而影响航行成本。因此,在路线和速度规划中应同时考虑排放控制区(ECA)法规和天气条件,以最小化航行成本和时间为目标[43]。

绿色航运的多元目标权衡问题也可以以船公司与码头运营商为主体,从船公司与码头运营商的合作角度出发,综合考虑双方的利益权衡。基于航运运营管理与减碳驱动背景下,从港航合作角度出发,结合实际运营中不确定因素影响进行资源配置合理优化,以期实现航运服务的可持续发展。一方面,航运公司及时了解港口的作业情况,若出现拥堵现象,则可以通过船队管理、调节航速、合理优化运力配置等手段尽量降低船舶到港后的等待时间和船舶废气排放;另一方面,码头如果能及时与运营中的船舶进行有效沟通,根据船舶航速和预计抵港时间,结合自身的码头资源合理制订作业计划,也可以起到降低船舶在港等待时间和减少排放的作用。该方面的研究问题聚焦在船公司与码头运营商在运营层面的管理调度,包括船舶海上航行过程与在港靠泊作业环节,以成本与碳排放最小为目标,同时兼顾服务可靠度分别考虑了码头拥堵的影响、泊位计划变化的影响、排放控制区(ECA)限制与波浪作用的影响,从而制订更具有鲁棒性的船期计划;以及在运营服务过程遭遇不确定性因素时,如何选择恢复策略以降低影响[44]。

绿色航运的多元目标权衡问题还可以将政府、港口、航运公司、托运人等多个主体考虑在内。制定可行的港航系统排放控制策略成为促进港航业高质量发展亟须解决的问题。因此，在多方参与的博弈环境中研究港航系统协同减排策略与政府管控措施的相互关系对于实现港航业的高效、绿色和可持续发展至关重要。分析在排放控制下，港口与航运公司如何协同实施减排机制、政府应采取何种补贴和监管措施，以及如何优化政府补贴的范围和渠道，制定科学的政府监管策略等，这些都将为激发托运人的绿色需求潜力、提高港口和航运公司的环境和经济效益，以及增强政府管控政策的效果提供重要的理论基础。

首先，政府的目标是协同推动港航系统进行减排并且负有监督与监管的职责。一方面，政府需确立相应的排放控制强制性措施，对港口装卸设备、内外集卡以及航运公司的船舶排放实施限制。另一方面，为促进港口与航运公司达成节能减排共识，政府需制定相关的激励措施，如补贴和气候税等，以运用市场手段进行宏观调控。

其次，港口的目标是提高作业效率，在支持整个系统减排中扮演关键角色。通过投资岸电等节能减排技术手段或完善集疏运体系以提高作业效率，港口可在一定程度上减少船舶停泊所带来的排放。然而，由于港口投资需要大量资金支持，可能导致航运公司倾向于搭便车享受绿色技术带来的效率提升和节能减排，因此可能会降低航运公司在港航合作减排执行时的积极性。

再次，航运公司的目标是增加自身的利润或减少运营成本，在减排中存在一定的阻碍作用。由于航运公司作为排放控制的对象，受到政府监管并面临排放税的问题。此外，航运公司还可能受到燃油费上涨等经济因素的影响，因而在利益角度上对于实现港航系统节能减排可能持有阻碍态度。

最后，托运人的目标是确保货物安全、准时、高效地运送到目的地，其绿色环保意识是推动港口与航运公司投入节能减排的关键动力。随着环保问题的日益凸显，社会对环境问题的认知逐渐加深，从而使得大型制造企业积极承担起企业社会责任，进一步扩大对绿色运输的需求。如表 6.17 所示，多个主体的目标及一些措施已在表格中概括。

表 6.17　绿色航运中多个主体的目标及措施

Tab.6.17　The goals and measures of multiple stakeholders in green shipping

主体	政府	港口	航运公司	托运人
目标	协同推动港航系统进行减排； 监督与监管	提高作业效率	增加自身的利润或减少运营成本	确保货物安全、准时、高效地运送到目的地
措施	确立相应的排放控制强制性措施； 制定相关的激励措施	投资岸电等节能减排技术手段； 完善集疏运体系	优化船舶设计； 采用清洁能源； 提高船舶运营效率、降低维护成本等	签订货运合同； 增加绿色环保意识

在上述四方主体共同参与的情境下，港航系统的减排问题具有多主体参与、多决策变量、多管控措施和多元目标冲突等特点。因此，实现港航系统的节能减排是一项复杂的系统工程，需要从提高整个港航系统的竞争优势的角度出发，研究在港口和航运公司等不同决策主体利益冲突下的协同减排问题。同时，政府需要在制定排放控制措施的基础上，对减排主体给予适度的激励，以实现港航系统节能减排的长期可持续发展[45]。

2.绿色航运运营措施

航运减排运营措施是通过减少能源需求和提高能源效率来实现减少二氧化碳(CO_2)排放的目标,在解决环境问题、满足监管要求和促进海运业的整体可持续性方面发挥着重要作用。可以根据不同运营阶段和不同运营者的努力将运营措施分为以下六类:供应链和物流优化、减速航行、岸电供电、航行优化、维护优化和人为因素(即人们对节能的认识),如图 6.26 所示。

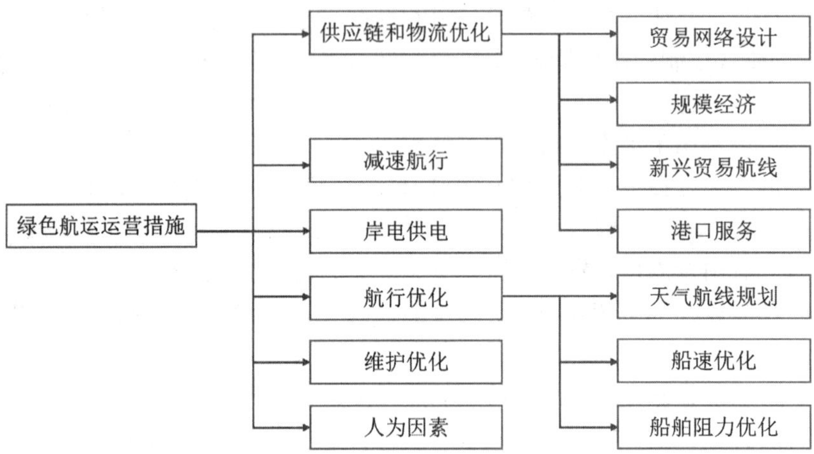

图 6.26　绿色航运运营措施

Fig.6.26　Green shipping operational measures

(1)供应链和物流优化

供应链和物流优化是航运减排工作不可或缺的一部分。它可以提高供应链的整体效率,而且还直接有助于减少燃料消耗、温室气体(GHG)排放以及与货物运输相关的环境影响。通过全球供应链和物流方面的努力,可以实现减少二氧化碳(CO_2)排放的潜力。与供应链和物流相关的措施可以分为以下四类:贸易网络设计、规模经济、新兴贸易航线、港口服务。

①贸易网络设计

贸易网络设计是指规划和组织涉及航运和贸易的供应链活动,以最大程度地提高效率、降低成本、提升服务水平,并在可行的范围内减少环境影响。这一设计过程考虑到多个因素,包括货物的类型、运输距离、运输模式、港口选择、库存管理、信息技术支持等,以确保整个供应链在各个环节都能够高效运作,如图 6.27 所示。

航运公司的主要动机来自于商业利益,并且集中在满足市场和客户的需求。然而,减少航运中的碳排放对于可持续物流系统也是一个非常重要的问题。贸易网络的设计,如船舶数量、船舶规模、航行速度、调用港口等,对二氧化碳(CO_2)排放有重要影响,可以使得航运业减少约4%的碳排放量[46]。对于航运公司来说,这是船队部署的规划问题,从数学、商业和计算的角度来看非常复杂,需要在各种约束条件下分配船舶航线、船舶时间表等。虽然船队部署的研究主要是为了降低成本和最大化利润,但它也对减少二氧化碳(CO_2)排放产生了重要影响,因为它可以最小化燃料消耗。应该实施一个联运的交通网络设计(例如,通过船铁联运或综合运输),以实现总体的二氧化碳(CO_2)减排。

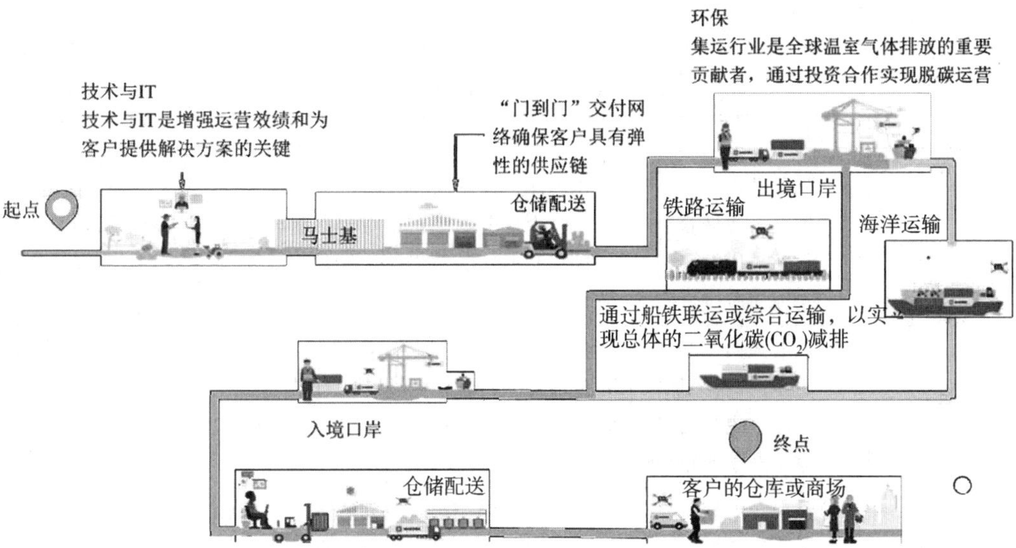

图 6.27　马士基运输流程示意图

Fig.6.27　Maersk transport process

②规模经济

航运中的规模经济是指在运输业务中,随着船舶规模的增加,单位货物的运输成本和平均成本呈现下降趋势的经济现象。简而言之,规模经济意味着在运输过程中,随着船舶规模的增大,每单位货物的运输成本会相对减少。

近年来,基于规模经济概念,建造了很多超大型油船、散货船和集装箱船。当船舶的载重量增加一倍时,所需功率会随着船舶尺寸增加的三分之二而增加。这意味着每货运单位船舶尺寸燃料消耗量的增加减少了[47]。大型船舶对船东具有规模经济性,但这些经济性随着规模的扩大而减少[48]。船舶尺寸和排放量之间的关系不是线性的,随着船舶数量的增加,边际减排量逐渐减少。随着干散货船载重量从 26 000 t 增加到 46 000 t,吨英里排放量减少了 33%,而从 46 000 t 增加到 72 000 t 只会进一步减少 17%[49]。货物容量利用率(实际载货量与最大货物容量之比)是设计服务网络中容量部署的另一个重要考虑因素。由于各种因素可能导致贸易需求波动,航运公司需要相应地调整其服务网络,以实现更高的容量利用率,并以降低成本和减少排放为目标。然而,考虑到运费、操作、港口和物流系统等各种因素,不同贸易航线应该有不同的船舶规模和船队部署。为了提高容量利用率,建议船舶运营商之间进行合作、信息共享、协作容量共享或全球航运联盟。

③新兴贸易航线

新兴贸易航线通常是指那些由于地缘政治、经济发展、技术进步或气候变化等因素而成为更为活跃和重要的航线。新兴贸易航线对减排的影响通常涉及一系列因素,包括航线的长度、可通航性、气候条件、船舶燃料效率以及可能采用的环保技术。一些新兴贸易航线,如北极东北航道,如图 6.28 所示,可以显著减少船舶的航程距离。这有助于降低燃料消耗和减少温室气体(GHG)排放,因为更短的航程通常意味着更少的能源需求。例如,通过计算可知采用北极东北航道每次运输相较传统运输可以减少约 27%的温室气体(GHG)排放[50]。

表 6.18 为北极航道。

表 6.18　北极航道

Tab.6.18　Arctic route

北极航道	简介
东北航道	· 从北欧出发,向东穿过北冰洋巴伦支海、喀拉海、拉普捷夫海、新西伯利亚海和楚科奇海五大海域直到白令海峡,大部分航段位于俄罗斯北部沿海的北冰洋沿海海域 · 东北航道的气候相对较温和,但在冬季仍然可能受到冰层的覆盖。随着气候变化,夏季冰层减少,使得通航变得更为可能
西北航道	· 从北大西洋经加拿大北极群岛进入北冰洋,再进入太平洋的航道,东起巴芬岛以北,由东向西,经加拿大北极群岛间一系列深海峡 · 常面临更长时间的冰层覆盖,尤其是在北美冬季。由于加拿大北极群岛的复杂地形,冰层对于航行可能构成更大的挑战
中央航道	· 从白令海峡出发,直接穿过北冰洋中心区域到达格陵兰海或挪威海 · 中央航道通常在大部分时间都受到冰层的覆盖,这包括多年冰、季节性冰和浮冰。夏季时,冰层可能减少,但在冬季和初春,仍可能存在大量冰块,对航行构成挑战

随着新兴贸易航线的兴起,船舶公司可能会考虑更新船队,选择更先进和燃料效率更高的船舶。同时,通过规模经济效应,使用更大型的船舶可能降低单位货物的运输成本和相应的排放。相关港口和基础设施的发展也成为关键因素。先进的港口设施和物流基础设施可以提高货物流通效率,减少停泊时间,从而减少船舶在港口附近的燃料消耗。部分船舶公司在新兴贸易航线上可能更倾向于尝试采用可再生能源,如风能或太阳能,以减少对传统燃料的依赖。这有助于降低温室气体(GHG)排放。

④港口服务

航运港口服务是指港口提供的一系列服务,旨在支持船舶的停靠、货物的装卸,以及相关的物流和运输活动。这些服务涵盖了港口内外的各个环节,以确保货物在港口间的高效流动,如图 6.28 所示。

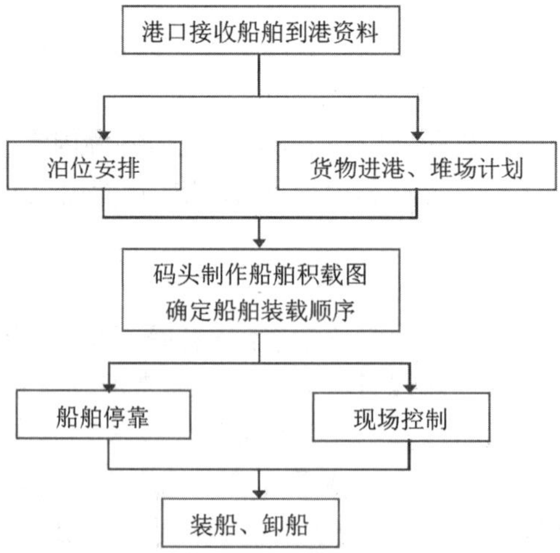

图 6.28　港口作业流程图

Fig.6.28　Port operations process

在港口的高效周转会产生更多航次,或者在较慢和更节能的航速下保持相同的航次数。因此,停泊时间对于运营成本、效益和能源效率具有重要影响。减少港口和锚地停泊时间是减少燃料消耗和船舶排放的重要考虑因素,这主要取决于港口码头的操作和服务。改进泊位分配计划、码头起重机的分配和调度、整体计划以提高装卸效率、通过更快的文件处理和检查程序,减少无效时间,可以降低能源使用。更顺畅的港口服务,可以让整个航运的总碳排放量减少约1%[51]。国际海事组织(IMO)鼓励港口码头运营商与船舶运营商进行密切合作,特别是通过实施虚拟到达政策。船舶运营商强烈愿意改进协作机制,甚至参与泊位分配和起重机调度决策。例如,一些大型航运公司,如马士基集团和中国远洋(DS)运输集团,积极参与港口码头的业务和运营。对于港口码头来说,减少船舶周转时间也是提高服务水平和提升竞争力的影响因素。在这个领域的改进对所有利益相关者都具有一系列的益处。

(2)减速航行

减速航行是指船舶有意减缓航速以达到降低燃料消耗、减少碳排放和改善船舶环保性能的行为。这种做法通常是为了遵守环保法规、提高燃料效率、降低运营成本,或者响应社会对可持续发展和环境友好运输的日益关注。

自2008年全球经济衰退和航运需求放缓以来,海运业采取了一系列措施来维持和恢复其发展。其中之一就是减速航行,即将商用船舶的航行速度设定为低于其设计速度。这是为了节省燃料成本,在当前航运市场不景气的环境下,几乎所有全球航运公司都采用了这种做法。船舶速度与所需功率和燃料消耗之间的关系大致呈立方函数。研究咨询公司(Maritime Strategies International, MSI)利用其专有的经济计量模型,模拟了平均船舶速度降低1 kn和2 kn对每个部门所需货物承载能力的影响[52]。研究咨询公司(MSI)研究发现对于三种主要船舶类型,将船舶速度降低一节会使载重量(DWT)的年平均需求增加,干散货船增加6%、油船增加3.8%、集装箱船增加8%;将船舶速度降低2 kn可增加对运力的需求,干散货船增加13.4%、油船增加8.2%、集装箱船增加17.4%[52]。上述数字说明了所需的增量订单,以补偿速度降低对所需容量的影响。在增加订单加入船队之前,速度的降低会产生重大的短期影响,即使考虑到2025年吨位的增加,总体二氧化碳(CO_2)排放量也会减少,如表6.19所示[52]。

表6.19　二氧化碳(CO_2)排放量减少的百分比

Tab.6.19　Percentage reduction in CO_2 emissions

船型	1 kn减速	2 kn减速
干散货船	13%	25%
油船	15%	28%
集装箱船	15%	28%

减速航行被证明是个体船舶最节能的运营措施。根据减速程度,可以实现燃料节省和二氧化碳(CO_2)排放减少20%~40%甚至60%以上的效果。减速航行的好处因船舶类型、尺寸和航线而异;通常,中高速运营的船舶和大型船舶的优势更大。为了解决二氧化碳(CO_2)排放问题,航运部门建议对不同类型的船舶设定平均或最大航行速度。

(3)岸电供电

岸电,也称为岸边电源、岸上电源,是指在船舶停靠港口时,通过岸港提供的陆地电源为船舶提供电力,如图6.29所示。这是一种环保和能源节约的船舶能源供应方式,与传统的在船舶上使用发电机或发电机组供电相比,岸电可以减少船舶在港停泊期间的空气污染和噪声排放。

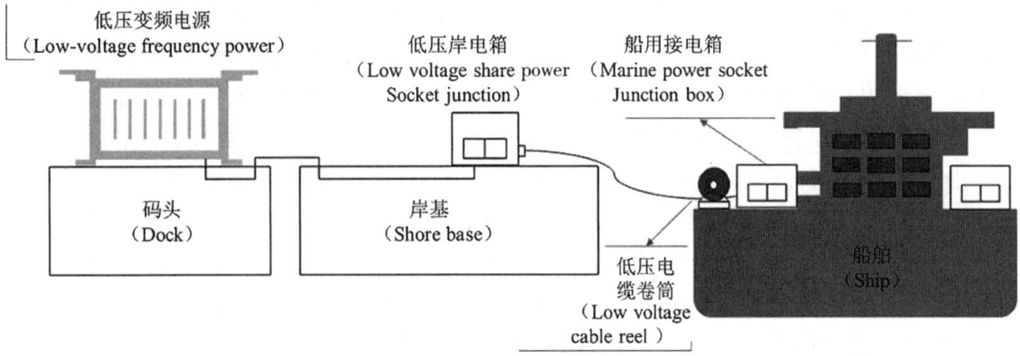

图 6.29 岸电作业流程图

Fig.6.29 Shore power operations process

由于岸电涉及船舶靠港阶段的运营操作,因此将其归类为运营措施。岸电系统的应用主要集中在一些环境意识较强、港口拥挤或环保法规要求较高的地区。例如,欧洲、北美和亚太地区的一些主要港口已经在推动和实施岸电系统。随着时间的推移,越来越多的港口和船舶公司正在逐步完善和扩大岸电基础设施。随着技术标准的不断发展,岸电系统的相容性和互操作性逐渐得到提高,使得更多的船舶能够接入岸电系统。一些大型船舶公司也积极参与岸电的推广和使用。一些公司制定了内部政策,鼓励或要求其船舶在港口使用岸电。

由于陆上电力可以来自低碳或零碳能源,如风能、水能、太阳能或核能,岸电是减少航运排放的重要选择。尽管在港口停泊时的燃料消耗只占船舶整个生命周期能源消耗的一小部分,但岸电的整体益处是显著的,当使用岸电技术,可以帮助航运业减排约 5%[44]。它同时减少了船舶在港口停泊时的二氧化碳(CO_2)排放、有毒废气排放和噪声污染,对沿海生态系统和附近居民的身心健康有益。然而,强有力的监管框架和国家财政支持对于船舶运营商和港口当局采用岸电技术是必不可少的,因为这涉及庞大的基础设施投资和更加复杂的港口船舶运营。岸电的推广需要协调各方的努力,包括船舶公司、港口管理者、国际和国家政府等。在未来,随着环保法规的进一步加强和技术的不断进步,岸电系统有望在航运业中发挥更为重要的作用。

(4)航行优化

航行优化的主要目标本质上是通过选择给定天气预报下的最优航线和速度剖面,减少总船舶阻力、降低财务成本或在航行过程中获得最大利润。船舶特性、航行速度、海况和天气条件是基本变量。起讫点、航行能力、安全操作、服务合同时间、在港时间和最小燃料消耗是主要约束条件。航行优化可以作为概念的总称,航线规划、时间安排、航速优化、修整优化和压载优化都可以包括在内。它们都与距离、时间和在规定约束下最小化阻力有关。目前,不同类型的优化措施经常一起使用,甚至与减速航行、供应链和物流相结合,以优化能源消耗。

①天气航线规划

天气航线规划是指通过考虑气象和大气条件,为船舶规划和选择最佳的航线。这一过程的目标是通过优化航线,考虑天气因素,以提高航行的效率、安全性和经济性。其中天气航线规划和船舶排放评估,如图 6.30 所示。

船舶航线规划和调度方法最初用于缩短距离、优化时间、提高安全性和降低成本。近年来,它们已成为能效和减排的重要焦点。在这里,船舶航线规划的目标是为起讫点选择最佳的适航航线,以及在航行前和航行期间寻找从起点到终点的最佳航线。船舶航线规划的主要目标是选择阻力最小化的航线(避免由不良海况和天气条件引起的附加波浪和空气阻力)以及通过选择

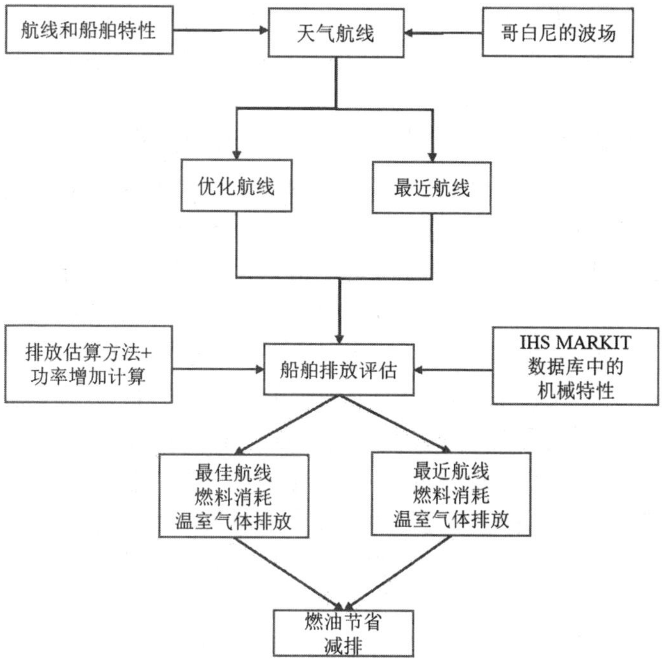

图 6.30　天气航线规划和船舶排放评估

Fig.6.30　Weather-informed route optimization and ship emission assessment

平静的天气条件避免不希望的船体干扰。然而，船舶调度也考虑到时间因素，如货物装卸时间、航行时间、加油和补给、抛锚、停泊等。常规航线还会考虑船舶特性、海况和天气条件。因此，航行期间的船舶航线问题可以称为天气航线规划。在过去的十年里，天气航线规划系统已被广泛发展和应用于航运公司，并存在着不同的性能表现。根据船舶尺寸和类型以及不同船舶的贸易类型，安装船舶天气航线规划系统可以产生的减排效率被评估为 0~5%之间[53]。在当前实践中，预测的海况和天气条件都被整合到天气路线规划中，以优化航线上每个航段的速度。有约束的多目标优化问题的算法和解决方案是天气路线规划的关键，这些方法仍在不断发展。更有效的船舶航线优化方法可以实现节燃和减排；对于依赖于预测海况和天气条件的风能辅助船舶尤其如此。

②航速优化

航速优化是指通过调整和控制船舶的航速，以达到经济、环保和安全的最佳平衡点。这一过程旨在最大程度地提高船舶的运输效率、降低运营成本，同时考虑到环境因素，如减少碳排放。航速优化在海上或港口的不确定服务时间、服务合同的时间窗口、海上和天气条件约束下，对特定路线或每个航段的速度进行优化。其目标通常是最小化燃料消耗或最大化效益。航速优化经常与减速航行混淆，但实际上它们是不同的概念。速度优化带来的温室气体（GHG）减排量可能在 0~60%之间，具体取决于速度降低程度[54]。虚拟到达，也是一种船舶调度和航速优化的方法，被认为是重要的运营措施并在国际航运业广泛讨论。虚拟到达，也被称为准时到港，意味着船舶调整速度，以便准时抵达码头，而不是在发生已知延误时，在装卸港口外的锚地等待分配泊位。船舶自动识别系统（AIS）数据的使用帮助航运业了解预计到达时间、到达港口、吃水和航行速度等重要航行因素。这些数据点如今被用来跟踪船舶并支持对航行计划的有限调整。船舶和港口之间就泊位和拖轮等辅助服务提供商的可用性进行更有效的通信将优化海上交通，并带来商业和环境效益。研究咨询公司（MSI）对虚拟到达带来的潜在效率改进效果进行了建模,假设速度平均降低 5%,并且假设对货物承载能力没有影响,并且不对船队规模进行调整。根据该基本分析,每年可减少二氧化碳(CO_2)排放量约 10%~11%[52]。

③船舶阻力优化

船舶阻力优化是指通过调整船舶设计、运行策略或航行条件,以最小化船舶在航行中受到的阻力,从而提高船舶的运输效率、降低燃料消耗和减少运营成本。这一过程旨在在经济、环保和安全的前提下,实现船舶航速和性能的最佳平衡。与天气航线规划不同,阻力优化的主要目标是在确定的航线和负载条件下最小化船舶在平静水域的阻力(即摩擦阻力和残余阻力)。在实际情况下遇到的不同速度和负载条件下,存在阻力优化的潜力,当对船舶进行合适的阻力优化可以帮助减少 1%~10%的碳排放量[55]。当改变船舶的吃水线或平衡条件可以改变船舶的湿表面积、水线长度和阻力。调整平衡条件可以实现最小的船舶阻力并降低燃料消耗。对于每个吃水线和航速,都存在一个能源效率最佳的平衡条件。由于船舶的不同船型,没有明确的公式来表达船舶阻力与吃水线、平衡和航速的关系,这意味着每艘船舶都有自己的通过吃水线、平衡和航速引起的阻力经验分布。通过调整货物装载或平衡条件可以实现最佳的平衡。此外,平衡优化可以用于满足吃水线、平衡和方向控制的要求,并降低燃料成本。

(5)维护优化

船舶维护优化是指通过有效的计划和管理,最大程度地提高船舶的可靠性、安全性等,同时最小化维护成本。这一过程旨在确保船舶在整个运营周期内能够保持良好的状态,提高船舶的可操作性,减少故障和停工时间。船舶维护流程图如图 6.31 所示。

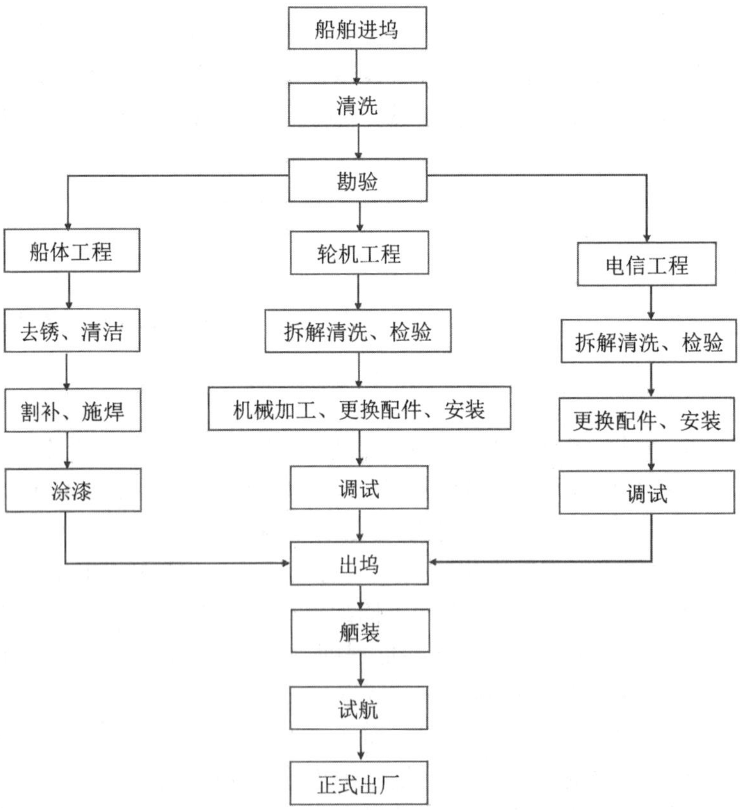

图 6.31　船舶维护流程图

Fig.6.31　Ship maintenance process

优化的维护可能有助于整个船舶能源系统的燃料节约，包括船体、螺旋桨和船舶动力装置。船体和螺旋桨的污损可能会增加摩擦阻力并导致能量损失。其额外阻力占到总阻力的10%～40%，能源效率损失占到11%～18%，对船体进行清洁可以减少约5%的碳排放量[56]。因此，可以根据船体涂层和航行区域定期清洁船体和螺旋桨。对机械设备进行定期或基于状态的维护也可以提高可靠性和能源效率。结合条件监测系统、基于智能的诊断系统、能源消耗监测系统和基于经验的最佳实践的系统化方法是决策支持的关键工具。

（6）人为因素

航运减排运营措施在很大程度上依赖于船舶运营人员、船舶管理人员、船员和港口运营人员的努力和判断。对人员进行意识培训，可以减少约10%的燃料消耗[57]。因此，人为因素在节能方面发挥着重要作用。第一，要求加强运营人员的教育和培训，提高节能知识、技能和对船舶运营、管理和维护的认识。第二，需要有效的管理和激励措施，以实现共同的利益、意愿和动机，来改善运营人员的行为。

思考题

1.试述航运供应链的关键环节和参与者及其发展趋势。

2.在绿色航运中，如何与供应链合作伙伴共同推动可持续性，如何评估和改进整个供应链的可持续性表现？

3.从传统航运向绿色航运转变时，航运公司在决策管理上可能出现何种变化？

4.试述不同决策主体在参与绿色航运运营时的决策目标有何异同。

5.在传统航运向绿色航运过渡的过程中，运营层面的措施是可行的选择，你认为在运营管理体系方面，绿色航运与传统航运的区别与联系？

6.如何优化航运网络，以减少空驶和提高货物流转效率，从而降低整体碳足迹和减少环境影响？

参考文献

[1] CLARKSONS. World Shipyard Monitor [R].London:Clarksons,2023.

[2] 邴春亭,姜磊,刘畅,等.基于全球航运市场分析的中石化低硫船燃发展探讨[J].中国水运,2023.

[3] 李彦庆.绿色低碳对海事工业发展的影响[J].船舶,2023,34(4):1-18.

[4] 魏梅,潘放,汪颖异,等.2022 年世界船海市场评述与 2023 年展望[J].船舶,2023,34(2):14-32.

[5] CLARKSONS. World Fleet Monitor [R].London:Clarksons,2023.

[6] 邵斐,张学刚.2022 年国际干散货运输市场回顾及 2023 年展望, 2023.

[7] 陈彦蓉.低碳成航运金融发展关键词[N].金融时报,2023-04-24(006).

[8] 张正伟.保险创新护航宁波港口航运驶向“深蓝”[N].宁波日报,2021-02-09.

[9] 王新一.浅析我国航运保险[J].中国外资,2014,(2):139.

[10] 朱海龙,王曦晨,申思,等.我国航运险市场的现状及对策研究[J].中国市场,2023,(29):45-48.

[11] 阎海宽.中国航运金融衍生品研究——作用、现状分析、发展策略[J].经济研究导刊,2014,(19):120-122.

[12] 夏丽娜,余永琦.中国元素航运金融衍生品对航运市场的影响研究[J].中国水运(下半月),2017,17(2):35-36,45.

[13] 德路里:船员缺口在不断扩大[J].中国航务周刊,2021,(23):19.

[14] 金嘉晨,真虹.航运产业链的内涵和基本构成[J].中国航海,2013,36(3):126-129.

[15] 国海证券. 行业景气延续, 业务发展可期——中远海控(601919)公司深度研究[R]. 中国:国海证券研究所,2021.

[16] STX.STX advanced technology for green dream eco-ships[R]. SOUTH KOREA:STXHQ,2010.

[17] LEE C-Y, SONG D-P. Ocean container transport in global supply chains:overview and research opportunities[J]. Transportation Research Part B:Methodological, 2017,95:442-474.

[18] 蒋曦.带时间窗的近洋集装箱班轮运输优化研究[D].南京:东南大学,2021.

[19] 邢玉伟.远洋集装箱班轮运输船舶航速与航线配船优化[D].大连:大连海事大学, 2020.

[20] 刘南,杨佳丽,鲁其辉. 现代运输管理.3 版[M]. 北京:高等教育出版社,2021.

[21] 瑞欧科技 REACH24H.揭秘 MRV 制度——我国碳市场建设的基石[EB/OL]. 2022. https://www.reach24h.com/carbon-neutrality/industry-news/mrv-carbon-verification.

[22] 中国船级社. IMO DCS 及 EU MRV[EB/OL].北京:中国船级社,2019.

[23] 文逸彦,潘金涛,乔继潘,等.国际航行船碳排放 MRV 规则解析和信息化应对[J].船舶物资与市场, 2019(10):3.

[24] 刘颖钊.能效管理计划 SEEMP 的三个部分和相关证书[EB/OL]. https://www.xindemarinenews.com/columnist/liuyingzhao/45876.html.

[25] 石珣,董丽娜.现有船能效 EEXI、CII、SEEMP 最新技术要求解析[J].中国船检,2022(07):46-50.

[26] 刘畅.碳强度评级下的船舶能效管理分析与建议[J].中国海事, 2023(6):49-52.

[27] PSARAFTIS H, ZIS T, LAGOUVARDOU S. A comparative evaluation of market based measures forshipping decarbonization[J]. Maritime Transport Research, 2021, 2.

[28] PSARAFTIS H N. Green transportation logistics[J]. The Quest for Win-Win Solutions, Cham, 2016.

[29] ALVIK S, EIDE M S, ENDRESEN O, et al.Pathways to low carbon shipping-abatement potential towards 2030[J]. 2009.

[30] BOUMAN E A, LINDSTAD E, RIALLAND A I, et al. State-of-the-art technologies, measures, and potential for reducing GHG emissions from shipping-A review[J]. Transportation Research Part D:Transport and Environment, 2017, 52:408-421.

[31] 江振峰,彭译侬,杨忠振.拆船补贴政策下的干散货船队更新策略与政策效果[J].大连海事大学学报,2019,45(03):17-23.

[32] PATRICKSSON Ø S, FAGERHOLT K, RAKKE J G. The fleet renewal problem with regional emission limitations:case study from roll-on/roll-off shipping[J]. Transportation Research Part C:Emerging Technologies, 2015, 56:346-358.

[33] 于洋.考虑拆船补贴政策的干散货船队更新策略研究[D].大连:大连海事大学,2017.

[34] 杨冬.基于列生成算法的集装箱班轮运输网络设计[D].大连:大连海事大学,2023.

[35] ZHEN L, WU Y, WANG S, et al. Green technology adoption for fleet deployment in a shipping network[J]. Transportation Research Part B:Methodological, 2020, 139:388-410.

[36] 方旭.考虑海上航行不确定的集装箱班轮船期设计[D].大连:大连海事大学,2021.

[37] 赵帅奇,杨华龙,张井波,等.基于合作协议的集装箱班轮运输绿色船期设计[J].中国航海,2021,44(04):86-93.

[38] 江振峰.干散货航运企业纵向整合与运营管理优化研究[D].大连海事大学,2020.

[39] BROUER B D, KARSTEN C V, PISINGER D. Optimization in liner shipping[J]. 4OR, 2017, 15:1-35.

[40] 刘先成.我国航运业低碳绿色发展研究[D].大连:大连海事大学,2012.

[41] 刘立飞.浅述决策制定过程[J].科学学与科学技术管理,2007,(S1):182-183.

[42] IMO. A concept of a sustainable maritime transportation system[R]. London:IMO,2013.

[43] MA W, LU T, MA D, et al.Ship route and speed multi-objective optimization considering weather conditions and emission control area regulations[J]. Maritime Policy & Management, 2021, 48(8):1053-1068.

[44] 温馨.减碳驱动下基于港航合作的班轮服务运营优化[D].上海:上海海事大学,2022.

[45] 李晓东.基于多方博弈的港航系统协同减排与管控策略研究[D].大连:大连海事大学,2022.

[46] WANG H, FABER J, NELISSEN D, et al.Reduction of ghg emissions from ships. marginal abatement costs and cost effectiveness of energy-efficiency measures[M]. Netherlands:IMO, London (United Kingdom); International Maritime Organization IMO, London (United Kingdom), 2010:Medium:X; Size:161 pages.

[47] LINDSTAD H. Strategies and measures for reducing maritime CO_2 emissions[C], 2013.

[48] MERK O, BUSQUET B, ARONIETIS R. The impact of mega-ships[C]. Int Transp Forum OECD, Paris. 2015.

[49] LINDSTAD E, ASBJØRNSLETT B, STRØMMAN A. The importance of economies of scale for reductions in greenhouse gas emissions from shipping[J]. Energy Policy, 2012, 46:386-398.

[50] WAN Z, GE J, CHEN J. Energy-saving potential and an economic feasibility analysis for an arctic route between shanghai and rotterdam: case study from china's largest container sea freight operator[J]. Sustainability, 2018, 10(4):921.

[51] HALIM R A, KIRSTEIN L, MERK O, et al. Decarbonization pathways for international maritime transport: a model-based policy impact assessment. Sustainability, 2018.

[52] ABS. 2030 Outlook and 2050 Vision for Low-Carbon Shipping[R]. Houston: ABS, 2019.

[53] DNV. EE appraisal tool for IMO[R]. Norway: DNV, 2016.

[54] OECD. Decarbonising maritime transport: pathways to zero-carbon shipping by 2035[R]. Paris: OECD, 2018.

[55] BOUMAN E, LINDSTAD E, RIALLAND A, et al. State-of-the-art technologies, measures, and potential for reducing GHG emissions from shipping-A review[J]. Transportation Research Part D Transport and Environment, 2017, 52:408.

[56] IMO. Second IMO GHG study 2009[R]. London: IMO, 2009.

[57] JENSEN S, LüTZEN M, MIKKELSEN L L, et al. Energy-efficient operational training in a ship bridge simulator[J]. Journal of Cleaner Production, 2018, 171:175-183.

第七章　绿色航运运营研究

绿色航运运营研究涉及环境可持续性、法规遵从以及航运效率优化等多个方面,旨在解决航运业面临的环境挑战,同时确保航运运营在法规框架内合规运行。在全球对气候变化和环境污染的关切不断上升的背景下,航运公司积极寻求符合环保标准的运营模式,研究人员关注国际和国内法规对航运业运营管理的影响。运筹优化方法被用于研究在航运减排政策下如何最大程度地提高航运效率、降低能源消耗,以及减少对环境的负面影响。这涉及船队更新、船舶配载优化、航速优化等方面的研究。绿色航运运营研究旨在为航运公司和其他利益相关者提供实用的建议,推动航运业向更环保、更高效的方向发展。通过整合法规遵从、效率提升和运筹优化努力寻找平衡点,以促进绿色航运运营的可行性和实施。

第一节是在排放控制区(ECA)政策下对沿海运输运营管理问题展开研究。为了遵守排放控制区(ECA)的规定,大多数航运公司必须转向低硫燃料。碳目标对长期环境保护至关重要;并且,航运公司实现盈利同样重要。航运公司开始根据最小化碳排放任务和最大化利润的两个目标做出速度和路线决策。第一节利用现有优化方法,对减排背景下沿海航运的利润和碳排放进行了阐述,根据不同的目标,如帕累托速度区间,以及排放控制区(ECA)之外改道的影响,给出了可持续航运业务的若干重要原则,确定了利润与碳排放的最佳权衡;实证研究了不同规模船舶在燃料价格和船舶载荷的不同情景下,沿中国沿海航行的可持续航运作业。研究结果可以帮助航运公司设计最适合燃料中硫含量限制和航运市场状况的运营措施。

第二节是在船舶能效营运指数(EEOI)政策下对班轮船队运营管理展开研究。对于班轮运输而言,如何在技术选择、燃料使用等方面做出重大的商业决策,并证明该决策在实现国际海事组织(IMO)碳减排目标的长期进程中是有效的。第二节提出了一个自 2021 年至 2030 年、再到 2050 年的航运脱碳进程中,基于替代燃料的船队更新,集成不同阶段内的船舶买卖、船舶改造、船舶部署、航速优化、岸电使用等多元决策的非线性整数规划模型。运用情景思维和已建立的框架,推导出船队更新路线图,提出了近洋(SS)模式和远洋(DS)模式下航运公司与实践相关的应对措施,并评估了不同碳减排目标的相对合理性及其经济影响。结果表明,船舶改造将是船队运营管理的主要方式,船队更新在近洋(SS)和远洋(DS)两种模式下存在比较明显的区别。综合来看,化石燃料和替代燃料在脱碳进程中起到不同的作用。从成本效益和时间角度,精细化的运营措施在某种程度上也影响着班轮运输服务的脱碳之路。此外,应高度重视对一些脱碳风险的处理。

第一节　ECA 政策下沿海运输运营管理问题研究

一、ECA 政策下沿海运输问题

为了减少日益严重的有害气体排放,国际海事组织(IMO)已指定几个排放控制区(ECA)来限制船舶燃料的硫含量,包括波罗的海、北海、北美海岸和美国加勒比海沿岸。同样,我国交通部将中国沿海定义为国内排放控制区(ECA)于 2019 年生效。目前,我国排放控制区(ECA)内含硫质量分数的限值为 0.5%,而排放控制区(ECA)以外的全球含硫质量分数限制为 3.5%。我国当局正在考虑更严格的 0.1%含硫质量分数的限值限制,并可能在 2025 年生效。

为了遵守含硫质量分数的限制,航运公司必须使用价格较高的液化天然气(LNG)和低硫燃料[如船用轻柴油(MGO)],或投资使用清洁系统等减排技术,这需要相对较高的资本成本[1]。目前采用最广泛的方法是改用低硫燃料[2,3]。含硫质量分数的限制直接提高了排放控制区(ECA)内部的运输成本,特别是在沿海地区。因此,许多航运公司被迫航行更远的距离,从而避免经过排放控制区(ECA)[4]。此外,航运部门因与不受严格的硫法规直接影响的陆基运输方式竞争,导致船舶载荷下降[5],这对我国的海上运输构成严重威胁。在此背景下,必须通过适当的运营管理决策,如优化速度和路线[6,7],提高航运部门的竞争力。与改装船只燃烧生物燃料等低碳燃料相比,航线规划和航速优化的运营措施是一种更为经济的方法。对于追求可持续发展的航运公司来说,速度和航线的决策本质上是最大利润和最小碳排放之间的权衡,同时转向排放控制区(ECA)内的低硫燃料,以遵守法规[8,9]。

本节旨在基于航运公司的视角分析速度与路线等实际运营决策如何应对排放控制区(ECA)政策。所研究的对象是需要经过排放控制区(ECA)航行且没有安装洗涤塔的船舶。研究范围限定在一艘船舶在一条航段内的航行情况,即不考虑多港挂靠,排放控制区(ECA)政策仅考虑船舶使用燃油的硫含量上限。当船舶在航行中需要切换成不同类型的燃油时,由于使用的燃油价格存在差异,船舶的速度与路线决策也可能需要随着燃油类型的切换而发生变化。本节以 2019 年航行于我国沿海区域的一条航线为案例,具体分析了以下问题:

(1)在燃油价格和船舶负载等因素处于何种情景下,船舶需要在燃油切换后改变航速和路径决策?

(2)考虑船舶运营者对利润最大化和碳排放最小化等多目标的灵活考量,航速和路径决策应该如何调整?

二、沿海运输运营优化模型

1.符号说明

本节构建模型所涉及的输入参数和决策变量定义,如表 7.1 所示。

表 7.1　符号说明表

Tab.7.1　Symbol description table

参数	
A	轻船重量(吨)
C	每吨海里成本(美元)
C_{fe}	排放控制区(ECA)内的燃料成本(美元)
C_{fn}	排放控制区(ECA)以外的燃料成本(美元)
C_{fp}	港口燃料成本(美元)
C_{td}	每日成本、时间包机等价物,等价期租租金(TCE)
E	每百万吨海里的碳排放量(吨)
EL^{A}	辅助发动机的负载系数(%)
EL^{M}	主发动机的负载系数(%)
e_{mgo}	船用轻柴油(MGO)的碳排放系数
e_{hfo}	重质燃油(HFO)的碳排放系数
f^{A}	辅助发动机的每日油耗(吨/天)
f^{M}	主发动机的每日油耗(吨/天)
f^{M*}	主发动机每日油耗的设计速度(吨/天)
f_{ve}^{M}	排放控制区(ECA)内部主发动机的每日油耗(吨/天)
f_{vn}^{M}	排放控制区(ECA)外主发动机的每日油耗(吨/天)
F_{mgo}	船用轻柴油(MGO)消耗量(吨)
F_{hfo}	重质燃油(HFO)消耗量(吨)
L	航行距离(海里)
P	每百万吨海里的利润(美元)
P_{mgo}	船用轻柴油(MGO)舱位价格(美元/吨)
P_{hfo}	重质燃油(HFO)舱位价格(美元/吨)
PS^{A}	辅助发动机功率(千瓦)
PS^{M}	主发动机功率(千瓦)
R	每航次总收入(美元)
$SFOC^{A}$	辅助发动机每千瓦时使用的燃油量(克/千瓦时)
$SFOC^{M}$	主发动机每千瓦时使用的燃油量(克/千瓦时)
T_{e}	排放控制区(ECA)内部的航行时间(天)
T_{n}	排放控制区(ECA)以外的航行时间(天)

续表

参数	
T_p	在港口花费的时间(天)
V	设计速度(节)
W	船舶负载(吨)
μ_o	原点港口的装载效率(吨/小时)
μ_d	目标港口的装载效率(吨/小时)
λ_o	原产地港口的货物装卸费(美元/吨)
λ_d	目的地港口的货物手续费(美元/吨)
决策变量	
v_e	排放控制区(ECA)内部的速度(节)
v_n	排放控制区(ECA)外的速度(节)
X	排放控制区(ECA)以外距离与航程距离的比率(距离比)

2.公式设置

(1)燃料消耗公式

在先前涉及船舶速度[10]的研究中,主发动机的每日油耗通常假定是船舶速度的立方函数:$f^M = f^{M*}\left(\frac{v}{V}\right)^3$ 考虑船舶的速度和负载,修改后的海事系数公式可以更真实地估计油耗[11,12]:

$$f^M = Gv^n\ (A + W)\ \frac{2}{3} \tag{7.2}$$

其中,G 和 n 是两个常量,取决于集装箱船特征(例如,$G > 0$ 和 $n = 3$)。如 Psaraftis 和 Kontova 中所述,$n = 3$ 是散装运输船的良好近似值。Wang 和 Meng[13]表明,如果没有足够的数据进行更精确的校准,$n = 3$ 也可以很好地近似于集装箱船。

立方函数式(7.1)的结果可能严重低估或高估现实。毕竟,一艘以给定速度航行的船舶在空载、半载或满载时,需要克服不同程度的阻力。不同程度的阻力决定了主发动机的油耗。但是,如果忽略集装箱船负载($W = 0$),式(7.1)可以真实地近似估计油耗。因此,空集装箱船中主发动机的油耗可以通过式(7.1)或式(7.2)计算。式(7.2)中的 G 值可以通过以下公式进行近似:

$$G = \frac{f^{M*}}{V^3 A^{\frac{2}{3}}} \tag{7.3}$$

受 Doudniko 和 Lacoste[10]的启发,主发动机在设计速度下每天的油耗可以表示为:

$$f^{M*} = (SFOC^M EL^M PS^M)\ \frac{24}{10^6} \tag{7.4}$$

结合式(7.2)、(7.3)和(7.4),主发动机的每日油耗可以最终确定为:

$$f^M = (SFOC^M EL^M PS^M)\left(\frac{v}{V}\right)^3\left(1 + \frac{W}{A}\right)^3 \frac{24}{10^6} \tag{7.5}$$

式(7.5)给出的结果比立方方程(7.1)更精确。式(7.5)中的集装箱船参数可以直接从集装箱船规格书中获得。

辅助发动机提供在船舶上发电所需的辅助动力。其油耗与船舶速度无关。因此，辅助发动机的每日油耗可以表示为：

$$f^A = (SFOC^A EL^A PS^M)\frac{24}{10^6} \tag{7.6}$$

(2) 时间公式

排放控制区(ECA)内部的航行时间、排放控制区(ECA)以外的航行时间和在港口中花费的时间可以分别通过以下方式计算：

$$T_e = \frac{(1 - X)L}{24v_e} \tag{7.7}$$

$$T_n = \frac{XL}{24v_n} \tag{7.8}$$

$$T_p = \frac{W}{24}\left(\frac{1}{\mu_o} + \frac{1}{\mu_d}\right) \tag{7.9}$$

(3) 成本公式

燃料成本是时间、每天的油耗和燃料价格的产物。排放控制区(ECA)内外的燃料成本分别可以通过以下方式计算：

$$C_{fe} = T_e P_{mgo}(f_{v_e}^{\mathrm{M}} + f^{\mathrm{A}}) \tag{7.10}$$

$$C_{fn} = T_n(P_{hsfo} f_{v_n}^{\mathrm{M}} + P_{mgo} f^{\mathrm{A}}) \tag{7.11}$$

港口的燃料成本被认为使成本计算更加现实。此成本可以计算：

$$C_{fp} = P_{mgo} T_p f^{\mathrm{A}} \tag{7.12}$$

每吨海里的成本 C，包括燃油成本、货物装卸费以及等价期租租金(Time Charter Equivalent, TCE)中的每日成本(即财务项目、折旧和运营成本)，可以描述为：

$$C = \frac{1}{WL}[(C_{fe} + C_{fn} + C_{fp}) + W(\lambda_o + \lambda_d) + C_{td}(T_e + T_p + T_n)] \tag{7.13}$$

其中第一部分 $1/WL$ 将每航次的总成本转换为每吨航程的成本；第二部分是船舶燃料的成本；第三部分是货物装卸费；最后一个术语是等价期租租金(TCE)的每日成本。

每吨海里的利润可以通过从每吨海里的收入中减去每吨海里的成本来获得：

$$P = \frac{R}{WL} - C \tag{7.14}$$

船用轻柴油(MGO)消耗量和重质燃油(HFO)消耗量分别可以通过以下方式计算：

$$F_{mgo} = T_e(f_{v_e}^{\mathrm{M}} + f^{\mathrm{A}}) + T_n f^{\mathrm{A}} + T_p f^{\mathrm{A}} \tag{7.15}$$

$$F_{hsfo} = T_n f_{v_n}^{\mathrm{M}} \tag{7.16}$$

正如国际海事组织(IMO)[14]所报告的那样，每吨海里的碳排放量可以由以下因素决定：

$$E = \frac{1}{WL}(e_{mgo}F_{mgo} + e_{hsfo}F_{hsfo}) \tag{7.17}$$

(4) 最优速度公式

最优速度的公式可以简化为：

$$v_e^{P*}=V\left[\frac{\frac{10^6}{24}C_{td}+EL^A PS^A SFOC^A P_{mgo}}{2EL^M PS^M SFOC^M\left(1+\frac{W}{A}\right)\frac{2}{3}P_{mgo}}\right]^{\frac{1}{3}} \tag{7.18}$$

$$v_n^{P*}=V\left[\frac{\frac{10^6}{24}C_{td}+EL^A PS^A SFOC^A P_{mgo}}{2EL^M PS^M SFOC^M\left(1+\frac{W}{A}\right)\frac{2}{3}P_{hsfo}}\right]^{\frac{1}{3}} \tag{7.19}$$

$$v_e^{E*}=V\left[\frac{EL^A PS^A SFOC^A}{2EL^M PS^M SFOC^M\left(1+\frac{W}{A}\right)\frac{2}{3}}\right]^{\frac{1}{3}} \tag{7.20}$$

$$v_n^{E*}=V\left[\frac{EL^A PS^A SFOC^A e_{mgo}}{2EL^M PS^M SFOC^M\left(1+\frac{W}{A}\right)\frac{2}{3}e_{hsfo}}\right]^{\frac{1}{3}} \tag{7.21}$$

PSI_e 和 PSI_e 分别是实现最优利润的排放控制区(ECA)内外的速度(利润最优速度);PSI_e 和 PSI_e 分别是实现最优碳排放的排放控制区(ECA)内外的速度(排放最优速度)。两个最优速度之间阴影区间可称为帕累托速度区间(PSI)。根据 Ronen 的模型,可以确定两个最优速度,设 $\partial P/\partial v_e=0$、$\partial P/\partial v_n=0$、$\partial E/\partial v_e=0$、$\partial E/\partial v_n=0$,排放控制区(ECA)内外的帕累托速度区间(PSI)可以分别定义为:

$$PSI_e=[v_e^{E*},v_e^{P*}] \tag{7.22}$$

$$PSI_n=[v_n^{E*},v_n^{P*}] \tag{7.23}$$

(5)最佳利润和碳排放公式

最佳利润和碳排放由加权综合标准法(WCCM)[15]确定。该方法可以使不同量纲的利润和排放标准化。标准化利润和碳排放量分别表示为:

$$P_N(v_e,v_n,X)=\frac{P^{\max}-P(v_e,v_n,X)}{P^{\max}} \tag{7.24}$$

$$E_N(v_e,v_n,X)=\frac{E(v_e,v_n,X)-E^{\min}}{E^{\min}} \tag{7.25}$$

其中,$P(v_e,v_n,X)$ 是利润;$P^{\max}$ 是最大的利润;$E(v_e,v_n,X)$ 是碳排放;$E^{\max}$ 是最小的碳排放;P_N 是标准化后的利润,即当前利润相比最大利润的减少比例;E_N 是标准化后的碳排放,即当前排放相比最小碳排放量的增长比例。显然,利润与 P_N 负相关,碳排放量与 E_N 正相关。

因此,双目标优化被转化为单一目标问题:

$$\text{Minimize } Z(v_e,v_n,X)=w_P P_N(v_e,v_n,X)+w_E E_N(v_e,v_n,X) \tag{7.26}$$

其中,w_p 和 w_E 是两个目标(即利润最优和碳排放最优)的权重系数($w_p+w_E=1$ 且 $w_p,w_E\geqslant 0$)。

三、数值实验

1.基础数据

在本节中,实际船舶的利润和碳排放量是根据上述公式计算的。该船舶由信风航运物流公司运营,从大连向广州运输煤炭[16]。

该集装箱船的主要参数直接从信风航运物流公司获得，如表 7.2 所示。但是，航运公司将每次航行的总收入(R)作为机密信息无法透露。根据 2018 年 Bunkerworld.com 的燃油价格[17]，重质燃油(HFO)价格和船用轻柴油(MGO)价格分别为 440 美元/吨和 720 美元/吨。重质燃油(HFO)和船用轻柴油(MGO)的碳排放系数分别为 3.206 和 3.114。大连和广州的货物手续费均为 4.35 美元/吨，如 dlport. cn[18] 和 gzpgroup. com[19] 所述。大连和广州的装车效率分别为 3 600 t/h 和 3 000 t/h。

表 7.2　船舶的主要参数

Tab.7.2　Characteristics of the ship

参数	取值
载重量/t	57 025
空船重量(A)/t	10 900
主机功率(PS^M)/kW	9 480
辅机功率(PS^A)/kW	2 160
主机的负载系数(EL^M)	80%
辅机的负载系数(EL^A)	50%
主机每 kW・h 的燃油量($SFOC^M$)/[g/(kW・h)]	165
辅机每 kW・h 消耗的燃油量($SFOC^A$)/[g/(kW・h)]	225
设计速度(v)/kn	14.2

自 2019 年 1 月 1 日起，一条从中国领海基线延伸 12 n mile 的沿海排放控制区(ECA)正式生效。任何在排放控制区(ECA)内航行的船舶都必须使用含硫质量分数不超过 0.5%的燃料。新的硫限制迫使船运公司通过改道来节省成本。如图 7.1 所示，Trawind 可以从 16 条替代路线中选择，其距离比(X)从 0.256 到 0.867 不等。总距离与 X 值之间的回归关系可以表示为 $L = 194.5X = 1\ 248.9$($R^2 = 0.990\ 9$)。

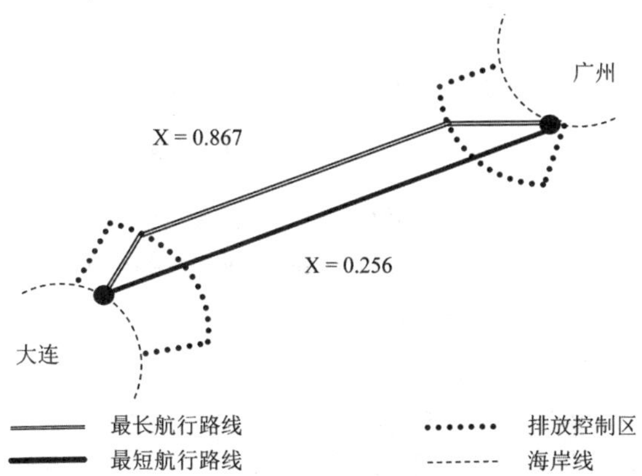

图 7.1　排放控制区(ECA)分布和可能的路线

Fig.7.1　ECA distributions and possible routes

2.计算实验

(1)速度决策的影响

图 7.2 介绍了速度决策对每百万吨海里的利润和每百万吨海里的碳排放(以下分别简称为

利润和排放)的影响。图的左侧显示了当排放控制区(ECA)外的速度(v_n)设定为 8 kn 时,利润和碳排放随排放控制区(ECA)内船舶速度(v_e)而变化。右侧显示了当 v_e 设定在 8 kn 时,利润和碳排放的变化随 v_n 的变化,并检查最优速度是否在允许的区间 $[PSI_e,PSI_e]$ 内。根据式(7.18)~(7.21), PSI_e 、PSI_e 、PSI_e 和 PSI_e 都独立于 X ,即速度决策的取值区间与 X 的选择没有关系。

可以看到,随着速度从设计速度(v)降低,利润和碳排放都得到改善。在本节中,最大利润被视为最优利润,最小碳排放量被视为最优碳排放。同样,能产生最大利润和最小碳排放的速度也分别被视为利润和碳排放的最优速度。如图 7.2 所示,在船舶速度超过利润最优速度后,在船舶速度达到排放最优速度之前,利润减少,碳排放增加。PSI_e 和 PSI_n 的值可以通过式(7.22)~(7.23)计算。无论选择哪条路线,速度都必须在帕累托速度区间内:即 $v_e \in [4.34,5.92]$ 和 $v_n \in [4.39,6.98]$ 。

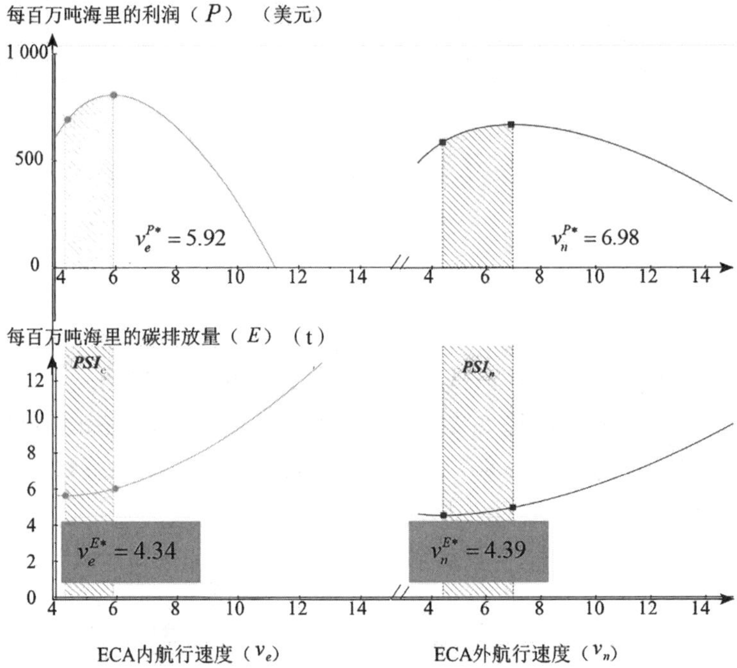

图 7.2　利润和碳排放随船舶速度的变化关系

Fig.7.2　Profit and carbon emissions as functions of ship speed

(2)路线决策的影响

本小节旨在研究 X 对两个目标的影响,即最优利润和最优碳排放。如前所述,应在路线确定之前做出速度决策,最优速度应属于帕累托区间。为了阐明 X 与两个目标之间的关系,有必要验证该关系是否随速度决策而变化。因此,设计和测试了速度决策的六种备选方案,包括 $v_e = 5.92$ 和 $v_n = 6.98$; $v_e = 5.90$ 和 $v_n = 6.60$; $v_e = 5.50$ 和 $v_n = 6.60$; $v_e = 4.50$ 和 $v_n = 4.55$; $v_e = 4.40$ 和 $v_n = 4.45$; $v_e = 4.34$ 和 $v_n = 4.39$。图 7.3 显示了在速度决策的六种备选方案下,每百万吨海里的利润和碳排放量如何随航线决策(即距离比 X)而变化。

事实证明, X 的值应该根据速度决策和具体目标来确定。根据图 7.3 上半部分,当船速为利润最优速度($v_e = 5.92$ 和 $v_n = 6.98$)或接近该速度 ($v_e = 5.90$ 和 $v_n = 6.60$; $v_e = 5.50$ 和 $v_n = 6.60$) 时,如果 X 从 0.256 增加到 0.867,则利润随之下降,而碳排放量随着 X 的增长而线性增加。显然，如果速度是利润最优速度或接近利润最优速度，运营者应选择 $X = 0.256$。图 7.3 下半部分显示，当船舶速度为排放最优速度（$v_e = 4.34$ 和 $v_n = 4.39$）或接近该速度（$v_e = 4.50$ 和 $v_n = 4.55$；$v_e = 4.40$ 和 $v_n = 4.45$）时，利润和碳排放量都随着 X 的增长而减少。在这种情况下，很难对 X 做出决定。但是，根据这些速度决策，运营者可以通过将 X 设置为 0.867 来最大限度地减少碳排放。

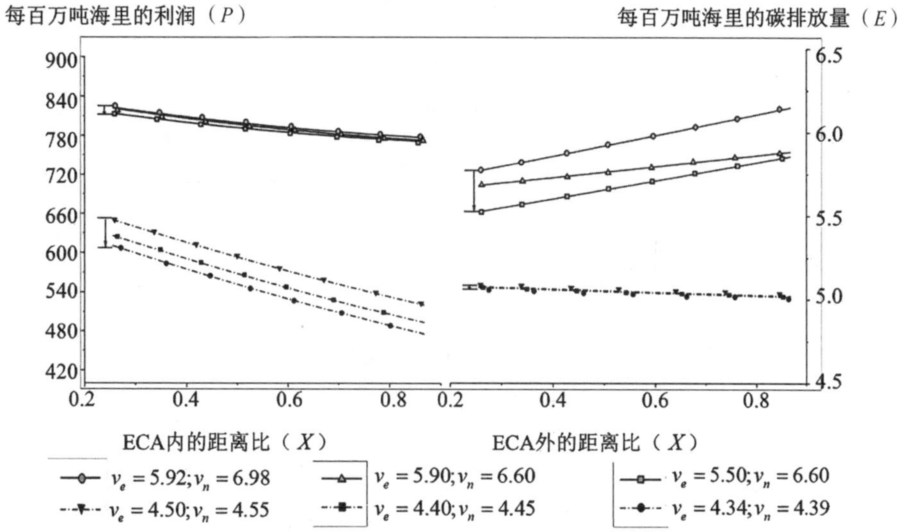

图 7.3　利润和碳排放随 X 和船舶速度的变化关系

Fig.7.3　Profit and carbon emissions as functions of X and ship speed

如图 7.3 所示，如果运营者放慢船舶速度，利润和碳排放量都会减少，表明降低船速可减少碳排放。也可观察到，如果船舶以接近利润最优的速度航行，速度降低对碳排放的抑制作用将更大，而利润的减少并不明显。然而，如果航运公司盲目地通过降低速度来降低碳排放，甚至将速度降至接近排放最优速度，那么最终将以损失巨大的利润为代价减少相对较少的碳排放。

（3）不同目标的权衡

在不同的目标和情景下测算最优利润和碳排放量，如图 7.4 所示。自 2015 年我国颁布排放控制区（ECA）政策以来，高硫燃料油（High Sulphur Fuel Oil，HSFO）价格和船用轻柴油（MGO）价格分别从 181 美元/吨和 476 美元/吨飙升至 542 美元/吨和 886 美元/吨。人们担心，随着更严格的环境法规的出台和即将到来的 0.5%的全球硫禁令，燃油价格是否会继续上涨，这可能进一步刺激对低硫燃油的需求。然而，也有一些专家认为，由于炼油技术的改进，燃油价格将逐步下降。相关研究表明，船舶的燃油价格和载荷（即货物与载重能力之比）会直接影响利润与排放。按照这一设想，根据实际燃油价格和船舶负载设计了四种方案，其中设置船用轻柴油（MGO）的价格 476 美元/吨和 886 美元/吨之间，高硫燃料油（HSFO）的价格在 181 美元/吨和 542 美元/吨，船舶载荷在 48%～100%之间。如图 7.4 所示，从{0，1}中选择了不同的目标权重，从而产生了利润最优和碳排放最优之间的 10 种不同的权衡。

图 7.5 中的帕累托前沿线展现了不同情景下 P_N 和 E_N 间的权衡。每个前沿线上方的区域包含了在对应情景下 P_N 和 E_N 的所有可能值。当然，运营者决策仅对应于前沿线上的点。可以看到，在以利润最大化为目标时碳排放量会激增，而在以碳排放量最小化为目标时利润会迅速下降。运营者需要在两个相互冲突的目标之间取得平衡。

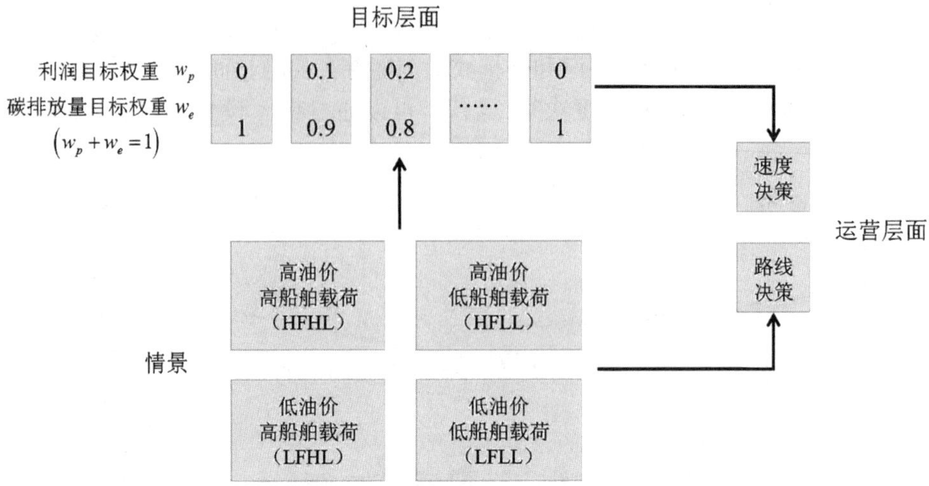

图 7.4 不同的目标和情景

Fig.7.4 Different objectives and scenarios

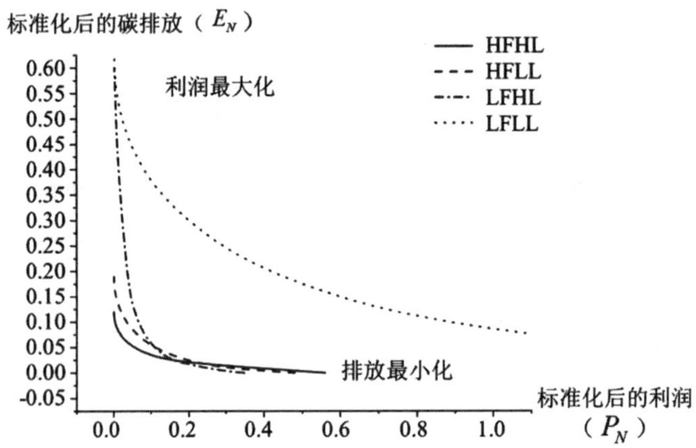

图 7.5 P_N 和 E_N 的帕累托前沿线

Fig.7.5 Pareto frontiers of P_N and E_N

①标准化利润和碳排放

图 7.6 显示了不同情景下 P_N 和 E_N 随利润目标权重系数 w_p 的变化。P_N 值随着 w_p 的增长而下降,而 E_N 值则呈上升趋势。P_N 和 E_N 在两条曲线的交点处($P_N=E_N$),均处于良好的水平,这表示最均衡的目标权重。从观测中可知:运营者应选择与 $P_N=E_N$ 对应的利润目标权重 v_e^{E*}(均衡权重),它可在两条曲线的交点处找到。除低燃油价格高船舶运载量(LFHL)外,如图 7.6 所示,所有情况下的均衡权重 v_e^{E*} 都小于 0.5。而在低燃油价格高船舶运载量(LFHL)方案下,为了在利润和碳排放之间取得平衡,航运公司可能需要增加 w_p 的值,即更注重利润。

②标准化利润和碳排放

图 7.7 说明了在不同情景下利润(P)和碳排放(E)如何随 w_p 变化。可以看到,P 和 E 都随着 w_p 的增加而增长。通过比较高载荷情景和低载荷情景得出船舶载荷的影响是,随着船舶载荷的增加,即从高燃油价格低船舶运载量(High Fuel Prices Low Vessel Load, HFLL)到高燃油

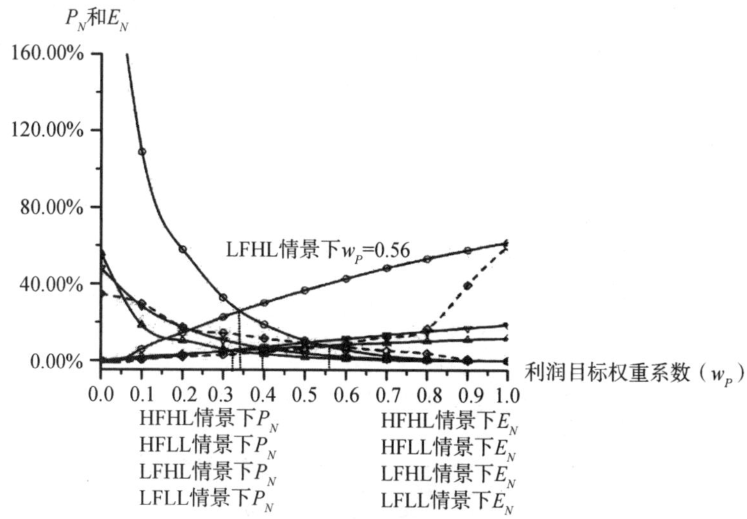

图 7.6　不同情景下 P_N 和 E_N 的值

Fig.7.6　P_N and E_N under different scenarios

价格高船舶运载量(High Fuel Prices High Vessel Load, HFHL),或从低燃油价格低船舶运载量(Low Fuel Prices Low Vessel Load, LFLL)到低燃油价格高船舶运载量(LFHL),P增加,E下降,表明船舶载荷高有利于经济和环境。通过比较高油价情景和低油价情景确定燃油价格的影响是,燃油价格的降低,即从高燃油价格高船舶运载量(HFHL)到低燃油价格高船舶运载量(LFHL),或从高燃油价格低船舶运载量(HFLL)到低燃油价格低船舶运载量(LFLL)的降低导致P显著增长,在w_p值较高时燃油价格的降低使E略有增加,但在w_p值较低时对E没有影响。

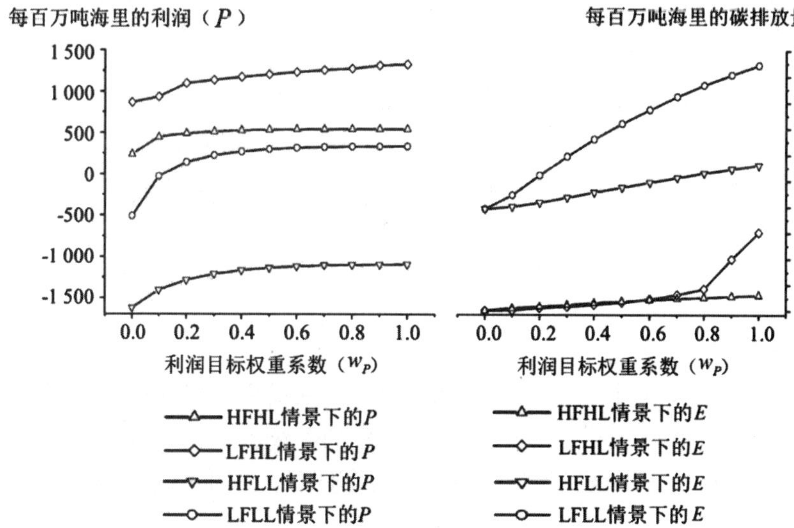

图 7.7　不同情景下的利润 P 和碳排放 E

Fig.7.7　P and E under different scenarios

③情景对于决策的影响

图 7.8 说明了v_e决策和v_n决策如何随利润目标权重系数w_p的不同而变化,v_e和v_n均随着w_p的增长而增加。此外,v_e始终低于v_n,但v_e^{E*}和v_n^{E*}(在$w_p=0$时的速度)之间的速度差可以

忽略不计。在船舶负载或燃油价格降低时，v_e 和 v_n 均向上移动。然而，燃油价格对 v_e^{E*} 和 v_n^{E*}（ $w_p = 0$ 时的速度）的影响很小。因此，运营者应在低燃油价格低船舶运载量（LFLL）情景下提高船舶速度，并在高燃油价格高船舶运载量（HFHL）情景下减速。

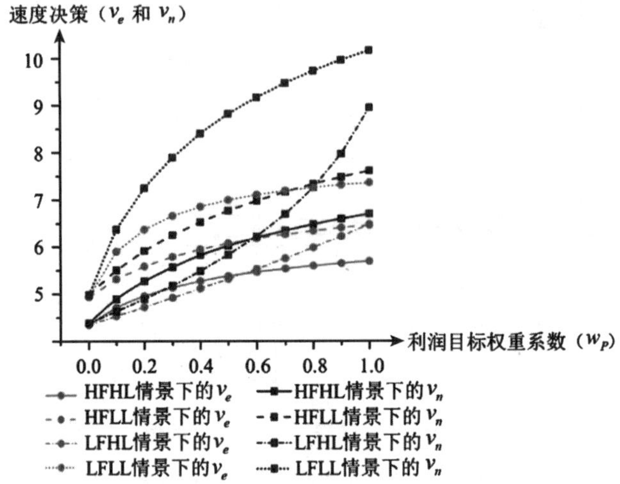

图 7.8　不同情景下的速度决策

Fig.7.8　Speed decision under different scenarios

图 7.9 描述了不同情景下最优距离比 X 与利润目标权重系数 w_p 之间的关系。如果在高燃油价格高船舶运载量（HFHL）情景下 $w_p = \{0.1, 0.2, \ldots, 1.0\}$；在低燃油价格高船舶运载量（LFHL）情景下 $w_p = \{0.2, 0.3, \ldots, 0.8\}$，则距离比 X 在 0.256 时为最优。如果在高燃油价格高船舶运载量（HFHL）情景下 $w_p = 0$，在低燃油价格高船舶运载量（LFHL）情景下 $w_p = \{0, 0.1\}$ 或 $w_p = \{0.9, 1\}$，以及在高燃油价格低船舶运载量（HFLF）和低燃油价格低船舶运载量（LFLL）情景下 w_p 取任意值，则最优距离比 X 为 0.867。因此，如果船舶载荷处于较低水平，运营者应尽可能多地在排放控制区（ECA）之外航行。如果运营者希望最大限度地减少碳排放（ $w_p = 0$），无论燃油价格和船舶载荷处于何种水平，都必须在排放控制区（ECA）之外航行更多距离（ $X = 0.867$）。根据国际海事组织（IMO）报告（IMO GHG Study 2014），主机在排放控制区（ECA）内消耗的燃油是船用轻柴油（MGO），其碳排放系数高于高硫燃料油（HSFO）。换句话说，含硫量较少的合规燃油可能会排放更多的二氧化碳（CO_2）。因此，船用轻柴油（MGO）的高价格和高碳排放系数都会促使船舶在排放控制区（ECA）外“绕路”航行。

（4）船舶尺寸的影响

采用双目标优化法计算不同尺寸船舶的均衡权重 v_e、最优距离比和最优速度，测算船舶包括 4 艘散货船和 3 艘集装箱船。表 7.3 列出了这些船舶的参数。表 7.4 和图 7.10~图 7.16 提供了计算结果。本小节将检验分析结果是否适用于具有不同尺寸和不同主机参数的散货船和集装箱船。

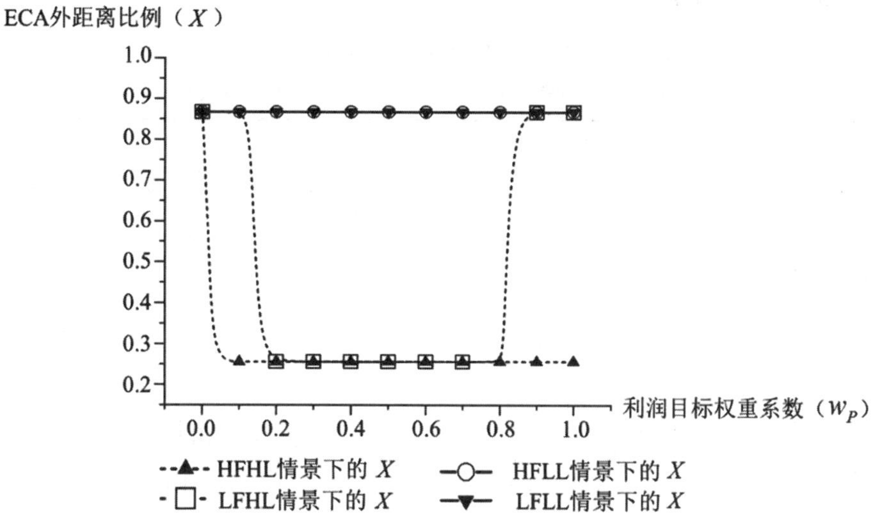

图 7.9　不同情景下的路线决策

Fig.7.9　Route decision under different scenarios

表 7.3　不同船舶的参数

Tab.7.3　Parameters of different ships

船型	载重量/t	空船重量/t	设计速度/kn	主机功率/kW	$SFOC^M$/[g/(kW·h)]
巴拿马型(Panamax)散货船	88 291	12 000	14	12 268	190
大灵便型(Handymax)散货船	57 025	10 900	14.2	9 480	165
灵便型(Handysize)散货船	33 945	8 480	14.5	7 135	200
	29 540	8 005	14	7 135	171
新巴拿马型(Neo-Panamax)集装箱船	120 445 (8 530 TEU)	30 036	25	49 000	264
中型集装箱船	68 191 (5 446 TEU)	24 621	24.5	43 097	193
支线集装箱船	35 038 (2 742 TEU)	12 725	21.5	21 770	211

表 7.4 显示了不同船舶的均衡权重 w_p 的具体值。计算结果表明,运营者应选择与 $P_N = E_N$ 对应的利润目标权重(均衡权重) w_p ,它可在两条曲线的交点处找到适用于所有测算船舶。从表 7.4 中可总结出关于不同船舶类型均衡权重选择的规律,对于巴拿马型(Panamax)散货船、大灵便型(Handymax)散货船、新巴拿马型(Neo-Panamax)集装箱船和中型集装箱船,建议在低燃油价格高船舶运载量(LFHL)情景下选择大于 0.5 的 w_p ,在高燃油价格高船舶运载量(HFHL)、高燃油价格低船舶运载量(HFLL)和低燃油价格低船舶运载量(LHLL)情景下选择小于 0.5 的 w_p 。对于灵便型(Handysize)散货船和支线集装箱船,建议在所有情景下都选择小于 0.5 的 w_p 。因此,大型船舶[如巴拿马型(Panamax)散货船、大灵便型(Handymax)散货船、新巴拿马型(Neo-Panamax)集装箱船和中型集装箱船]可以在除低燃油价格高船舶运载量(LFHL)外的情

景下,均衡权重 w_p 都小于0.5。

表7.4 不同船舶的均衡权重

Tab.7.4 Best objective weights of different ships

船型	载重量/t	情景	均衡权重 w_p
巴拿马型(Panamax)散货船	88 291	HFHL	0.40
		HFLL	0.29
		LFHL	0.54
		LFLL	0.46
大灵便型(Handymax)散货船	57 025	HFHL	0.33
		HFLL	0.39
		LFHL	0.56
		LFLL	0.35
灵便型(Handysize)散货船	33 945	HFHL	0.31
		HFLL	0.46
		LFHL	0.45
		LFLL	0.40
	29 540	HFHL	0.39
		HFLL	0.47
		LFHL	0.40
		LFLL	0.41
新巴拿马型(Neo-Panamax)集装箱船	120 445(8 530 TEU)	HFHL	0.44
		HFLL	0.35
		LFHL	0.58
		LFLL	0.55
中型集装箱船	68 191(5 446 TEU)	HFHL	0.42
		HFLL	0.26
		LFHL	0.56
		LFLL	0.48
支线集装箱船	35 038(2 742 TEU)	HFHL	0.23
		HFLL	0.41
		LFHL	0.48
		LFLL	0.36

图7.10和图7.11分别说明了在不同的船舶中 P 和 E 如何随 w_p 发生变化,可表明所有目标船舶随着载荷的增加,即从高燃油价格低船舶运载量(HFLL)到高燃油价格高船舶运载量(HF-HL),或从低燃油价格低船舶运载量(LFLL)到低燃油价格高船舶运载量(LFHL), P 增加, E 下

降，表明船舶载荷高有利于经济和环境。所有测算船舶随着燃油价格的降低，即从高燃油价格高船舶运载量（HFHL）到低燃油价格高船舶运载量（LFHL），或从高燃油价格低船舶运载量（HFLL）到低燃油价格低船舶运载量（LFLL），都会导致 P 显著增长，在 w_p 值较高时燃油价格的降低使 E 略有增加，但在 w_p 值较低时对 E 没有影响。

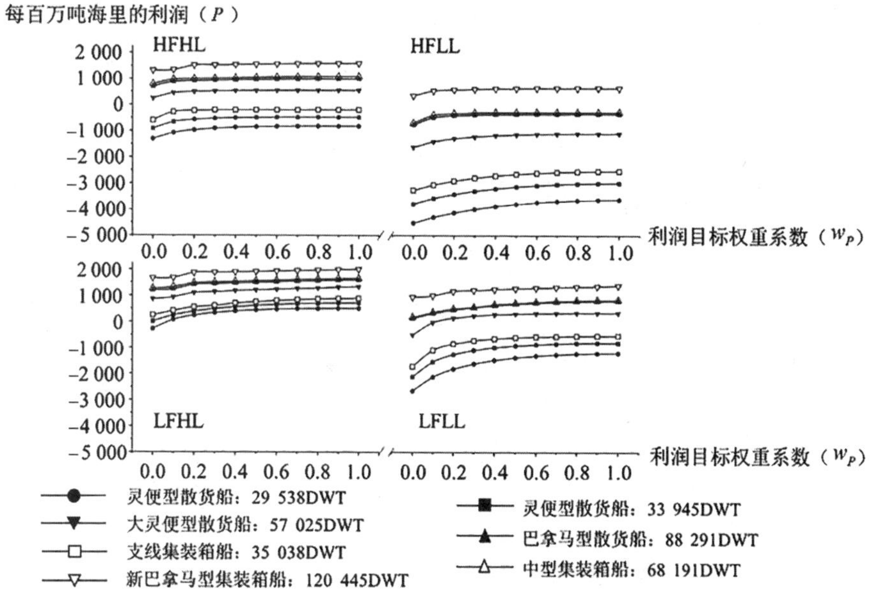

图 7.10　不同情景下不同船舶的利润 P

Fig.7.10　P of different ships under different scenarios

图 7.12 和图 7.13 分别说明了 v_e 和 v_n 如何根据测算船舶 w_p 的不同发生变化。可以看到，所有测算船舶 v_e 和 v_n 均随着 w_p 的增长而增加。除了支线集装箱船，其他测算船舶在船舶负载或燃油价格降低时，v_e 和 v_n 均向上移动。因为在船舶负载或燃油价格降低时，支线集装箱船的 v_e 和 v_n 可能降低，如图 7.12 中用椭圆形虚线标记区域所示。

图 7.14 表明只有大灵便型（Handymax）散货船，在高燃油价格高船舶运载量（HFHL）情景下 $w_p=\{0.1,0.2,\ldots,1.0\}$；在低燃油价格高船舶运载量（LFHL）情景下 $w_p=\{0.2,0.3,\ldots,0.8\}$。如果在高燃油价格高船舶运载量（HFHL）情景下 $w_p=0$，则距离比 X 在 0.256 时为最优。在低燃油价格高船舶运载量（LFHL）情景下 $w_p=\{0,0.1\}$ 或 $w_p=\{0.9,1\}$，以及在高燃油价格低船舶运载量（HFLF）和低燃油价格低船舶运载量（LFLL）情景下 w_p 取任意值，则最优距离比 X 为 0.867。关于不同船舶类型的航线决策 X 的规律总结为：对于小型散货船［如灵便型（Handysize）散货船］，在任何情况下都应选择路线 $X=0.867$。对于大型散货船［如巴拿马型（Panamax）散货船］，如果船舶载货量高，应选择 $X=0.256$。类似的规则也适用于集装箱船：支线集装箱船的运营者需要选择 $X=0.867$，而新巴拿马型（Neo-Panamax）集装箱船的运营应选择 $X=0.256$。因此，小型散货船和集装箱船都应尽量在排放控制区（ECA）以外航行。

（5）燃料价格差的影响

船用轻柴油—高硫燃料油（MGO-HSFO）价格差会对速度和路线产生影响。自 2015 年我国颁布排放控制区（ECA）政策以来，船用轻柴油—高硫燃料油（MGO-HSFO）价格差在 250 美元/吨至 400 美元/吨之间波动，而高硫燃料油（HSFO）价格则从 181 美元/吨逐步上涨至 476 美元/吨。因此，将船用轻柴油—高硫燃料油（MGO-HSFO）价格差的测算区间设置为［150,450］

美元/吨，高硫燃料油（HSFO）价格设置为 181 美元/吨、300 美元/吨和 476 美元/吨，以涵盖过去几年的实际变化范围。图 7.15 显示了不同船用轻柴油—高硫燃料油（MGO-HSFO）价差和高硫燃料油（HSFO）价格下利润最优速度（ v_e^{P*} 和 v_n^{P*} ）和排放最优速度（ v_e^{E*} 和 v_n^{E*} ）的变化。

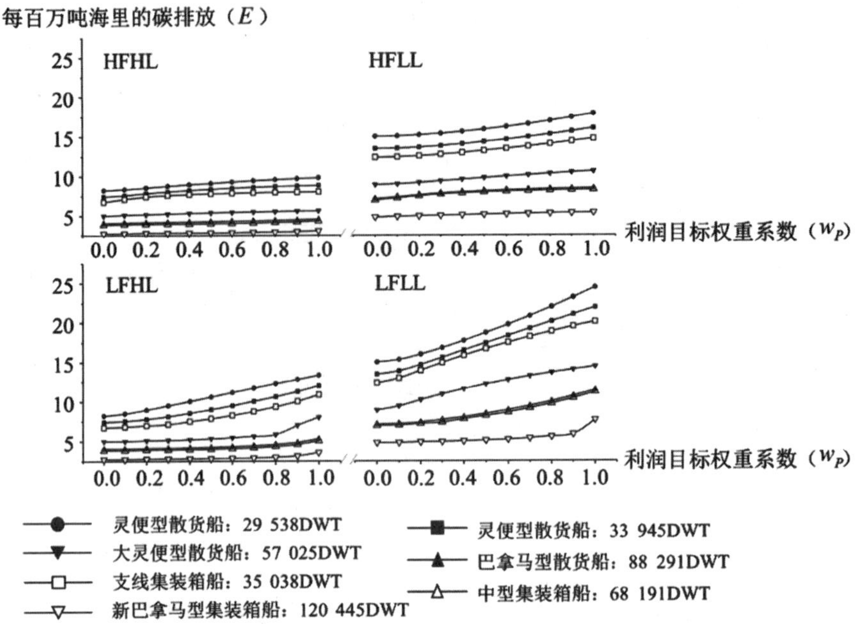

图 7.11　不同情景下不同船舶的碳排放量 E

Fig.7.11　E of different ships under different scenarios

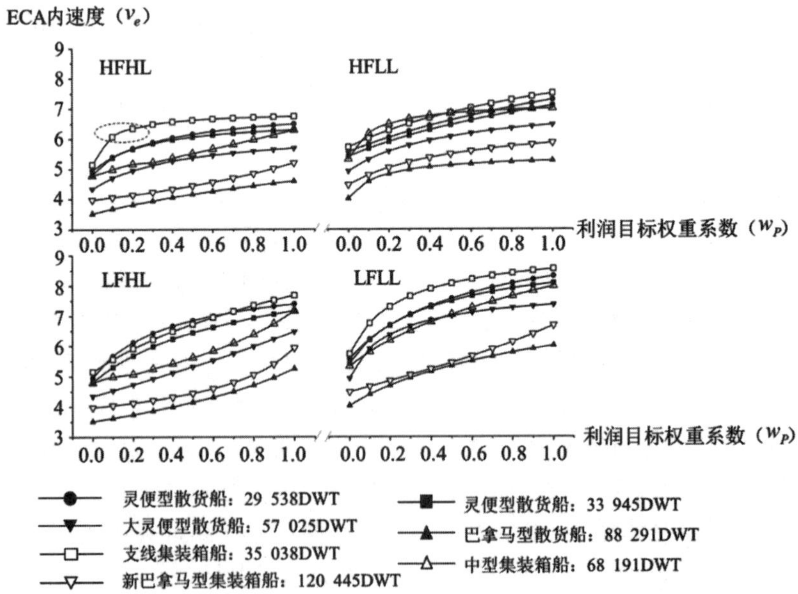

图 7.12　不同情景下不同船舶的 ECA 内速度 v_e

Fig.7.12　v_e of different ships under different scenarios

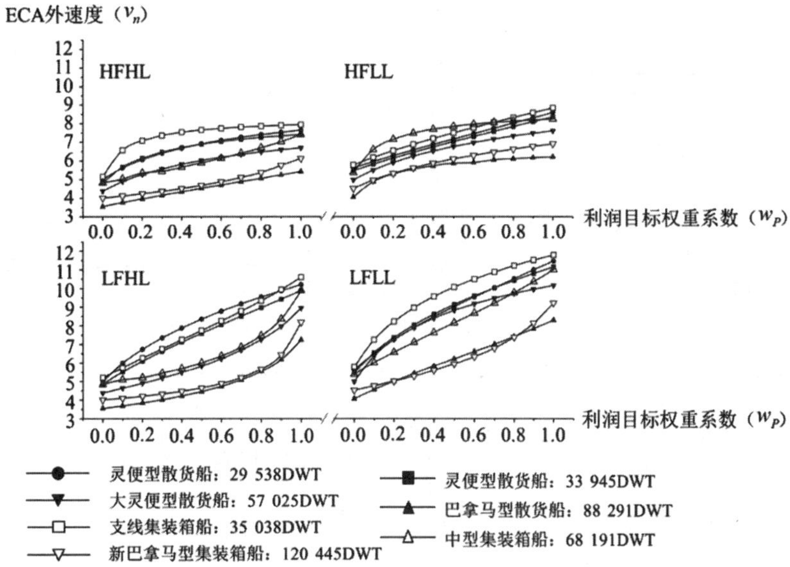

图 7.13　不同情景下不同船舶的 ECA 外速度 v_n

Fig.7.13　v_n of different ships under different scenarios

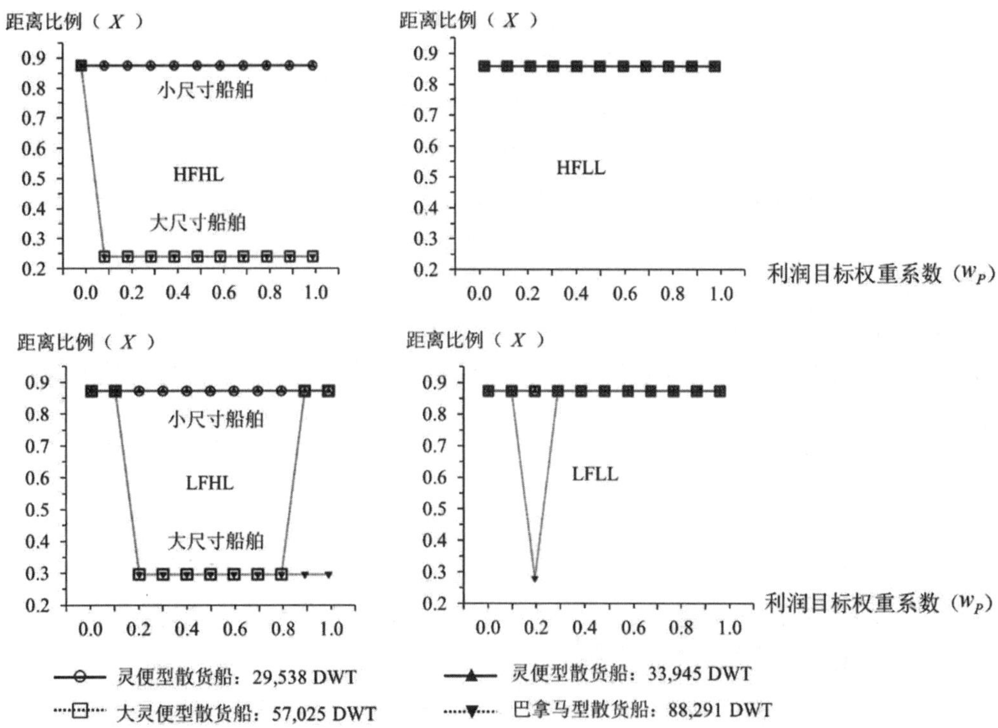

（a）不同干散货船的距离比例 X

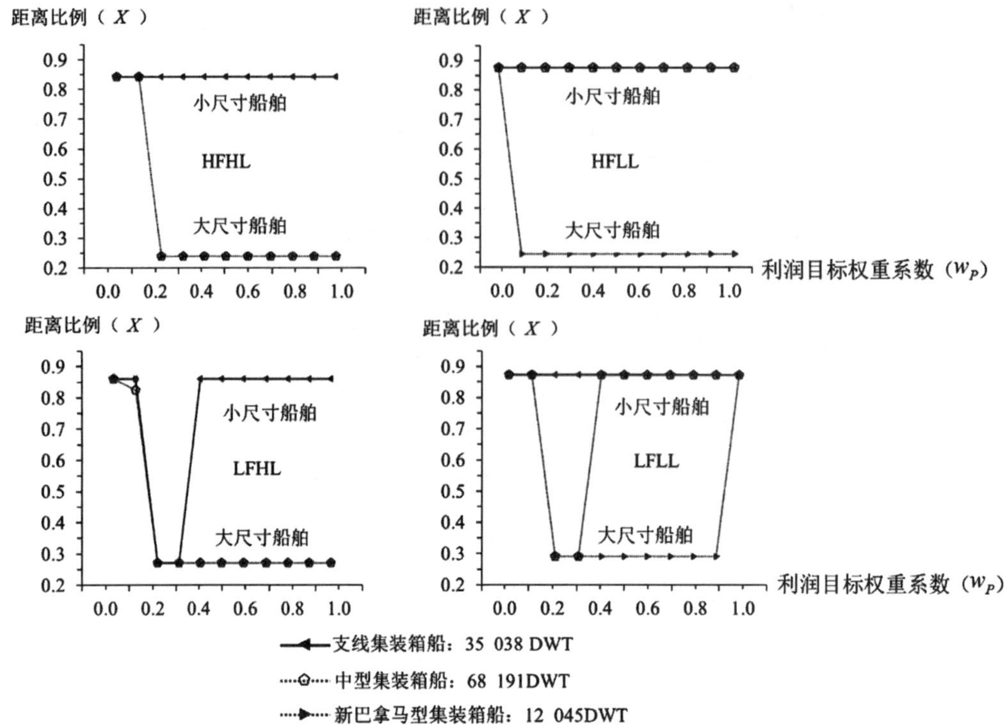

（b）不同集装箱船的距离比例X

图 7.14　不同情景下不同船舶的距离比 X

Fig.7.14　X of different ships under different scenarios

在图 7.15 中，左侧的曲线显示 v_e^{P*} 随船用轻柴油—高硫燃料油（MGO-HSFO）价格差的增长而降低，而右侧曲线表明 v_n^{P*} 随船用轻柴油—高硫燃料油（MGO-HSFO）价格差的增长而降低。底部的线保持水平，表明 v_e^{E*} 和 v_n^{E*} 与燃油价格无关。这些观测结果已通过式(7.18)～(7.21)证明。在此基础上可以得出，随着船用轻柴油—高硫燃料油（MGO-HSFO）价格差的增长，排放控制区（ECA）内的帕累托速度区间（PSI_e）缩小，而排放控制区（ECA）外的帕累托速度区间（PSI_n）扩大。

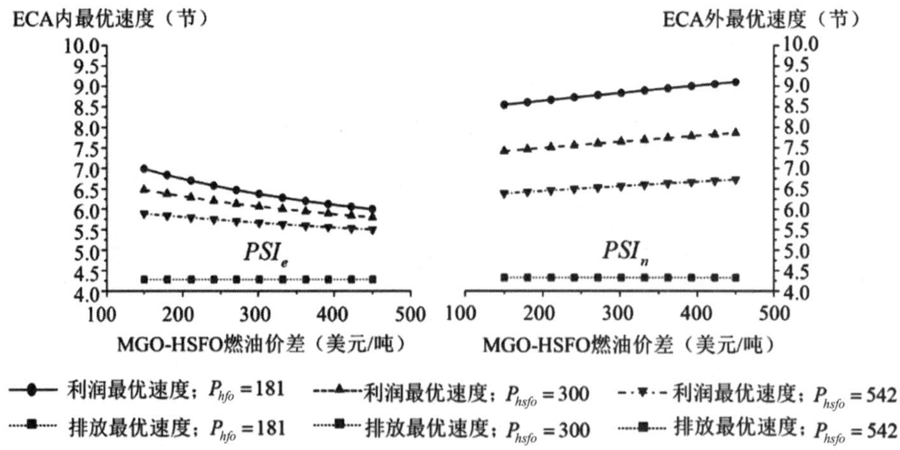

图 7.15　最优速度与 MGO-HSFO 价差的关系

Fig.7.15　Relationship of optimal speeds and MGO-HSFO price spreads

图 7.16 显示了不同燃油价格和 w_p 值的距离比 X 。可以推断出：当高硫燃料油（HSFO）价格为 181 和 300 美元/吨时，随着船用轻柴油—高硫燃料油（MGO-HSFO）价格差的增大，运营者应选择路线 $X = 0.867$。当高硫燃料油（HSFO）价格为 542 时，运营者在大部分利润目标权重 w_p 下都应选择 $X = 0.256$。

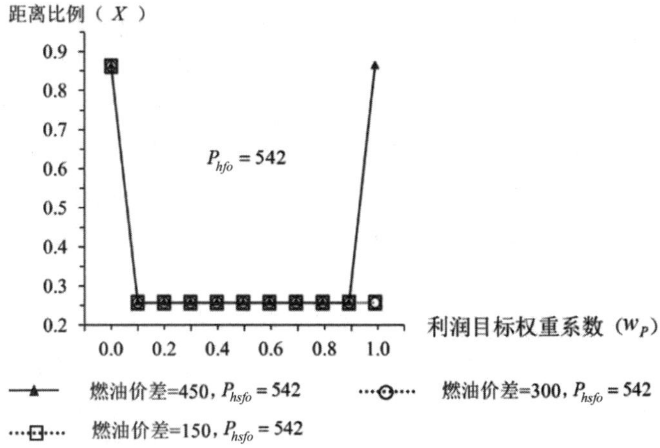

（a）HSFO油价固定在542美元/吨时的距离比例X

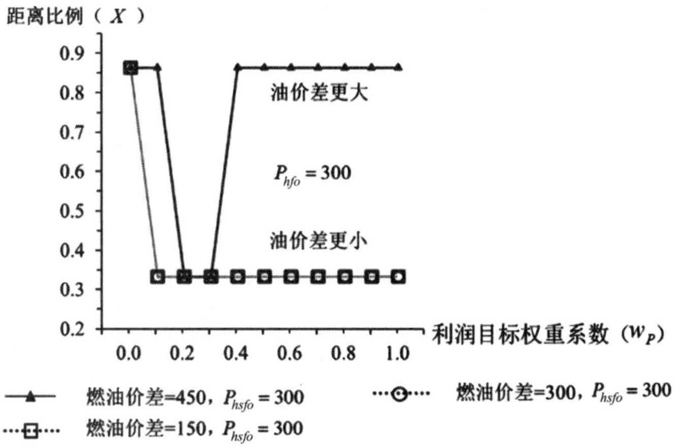

（b）HSFO油价固定在300美元/吨时的距离比例X

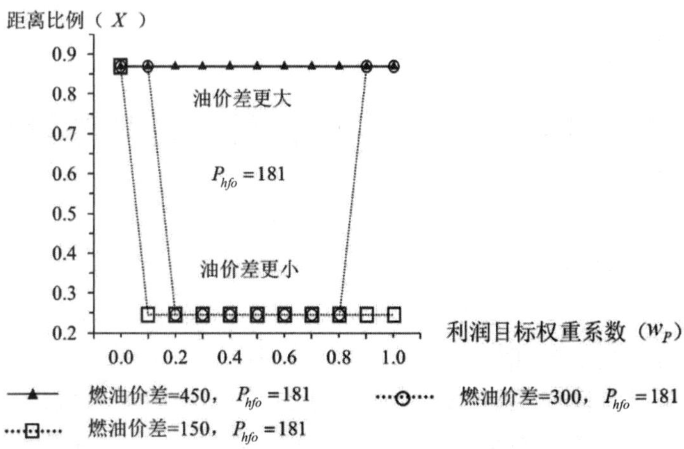

（c）HSFO油价固定在181美元/吨时的距离比例X

图 7.16　不同 MGO-HSFO 价格差和目标权重下的距离比例 X

Fig.7.16　D stance ratio X under different MGO-HSFO price spreads and objective coefficients

四、结论

可持续沿海航运对于处理航运排放产生的环境问题至关重要。目前,沿海航运业的可持续转型主要体现在两个方面:即排放控制区(ECA)强制性政策要求的燃料切换,以及在尽量减少碳排放和实现利润最大化之间主动调整运营目标。该研究利用现有模型,为可持续沿海航运业务制定利润和碳排放。利润和碳排放之间的权衡得到了详细的调查,因为转向低硫燃料的船只将部分航行到排放控制区(ECA)内。首先,对利润、碳排放、速度和路线进行了考察,揭示所有速度决策都必须属于帕累托速度区间(PSI);速度和路线决定在很大程度上取决于这两个目标(利润和碳排放);航运公司需要在两个相互冲突的目标之间取得平衡。接下来,根据不同的目标、情景、船舶尺寸和船用轻柴油—重质燃油(MGO-HFO)价差,对速度和路线的最佳决策进行了调查。

结果表明,运营措施和目标在很大程度上取决于燃料价格、船舶负荷和船舶参数。如果经营者想赚取更多利润,或者情况有利于盈利,则应加快船舶速度,例如在低燃油价格和高船舶负载(LFHL)情景下。大型船舶[巴拿马型(Panamax)散货船、大灵便型(Handymax)散货船、新巴拿马型(Neo-Panamax)集装箱船和中型(Intermediate)集装箱船]应在低燃油价格和高船舶负载(LFHL)下追求更多利润,而不必在排放控制区(ECA)之外进一步绕行。但是,此规则不适用于小型船舶,如灵便型(Handysize)散货船和支线(Feeder)集装箱船。此外,船用轻柴油—重质燃油(MGO-HFO)价格价差的增加将减少排放控制区(ECA)内的帕累托速度区间,迫使航运公司放慢 ECA 内部的船舶速度,并进一步绕行到排放控制区(ECA)之外,尤其是以较低的重质燃油(HFO)价格航行时。

研究结果帮助航运公司完善其运营措施和目标,并可应用于全球的排放控制区(ECA)。我们优化运营措施和目标的方法也可以从沿海航运扩展到远洋(DS)航运。在可预见的将来,排放控制区(ECA)和非排放控制区(ECA)之间的硫含量上限差异不会改变。因此,关于排放控制区(ECA)与非排放控制区(ECA)之间速度差和距离比的研究结果,只要船舶必须航行通过排放控制区(ECA),对沿海航运和远洋(DS)航运仍然有效。当然,排放控制区(ECA)政策对沿海航运的影响大于对远洋(DS)航运的影响。

第二节　EEOI 政策下班轮船队运营管理研究

一、班轮船队更新问题

航运业的运输量占所有国际贸易量的90%以上,同时它带来的环境污染问题受到了国际社会的高度关注。国际海事组织(IMO)不断制定和出台各项防止船舶污染环境的强制性规定,包括:2020 年开始执行对于硫氧化物(SO_X)和氮氧化物(NO_X)等有害气体排放的排放控制区(ECA)标准,2030 年和 2050 年对于二氧化碳(CO_2)和甲烷(CH_4)等温室气体(GHG)排放提出的符合《联合国气候变化框架公约》(UNFCCC)及相关协定的目标框架。当整个航运业设定其脱碳目标后,航运公司的运营决策也会受到影响。

航运公司应该有明确的近期、中期和长期船队绩效目标,从而确定各阶段船队的更新情况,即每个时间段在不同航线上部署的船舶数量和技术组合类型。对当前船队中船舶的性能进行基准测试,为衡量未来燃料效率和脱碳目标的改进和进展提供了起点。虽然现阶段替代燃料受到了极大的重视,但从燃料生产到最终在船上使用的角度[当温室气体(GHG)排放量从源头追溯到燃烧时]进行评估时,现阶段没有零碳燃料解决方案,也很少有碳中和的燃料解决办法[20],同时新技术或新燃料的风险和生命周期影响也很重要。因此,利用新的运营管理方法或船舶技术进步来降低碳排放需要根据每艘船舶的性能进行衡量,也需要将其放在不同的背景下进行衡量。如何确定合适的船队规模、调整船舶所使用的技术组合以及对应的能效运营方案,对于集装箱班轮航运公司而言无疑是一个必须考虑的问题。

综上,本节所要解决的问题是在未来碳减排目标、替代燃料价格、技术推广度等系列外部条件都存在不确定性的情况下,确定船舶买卖、船舶改造、船舶部署、航速优化、岸电使用等组合决策的经济可行方案。从某种意义上,文中所做出的灵活性决策合乎商业逻辑,对于洞察航运公司什么时间点应用什么替代燃料的动向将有很大的价值,能够准确评估合规技术组合的可行性及其与实现 2050 年航运碳减排目标的关联性。文章的研究动机是分析从事班轮运输服务的航运公司该如何应对船舶能效营运指数(EEOI)政策下的集装箱船队更新问题,需要解决:

(1)关于自有船队进行更新的路径该是什么?目前,全球有接近 10%的集装箱船舶已到达 20 年船龄,还有 20%的集装箱船舶达到 15 年船龄,处于直接淘汰和改造经济性差的状态。本研究将以时间视角,以符合集装箱船舶 25 年的全生命周期,分析航运公司将在什么时间节点采取技术过渡?预订使用替代燃料的新船或者对旧船进行技术改造,以满足未来减少二氧化碳(CO_2)排放目标的要求。当然,从航运公司的视角,整体解决方案的经济可行性将作为前提。因此,技术过渡需要考量碳减排目标要求、替代燃料价格和供给系统、基础设施的支撑性,否则随意的设置将会严重高估或低估替代燃料之间的更新成本。

(2)班轮运输服务在近洋(SS)和远洋(DS)两种模式下如何利用船舶部署、航速优化、岸电使用这些运营措施来促进可持续的船队更新?近洋(SS)模式广泛分布在沿海的贸易集群中,一般情况下不用过多考虑船舶的续航问题,但该业务往往靠近排放控制区(ECA),受到的环境监管更严格。与其不同,远洋(DS)模式下的集装箱船舶能够从规模经济中获益,但替代燃料的系统性支持却是一个挑战。因此,当航运公司试图找到最具战略意义的途径来降低碳足迹时,需要区别对待近洋(SS)和远洋(DS)两种模式。首先要从投资的经济价值和时间角度来把握替代燃料的应用方向;进而再利用船舶部署、航速优化、岸电使用等运营措施加以辅助。

二、技术过渡的班轮船队更新模型

1.问题描述

班轮运输服务的主要特点是在预先确定的时间表下由多艘吨位相近的集装箱船舶在固定的航线上进行的循环航行。由于航线集合是预先定义的,通常其相关联的运营成本由所需的船舶部署成本、燃料消耗成本和在港停靠成本之和给定。固定的发班频率下,船舶部署成本是由运营一组航线的集装箱船舶数量决定的;燃料消耗成本和在港停靠成本与海上航行时间和在港停靠时间相关,主要取决于航速、燃料类型等因素。这些成本项发生在运营层面,而需要部署的集装箱船舶来自于自有船队,船队更新则需要提前规划,这一成本项将涉及船舶买卖、船舶改造等决策。此外,当班轮运输这一部门针对设定的航线脱碳时,容易假设所有船舶都是平等的。

但事实并非如此，需要对往返于沿海或有限的区域航线和那些参与国际贸易的集装箱船舶做出区分。近洋(SS)和远洋(DS)两种模式下，集装箱船舶运营中在航程距离、利用替代燃料的资源、经过排放控制区(ECA)的范围等方面存在明显不同。

鉴于拟解决的研究问题存在多种不确定性，本节的分析是基于情景实验完成的，考虑了碳减排目标、替代燃料价格、技术推广度的影响。其中，碳减排目标的设定根据不同的政策法规呈现出多样性，这可能给航运公司关于替代燃料的船队更新路线(Transition Pathways)带来不确定性。替代燃料价格将直接影响燃料消耗成本和在港停靠成本，进而会改变替代燃料阶段性的选择，需要有一个合理的趋势预测以保证技术过渡。技术推广度表示了替代燃料复杂的供给系统、基础设施的布局。基于上述考虑，我们提出了一个自 2021 年至 2030 年、再到 2050 年的航运去碳化进程中，基于替代燃料的技术过渡，集成了不同阶段内的船舶买卖、船舶改造、船舶部署、航速优化、岸电使用的决策模型。我们论述了情景思维，借助所建立和使用的框架，展示了碳减排目标下技术过渡的路线图，提出了近洋(SS)和远洋(DS)两种模式下航运公司与时间相关的应对措施，评估了不同的碳减排目标的相对合理性及其经济环境影响。

因此，我们可以将该问题提炼为："从航运公司的视角，在班轮运输服务近洋(SS)和远洋(DS)两种模式下集装箱船舶的运营不失一般性的前提下，以碳减排目标、替代燃料价格、技术推广度等系列外部条件相对已知的确定性情景，考察基于船舶买卖、船舶改造、船舶部署、航速优化、岸电使用等组合决策的经济可行方案。"从某种意义上，它做出的灵活性决策更合乎商业逻辑，这对于洞察航运公司什么时间点应用什么替代燃料的动向有很大的价值；能够准确评估合规技术组合的可行性及其与实现 2050 年航运碳减排"目标水平"的关联性。

(1)替代燃料和双燃料发动机

船舶动力装置的种类是多样化、分散化的，本节选择了技术相对成熟、应用较广的双燃料发动机，它是基于传统燃料和替代燃料的混合动力系统。本节中，双燃料发动机使用的传统燃料是极低硫燃料油(VLSFO)；与其混合使用的有传统的化石燃料船用轻柴油(MGO)，清洁的化石燃料液化天然气(LNG)和液化石油气(LPG)，非化石燃料甲醇(Methanol)、氨(Ammonia)、氢(Hydrogen)；除了船用轻柴油(MGO)，其他替代燃料的能量密度均较低，它们在船舶的存储空间会较大，将造成一定的装载能力损失，并增加相应的建造和维护成本。本节以船用轻柴油(MGO)和极低硫燃料油(VLSFO)双燃料组合为基准，目前它还有稳固的应用市场。

根据目前的船队结构，预计在 2030 年之前，大量船舶将使用极低硫燃料油(VLSFO)和船用轻柴油(MGO)的双燃料组合。因此，极低硫燃料油(VLSFO)和船用轻柴油(MGO)的组合将作为初始合规技术。此外，极低硫燃料油(VLSFO)已被用作传统燃料，可以与清洁化石燃料[液化天然气(LNG)、液化石油气(LPG)]和非化石燃料(甲醇、氨和氢)混合形成双燃料。为了实现环境合规性，参与运输作业的船舶不仅需要减少碳足迹，还需要满足排放控制区(ECA)中硫氧化物(SO_X)和氮氧化物(NO_X)的排放标准。因此，使用含氮燃料，如船用轻柴油(MGO)和氨，需要脱氮技术，其中废气再循环(EGR)技术是最经济的选择。此外，在港口靠泊期间，岸电将在减少碳排放方面发挥积极的作用。根据现有的资料和发展趋势，将主要对下面几种减排技术组合进行研究，如表 7.5 所示。

表 7.5　减排技术组合

Tab.7.5　Emission reduction technology combination

<table>
<tr><td>技术类型</td><td>污染物</td><td>SECA</td><td>SECA,NECA</td><td>Non-ECA</td></tr>
<tr><td rowspan="2">VLSFO+MGO+EGR</td><td>SO_X</td><td colspan="2">MGO</td><td>VLSFO</td></tr>
<tr><td>NO_X</td><td>关闭 EGR</td><td>开启 EGR</td><td>关闭 EGR</td></tr>
<tr><td>LNG+VLSFO</td><td>SO_X、NO_X</td><td colspan="2">LNG</td><td>VLSFO</td></tr>
<tr><td>LPG+VLSFO</td><td>SO_X、NO_X</td><td colspan="2">LPG</td><td>VLSFO</td></tr>
<tr><td>甲醇燃料+VLSFO</td><td>SO_X、NO_X</td><td colspan="2">甲醇燃料</td><td>VLSFO</td></tr>
<tr><td rowspan="2">氨燃料+VLSFO</td><td>SO_X</td><td colspan="2">氨燃料</td><td>VLSFO</td></tr>
<tr><td>NO_X</td><td>关闭 EGR</td><td>开启 EGR</td><td>关闭 EGR</td></tr>
<tr><td>氢燃料+VLSFO</td><td>SO_X、NO_X</td><td>氢燃料</td><td colspan="2">VLSFO</td></tr>
</table>

(2)船舶买卖和船舶改造

本节假设班轮运输航运公司服务于给定的固定航线,并根据航线特征,预先设定了初始船队的船舶数量、船舶吨位和搭载双燃料发动机的船舶类型。本节不再考虑船舶租赁和二手船买卖,是因为这类决策虽然会影响经营成本,但不会改变整个船队进行更新的改装路径。新船购置价格仅与船舶类型有关,在同一阶段内为固定值,不考虑折现率的影响。此外,船舶改造是在不同的替代燃料之间过渡须兼容的前提下,在某一离散的时间点上的更新选择。这个决策具有前置的依赖性[21],即它的发生将对原来船舶的装载能力产生影响且需要必要的改造费用。

(3)燃料消耗

本节不再细化考量船龄、洋流、天气等因素对燃料消耗的影响。此外,基于热值相当的体积转换还能得到替代燃料在船舶的存储空间参数(m^3)。假设同一航线上的同一类型船舶被视为以恒定速度航行,仅会针对排放控制区(ECA)内外的区域、消耗不同燃料的区域进行区分。本节采用了燃料消耗是基于可用航速的离散集合形式来表达的,这是一种简单有效且被广泛应用的方法。

(4)不确定因素

随着时间的推移,未来一些不确定因素需要被正视。一是,碳减排在愿景上是一个确定的目标,但当前的一些政策法规在不同阶段的目标设定上存在差异。二是,替代燃料价格的未来价格是不确定的,需要对其做出稳健、合适的设定,本节在情境实验环节中,以当前业界相对认可的研究报告为依据做出适当处理,为其提供合理和现实的价值,以期符合实际。三是,技术推广度在近洋(SS)航线和远洋(DS)航线两种模式下是不断加大的,考虑到船舶的替代燃料加注与不同航线的供给系统、基础设施之间需要适配,每条航线上部署的船舶在吨位、搭载的双燃料发动机是统一的。班轮运输服务中忽略了一些特殊情况,如局部战争、极端天气等导致的船期延误、港口拥堵等。

2.符号说明

为便于使用符号、公式来描述研究问题,表 7.6~7.8 列出了数学建模需要的主要符号,包括集合、参数和决策变量。

表 7.6 集合

Tab.7.6 Set

集合	含义
R	航线 r 的集合，$r \in R$
K	合规技术组合 k 的集合，$k \in K$，包括：双燃料组合、用于除 NO_X 的 EGR：$k \in K = \{1,2,3,4,5,6\}$ $= \begin{Bmatrix} MGO + VLSFO + EGR, LNG + VLSFO, LPG + VLSFO, \\ 甲醇燃料 + VLSFO, 氨燃料 + VLSFO + EGR, 氢燃料 + VLSFO \end{Bmatrix}$
V	航速 v 的离散集合，$v \in V$，在最小和最大航速之间均匀取值，间隔为 0.1 kn
H	时间点 h 的离散集合为 H，h 是未来规划期的五个阶段，以 5 年为一个周期：$h \in H = \{1,2,3,4,5\} = \{2025—2030, 2030—2035, 2035—2040, 2040—2045, 2045—2050\}$

表 7.7 参数

Tab.7.7 Parameters

参数	含义
E	在 $h \in H$ 阶段，采用合规技术组合 $k \in K$ 的集装箱船舶固定运营成本（美元）
w_p，E	在 $h \in H$ 阶段，采用合规技术组合 $k \in K$ 的集装箱船舶购置价格、售出价格（美元）
v_e	改造基于替代燃料的双燃料发动机，从合规技术组合 $k' \in K$ 到合规技术组合 $k \in K$ 的改造费用（美元），不能进行改造的合规技术组合对的费用值取无穷大
P_N，E_N	在 $h \in H$ 阶段，采用合规技术组合 $k \in K$ 的集装箱船舶使用的替代燃料（包括 MGO）和 VLSFO 的价格（美元/吨）
P	集装箱船舶以航速 $v \in V$ 的主机燃料消耗率（t/h），是基于能量体积的单位
P	集装箱船舶的辅机燃料消耗率（t/h）
E，v_e	对于合规技术组合 $k \in K$，替代燃料、VLSFO 相对于 HFO 热值相当的质量转换系数
w_p	对于合规技术组合 $k \in K$ 的集装箱船舶使用替代燃料的续航能力，即能够支持集装箱船舶在航线 $r \in R$ 的航程距离占比，其中 ECA 内需要使用替代燃料
v_e^{E*}，v_n^{E*}	航线 $r \in R$ 上 ECA 和 NECA 的航程距离（n mile）
v_e	在 $h \in H$ 阶段，采用合规技术组合 $k \in K$ 的集装箱船舶在航线 $r \in R$ 上在 ECA 使用替代燃料以航速 $v \in V$ 的海上航行时间（h），等于 X
w_p，$w_p = \{0.1, 0.2, \dots, 1.0\}$	在 $h \in H$ 阶段，采用合规技术组合 $k \in K$ 的集装箱船舶在航线 $r \in R$ 上在 NECA 使用替代燃料、VLSFO 以航速 $v \in V$ 的海上航行时间（h），分别是 $w_p = \{0.2, 0.3, \dots, 0.8\}$ 和 w_p
X	航线 $r \in R$ 上集装箱船舶的在港停靠时间（h）
$X = 0.867$	每个阶段需要投入运营的时间要求，即除去停航、进船坞维修和检测等时间
v_e	在 $h \in H$ 阶段，集装箱船舶使用岸电单位时间的费用（美元/小时）
w_p	初始船队的构成，近洋（SS）航线和远洋（DS）航线两种模式下自有船队的船舶数量、船舶吨位不同，均采用 MGO 和 VLFSO 双燃料组合
w_p	在 $h \in H$ 阶段，对于合规技术组合 $k \in K$ 的集装箱船舶，可购置数量的上限
P，E	对于合规技术组合 $k \in K$，替代燃料、VLSFO 的碳排放因子（t/t）

续表

参数	含义
v_e	在 $h\in H$ 阶段,集装箱船舶能效营运指数(EEOI)需达到的阶段性碳强度目标(g/t · n mile)

表 7.8　决策变量

Tab.7.8　Variables

变量	含义
v_e	在 $h\in H$ 阶段,航线 $r\in R$ 上部署的集装箱船舶数量
$X=0.867$, $X=0.256$	在 $h\in H$ 阶段,合规技术组合 $k\in K$ 的集装箱船舶购置数量、售出数量
v_e	在 $h\in H$ 阶段,从合规技术组合 $k'\in K$ 到合规技术组合 $k\in K$ 改造的集装箱船舶数量
P	二进制变量,如果部署在航线 $r\in R$ 上的集装箱船在 $h\in H$ 阶段部署合规技术组合 $k\in K$,则等于 1,否则等于 0
v_e	二进制变量,如果已航行,在的 ECA 上使用替代燃料,则等于 1,否则等于 0
v_n , v_n	二进制变量,如果具有合规技术组合 $k\in K$ 的集装箱船舶在 $h\in H$ 阶段内分别使用替代燃料和化石燃料 VLSFO 以航速 $v\in V$ 在航线 $r\in R$ 的非 ECA 上航行,则等于 1,否则等于 0
$X=0.256$	二进制变量,如果集装箱船在 $h\in H$ 阶段内的航线 $r\in R$ 上使用岸电,则等于 1,否则等于 0
v_e^{E*}	在 $h\in H$ 阶段,对于合规技术组合 $k\in K$ 的集装箱船舶,可售出数量的上限,即本阶段初始船队中该类型船舶的自有数量

3.公式设置

(1)燃料消耗率

以重质燃油(HFO)的燃料消耗率函数为参照,它的主机、辅机燃料消耗率函数(t/h)有:

$$F_v^M=\frac{SFOC^M EL^M PS^M}{10^6}\left(\frac{v}{V_0}\right)^3 \tag{7.27}$$

$$F^A=\frac{SFOC^A EL^A PS^A}{10^6} \tag{7.28}$$

其中, X 和 v_e^{P*} 是集装箱船舶主机和辅机的燃油消耗量(g/t · n mile); v_n^{P*} 和 v_e^{E*} 分别是海上航行阶段、在港停靠阶段的发动机负载(%); v_n^{E*} 和 PSI_e 是集装箱船舶主机和副机功率(kW); PSI_n 是集装箱船舶的设计航速。这里,副机的燃料消耗率函数 w_p 设定为一个仅与船舶吨位有关的固定值。

虽然使用替代燃料的船舶没有足够可观测的航行试验、国际航运案例,但双燃料发动机使用替代燃料的燃料燃烧原理与传统燃料相同。基于热值守恒原则[22],以燃烧极低硫燃料油(VLSFO)产生的热量为基准,集装箱船舶使用合规技术组合 X 的替代燃料、极低硫燃料油(VLSFO)的消耗率函数(t/h)有 $X=0.867$、w_p。注意,辅助发动机在整个过程中使用替代燃料,消耗率(t/h)表示为 $X=0.256$。

(2)碳强度

国际海事组织(IMO)在 2009 年海上环境保护委员会(MEPC)第 59 次会议通过的《EEOI

自愿使用指南》,对于所有进行运输作业的船舶,提出了一个最简单形式的计算公式:

$$EEOI = \frac{m_{CO_2}}{m_{cargo} D} \tag{7.29}$$

其中,X 指运输重量为 m_{cargo} (t 或 TEU)货物航行距离 D (n mile)过程中排放的二氧化碳(CO_2)量(g)。

国际海事组织(IMO)提出 2030 年、2050 年阶段性的碳强度目标在指标显示上与船舶能效营运指数(EEOI)公式非常相似。本节考查了集装箱船舶海上航行阶段和在港停靠阶段的二氧化碳(CO_2)排放,但使用岸电不会产生二氧化碳(CO_2)排放。对于不同阶段 $h \in H$,任一航线 $r \in R$上集装箱船舶的船舶能效营运指数(EEOI)计算公式为:

$$EEOI_{rh} = \frac{\begin{aligned}&10^6 \Big[\sum_{k \in K} \sum_{v \in V} e_k^A F_v^M \eta_k^A (t_{rkvh}^{EA} y_{rkvh}^{EA} + t_{rkvh}^{NA} y_{rkvh}^{NA}) \\ &+ \sum_{k \in K} \sum_{v \in V} e^F F_v^M \eta_k^F t_{rkvh}^{NF} y_{rkvh}^{NF} \\ &+ \sum_{k \in K} \sum_{v \in V} e_k^A F^A \eta_k^A (t_{rkvh}^{EA} y_{rkvh}^{EA} + t_{rkvh}^{NA} y_{rkvh}^{NA} + t_{rkvh}^{NF} y_{rkvh}^{NF}) \\ &+ \sum_{k \in K} (1 - z_r) e_k^A F^A \eta_k^A t_r^P \Big]\end{aligned}}{\gamma_r Q (d_r^E + d_r^N)}, \forall r \in R, \forall h \in H, \tag{7.30}$$

其中,Q 是集装箱船舶的吨位(ton),γ_r 是航线 r 上集装箱船队的装载系数。

4.模型建立

(1)目标函数

以经济性准则作为该问题目标函数制定的依据是贴近现实的,即自当下至 2050 年整个研究期的总成本最小化,包括各个阶段涉及的船舶更新的资本成本 C_h^C、船舶的固定运营成本 C_h^O、海上航行产生的燃料消耗成本 C_h^{Sail} 和在港停靠成本 C_h^{Port}。

$$\begin{aligned}\min Z &= \sum_{h \in H} \{ C_h^C + C_h^O + C_h^{Sail} + C_h^{Port} \} \\ &= \sum_{h \in H} \left\{ \begin{aligned} &\sum_{k \in K} c_{kh}^B n_{kh}^B - \sum_{k \in K} c_{kh}^S n_{kh}^S + \sum_{k' \in K} \sum_{k \in K} c_{k'k}^R n_{k'kh}^R + \sum_{r \in R} \sum_{k \in K} c_{kh}^O n_{rh} x_{rkh} \\ &+ T \left[\begin{aligned} &\sum_{r \in R} \sum_{k \in K} \sum_{v \in V} p_{kh}^A F_v^M \eta_k^A (t_{rkvh}^{EA} y_{rkvh}^{EA} + t_{rkvh}^{NA} y_{rkvh}^{NA}) \\ &+ \sum_{r \in R} \sum_{k \in K} \sum_{v \in V} p_{kh}^F F_v^M \eta_k^F t_{rkvh}^{NF} y_{rkvh}^{NF} \\ &+ \sum_{r \in R} \sum_{k \in K} \sum_{v \in V} p_{kh}^A F^A \eta_k^A (t_{rkvh}^{EA} y_{rkvh}^{EA} + t_{rkvh}^{NA} y_{rkvh}^{NA} + t_{rkvh}^{NF} y_{rkvh}^{NF}) \\ &+ \sum_{r \in R} \sum_{k \in K} z_{rh} p_h^{SP} t_r^P + \sum_{r \in R} \sum_{k \in K} (1 - z_{rh}) p_{kh}^A F^A \eta_k^A t_r^P \end{aligned} \right] \end{aligned} \right\}\end{aligned} \tag{7.31}$$

船舶资本成本 C_h^C,即每个阶段的船队更新成本,包括集装箱船舶的购置、售出、改造的资本成本(CPEX)。若购置的新船需要配备废气再循环(EGR),此费用将计入集装箱船舶购置价格。

船舶运营成本 C_h^O 是每个阶段 $k \in K$ 的运营成本(OPEX),包括船员成本、维修和维护成本、保险成本、存储和润滑成本,以及管理成本等。所需替代燃料引起存储空间增加,造成装载能力损失的机会成本将被计入。

每个阶段,需要投入运营船舶产生的燃料消耗成本作为海上航行成本 C_h^{Sail} 。对于在港停靠成本 C_h^{Port} ,涉及的能耗以燃烧重质燃油(HFO)产生的热量为基准,其中 g^{HFO} 是燃烧重质燃油(HFO)产生的单位热值。h 阶段,若集装箱船舶使用岸电,单位时间的费用 $p_h^{SP} = (c^{Service} + c^{SP}) F^A g^{HFO}$ (美元/时),其中 $c^{Service}$ 和 c^{SP} 是对应单位热值的服务费和电费;若不使用岸电,集装箱船舶需要由辅机消耗替代燃料,在港停靠成本为 $p_{kh}^A F^A \eta_k^A t_r^P$ 。

(2)约束条件

$$n_{k'kh}^R = 0, \forall k', k \in K, h = 0 \tag{7.32}$$

$$l_{kh} = L_k, \forall k \in K, h = 0 \tag{7.33}$$

$$l_{kh} = l_{k(h-1)} + \sum_{k' \in K} n_{k'kh}^R - \sum_{k'' \in K} n_{kk''h}^R + n_{kh}^B - n_{kh}^S, \forall k \in K, \forall h \in H \backslash \{0\} \tag{7.34}$$

$$\sum_{r \in R} n_{rh} x_{rkh} = l_{kh}, \forall k \in K, \forall h \in H \tag{7.35}$$

$$n_{kh}^B \leqslant m_{kh}, \forall k \in K, \forall h \in H \tag{7.36}$$

$$n_{kh}^S \leqslant l_{kh}, \forall k \in K, \forall h \in H \tag{7.37}$$

$$\sum_{k \in K} n_{k'kh}^R \leqslant l_{k'(h-1)}, \forall k' \in K, \forall h \in H \backslash \{0\} \tag{7.38}$$

$$n_{k'h}^B = 0, if \sum_{k \in K} n_{k'kh}^R > 0, \forall k' \in K, \forall h \in H \tag{7.39}$$

$$n_{kh}^S = 0, if \sum_{k' \in K} n_{k'kh}^R > 0, \forall k \in K, \forall h \in H \tag{7.40}$$

$$\sum_{k \in K} x_{rkh} = 1, \forall r \in R, \forall h \in H \tag{7.41}$$

$$168 \sum_{k \in K} n_{rh} x_{rkh} \geqslant t_r^P + \sum_{k \in K} \sum_{v \in V} t_{rkvh}^{EA} y_{rkvh}^{EA} + \sum_{k \in K} \sum_{v \in V} t_{rkvh}^{NA} y_{rkvh}^{NA} + \sum_{k \in K} \sum_{v \in V} t_{rkvh}^{NF} y_{rkvh}^{NF}, \forall r \in R, \forall h \in H \tag{7.42}$$

$$\sum_{v \in V} y_{rkvh}^{EA} = x_{rkh}, \forall r \in R, \forall k \in K, \forall h \in H \tag{7.43}$$

$$\sum_{v \in V} y_{rkvh}^{NA} = x_{rkh}, \forall r \in R, \forall k \in K, \forall h \in H \tag{7.44}$$

$$\sum_{v \in V} y_{rkvh}^{NF} = x_{rkh}, \forall r \in R, \forall k \in K, \forall h \in H \tag{7.45}$$

$$EEOI_{rh} \leqslant EEOI_h^S, \forall r \in R, \forall h \in H \tag{7.46}$$

$$n_{kh}^B, n_{kh}^S \in 0 \cup Z^+, \forall k \in K, \forall h \in H \tag{7.47}$$

$$n_{k'kh}^R \in 0 \cup Z^+, \forall k', k \in K, \forall h \in H \tag{7.48}$$

$$n_{rh} \in 0 \cup Z^+, \forall r \in R, \forall h \in H \tag{7.49}$$

$$l_{kh} \in 0 \cup Z^+, \forall r \in R, \forall h \in H \tag{7.50}$$

$$x_{rkh} \in \{0,1\}, \forall r \in R, \forall k \in K, \forall h \in H \tag{7.51}$$

$$y_{rkvh}^{EA}, y_{rkvh}^{NA}, y_{rkvh}^{NF} \in \{0,1\}, \forall r \in R, \forall k \in K, \forall v \in V, \forall h \in H \tag{7.52}$$

$$z_{rh} \in \{0,1\}, \forall r \in R, \forall h \in H \tag{7.53}$$

式(7.32)~(7.40)是关于船舶更新的限制。式(7.32)~(7.33)设定了初始阶段(2021—2025 年)的集装箱船队不会进行改造,船舶均采用的是船用轻柴油(MGO)和 VLFSO 双燃料组合。式(7.34)是集装箱数量的守恒约束,即各个阶段某一类型的船舶数量,根据上一阶段的存量和本阶段内船舶购置、售出和改造的增量来决定。式(7.35)表示每一阶段内的自有船队将全部部署在经营的航线上。式(7.36)~(7.38)保证了船舶购置、售出和改造的数量限制。式(7.39)~(7.40)保证同一阶段内不会改造购置的新船、不会售出被改造的船舶。式(7.41)表示任意一条航线上集装箱船舶搭载的双燃料发动机是统一的。式(7.42)是关于每一阶段预先确定的服务频率要求,保证任意一条航线上可提供的班轮运输服务时间不少于集装箱船队的作业时间,维持每周发班一次的频率,168 是一周的小时数。式(7.43)~(7.45)要求集装箱船舶在排放控制区(ECA)内外使用不同燃料时的航速不同但唯一。式(7.46)是关于碳排放应满足的指标,各个阶段内所有航线的集装箱船舶能效营运指数(EEOI)应达到阶段性的碳减排目标要求。式(7.47)~(7.53)给出了所有变量的定义域。

5.模型处理

显然,式(7.31)~(7.50)是一个非线性整数规划(NLIP)问题。非线性整数规划(NLIP)问题求解具有很大的挑战性。为能够使该模型对先进的线性规划(LP)求解器 CPLEX 具备可操作性,需要对目标函数(7.31)、式(7.35)和式(7.42)含有的非线性项 $n_{rh}x_{rkh}$ 进行线性化处理。通过引入新变量 n_{rkh}:

$$n_{rkh} = n_{rh}x_{rkh}, \forall r \in R, \forall k \in K, \forall h \in H \tag{7.54}$$

$$n_{rkh} \in 0 \cup Z^{+}, \forall r \in R, \forall k \in K, \forall h \in H \tag{7.55}$$

它表示航线 r 上部署采用合规技术组合 k 的集装箱船舶数量。

将 n_{rkh} 代入原模型中,式(7.35)和(7.42)将因为式(7.54)被松弛。因此,引入 Big-M 来对式(7.54)进行变化,有

$$n_{rkh} \leqslant \mathrm{M}x_{rkh}, \forall r \in R, \forall k \in K, \forall h \in H \tag{7.56}$$

模型可根据实际情况对 Big-M 设置。本模型的 M 无须过大,满足每个阶段需要投入运营的时间要求即可,设置 $M = 150$。因此,原模型可转化成:

$$\begin{aligned}
\min Z &= \sum_{h\in H}\{C_h^C + C_h^O + C_h^{Sail} + C_h^{Port}\}\\
&= \sum_{h\in H}\left\{\begin{aligned}
&\sum_{k\in K} c_{kh}^B n_{kh}^B - \sum_{k\in K} c_{kh}^S n_{kh}^S + \sum_{k'\in K}\sum_{k\in K} c_{k'k}^R n_{k'kh}^R + \sum_{r\in R}\sum_{k\in K} c_{kh}^O n_{rh} x_{rkh}\\
&+ T\left[\begin{aligned}
&\sum_{r\in R}\sum_{k\in K}\sum_{v\in V} p_{kh}^A F_v^M \eta_k^A (t_{rkvh}^{EA} y_{rkvh}^{EA} + t_{rkvh}^{NA} y_{rkvh}^{NA}) + \sum_{r\in R}\sum_{k\in K}\sum_{v\in V} p_{kh}^F F_v^M \eta_k^F t_{rkvh}^{NF} y_{rkvh}^{NF}\\
&+ \sum_{r\in R}\sum_{k\in K}\sum_{v\in V} p_{kh}^A F^A \eta_k^A (t_{rkvh}^{EA} y_{rkvh}^{EA} + t_{rkvh}^{NA} y_{rkvh}^{NA} + t_{rkvh}^{NF} y_{rkvh}^{NF})\\
&+ \sum_{r\in R}\sum_{k\in K} z_{rh} p_h^{SP} t_r^P + \sum_{r\in R}\sum_{k\in K} (1 - z_{rh}) p_{kh}^A F^A \eta_k^A t_r^P
\end{aligned}\right]
\end{aligned}\right\}
\end{aligned}$$

s.t.(7.32) - (7.34) ,(7.36) - (7.41) ,(7.43) - (7.48) ,(7.50) - (7.53) ,(7.55) - (7.56) ,

$$\sum_{r\in R} n_{rkh} = l_{kh}, \forall k \in K, \forall h \in H$$

$$168\sum_{k\in K} n_{rkh} \geqslant t_r^P + \sum_{k\in K}\sum_{v\in V} t_{rkvh}^{EA} y_{rkvh}^{EA} + \sum_{k\in K}\sum_{v\in V} t_{rkvh}^{NA} y_{rkvh}^{NA} + \sum_{k\in K}\sum_{v\in V} t_{rkvh}^{NF} y_{rkvh}^{NF}, \forall r \in R, \forall h \in H$$

(7.57)

对于模型(7.57),当 $x_{rk} = 1$ 时,n_{rk} 将自动获取正整数值,绑定在最优解中,所提出的线性整数规划(LIP)问题能够利用 CPLEX 求解器得到有效解决。

三、数值实验

1.数据准备

我们选取了全球第二大班轮运输服务公司中远海运(COSCO)在全球布局的10条班轮航线,考查近洋(SS)和远洋(DS)两种模式下1 600 TEU和8 500 TEU两个级别的集装箱船舶在通常的装载条件下的运营情况。一些基础参数值包括航程距离、排放控制区(ECA)分布、在港停靠时间、主机功率等航线、船舶信息[23]和班轮运输业务数据展示在表7.9和表7.10。我们使用PortDistance软件生成了每一条航线的航程距离和排放控制区(ECA)分布情况,而其他数据主要来源于港口距离网站、中远海运(COSCO)公司官网和克拉克森(Clarksons)网站,需要注意的是,装载系数高于65%时航运收益为正,本节在65%~95%范围内进行取值[24]。

表7.9 测试的航线、船舶与班轮运输业务数据

Tab.7.9 Business data on routes, ships, and liner transportation business

航线	近洋(SS)(分支航线)				
	1-IQQ	2-NBX	3-SHX	4-CNP2	5-CYH
航程距离/n mile	1 382	1 786	2 800	3 251	4 270
ECA内航行距离/n mile	0	990	2 025	822	2 970
ECA内航行距离占比/%	36	42	20	41	17
港口停靠时间/h	106	157	103	179	148
航线	远洋(DS)(洲际航线)				
	1-MENA	2-CPNW	3-EAX1	4-ZAX2	5-IPE
航程距离/n mile	10 291	12 350	13 797	15 588	18 516
ECA内航行距离/n mile	2 042	3 376	1 830	1 992	2 268
ECA内航行距离占比/%	21	12	11	11	36
港口停靠时间/h	273	322	364	399	423

表7.10 测试的航线、船舶与班轮运输业务数据

Tab.7.10 Business data on routes, ships, and liner transportation business

航线	近洋(SS)(分支航线)	远洋(DS)(洲际航线)
船舶容量/TEU	1 600	8 500
载重吨/t	22 791	102 396
装载系数/%	80	70
主机功率/kn	14 000	60 000
辅机功率/kn	985	3 081
设计航速/kn	20	25
最小航速/kn	10	15
初始船舶数量/艘	12	37

根据 Corbett 等(2009)[25],Doudnikoff 和 Lacoste(2014)[23]、Fan 等(2020)[26]测试的样本船舶使用 $SFOC^M = 206$ g/(kW·h),$SFOC^A = 221$ g/(kW·h),$EL^M = 0.8$ 和 $ELA = 0.5$。每个阶段,集装箱船舶投入运营的时间是 1 050 天($T = 150$ 周)[27]。表 7.11~表 7.13 展示了六种搭载双燃料发动机每五年的集装箱船舶结构性的成本项数据。集装箱船舶采用不同合规技术组合的初始购买成本、保险费应与新船价格系数[相比于船用轻柴油(MGO)+极低硫燃料油(VLSFO)+废气再循环(EGR)]有关,维修和维护费用与油箱尺寸系数[相比于船用轻柴油(MGO)]有关,船员费用、储存和润滑成本,以及管理成本是固定的。其中,固定运营成本为上述六项成本之和。这里,设定两种吨位的集装箱船舶搭载废气再循环(EGR)的成本参数是相同的,为 1 347 千美元[28],并被纳入船舶初始购买成本中。机会成本参考 Lagemann 等(2022)[29]按照船舶吨位转换计算获得。本节设定集装箱船舶的固定运营成本在不同阶段不存在差异。

表 7.11 集装箱船的成本系数

Tab.7.11 Cost coefficient of container ships

成本系数	$k=1$	$k=2$	$k=3$	$k=4$	$k=5$	$k=6$
	MGO+VLSFO+EGR	LNG+VLSFO	LPG+VLSFO	甲醇+VLSFO	氨+VLSFO+EGR	氢+VLSFO
油箱尺寸系数(相比于 MGO)	1.00	1.85	1.50	3.75	2.45	2.00
新船价格系数(相比于 MGO+VLSFO+EGR)	1.00	1.23	1.17	1.50	1.17	1.33

表 7.12 1 600 TEU 集装箱船结构成本的具体数据

Tab.7.12 Specific data on the structural cost of 1,600 TEU containerships

船舶容量	1 600TEU					
成本参数	$k=1$	$k=2$	$k=3$	$k=4$	$k=5$	$k=6$
	MGO+VLSFO+EGR	LNG+VLSFO	LPG+VLSFO	甲醇+VLSFO	氨+VLSFO+EGR	氢+VLSFO
船员费用(千美元)	2 123	2 123	2 123	2 123	2 123	2 123
维修和维护费用(千美元)	1 492	2 537	1 940	3 581	4 178	6 267
保险费用(千美元)	625	768	731	731	831	937
储存和润滑成本(千美元)	1 085	1 085	1 085	1 085	1 085	1 085
管理成本(千美元)	536	536	536	536	536	536
机会成本(千美元)	0	72	54	127	90	488
固定运营成本(千美元)	5 861	7 121	6 469	8 183	8 843	11 436
初始购买成本(千美元)	29 347	34 440	32 760	32 760	38 587	42 000

表 7.13　8 500 TEU 集装箱船结构成本的具体数据

Tab.7.13　Specific data on the structural cost of 8,500 TEU containerships

船舶容量	8 500 TEU					
成本参数	$k=1$	$k=2$	$k=3$	$k=4$	$k=5$	$k=6$
	MGO+VLSFO+EGR	LNG+VLSFO	LPG+VLSFO	甲醇+VLSFO	氨+VLSFO+EGR	氢+VLSFO
船员费用(千美元)	3 084	3 084	3 084	3 084	3 084	3 084
维修和维护费用(千美元)	4 237	7 202	5 508	10 168	11 863	17 794
保险费用(千美元)	1 460	768	731	731	831	937
储存和润滑成本(千美元)	3 418	3 418	3 418	3 418	3 418	3 418
管理成本(千美元)	667	667	667	667	667	667
机会成本(千美元)	0	325	244	569	406	2 194
固定运营成本(千美元)	12 866	15 464	13 652	18 637	20 269	28 094
初始购买成本(千美元)	107 347	130 380	124 020	124 020	142 327	159 000

表 7.14 和表 7.15 分别列出了 1 600 TEU 和 8 500 TEU 集装箱船舶的六种搭载双燃料发动机的改造成本项数据。它们是根据机械、油罐管道的材料费和在船厂的劳动费以及改造过程中的收入损失计算的。船舶的“逆向”改造将不被考虑，非化石燃料向船用轻柴油(MGO)、液化天然气(LNG)与液化石油气(LPG)等化石燃料的改造成本取无穷大[3]。

表 7.14　1 600 TEU 集装箱船改装成本数据

Tab.7.14　Cost data of 1,600 TEU containership retrofitting

技术改装从左向右(千美元)	MGO+VLSFO+EGR	LNG+VLSFO	LPG+VLSFO	甲醇+VLSFO	氨+VLSFO+EGR	氢+VLSFO
MGO+VLSFO+EGR	0	8 680	8 680	5 600	14 000	22 960
LNG+VLSFO	–	0	–	6 253	10 547	21 093
LPG+VLSFO	–	–	0	6 253	7 653	21 093
甲醇+VLSFO	–	–	–	0	14 000	22 960
氨+VLSFO+EGR	–	–	–	–	0	21 093
氢+VLSFO	–	–	–	–	–	0

表 7.15　8 500 TEU 集装箱船改装成本数据

Tab.7.15　Cost data of 8,500 TEU containership retrofitting

技术改装从左向右(千美元)	MGO+VLSFO+EGR	LNG+VLSFO	LPG+VLSFO	甲醇+VLSFO	氨+VLSFO+EGR	氢+VLSFO
MGO+VLSFO+EGR	0	32 860	32 860	21 200	53 000	86 920
LNG+VLSFO	–	0	–	23 673	39 927	79 853

续表

技术改装从左向右（千美元）	MGO+VLSFO+EGR	LNG+VLSFO	LPG+VLSFO	甲醇+VLSFO	氨+VLSFO+EGR	氢+VLSFO
LPG+VLSFO	-	-	0	23 673	28 973	79 853
甲醇+VLSFO	-	-	-	0	53 000	86 920
氨+VLSFO+EGR	-	-	-	-	0	79 853
氢+VLSFO	-	-	-	-	-	0

2.情景设计

（1）碳强度目标

许多报告都基于碳减排目标进行了预测，主要差异包括碳减排的速度或最终目标的大小[31]。尽管碳强度目标在短期内会在不确定性中波动，但总体趋势是相似的。航运业需要加快碳减排的方向已非常明确，但是目前一些碳减排的路线图、时间表的不确定性交织相伴，甚至存在较大分歧[32]。在设计的场景实验中，本节根据行业认可的研究报告进行了适当的处理，旨在符合现实。图 7.17 展示了本节选取的具有代表性的四种碳强度目标，能够体现不同的官方从“平稳过渡”到“激进过渡”的变化情况。其中，标记点表示直接从报告中获得的数据。其他年份的数据是根据报告通过线性化和合理推断计算得出的。

目标 1 为国际海事组织温室气体战略目标（IMO GHG Strategic Goals），由国际海事组织（IMO）制定，与《巴黎协定》减缓气候变化的目标一致。它的实施将较为平稳，以 2008 年为标准，时效性有待提高。

目标 2 为欧盟海上燃料条例（The EU maritime fuels Ordinance）设定的目标，代表了欧盟委员会（EC）的立法与政策倾向。虽然它具有区域性特色，但以欧洲海域为试验点的航运碳减排目标有望成为具有普遍性的国际性指标。

目标 3 为基于需求的 GHG 目标轨迹（Demand-based GHG Target Trajectories），基于全球航运体系增长的假设设定的目标，提出的 2030 年和 2050 年航运碳减排目标具有较高的挑战性，特别是 2030 年的短期目标非常紧迫。

目标 4 为 2050 年减碳 100%（100% Reduction by 2050），以目标 3 为基础，提出了 2050 年碳中和目标，航运碳减排的降速快于其他情况。目标 4 对航运业的未来提出了更有野心的目标要求。

四个目标为 $EEOI_{rh}$ 参数取值提供了不同轨迹，以确保在满足下一节中给出的模型的约束来实现期望的碳减排。

（2）燃料价格

替代燃料之间的价格差异存在高度的不确定性。根据具有代表性的研究报告 DNV GL（2020；2021）[33,34]和 Lloyd's Register and UMAS（2020）[35]等的调查预测，本节提出五种燃料价格情境，以尽可能地体现替代燃料价格变化的合理性，如表 7.16 所示，其中价格数值保留为整数。

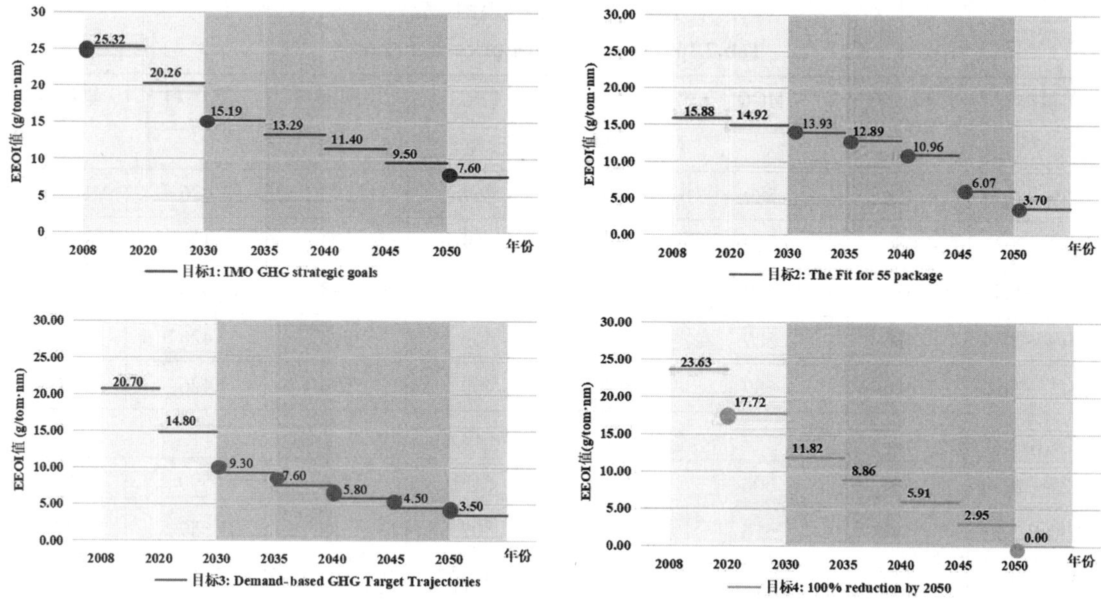

图 7.17　四个具有代表性的碳强度目标

Fig.7.17　Four representative carbon-intensity targets

价格情境 1 忽略了燃料价格变化的影响,假设所有燃料的价格在整个研究期内保持不变。此价格是通过挪威船级社提出的基于一次能源价格与不同燃料的生产分销成本关系的计算得到的。基于这一方法,DNV GL(2021)[34]开发了一个船用燃料价格地图并给出了 2050 年各类燃料价格估计的范围。

价格情境 2 和价格情境 3 是以 2025 年和 2050 年不同燃料的预测价格为依据,均匀分布补齐数值的方式来设计的。其中,2025 年的价格初值固定,通过汇总的现有燃料价格来设定的。价格情境 2 和价格情境 3 是以 DNV GL(2020)[33]、BloombergNEF(2020)[36]和 Lloyd's Register and UMAS(2020)[37]对六种燃料价格 2050 年预测价格的下限、上限来区分的。所有燃料价格普遍下降的价格情境 2 表示在所有燃料供应量足够航运业使用(未必能达到航运业总需求)下供给需求相对平衡的一种状态。与之相对,所有燃料价格不断攀升的价格情境 3 代表了更大的市场力量推高了航运业使用替代燃料的成本,是航运碳减排相比其他部门的不经济性导致的一种可能,也可能是替代燃料的供给系统、基础设施仍未成熟普及。

价格情境 4 反映了能源供给的过渡,即化石燃料将逐步退出,低碳—零碳的非化石燃料变成船用燃料市场主力。虽然价格情境 4 对替代燃料设定了相对便宜的价格,但维持着它们之间的关系,例如未来氢的价格还是甲醇的三倍左右。

价格情境 5 根据 Lindstad 等(2021)[38]确定 2025—2030 年期间的燃料价格,并根据 DNV GL(2020)[33]确定 2045—2050 年各阶段的燃料价格。每个阶段都强调氨燃料和氢燃料之间的价格关系,即氢的价格是氨的 6~7 倍。

表 7.16　燃料价格情境的设定

Tab.7.16　Setting of fuel price scenarios

燃料类型	VLSFO	MGO	LNG	LPG	甲醇燃料	氨燃料	氢燃料
价格情境 1(美元/吨)							
2025—2030	486	589	390	469	593	426	1 706
2030—2035	486	589	390	469	593	426	1 706
2035—2040	486	589	390	469	593	426	1 706
2040—2045	486	589	390	469	593	426	1 706
2045—2050	486	589	390	469	593	426	1 706
价格情境 2(美元/吨)							
2025—2030	563	606	490	515	546	590	2 360
2030—2035	518	556	485	502	526	559	2 020
2035—2040	474	506	480	490	507	528	1 680
2040—2045	429	456	475	477	487	496	1 340
2045—2050	385	406	470	465	468	465	1 000
价格情境 3(美元/吨)							
2025—2030	563	606	490	515	546	590	2 360
2030—2035	593	635	494	560	574	620	2 370
2035—2040	623	664	498	605	601	650	2 380
2040—2045	654	693	501	650	629	680	2 390
2045—2050	684	722	505	695	657	711	2 400
价格情境 4(美元/吨)							
2025—2030	324	470	400	460	378	521	1 134
2030—2035	354	502	438	495	408	498	1 224
2035—2040	385	534	475	529	438	474	1 313
2040—2045	415	566	513	564	468	451	1 403
2045—2050	446	598	550	598	498	428	1 493
价格情境 5(美元/吨)							
2025—2030	446	512	450	506	621	409	2 640
2030—2035	456	532	435	497	614	413	2 667
2035—2040	466	551	420	488	607	418	2 694
2040—2045	476	570	405	478	600	422	2 721
2045—2050	486	589	390	469	593	426	2 748

(3)技术推广度

表 7.17 和表 7.18 展示了各个阶段内近洋(SS)和远洋(DS)两种模式下采用不同合规技术组合的集装箱船舶续航能力,这些数据来源于港口距离、克拉克森(Clarksons)等网站和学术报告[39]。技术推广度的设计考虑了两个重要因素:一是技术成熟度上,目前除了船用轻柴油(MGO),属于化石燃料的液化天然气(LNG)和液化石油气(LPG)是仅能够在全球范围内进行大规模长途运输的替代燃料。根据研究报告《航运低碳发展展望 2021》[40],基于替代燃料的船舶动力装置在 2030 年需要实现商业化应用。因此,自第二阶段开始,设置了甲醇、氨和氢可以使用。二是技术应用性上,双燃料发动机使用的替代燃料是船舶在排放控制区(ECA)内运输作业的动力源,初始的续航能力设置与该航线上排放控制区(ECA)航程距离占比贴近。随着时间的推移,替代燃料可提供的续航能力逐阶段增加。设定增幅比例为 20%,直至 2050 年能够实现所有航线的全覆盖。

表 7.17　不同阶段下六种合规技术组合的集装箱船舶在近洋(SS)航线上的续航能力

Tab.7.17　Endurance capacity of containerships on short sea withsix compliance technology combination in different time periods

阶段	合规技术组合	$r=1$	$r=2$	$r=3$	$r=4$	$r=5$
2025—2030	MGO+VLSFO+EGR; LNG+VLSFO; LPG+VLSFO	0.20	0.56	0.73	0.26	0.70
	甲醇燃料+VLSFO; 氨燃料+VLSFO+EGR; 氢燃料+VLSFO	0.00	0.00	0.00	0.00	0.00
2030—2035	所有技术组合	0.40	0.76	0.93	0.46	0.90
2035—2040	所有技术组合	0.60	0.96	1.00	0.66	1.00
2040—2045	所有技术组合	0.80	1.00	1.00	0.86	1.00
2045—2050	所有技术组合	1.00	1.00	1.00	1.00	1.00

表 7.18　不同阶段下六种合规技术组合的集装箱船舶在远洋(DS)航线上的续航能力

Tab.7.18　Endurance capacity of containerships ondeep sea with six compliance technology combination in different time periods

阶段	合规技术组合	$r=1$	$r=2$	$r=3$	$r=4$	$r=5$
2025—2030	MGO+VLSFO+EGR; LNG+VLSFO; LPG+VLSFO	0.20	0.20	0.28	0.14	0.13
	甲醇燃料+VLSFO; 氨燃料+VLSFO+EGR; 氢燃料+VLSFO	0.00	0.00	0.00	0.00	0.00
2030—2035	所有技术组合	0.40	0.40	0.48	0.34	0.33
2035—2040	所有技术组合	0.60	0.60	0.68	0.54	0.53
2040—2045	所有技术组合	0.80	0.80	0.88	0.74	0.73
2045—2050	所有技术组合	1.00	1.00	1.00	1.00	1.00

3.计算实验

(1)船队更新路径

图 7.18 和图 7.19 展示了近洋(SS)航线和远洋(DS)航线两种模式下对应不同燃料价格和碳强度目标的技术过渡情况。

一是,船舶购置、售出的决策不常出现,前往 2050 年碳减排目标的技术过渡主要是通过船舶改造完成的。所有的实验保持了原有的船期且集装箱船队需要完成的运输作业量是相同的,大多数阶段下运营的集装箱船舶都维持在初始船队的数量,仅有少数几个情境会新增运力,近洋(SS)航线模式下一般只增加 1 艘、远洋(DS)航线模式下也仅会增加 2~3 艘。这符合船队更新的现实逻辑。事实上,让航运公司对这些新兴的替代燃料感兴趣是一项挑战,毕竟船舶的投资回报期非常长,必须考虑这些资产价值的生命周期风险。如果发生了船舶买卖,那一定是基于船队更新的经济性而做出的反应,与船舶折旧价格、替代燃料价格、新增船舶带来的运营成本和燃料成本的变动等有关,比较复杂。

二是,船舶改造的决策是技术选择路径的主要方式。从变化趋势上看,替代燃料的改装路径是由传统的化石燃料向氨和氢过渡。这种转换对碳强度目标比燃料价格更敏感。目标 3 和目标 4 下很多情境的船舶很快改造成非化石燃料驱动的。不同的价格情境之间,则体现了技术选择路径中不同替代燃料的应用结构,也就是脱碳经济性越好的替代燃料被选择的概率越大。在价格情境 2 和价格情境 4 下非化石燃料的低价促使它们在船队更新过程中快速涌现。需要说明一点,测试的目标 1 似乎基于船用轻柴油(MGO)、液化天然气(LNG)和液化石油气(LPG)等化石燃料即可实现对应的目标,似乎不合逻辑。这反映了纯粹基于船舶能效营运指数(EEOI)公式测算的碳强度可能与实际的碳减排目标存在误差,虽然目前的测算体系整体上略显保守,但是基于实验结果能够挖掘替代燃料的改装路径规律还是有益的[41]。

三是,近洋(SS)航线和远洋(DS)航线两种模式下的船舶买卖和船舶改造值得被讨论。首先,近洋(SS)航线模式下技术选择路径的形式多样化并多以组合式出现;远洋(DS)航线模式的技术选择路径具有非常明显的界限性,多为进行大批量的单一式过渡,例如,所有船舶在某个阶段都统一更新为氨+极低硫燃料油(VLSFO)+废气再循环(EGR)[42]。这可能是因为,大部分航程在排放控制区(ECA)的近洋(SS)航线模式受到的环境监管更严格,经营的小型船舶的资产价值不比远洋(DS)航线模式下的大型船舶,因此近洋(SS)航线模式的成本控制更多是通过替代燃料的灵活改造来实现的,验证了它是各类替代燃料的试验场。与之相对,远洋(DS)航线模式在脱碳进程中受排放控制区(ECA)叠加的影响不大,长途运输对替代燃料的技术推广度依赖性更强。这就要求经营的大型船舶在碳减排方面需具备更高的平均水平,因此远洋(DS)航线模式下的技术选择路径会更加谨慎,它的成本控制是基于船舶买卖和船舶改造共同影响的。

四是,从 6 种燃料的使用情况分布来看,短期的脱碳进程内,成熟的化石燃料一直发挥着重要作用,其中船用轻柴油(MGO)和液化天然气(LNG)是主力;发展至中后期,非化石燃料氨和氢是主要动力源,近洋(SS)航线模式下氨的使用更多,远洋(DS)航线模式下氢会被广泛应用。综合来看,氨是重要的过渡燃料,氢成为终极方案的可能性很大。对于价格情境 5,由于氢的价格很高,最终选择只有氨,这表明价格将是氢推广的决定性因素之一。需要说明,研究结果显示甲醇既不是过渡燃料又不是未来的终极选择,这可能是它的成本效益在经济性上不具竞争力导致的,但现实中仍不可忽略它在航运业脱碳中的作用。此外,甲醇的使用在很大程度上受其来源的影响。

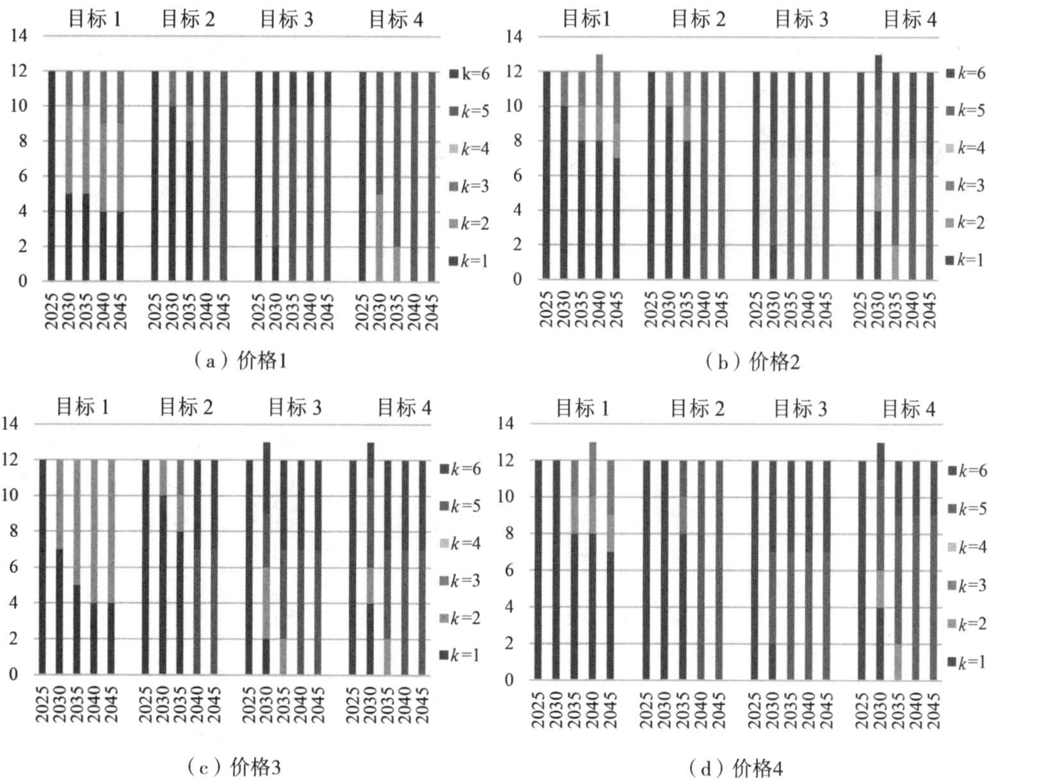

(a) 价格1　(b) 价格2

(c) 价格3　(d) 价格4

图 7.18　近洋(SS)航线模式下不同燃料价格情境对应碳强度目标的技术选择路径

Fig.7.18　Technology selection path of carbon intensity targets under different fuel prices in the short-sea mode

(2)运营决策组合

船舶部署、航速优化、岸电使用等决策产生的成本影响相比船队更新会更加精细化,综合考查近洋(SS)航线和远洋(DS)航线两种模式下 1 600 TEU 和 8 500 TEU 两个级别的集装箱船舶的技术过渡,价格情境 4 下航运去碳化进程呈现出多元化、渐进式的特点,可能与未来实际较为贴近。因此,价格情境 4 下近洋(SS)航线和远洋(DS)航线两种模式几种运营措施的巧妙使用情况,展示在图 7.20 和图 7.21 中。

从航速优化来看,四种碳强度目标下在所有航线上优化后的航速大多是可行航速范围内的最低值或较低值,体现了船舶在运输作业中不论消耗的是什么燃料,慢速航行仍是航运减排一项重要的运营措施。然而,真实的运营实践中,目前仍存在航速竞争和到达港口抢先等待的情况发生。区分不同的合规技术组合,采用氢的集装箱船舶的航速不论在近洋(SS)航线模式还是远洋(DS)航线模式下均是偏高的。这是由氢的高价决定的,即便价格情境 4 下氢价格已经降低,但依然是所有燃料中最贵的。此外,近洋(SS)航线和远洋(DS)航线两种模式在航程距离、排放控制区(ECA)分布、集装箱船舶续航能力的支持等因素方面存在天然的差别,远洋(DS)航线模式下的航速(15~18.16 kn)普遍高于近洋(SS)航线模式下的航速(10~12.03 kn)。

低速航行有益于降低船舶的排放,还能够节省燃料消耗;但是为了补偿降速航行对运力部署的影响,航运公司需要在船舶部署上做出调整(应综合货运订单数量和船舶容量等)[43]。图 7.20 和图 7.21 展示了价格情境 4 下替代燃料的改装路径对所有航线上船舶部署的数量影响不大。其中,颜色框内的数字表示航线上的平均速度,而颜色框外的数字表示部署的船舶数量,红色标记的数字表示在这种情况下使用了岸电。

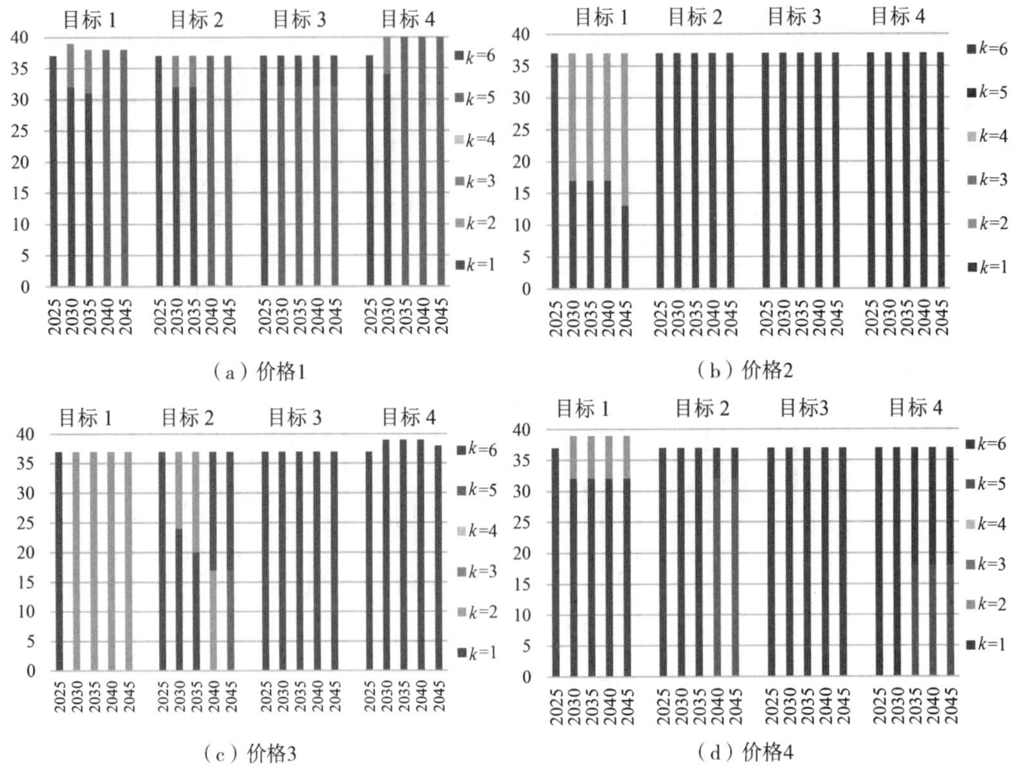

图 7.19　远洋（DS）航线模式下不同燃料价格情境对应碳强度目标的技术选择路径

Fig.7.19　Technology selection path of carbon intensity targets under different fuel prices in the deep-sea（DS）mode

对于岸电使用，实验结果显示它被当作重要的补充措施用于航运碳减排[44]。不难看出，岸电使用主要发生在两种情况，一是当前的船队结构中使用化石燃料的船舶数量占比较高时；二是外部设定的碳强度目标在某些阶段更大比例的下调时，例如 Demand-based GHG Target Trajectories 的第一阶段和 100% Reduction by 2050 的最后一阶段。

（3）成本效益分析（CBA）

如果没在了解不同政策法规、合规技术组合全部的成本效益之前，班轮运输这一部门确实很难做出合适的决策。图 7.22 和图 7.23 展示了对应四种碳强度目标下基于所有燃料价格情境的成本结构。

在政策法规方面，与目标 1 相比，其他几种碳强度目标下的总成本更高，这与制定更严格的目标促进船队更新的改装路径有关，航运公司必须接受使用价格更高的替代燃料。目标 3 对 2030 年即第一阶段时提出了 9.3 grams CO_2 per tonne-mile 的紧迫要求（与目标 1 第四阶段的目标水平相当），过早需要采用低碳—零碳船舶很自然地将会积累更高的总成本。此外，若将目标 4 与目标 3 比较，似乎能给出一个答案，存在零成本或负成本下实现显著碳减排效果的环保规制，这与设定不同的碳强度目标有关，但并非如此设定是没有理由的，因为每种脱碳目标的设定都有其自身背后的种种障碍[45]。设定像目标 3 这样的目标并非没有道理，在目标 3 中，每个脱碳目标都有不同的视角和优先事项，例如区域限制、燃料储存和技术发展。

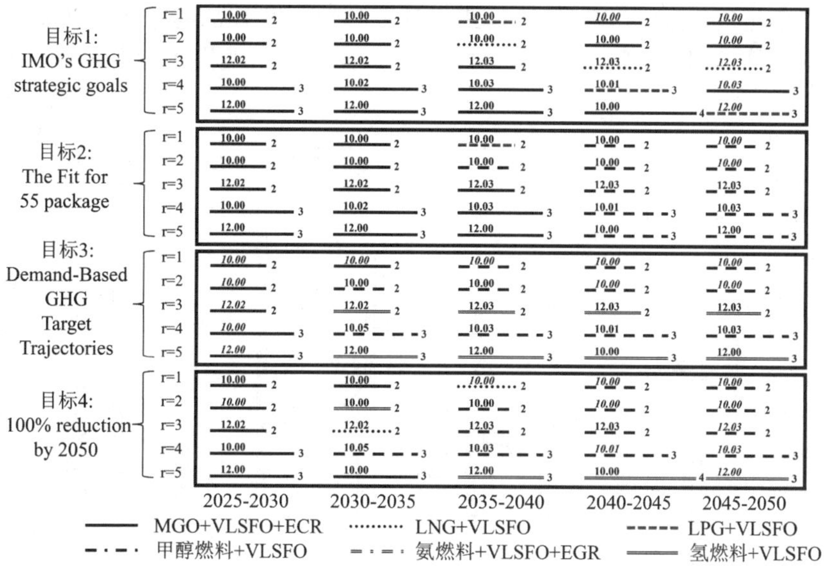

注释：“斜体”表示使用了岸电，右侧数字表示部署的船舶数量，线上的数字表示航线上的平均航速。

图 7.20 价格情境 4 下近洋(SS)航线模式的船舶部署、航速优化、岸电使用

Fig.7.20 Ship deployment, speed optimization, and shore power utilization of short-sea mode

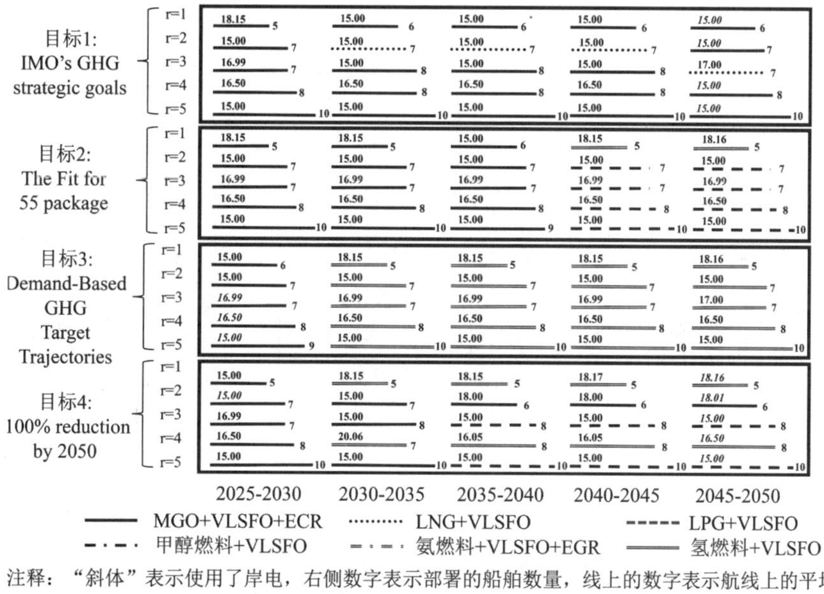

注释：“斜体”表示使用了岸电，右侧数字表示部署的船舶数量，线上的数字表示航线上的平均航速。

图 7.21 价格情境 4 下远洋(DS)航线模式的船舶部署、航速优化、岸电使用

Fig.7.21 Ship deployment, speed optimization, and shore power utilization of deep-sea mode

注释:“加粗红色”表示使用了岸电,“浅红”“浅黄”“浅灰”“浅蓝”“浅绿”依次表示在该航线上部署了使用船用轻柴油(MGO)、液化天然气(LNG)、液化石油气(LPG)、氨(Ammonia)、氢(Hydrogen)的船舶,而数字表示部署的船舶数量,括号内的数字表示航线上的平均航速。

在成本结构方面,测算的燃料成本占比总体上比常规认知的数据略高但也比较合理,燃料价格大多分布在总成本(燃料比例)的 50%~60%之间,因为并未考虑集装箱装卸成本、引航费和靠岸手续费等[46]。观察近洋(SS)航线和远洋(DS)航线两种模式,远洋(DS)航线模式的燃料成本占比要高一些。这是因为,如果船队更新能够快速获得投资回报,那么基于运营措施的成本节约将微不足道。远洋(DS)航线模式下具有"跳跃性"特征的船队更新要比近洋(SS)航线模式出现得迟缓,因此,燃料成本的节约也不比近洋(SS)航线模式有显著性。

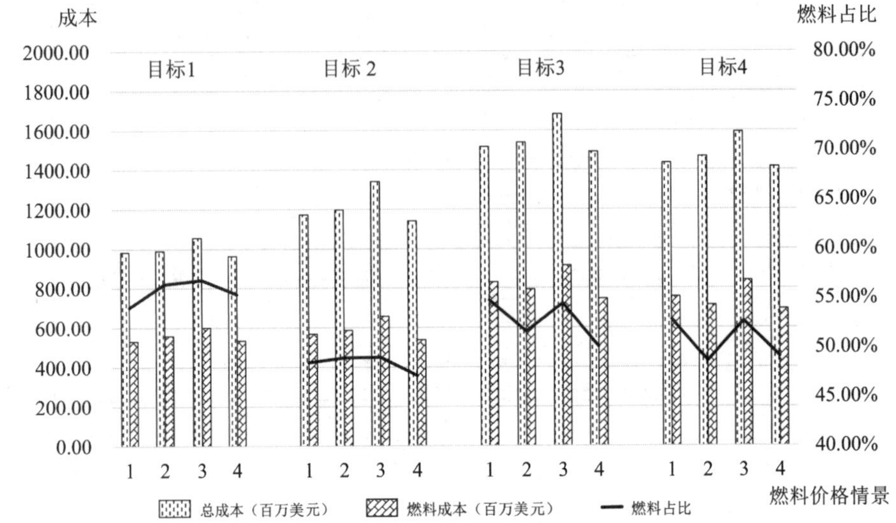

图 7.22 近洋(SS)航线模式下的航运碳减排成本

Fig.7.22 Shipping carbon reduction cost under short-sea mode

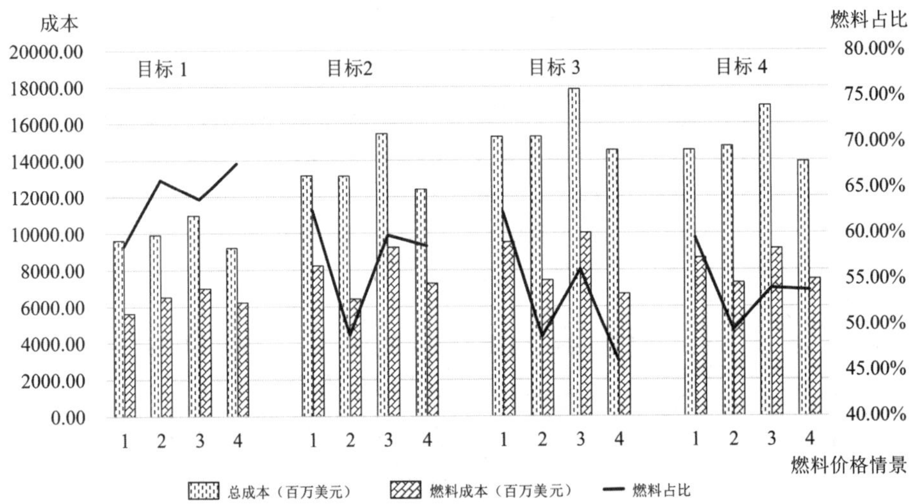

图 7.23 远洋(DS)航线模式下的航运碳减排成本

Fig.7.23 Shipping carbon reduction cost under deep-sea (DS) mode

(4)装载效益分析

航运碳减排的共同想法还有提高船舶的利用率或装载系数。不难理解,提高装载系数的理由是基于单位重量货物在运输作业中产生的碳排放将减少的论点。以目标 2—欧盟海上燃料条例(The EU maritime fuels ordinance)情境下的近洋(SS)航线模式为例,不改变船期的情况下,替代燃料的改装路径对装载系数的变化较为敏感,结果见表 7.19。

表 7.19　不同燃料价格情境下近洋(SS)航线模式对应不同装载系数的技术路径选择

Tab.7.19　Technical transition of SS Model corresponding to different loading factors under different fuel Price scenarios

	燃料价格情景 1					燃料价格情景 2				
阶段	2025-2030	2030-2035	2035-2040	2040-2045	2045-2050	2025-2030	2030-2035	2035-2040	2040-2045	2045-2050
装载系数	0.80	0.77	0.74	0.71	0.68	0.80	0.77	0.74	0.71	0.68
r=1	2	2	2	2	**2**	2	2	2	2	**2**
r=2	2	2	2	2	**2**	2	2	2	2	**2**
r=3	2	2	2	2	2	2	2	2	2	2
r=4	3	3	3	3	**3**	3	3	3	3	**3**
r=5	3	3	3	3	3	3	3	3	3	3
阶段	2025-2030	2030-2035	2035-2040	2040-2045	2045-2050	2025-2030	2030-2035	2035-2040	2040-2045	2045-2050
装载系数	0.80	0.80	0.80	0.80	0.80	0.80	0.80	0.80	0.80	0.80
r=1	2	2	2	2	**2**	2	2	2	2	**2**
r=2	2	2	2	2	**2**	2	2	2	2	**2**
r=3	2	2	2	2	2	2	2	2	2	2
r=4	3	3	3	3	3	3	3	3	3	3
r=5	3	3	3	3	3	3	3	3	3	3
阶段	2025-2030	2030-2035	2035-2040	2040-2045	2045-2050	2025-2030	2030-2035	2035-2040	2040-2045	2045-2050
装载系数	0.80	0.83	0.86	0.88	0.92	0.80	0.83	0.86	0.88	0.92
r=1	2	2	2	2	**2**	2	2	2	2	**2**
r=2	2	2	2	2	**2**	2	2	2	2	**2**
r=3	2	2	2	2	2	2	2	2	2	2
r=4	3	3	3	3	3	3	3	3	3	3
r=5	3	3	3	3	3	3	3	3	3	3
	燃料价格情景 3					燃料价格情景 4				
阶段	2025-2030	2030-2035	2035-2040	2040-2045	2045-2050	2025-2030	2030-2035	2035-2040	2040-2045	2045-2050
装载系数	0.80	0.77	0.74	0.71	0.68	0.80	0.77	0.74	0.71	0.68
r=1	2	2	2	2	**2**	2	2	2	2	**2**
r=2	2	2	2	2	**2**	2	2	2	2	**2**
r=3	2	2	2	2	2	2	2	2	2	2
r=4	3	3	3	**3**	**3**	3	3	2	3	**3**

续表

r=5	3	3	3	3	3	3	3	2	3	3
阶段	2025-2030	2030-2035	2035-2040	2040-2045	2045-2050	2025-2030	2030-2035	2035-2040	2040-2045	2045-2050
装载系数	0.80	0.80	0.80	0.80	0.80	0.80	0.80	0.80	0.80	0.80
r=1	2	2	2	2	**2**	2	2	2	2	**2**
r=2	2	2	2	2	**2**	2	2	2	2	**2**
r=3	2	2	2	2	2	2	2	2	2	2
r=4	3	3	3	3	3	3	3	3	3	3
r=5	3	3	3	3	3	3	3	3	3	3
阶段	2025-2030	2030-2035	2035-2040	2040-2045	2045-2050	2025-2030	2030-2035	2035-2040	2040-2045	2045-2050
装载系数	0.80	0.83	0.86	0.88	0.92	0.80	0.83	0.86	0.88	0.92
r=1	2	2	2	2	**2**	2	2	2	2	**2**
r=2	2	2	2	2	**2**	2	2	2	2	**2**
r=3	2	2	2	**2**	2	2	2	2	2	2
r=4	3	3	3	**3**	3	3	3	3	3	3
r=5	3	3	3	**3**	3	3	3	3	3	3

注："加粗"字体表示使用了岸电，底纹"■""▨""▧""□""Ⅲ"依次表示在该航线上部署了使用MGO、LNG、LPG、Ammonia、Hydrogen 燃料船舶。

四、结论

航运业实现脱碳目标看似容易，但又十分艰难。2050 年雄心勃勃的碳减排目标从目前政策法规的要求来看是必须要实现的，这将受制于碳减排目标、替代燃料价格、技术推广度的影响，这使得航运公司在未来平衡这些竞争性挑战时处于不稳定的地位。在探索从传统的化石燃料转向清洁的替代燃料包括液化天然气（LNG）、液化石油气（LPG）、甲醇（Methanol）、氨（Ammonia）、氢（Hydrogen）的船队更新路线（Transition Pathways）进程中，以能够与替代燃料兼容且非常有前景的双燃料发动机为载体，我们的研究针对班轮运输这一部门，建立了一个综合船舶买卖、船舶改造、船舶部署、航速优化、岸电使用等多元决策下能够实现 2050 年碳减排目标的经济性模型，通过结构化的情景实验，提出非线性整数规划得到的结果能够回答最初的问题。

（1）自有班轮运输船队进行更新的改装路径主要是从传统燃料向零碳燃料过渡

通往航运业脱碳的征程中我们确认了一个规律：它是沿着从传统燃料向更清洁的非化石燃料的演进，但是这需要在基于经济性公平的环境中寻找一个经历过目标驱使、技术验证推广和商业可持续性来检验的合规技术组合更新的步骤。我们的研究虽然无法确保对未来不确定性的精准把控，但根据分析仍能够得到：因为资金密集型的船舶投资具有较长的生命周期风险，船舶改造将是技术过渡的主要方式，它的过渡方向相对统一，但转换的时间节点与碳减排目标和燃料价格有关联[47]。技术选择路径在近洋（SS）航线和远洋（DS）航线两种模式下存在比较明显的区别是，近洋（SS）航线模式以多样组合的形式呈现，而远洋（DS）航线模式具有"跳跃性"特征。综合来看，成熟的化石燃料在短期的脱碳进程中仍将占据主角，2030年之前的技术以液化天然气（LNG）为主，液化石油气（LPG）为辅。然后，化石燃料将逐渐被非化石燃料取代，对于中长期的航运碳减排目标来说，氨是重要的过渡燃料，氢或将成为终极方案。甲醇由于不具备较强的成本效益，让它看起来不那么有希望。总的来说，过渡路径朝着一个统一的方向趋同，但其时机取决于碳减排目标和燃料价格。特别是，如果未来燃料价格下降，这些技术将更有吸引力。这与 Percic 等（2021）和 Horvath 等（2018）[48]的结果相呼应。此外，船舶在近洋（SS）模式下的技术转型是渐进的，同时应用多种技术。然而，远洋（DS）模式下的船舶往往会在更长的时间内更新到相同的技术。

（2）班轮运输服务会充分利用运营措施来促进可持续的技术过渡

考虑到成本效益，船舶改造是技术转型的重要途径。而从成本效益和时间角度，精细化的运营措施在某种程度上也影响着班轮运输服务的脱碳之路。在降低集装箱船舶碳足迹的漫漫长路上，慢速航行应被视为一种重要策略。未来可以利用数字化技术提高班轮运输服务实践水平——低速航行、提高船舶部署的运营效率和化石燃料的有限使用。技术成熟度和技术适用性（可靠的加油基础设施）对未来的运营有很大影响。对于近洋（SS）航线和远洋（DS）航线两种模式，由于运输作业条件的天然差别，替代燃料价格、技术推广度可能会产生航速优化的不同偏好。岸电使用能够降低在港停靠时间内的碳排放，它在船舶还未开始使用非化石燃料时，或者在面对更严格的监管变化时，能够发挥有效的补救效果。

（3）关于未来航运碳减排的更多发现

本节的方法是在一系列外部条件相对确定的情景下提出的，通过对大概率可能发生的情景实验，我们还能获取一些有助于管理脱碳风险的认知：

如果没有替代燃料，当前的技术、燃料难以满足明天的碳排放要求，尤其是进入脱碳之旅的后半程（2035年以后），需依靠大量非化石燃料驱动的零碳船舶和相应的供给系统、基础设施等方面的全球性支持。与此同时，向替代燃料的技术过渡从长远看会增加班轮运输这一部门的成本，这将是航运业可持续发展的代价，而过于激进的目标框架可能会产生加大对航运公司的负担。因此，航运业需要提供一个公平的竞争环境和适宜的政策法规，否则将面临较大的监管风险。

利用先进的分析、调查并制定精准的货物协议策略以提高船舶利用率，可降低对低碳—零碳船舶的需求。这无疑是一种有效减少碳排放的途径，但有可能是一种错误的解决方案，导致严重的竞争劣势。这是因为，它会阻滞航运公司从传统燃料向替代燃料的技术过渡，错失最佳的投资时机。此外，航运市场上的货源竞争现象或许无法彻底消除，执行过于严苛的货运协议存在运营风险，会对揽货能力不强的航运公司产生冲击。

降低一个几乎占全球贸易90%的行业的碳足迹是一项重大的任务。这种改变不会很快到来；但是，我们需要增强航运业包括船东、承运人、租船者等主要参与者驾驭脱碳带来各种不确定性的能力。未来，新技术、新燃料的推广应用不可避免。这种情况下，安全性、复杂性将成为航运业更加关注的焦点。因此，从随机的角度来处理这一问题应该被扩展和深化，例如一种新的技术、燃料需要多长时间才能被吸收以取代当前的主流选择？技术、燃料如何实现兼容以符合未来航运业脱碳目标的要求？

思考题

1.如何考虑未来碳减排目标、替代燃料价格和技术推广度等外部条件的不确定性,制定具有灵活性的决策方案?

2.试简述排放控制区(ECA)政策下沿海运输运营管理问题研究中如何权衡成本与减排的目标。

3.在船舶能效营运指数(EEOI)政策下班轮船队运营管理研究中,提出了基于替代燃料技术过渡的船队更新问题,船运公司在实施这样的技术过渡时可能面临的主要难题是什么?

4.考虑船舶能效营运指数(EEOI)政策下班轮船队运营管理,讨论航运公司如何从运营层面实现船队更新的可持续性?

5.如何充分利用实时数据,包括天气、海况和船舶状态等信息,实现航速优化,以在不同情境下达到最佳效能和环保结果?

6.如何整合新的燃料和技术供应链,以提高整个航运产业链中船队更新的可行性?

参考文献

[1] CULLINANE K, BERGQVIST R. Emission control areas and their impact on maritime transport [J]. Transportation Research Part D:Transport and Environment, 2014, 28:1-5.

[2] GU Y, WALLACE S W. Scrubber: a potentially overestimated compliance method for the emission Control Areas[J]. Transportation Research Part D:Transport and Environment, 2017, 55:51-66.

[3] PSARAFTIS H N, KONTOVAS C A. Ship speed optimization-concepts, models and combined speed-routing scenarios[J]. Transportation Research Part C:Emerging Technologies, 2014, 44: 52-69.

[4] SUáREZ-ALEMáN A, RUJILLO L, MEDDA F. Short sea shipping as intermodal competitor: a theoretical analysis of European transport policies[J]. Maritime policy and management, 2015, 42:317-334.

[5] FAGERHOLT K, GAUSEL N T, RAKKE J G, et al. Maritime routing and speed optimization with emission control areas[J]. Transportation Research Part C:Emerging Technologies, 2015, 52:57-73.

[6] CHRISTODOULOU A, WOXENIUS J. Sustainable short sea shipping[J]. Sustainability 2019, 11:2847.

[7] Maersk. 2018 Sustainability Report[EB/OL]. 2019-2-21. https://investor.macrsk.com/events/event-details/annual-report-2018.

[8] DULEBENETS M A. The green vessel scheduling problem with transit time requirements in a liner shipping route with emission control areas[J]. Alexandria Engineering Journal, 2018, 57: 331-342.

[9] PERERA L P, MO B. Emission control based energy efficiency measures in ship operations[J]. Applied Ocean Research, 2016, 60:29-46.

[10] DOUDNIKOFF M, LACOSTE R. Effect of a speed reduction of containerships in response to higher energy costs in sulphur emission control areas[J]. Transportation Research Part D: Transport and Environment, 2014, 28:51-61.

[11] PSARAFTIS H N, KONTOVAS C A. Ship speed optimization-concepts, models and combined speed-routing scenarios[J]. Transportation Research Part C: Emerging Technologies, 2014, 44:52-69.

[12] KOZA D F. Liner shipping service scheduling and cargo allocation[J]. European Journal of Operational Research, 2019, 275:897-915.

[13] WANG S, MENG Q. Sailing speed optimization for container ships in a liner shipping network [J]. Transportation Research Part E:Logistics and Transportation Review, 2012, 48:701-714.

[14] IMO. Third IMO GHG Study 2014[R].London:IMO,2014.

[15] CARAMIA, M DELL'OLMO, P. Multi-objective management in freight logistics: INCREAS-

INGCAPACITY, SERVICE LEVEL AND SAFETY WITH OPTIMIZATION Algorithms[R]. New York,2008.

[16] Trawind Shipping Logistics[EB/OL]. 2019-1-24. http://www.trawind.com/en/index.php.

[17] BUNKERWORLD. Bunker prices in shanghai[EB/OL]. 2018-12-10. https://shipandbunker.com/prices/apac/ea/cn-sha-shanghai.

[18] PORT DALIAN. Dalian loading charge[EB/OL]. (2018-12-10). http://www.dlport.cn/.

[19] PORT GUANGZHOU. Guangzhou loading charge[EB/OL]. 2018-12-20. https://equalocean.com/briefing/20211208230101498.

[20] ABS. Setting the Course to Low Carbon Shipping-Pathways to Sustainable Shipping[R]. New York:ABS,2019.

[21] BALLAND, O, ERIKSTAD S O, FAGERHOLT K, WALLACE S W. Planning vessel air emission regulations compliance under uncertainty[J]. Journal of Maritime Science and Technology, 2013, 18(3):349-357.

[22] ZHEN L, LI M, HU Z. et at. The effects of emission control area regulations on cruise shipping [J]. Transportation Research Part D:Transport and Environment, 2018, 62:47-63.

[23] DOUDNIKOFF M, LACOSTE R. Effect of a speed reduction of containerships in response to higher energy costs in Sulphur Emission Control Areas[J]. Transportation Research Part D: Transport and Environment, 2014, 28:51-61.

[24] FAN L X, GU B. M, LUO M F. A cost-benefit analysis of fuel-switching vs. hybrid scrubber installation:A container route through the Chinese SECA case[J]. Transport Policy, 2020, 99: 336-344.

[25] CORBETT J J, WANG H F, WINEBRAKE J, J. The effectiveness and costs of speed reductions on emissions from international shipping[J]. Transportation Research Part D:Transport and Environment, 2009, 14:593-598.

[26] FAN L X, GU B M, LUO M F. A cost-benefit analysis of fuel-switching vs. hybrid scrubber installation:a container route through the chinese SECA case[J]. Transport Policy, 2020, 99: 336-344.

[27] MAN. The Methanol-fuelled MAN B&W LGIM Engine [R]. Denmark: MAN Diesel & Turbo,2021.

[28] ZHAO Y, FAN Y, FAGERHOLT K, et al.Reducing sulfur and nitrogen emissions in shipping economically [J]. Transportation Research Part D: Transport and Environment, 2021, 90:102641.

[29] LAGEMANN B, LINDSTAD E, FAGERHOLT K, et al. Optimal ship lifetime fuel and power system selection [J]. Transportation Research Part D: Transport and Environment, 2022, 102:103145.

[30] FAGERHOLT K, PSARAFTIS HN. On two speed optimization problems for ships that sail in and out of emission control areas[J]. Transportation Research Part D:Transport and Environment, 2015, 39:56-64.

[31] Lloyd's Register and UMAS. Zero-emission vessels 2030. how do we get there? [R]. London,2017.

[32] LLOYD'S REGISTER AND UMAS. Zero-emission vessels:transition pathways[R].London:

Lloyd's Register and UMAS,2019.

[33] DNV. Maritime forecast to 2050-energy transition outlook 2020[R]. Norway:DNV,2020.

[34] DNV. Maritime forecast to 2050[R]. Norway:DNV,2021.

[35] LLOYD'S REGISTER AND UMAS. Techno-economic assessment of zero-carbon fuels[R]. London,2020.

[36] BLOOMBERG NEF. Hydrogen economy outlook[R]. NewYork:Bloomberg,2020.

[37] Lloyd's Register and UMAS. Techno-economic assessment of zero-carbon fuels[R]. London: Lloyd's Register and UMAS,2020.

[38] LINDSTAD E, ESKELAND G S, RIALLAND A, et al. Decarbonizing maritime transport: the importance of engine technology and regulations for lng to serve as a transition fuel[J]. Sustainability, 2020, 12(5):8793.

[39] KARIMI M, WANG X, HAMILTON J, et al. Challenges and opportunities of dual fuel hybrid approaches-a review[J]. International Journal Hydrogen Energy, 2021, 70:46.

[40] CCS. Low carbon development Outlook for Shipping 2021[R]. Beijing, 2021.

[41] FAGERHOLT K, GAUSEL N T, RAKKE J G, et al. Maritime routing and speed optimization with emission control areas[J]. Transportation Research Part C:Emerging Technologies, 2015, 52:57-73.

[42] PERCIC M, VLADIMIR N, FAN A L. Techno-economic assessment of alternative marine fuels for inland shipping in Croatia[J]. Renewable & Sustainable Energy Reviews, 2021, 148:111363.

[43] HERDZIK J. Decarbonization of marine fuels-the future of shipping[J]. Energy, 2021, 14:4311.

[44] LINDSTAD E, LAGEMANN B, RIALLAND A, et al. Reduction of maritime ghg emissions and the potential role of e-fuels[J]. Transportation Research Part D:Transport and Environment, 2021, 101:103075.

[45] NERHEIM A, R, AESøY V, Holmeset F T. Hydrogen as a maritime fuel-can experiences with lng be transferred to hydrogen systems[J]. Journal of Marine Science and Engineering, 2021, 9:743.

[46] IMO MARINE ENVIRONMENT PROTECTION COMMITTEE. Report of the marine environment protection committee on its sixty-second session[R]. London, 2011.

[47] ZHEN L, WU Y W, WANG S A, et al. Green technology adoption for fleet deployment in a shipping network [J]. Transportation Research Part B:Methodological, 2020, 139:388-410.

[48] HORVATH S, FASIHI M, BREYER C. Techno-economic analysis of a decarbonized shipping sector:Technology suggestions for a fleet in 2030 and 2040[J]. Energy Conversion and Management, 2018, 164:230-241.

术语表

中文	英文及缩写
减排成本曲线	Abatement Cost Curve，ACC
高级内部发动机改装	Advanced Internal Engine Modification，AIEM
阿芙拉型	Aframax
替代燃料基础设施监管	Alternative Fuel Infrastructure Regulation，AFIR
年度效率比率	Annual Efficiency Ratio，AER
年度排放分配	Annual Emission Allocation，AEA
年度营运碳强度指标	Attained Annual Operational Carbon Intensity Indicator，Attained CII
自动识别系统	Automatic Identification System，AIS
波罗的海运费指数期货	Baltic International Freight Futures Exchange，BIFFEX
基线	Baseline，BSL
基准和信用交易机制	Baseline and Credits
一切照常	Business as Usual，BAU
航运去碳化行动呼吁	Call to Action for Shipping Decarbonization
总量控制与交易机制	Cap and Trade
碳边境调节机制	Carbon Border Adjustment Mechanism，CBAM
碳捕集和封存	Carbon Capture and Storage，CCS
碳强度	Carbon Intensity
碳强度指标	Carbon Intensity Indicator，CII

续表

中文	英文及缩写
好望角型	Capesize
甲烷	CH_4
克拉克森	Clarksons
清洁空气法	Clean Air Act
清洁航运联盟	Clean Shipping Coalition, CSC
一氧化碳	CO
二氧化碳	CO_2
二氧化碳当量	CO_2 equivalent, CO_2e
共同结构规则	Common Structural Rules, CSR
修正总吨	Compensated Gross Tonnage, CGT
计算流体力学	Computational Fluid Dynamics, CFD
计算机辅助设计	Computer Aided Design, CAD
排放浓度~风险	Concentration Risk, C~R
联合国气候变化大会	Conference of the Parties, COP
新型冠状病毒感染	Corona Virus Disease 2019, COVID-19
成本效益分析	Cost Benefit Analysis, CBA
丹麦海事局	Danish Maritime Authority, DMA
船舶燃油消耗数据收集计划	Data Collection System, DCS
数据包络分析	Data Envelopment Analysis, DEA
载重量	Deadweight Tonnage, DWT
远洋	Deep Sea, DS
赤字单位	Deficit Units, DU
直接空气捕集	Direct Air Capture, DAC
驱动力—压力—状态—影响—响应模型	Driving-forces-Pressure-State-Impact-Response, DPSIR
减排分担条例	Effort Sharing Regulation, ESR
排放控制区	Emission Control Area, ECA
排放交易体系	Emissions Trading System, ETS
现有船舶能效指数	Energy Efficiency Existing Ship Index, EEXI
船舶能效设计指数	Energy Efficiency Operational Indicator, EEDI
船舶能效营运指数	Energy Efficiency Operational Indicator, EEOI
储能系统	Energy Storage System, ESS

续表

中文	英文及缩写
增强型石油采收	Enhanced Oil Recovery, EOR
船舶环境指数	Environment Ship Index, ESI
环境管理系统	Environmental Management System, EMS
环境保护署	Environmental Protection Agency, EPA
欧盟委员会	European Commission, EC
联合空气质量监测和模拟活动	European Monitoring and Evaluation Programme, EMEP
欧盟排放交易体系	European Union Emission Trading System, EU ETS
欧盟能源效率指令	European Union Energy Efficiency Directive, EU EED
欧盟能源税指令	European Union Energy Taxation Directive, EU ETD
废气清洁系统	Exhaust Gas Cleaning System, EGCS
废气再循环	Exhaust Gas Recirculation, EGR
一揽子立法与政策提案	Fit for 55
浮式生产储油装置	Floating Production Storage and Offloading,FPSO
国际海事组织第四次温室气体研究	Fourth IMO GHG Study 2020
浮式储油装置	Floating Storage Unit,FSU
欧盟海运燃料	FuelEU Maritime
温室气体燃料标准	GHG Fuel Standard, GFS
全球环境基金	Global Environment Fund, GEF
全球产业联盟	Global Industry Alliance, GIA
全球海上能效合作项目	Global Maritime Energy Efficiency Partnerships Project, GloMEEP
全球海事技术合作中心网络	Global MTTC Network, GMN
全球污底伙伴关系项目	GloFouling
绿色气候基金	Green Climate Fund, GCF
绿色港口计划	Green Port Plan, GPP
绿色船舶计划	Green Ship Plan, GSP
绿色航运行动	Green Shipping Practice
温室气体和空气污染的相互作用与协同效应	Greenhouse Gas and Air Pollution Interactions and Synergies, GAINS
温室气体	Greenhouse Gas, GHG
总吨	Gross Tonnage, GT

续表

中文	英文及缩写
汉堡港口管理局	Hamburg Port Authority, HPA
碳氢化合物	HC
重质燃油	Heavy Fuel Oil, HFO
亥姆霍兹慕尼黑研究中心—德国环境健康研究中心	Helmholtz Zentrum München-German Research Center for Environmental Health
高速柴油发动机	High Speed Diesel, HSD
内燃机	Internal Combustion Engine, ICE
国际船级社协会	International Association of Classification Societies, IACS
国际原子能机构	International Atomic Energy Agency, IAEA
国际航运协会	International Chamber of Shipping, ICS
国际防止船舶造成污染公约	International Convention for the Prevention of Pollution from Ships, MARPOL
国际海事组织	International Maritime Organization, IMO
国际海洋可持续资金和奖励	International Maritime Sustainability Funding and Reward, IMSF&R
国际海洋可持续燃料与基金	International Maritime Sustainable Fuels and Fund, IMSF&F
国际标准化组织	International Organization for Standardization, ISO
国际安全管理	International Safety Management, ISM
国际互换和衍生协会	International Swaps and Derivatives Association, ISDA
国际运输论坛	International Transport Forum, ITF
国际海事保险联盟	International Union of Marine Insurance, IUMI
区间二次规划	Interval Quadratic Programming, IQP
入侵水生物种	Invasion Alien Species, IAS
即时到港指南	Just In Time Arrival Guide
最不发达国家	Least Developed Country, LDC
液化天然气	Liquefied Natural Gas, LNG
液化石油气	Liquefied Petroleum Gas, LPG
劳氏船级社海上脱碳中心	Lloyd's Register Maritime Decarbonisation Hub, LR MDH
劳氏船级社	Lloyd's Register of Shipping
远程Ⅰ型	LR1
远程Ⅱ型	LR2
主要经济体能源与气候论坛	Major Economies Forum on Energy and Climate, MEF

续表

中文	英文及缩写
边际减排成本	Marginal Abatement Cost, MAC
船用重柴油	Marine Diesel Oil, MDO
馏分燃料油	Marine Distillates, MD
海上环境保护委员会	Marine Environment Protection Committee, MEPC
船用轻柴油	Marine Gas Oil, MGO
海事管理局	Maritime Administration, MARAD
新加坡海事和港务局	Maritime and Port Authority, MPA
海上安全委员会	Maritime Safety Committee, MSC
新加坡海事绿色倡议	Maritime Singapore Green Initiative, MSGI
研究咨询公司	Maritime Strategies International, MSI
基于市场的措施	Market Based Management, MBM
最大持续功率	Maximum Continuous Rating, MCR
中速柴油发动机	Medium Speed Diesel, MSD
谅解备忘录	Memorandum of Understanding, MoU
监测、报告和核查机制	Monitoring, Reporting and Verification, MRV
中程	MR
公吨	MT
国家环境空气质量标准	National Ambient Air Quality Standards
氮排放控制区	Nitrogen Emission Control Area, NECA
新巴拿马型	NeN-Panamax
净现值	Net Present Value, NPV
一氧化氮	NO
二氧化氮	NO_2
挪威绿色平台计划	Norwegian Green Platform Initiative
氮氧化物	NO_X
船载碳捕获和储存	Onboard Carbon Capture System, OCCS
岸电供应	Onshore Power Supply, OPS
巴拿马型	Panamax
灵便型	Handysize
大灵便型	Handymax
可吸入颗粒物	PM
细颗粒物	PM2.5

续表

中文	英文及缩写
超细颗粒物	PM0.1
超巴拿马型	Post-Panamax
港口准则	Port Guidelines
港口基础设施发展计划	Port Infrastructure Development Plan, PIDP
补救单位	Remedials Units, RU
可再生能源指令	Renewable Energy Directive, RED
年度营运碳强度指标	Required Annual Operational Carbon Intensity Indicator, Required CII
残余油	Residual Oil, RO
资源与能源分析模型	Resource andEnergyAnalysis Program, REAP
轮胎式集装箱门式起重机	Rubber Tyred Container Gantry Crane, RTG
选择性催化还原	Selective Catalytic Reduction, SCR
船舶大气污染防治法	Ship Air Pollution Prevention Act
船舶能效管理计划	Ship Energy Efficiency Management Plan, SEEMP
短期气候污染物	Short-lived Climate Pollutants, SLCP
近洋	Short Sea, SS
慢速柴油发动机	Slow Speed Diesel, SSD
小岛屿发展中国家	Small Island Developing States, SIDS
二氧化硫	SO_2
硫氧化物	SO_X
苏伊士型	Suezmax
硫排放控制区	Sulfur Emission Control Area, SECA
硫排放强度	Sulfur Emission Intensity, SEI
盈余奖励单位	Surplus Reward Units, SRU
联合国气候变化框架公约	the United Nations Framework Convention on Climate Change, UNFCCC
一级排放标准	Tier Ⅰ
二级排放标准	Tier Ⅱ
三级排放标准	Tier Ⅲ
联合国环境与发展会议	United Nations Conference on Environment and Development, UNCED
联合国贸易和发展会议	United Nations Conference on Trade and Development, UNCTAD
联合国开发计划署	United Nations Development Programme, UNDP
联合国环境规划署	United Nations Environment Programme, EP
美国海岸警卫队	United States Coast Guard, USCG

续表

中文	英文及缩写
美国环保署船舶空气污染规则	United States Environmental Protection Agency's Vessel Air Pollution Rule
英国海事咨询公司	University Maritime Advisory Services, UMAS
大型油船	VLCC
统计寿命	Value of Statistical Life, VSL
失去寿命年价值	Value of Life Year Lost, VOLY
极低硫燃料油	Very Low Sulfur Fuel Oil,VLSFO
燃油水	Water In Fuel, WIF
水处理系统	Water Treatment System, WTS
世界气象组织	World Meteorological Organization, WMO
零排放船舶	Zero Emission Vessels, ZEV
零排放航运激励计划	Zero-Emission Shipping Incentive Scheme, ZESIS